Hans Aebli

Zwölf Grundformen des Lehrens

Eine Allgemeine Didaktik
auf psychologischer Grundlage

– Klett-Cotta –

CIP-Kurztitelaufnahme der Deutschen Bibliothek
Aebli, Hans:
Zwölf Grundformen des Lehrens : e. allg.
Didaktik auf psychol. Grundlage / Hans
Aebli. – 1. Aufl. – Stuttgart : Klett, 1983.
ISBN 3-608-93044-2

1. Auflage 1983
Alle Rechte vorbehalten
Fotomechanische Wiedergabe nur mit Genehmigung des Verlages
Verlagsgemeinschaft Ernst Klett-J. G. Cotta'sche Buchhandlung
Nachfolger GmbH, Stuttgart
© Ernst Klett, Stuttgart 1983
Printed in Germany
Gesamtherstellung: Ludwig Auer, Donauwörth

INHALT

Vorwort 11
Aus dem Vorwort zur ersten Auflage der „Grundformen des Lehrens" 15

I. Das System der zwölf Grundformen und die drei Dimensionen didaktischer Kompetenz 19

Didaktisches Denken und didaktische Praxis aus der Alltagserfahrung entwickeln 19
Wie man dieses Buch benützen kann 21
Drei Dimensionen des Lehrens und Lernens 22
Drei Dimensionen der didaktischen Kompetenz 26

ERSTER TEIL: In fünf Medien lehren 31

II. Grundform 1: Erzählen und Referieren 33

Psychologischer Teil
Sprachliche Kommunikation 34

Bedeutungsgehalte im Erzähler: was er zu sagen versucht 37
Bedeutungen und ihre Zeichen: die Worte finden 40
Vorgänge im Zuhörer: vom Wortzeichen zur Bedeutung 42
Zusammenfassung: das Schema der sprachlichen Kommunikation .. 45

Didaktischer Teil
Zur Didaktik des Erzählens und Referierens 48

Anpassung an den Geist des Kindes und der Klasse 48
Der Kontakt mit der Klasse 51
Die Mitarbeit der Klasse im Rahmen der Erzählung 54
Die Grenzen der Anpassung an die kindliche Eigenart 57
Der freie Vortrag, der auswendig gelernte Vortrag, das Vorlesen .. 59
Die Vorbereitung von Erzählungen und Vorträgen 61

III. Grundform 2: Vorzeigen 65

Psychologischer Teil
Zur Psychologie des Beobachtungslernens 67

Beobachten als inneres Nachahmen 68
Aus dem Resultat beobachteter Handlungen lernen 70
Wirksame und unwirksame Vorbilder 71

Didaktischer Teil
Vorzeigen und Nachmachen 72

Regeln des Vorzeigens 72
Regeln des nachahmenden Übens 77

IV. Grundform 3: Anschauen und Beobachten 81

Psychologischer Teil
Die Erscheinungen der Welt erfassen 81

Zum Begriff der Anschauung und zur Geschichte der Wahrnehmungs-
 psychologie 83
Sinneskontakt als notwendige, aber nicht hinreichende Bedingung des
 Anschauens 85
Das Anschauen als Tätigkeit 87
Komplexe Auffassungstätigkeiten: vom Wahrnehmen zum Analysieren . . 88
Assimilation 95
Hypothesen und ihre Verifikation 98

Didaktischer Teil
Von der Beobachtung zum inneren Bild 100

Dem Gegenstand begegnen (das „Anschauen") 101
Die Vertreter des Gegenstandes 103
Zum Anschauen anleiten 104
Die Beobachtung schulen? 111

V. Grundform 4: Mit Schülern lesen 113
Die Ziele des Lesens 114

Psychologischer Teil
Lesen als Textverarbeitung 117

Sprechen, Schreiben und Lesen 119
Der eigentliche Lesevorgang 121
Methoden des Zusammenfassens, Einprägens und Wiedergebens von
 gelesenen Texten 125
Abschluß: Die Verarbeitung und die Wiedergabe von darstellenden Texten . 128

Didaktischer Teil
Zum Umgang mit Texten anleiten 131

In den Text eindringen 132
Lesen im Rahmen umfassender Unterrichtseinheiten 136
Textverarbeitung im Unterricht 140

VI. Grundform 5: Schreiben – Texte verfassen 148

Psychologischer Teil
Wer schreibt, möchte etwas bewirken 148

Was Texte bei Lesern bewirken: zur Theorie der Textsorten	148
Darstellende Texte	150
Texte mit spezifischer Wirkungsabsicht	151
Zusammenfassung: das BOTE-Schema und das Schreiben in einem Handlungskontext	153
Mündliche und schriftliche Kommunikation	156
Der Aufbau des Textes	157
Wie man einen Text verfaßt: Textplanung	160

Didaktischer Teil
Schreiben: ein Handwerk, das man lernen kann 163

Schreiben in definierten Kommunikations- und Handlungssituationen . . .	164
Die Klärung von Sache und Wirkungsabsicht	166
Die Planung des Textes	169
Zur Entwicklung der schriftlichen Kommunikation	174

ZWEITER TEIL: Handlung, Operation und Begriff 179

VII. Grundform 6: Einen Handlungsablauf erarbeiten 181

Psychologischer Teil
Der Aufbau und die Verinnerlichung von Handlungen 182

Arten des Handelns	183
Handlungsfolgen, Handlungsschemata	184
Die Struktur der Handlung	186
Der Aufbau neuer Handlungsschemata	191
Die Verinnerlichung (Interiorisation) der Handlung	193

Didaktischer Teil
Handeln lernen 195

Das Problem stellen	196
Die Handlung planen und durchführen	197
Die Handlung verinnerlichen	200
Abschluß: Verstandenes Handlungswissen	202

VIII. Grundform 7: Eine Operation aufbauen 203

Psychologischer Teil
Von der Handlung zur Operation 203

Operationen sind abstrakte Handlungen	203
Die inhärente Struktur der Handlung	207
Beispiele des Operationsaufbaus	209
Allgemeine Züge des Aufbaus einer neuen Operation	214
Die symbolische Kodierung der Operation	215
Die Verinnerlichung der Operation	217
Die Automatisierung der Operation	220

Auswendig gelernte mathematische Formeln und Sätze 222
Die psychologische Bedeutung der Automatisierung 224

Didaktischer Teil
Tun, verstehen, verinnerlichen, automatisieren 227

Die Vorbereitung der Lektion 228
Die Operation aufbauen 231
Die Operation durcharbeiten 235
Die Operation verinnerlichen 237
Das Auswendiglernen und das Automatisieren 242

IX. Grundform 8: Einen Begriff bilden 245

Psychologischer Teil
Zur Psychologie der Begriffsbildung 246

Begriffsfindung mit Pilzen 246
Der innere Aufbau eines Begriffs 253
Der Prozeß des Begriffsaufbaus 258

Didaktischer Teil
Begriffe bilden, durcharbeiten und anwenden 261

Die didaktische Analyse eines Stoffes (KLAFKI) 262
Begriffe als Netze von Sachzusammenhängen 265
Den Begriffsinhalt aufbauen 266
Den Begriff durcharbeiten 269
Den Begriff anwenden 270

DRITTER TEIL: Vier Funktionen im Lernprozeß 275

X. Grundform 9: Problemlösendes Aufbauen 277

Psychologischer Teil
Was ist und was bewirkt das Problemlösen? 278

Probleme mit Lücke 279
Interpolations- und Gestaltungsprobleme 285
Psychologische Prozesse bei der Lösung von Problemen mit Lücke 287
Das Umstrukturieren und das Ziehen von Lösungsgedanken aus dem
  Erfahrungs- und Wissensrepertoire 288
Probleme mit Widerspruch 290
Probleme mit unnötiger Komplikation 291
Lernmotivation durch Problembewußtsein 293

Didaktischer Teil
Problemlösender, fragend-entwickelnder Unterricht 296

Einen Stoff problemlösend erarbeiten 298

Das Prinzip der minimalen Hilfe 300
Praktische Regeln zur Durchführung des Gesprächs mit der Klasse 300
Selbständiges Problemlösen durch die Schüler 302
Heuristische Regeln 304
Und die Kreativität? 307

XI. Grundform 10: Durcharbeiten 310

Psychologischer Teil
Bewegliches Denken und Handeln 311

Mobiles Denken in Systemen bei P<small>IAGET</small> 312
Beweglichkeit im Verstehen und im Handeln 313
Beweglichkeit beim Verstehen von Veränderungen 314
Beweglichkeit innerhalb von räumlichen Systemen 315
Beweglichkeit innerhalb von begrifflichen Systemen 316
Beweglichkeit im Handeln und Operieren 317

Didaktischer Teil
Das Durcharbeiten von Handlungsplänen, Operationen, und begrifflichen Systemen 319

Flexible Handlungspläne, Operationen und Begriffe 320
Das Durcharbeiten im Rahmen des Erzählens, Vorzeigens, Anschauens und Lesens 323

XII. Grundform 11: Üben und Wiederholen 326

Psychologischer Teil
Konsolidierung und Automatisierung (Gesetze des elementaren Lernens) 328

Die Leistung abhängig von der Zahl der Wiederholungen 330
Verteilte Wiederholungen sind wirksamer als gehäufte Wiederholungen . . 330
G-Methode wirksamer als T-Methode 331
Die Leistung abhängig von der Motivation 333
Intrinsische und extrinsische Motivation 333
O. F. B<small>OLLNOW</small>: Freude am vollkommenen Können in der Übung 335
Erfolg spornt an, Mißerfolg lähmt 336
Die Wirkung des Effekts als Funktion seines zeitlichen Abstandes zum Reaktionsvollzug 337
Der Verlauf des Vergessens 338

Didaktischer Teil
Allgemeine Regeln zur Gestaltung der Übungsarbeit 339

Üben heißt Wiederholen 340
Die Übungsarbeit motivieren 343
Erfolg ermöglichen 346
G<small>AGNÉS</small> „Lernhierarchien" 348

XIII. Grundform 12: Anwenden 351

Psychologischer Teil
Der psychologische Begriff der Anwendung 352

„Anwendung" in echten Lebenssituationen 352
Ein geistiges Repertoire, das zum Handeln und Denken, Sehen und
    Betrachten befähigt 355
Der Prozeß der Anwendung 356
Anwendung in Textaufgaben 357
Erkennende und herstellende Anwendung 359

Didaktischer Teil
Von der geleiteten zur selbständigen Anwendung 361

GAUDIGs Verdienst 361
GAUDIGs Trugschluß und die Funktion der didaktischen Frage 362
Anleitung im Aufbau, Selbständigkeit in der Anwendung 366
Auf die selbständige Anwendung von Begriffen und Denkoperationen
    vorbereiten 368
Neue Erscheinungen selbständig erfassen (Klassengespräch, Gruppenarbeit,
    individuelle Arbeit) 370
Zur Sozialpsychologie und Didaktik der Gruppenarbeit 373
Abschluß: Von der Anwendung zum nächsten Aufbauschritt 380

XIV: Eine Standortbestimmung der „Grundformen" 383

Eine Didaktik, die Lernsituationen psychologisch beleuchtet 383
Struktur, Medium und Lernprozeß 385
Vom Handeln zum begrifflichen Denken 386
Kein Psychologismus: Sachverhältnisse; keine Methodik: nur Didaktik . . . 387
Konstruktivismus 389
Aufbau im Lernen: ein Schritt über PIAGET hinaus 391

Bibliographie 395

Namenverzeichnis 403

Sachverzeichnis 406

Vorwort

Mit den „Zwölf Grundformen" habe ich begonnen, die „Grundformen des Lehrens" vollständig umzuarbeiten. Das äußere Ergebnis wird die Zweiteilung des Werkes sein. In diesem Band werden die eigentlichen Grundformen des Lehrens beschrieben und begründet. Der zweite Band wird „Die Grundlagen des Lehrens" behandeln, jene Probleme also, die im bisherigen Buch in den „Ausblicken" betrachtet werden. Diese Kapitel sind in der Mitte der 70er Jahre verfaßt worden. Sie sind noch nicht veraltet, und da die zwölfte Auflage noch nicht vergriffen ist, bleiben sie erhältlich, bis der zweite Band der Neubearbeitung vorliegt. Dies mag die Benützer des Werkes beruhigen, die an den Kapiteln über das Curriculum und die Prüfungsprobleme interessiert sind.

Was ist neu an den „Zwölf Grundformen"? Vier Dinge: der Aufbau des Buches, vier Kapitel, die Ausführlichkeit der psychologischen und der pädagogischen Begründungen und die breitere Verständlichkeit der Beispiele.

Zum *Aufbau des Buches.* Die alten „Grundformen" sind sozusagen organisch gewachsen. Seit dem ersten Erscheinen im Jahr 1963 sind mehrere Kapitel hinzugekommen. Der Grad der Integration war bescheiden. Die Unterscheidung zwischen „Grundformen" und „Ausblicken" war Ausdruck dieser Additivität. Aber auch die eigentlichen „Grundformen-Kapitel" waren vor allem an den Erfordernissen und Möglichkeiten einer praktischen Einführung in das Unterrichten orientiert. Zwar war implizit immer ein sehr systematisches Konzept der psychologischen Prozesse und der daraus folgenden Lehrformen vorhanden. Im neuen Band habe ich es aber explizit zu machen versucht. Ich hoffe, daß die Natürlichkeit des Aufbaus unter der höheren Systematik nicht gelitten hat.

Die vier *neuen Kapitel* betreffen den Aufbau des Buches (I), die neuen Grundformen „Mit Schülern lesen" (V) und „Schreiben – Texte verfassen" (VI) und „Eine Standortbestimmung" (XIV).

Das erste dieser Kapitel erklärt den Aufbau des Buches. Wie so viele Einleitungen liest man es wohl am besten am Schluß, denn bei allem Bemühen, verständlich zu schreiben, sind Überlegungen zur Struktur eines Werkes abstrakt und erfordern eine Begrifflichkeit, die dem Inhalt übergeordnet ist. Die Kapitel über das Lesen und Schreiben schließen, so hoffe ich, eine Lücke des bisherigen Buches. Lesen ist im Unterricht und im Leben eine grundlegende Form der Erfahrungsbildung und des Lernens; Schreiben eine ebenso wichtige Form der Kommunikation. Unter psychologischen Gesichtspunkten beginnen wir erst heute zu verstehen, was Lesen und Schreiben bedeutet. Die Psychologie PIAGETs, von der ich herkomme, hat dazu nur schwer Zugang gefunden. Daher hat es so lange gedauert, bis ich mich zum Lesen und zum Schreiben geäußert habe. Das Schlußkapitel zur „Standortbestimmung" versucht zu zeigen, wo sich die „Grundformen" ansiedeln. Dabei stellt sich natürlich die Frage nach dem Bezugssystem, das man wählt, um die in Frage stehende Theorie zu kennzeichnen. Ich glaube nicht, daß man ein wirklich erhellendes Bezugssystem gewinnt, indem man die Oberflächenstruktur der verschiedenen Allgemeinen Didaktiken betrachtet. Das Bezugssystem, das meinem Versuch einer Standortbestimmung zugrunde liegt, ist daher philosophisch, insbesondere erkenntnistheoretisch. Das ist dann natürlich, wenn man den kognitiven Aspekt des Unterrichts betont. Ich könnte mir auch andere Bezugssysteme vorstellen. Die Anforderung ist aber in jedem Falle, daß diese Bezugssysteme grundlegend und daher wirklich erhellend, nicht einfach klassifizierend sind.

Das dritte neue Element des Buchs betrifft die *Ausführlichkeit der psychologischen und pädagogischen Begründungen.* Es fällt nicht leicht, zu entscheiden, wie weit man ausholen soll, um die Formen des Unterrichts zu begründen. Ich habe mich entschlossen, mehr als in den bisherigen Auflagen anzubieten, und dies aus den folgenden Gründen: Einmal ist mir im Zusammenhang mit der Abfassung der zwei Bände über das Denken (AEBLI 1980/81) einiges klar geworden, das ich in der unklareren Form der alten „Grundformen" einfach nicht stehen lassen konnte. Aber auch unabhängig von meinen eigenen Versuchen hat die Psychologie im Bereich der Kognition und der Motivation in den letzten Jahren so große Fortschritte gemacht, daß es mir notwendig schien, manches davon in die „Grundformen" zu übernehmen.

In der Didaktik hat man in den letzten Jahren ein zunehmendes Bemühen um die Offenlegung der pädagogischen Grundlagen feststellen können. In einer Welt, in der es immer weniger verständlich ist, welche grundsätzlichen Ziele die Menschen, auch die Erzieher, eigentlich verfolgen, scheint das notwendig zu werden. In den Einleitungen zu den einzelnen Kapiteln und im Schlußkapitel gebe ich Auskunft über meine Zielsetzung, wenn ich – scheinbar objektiv – eine Grundform des Lehrens beschreibe und psychologisch begründe. Es ist, auf eine kurze Formel gebracht, die Vorstellung des autonomen, d. h. seinen Weg selbständig suchenden Menschen in einer Welt, die nicht heil genug ist, als daß man sich ihr einfach anvertrauen könnte.

Schließlich die breitere *Verständlichkeit der Beispiele.* Die „Grundformen" sind bisher in die italienische und portugiesische Sprache übersetzt worden. Drei weitere Neuübersetzungen sind vorgesehen. Aus diesem

Grunde habe ich begonnen, die allzu lokalen, schweizerischen Beispiele durch solche zu ersetzen, die man auch an anderen Punkten dieser Erde versteht. Meine treuen deutschen Leser haben mir den Vierwaldstättersee und „die Entfernung des Rütli von Brunnen" noch abgenommen. Aber daß man dies auch in Chicago und in Rosario tun werde, war nicht mehr zu hoffen. Immerhin bleibt auch so noch einiges Lokalkolorit erhalten (und ist zum Teil sogar dazugekommen), so daß die Herkunft des Buches aus dem unteren Emmental wohl immer noch erkennbar bleibt...

So viel zu den neuen Elementen des Buches. Was ist unverändert geblieben? Der Versuch, verständlich und praktisch zu sein. Beides hat sich auch dieses Mal nicht von selbst ergeben. Ich weiß, daß die „Grundformen" in der Schweiz von 18jährigen Seminaristen und in der Bundesrepublik Deutschland von angehenden Gymnasiallehrern, die ein akademisches Studium hinter sich haben, gelesen werden. In zahlreichen anderen Ländern wird das Buch von Studenten in verschiedenen Phasen ihrer Lehrerausbildung gelesen. Wie muß man da formulieren, so daß die einen es nicht als zu kompliziert und die anderen nicht als zu einfach empfinden? Ich habe mich so verhalten, daß ich in den eigentlichen „Grundformen-Kapiteln" die größtmögliche Verständlichkeit der Aussage angestrebt habe. Darum habe ich auch die Fachterminologie, wo immer möglich, durch entsprechende Begriffe der Alltagssprache ersetzt. Die unerläßlichen Fachausdrücke habe ich erklärt. Sie sind grundlegend und gehören in das Vokabular eines jeden Lehrers. Im Einleitungs- und Schlußkapitel habe ich mir erlaubt, etwas technischer zu formulieren. Die Abstraktheit dieser Überlegungen ließ keine andere Wahl. Das Buch kann aber gut benützt werden, ohne daß man diese beiden Kapitel behandelt.

„Praktisch" sind die „Grundformen" weiterhin geblieben. Die Leitvorstellung ist immer noch, nur jene psychologischen Informationen zu vermitteln, aus denen praktische Regeln zur Gestaltung von Unterricht und zum Verhalten des Lehrers vor den Schülern folgen. Es ist interessant, wie vieles aus der Psychologie irrelevant wird, wenn man dieses harte Kriterium an sie legt.

Die neue Bearbeitung der „Grundformen" wäre nicht fristgerecht fertig geworden, wenn ich nicht auf mancherlei Unterstützungen hätte zählen dürfen. Die Erziehungsdirektion des Kantons Bern hat mir im Sommersemester 1982 ein Urlaubssemester gewährt, das fast ganz im Dienste dieser Überarbeitung gestanden hat. Meine Mitarbeiter haben mir, wie immer, sowohl bei der Lösung der technischen Probleme als auch als Diskussionspartner mitgeholfen, dem Buch seine endgültige Form zu geben. Die Assistenten Matthias Baer, Kurt Reusser, Fritz Schoch, Martin Schneeberger, Rudolf Ramser und Martin Riesen lasen alle einen Teil des Manuskriptes und kommentierten ihn ausführlich. Matthias Baer hat als geschäftsführender Assistent den Betrieb an der APP im Lot gehalten, als der „Chef" in der Einsamkeit nachgedacht und geschrieben hat. Rudolf Ramser hat das Sachverzeichnis verfaßt und zusammen mit Martin Riesen die Bibliographie zusammengestellt und ergänzt. Vera Kupper, die Sekretärin der Abteilung Pädagogische Psychologie, hat wiederum neben der Führung der Sekretariatsgeschäfte Hunderte von Manuskriptseiten sorgfältig und prompt geschrieben und die vielen praktischen Abschlußarbeiten geschickt koordiniert. Im Klett-Cotta Verlag konnte ich bei den Herren Michael Klett und den Drs. Arbogast und Grube weiterhin auf verlegerische Partner zählen, die das Werk wohlwollend und verständnisvoll betreut haben und mich darüber hinaus spüren ließen, daß sie das alles mit Überzeugung und Zustimmung tun. Allen diesen Freunden und Helfern gilt mein herzlicher Dank.

Bern/Burgdorf, im Oktober 1982   Hans Aebli

Aus dem Vorwort zur ersten Auflage der „Grundformen des Lehrens"

Wenn in den folgenden Kapiteln der Versuch gemacht wird, die Grundformen des Lehrens zu bestimmen, so liegt diesem Unternehmen eine doppelte Leitidee zugrunde. Einmal eine durchaus praktische: Wir möchten dem Anfänger im Lehramt einige Grundprinzipien des Unterrichtens vermitteln, deren Befolgung notwendig und nutzbringend ist. Die vorliegenden Untersuchungen sind aus einem Kurs hervorgegangen, der seit Jahren in der Praxis erprobt ist. Nach ihm führen wir Abiturienten der Höheren Schule in die Theorie und die Praxis des Lehrens ein, und unsere Kandidaten haben die hier vertretenen Prinzipien Jahr für Jahr angewendet und dabei Schule halten gelernt.

Neben diesem praktischen Zweck verfolgen wir aber ein anspruchsvolleres Ziel. Wir haben es nie als die Aufgabe der Lehrerbildung verstanden, lediglich Faustregeln für das Unterrichten zu vermitteln. Zu deutlich erinnern wir uns noch an unsere eigene Lehrtätigkeit in Primar- und Sekundarschulen. Immer wieder hätten wir gewünscht, einmal die unendlich komplexen psychologischen Vorgänge, die sich während einer Unterrichtsstunde im Schüler und zwischen Schüler und Lehrer abspielen, zu durchschauen und gedanklich zu fassen. Wir hätten gerne gewußt, wie unsere Worte, die Anschauungsmittel, welche wir der Klasse vorführen, die Probleme, die wir ihr stellen, mit den Verhaltensimpulsen der Schüler zusammenwirken und in ihrem Zusammenwirken jenen Prozeß erzeugen, den man das *Lernen* nennt. Wenn der Unterricht nur nach Faustregeln und bloß praktisch bewährten Verfahren erteilt wird, verhalten wir uns doch weitgehend wie Arbeiter an einer Maschine, deren Funktionieren wir nicht verstehen. Notwendigerweise erleben wir immer wieder Enttäuschungen und erzielen unbefriedigende Ergebnisse. Aber nicht nur das. Ein solcher Unterricht vermag einen intelligenten Lehrer auf die Dauer auch nicht zu befriedigen. Er findet zwar vielleicht Interesse am Stoff des Unterrichts oder aber, was durchaus legitim und sogar notwendig ist, am allgemein menschlichen, erzieherischen Wirken. Bei alledem bleibt ihm aber ein wesentlicher Teil seines Tuns undurchsichtig, und er verpaßt dabei Einsichten und Erkenntnisse, die nicht nur praktisch nützlich sind, sondern auch in hohem Maße zu interessieren vermögen.

Wir glauben nicht an den oft postulierten Gegensatz zwischen Theorie und Praxis in der Didaktik. Nur eine schlechte Theorie widerspricht einer überlegenen Praxis, und nur eine enge und einseitige Praxis steht im Gegensatz zu einer fundierten Theorie. Eine voreilige Resignation vor diesem scheinbaren Gegensatz wirkt sich auf beide, auf Theorie und Praxis, ungünstig aus. Eine gedanklich ungeklärte Praxis degeneriert leicht zu einem Wirtschaften nach Rezepten, das früher oder später in ausgefahrenen Gleisen stecken bleibt. Bemüht sich andererseits die Theorie nicht ständig um die Bewährung in der konkreten Wirklichkeit, so läuft sie Gefahr, sich in unfruchtbaren Abstraktionen und in Verbalismen zu verlieren, die vielleicht ein geistreiches Spiel, nicht aber Werkzeuge der geistigen und materiellen Bewältigung der Wirklichkeit darstellen. Was von der allgemeinen Pädagogik gilt, das gilt auch von den speziellen Problemen des Unterrichts. Didaktisch-psychologische Theorie und unterrichtliche Praxis erfordern sich gegenseitig. Die Einsicht in das Wesen der Lernvorgänge erlaubt dem Lehrer, sein Handeln, also seinen Unterricht, den psychologischen Gegebenheiten anzupassen. Nicht nur das. Der durch das theoretische Wissen geschärfte Blick des Erziehers erkennt auch die Ziele seines eigenen Tuns klarer und tiefer. Er weiß genauer, was er eigentlich will, und er erreicht es sicherer und leichter.

Für welche Schulstufe soll diese Didaktik gelten? Auf diese Frage geben wir eine Antwort, die vermessen erscheinen mag. Diese Didaktik gilt für sämtliche Stufen des Unterrichts, von der Primarschule bis zur Höheren Schule und vielleicht sogar zur Universität. Natürlich variieren die Inhalte, die auf den verschiedenen Schulstufen vermittelt werden. Die Lernprozesse aber sind auf allen Stufen die gleichen. Wir kennen bis heute keine qualitativen Unterschiede zwischen dem Lernen des Kindes und demjenigen des Erwachsenen. Wenn gewisse Faktoren für das Kind eine größere Bedeutung haben (Anschaulichkeit, handelndes Lernen), so handelt es sich immer um rein graduelle Unterschiede. In der Tat lernt ja auch der Erwachsene besser, wenn ihm der Gegenstand des Unterrichts anschaulich vorgegeben wird, und auch er versteht eine komplexe Gegebenheit besser, wenn er sie bei ihrer Entstehung verfolgen oder sie sogar selbst aufbauen kann.

Wenn nun aber die Lernprozesse auf den verschiedenen Schulstufen die gleichen sind und nur das Gewicht einzelner Faktoren im Verlaufe der Entwicklung gewisse systematische Verschiebungen erfährt, so können auch die didaktischen Prinzipien, die den verschiedenen Stufen entsprechen, keine grundsätzlichen Unterschiede aufweisen. Darum gelten die Regeln über das Erzählen und Referieren, über den fragend-entwickelnden Unterricht, über die selbständige Arbeit der Schüler, über das Üben usw. für alle Schulstufen, ob es sich um Erstkläßler oder um Abiturienten handelt.

Die Kapitel dieses Buches sind in der Regel in einen psychologischen und in einen didaktischen Teil gegliedert. Dies war darum möglich, weil schon die Unterscheidung der Lehrformen nicht irgendwelchen praktischen oder schulorganisatorischen Gesichtspunkten entspringt, sondern der psychologischen Analyse des Stoffes und des Prozesses seiner Übermittlung auf den Schüler. Auch bei der Durchführung der einzelnen Kapitel gelang es weitgehend, die systematischen Zusammenhänge zwischen den grundlegenden psychologischen Prozessen, welche im Unterricht zur Geltung kommen, aufzuweisen. Es zeigte sich jedoch bald, daß dies nicht auf der ganzen Linie möglich war. Die Prozesse, welche sich im Unterricht abspielen, sind derart komplex, daß sie weder im Einzelfall noch im Verlaufe des ganzen Buchs so systematisch dargestellt werden konnten, wie es zu wünschen wäre. Es galt hier, einen Kompromiß zwischen einer möglichst nützlichen, der Bewältigung der praktischen Unterrichtsaufgabe dienenden, und einer möglichst systematischen, dem inneren Gesetz der Sache folgenden Darstellung der Psychologie zu finden.

Dies hat zur Folge, daß der Leser da und dort Begründung und Beweis der vorgetragenen psychologischen Begriffe und Auffassungen vermissen wird. Nichtsdestoweniger stehen diese unter einem ständigen und äußerst scharfen Wahrheitstest. Er ist nicht logischer oder experimenteller, sondern pragmatischer Natur. An den didaktischen Folgerungen erweist es sich, ob die psychologischen Grundlagen tragfähig sind. Sind die vorgetragenen Begriffe und Betrachtungsweisen fruchtbar und der psychologischen Wirklichkeit gemäß, so müssen sich auch die didaktischen Regeln bewähren. Tut unsere Psychologie der Wirklichkeit Gewalt an, so ist die Didaktik unfruchtbar und stellt höchstens ein verbales Gebilde dar. Dabei weiß ein jeder, der in einem psychologischen Laboratorium gearbeitet hat, wie schwer gerade in dieser Wissenschaft die experimentelle Beweisführung fällt. Auch braucht man nur die Systeme verschiedener psychologischer Schulen zu vergleichen, um einzusehen, daß auch das Kriterium der inneren Kohärenz in einem so vielschichtigen Bereich wie demjenigen der menschlichen Seele bei aller Bemühung um logische Folgerichtigkeit zu ganz verschiedenen Schlußfolgerungen führen kann. Das pragmatische Wahrheitskriterium behält daher neben dem logischen und dem empirischen seine Geltung und darf hier wohl zu Recht angerufen werden.

Eine letzte Bemerkung drängt sich auf. Der Leser wird bemerken, daß diese Methodik ohne Sendungsbewußtsein geschrieben ist. Stellenweise ist ihr Tenor eher konservativ. Und doch glauben wir, in der pädagogischen Welt nicht zu den Gestrigen zu gehören. Vielmehr stehen wir unter dem Eindruck, daß in diesen Jahren eine Bewegung der Geschichte der Pädagogik ausläuft. Sie hat einhundertfünfzig Jahre gedauert, und man könnte sie mit dem Kennwort der „Methodengläubigkeit" charakterisieren. Noch in der ersten Hälfte dieses Jahrhunderts sind die Autoren zahlreich, welche von irgendeinem didaktischen Prinzip, betreffe es nun das Unterrichtsgespräch oder die Gruppenarbeit, den Gesamtunterricht oder irgendeine „ganzheitliche" Methode, eine grundlegende Verwandlung der Pädagogik erwarten. Das können wir nicht mehr glauben. Eine Methode kann in der Erziehung niemals zentrale Bedeutung beanspruchen. Als solche ist sie wichtig und soll mit allem Scharfsinn und aller Gründlichkeit gepflegt werden. Aber sie darf nie Anfang und Ende des erzieherischen Bemühens sein. Es gilt, was PESTALOZZI in seiner Neujahrsrede von 1809, als die Epoche der pädagogischen Methodengläubigkeit erst anbrach, klar erkannt und ausgesprochen hat: „Der Unterricht" (als bloße Summe methodischer Maßnahmen)... „bildet keine Liebe, so wenig er als solcher und an sich Haß bildet. Darum aber ist er auch nicht das Wesen der Erziehung. Die Liebe ist ihr Wesen."

Zürich, Neujahr 1959 *Hans Aebli*

I. Das System der zwölf Grundformen und die drei Dimensionen didaktischer Kompetenz

Dieses einleitende Kapitel dient verschiedenen Zielen. Als erstes zeigen wir, wie werdende Lehrer nach unserer Vorstellung Didaktik lernen sollten, nämlich in einem Prozeß schrittweiser Entwicklung aus ihrer alltäglichen Vorerfahrung heraus, und wie man daher über didaktische und psychologisch-pädagogische Zusammenhänge reden und schreiben sollte, nämlich in der „Mutter-Sprache" der Lehrer, und nicht chinesisch. Sodann zeigen wir, wie man dieses Buch gemäß seinem Grundanliegen benützen kann – oder sollte: in engem Zusammenhang mit unterrichtspraktischen Übungen. Sodann begründen wir das System der zwölf Grundformen, das dem Buch zugrunde liegt. Es ergibt sich aus der Unterscheidung einer Dimension des Mediums, der inhaltlichen Struktur und der Funktion im Lernprozeß. Schließlich möchten wir zeigen, daß dahinter mehr als ein System der theoretischen Psychologie steht: den drei Dimensionen der Grundformen entspricht eine bestimmte Vorstellung von der Struktur didaktischer Kompetenz.

Didaktisches Denken und didaktische Praxis aus der Alltagserfahrung entwickeln

Der Anlaß zur Abfassung dieses Buches war eine Lehrveranstaltung in Allgemeiner Didaktik, die der Verfasser während vieler Jahre mit 20jährigen Lehrerstudenten in der allerersten Phase ihrer beruflichen Ausbildung durchgeführt hat. Keiner hatte je vor einer Klasse gestanden; unterrichten war für sie eine neue Tätigkeit, denn die meisten von ihnen hatten vor wenigen Wochen ihre Schulbildung mit dem Abitur abgeschlossen. Ein halbes Jahr später standen die meisten schon sehr natürlich vor den Übungsklassen, und sie hatten eine erste Vorstellung von der Art, wie man eine Unterrichtsaufgabe an die Hand nimmt. Die fachdidaktische Ausbildung ergänzte und vertiefte in der Folge den einführenden Kurs in Allgemeiner Didaktik.

Seit jener Zeit hat der Verfasser den Kurs vielfach überarbeitet und erweitert, zum Teil auch den Bedürfnissen einer veränderten – nämlich universitären – Lernumwelt angepaßt. Der Grundgedanke ist jedoch der gleiche geblieben: junge Menschen von ihrer außerschulischen Erfahrungswelt her schrittweise in die Welt des Lehrens einzuführen. Damit ist gesagt, daß wir meinen, jeder Mensch bringe aus seiner Alltagserfahrung die Fertigkeiten und Fähigkeiten mit, die er zu den Fähigkeiten und Fertigkeiten des Lehrens, also zur „Lehrbefähigung", erweitern und vertiefen kann. Lehrbegabung ist weder eine geheimnisvolle Naturanlage noch eine Wissenschaft, die man im Menschen aus dem Nichts aufbauen kann. Lehrbefähigung baut sich aus elementaren Verhaltensweisen auf, die sie im Alltag entwickelt haben, und sie differenziert sich aus Tätigkeiten heraus, die jeder Mensch im Kontakt mit seinen Mitmenschen an den Tag legt. Jedermann hat anderen Menschen über eigene Erlebnisse *erzählt,* jeder hat einem anderen *gezeigt,* wie man ein Werkzeug oder ein Gerät handhabt, jeder hat einen anderen auf etwas *aufmerksam gemacht,* das dieser in einem Objekt oder in einem Bild nicht gesehen, in einem Text nicht bemerkt hat, und jeder hat einen anderen darauf hingewiesen, wie man etwas besser sagen oder *schreiben* kann. Desgleichen hat jeder schon einmal über den *Aufbau einer Handlung* nachgedacht, die ihm zum Problem geworden ist, und diese Überlegungen hat er auch bei mathematischen *Operationen* angestellt, die ihm nicht selbstverständlich gelingen wollten. Schließlich hat sich jeder mit einem anderen über den Inhalt gewisser *Begriffe* gestritten und über ihre wesentliche Struktur nachgedacht. Jeder hat seine Leistungen durch *Üben* zu steigern versucht und das Gelernte in neuen Situationen *angewendet.*

Das ist also die Grundhaltung dieses Buches: schulisches Lehren setzt natürliche Verhaltensweisen fort, die jedermann in den zwischenmenschlichen Austauschprozessen des Alltags entwickelt. Darum kann man auch in einer verständlichen Sprache über das Lehren sprechen und schreiben. Es ist ein Schwächezeichen für eine sozialwissenschaftliche Theorie, wenn sie nicht in Begriffen formulierbar ist, die dem Denken des Alltags nahestehen, mindestens aus diesem hervorgehen und auf dieses zurückwirken können. Natürlich verfolgt jede Theorie, auch die didaktische, das Ziel, ihre Begriffe und ihr Wissen systematisch zu fassen und in durchsichtiger Weise zu verknüpfen, und dies erfordert Abstraktion und ein gereinigtes, ökonomisches Vokabular. Aber es soll so beschaffen sein, daß es den Lernenden ständig an seine nicht-wissenschaftliche Vorerfahrung erinnert und daß es ihm möglich wird, diese Vorerfahrung im Lichte der neuen Erkenntnisse aufzuarbeiten und besser zu ordnen. Wenn man dem Studierenden dies nicht möglich macht, wird er das neu erworbene Wissen getrennt vom Alltagswissen speichern („schubladisieren"), und die Chance ist groß, daß es nach dem Eintritt in die Praxis schubladisiert bleibt oder daß der junge Lehrer es nach dem berühmten Praxisschock fallen läßt und auf die Faustregeln zurückfällt, die er aus seiner eigenen schulischen und alltäglichen Vorerfahrung übernommen hat. Daß diese den Erfordernissen eines modernen Unterrichts nicht genügen liegt auf der Hand. So kann man die Regel formulieren: je chinesischer die erziehungswissenschaftliche Lehre in der Lehrerbildung dargestellt wird, desto größer der Praxisschock und desto stärker die Tendenz zum Rückfall in vorwissenschaftliche Verhaltensweisen nach dem Eintritt in die Praxis.

Wie man dieses Buch benützen kann

Weil dieses Buch an die natürliche Vorerfahrung des Lehramtskandidaten anknüpft, ist es auch möglich, die darin vermittelten theoretischen Einsichten vom ersten Kapitel an in die Praxis umzusetzen. Das erste betrifft das Erzählen und Referieren. Das macht es möglich, daß man schon in den ersten Tagen eines Kurses in Allgemeiner Didaktik mit den Lehramtskandidaten in die Schule geht und sie eine Geschichte erzählen oder über einen interessanten Vorgang berichten läßt. In der Folge kann man jedes weitere didaktische Kapitel unmittelbar in Unterrichtsübungen umsetzen, wobei sich die folgende Zeiteinteilung bewährt hat:
– drei Zeiteinheiten psychologisch-didaktische Theorie
– eine Zeiteinheit Vorbesprechung einer dazu passenden Unterrichtsübung
– eine Zeiteinheit Unterrichtsübung durch Lehrerstudenten (anfänglich Teillektionen, später ganze Lektionen)
– eine Zeiteinheit Nachbesprechung der Unterrichtsübung[1].

Die Beziehung von Theorie und Unterrichtsübung kann auf zwei verschiedene Weisen hergestellt werden. Die Unterrichtsübung kann einmal am Anfang des Kapitels stehen. Sie wird im einzelnen vorbesprochen, daraufhin gehalten und sodann gemeinsam diskutiert. In der Folge werden die allgemeinen Prinzipien aus dem Einzelfall herausgelöst. Dies ist der *induktive* Weg; der umgekehrte, *deduktive* Weg ist ebenso fruchtbar, denn das theoretische Kapitel kann auch am Anfang stehen. Es wird so vorgetragen und diskutiert, wie es in diesem Buch zu lesen ist. Sodann stellt der Dozent der Lehramtskandidaten die Aufgabe, die allgemeinen Prinzipien in einer Lektion zu verwirklichen, die in der Folge praktisch durchgeführt wird. Die Vorbesprechung der Lektion stellt also eine Anwendung des behandelten didaktischen Stoffes auf den speziellen und konkreten Fall dar. Sodann wird die Lektion gehalten: die Lehrerstudenten sehen, ob sich die

[1] Der Verfasser hat diesen Kurs jeweils über 16 Wochen in einem Wintersemester mit sechs Wochenstunden, also in insgesamt 100 Stunden, durchgeführt. Die oben genannten Unterrichtseinheiten stellen in diesem Falle Lektionen von 45–50 Minuten dar.

erarbeiteten Prinzipien auch bewähren. Beide Wege sind wertvoll und sollten abwechslungsweise begangen werden.

Wenn wir auch die Verhaltensweisen des Lehrens und die diese Verhaltensweisen fundierenden theoretischen Einsichten aus dem Alltagsverhalten und -denken heraus zu entwickeln suchen, so ist das Ziel trotzdem ein wissenschaftlich vertieftes Verständnis von Lehr- und Lernprozessen. Darum die Einteilung der folgenden Kapitel in einen psychologischen und einen didaktischen Teil. Im ersten Teil werden die theoretischen Grundlagen gelegt und die Begriffe eingeführt, die uns die Augen für das didaktische Geschehen öffnen. Im zweiten Teil entwickeln wir die Regeln, die das Vorgehen und das Verhalten des Lehrers im Unterricht leiten. Auf die Probleme, die mit einer *psychologischen* Grundlegung von Didaktik zusammenhängen, kommen wir im Schlußkapitel dieses Buches zurück. Wir erklären dort, wie wir das Verhältnis von psychologischer Einsicht und didaktischem Handeln sehen. Hier zeigen wir nun die Aufbauprinzipien, die dem System der zwölf Grundformen zugrunde liegen.

Drei Dimensionen des Lehrens und Lernens

Äußerlich gesehen, umfaßt das Buch drei Teile. Im *ersten Teil* beschreiben wir fünf Grundformen des Lehrens, die sich gemäß dem Medium unterscheiden, in dem der Schüler seine Erfahrung bildet und der Lehrer ihm diese nahebringt. Der Aufbau der Inhalte wird in diesen Kapiteln vorerst nicht thematisiert. Sie sind dem Schüler aufgrund seines Alltagsdenkens zugänglich. Der Lehrer lernt die besonderen Chancen und Probleme kennen, die mit den Medien der Kommunikation und der Erfahrungsbildung zusammenhängen. In einem ersten Kapitel, das dem Erzählen und Referieren gewidmet ist, stellt sich ihm die Aufgabe, dem Schüler das Geschehen einer Geschichte und ihren situativen Rahmen im Medium der gesprochenen Sprache nahezubringen. Dazu ist es nötig, daß er Einsicht in die Unterscheidung von Zeichen und Bedeutung und in den Vorgang der sprachlichen Kommunikation gewinnt. Im zweiten Kapitel wird den Schülern eine Tätigkeit als Verhaltensmodell vorgezeigt. Sie ahmen es nach und üben sodann diese Tätigkeit. Sie erwerben also eine Erfahrung im Bereich des enaktiven Mediums, vermittelt durch Beobachtungslernen. Das nächste Kapitel ist der Objekt- und Bildbetrachtung gewidmet: das Medium der Erfahrungsbildung ist hier ein anschauliches. (BRUNER nennt es ein „ikonisches".) Die vierte und die fünfte Grundform sind schließlich dem Lesen und dem Verfassen von Texten gewidmet. Das Medium ist hier die geschriebene Sprache.

Wir haben gesagt, daß der Lehrer die Chancen und die Probleme der Kommunikation in den drei elementaren Medien und in denjenigen des Lesens und Schreibens erfahren soll. Er muß also lernen, seine Sprache beim Erzählen und Referieren so zu gestalten, daß ihm die Schüler folgen können und dies auch gerne tun; er muß so vorzeigen, daß den Schülern die nachfolgenden, eigenen praktischen Versuche, z. B. im Handarbeits-, Zeichen- oder Musikunterricht auch gelingen; er muß einen Gegenstand oder ein Bild mit der Klasse so betrachten, daß sie ihn oder es auch versteht und sich ein inneres Bild davon schafft; er muß einen Text mit der Klasse zusammen so verarbeiten, daß er sich ihr erschließt, und er muß eine Aufgabe der Textproduktion mit der Klasse so in Angriff nehmen, daß den Schülern eine gültige Aussage und ihre Übermittlung an einen Adressaten gelingt.

Die Zielsetzung dieser theoretischen Ausführungen und der entsprechenden Unterrichtsübung geht dahin, daß die Lehrerstudenten ihre kommunikative Kompetenz so entwickeln, daß sie nicht nur mit einzelnen Schülern, sondern mit einer ganzen Schulklasse und mit Kindern verschiedenen Alters und verschiedener Begabung in Kontakt treten und ihnen neue und attraktive Erfahrungen zu vermitteln vermögen. Natürlich sind dazu mehr als ein paar Übungslektionen nötig. Die einzelnen Kapitel dieses Grundkurses können jedoch theoretische Konzepte und Betrachtungsweisen vermitteln, die die weitere Erfahrung der werdenden Lehrer strukturieren und leiten.

Im *zweiten Teil* des Buches wechselt die Perspektive der didaktischen Theorie. Die Medienfrage tritt in den Hintergrund, die Strukturfragen treten hervor. Wir setzen uns zum Ziel, mit den Schülern einige Themen zu behandeln, die theoretisch anspruchsvoll sind, weil nun komplexe gedankliche Strukturen aufgebaut werden müssen. Die Themen betreffen z. B. die Herstellung von Hartkäse in den Alpenländern, das Addieren ungleichnamiger Brüche oder einen Begriff wie denjenigen der Schutzfarbe oder der Ursachen des Bauernkrieges. Damit der werdende Lehrer diese Aufgaben sachgemäß zu lösen vermag, muß er etwas über den Aufbau von Handlungsschemata, von Operationen und Begriffen wissen. Das ist der Inhalt der psychologischen Teilkapitel. Die didaktischen Regeln folgen aus der Natur der aufzubauenden gedanklichen Strukturen.

Der Behandlung dieser drei Grundformen liegt eine bestimmte psychologische und erkenntnistheoretische Auffassung vom Ursprung des Denkens zugrunde. Wir gehen davon aus, daß das mathematische und – allgemeiner – das begriffliche Denken aus dem Handeln hervorgeht, und das genetische Prinzip im Unterricht immer wieder erfordert, daß man diesem handelnden Ursprung des Denkens Rechnung trage. Daher lernt der werdende

Lehrer zuerst mit den Schülern ein Handlungsschema zu erarbeiten. Dann bauen wir eine mathematische Operation und schließlich einen Begriffsinhalt auf. Das sind die Grundformen 6, 7 und 8.

Unter theoretischen Gesichtspunkten sind diese drei Kapitel wohl die gewichtigsten des Buches. Sie setzen eine psychologische Tradition fort, die ihren Ursprung in der Theorie PIAGETS hat. Ihre Erweiterung zu einer Theorie des Lernens und des Lehrens erfordert allerdings wichtige Umstrukturierungen (AEBLI 1963, 1978). Im Schlußkapitel des Buches sagen wir einiges weitere zur Beziehung der hier vertretenen Psychologie zur klassischen Genfer Lehre.

Der *dritte Teil* des Buches wechselt noch einmal den Gesichtspunkt, unter dem das Lernen betrachtet wird. Waren die drei Grundformen im zweiten Teil gemäß den aufzubauenden Inhalten eingeteilt, so beschreiben wir nun vier Grundformen des Lehrens, denen *vier Schritte des Lernprozesses* entsprechen: das problemlösende *Aufbauen* einer Struktur, das *Durcharbeiten* derselben, das *Üben und Wiederholen* zum Zwecke ihrer Konsolidierung und das *Anwenden* in neuen Problemsituationen.

Das ist eine moderne Formalstufentheorie. Es sind die formalen, d. h. inhaltlich nicht bestimmten Stufen, die der Lernprozeß durchlaufen muß, der ein neues Verfahren oder einen neuen Begriff einführt und einsatzfähig macht. Der Gedanke der Formalstufen stammt bekanntlich von den Herbartschülern, insbesondere von ZILLER (1876). In diesem Jahrhundert hat man fast nur Schlechtes über die Idee der Formalstufen zu sagen gewußt. Vielleicht ist heute der historische Abstand genügend groß, so daß wir wieder fähig werden, den Gedanken unvoreingenommen zu prüfen und ihn dort aufzunehmen, wo er stehen geblieben ist, als die Didaktik des 19. Jahrhunderts von der Reformpädagogik der Jahrhundertwende abgelöst wurde. Unabhängig vom Erscheinen der neuen Grundformen scheint sich ja heute die längst fällige Herbart-Renaissance anzubahnen, nicht im Sinne einer einfachen Rückkehr, sondern im Sinne eines vertieften Verständnisses des großen Psychologen und Pädagogen und der Würdigung seiner historischen Leistung. Erich GEISSLER (1970) hat dazu einen guten Anfang gemacht.

Den drei Teilen des Buches entsprechen also drei Dimensionen, unter denen wir das unterrichtliche Geschehen betrachten: eine Dimension der Medien, eine Dimension der Inhalte und eine Dimension der Funktionen im Lernprozeß. Es liegt im Wesen eines Systems von drei Dimensionen, daß sich jeder Wert auf der einen Dimension mit jedem Wert auf den anderen beiden Dimensionen zu einer sinnvollen Teilerscheinung verbindet. Man kann das System der Grundformen daher als einen Körper darstellen, in dem die Dimension des Mediums die Breite, diejenige der Inhalte die Höhe und diejenige der Funktionen im Lernprozeß die Tiefe darstellen (Abb. 1).

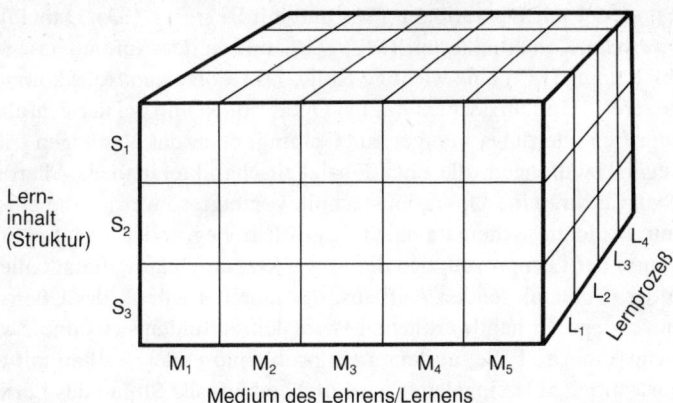

Abb. 1. Das drei-dimensionale System der Grundformen: fünf Varianten der medialen Vermittlung (M) zwischen Schüler und Lehrer und Schüler und Sache entsprechen dem Erzählen und Referieren, dem Vorzeigen und Nachmachen, der gemeinsamen Objekt- und Bildbetrachtung, dem Lesen und dem Schreiben. In der Dimension der Lerninhalte oder Strukturen (S) unterscheiden wir Handlungsschemata, Operationen und Begriffe und in der Dimension der Funktionen im Lernprozeß (L) das problemlösende Aufbauen, das Durcharbeiten, das Üben/Wiederholen und das Anwenden.

Die Multiplikation der 5 x 3 x 4 Werte ergibt 60 Zellen im Körper der Grundformen. Selbstverständlich haben wir keinen Versuch gemacht, die 60 möglichen Kombinationen von medialen, inhaltlichen und die Lernfunktionen betreffenden Werten zu beschreiben. Für die fünf Grundformen, die sich nach dem Medium der Kommunikation definieren, haben wir – wie gesagt – in der Regel einfache Inhalte gewählt. Bei der Objekt- und Bildbetrachtung (M_3) haben wir allerdings angedeutet, daß sie über den Bereich der Darstellung konkret-praktischer Vorgänge und Situationen hinausreichen (S_1) und komplexere theoretische Zusammenhänge betreffen kann (S_2, S_3); für das Lesen (M_4) und Schreiben (M_5) postulieren wir explizit eine Erweiterung der Inhalte über die herkömmlichen Themen des Lese- und des Aufsatzunterrichts. In allen Fächern soll lesende Textverarbeitung geübt und reflektiert werden und in allen Fächern, auch in den mathematisch-naturwissenschaftlichen, sollen Texte verfaßt und Probleme der sprachlichen Darstellung begrifflicher Zusammenhänge besprochen und gelöst werden.

Lernprozesse, mit ihren vier Funktionen des problemlösenden Aufbaus (L_1), des Durcharbeitens (L_2), des Übens (L_3) und des Anwendens (L_4), vollziehen wir mit allen drei Typen von Inhalten, nämlich mit Handlungsschemata (S1), mit Operationen (S2) und mit Begriffen (S3). Dabei findet sicher verbale Kommunikation (M1) statt, und in der Aufbauphase spielt die Anschauung (M3) eine wichtige Rolle. Das Vorzeigen (M2) kommt bei komplexeren Handlungsschemata, bei Operationen und bei der Einführung von Begriffen allerdings weniger zur Geltung, denn das Vorzeigen trifft in der Regel Handlungen, die eher Fertigkeitscharakter haben. Allerdings: wenn der Chirurg eine Operationstechnik vorzeigt, so werden die entsprechenden Handlungsschemata auch begrifflich begründet und begrifflich gefaßt, und der Lernprozeß, den der junge Arzt durchläuft, umfaßt alle vier Stufen des problemlösenden Aufbaus, des Durcharbeitens, des Übens und des Anwendens. In handwerklichen Berufslehren finden sich ohne Zweifel zahlreiche ähnliche Fälle, in denen ein problemlösender Aufbau mit einer Demonstration (M2) eingeleitet wird und sodann alle Stufen des Lernprozesses (L1 bis L4) durchlaufen werden.

Man erkennt: auch wenn wir in diesem praktisch angelegten Buch nicht den Versuch machen, das System der Grundformen des Lehrens in seinen 60 möglichen Ausprägungen zu explizieren, so sind diese darin doch angelegt, und es ist mindestens ein interessantes Problem, über die Variationen des Lehrens und Lernens nachzudenken, die sich aus der Wahl dieser drei Dimensionen ergeben.

Drei Dimensionen der didaktischen Kompetenz

Was meinen wir, wenn wir von einem Lehrer sagen, daß er sein Handwerk beherrscht? Wir meinen einmal, daß er über eine lebendige Sprache verfügt, mit der er die Schüler anzusprechen vermag. Dies wird sich dann am deutlichsten zeigen, wenn er berichtet und erzählt. Aber dieses Verfügen über eine Sprache ist mehr als eine individuelle Fähigkeit: es ist eine soziale Kompetenz. Die Sprache des Lehrers muß Kommunikation ermöglichen, und sie muß den Schüler erreichen. Sie tut dies, wenn es ihr gelingt, in der Seele des Kindes eine Resonanz auszulösen, die auf der Gleichstimmung zweier Instrumente, auf der Übereinstimmung zweier Repertoires von Sachvorstellungen, von Gefühlen und von Werthaltungen beruht.

Wir meinen sodann, daß der Lehrer in einem tiefen Sinn handlungsfähig, „praktisch" sein sollte: daß sein Wissen bis hinunter zur Fähigkeit der praktischen Verwirklichung reiche, daß er – mit anderen Worten – nicht nur *über* das Handeln der Menschen zu reden wisse, sondern Handeln selber vorzuleben vermöge: sprechend, schreibend, zeichnend, ein Instrument spielend, mit dem Pinsel, mit dem Spaten, mit dem Schraubenschlüssel.

Drittens meinen wir, daß der Lehrer Augen haben müsse, zu sehen, und Ohren, zu hören, daß er selber fähig sei, etwas an einer Sache, in einem Bild zu sehen, etwas in einem Musikstück zu hören, und daß er daher den Schülern Augen und Ohren zu öffnen vermöge, für die innere Gestalt, den Aufbau und das Funktionieren einer Erscheinung der Natur und der Kultur. Wenn der Lehrer in dieser Weise über die elementaren Medien der Erfahrungsbildung verfügt, so besteht eine gute Chance, daß er auch eine Beziehung zur geschriebenen Sprache hat und den Schülern helfen kann, mit Texten zurecht zu kommen, sei es, daß es sich darum handle, in sie verstehend einzudringen und sie zu verarbeiten, sei es, daß Texte schreibend (und sprechend) erzeugt werden sollen.

Kompetenz im Bereiche der psychologischen Medien ist Kompetenz in den Ausdrucksmitteln und in den Mitteln der Verwirklichung geistiger Gehalte. Darum gibt es keine mediale Kompetenz ohne Inhalte. Es gibt keine Sprachbeherrschung, ohne daß man etwas zu sagen hat, keine praktische Hand ohne technisches Wissen, keine Wahrnehmungsfähigkeit ohne Sachkenntnisse im Bereich der betrachteten Objekte. Desgleichen gibt es kein Lesenkönnen, ohne daß man etwas von der Bedeutung des Gelesenen versteht, und kein Schreibenkönnen, ohne daß man weiß, wovon man schreibt.

Darum gibt es auch keine didaktische Kompetenz ohne strukturiertes, inhaltliches Wissen. Man kann nicht Lehrer werden und Lehrer sein, ohne etwas von den Dingen zu verstehen, die man vermittelt. Es ist einer der verhängnisvollsten Irrtümer einer schiefen Didaktik und Pädagogik, zu glauben, daß man den Lehrer davon dispensieren könne, etwas von der Sache zu verstehen, die er zu vermitteln hat und ihn zu einem Betätiger von „Unterrichtsmedien" zu degradieren.

Die zweite inhaltliche Dimension unseres Modells der Grundformen ruft das in Erinnerung: Die Medien sind Medien der *Erfahrungsbildung,* und diese Erfahrung hat einen Inhalt. Die ersten Inhalte des geistigen Lebens sind die Schemata des Handelns. In den mathematischen Operationen wird das menschliche Handeln abstrakter und systematischer; im Begriff fassen wir den Vorgang und machen ihn zur quasi-objektiven Gegebenheit. So gelangen wir von der handwerklichen Konstruktionshandlung zur geometrischen Operation, und indem wir die Handlung oder die Operation und ihren Gegenstand abstrakt und systematisch betrachten, bilden wir einen Begriff, z. B. denjenigen des rechten Winkels oder der Schutzfarbe. KERSCHENSTEINER (1928a) hat dazu das klassische Beispiel der Konstruktion eines Starenkastens geliefert. Diese handwerkliche Arbeit setzt sich in geometrischen Überlegungen fort und steht in direktem Zusammenhang mit einer ganzen Anzahl biologischer Zusammenhänge und Begriffe.

So erweitert sich unser Bild des Lehrers und des Lehrens um seine inhaltliche Dimension: er *kann* nicht nur etwas, er *weiß* auch etwas von der Welt. Er verfügt im Bereich der Unterrichtsstoffe, die er vertritt, über ein reiches und strukturiertes Sachwissen. Unnötig zu sagen, daß er dies nicht einfach am Ende seiner Ausbildung „hat", sondern daß dessen Aufbau eine Lebensarbeit darstellt.

Nun muß aber eine dritte Dimension dazu kommen. Das Sachwissen, das sich in einer psychologischen Dimension verwirklicht, will vom Schüler in einem Lernprozeß erworben werden. Wir gliedern diesen Vorgang in einen solchen des Aufbaus, des Durcharbeitens, des Übens/Wiederholens und der Anwendung. Das ruft uns zunächst in Erinnerung, daß es kein Wissen gibt, das man dem Schüler einfach geben könnte. Er muß es in jedem Falle selber aufbauen. Wir können ihm dazu nur Anstöße geben und es richtig anzuleiten versuchen, wo er aus eigener Kraft nicht dazu gelangt. Wir müssen – mit anderen Worten – in seinem Denken und Verhalten Prozesse des Problemlösens anzubahnen versuchen, bei deren Lösung er zu den Handlungsschemata, den Operationen und den Begriffen gelangt, die wir ihm vermitteln möchten. Wenn wir es so einrichten, wird es uns zugleich gelingen, ihn zum Lernen zu motivieren, mindestens schaffen wir die besten Voraussetzungen dafür. Aber das Ziel ist nicht bloß der Aufbau eines widerspruchslosen und der Wirklichkeit angemessenen Wissens. Es geht nicht darum, den Geist zu „möblieren", wie wir immer wieder sagen werden. Es geht darum, dem Schüler ein einsatzfähiges Instrumentarium von geistigen Werkzeugen zu vermitteln und ihn dazu in die Lage zu versetzen, dieses auch zu gebrauchen. Diesem Ziel dienen die nächsten drei Stufen des Lernprozesses, das Durcharbeiten, das Üben und das Anwenden.

Unter dem Gesichtspunkt der didaktischen Kompetenz bedeutet dies, daß der Lehrer um den Ablauf von Lernprozessen weiß, theoretisch und praktisch, daß er ein Gefühl für die Abfolge der notwendigen Phasen (oder „Funktionen") des Lernprozesses hat: daß auf die Erarbeitung eines Verfahrens oder eines Begriffes ein Durcharbeiten folgen muß, daß in der Übung und Wiederholung die Verfahren und Begriffe sodann konsolidiert werden müssen, und daß der Schüler die Gelegenheit erhalten muß, sie in neuen Situationen, vor neuen Fällen anzuwenden – weil das Leben ja auch immer Anwendung des Gelernten in neuen Situationen bedeuten wird.

Der gute Lehrer weiß um diese Notwendigkeiten des Lernens. Er vermag sozusagen am eigenen Leibe zu spüren, was er mit den Schülern tun muß, damit sich in ihnen die angestrebten Lernprozesse ereignen. Das ist die vierte Dimension der didaktischen Kompetenz.

Nun wird man sich mit HERBART fragen, ob ein solcher Unterricht auch erzieherisch sei, ob die so verstandene didaktische Kompetenz – mit anderen Worten – auch eine erzieherische Kompetenz sei. Wir glauben es. Ein Lehrer, der die Inhalte des Unterrichts bezüglich ihres intellektuellen, affektiven und ihres werthaften Gehaltes so reflektiert, wie wir es in diesem Buch verlangen, und der sie so glaubwürdig vorzuleben vermag, daß Beobachtungslernen möglich und sinnvoll wird, ein Lehrer weiter, der über die grundlegenden Medien mit den Schülern und mit der Sache in Kontakt zu treten vermag, ein Lehrer schließlich, der ein tiefes und unmittelbares Verständnis vom Verlauf der Lernprozesse im Schüler hat, ein solcher Lehrer wird ihr Denken und Tun in den Jahren der gemeinsamen Arbeit und des gemeinsamen Erlebens entscheidend prägen. Didaktische Kompetenz ist auch erzieherische Kompetenz, denn Erziehung kann man nicht inhaltsfrei, sozusagen von Seele zu Seele betreiben. Erziehung ereignet sich immer und überall anläßlich der Begegnung von Menschen über einer sachlichen Aufgabe.

ERSTER TEIL:
In fünf Medien lehren

Der erste Teil dieses Buches umfaßt fünf Kapitel. Diese zerfallen in zwei Untergruppen, die Kapitel II bis IV und die Kapitel V und VI. Die ersten drei waren immer Teil der „Grundformen", die beiden folgenden sind neu.

Die Grundformen 1, 2 und 3 sind inhaltlich nicht schwierig. Es geht um Geschichten oder Berichte, praktische Fertigkeiten, um ein konkretes Objekt oder sein Bild. Wenn wir uns fragen, was der Schüler als Ergebnis der entsprechenden Lektionen in sein Wissen aufgenommen hat, so lautet die Antwort: eine Handlungsepisode mit ihrer Szenerie (dem „Setting"), eine Handlungsvorstellung, die die praktische Ausführung einer Fertigkeit leiten wird und das innere Bild des betrachteten Gegenstandes oder Bildes. Wenn wir die psychologische Untersuchung dieser Unterrichtsergebnisse noch einen Schritt weiter treiben, so stellen wir fest, daß die Geschichte primär sprachlich, die Fertigkeit als praktisches Wissen, ein „Wissen der Hand" und das Bild als ein anschauliches Vorstellungsbild gespeichert ist. Es ist ein Wissen in drei verschiedenen psychologischen Medien, in einem symbolischen, einem enaktiven und einem ikonischen Medium (BRUNER (1966). Das ist also das Ziel der ersten Unterrichtsübungen: dem Schüler eine Erfahrung in drei verschiedenen Medien zu vermitteln. Damit dies möglich wird, muß der werdende Lehrer lernen, drei Grundformen des Lehrens zu handhaben: das Erzählen, das Vorzeigen und das gemeinsame Betrachten eines Objektes oder Bildes. Diese Formen des Unterrichtens führen ihrerseits verschiedene Medien der Kommunikation zwischen Lehrer und Schüler ins Spiel: die sprachliche Darstellung, die praktisch-handelnde Demonstration, und den sprachlichen Kommentar, der die Wahrnehmung des Schülers leitet. Man erkennt, daß die Vorgänge schon hier verwickelter werden: Zwar entspricht das Medium der Vermittlung beim Erzählen und Vorzeigen dem Medium, in dem der Schüler das Ergebnis speichert: es ist die Sprache und die Handlung. Aber die Anleitung zur Wahrnehmung geschieht sprachlich, während das Ergebnis eine bildhafte Vorstellung ist. Auch wenn man sich fragt, wie sich Lehrer und Schüler eine Geschichte vergegenwärtigen, wird unmittelbar klar, daß dies nicht nur sprachlich, sondern teilweise auch anschaulich geschieht, und beim genaueren Hinsehen wird man in den Vorstellungen der Schüler sogar Handlungsskizzen entdecken. Das wird deutlich, wenn man die Schüler beim Zuhören betrachtet: wenn der Koch im Dornröschen sich anschickt, dem Lehrling eine

Ohrfeige zu verabreichen, ziehen einige Schüler den Kopf ein, und wenn Wilhelm Tell im Sturm aus dem Boot ans Ufer springt und sich in die Freiheit rettet, so springen einige Schüler im Geiste mit...

Alle Unterrichtsvorgänge sind komplex. Aber der Lehramtskandidat soll die großen Linien kennen lernen, und sie sind bei den ersten drei Grundformen durch die drei Medien der gesprochenen Sprache, der Handlung und des Bildes gegeben.

Unter praktischen Gesichtspunkten sind die Grundformen 4 und 5 leicht zu kennzeichnen: Wir leiten die Schüler zum Lesen und zum Schreiben an. Dabei denken wir nicht so sehr an die Technik des Lesens und Schreibens als an die Verarbeitung gelesener Texte und an das schreibende Herstellen von Texten. Das sind nun komplexe Vorgänge, die die Psychologie erst in den letzten Jahren einigermaßen geklärt hat. Kein Wunder, daß auch in der Didaktik sehr unterschiedliche Auffassungen über den Lese- und Literaturunterricht und über den Aufsatzunterricht bestehen.

Es geht hier um *geschriebene* Sprache: ihr entnimmt der Schüler lesend Sinn, in sie legt er den Sinn oder die „Botschaft", die er übermitteln möchte. Das Medium ist hier also noch einmal ein symbolisches. Aber wir wissen heute, daß gesprochene und geschriebene Sprache sehr verschieden aufgenommen und erzeugt werden. Die Vorgänge beim Lesen unterscheiden sich grundlegend von den Vorgängen beim Verstehen von gesprochener Sprache, und ebenso verschieden ist das Schreiben vom Reden. Beim Lesen ist der Anteil der Verarbeitung viel größer als beim Hören von Sprache, und das Schreiben erfordert eine sehr viel bewußtere Konzentration auf die Sache als das durch die konkrete Situation gestützte, von ständiger Rückmeldung begleitete Sprechen zu einem lebendigen Partner. Dem hat der Lese- und der Schreibunterricht Rechnung zu tragen.

II. Grundform 1: Erzählen und Referieren

HOMER, WALTER VON DER VOGELWEIDE, der irische Dichter TOMÁS O'CROHAN sind wohl nie zur Schule gegangen. Wie haben sie sprechen, denken und handeln gelernt? Bei TOMÁS O'CROHAN (1958) kann man es nachlesen: Auf der kleinen, vom Atlantik umbrandeten Insel an der Südwestspitze Irlands war es selbstverständlich, daß die Kinder und Jugendlichen an den Tätigkeiten der Eltern und Nachbarn teilnahmen. Der junge O'CROHAN wurde vom Vater im kleinen, zerbrechlichen Ruderboot zum Fischen mitgenommen. Auf dem Festland nehmen Bauern- und Handwerkerkinder an der Arbeit ihrer Eltern teil. Noch heute dürfen die Buben und Mädchen im Schweizer Kanton Glarus „im Ring" den Verhandlungen der Landsgemeinde beiwohnen. Bei den meisten primitiven Stämmen haben die Kinder bei der Vorbereitung und Durchführung der Feiern und Zeremonien ihre bestimmte Rolle.

Wir nennen das *Sozialisation:* das Kind nimmt teil an den Tätigkeiten der Gemeinschaft, die es umgibt. Es arbeitet, feiert, fühlt und leidet mit seinen Nächsten mit und übernimmt dabei die Vorstellungen, das Wissen und die Einstellungen, kurz, die Kulturtechniken und die Werthaltungen, die in den Gemeinschaften lebendig sind (MEAD & WOLFENSTEIN 1955). Nun findet man in Kulturen, die weder über Bücher noch Schulen verfügen, einen Vorgang, der die schriftliche Überlieferung ersetzt: das *Erzählen*. Eltern erzählen ihren Kindern und die Alten den Jungen. Begabte und erfahrene Erzähler unterhalten mit ihren Geschichten die weniger Begabten und Erfahrenen. Gegenstände der Berichte sind Sagen, vergangene Ereignisse, aber auch Selbsterlebtes und Selbstbeobachtetes.

Die modernen Medien, angefangen mit dem Buchdruck und reichend bis zum Fernsehen, haben die ursprünglichen Formen der Sozialisation fast überall zurückgedrängt. An die Stelle der Teilnahme (participation) und der mündlichen Überlieferung durch Erzählen tritt die schriftliche Überlieferung und der durch die übrigen Medien vermittelte, mittelbare Kontakt mit den Ereignissen: die wenigsten Kinder haben erlebt, wie ein Haustier ein Junges gebärt, noch haben sie gesehen, wie ein Gerät des täglichen Gebrauchs hergestellt wird, geschweige denn, daß sie je geholfen hätten, eine Ernte einzubringen. Andererseits aber haben sie auf dem Fernsehschirm gesehen, wie das Space Shuttle landete, Winnetou seine Taten vollbringt und chinesische Reisbauern ihre Felder bestellen. Aber diese letzteren Erfahrungen sind zu oberflächlich, zu bruchstückhaft, um den Verlust an unmittelbarer und direkter Erfahrung auszugleichen. Auch die

Erfahrungs- und Wissensbildung in der Schule ist trotz aller moderner Hilfsmittel und Methoden noch heute weithin eine künstliche und theoretische, und ihren Lernergebnissen haftet so sehr „die Blässe des Gedankens" an, daß vielen überhaupt nicht bewußt wird, daß auch hier Erfahrungsbildung und Sozialisation stattfindet, nur eben auf weithin verbale Weise.

Allerdings: das Wort des Lehrers braucht nicht blaß und bedeutungsarm, bloßer „Schall und Rauch" zu sein. Es gibt eine Form der Mitteilung von Ereignissen und Tatsachen, die lebendig ist, unmittelbar anspricht und lebhafte Eindrücke vermittelt, wenn auch das Medium ein ganz und gar sprachliches ist: die Erzählung und der Bericht. Warum diese Wirkung? Weil die Erzählung aus dem Munde eines lebendigen Menschen kommt und weil Erzähler in der Regel aus lebendiger Erfahrung und lebhaften Vorstellungen heraus berichten. Denn wenn sie diese nicht in sich tragen, so wagen sie auch nicht hinzustehen und zu erzählen. Dann behandeln sie Lesestücke und lassen Bilder kommentieren!

Damit ist das erste Problem gestellt, das wir hier behandeln wollen: Sollen Lehrer in der Schule schildern und erzählen? Welche Bedingungen müßten erfüllt sein, damit Schüler gerne zuhören und dabei etwas lernen, und auch die Lehrer Spaß am Erzählen haben? Und welche psychologischen Vorgänge müssen sich abspielen, damit wir mit unseren Erzählungen die Schüler erreichen, ihnen etwas mitgeben und ihre Erfahrung bereichern?

Psychologischer Teil
Sprachliche Kommunikation

Das Erzählen ist eine ursprüngliche Art der Begegnung. Wenn wir jemandem bei einer längeren Erzählung zugehört haben, so kennen wir nicht nur die Geschichte, die erzählt worden ist, sondern ebensosehr den Menschen, der sie erzählt hat. Die meisten Kinder lieben es, Erzählungen zuzuhören. Kleinen Kindern kann man die gleiche Geschichte wieder und wieder erzählen. Aber noch größere Kinder können einen Lehrer nach einer spannenden Erzählung mit der Bitte überraschen: „Erzählen Sie es gerade noch einmal!" (So ist es dem Verfasser als jungem Lehrer jedenfalls geschehen, als er mit Begeisterung und in lebhaften Farben eine Episode aus der frühen Geschichte der Schweiz erzählt hat.) Auch Erwachsene lieben es noch, Erzählungen zuzuhören, z. B. wenn jemand von seinen Reisen oder seinen Erfahrungen mit Menschen und Tieren zu erzählen weiß.

Was macht das Erzählen so beliebt, was wird erzählt und was geht dabei vor? Die ersten beiden Fragen können wir in einem beantworten: Der Kern einer Erzählung ist die Episode (RUMELHART 1975). Episoden aber umfassen Ereignisse (events) und die Reaktionen von Menschen oder Tieren auf die Ereignisse. Etwas allgemeiner kann man sagen: Erzählungen geben das Handeln und Erleiden von lebendigen Wesen wieder. Sie spielen sich in einer räumlich und zeitlich bestimmten Situation, in einem „setting" ab, auf einer Szene sozusagen: Robinson erkundet die Insel, auf die er sich aus dem Schiffbruch hat retten können, Wilhelm Tell wehrt sich gegen einen grausamen Tyrannen, Lesseps baut unter schwierigen Umständen den Suezkanal, Livingstone sucht im dunklen Afrika des 19. Jahrhunderts nach dem verschollenen Stanley. So wenigstens die klassischen Geschichten.

Auch der Lehrer selbst, der eine Reise getan hat, wird seine Schüler mit der Erzählung fesseln, wenn in ihrem Verlauf etwas passiert, das seine Reaktion erfordert, oder wenn er durch sein eigenes Handeln Probleme und Schwierigkeiten erzeugt hat, die Problemlösen erfordern. Nicht jede Erzählung braucht abenteuerlich zu sein. Damit sie aber Interesse weckt und den Hörer neugierig macht, müssen Dinge geschehen, die sowohl neu und unerwartet als auch vertraut sind. Die Neuheit und die Überraschung sorgen für Spannung. Die Vertrautheit der einzelnen Vorgänge ermöglicht das problemlose Verstehen.

Erzählungen haben als Kern handelnde Menschen, sie schildern ihr Tun und Leiden. Im Zusammenhang des Unterrichts ist dabei aber häufig die Szene, auf der dieses geschieht, ebenso wichtig oder wichtiger als die darin ablaufende Episode. Der Geschichtslehrer, der von George Washington erzählt, meint eigentlich die Kolonie, die sich von der britischen Krone emanzipiert und sich anschickt, ein freies Land zu werden, und er meint das ausgehende 18. Jahrhundert in der Neuen Welt. Dem Geographielehrer, der von Lesseps erzählt, geht es nicht so sehr um dessen persönliches Schicksal als um Ägypten und die Seeverbindung zwischen Europa und Asien. Aber es sind die menschlichen Schicksale, die die Szene beleben und aktiv machen. Dem Schüler wird das ausgehende 18. Jahrhundert, wird Ägypten und die Verbindung von Mittelmeer und Rotem Meer interessant, indem er das menschliche Geschehen verfolgt, das sich auf dieser Szene abspielt.

Aber er sieht ja nicht den Film dieser Ereignisse, nicht einmal das Bild der Szene, in der sie sich abspielen! Es sind bloß die Worte des Erzählers, die das Ohr des Schülers erreichen. Wie kann das Aufmerksamkeit und Spannung erzeugen und lebendige Eindrücke vermitteln? An dieser Stelle tritt die Person des Erzählers und ihre Beziehung zum Hörer ins Spiel.

Eine Erzählung wird lebendig, weil sie aus der lebendigen Vorstellung des Erzählers heraus erzeugt wird. Wenn dem Erzähler lebhafte Bilder vorschweben, wenn ihm die Zusammenhänge der Geschichte prägnant vor Augen stehen, wenn ihn das Geschehen der Geschichte selbst begeistert oder wenn das, was er nicht richtig findet, in ihm lebhafte Ablehnung weckt, dann teilen sich diese „Bedeutungserlebnisse" (wie wir sagen werden) dem Hörer mit. Die lebhaften Bilder erstehen auch vor dem Auge des Schülers, die Zusammenhänge werden auch ihm klar, er läßt sich von der Begeisterung – mindestens dem Interesse an der Sache – anstecken. Natürlich kann auf dem Wege der Übermittlung einiges schiefgehen – wir kommen darauf zu sprechen. Trotzdem kann man die Grundregel formulieren: Wo im Lehrer lebendige und klare Bedeutungserlebnisse vorhanden sind, da teilen sie sich auch den Schülern mit. Die Erzählung „kommt an".

Man erkennt damit zugleich die Problematik des Erzählens. Es ist ja nur selten so, daß der Lehrer bei dem Geschehen, über das er berichtet, selbst dabei gewesen ist. Das ist natürlich der ideale Fall, und für Themen aus der Geographie ist das teilweise auch realisierbar. Aber was soll der Geschichtslehrer tun? Und die Lehrerin der Elementarstufe ist auch nicht dabei gewesen, als der Prinz das Dornröschen suchte. Mit anderen Worten: dem Lehrer stellt sich in der Regel die Aufgabe, aufgrund bloßer *Lektüre* jene Bedeutungen in sich aufzubauen, aus denen heraus er erzählt. Das ist eine Leistung. Es erfordert Arbeit und auch eine Portion didaktisches Selbstvertrauen. Wir werden zu sagen haben, wie man sich darauf vorbereitet.

Das *Vorlesen* stellt eine erste Annäherung an das Ideal der selbstgestalteten Erzählung dar. Es hat aber seine Grenzen, wie wir sehen werden, und vor allem steht nicht zu jedem Thema der geeignete Stoff zum Vorlesen zur Verfügung. Darum lohnt es sich, daß der Lehrer lernt, frei zu erzählen.

Väter und Mütter erzählen ihren Kindern Geschichten, ohne etwas von der Psychologie der sprachlichen Kommunikation zu wissen. Auch der angehende Lehrer bringt aus seiner Alltagserfahrung eine natürliche Erzählfähigkeit mit, die er schon vielfältig angewendet hat. Je besser diese entwickelt ist, umso besser werden ihm auch seine ersten Erzählversuche in der Schule gelingen. Darum ist es sinnvoll, in der Lehrerausbildung die ersten einfachen Unterrichtsversuche mit dem Erzählen beginnen zu lassen. Der Kandidat kann dabei einfach auf die Unterrichtssituation übertragen, was er längst gelernt und schon oft getan hat. Aber eine Schulklasse von 25 Schülern ist doch etwas anderes als eine Gruppe von Gleichaltrigen. Die Erfahrung zeigt, daß man beim Erzählen vor einer Kindergruppe zahlreiche Fehler machen kann. Eine grundsätzliche Reflexion des Vorgangs der sprachlichen Kommunikation ist daher hilfreich. Was die natürliche pädagogische Intuition nicht unmittelbar leistet, vermag die psychologische Einsicht zu stützen.

Nun spielen sich in einem Erzähler oder Referenten, der vor einer Klasse oder einem Auditorium steht, außerordentlich vielfältige psychologische Vorgänge ab. Die Übermittlung der Geschichte, also der Sache, ist darin nur ein Teilprozeß. Sozialpsychologische Vorgänge zwischen Schülern und Lehrer spielen beim Erzählen mit: Gefühle der Sicherheit oder Unsicherheit, das Erlebnis, Aufmerksamkeit, Interesse oder Zuwendung zu erzeugen, oder aber die Zuhörer zu langweilen, sie nicht zu erreichen, im Grenzfall sie sich abwenden zu sehen. Von diesen Vorgängen sehen wir vorerst ab, um den ersteren, die Sache betreffenden Vorgang ins Auge zu fassen, den Vorgang der Kommunikation zwischen Menschen durch das Medium der Sprache.

Bedeutungsgehalte im Erzähler: was er zu sagen versucht

Wer erzählt, spricht frei. Der Sprachpsychologe sagt: er „erzeugt Sprache". Wo holt er seine Worte her? Müssen wir uns ein sprachliches Gedächtnis vorstellen, sozusagen einen Wortspeicher, aus dem heraus die Worte abgerufen werden, die die Geschichte bilden? Diese Auffassung ist überholt. Die ganze moderne Sprachpsychologie (HÖRMANN 1976) tendiert dahin, festzuhalten: Sprache wird aus *Bedeutungen* heraus erzeugt. In der Sprache des Alltags: Wer erzählt, hat eine Vorstellung von Ereignissen, den Personen und ihren Zusammenhängen.

Der einfachste Fall ist derjenige des Erzählers, der über ein eigenes Erlebnis erzählt. Nehmen wir an, er habe die Gelegenheit gehabt, das Geflecht von Seen, das man in Mittelfinnland oder an der amerikanisch-kanadischen Grenze findet, im Kanu, nach der Art der Trapper, zu erkunden. Nun erzählt er von seinen Erlebnissen, sei es um der Unterhaltung willen, sei es, daß es um die entsprechenden geographischen Begriffe oder um die Besiedlung von Amerika im 18. Jahrhundert geht. Was heißt hier: „die Erzählung aus den Bedeutungserlebnissen erzeugen"? Es bedeutet, die Handlungen (Rudern, Kurs halten, das Kanu von See zu See tragen) und die Wahrnehmungen (die Ufersümpfe, die Felsinseln, die Stille, der Schrei der Wildgänse), die man ursprünglich vollzogen hat, in der Vorstellung erneut aufleben zu lassen. Aus der ursprünglichen Handlung wird damit die *Handlungsvorstellung* und aus der Wahrnehmung das *innere Bild*, wobei diese Vorstellungsbilder (images mentales) nicht nur visuelle, den Gesichtssinn, sondern auch auditive, den Gehörs- und andere Sinne betreffende Elemente umfassen.

Diese Vorstellungen sind vorerst konkret: Sie sind bunt und reich an Einzelheiten, sie spiegeln ein Stück konkretes Leben wider. Aber auch in unseren Erzählungen kommen Elemente vor, die abstrakter sind: Wir sprechen von der Distanz, die der Reisende an einem Tag zurückgelegt hat, vom Klima des Gebietes, von den Traditionen oder dem Traditionsverlust, den wir bei den Menschen des Gebietes antreffen. Dies sind keine Vorstellungen mehr, sondern *Begriffe*. Hier sind die Bedeutungen auf ihren Kern, ein Geflecht wesentlicher Beziehungen, reduziert. Die zufälligen Einzelheiten fallen weg, wir haben sie abgezogen, abs-trahiert („trahere" heißt lateinisch „ziehen"). Hier beginnen die Probleme des Zuhörers. Verfügt auch er über die abstrakten Begriffe, die der Erzähler möglicherweise verwendet? Wir kommen auf diese Frage zurück.

Im Verhältnis zu den nun hinzukommenden Prozessen handelt es sich bei den Handlungs- und Wahrnehmungsvorstellungen und den ihnen entsprechenden abstrakteren Begriffen um sachliche Bedeutungsgehalte. Was das Erzählen jedoch attraktiv macht, das sind die *gefühlsmäßigen* und die *werthaften Töne,* die in der Erzählung mitschwingen. Wie sie entstehen, kann man sich im einfachen Fall, da der Erzähler von seinem eigenen Erleben berichtet, gut vorstellen. Die ursprüngliche Situation, in der er sich befand, hat in ihm zahlreiche Gefühle und Stimmungen geweckt. Wir haben sie oben angedeutet: die Stille der Wälder und Seen, das geheimnisvolle Rauschen des Wasserfalls, dem man sich nähert, das Abenteuer des Sturzes aus dem Kanu ins kalte Wasser. (Der Verfasser spricht hier aus Erfahrung!) Gewisse Tatbestände, denen er begegnete, erregten in ihm auch Werturteile. Er war beeindruckt und beunruhigt vom Traditionsverlust der Indianer, die er im Reservat angetroffen hat, er mag die Handlungen der weißen Siedler, die die Urbewohner auf armselige Reservate zurückgedrängt haben, verurteilen oder die Anstrengungen, die vom Staat, von Gruppen und von einzelnen unternommen werden, um den Indianern zu helfen, respektieren, d. h. positiv bewerten.

Man muß nun annehmen, daß das Wiederaufleben der Sach- und Handlungsvorstellung vor dem geistigen Auge des Erzählers die Gefühle und die Werterlebnisse miterstehen läßt. FREUD spricht davon, daß gewisse Objektvorstellungen mit bestimmten Gefühlen „besetzt" sind. Das läßt uns verstehen, wie diese mit den Objektvorstellungen ins Bewußtsein zurückgerufen werden.

Zusammenfassend können wir sagen: Mit den sachlich bestimmten Bedeutungsgehalten leben im Bewußtsein des Erzählers affektive und werthafte Elemente wieder auf. Sie sind keine selbständigen Inhalte des geistigen Lebens. Die Gefühle stellen Tönungen der Vorstellungen und Begriffe dar. Sie bestimmen die Modalität ihres Seins in der Seele (HERBART 1825, 53–74; Pierre JANET 1928; PIAGET 1947; GUYER 1949).

Gefühle beleben eine Erzählung. Die darin zum Ausdruck kommenden Bewertungen machen sie „bedeutungsvoll". Was heißt es aber, eine Sache (oder die entsprechende Vorstellung) positiv oder negativ *bewerten?* Was wir hoch bewerten, das zieht uns an, was wir negativ bewerten, davon wenden wir uns ab, sei es, daß wir es aktiv meiden, sei es, daß wir es nicht beachten. Anziehen können uns Sachen, Personen, Ideen und Tätigkeiten. Die Folge ist, daß wir ihre Nähe suchen. Das können wir auf verschiedene Weisen tun: bei Sachen, indem wir versuchen, sie in unseren Besitz zu bringen, indem wir ihnen Sorge tragen, indem wir sie anderen mit Stolz zeigen; bei Personen, indem wir, wie gesagt, ihre Nähe suchen, sie schätzen und unterstützen, indem wir mit Genugtuung auf unsere Verbindung mit ihnen hinweisen; bei Ideen, indem wir sie hoch halten, uns für ihre Realisierung einsetzen, gern und positiv von ihnen sprechen; bei Tätigkeiten, indem wir sie bereitwillig, unaufgefordert, intensiv, ausdauernd und sorgfältig ausführen. Man erkennt, daß „Etwas-hoch-Bewerten" und „Sich-für-etwas-Interessieren" sehr ähnliche Vorgänge sind. Interessen richten sich weniger auf Personen und Ideen als auf Sachen und Tätigkeiten. Sie sind in ihrer Ausrichtung also intellektueller, ohne deshalb kalt zu sein. Sowohl die hohe Bewertung von etwas als auch das Interesse für etwas hat ja zur Folge, daß wir uns dafür „erwärmen" und lebhaft werden, wenn wir uns damit beschäftigen. Einige Psychologen nennen diesen Zustand „Aktivation" (BERLYNE 1960/1974), eine Betrachtungsweise, die vielen Pädagogen eingeleuchtet hat (z. B. SCHIEFELE 1974).

Daß im Erzählen die Bewertung des Inhaltes zum Ausdruck kommt, zeigt schon die alltägliche Beobachtung. Personen und Sachen, die dem Erzähler am Herzen liegen, malt er liebevoll aus; Ideen, die er hoch bewertet, vertritt er mit Nachdruck und kommt immer wieder auf sie zurück; Tätigkeiten, die ihm wichtig sind, schildert er wiederholt und ausführlich.

Man kann sich an dieser Stelle fragen, was denn „*Werte*" seien. Wir würden antworten: Werte sind relativ abstrakt gefaßte Ideen, die uns – im oben beschriebenen Sinn – anziehen und für die wir uns erwärmen (das Gute, das Schöne, das Wahre, Wahrhaftigkeit, Kreativität usw.). Gewisse Philosophien sehen Werte als *ideale Gegenstände*, die unabhängig vom bewertenden Menschen existieren; andere lehnen diese Vergegenständlichung ab. *Normen* sind Werte, die wir zum Maßstab eigenen und fremden Handelns machen. Wir tun das, indem wir die Normen auf einen zu beurteilenden Tatbestand anwenden. Damit wird der Zusammenhang von Norm und Wert auf der einen und von Begriff auf der anderen Seite sichtbar. Denn auch Begriffe wenden wir ja auf Gegenstände an (siehe S. 271). Der Zusammenhang beruht darauf, daß jeder Wert seinen Inhalt hat (etwas abstrakter ausgedrückt: seine Struktur). Dieser Inhalt aber ist ein Begriff. So gibt es den Begriff des Guten oder der Kreativität, und es gibt den Wert des Guten und der Kreativität. Man kann sagen: ein Wert ist ein Begriff, der einen Gegenstand bezeichnet, zu dem wir eine positive Einstellung haben, oder umgekehrt: aus einem Wert wird ein Begriff, indem wir seinen Inhalt (seine Sachstruktur) nur mehr „kalt" betrachten, ohne uns zu engagieren.

Damit haben wir die drei großen Gruppen der geistigen Gehalte genannt, die die Bedeutungserlebnisse des Erzählers ausmachen: Handlungsvorstellungen und Sachvorstellungen, mit ihren abstrakten begrifflichen Gegenstücken, den Operationen und Begriffen, Gefühlen und Stimmungen, welche die sachlichen Bedeutungsgehalte tönen, und Bewertungen, in denen innere oder äußere Zuwendung oder Abwendung, Bejahung oder Ablehnung, Interesse oder Gleichgültigkeit zum Ausdruck kommen.

Bedeutungen und ihre Zeichen: die Worte finden

Diese Bedeutungserlebnisse sind aber innerliche Prozesse, die ihren sprachlichen Ausdruck finden müssen, damit eine Erzählung entsteht. Der Prozeß, der sich nunmehr abspielen muß, heißt „sprachliche Verschlüsselung", man spricht auch von „sprachlicher Kodierung". Er beruht auf der Assoziation von Bedeutungsinhalten und Spracheinheiten. Als Spracheinheiten können vorläufig die Worte gelten. (In Wirklichkeit ist die Situation komplexer, wie wir weiter unten sehen werden.) Wenn man sich nicht in hirnanatomische Spekulationen verlieren will, für die heute noch keinerlei Beweise bestehen, muß die Assoziation von Denkinhalten und Worten funktionell verstanden werden.

Der Ausdruck der *Assoziation* bezeichnet die Tatsache, daß sich zwei oder mehrere Reaktionen oder geistige Akte gegenseitig „rufen". Unter der Voraussetzung, daß im Menschen der Wille zum sprachlichen Ausdruck besteht, kann z. B. die Vorstellung der Stadt Florenz dem Worte „Florenz" (genauer gesagt, der Reaktion der Sprechorgane, welche den Klangkörper „Florenz" erzeugt) rufen. Es ist, wie wenn die beiden Elemente, Vorstellung und Wort (Sprachreaktion), gekoppelt wären: daher der Name „Assoziation", „Verbindung". Darum ist auch der umgekehrte Vorgang möglich, den man beim Zuhörer antrifft: das wahrgenommene Wort kann seinerseits die entsprechende Vorstellung ins Bewußtsein rufen.

Dieser Vorgang vollzieht sich beim gesunden Erwachsenen mit großer Sicherheit und Geläufigkeit. Beim zweijährigen Kind, beim Erwachsenen, der unter dem Einfluß einer Droge, z. B. von Alkohol steht, und in jenen alltäglichen Situationen, in denen uns ein Wort „entfallen" ist, erkennt man aber, daß die Assoziation zwischen Bedeutungsgehalt und Spracheinheit nicht immer spielt, sondern auch versagen kann. Wenn einem ein Wort zwar „auf der Zunge liegt", man es aber trotzdem nicht finden kann, so vermag die Vorstellung oder der Begriff dem entsprechenden Worte nicht zu rufen: die Assoziation funktioniert nicht.

Aus welchen Einheiten setzt sich die Sprache zusammen? Ist das Wort das „Element" der Sprache, ist es der Satzteil oder gar der ganze Satz? Und wenn sich dieser aus Haupt- und Nebensätzen zusammensetzt, was soll man dann von den letzteren halten?

Ein Blick auf die Denkpsychologie hilft hier weiter. Welches sind die Einheiten des Denkens? Sind es LOCKES „einfache Ideen" (1690, II. Kap. 3–8), Vorstellungen von Farbe, Geruch, Begriffe wie „Denken", „Wollen", „Existenz", „Einheit" usw.? Auch hier findet man, daß die Sache keinerlei Anhaltspunkte dafür gibt, wie die Einheit abgegrenzt werden soll. Eine gedankliche Struktur wie FREUDS Theorie der Neurose oder NEWTONS Gravitationslehre, aber auch ein einfacher Gedanke oder eine Vorstellung wie diejenige des menschlichen Gesichts scheint die Unterscheidung von Einheiten jeder Höhe zuzulassen, dergestalt, daß die höheren Einheiten die niedrigeren in sich schließen. Dasselbe wird bei den sichtbaren Produkten des menschlichen Geistes, bei Kunstwerken beispielsweise, noch viel deutlicher sichtbar. Aus welchen Formelementen setzt sich eine Statue RODINS, ein Bild GRÜNEWALDS zusammen? Wieder können Einheiten jeder Höhe unterschieden werden. Das Element ist folglich nicht in der Sache gegeben. Es wird vom Betrachter unterschieden und kann auf jeder Höhe der Komplexheit angesetzt werden oder, was das gleiche bedeutet, die Analyse kann immer weiter getrieben werden und immer kleinere Einheiten unterscheiden. Die Kernphysik weist dazu ja eine interessante Parallele auf.

So muß auch die Assoziation zwischen Spracheinheit und Gedankeneinheit verstanden werden. Es handelt sich hier niemals bloß um die Verbindung von einzelnen Wörtern mit den ihnen entsprechenden Ideen. Das Bild ist nicht dasjenige zweier Ketten, deren Glieder sich Stück für Stück zugeordnet wären. Vielmehr ist der sprachliche Ausdruck seinem Gedanken nachgebaut. Der Erzähler errichtet während des Sprechens aus dem Stoff der Sprache ein Gerüst, ein strukturiertes Gebilde, das der Struktur seines Gedankens folgt, so daß den gedanklichen Einheiten jeder Höhe Spracheinheiten entsprechen. Damit ist aber auch gesagt, daß Assoziationen zwischen gedanklichen und sprachlichen Einheiten jeder Höhe bestehen.
Im Falle des Erzählens und Schilderns schwebt dem Erzähler also ein gedankliches Gebilde vor, das nach RUMELHART häufig die Struktur einer Reihe von verschachtelten Episoden in wechselnden Situationen (settings) aufweist. Dieses gedankliche Modell baut der Erzähler in all seinen strukturellen Zügen mit den Mitteln seines sprachlichen Repertoires nach. Unnötig zu sagen, daß ihm dies um so besser gelingt, je reicher und differenzierter dieses Repertoire ist.
Wir können nun einen weiteren Begriff einführen: Die Sprache „trägt" die Bedeutungen, sie stellt ein System von „Bedeutungsträgern" dar. Die grundlegenden Einheiten, die wir nach den Regeln der Syntax kombinieren, sind die Worte. Insofern sie als Bedeutungsträger mit einer Bedeutung assoziiert sind, nennen wir sie gemäß einer alten Tradition der Philosophen „Zeichen". Sie gestatten dem Sprechenden, die Bedeutungen, die ihm vorschweben, kundzugeben und sie anderen mitzuteilen. Isoliert genommen, sind Zeichen wertlos. Sie erhalten ihre Bedeutung entweder von den Vorstellungen, Gefühlen und Wertbesetzungen, mit denen sie assoziiert

sind, oder aber – wie wir noch sehen werden – aus den Bedeutungen, die zwischen verschiedenen Worten und komplexeren sprachlichen Ausdrücken bestehen (intrinsische Bedeutung). Zeichen gleichen dem Papiergeld. Sie haben ihren Wert entweder von der Golddeckung, die dahinter steht, oder aus dem sinnvollen Gebrauch, den wir von ihnen machen. Auch Worte erhalten ihren Wert aus den nicht-sprachlichen Bedeutungen, die mit ihnen assoziiert sind, oder aus dem Gebrauch, den wir von ihnen machen (WITTGENSTEIN 1960).

Zusammenfassend kann man sagen: Der Erzähler oder Referent gestaltet seine Ausführungen aus seinen Bedeutungserlebnissen heraus. Diese sind Vorstellungen von Personen und ihren Handlungen und Sachen und den darin sich abspielenden Vorgängen. Das Ganze ist von Gefühlen und Stimmungen durchwoben, Werterlebnisse besetzen einzelne Vorstellungen und die diesen übergeordneten Ideen. In der Erzählung werden diese Dinge konkret beschrieben; im *Referat* ist die Betrachtungsweise abstrakter. Begriffliche Beziehungen haben ein größeres Gewicht.

Diese Bedeutungserlebnisse werden vom Sprecher laufend in Sprache übersetzt. Sprachmelodie, Sprachrhythmus und nichtsprachliche Ausdrucksbewegungen, insbesondere die Mimik und die Gestik, unterstützen die Kommunikation mit dem Zuhörer.

Vorgänge im Zuhörer: vom Wortzeichen zur Bedeutung

Im Hörer geschieht ähnliches wie im Erzähler, aber in umgekehrter Reihenfolge. Am Anfang steht ein Wahrnehmungsvorgang. Der Schüler hört den Lehrer sprechen: Das ist die auditive (Gehörs-)Wahrnehmung. Jedes Wort hat seine Lautgestalt, der ganze Satz hat seine Melodie und seinen Rhythmus. Die Linguisten nennen das die „Prosodie" des Satzes. Viele andere Bedeutungsträger nicht-sprachlicher Art unterstützen die gesprochene Sprache. Ihr Wegfall erschwert das Verständnis.

Dies erkennt man an der Tatsache, daß interessierte Zuhörer, Schüler oder Erwachsene, den Sprechenden zu sehen versuchen: sie recken die Hälse und rücken ihre Plätze, damit ihnen der Vordermann die Sicht nicht verdeckt. Offenbar gewinnen sie aus der Wahrnehmung der Mimik und Gestik des Sprechenden zusätzliche Zeichen, welche das Verständnis erleichtern und das Erlebnis intensivieren. Auch die Tatsache, daß Taubstumme lernen können, die Sprache von den Mundbewegungen und den übrigen Ausdrucksbewegungen eines anderen Menschen abzulesen, erweist die Übermittlungsleistung dieser nicht-verbalen Bedeutungsträger.

Wie realisiert nun aber der Zuhörer, was ihm der Erzähler oder Redner übermittelt? Auch hier spielt der Mechanismus der Assoziation. Die Sprache ist ein gemeinschaftlich geregeltes Zeichensystem. Daher verbindet der Hörer die gleichen oder doch annähernd gleichen Bedeutungen mit den Zeichen wie der Sprechende. In ihm vollzieht sich ein Vorgang, den man in der Informationstheorie Dechiffrierung („decoding") nennt. Nachdem die Meldung in gewisse einfache und leicht übermittelbare Signalgruppen umgesetzt worden ist, etwa in Stromimpulse oder andere elektrische Prozesse, werden dieselben wieder in die ursprüngliche Form zurückverwandelt: aus den Morsezeichen werden beispielsweise wieder Buchstaben. Genauso die Zeichen der gesprochenen Sprache: sie rufen im Zuhörer wieder die gleichen Bedeutungen, die im Sprechenden lebendig waren, oder sollten sie wenigstens rufen, wie wir sogleich sehen werden. Wenn dies der Fall ist, ist der Übermittlungsvorgang gelungen, der Zuhörer „kommt mit".

Man muß sich diesen Vorgang recht deutlich vergegenwärtigen, denn es ist leicht, ihn durch ein oberflächliches Bild zu verfälschen. Allzu leicht verfällt man nämlich der Illusion, daß es möglich sei, Ideen, Vorstellungen und Begriffe einem andern zu „geben", sie ihm als solche zu übermitteln. Demgegenüber sollte man nie vergessen, daß es letzten Endes immer nur Schallwellen sind, welche man zum Ohr des Hörers senden kann, und daß dieser jede einzelne Vorstellung und jeden Begriff, jedes Gefühl und jedes Werterlebnis aus dem Grunde seiner eigenen Seele hervorrufen muß. Wo zum übermittelten Zeichen im Vorstellungsrepertoire des Hörenden nicht das Gegenstück vorhanden ist, wo dieser das entsprechende Gefühl und das entsprechende Werterlebnis nicht aktivieren kann, findet keine Kommunikation statt. Die Resonanz bleibt aus; es werden keine Bedeutungserlebnisse wachgerufen.

> Man erkennt schon hier die nächste Frage: Wenn man einem anderen seine Vorstellungen und Begriffe nicht geben kann, wenn man in ihm nur wachzurufen vermag, was er schon hat, wie kann man ihm dann Neues vermitteln? Wir lernen doch offensichtlich von anderen Menschen, von Lehrern und Mitmenschen, sie vermitteln uns ohne Zweifel neue Einsichten und Erlebnisse. Wie ist dies möglich? Gibt es doch noch einen direkten Zugang zum Raum der Bedeutungen, durch den neue Ideen eingeführt werden können? Wir werden auf diese Fragen zurückkommen. An dieser Stelle lassen wir sie noch unbeantwortet. Dies ist möglich, indem wir die gegenwärtige Betrachtung auf jene Fälle einschränken, in denen keine neuen Vorstellungen und Begriffe übermittelt, sondern nur Inhalte dargeboten werden, welche vom Zuhörer aus den ihm bekannten Bedeutungselementen rekonstruiert werden können.

In diesem Falle ruft also jedes vernommene Zeichen und jede vernommene Zeichengruppe im Zuhörer die Bedeutung, die auch dem Vortragenden vorschwebt. Die Assoziation spielt aber hier in der entgegengesetzten Richtung. Während sie im Erzähler von der Bedeutung zum Zeichen springt, ruft hier das wahrgenommene Zeichen die Bedeutung. Allerdings verläuft dieser Vorgang in keiner Weise zwangsläufig. Es ist nicht nur möglich, daß gesprochene Sprache an das Ohr eines Menschen dringt, ohne daß er sie auffaßt (weil er etwa seinen Tagträumen nachhängt oder etwas anderes denkt), es ist auch möglich, daß ein Hörer jeden Laut einer sprachlichen Äußerung aufnimmt und doch kein Bedeutungserlebnis aktiviert. So etwa, wenn Schüler, statt dem Lehrerreferat zu folgen, nur auf eine seiner Ungeschicklichkeiten achten und z. B. zählen, wie oft er in einer Stunde „äh" sagt. Man erkennt: die Aktivierung des Bedeutungserlebnisses ist ein geistiger Akt, den der Zuhörer vollziehen muß. Die Assoziation zwischen dem vernommenen Sprachzeichen und der Bedeutung vollzieht sich nicht mechanisch und automatisch.

So weit die Vorgänge, wenn wir sie auf der Ebene der einzelnen Vorstellungen, Gefühle und Wertungen betrachten. Man muß sich nun aber bewußt sein, daß eine Geschichte mehr als nur ein Nacheinander von einzelnen Vorstellungen ist. Das Verstehen einer Geschichte gleicht nicht dem Betrachten der Bilder eines Bilderbuches. Der Hörer muß den gesamten Ablauf und die inneren Beziehungen innerhalb der Geschichte in sich aufbauen. Auf diesem Wege kann vieles schief gehen. Jedermann kennt die Mißverständnisse und Verwirrungen, die bei Zuhörern entstehen können. Wie war das mit dem Herz und der Leber, die der Jäger nach Hause brachte, nachdem er Schneewittchen hätte töten sollen? Was war das für ein Vorgang, als die böse Königin Schneewittchen „schnürte", bis es ohnmächtig wurde? (In einer Zeit, da Schnürkorsetts praktisch nicht mehr existieren, ist das für kleine Kinder schwer zu verstehen). Ähnliche Vorgänge kennt man auf jeder Stufe des Verstehens. Die Geschichte vom Schüler, der nicht verstand, warum der Riese Polyphem Odysseus nicht traf, als er dem Fliehenden Felsbrocken nachzuwerfen versuchte, weil er mit seinem einzigen Auge auf der Stirn keine Tiefenwahrnehmung besaß, erinnert uns daran, daß auch am Gymnasium nicht alle Geschichten verstanden werden. (Ein anderer Schüler soll dazu bemerkt haben: „Aber Odysseus hatte Polyphem doch sein einziges Auge mit einem glühenden Pfahl ausgebrannt!" Der Lehrer: „Richtig, *das kommt dann noch dazu.*")

Was heißt es also, eine Geschichte zu verstehen? Unsere vorläufige Antwort lautet: Eine Geschichte zu verstehen, heißt zwei Dinge, einmal ihre inneren Beziehungen adäquat, d. h. so wie sie vom Erzähler gemeint sind, zu einem zusammenhängenden Gefüge zu verknüpfen und dann das Bedeutungsgefüge als Ganzes in das Netz des eigenen Wissens aufzunehmen und einzuordnen. Die erste Aufgabe gelingt dem Schüler darum relativ leicht, weil die Elemente von Geschichten in der Regel der Alltagserfahrung nahestehen, fremde Erscheinungen beim näheren Hinsehen stark anthropomorph gedeutet, d. h. an menschliche Vorbilder angeglichen werden, und weil die Struktur von Geschichten, bei allen Komplikationen im einzelnen, im großen Ablauf doch linear ist, d. h. eine Kette von Episoden darstellt, die zeitlich aufgereiht sind. Dies ist insbesondere dort der Fall, wo eine Hauptperson im Zentrum der Geschichte steht, deren Erlebnisse in ihrer zeitlichen Abfolge wiedergegeben werden. Geschichten für kleine Kinder, darunter auch die Märchen, enthalten bei alledem noch häufig starke Wiederholungen, in denen ein Erzählmuster vielfach abgewandelt wird. Im Schneewittchen sagt der erste Zwerg: ,,Wer hat auf meinem Stühlchen gesessen?", der zweite: ,,Wer hat von meinem Teller gegessen?", der dritte: ,,Wer hat von meinem Brötchen genommen?", und so geht es weiter, bis alle sieben ihre Fragen gestellt haben. Personenzentrierte geschichtliche Erzählungen folgen dem gleichen Schema. Sie werden daher leicht verstanden und sind bei Schülern beliebt. Die Spannung allerdings entsteht nicht durch diese einfache Reihenstruktur, sondern durch den Wechsel von Bedrohung und Errettung oder, intellektueller, durch die Abfolge von Schwierigkeiten und deren Bewältigung.

Der andere Aspekt des Verstehens besteht in der Einordnung der Geschichte in das Wissen des Schülers. Der Schüler hat eine Geschichte aus dem Alten oder Neuen Testament verstanden, wenn er sie in sein übriges Wissen einzuordnen vermag: die Geschichte von der ägyptischen Gefangenschaft der Juden in sein geografisches und übriges geschichtliches Wissen, die Geschichte vom Leiden und Sterben Jesu in sein religiöses Wissen. Genau gleich eine Erzählung, die wir im Rahmen des Geographie- oder Naturkundeunterrichtes vermitteln. Ihre Aufgabe ist es ja gerade, das geographische und biologische Wissen zu bereichern, zu ergänzen und zu verlebendigen. Die Integration oder Assimilation der Geschichte rechtfertigt überhaupt ihre Erzählung im Rahmen des Sachunterrichts. Wir erinnern hier an die oben genannten Beispiele von Lesseps und dem Suezkanal, von Stanley und Livingstone in Zentralafrika und von George Washington und der amerikanischen Befreiung. Wie man sich das im einzelnen vorstellen kann, haben wir andernorts ausgeführt (AEBLI 1980, Kapitel VI).

Zusammenfassung: das Schema der sprachlichen Kommunikation

Wenn wir auf den Vorgang der verbalen Kommunikation zurückblicken, stellen wir fest, daß er symmetrisch organisiert ist (Abb. 2). Die Symmetrieachse trennt den Sprechenden vom Zuhörer. Zu beiden Seiten finden wir die Doppelbereiche der Bedeutungen einerseits und der Zeichen andererseits. Sie sind durch Assoziation verbunden. In einer Hinsicht ist die Sym-

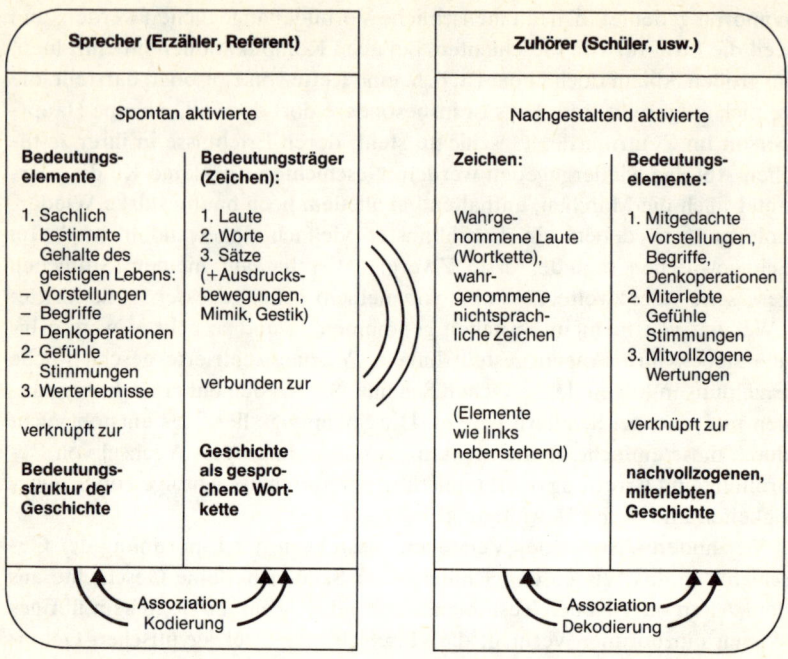

Abb. 2. Der Vorgang der sprachlichen Kommunikation: Kodierung und Dekodierung der Botschaft.

metrie des Bildes allerdings unvollkommen. Die Bedeutungsgehalte, welche der Sprechende übermitteln möchte, werden von diesem spontan aktiviert. Er schreitet voran. Der Zuhörer folgt ihm nach. Er gestaltet die Bedeutungsstruktur nach, denkt und fühlt mit. Aus dieser Tatsache ergibt sich immer auch eine gewisse Verschiedenheit der Bedeutungen im Erzähler und im Zuhörer. Wie gut auch immer seine Schilderung, wir können nie erwarten, daß sich der Zuhörer die genau gleiche Vorstellung vom dargestellten Gegenstand macht. Indem er sie aus seiner eigenen geistigen Substanz aufbaut, ist sie ganz sicher nicht nur sachlich, sondern auch stimmungsmäßig und wertmäßig von derjenigen des Erzählers verschieden. Dies ist leicht zu belegen, indem man eine Klasse auffordert, einen geschilderten Gegenstand oder eine Szene aus der Vorstellung zu zeichnen. Es treten dabei immer große und gänzlich unerwartete Verschiedenheiten der Auffassung zutage. Für den Lehrer ergibt sich daraus die Forderung nach ständiger Rechenschaft über das Verständnis des dargebotenen Stoffes durch den Schüler.

Der geschilderte Prozeß braucht natürlich nicht nur in einer Richtung zu verlaufen. Wir werden im didaktischen Teil zeigen, wie schon im Rahmen einer Erzählung oder eines Referates der Schüler selbst zum Worte kommt, indem er gewisse Zusammenhänge klärt oder erklärt, weitere Entwicklungen voraussieht, einzelne Punkte ausmalt oder mit Beispielen illustriert, Stellung bezieht usw. In den folgenden Kapiteln werden wir zeigen, wie sich dieser Austausch zum eigentlichen Dialog erweitern kann. Psychologisch ist dieser Vorgang leicht zu deuten. Wenn der Schüler spricht, vollzieht sich der oben dargestellte Prozeß einfach in der umgekehrten Richtung: es ist der Schüler, der gewisse Bedeutungserlebnisse aktiviert; indem ihn der Lehrer zu verstehen sucht, gestaltet er das vom Schüler Gemeinte in seinem Geiste nach. Daher können hier ebenso wie beim Bericht des Lehrers Mißverständnisse zwischen Schüler und Lehrer entstehen.

Man erkennt nun auch, inwiefern Kommunikation auch Sozialisation ist. Die Summe der Vorstellungen und Begriffe, welche der Lehrer übermittelt, fügt sich, so wollen wir annehmen und hoffen, zu einem relativ zusammenhängenden und einheitlichen Weltbild zusammen. Im Geiste des Schülers baut sich das seine schrittweise auf. Die Handlungsvorstellungen und die Denkoperationen, die er im Schüler auslöst, sind Teil der gelebten Kultur der betreffenden Gesellschaft. In den Gefühlen und Wertungen, die damit verbunden sind, werden im Verlaufe der Zeit gewisse Grundgestimmtheiten, affektive und normative Leitmotive sichtbar, die das Kind von seinen Erziehern übernimmt. Je einheitlicher sie sind, desto stärker ist ihre prägende Wirkung. So mag das französische Kind seinen Esprit, das Schweizerkind seine Gewissenhaftigkeit, der junge Amerikaner seinen Pragmatismus, das Russenkind seine „russische Seele" erwerben. So erwirbt es auch den Verhaltensstil seiner Erzieher: seine Reflexivität oder Impulsivität, seine theoretischen und praktischen Interessen und die Zeitperspektiven seines Handelns. Natürlich tragen dazu auch die Formen der Interaktion und der gemeinsamen Arbeit bei, von denen wir in den folgenden Kapiteln sprechen werden.

Aus diesen Tatsachen ergibt sich für den Lehrer die Notwendigkeit, das anzusprechen, was im geistigen Repertoire der Klasse vorhanden ist. Wenn er dies tut, so trägt er der Entwicklungsstufe und den affektiven Möglichkeiten seiner Schüler Rechnung. Er „holt sie ab", wo sie sind. Tut er das nicht, so redet er über ihre Köpfe hinweg. Er erreicht sie nicht, wird nicht verstanden und vermag sie nicht zu interessieren: die angestrebte Kommunikation findet nicht statt.

Didaktischer Teil
Zur Didaktik des Erzählens und Referierens

Aus dem Wesen der sprachlichen Kommunikation ergeben sich die methodischen Regeln des Erzählens und Referierens. Zum Teil reicht ihr Geltungsbereich über diese elementaren Unterrichtsformen hinaus und betrifft jegliche Form des erzieherischen Dialogs mit Kindern und Jugendlichen.

Anpassung an den Geist des Kindes und der Klasse

Die Absicht der verbalen Kommunikation ist darauf gerichtet, die psychischen Gehalte, die im Erzähler und Referenten lebendig sind, durch das Medium der sprachlichen Zeichen im Zuhörenden aufleben zu lassen. Nun kann dieser aber, so haben wir gesehen, in seinem Innern nur diejenigen Vorstellungen, Begriffe und übrigen Erlebnisgehalte aktivieren, die ihm schon zur Verfügung stehen. Von diesen muß jeder Unterricht ausgehen. Sie stellen das Material dar, aus dem jeder neue geistige Gehalt entwickelt werden muß. Aus dieser Tatsache ergibt sich für den Lehrer die Forderung, sich an den Geist des Zöglings und der Klasse anzupassen. Hinter diesem allgemeinen Postulat verbergen sich eine Anzahl von Einzelforderungen, die wir im folgenden auseinanderlegen.

Anpassung an die Entwicklungsstufe des Schülers

In erster Linie muß der Lehrer der Entwicklungsstufe der Schüler Rechnung tragen. Jede Stufe der kindlichen Entwicklung besitzt ihren Schatz an Vorstellungen, Begriffen, Denkoperationen. Dieser schlägt sich im Vokabular der betreffenden Altersstufe nieder. Was eine „edle" Handlung ist, weiß ein Siebenjähriger nicht. Ebensowenig kann er sich als kleiner Schweizer oder Ungar unter dem „Meer" oder als kleiner Holländer oder New Yorker unter den „Alpen" oder den Rocky Mountains mehr als einige stereotype Bilder vorstellen. Aber auch noch ein Fünfzehnjähriger kann gewisse Gefühlsreaktionen nicht nachvollziehen, und seine Wertungen werden dem Wertsystem eines Pubertierenden und nicht demjenigen eines Erwachsenen entsprechen.

Die geistige Eigenart der verschiedenen Entwicklungsstufen wird von der *Kinderpsychologie* untersucht und beschrieben. Hier kann nur kurz die allgemeine Entwicklungsrichtung angedeutet werden. Je jünger das Kind, desto *undifferenzierter, globaler* sind seine Vorstellungen und Begriffe. Edel und gemein, großzügig und kleinlich, nachsichtig und nachtragend reduzieren sich für das Kind auf gut und böse. Erst im Verlaufe der Jahre differenzieren sich diese Eigenschaften voneinander. Seine Begriffe sind *einfacher*, oft *eindimensional*, während sie beim Erwachsenen komplex, häufig mehrdimensional sind. Die Menge einer Flüssigkeit in einem Gefäß wird allein nach der Höhe des Niveaus beurteilt, die Breite und Tiefe vernachlässigt (PIAGET 1969b), die Anzahl einer Reihe von Gegenständen allein nach der Gesamtlänge, ohne Rücksicht auf die Größe der Intervalle (PIAGET 1965a). Im Verlaufe der Entwicklung lernt das Kind dann, verschiedenen Dimensionen einer Gegebenheit gleichzeitig Rechnung zu tragen. Entsprechend sind die Denkoperationen des Kindes umso *weniger beweglich,* je jünger es ist. So will es ihm nicht gelingen, gewisse Operationen im Geiste umzukehren und auf den Ausgangspunkt zurückzukommen. Wegen ihrer geringeren Beweglichkeit können sich die elementaren Denkoperationen auch noch kaum zu *kohärenten (zusammenhängenden) Systemen* zusammenschließen. Sie sind voneinander isoliert und unterhalten keine Beziehungen untereinander (PIAGET 1972, zusammenfassend AEBLI 1973).

Diese mangelnde Kohärenz kennzeichnet indessen nicht nur das Weltbild des kleinen Kindes. Wir werden in den folgenden Kapiteln sehen, daß man das Lernen und Erkennen des Kindes und des Jugendlichen als *Aufbauprozesse* verstehen kann. Unter diesem Gesichtspunkt gleicht die geistige Entwicklung dem Geschehen auf einem großen Bauplatz: täglich kommen in verschiedenen Erfahrungsbereichen neue Einsichten zustande, bauen sich neue Vorstellungen und Begriffe auf. Sie sind unter sich nur teilweise verbunden. Vieles bleibt isoliert, was der gebildete Erwachsene in seinem Zusammenhang sieht. Im Jugendalter und insbesondere unter dem Einfluß der höheren Schule konstituiert sich in günstigen Fällen ein relativ zusammenhängendes Weltbild. Die biblischen Geschichten werden in ihrem wirklichen geographischen Rahmen gesehen. Das Wissen um das Judentum und seine Geschichte verbindet sich mit den Tagesnachrichten über den Staat Israel. Der jüdisch-christliche Gottesbegriff wird in seiner Beziehung zu der platonischen Ideenlehre gesehen, diese in ihrem geistesgeschichtlichen, historischen und geographischen Rahmen und mit ihren verschiedenen Renaissancen usw.

Im Unterricht wird der Lehrer einesteils dem Stand des gedanklichen Repertoires des Kindes und des Jugendlichen Rechnung tragen und anderntteils darauf achten, dieses zu bereichern, beweglich und zusammenhängend zu machen. Er wird sein *Vokabular* kontrollieren, so daß die entsprechenden Bedeutungen nicht differenzierter, komplexer sind, als es die Entwicklungsstufe des Schülers zuläßt. Die geistigen Operationen, die Geschehnisse und Abläufe, die der Schüler nachvollziehen soll, dürfen nicht mehr geistige Beweglichkeit von ihm verlangen, als seiner Stufe möglich ist. Die Zusammenhänge, welche in den Geschichten und in den Schilderungen auftreten, dürfen die Fassungskraft des Schülers nicht übersteigen.

Das Denken des Kindes ist auch in höherem Maße an die *Anschauung* gebunden als das Denken des Erwachsenen. Schilderungen und Erzählungen des Lehrers werden daher umso anschaulicher und bildhafter sein, je jünger die Zuhörer sind. Konkrete Einzelheiten und Vergleiche aus dem Erleben des Kindes werden abstrakte, allgemeine Zusammenhänge vertreten. Mit elfjährigen Schülern wird der Lehrer noch nicht über die „Verkehrsverbindungen im mittelalterlichen Europa" referieren, sondern erzählen, wie ein Kaufmann in alter Zeit von Straßburg nach Venedig oder von Marseille nach Wien reiste; er wird Albert SCHWEITZERS Persönlichkeit nicht in allgemeinen Begriffen definieren, sondern seine Entschlüsse und Handlungen, seinen Tageslauf in Lambarene schildern.

Beim Jugendlichen und beim intelligenten Schüler kann die Sprache sodann abstrakter und begrifflicher werden. Aber auch sein Lernen wird durch das anschauliche Beispiel, den exemplarischen Fall unterstützt.

Gemäß der geringeren Differenziertheit des kindlichen Seelenlebens sind objektive Tatbestände, affektive Tönung und wertende Stellungnahme noch miteinander verschmolzen. Diese ganzheitliche Verhaltensform nennen wir „Erleben". In globaler Einheit wohnt hier noch zusammen, was nachher in eine wissenschaftliche, ästhetische und ethische Betrachtungsweise zerfällt. Daher hat das *Erlebnismäßige* in der Erzählung des Lehrers einen um so weiteren Raum, je jünger die Schüler sind. Noch beim elf- und zwölfjährigen Schüler sollte der Geschichtsunterricht nicht einfach Tatsachen registrieren. Affektive Tönung und Wertung dürfen mitschwingen, wobei es dann allerdings in die Verantwortung des Lehrers fällt, daß die geweckten Gefühle und Wertungen nicht primitiv nationalistisch und lokalpatriotisch ausfallen oder gar die Tatsachentreue der Darstellung verletzten. Dies ist aber, so muß man heute wieder betonen, in keiner Weise die notwendige Folge eines Geschichtsunterrichts, der sich an das Erleben des Schülers wendet. Denn was hier wieder zur ganzheitlichen Einheit zusammenfindet, sollte vorher vom Lehrer isoliert betrachtet worden sein, als rein objektive Tatsachenforschung und als überlegene und reflektierte Wertung.

Wenn am Anfang der geistigen Entwicklung die Handlung, das praktische Verhalten steht und das Vorstellungsbild, der Begriff und die Operation davon abgeleitet sind, wie dies viele namhafte Entwicklungspsychologen behauptet haben (JANET 1935, PIAGET 1947, WALLON 1949, HEBB 1949, siehe auch unser VI. Kapitel), so folgt daraus, daß in den Schilderungen des Lehrers das *Geschehen* im Vordergrund stehen muß, eher als die Beschreibung von Zuständen. Wir werden nicht einfach den kräftigen Körperbau und die Stärke der Gemse feststellen, sondern ihre erstaunlichen Leistungen während der Flucht schildern, ihre meterlangen Sprünge, ihre tollkühnen Jagden über Schutthalden, Felsbänder und Schneefelder. Den Bau einer Frucht werden wir in Beziehung setzen zum Vorgang ihrer Verbreitung. Den Pfahlbau, den Erosionstrichter werden wir nicht in seinem Endzustand schildern, sondern sie bei ihrer Entstehung verfolgen. Schließlich besteht immer die Möglichkeit, vor einem toten Gegenstand und in einer statischen Situation einen Betrachter einzuführen, so etwa einen Reisenden, der die Wüste erlebt oder den Wässerer, der der Wasserleitung von der Fassung am Gletscherbach den Hängen und Felsen entlang bis zu den Wiesen und Äckerlein der Bergbauern folgt.

Auch in den abstrakteren Darstellungen, die wir dem Jugendlichen geben, wandelt sich diese Betonung der Handlung und des Werdens zum *genetischen Prinzip* (WAGENSCHEIN 1970). Wir kommen weiter unten darauf zurück (S. 312 ff.).

Anpassung an die individuelle Eigenart des Schülers

Die Anpassung an die Entwicklungsstufe des Schülers ist aber nur das eine. Innerhalb einer bestimmten Entwicklungsstufe prägen sich die individuellen Verschiedenheiten des Charakters und der Persönlichkeit genauso aus, wie wir sie unter den Erwachsenen finden. In der Schulklasse bestimmen diese Faktoren den „Klassengeist". Jeder Lehrer, der die Gelegenheit hatte, die Reaktionen verschiedener Klassen auf die gleiche Aufgabe zu vergleichen, weiß, wie groß die auftretenden Unterschiede sein können. Sie spiegeln auf kollektiver Ebene die individuellen Unterschiede der Schüler wider. So hat die eine Klasse die Tendenz, alles von der leichten, gemütlichen Seite zu nehmen, sie plaudert munter drauf los, ohne allzusehr in die Tiefe zu dringen. Eine andere Klasse ist dagegen kritisch, ernstnehmend und will den Grund jeder Frage erforschen. Es liegt auf der Hand, daß der Lehrer diesen Verschiedenheiten des Klassengeistes Rechnung tragen muß. Dort, wo die Tendenz zu einer gewissen Leichtfertigkeit besteht, wird er das Niveau etwas heben, eine etwas gespanntere, disziplinierte, vielleicht auch reserviertere Haltung einnehmen, eventuell die Ansprüche steigern. Bei einer übertrieben kritischen Klasse wird er die positiven aufbauenden Aspekte hervorheben, um ein Gegengewicht zu einer bloß negativen Kritik zu bilden. Schließlich wandelt sich die Stimmung einer Klasse auch von Tag zu Tag. Wie die Individuen, so haben auch die Klassen ihre guten und schlechten Tage, ihre übermütigen und faulen Stunden. Auch diesen Faktoren trägt der Lehrer Rechnung, indem er die Klasse einmal kürzer am Zügel führt, ihr ein andermal mehr Freiheit gewährt, einmal anzuregen versucht und ein andermal bremst.

Der Kontakt mit der Klasse

Damit ihm dies möglich ist, muß der Lehrer in psychologischer Tuchfühlung mit der Klasse stehen. Er muß spüren, ob sie ihn versteht, ob sie die Schritte nachzuvollziehen vermag, die er von ihr verlangt. Aber weit über diese Kontrolle des rationalen Verständnisses hinaus muß der Lehrer wissen, ob die Klasse mitgeht, ob sie ernst nimmt, was ihr vorgetragen wird, ob sie fühlt, was er ihr vermitteln möchte. Die schulmeisterliche Kontrollabsicht steht dabei im Hintergrund. Der Lehrer braucht den beschriebenen Kontakt genauso notwendig wie der Schauspieler die Beziehung zum Zuschauer und der Redner die Beziehung zur Zuhörerschaft. Alle diejenigen, welche über das Radio gesprochen haben, sagen übereinstimmend aus, wie sehr sie anfänglich unter dem Fehlen jeder unmittelbaren Resonanz aus einem Zuhörerkreis gelitten haben. Es ist, als spräche man in ein psychologisches Vakuum hinein. Womöglich noch schlimmer ist allerdings ein vorhandenes Auditorium, dessen Seele man nicht zu erreichen vermag, das bewegungslos und unberührt vor einem sitzt. Aus all diesen Erfahrungen geht hervor, wie nötig der Erzähler den psychischen Gegenhalt der Klasse braucht.

Der Lehrer sucht Intellekt, Gefühl und Haltung des Schülers anzusprechen. Wie geschieht dies? Sicher zum Teil durch das Wort, durch seine objektive Bedeutung. Wichtiger aber als alle Worte und inhaltlichen Bedeutungen ist das, was durch sie hindurchleuchtet. Feinste Nuancen der Betonung, der Mimik und der Gestik übermitteln dem Schüler den Gefühlsgehalt einer Sache und verraten ihm ihre Wertung durch den Lehrer. Wir brauchen diese Bedeutungsträger nicht im einzelnen zu analysieren, festzustellen, wie etwa Lautstärke, Sprachrhythmus und Sprachmelodie sowie die Ausdrucksbewegungen von Gesicht und Hand die affektive Tönung und den Wertgehalt einer Sache kundgeben. Eine solche Untersuchung hätte rein theoretische Bedeutung, weil diese Ausdrucksmittel vom Sprechenden völlig unbewußt verwendet und vom Zuhörer völlig unbewußt aufgefaßt und verstanden werden.

Die innere Form dieser Übermittlung läßt sich jedoch durch den Begriff der *Einfühlung* prägnant charakterisieren. Der Schüler, der dem Lehrer zuhört und ihn während seiner Erzählung beobachtet, fühlt sich in dessen Ausdrucksbewegungen, in die Bewegungen der Sprache und des Körpers ein. Vielleicht ist es sogar so, daß er diese Bewegungen innerlich nachahmt (Th. LIPPS 1909, S. 123, 1912, LAY 1911, PIAGET 1945). Dadurch erlebt er sozusagen an seinem eigenen Leib, was den Erzähler bewegt. Es entsteht auf diese Weise eine Verbindung zwischen dem Erzähler und dem Zuhörer, die viel unmittelbarer ist als die Kommunikation über den Intellekt und über das normierte Zeichensystem der Sprache. Diese einfühlende Teilhabe des Zuhörens am Erlebnis des Sprechenden verwirklicht die engste Form der Gemeinsamkeit, den die Schule erreichen kann.

In unserer bisherigen Beschreibung ist es der Schüler, der sich in die Welt des Lehrers einfühlt und dadurch an ihr teilhat. Ein enger Kontakt kommt nun aber nur dann zustande, wenn auch der umgekehrte Vorgang stattfindet. Der Lehrer muß fähig sein, sich einfühlend über die geistige Haltung der Klasse Rechenschaft abzulegen. Wieder wäre es ein interessantes, aber rein theoretisches Problem, die Bedeutungsträger zu untersuchen, welche dem Lehrer die Haltung der Schüler verraten. Wir stellen hier nur fest, daß es vor allem die körperliche Haltung ist, welche die geistige Haltung ausdrückt. Interesse äußert sich immer in einer Straffung des körperlichen Spannungszustandes, Anteilnahme in körperlicher Zuwendung. Ablehnung des dargebotenen Stoffes oder des Lehrers selbst drückt sich auch in einer körperlichen Abwendung aus; Langeweile und weichende Aufmerksamkeit in einer Erschlaffung des körperlichen Tonus. Es handelt sich hier meistens um kleine und kleinste Veränderungen der Haltung und um kaum registrierbare unwillkürliche Bewegungen. Aber dem aufmerksamen und feinfühligen Lehrer genügen sie, um die Einstellung der Klasse zu erkennen.

So erkennen wir nun den Begriff des „Kontakts" zwischen Lehrer und Klasse als zusammenfassenden Ausdruck für einen sehr komplexen sozialpsychologischen Vorgang, für ein feines Wechselspiel der Einfühlung zwischen Erzähler und Zuhörern. Mannigfaltige Querverbindungen ähnlicher Natur unter den Schülern, Verbindungen, dank deren sie nicht als einzelne Individuen, sondern als psychologisches Ganzes, eben als Klasse, reagieren, fügen das ihrige zu dem vielfältigen Bild hinzu. Aber wie es sich auch im einzelnen ausgestaltet und wandelt, immer findet sich darin die geistige Teilhabe am Erlebnis des anderen. Auf diese Weise kommt auch die erzieherische Einwirkung des Lehrers auf die Schüler zustande, welche weit über die Vermittlung von intellektuellen Gehalten, von Vorstellungen, Begriffen und Operationen hinausreicht. Diese Kommunikation läßt etwas von der geistigen Grundhaltung des Lehrers auf den Schüler übergehen und in ihm lebendig werden. Wenn sich dieser Vorgang über eine genügend lange Zeit erstreckt, macht sich der Schüler diese Grundhaltung zu eigen. Das, woran er ursprünglich einfühlend teilhat, erwächst in ihm zur Autonomie und wirkt über die Zeit des Kontaktes mit dem Lehrer hinaus. Wir erkennen schon hier, wieviel mehr als ein Stoffvermittler der Lehrer ist oder doch sein kann. Der durch die Einfühlung vermittelte Kontakt ermöglicht es, daß die Persönlichkeit des Lehrers sozusagen unmittelbar auf diejenige des Schülers einwirkt und sie gestaltend prägt.

Was aber kann der Lehrer tun, um diesen Kontakt herzustellen? Handelt es sich hier um eine Fähigkeit, welche bewußt erworben und gepflegt werden kann? Es unterliegt keinem Zweifel, daß die Fähigkeit zur einfühlenden Kontaktnahme weitgehend von der psychischen Konstitution des Lehrers abhängt. Im ungünstigsten Falle, bei schizoider Veranlagung, kann sie einem Menschen ganz fehlen. Dann sollte er den Lehrerberuf nicht ergreifen. Aber auch ein Übermaß an Kontaktbereitschaft stellt einen Nachteil für den Lehrer dar. Er merkt zu viel von dem, was in der Klasse vorgeht, und weil dies nicht immer reine Teilnahme am Erlebnis des Lehrers ist, so leidet er übermäßig unter den störenden Vorgängen. Im breiten Band der durchschnittlichen Einfühlungsfähigkeiten sind aber die Möglichkeiten der bewußten Pflege des Kontaktes mit der Klasse doch bedeutend. Die Grundregel lautet: *Der Lehrer reserviere immer einen Teil seiner Aufmerksamkeit für die Beobachtung der Klasse.* Er muß den geistigen Kontakt mit ihr suchen, darf sich nicht ganz in seinen Stoff versenken, nicht ausschließlich nach innen sehen, um den Vortrag ganz aus seiner Vorstellung heraus zu gestalten. Sollte er dies übrigens versuchen, so würde ihn die harte Wirklichkeit bald zurückrufen.

Den Anfänger im Lehramt muß man anweisen, den Schülern in die Augen zu blicken. Er soll sich nicht scheuen, dies zu tun, soll auch nicht fürchten, er werde durch die vielen auf ihn gerichteten Augenpaare aus der Fassung gebracht. Genauso, wie es möglich ist, einen einzelnen Gesprächspartner während der Unterhaltung anzusehen, kann der Lehrer auch seine Schüler während des Erzählens anblicken. Andersartige Gewohnheiten, wie das Fixieren einer bestimmten Ecke im Schulzimmer oder gar das Senken des Blickes, sollten von Anfang an vermieden werden. Sofern sie nur Ausdruck anfänglicher Verlegenheit sind, werden sie bald verschwinden. Auch die übrigen Ausdrucksmöglichkeiten sollte sich der Lehrer nicht verbauen, indem er gewisse Haltungen gewohnheitsmäßig fixiert. Er sollte in seiner anfänglichen Unsicherheit keinen Halt an einer Stuhllehne suchen. Der Halt, den sie zu geben vermag, ist gering, aber jede natürliche Gestik ist damit von vornherein ausgeschaltet. Dasselbe geschieht, wenn der Lehrer die Hände in seinen Taschen vergräbt. Eine gute Regel für den Anfänger lautet dahin, die Arme einfach hängen zu lassen oder, wenn es nicht anders geht, sie auf den Rücken zu legen. Diese Haltung wird er nämlich nicht lange beibehalten, sondern seine Rede bald mit den natürlichen Ausdrucksbewegungen begleiten.

Die Mitarbeit der Klasse im Rahmen der Erzählung

Vieles mag der Lehrer intuitiv zu erfassen, wenn er die Klasse während seiner Erzählung beobachtet. Aber die feinste Einfühlungsgabe ersetzt das Gespräch nicht, wenn es sich darum handelt, einen anderen kennenzulernen. So ist es auch in der Schule. Die verschiedensten didaktischen Maßnahmen und Unterrichtsformen können es herbeiführen. Nur eines ist dazu nötig: daß den Schülern Gelegenheit gegeben wird, sich zu äußern, Probleme, die sie interessieren, relativ selbständig anzupacken und sie unter Einsatz der eigenen Denkmittel einer Lösung entgegenzuführen. Dabei manifestieren sich nicht etwa nur die intellektuellen Fähigkeiten der Schüler. Gefühlsreaktionen und Wertungen treten deutlich zutage, deutlicher, als wenn die Schüler bloß der Erzählung des Lehrers folgen.

Welche Unterrichtsform verwendet wird, um den Schüler sich äußern zu lassen, spielt hier eine geringe Rolle. Das fragend-entwickelnde Lehrverfahren, ein Unterricht, der mit wenigen oder gar keinen Fragen auskommt, das Unterrichtsgespräch, die Gruppenarbeit, sie alle erlauben es dem Lehrer, seine Schüler kennenzulernen. Nur eine Lehrform ist hier auszuschließen: der reine Lehrervortrag, das Dozieren *ex cathedra*. Sie erlaubt es dem Lehrer nicht, das Denken der Schüler kennenzulernen. Daher wird in den Schulen, in denen sie ausschließlich angewandt wird, am meisten über die Köpfe der Schüler hinweggeredet. Aber auch eine Katechese, ein Unterricht mit Lehrerfrage und Schülerantwort, die den Schüler sehr kurz am Zügel führt und ihn als Antwort auf die eng gefaßten Lehrerfragen nur kleine und kleinste Denkschritte selbständig vollziehen läßt (wobei die Antworten womöglich noch aus allen möglichen Zeichen der Lehrerfrage erraten werden können), gibt nur wenig Einblick in das Denken und Erleben des Schülers. Wir müssen ihm etwas Freiheit geben, seine Kräfte an Problemen anzuwenden und einzusetzen, wenn wir diese Kräfte kennenlernen wollen.

Schon MONTAIGNE hat dies erkannt, als er in seinem berühmten Essay über die Erziehung schrieb: „Il est bon qu'il (le maître) le (l'enfant) face trotter devant luy pour juger de son train, et juger jusques à quel point il se doibt ravaler pour s'accommoder à sa force" (1580, 182). „Es ist angezeigt, daß der Lehrer das Kind vor sich hertrotten lasse, um seine Gangart kennenzulernen und zu beurteilen, bis zu welchem Punkte er heruntersteigen müsse, um sich an seine Kraft anzupassen."

Im Rahmen einer Erzählung bieten sich nun dem Lehrer folgende Möglichkeiten, den Schüler etwas vor sich her ins Unbekannte vordringen zu lassen.

Klären und Erklären

An gewissen Punkten des Referates, an denen Unklarheiten drohen, läßt der Lehrer die Schüler die Sachlage selber klären. Zusammenhänge werden aufgewiesen, Gründe gesucht, Folgen erwogen. Zum Beispiel: Warum machten die christlichen Kelten von Irland und Wales keinen Versuch, die Angeln und die Sachsen zu missionieren, während sie ausgedehnte Missionsfahrten nach dem europäischen Festland unternahmen? Die Schüler werden die verschiedensten Gründe nennen, vielleicht auch den Gedanken, daß die Kelten keine Lust zeigten, den Eindringlingen, die sie aus dem heutigen England vertrieben hatten, in den Himmel zu verhelfen.

Weitere Entwicklungen voraussehen

An kritischen Stellen eines Handlungsablaufes oder einer Entwicklung lassen wir die Klasse Vermutungen über den weiteren Verlauf anstellen. Auf Grund der bekannten Ausgangslage versucht die Klasse, auf die folgenden Ereignisse oder Entwicklungsphasen zu schließen. Ein Beispiel aus dem Geographieunterricht: Was für Erscheinungen waren in den Tälern des Flachlandes zu erwarten, nachdem sich die Gletscher am Ende der Eiszeiten in die Berge zurückgezogen hatten? (Aufstauung von Seen hinter den Endmoränen usw.). Ein weiteres Beispiel aus dem Sprach- oder Geschichtsunterricht: Was tat wohl der gefangene Sokrates, als ihm die Gelegenheit gegeben wurde, aus dem Gefängnis zu entfliehen?

Ausmalen lassen, allgemeine Aussagen durch Beispiele illustrieren lassen

Besonders jüngere Schüler haben das Bedürfnis, sich Einzelheiten aus der Erzählung des Lehrers anschaulich auszumalen. Aber auch die Schüler der höheren Schule lassen sich von gewissen Problemen fesseln, sobald diese aus der dünnen Luft des Allgemeinen in die konkrete Wirklichkeit hinuntertransponiert werden. Schulneulinge malen sich etwa aus, was es in einem Königsschloß alles zu sehen gibt. Ältere Schüler zeigen plötzlich Interesse, wenn wir sie fragen, auf welchen Wegen der Verkehr im Mittelalter ihre Stadt, im 19. Jahrhundert ihren Staat, durchquert hat.

Stellung beziehen lassen

Wo von menschlichen Handlungen und Entscheidungen die Rede ist, können wir die Schüler immer Stellung beziehen lassen. Die Gesichtspunkte können verschiedenster Art sein: Nützlichkeit, Klugheit, Gerechtigkeit, moralische Güte usw. können in Frage gestellt werden. War das vorteilhaft, klug, recht? Durfte er das tun? Die Schüler werden aus ihrem Wertempfinden heraus antworten.

Wiedererzählen, wiederholen lassen

Dieses einfachste Mittel, die Schüler in Bewegung zu setzen, ist heute, zum Teil zu Recht, etwas in Mißkredit geraten. Richtig gehandhabt, kann es jedoch nützlich sein. Wir werden die Schüler an sinnvollen Punkten Teile der Erzählung wiederholen lassen. So etwa, wenn im Märchen, in der Sage oder in der geschichtlichen Erzählung der Abgesandte zu seinem Herrn oder zu seiner Regierung zurückkehrt: Nachdem der Lehrer die Verhandlungen des Abgesandten mit der Gegenpartei geschildert hat, läßt er die Klasse oder einen einzelnen Schüler über die Verhandlungen referieren, so wie es der Abgesandte vor seinen Auftraggebern tun mußte. Der veränderte Gesichtspunkt und die dadurch erforderte Veränderung der Ausdrucksweise sichert einer solchen Wiederholung neues Interesse: („Da haben sie von mir verlangt...; aber ich habe darauf bestanden, daß... Schließlich haben sie eingewilligt..." usw.). Ältere Schüler machen dieses Spiel in der angegebenen Form nicht mehr ohne weiteres mit. Der gleiche Gedanke ist jedoch auch abstrakter realisierbar, indem wir etwa die Argumente der Parteien aufzählen und spezifizieren lassen.

Dialogisieren, dramatisieren

Eine der reizvollsten, aber auch schwierigsten und zeitraubendsten Formen, Schüler im Anschluß an eine Erzählung zur Mitarbeit heranzuziehen, besteht darin, die Handlungen in kleinen, mehr oder weniger improvisierten Szenen zu dialogisieren oder zu dramatisieren. Man behilft sich dabei mit den Requisiten, die gerade zur Hand sind. Diese Form der Wiederholung setzt voraus, daß die Schüler die sachlichen Zusammenhänge, die Interessen und Motive, welche im Spiele sind, genau kennengelernt haben. Wenn etwa die Schüler die Anklagen kennen, welche gegen SOKRATES erhoben wurden, und wissen, wie er sich verteidigte, kann die Gerichtsverhandlung von der Klasse gespielt werden. Aber auch schon die Elementarschüler vermögen viele Erzählstoffe mit wenig Anleitung durch den Lehrer in erfrischender Weise zu dramatisieren.

Wenn es dem Lehrer auf diese Weise gelingt, die Klasse zur Mitarbeit anzuregen, lernt er sie genau kennen. Er erkennt, ob er verstanden worden ist und ob die Schüler innerlich mitgehen. Somit kann er seinen weiteren Unterricht besser an die geistige Eigenart seiner Schüler anpassen. Im Schüler befriedigen wir zugleich das Bedürfnis nach Äußerung. Indem er nicht nur mitdenken, mitfühlen und mitwerten muß, sondern gewisse Überlegungen selbständig anstellt, seine Gefühle ausdrückt und seine Stellungnahme ausspricht, schult er seine eigenen Kräfte und lernt mit der Zeit, in der geistigen Welt auf eigenen Füßen zu stehen. Schließlich leisten wir auf diese Weise auch ein Stück jener so dringend notwendigen Sprachschulung, die in jeder Unterrichtsstunde zur Geltung kommen sollte.

Die Grenzen der Anpassung an die kindliche Eigenart

Alle bisher beschriebenen didaktischen Maßnahmen dienen dem Ziel, daß sich der Lehrer an die psychische Eigenart seiner Schüler anpasse. Es ist nun der Augenblick gekommen, wo diese Aussage präzisiert und abgegrenzt werden muß. In erster Linie muß untersucht werden, wie dieses „Hinuntersteigen" auf das Niveau des Kindes verstanden werden soll. Es gibt Lehrer – häufig sind sie selber noch relativ jung –, die mit ihren noch jugendlichen Schülern einen burschikosen Ton anschlagen, ihr Vokabular demjenigen der Jungen anpassen und auch in ihrer ganzen Haltung tun, als ob sie selber noch fünfzehn oder sechzehn Jahre alt wären. Entsprechende Formen der *totalen Anpassung*, wie man dieses Verhalten nennen könnte, findet man bei Lehrern und Lehrerinnen jeder Schulstufe. Häufig beobachtet man Elementarlehrer und Elementarlehrerinnen, die mit ihren jungen Schülern in einer kindlichen Weise sprechen, als wären sie selber noch Erst- oder Zweitkläßler. Sie heben die Stimme auf unnatürliche Art und nehmen ein naives Gehaben an, das den außenstehenden Betrachter lächerlich bis peinlich anmutet und das auch von den reiferen Schülern nicht ernst genommen wird. Auch das burschikose Verhalten vor Jugendlichen trägt den betreffenden Lehrern keinen Lohn ein, denn sie müssen bald erkennen, daß sie von den Schülern wie ihresgleichen behandelt werden und somit Autorität und Respekt verlieren.

Wo liegt der Fehler? Diese Erzieher meinen, sie müßten vor Kindern selber ganz zu Kindern werden. Sie vollziehen eine Art gewollter Regression auf eine Verhaltensstufe, welche sie längst hinter sich gelassen haben. Und zwar ist die Regression umfassend. Sie erzeugt in ihrer Gesamtheit den geschilderten Eindruck der Bubenhaftigkeit, ja der Kindlichkeit. Das ist falsch. Der Lehrer ist ein Erwachsener, und er soll es bleiben. Auch das Kind und der Jugendliche erwarten es von ihm.

Worin besteht dann die rechte Anpassung an den Geist des Kindes? Darin, daß der Erzieher als Erwachsener in Einfachheit zum Kinde spricht. Er tut dies, indem er die elementaren Denkmittel verwendet, die dem Kinde zur Verfügung stehen, indem er seine Gefühlsäußerungen und seine Werturteile auf die einfache Form zurückführt, die dem Kinde zugänglich ist. Dies kann er tun, ohne sein eigenes Wesen zu verleugnen. So wie der Maler seinen Ausdruck auf eine elementare Form zurückführt, so wie große Autoren für das Wesentliche einen einfachen Ausdruck suchen, so kann auch der Erzieher jene einfachen Elemente seines Denkens und Erlebens wiederfinden, die das Kind versteht. Wenn er dies tut, so wird auch seine Sprache echt, und er wird ernst genommen.

So erkennen wir eine der schönsten Aufgaben des Lehrerberufes: mit jungen Menschen zusammen zum Grundlegenden zurückzukehren, von hier aus die tragenden Pfeiler des geistigen Lebens aufzubauen. Das Elementare ist keineswegs das Zweitrangige. Im Gegenteil: als das Grundlegende trägt es alle übrigen Werke der Bildung. Wir verstehen von hier aus die Faszination, welche die Idee der *Elementarbildung* auf PESTALOZZI (1825), der sie konzipiert hat, ausübte. Der Lehrer, der die Notwendigkeit der Anpassung an die Entwicklungsstufe seiner Schüler als eine Chance versteht, sich mit den grundlegenden Fragen der menschlichen Existenz und des menschlichen Denkens auseinanderzusetzen, wird seines Berufes nie überdrüssig werden. Für ihn stellt der elementare Rechenunterricht eine Gelegenheit dar, sich mit dem Wesen der Zahl auseinanderzusetzen und dem Wunder beizuwohnen, durch das sich dieser Begriff im Geiste des Schülers kristallisiert. Die Lebenskunde bietet ihm u. a. Gelegenheit, mit jungen Menschen zusammen die Grundbegriffe der Ethik, die Grundprinzipien des guten Lebens durchzudenken und sie noch vor aller Abstraktion im Zusammenleben zu verwirklichen, in jener Lebenswirklichkeit, in der sich jede Sittlichkeit bewähren muß, wieweit ihre theoretische Formulierung nebenbei auch getrieben werden mag.

Der freie Vortrag, der auswendig gelernte Vortrag, das Vorlesen

Häufig stellt sich im Unterricht die Frage, ob der Lehrer einen Stoff frei vortragen oder ob er den entsprechenden Text vorlesen solle. Welches Verfahren verdient den Vorzug? In den weitaus meisten Fällen ist der freie Vortrag dem Vorlesen vorzuziehen.

Worin liegen die Schwächen des Vorlesens und die Vorzüge des freien Erzählens? Darin, daß der Vorleser im Verständnis dessen, was er vorliest, meistens etwas hintennachhinkt, während der frei Sprechende im voraus weiß, was er sagen will. Wenn beim Vorleser das ausgesprochene Wort die Bedeutung gerufen hat, ist es schon zu spät. Es ist schon ausgesprochen und kann nicht mehr sinnvoll gestaltet werden. Gutes Vorlesen verlangt daher, daß der Leser den sich progressiv ausdrückenden Sinn ständig antizipiert, so daß er jedes ausgesprochene Wort schon von der vorausgeahnten Bedeutung her sinnvoll betont. Es liegt auf der Hand, daß dies um so schwerer ist, je schwieriger der vorgelesene Text ist. Oder, ins Positive gewendet: anspruchsvollere Vorlesetexte müssen durch den Lehrer *vorbereitet* werden. Das Vomblattlesen kommt häufig schlecht heraus. Der Lehrer, der sich dieser Tatsache bewußt ist, wird schwierige Stoffe immer frei vortragen. Auch wenn seine Formulierungen nicht immer vollendet sind, verstehen ihn die Schüler besser. Indem er aus der lebendigen Vorstellung der Sache heraus spricht, findet er, wenn auch tastend, den adäquaten Ausdruck.

Dem Neuling im Lehramt stellt sich manchmal die Frage, ob er seinen ersten Vortrag *auswendig lernen* solle. Davon muß abgeraten werden, und zwar aus folgenden Gründen: Auswendiglernen heißt primär, Worte, d. h. Zeichen auswendig lernen. Beim Vortrag einer auswendig gelernten Wortfolge kann der Sprecher zwar die entsprechenden Bedeutungen aktivieren und von ihnen her auch den Vortrag gestalten, er muß es aber nicht tun. Es ist im Grenzfall durchaus möglich, eine Wortfolge auswendig zu lernen und sie fehlerlos zu rezitieren, ohne irgend etwas von ihrer Bedeutung zu verstehen. Thomas PLATTER (1572), der am Anfang des 16. Jahrhunderts die Lateinschule durchlaufen hat, beschreibt in seinen Lebenserinnerungen, wie er den ganzen Donat, eine der klassischen lateinischen Grammatiken, auswendig gelernt habe, ohne ein Wort davon zu verstehen. Einen Text auf diese Weise auswendig zu lernen, heißt eine sprachliche Reaktionskette aufbauen. Ein Wort ruft dabei das andere, genauso, wie eine Tongruppe die andere ruft, wenn man ein Musikstück auswendig spielt, oder wie eine Bewegung die nächste ruft, wenn man einen komplexen Bewegungsablauf vollzieht, etwa eine Freiübung ausführt oder einen Knoten knüpft. Schematisch dargestellt, sieht eine Reaktionskette so aus:

$$R_1 \to S_1 \to R_2 \to S_2 \to R_3 \to S_3 \to R_4- \to S_4 \to \text{usw.}$$

Der erste Reaktionsteil (R_1), etwa die Aussprache des ersten Wortes oder der ersten Wortgruppe, erzeugt gewisse Reize (S_1), die im Sprechenden selber das nächste Wort oder die nächste Wortgruppe auslösen (R_2); diese stellen ihrerseits wieder die Reize (S_2) für die weitere Abfolge der Kettenreaktion dar usw. Es ist, als ob hier eine große Zahl bedingter Reaktionen (PAWLOW 1927, HULL 1943, und viele andere) gleicher Art zu einer Kette zusammengefügt würden, wobei die Besonderheit vorliegt, daß sich der Organismus die Reize fortlaufend selber verschafft, die er zur Auslösung des folgenden Reaktionsteils braucht (JANET 1935, GUILLAUME 1947).

Dieser Vorgang kann ablaufen, wenn ihn auch nur undeutliche oder gar keine Bedeutungserlebnisse begleiten. Der Ablauf ist ja vom Zeichen her gesichert. Der Vers, der Lehrsatz, die Formel wird „heruntergeleiert". Ein solcher Vortrag erreicht die Zuhörer nicht, vermag sie nicht zu bewegen. Sollen aber lebendige Bedeutungserlebnisse den auswendig gelernten Vortrag gestalten, so ist eine sehr lange und intensive Vorbereitung notwendig, eine Vorbereitung, die derjenigen eines Schauspielers auf seine Rolle gleichkommt. Für den Lehrer ist sie in den meisten Fällen weder nötig noch den Einsatz wert. In der gleichen Zeit ist es möglich, die vorzutragende Sache so intensiv durchzudenken, daß der freie sprachliche Ausdruck leicht und adäquat erfolgt.

Dazu kommt noch ein Weiteres: Ketten von bedingten Reaktionen sind zerbrechliche psychische Gebilde. Wenn ich stecken bleibe, so ist es meistens nicht möglich, nach einem Augenblick der Besinnung an der Stelle der Unterbrechung weiterzufahren. Denn dazu ist ja, wie wir gesehen haben, der vorangehende Reiz notwendig, der nach der Unterbrechung eben gerade nicht mehr da ist. Da in den meisten Fällen nur an wenigen, wichtigen

Artikulationspunkten des ganzen Ablaufs, etwa bei Hauptabschnitten, an Versanfängen usw. ein Neuanfang ohne vorangehenden Eigenreiz möglich ist, muß der Unterbrochene oder aus dem Gleis Geratene zu einer solchen Stelle zurückkehren, um neu anzufangen. Das ist nun nicht gerade elegant, so daß also auch von daher das Auswendiglernen von Vorträgen verworfen werden muß.

Die Vorbereitung von Erzählungen und Vorträgen

Wie wird sich demzufolge der Lehrer auf seine Erzählungen, Schilderungen und Referate vorbereiten? Die allgemeine Antwort lautet: nicht, indem er die Worte auswendig lernt, welche die zu übermittelnden Bedeutungsgehalte ausdrücken, sondern indem er sich diese selber lebendig vergegenwärtigt. Er wird die Sache durchdenken, sich in ihren Gefühlsgehalt einleben und die Wertungen klären.

Das Durchdenken verfolgt das Ziel der *logisch-sachlichen Gestaltung des Stoffes*. Nachdem alle Einzelheiten geklärt sind, muß der Überblick über das Ganze gewonnen werden. Der Ablauf der Geschehnisse in einer Erzählung, die wesentlichen Zusammenhänge innerhalb eines zu schildernden Tatbestandes müssen dem Referenten selber völlig klar und durchsichtig sein, wenn er durch seinen Vortrag im Zuhörer ein klares Bild aufleben lassen will. Die wesentlichen Elemente müssen hervorgehoben werden, andere müssen gegen sie zurücktreten oder ganz weggelassen werden. Denn vom Erzählen gilt dasselbe wie vom Zeichnen: es ist die Kunst, wegzulassen. Das positive Korrelat dieser Aussage heißt: das Wesentliche muß eindringlich ausgeführt werden. Wichtige Tatbestände werden von mehreren Seiten beleuchtet und daher in der Darstellung mehrmals in wechselnder Ausdrucksform wiederholt. So wächst die Wahrscheinlichkeit des richtigen Verständnisses durch den Schüler. Die Artikulation des Ganzen muß klar herausgearbeitet werden. Sie drückt sich in einer klaren, abschnittweisen Gliederung des Vortrags aus. Statt eine unübersehbare Masse von Fakten zu enthalten, gliedert sich das Ganze in Teilganze, diese wiederum in kleinere Einheiten, wobei die Verhältnisse der Teile untereinander sowie ihr Verhältnis zum übergeordneten Ganzen sichtbar werden. So wissen Vortragender und Zuhörer in jedem Moment der Darstellung, wo sie stehen, und es tritt nie jener Zustand der Hilflosigkeit vor einem Wust von Tatsachen ein, den die Schüler treffend als „Schwimmen" bezeichnen.

Den *Gefühlsgehalt* eines Stoffes kann man nicht „durchdenken". Das Nachdenken über Gefühle mag psychologisch interessant sein, es bereichert aber das Gefühlserlebnis nicht. Überhaupt ist die Gefühlssphäre der intentionellen Bearbeitung weitgehend enthoben. Gefühle können zwar gehemmt werden, oder es kann ihnen die Bahn in einem gewissen Maße geöffnet werden; wie sie sich aber ausprägen, das liegt einesteils an unserer psychischen Konstitution, anderteils an der Natur des vorliegenden Stoffes.

Um sich in den Gefühlsgehalt einer Erzählung einzuleben, wird der Lehrer während der Vorbereitung nicht viel mehr tun können, als sich selber dem Gefühlserlebnis zu öffnen, indem er alle Faktoren, welche es beeinträchtigen, auszuschalten sucht. So wird er seinen Blick von den sachlichen Problemen wegwenden und sich in die vorkommenden Personen einzufühlen versuchen. Indem er auf diese Weise ihre Handlungen und Erlebnisse nachvollzieht, leben auch die entsprechenden Gefühle in ihm auf.

In den meisten Fällen ist eine solche Vorbereitung nicht unbedingt nötig. Wenn der Lehrer aus seiner geistigen Substanz heraus vorträgt und nicht einfach etwas Angelerntes wiedergibt, so kann er darauf vertrauen, daß sich auch die adäquaten Gefühlstöne einstellen.

Die Klärung der *Wertungen* ist dagegen häufig ein wichtiges Element der Vorbereitung. Denn nicht immer liegt es auf der Hand, welche Stellung man zu einer Persönlichkeit, einer Handlung oder einem Ereignis einnehmen soll. In welchem Lichte wird man eine historische Persönlichkeit wie Napoleon erscheinen lassen? Wie die Russische Revolution beurteilen? In vielen Fällen entscheidet die Art der Stellungnahme zu einer Sache darüber, ob man sie im Unterricht überhaupt darstellt.

Man verurteilt heute vielfach die Besprechung von Kriegen im Geschichtsunterricht und vertritt die Auffassung, daß der Kulturgeschichte der erste Platz gehöre. Wir glauben auch, daß die Kulturgeschichte sehr wertvoll gestaltet werden kann, wenn sie Substanz hat und zugleich dem Entwicklungsniveau des Schülers angepaßt ist. Aber so, wie es unrealistisch ist, vor dem Bösen im Menschen die Augen zu verschließen, genauso falsch erscheint es uns, die Bedeutung der Kriege im Ablauf der geschichtlichen Ereignisse zu unterschätzen. Bei der Darstellung von Kriegen kommt alles darauf an, welche Stellung wir dazu einnehmen und wie wir die beiden Parteien werten. Wenn wir deutlich zum Ausdruck bringen, daß wir diese Form der Austragung von Interessenkonflikten verurteilen und wenn wir uns nicht zu einer einseitigen Stellungnahme verleiten lassen, sondern das Gute gut und das Böse bös nennen, auf welcher Seite es auch erscheine, dann hat auch die Darstellung kriegerischer Ereignisse ihren Platz im Unterricht.

Ganz ähnlich stellt sich das Problem bei den *Märchenerzählungen* der Unterstufe. Sollen wir, so wird hier häufig gefragt, die z. T. grausamen oder sonst unzulässigen Handlungen darstellen? Entgegen einer überängstlichen Psychologie, welche dem Kind jedes starke oder schmerzhafte Erlebnis ersparen möchte, glauben wir, daß die meisten Märchen in der überlieferten Form dargestellt werden dürfen. Hier, wie im Falle der Kriegsgeschichte, kommt alles darauf an, wie man die betreffenden Handlungen wertet. Wenn man das Grausame als solches charakterisiert, ist nicht zu befürchten, daß man die Schüler zur Grausamkeit erzieht. Zudem ist keineswegs erwiesen, daß Kinder, welche vor jedem furchterregenden Erlebnis behütet worden sind, später auch besonders widerstandsfähig gegen Angst und Furcht sind. Das Gegenteil könnte zutreffen. Im übrigen ist es deutlich, daß Kinder das Gruseln teilweise recht eigentlich suchen. Damit verschaffen sie sich nur ein starkes Kontrasterlebnis, das sie die Geborgenheit und Sicherheit, welche sie bei Eltern und Erziehern finden, lebhaft empfinden läßt. Selbstverständlich bleibt bei alledem, daß der Lehrer und die Lehrerin ihre Darstellungen nicht übertreiben, sondern im Gegenteil die Schüler während des Erzählens beobachten, um nicht doch durch allzu große Drastik der Darstellung Schaden anzurichten.

Auch in bezug auf die Gefühls- und Wertgehalte bleibt es bei dem, was wir zur stofflichen Vorbereitung festhalten mußten: Sich vorbereiten heißt nicht, Ausdrucksformen lernen und einüben. Vorbereitung bedeutet Vertiefung in die Sinngehalte, dort in logisch-sachliche, hier in affektive und wertmäßige. Vor dem Einüben bestimmter Ausdrucksformen (Gebärden, Mimik, usw.) kann nicht genug gewarnt werden. Die Gefahr, daß kleine Inkongruenzen zwischen dem wirklichen Erlebnis und einer eingeübten Ausdrucksform entstehen, ist allzu groß. Sie wird vom Zuhörer unfehlbar bemerkt und als unecht und lächerlich empfunden.

Aus der Wichtigkeit anschaulicher Darstellung bei jüngeren Schülern ergibt sich die Notwendigkeit, bei der Vorbereitung von Erzählungen vorzusehen, welche Gedanken, Sachverhalte usw. ausgemalt, d. h. lebendig und anschaulich geschildert werden. Die wenigsten Erzähler können sich dazu auf die Inspiration des Augenblicks verlassen. Improvisierte Versuche der anschaulichen Schilderung fallen oft dürftig aus. Anschauliches Schildern bedarf der Vorbereitung; es setzt Vertiefung ins einzelne und Auswahl dessen voraus, was einen Sachverhalt oder einen Gedanken lebendig und prägnant macht.

Die Notizen des Lehrers

Im freien Vortrag stützt man sich auf stichwortartige Notizen. Sie sind graphisch so gegliedert, daß ihre Anordnung die logischen Zusammenhänge, Gruppierungen und Abschnitte möglichst getreu wiedergibt. Die darzustellenden Zusammenhänge formuliert man nicht etwa in allgemeinen Oberbegriffen, sondern möglichst nahe am effektiv zu brauchenden Wortlaut, aber unter Beschränkung auf wichtige Begriffe. Gute Notizen sind ihrem Verfasser auch noch dann verständlich und nützlich, wenn er sie nach Jahren wieder hervornimmt. Zu allgemein gehaltene Notizen mögen der logischen Ordnung des Ganzen dienen, enthalten aber zu wenig konkrete Angaben und sagen ihrem Verfasser später nichts mehr.

Wichtige Tatbestände und Zusammenhänge können nicht beliebig formuliert werden. Nach einer tastenden Charakterisierung, die zwar richtig, aber umständlich ist, muß eine Formel folgen, die den Nagel auf den Kopf trifft. Eine prägnante Formulierung ist mehr als eine nützliche Hilfe. Indem sie die wesentlichen Zusammenhänge widerspiegelt und die Akzente setzt, wo sie hingehören, erleichtert sie die Auffassung, das Behalten. Nun fallen dem Lehrer prägnante Formulierungen ebensowenig wie lebendige, anschauliche Schilderungen in den Schoß. Er kann nicht hoffen, daß er sie im Verlaufe der Lektion in jedem Falle findet. Ihre Ausarbeitung gehört zur Vorbereitung, und sie müssen in den Notizen wörtlich festgehalten werden. Häufig werden diese zentralen Aussagen auch den Kern der Zusammenfassung der Lektion darstellen. Sie können in einem Wandtafeltext verwendet werden, der – möglicherweise als Lückentext – am Schluß der Stunde durchgelesen, noch einmal überdacht und in die Hefte übertragen wird.

Während der Lektion legt der Lehrer seine Notizen an einen Ort, wo er sie jederzeit leicht sehen kann. Dies versucht er vor den Schülern nicht zu verbergen, denn er gedenkt ja nicht, als Gedächtniskünstler aufzutreten. Es ist ganz selbstverständlich, daß er sich von Zeit zu Zeit in seinen Notizen orientiert. Sind sie klar und übersichtlich, so wird er dies rasch tun können, ohne daß ein aufgeregtes Suchen in den Zetteln nötig ist.

Didaktische Hinweise ergänzen die stofflichen Angaben. Wenn an einem bestimmten Punkt der Lektion ein Anschauungsmittel eingesetzt, eine Demonstration oder eine Übung eingeschoben wird, so notiert man sich dies mit Vorteil. Damit verhindert man, daß man über den vielen Anforderungen einer guten Lektion diese didaktischen Maßnahmen vergißt. Es ist sehr ärgerlich, wenn man am Schluß der Stunde, nachdem der geeignete Augenblick längst schon verstrichen ist, in der Ecke noch das Schulwandbild oder die Landkarte entdeckt, die man, eventuell unter erheblichem Zeitaufwand, für die Stunde bereitgestellt hat. Die Erfahrung zeigt, daß dies dem Anfänger häufig passiert.

III. Grundform 2: Vorzeigen

„Ich möchte einmal sehen, wie ... man uns die Bewegungen eines Tanzes ... oder den Umgang mit einem Pferd oder mit einer Waffe durch bloßes Zusehen beibringt, oder wie wir Laute spielen oder singen lernen, ohne daß wir uns selbst betätigen ..." (MONTAIGNE 1580). Mit diesen Worten spricht der südfranzösische Edelmann MICHEL DE MONTAIGNE vor mehr als 400 Jahren zum ersten Mal und lange vor ROUSSEAU und PESTALOZZI das didaktische Credo der *Selbsttätigkeit* aus. Pädagogen und Psychologen haben es 400 Jahre lang einseitig ausgelegt, so, als ob man aus der Beobachtung einer Tätigkeit nichts lernen könnte und als ob Lernen nur durch eigenen Versuch und Irrtum geschehen könne. Um die Einseitigkeit dieser Deutung von Selbsttätigkeit zu verstehen, braucht man sich nur zu überlegen, wohin die Menschheit gekommen wäre, wenn jede Generation ihr Wissen und Können aus ihren selbständigen Versuchen und Irrtümern hätte gewinnen müssen. Wir würden uns in diesem Fall wahrscheinlich noch heute von Wurzeln und Beeren ernähren oder wären, noch wahrscheinlicher, längst verhungert, weil uns niemand gezeigt hätte, *welche* Wurzeln und Beeren eßbar und welche anderen giftig sind, und wo man sie findet. Das eigene Tun des Lernenden ist fundamental. Wir werden es in diesem Buch noch manchmal zu sagen haben. Ebenso grundlegend aber ist seine Anleitung durch einen kompetenten Lehrer. Die einfachste und direkteste Form der Anleitung geschieht durch *Vorzeigen und Nachmachen*.

Wie lernt denn das kleine Kind sprechen? Durch Versuch und Irrtum, wie dies SKINNER (1957) behauptet hat? Das Üben des Sprechens ist grundlegend. Aber ohne das Vorbild der menschlichen Sprache lernt ein Kind niemals sprechen. Und wie ist das wirklich mit dem Reitenlernen und dem Instrumentalunterricht? MONTAIGNE selbst hat nicht gemeint, daß man den Schüler auf ein Pferd setzen oder ihm ein Instrument in die Hand drücken und ihn auffordern solle, das Reiten oder das Instrumentalspiel selbständig nachzuerfinden. Das Vorzeigen spielt in allen Fächern, in denen es um den Erwerb von Fertigkeiten geht, eine fundamentale Rolle, und noch im Erwachsenenleben prägen Vorbilder das Tun und Urteilen der Menschen.

In der Schule und in der Lehrerbildung hatten emanzipatorische Anliegen zur Folge, daß man in der psychologischen, pädagogischen und didaktischen *Theorie* nichts von Nachahmungslernen hielt. Diese Grundform des Lernens roch zu sehr nach Abhängigkeit von der Erwachsenenwelt, von aufgedrängten Normen, also nach Irrationalität und Rückständigkeit.

Daher hatte die Psychologie bis in die 60er Jahre dieses Jahrhunderts kaum etwas über Beobachtungslernen zu sagen, und wollte es auch nicht; die Pädagogen und die Didaktiker übergingen dieses Thema ihrerseits allzu häufig. In der Psychologie ist ALBERT BANDURA in den 60er Jahren mit interessanten Befunden zum Beobachtungslernen hervorgetreten, und der Verfasser hat zu Ende der 50er Jahre gewagt, das Vorzeigen und Nachmachen zur zweiten „Grundform des Lehrens" zu erklären. Denn ein unvoreingenommener Blick auf die Realität von Erziehung und Entwicklung muß jedermann zeigen, daß das Lernen von Verhaltensvorbildern in der menschlichen Gesellschaft grundlegend ist. Der Verzicht von Erziehern auf diese Form des Lehrens und die Nicht-Beachtung der entsprechenden Vorgänge in unserer Kultur hat ja nicht etwa zur Folge, daß sich diese Vorgänge nicht abspielen und die „Natur" die Entwicklung des jungen Menschen „aus sich selbst heraus" bestimmen würde, sondern bloß, daß statt der Schule und der Erzieher die Werbung und die Massenmedien es übernehmen, heranwachsenden jungen Menschen ihre Verhaltensvorbilder beizubringen und Nachahmungslernen zu bewirken.

Daß wir das Vorzeigen und Nachmachen als zweite Grundform einführen hat aber weitere Gründe. Wir haben das Erzählen an den Anfang genommen, weil es im Alltag lebendig ist und vom werdenden Lehrer praktiziert worden ist, längst bevor er sich mit Didaktik beschäftigt, und er es daher aus seiner Alltagserfahrung unmittelbar auf die Schule übertragen kann. Das gilt auch vom Vorzeigen. Jeder hat einem andern schon gezeigt, wie man etwas in die Hand nimmt und wie man ein Problem löst. Wenn das Kind die Mutter fragt, wie es eine Pflanze in einen Blumentopf setzen müsse, wenn der Knabe den Vater fragt, wie man am Fahrrad einen perforierten Schlauch repariere, so sagen sie: „Wart' einen Augenblick, ich werd's Dir zeigen!" Dann demonstrieren sie das Vorgehen, und das Kind lernt aus der Beobachtung, wie man es tut. Desgleichen ein Kind, das ein Wort falsch ausspricht oder die Gabel falsch in die Hand nimmt: Man wird ihm vormachen, wie es richtig ist. Natürlich ist es nicht das gleiche, eine Technik oder eine Sprachübung mit 25 Schülern zu behandeln. Der Grundgedanke ist aber jedem werdenden Lehrer vertraut. Das folgende Kapitel knüpft an diese Vorerfahrung an.

Es gibt aber einen weiteren Grund für die Behandlung des Vorzeigens praktischer Handlungen in einem zweiten Kapitel. Wir lernen hier ein neues *Medium* der Erfahrungsbildung kennen. Das Medium des Erzählens ist die Sprache. BRUNER (1966) nennt es ein *symbolisches*. Bei seinem Gebrauch schiebt sich zwischen den Erzähler und den Zuhörer ein Zeichensystem; Bedeutungen können nicht direkt übermittelt werden. Es stellt sich daher die Frage, ob es nicht eine einfachere Form der Kommunikation gebe, und wie diese beschaffen sei. Wir würden diese Frage bejahen und, noch einmal mit BRUNER, feststellen, daß es eine Erfahrung gibt, die in *Handlungswissen* niedergelegt ist. (Siehe dazu auch AEBLI, 1980, Kap. IV.) Dieses Wissen kann unmittelbar durch Beobachtung und Nachahmung übermittelt werden. Es handelt sich um ein elementares Wissen, das in der Regel weder sprachlich formuliert noch reflektiert ist. Im Nachahmungslernen wird es weitgehend unbewußt übermittelt. Allerdings, so werden wir sehen: Wo ein Lehrer eine ganze Klasse zugleich unterrichten muß, ist von seiner Seite einige Reflexion über diesen Vorgang notwendig.

Wo kommt das Vorzeigen und Nachahmen vor? Einmal im Bereich der Fertigkeiten und der Arbeitstechniken. Wir schreiben und zeichnen den Schülern vor. Im Muttersprach- und Fremdsprachunterricht zeigen wir, wie man bestimmte Laute bildet (englisches „Th", französisches stimmhaftes „S"). Der Deutschlehrer trägt von Zeit zu Zeit ein Gedicht vor oder liest eine Passage aus einem Theaterstück vor. (Viele tun es allzu selten. Es fällt ihnen leichter, die Schüler lesen zu lassen und sie über das Gelesene zu befragen. Schade! Warum eigentlich dieses Zurückschrecken vor dem Vorzeigen?) Im Gesangs- und im Instrumentalunterricht ist Vorzeigen gang und gäbe, ebenso wünschenswert ist es im Turnunterricht. Schließlich verwendet jeder Handarbeitsunterricht das Vorzeigen und Nachmachen als direkteste Form der Einschulung von Fertigkeiten. Der Werklehrer zeigt, wie man den Hobel in die Hand nimmt, und die Handarbeitslehrerin zeigt, wie man Wolle und Stricknadel hält. All das sind natürliche und wirkungsvolle didaktische Maßnahmen. Wir untersuchen zunächst ihre psychologische Begründung.

Psychologischer Teil
Zur Psychologie des Beobachtungslernens

In der Einleitung dieses Kapitels haben wir gesehen, wie wichtig das Nachahmungslernen in jeder menschlichen Gesellschaft ist. BANDURA (1969, 1971/1976) hat gezeigt, in wie vielen Gebieten des menschlichen Verhaltens das Beobachtungslernen eine Rolle spielt. Die Sprache, Sitten und Gebräuche, Muster des beruflichen Verhaltens, familientypische Verhaltensweisen, pädagogische, gesellschaftliche und politische Praktiken werden aus der Beobachtung von Vorbildern übernommen. Auch Menschenaffen sehen einander Problemlösungen ab. (Sogar die jungen Buchfinken lernen die Melodien ihres Gesangs von den Eltern, sie sind ihnen nicht angeboren.) Verhaltensstile, aggressives und friedfertiges Verhalten, Lehrstile, Selbstbeurteilungen, Denkformen, Formen des moralischen Urteilens und Sprachgewohnheiten, bis hin zu den Besonderheiten der Aussprache, werden durch Beobachtungslernen erworben.

Auch in der Psychotherapie spielt das Lernen am Verhaltensmodell eine wichtige Rolle: Es hat sich als möglich erwiesen, Kinder mit Mutismus, d. h. mit krankhafter Sprachverweigerung, durch geeignete Vorbilder und geeignete Belohnungen zum Sprechen zu bringen, ja, sogar bei Schizophrenen haben sich Behandlungstechniken, die auf Beobachtungslernen und Belohnung beruhen, bewährt. Auch Phobien, wie zum Beispiel die Angst vor Schlangen oder Hunden, können durch geeignete Vorbilder des angstfreien und zuversichtlichen Umgangs mit diesen Tieren rasch und zuverlässig abgebaut werden. Besonders wichtig sind BANDURAS Befunde über das *Lernen von Aggression* von Verhaltensvorbildern. Als Erwachsene aggressives Verhalten gegen eine große aufgeblasene Gummipuppe in Gegenwart von Elementarschulkindern an den Tag legten (mit dem Fuß stoßen, boxen, umstoßen, schlagen, beschimpfen), zeigten die Mehrzahl der Kinder sofort die gleichen Verhaltensweisen, als man sie in einem Raum mit der Puppe allein ließ. Besonders wichtig ist dabei BANDURAS Aussage, daß Aggression durch Gewährenlassen nicht abgebaut werde, es also keine Abreaktion dieser Tendenz gebe, sondern daß sie durch Ausübung vielmehr gefestigt werde. Man müsse dafür sorgen, daß die Vorbilder für Aggression überhaupt nicht auftreten und daß junge Menschen mit Vorbildern prosozialen Verhaltens zusammenkommen. BANDURA stellt fest, daß Verhaltensvorbilder nicht nur eigentliche *Lernprozesse,* sondern auch *Hemmungs-* und *Enthemmungsvorgänge* auslösen und zu Verhaltensweisen *anregen,* die die Kinder ohne das Verhaltensvorbild nicht an den Tag gelegt hätten (Fazilitation). Die Werbung kennt diese Vorgänge sehr gut! Man sieht: das Beobachtungslernen (man nennt es auch „Modellernen", englisch modelling) ist eine grundlegende Lernform.

Beobachten als inneres Nachahmen

Wie spielt sich nun dieses Beobachtungslernen ab? Die erste Frage, die wir stellen wollen, lautet: Was geht im Schüler vor, der den Lehrer bei der Ausführung einer Tätigkeit, etwa einer gymnastischen Übung, beim Schreiben eines Buchstabens beobachtet oder ihm beim Sprechen eines Lautes oder eines Satzes zuhört? Wie kommt es dazu, daß er aus derartigen Beobachtungen *lernt?* BANDURA ist bezüglich der inneren Vorgänge, die zum Lernen führen, sehr zurückhaltend. Als Verhaltenspsychologe möchte er nur das notwendige Minimum an erklärender Theorie entwerfen. Wir meinen, es sei hilfreich, hier eine naheliegende Hypothese zu formulieren. Der Schüler, der seinen Lehrer beim Vorturnen, Vorschreiben oder Vorsprechen beobachtet, turnt, schreibt oder spricht innerlich mit, er *ahmt ihn innerlich nach.* Diese Aussage bedarf der Präzisierung. So, wie es verschiedene Grade der Intensität des Beobachtens gibt, von einem bloßen vagen Hinsehen, das kaum irgendwelche Einsichten vermittelt, bis zum angestrengten und äußerst aufmerksamen Explorieren einer Sache, genauso gibt es verschiedene Grade der Verfolgung einer Handlung. Der Schüler kann ihr „beiwohnen", ohne daran beteiligt zu sein. Er kann aber auch, im anderen Extrem, die Tätigkeit des Vorzeigenden aufmerksam verfolgen. In diesem Falle wird häufig sichtbar, daß er die Handlung innerlich mitmacht. Man erkennt es daran, daß die innerliche Handlung doch in einem gewissen Maße nach außen dringt. Sollte etwa der Lehrer oder ein Kamerad einen Hochsprung vorzeigen, so geschieht es leicht, daß sämtliche Zuschauer im Moment, wo der andere zum Sprung ansetzt, das Bein heben, als müßten auch sie über die Latte setzen. Bei den Zuschauern von Sportanlässen können ähnliche Beobachtungen angestellt werden. Sie kämpfen im Geiste mit. Einen Beweis dafür, daß man bei Vorträgen innerlich mitspricht, liefert die Tatsache, daß man das starke Bedürfnis hat, sich für den Sprechenden zu räuspern, wenn dessen Stimme rauh wird und zu stocken beginnt. Es wird sogar behauptet, daß Schauspieler heiser werden können, wenn sie ihren Kollegen lang und intensiv zuhören (LAY 1911). Schließlich ist es kaum möglich, einer Gruppe von etwa zwanzig Lehramtskandidaten vorzumachen, wie sich ein Lispler um die Bildung des richtigen S-Lautes bemüht, ohne daß zwei bis drei Zuhörer selber hörbar einen S-Laut vor sich hersprechen. Die übrigen tun es innerlich.

Die Theorie der inneren Nachahmung, die unter anderem als Theorie der „Einfühlung" (Empathie) vertreten worden ist, läßt uns auch verstehen, warum die Beobachtung einer Tätigkeit überhaupt hilfreich für ihren späteren selbständigen Vollzug ist. Es ist ja nicht unmittelbar klar, welchen Vorteil ein Mensch daraus gewinnen sollte, einen anderen beim Vollzug einer Tätigkeit zu beobachten. Mindestens eine Wahrnehmungstheorie, welche das Sehen und Hören als ein Aufnehmen von Bildern und Klangeindrücken versteht und sich dabei von der Analogie der photographischen Aufnahme leiten läßt (siehe dazu AEBLI 1951/^{5}1973, 7 f.), vermag kaum zu zeigen, wie das Wahrnehmen dem gänzlich verschiedenen Prozeß des Ausführens einer Handlung dienen könnte. Im Augenblick, wo man dagegen schon im Wahrnehmen die innere Nachahmung der beobachteten Tätigkeit erkennt, wird auch klar, daß der folgende eigene Versuch nichts anderes als die effektive und selbständige Ausführung der Verhaltensweise bedeutet, die vorher innerlich und in einfühlender Nachahmung vollzogen wurde. Derjenige, der eine beobachtete Handlung selbst auszuführen beginnt, ist kein völliger Neuling; er hat die Handlung während der Beobachtung schon einmal, allerdings nur innerlich, ausgeführt. Während wir also die Beobachtung der Demonstration eine synchrone innere Nachahmung des Verhaltensmodells nennen, wäre die spätere Übung als eine hinausgeschobene und effektive Nachahmung zu bezeichnen.

Mit dem Begriff der „aufgeschobenen Nachahmung" übernehmen wir PIAGETS *„imitation différée"* (1945/1969, p. 67/S. 89). In seinen Analysen weist dieser Autor der inneren Nachahmung allerdings einen, wie wir meinen, falschen Platz zu. Er geht von der Annahme aus, daß die aufgeschobene äußere Nachahmung nur dadurch möglich werde, daß ein Kind in Gegenwart des Verhaltensmodells die *Vorstellung* von ihrer Handlung erwerbe und es bei der späteren Nachahmung seine Handlung an dieser Vorstellung ausrichte, es also das innere Modell durch seine effektive Handlung sozusagen nachahme. Diese Annahme ist unnötig. Sie verwechselt das innere Modell mit der Gedächtnisspur. Anderseits vernachlässigt PIAGET die wirklich stattfindende innere Nachahmung im Moment der Beobachtung des Modells. Er kann daher genau so wenig wie eine sensualistische Wahrnehmungstheorie zeigen, wie die Beobachtung eines Verhaltensmodells die erfolgreiche Ausführung vorbereitet.

Aus dem Resultat beobachteter Handlungen lernen

Wenn der Schüler seinen Lehrer bei der Demonstration einer praktischen Tätigkeit beobachtet, findet aber ein zweiter Auffassungsvorgang statt. Nicht nur der eigentliche Akt, die Bewegung, der Handgriff, wird wahrgenommen, sondern auch sein Resultat: der geschriebene Buchstabe, die vorgezeichnete Einzelheit, die Veränderung am Werkstück usw. Die Auffassung des Ergebnisses der Tätigkeit ist in vielen Fällen ebenso wichtig, ja, oft wichtiger als die Beobachtung der Tätigkeit selbst. So kann ja der Schüler in den meisten Fällen nicht direkt beobachten, wie der Lehrer im Fremdsprachunterricht einen neuen Laut bildet, sondern er muß scharf hinhören und den neuen von den verwandten Lauten der eigenen Sprache unterscheiden lernen. Demonstriert der Turnlehrer einen Wassersprung, so vollziehen sich die Bewegungen in der Luft so rasch, daß sie vom Schüler im einzelnen nicht verfolgt werden können. Aber eine bestimmte räumliche Stellung des Körpers im Augenblick des Eintauchens, also das Ergebnis der vorangehenden Bewegungen, kann doch festgehalten und aufgefaßt werden. Ähnlich ist es beim Weitsprung. Und schließlich lenkt der Lehrer im Schreibunterricht die Aufmerksamkeit des Schülers ebensosehr auf die entstandene Schriftform als auf die Bewegung, welche sie erzeugt hat.

BANDURA hat gezeigt, daß die Beobachtung von Handlungsergebnissen nicht nur im Bereiche praktisch-technischer Tätigkeiten eine Rolle spielt. Auch bei der Beobachtung sozialer Handlungen, bei regelwidrigem Verhalten (Verkehrslichter nicht beachten) oder bei ungehörigen Antworten gegenüber Autoritätspersonen, spielen die beobachteten Konsequenzen, die das Verhaltensmodell erlebt, eine wichtige Rolle. Wenn das Modell für ungehöriges Verhalten nicht bestraft wird oder gar Vorteile daraus zieht, wird es mit höherer Wahrscheinlichkeit nachgeahmt, als wenn es dafür seine Strafe erfährt oder doch wenigstens erfolglos ist. Ja, sogar die vom Modell geäußerte Einstellung zur Konsequenz spielt eine Rolle: Wenn es sich über eine Strafe hinwegsetzt und sie nicht ernst nimmt, wird es eher nachgeahmt, als wenn es die Strafe akzeptiert und Zeichen der Reue zeigt (BANDURA 1969, 192 ff.). Das sind zwar keine didaktischen Gesetzmäßigkeiten, wohl aber pädagogische, die zu beachten sich für den Lehrer lohnt!

Hat der Schüler eine genaue Vorstellung vom anzustrebenden Ergebnis einer Tätigkeit erworben, so hilft ihm dies beim nachfolgenden Üben und Anwenden sehr. Er wird nun einerseits versuchen, die Bewegungen nachzuahmen, die er beobachtet hat, andererseits sucht er auch dasselbe Ergebnis wie der Lehrer zu erreichen. Die Kontrolle des Ergebnisses steuert den Vollzug der Tätigkeit in gewissen Fällen fortlaufend (Schreiben, Zeichnen), in andern Fällen erst rückwirkend (Turnen, Nachsprechen eines Lautes, Handarbeit). In den letzteren Fällen ist nämlich die Reaktion schon vollzogen, wenn ihr Ergebnis geprüft werden kann, und es ist manchmal auch nicht sofort sichtbar, welches Bewegungselement einen möglichen Fehler im Resultat erzeugt hat. So mag einem Schüler ein Sprung mehrmals mißlingen, ohne daß er herausfindet, woran der Fehler liegt; ebenso mag es geschehen, wenn er versucht, ein Brett glatt zu hobeln oder einen Laut auszusprechen. In solchen Fällen setzt dann ein Lernen nach Versuch und Irrtum ein („trial and error learning", THORNDIKE 1911), welches so lange vonstatten geht, bis einmal das gewünschte Ergebnis erreicht wird. Im günstigen Falle wird dann dem Schüler bewußt, welche Veränderung seines Reaktionsverlaufs die Verbesserung erzeugt hat, so daß er sie sofort wiederholen kann. Im ungünstigen Falle weiß er selber nicht, wie ihm geschehen ist, und ein erneuter Versuch bringt wieder einen Rückfall in die fehlerhafte Ausführung. Bei weiterer Übung kann der Schüler das gewünschte Ergebnis dann doch noch erreichen, ohne eigentlich zu wissen, wie.

Wirksame und unwirksame Vorbilder

Bisher mag der Eindruck entstanden sein, als sei jedes Vorbild wirksam. Das ist nicht der Fall. Schon die Alltagserfahrung weiß, daß nicht jeder Mensch für einen anderen im gleichen Maße Vorbild ist, auch wenn er es versuchen sollte.

BANDURAS Forschungsteam hat auch diese Frage untersucht. Schon der *Grad der Vertrautheit* mit einer Person, die in der Folge nachgeahmt werden konnte, spielte eine Rolle. Eine Mitarbeiterin BANDURAS, die vor dem Modellverhalten (Versuch mit der aufgeblasenen Gummipuppe) mit dem kindlichen Zuschauer Kontakt nahm, sich mit ihm unterhielt und mit ihm spielte, übte eine stärkere Vorbildwirkung aus als eine andere, die während einer gleichen Zeitperiode zwar im gleichen Raum wie das Kind war, sich aber mit ihm nicht unterhielt, sondern eine Arbeit erledigte (BANDURA 1969, 196).

Wenn das Verhaltensmodell Zeichen des hohen Könnens und des Erfolgs im Bereiche der vorgeführten Tätigkeit zeigt (Skilehrer, die selbst gut fahren und die Rennen gewonnen haben; Wissenschaftler, die sich über Forschungen ausweisen und dafür Anerkennung gefunden haben), werden eher nachgeahmt als solche, die diese Zeichen nicht aufweisen. Schließlich aber zeigen sich auch die Wirkungen jener geheimnisvollen, persönlichen Merkmale, die man den „interessanten" und den „attraktiven" Menschen zuschreibt. George MEAD (1934) hat ihn den „bedeutungsvollen Anderen" (significant other) genannt.

Auch das kennt man aus der Alltagserfahrung. Immer wieder sagen Eltern von gewissen Lehrern: mein Kind geht gern zu ihm in die Schule, er hat etwas Sympathisches in seinem Wesen, die Kinder gehen für ihn durchs Feuer usw. BANDURA würde hinzufügen: und sie ahmen ihn/sie in seinem/ihrem ganzen Gehaben nach, wo sie können. Dieser Vorgang spielt übrigens nicht nur bei Erwachsenen-Verhaltensvorbilder: man kennt auch die Wirkung von gleichaltrigen und älteren Kindern auf jüngere.

Didaktischer Teil
Vorzeigen und Nachmachen

Die vorangehenden psychologischen Überlegungen legen es dem Lehrer nahe, die Vorgänge des Beobachtungslernens in seiner Klasse zu beobachten und sie für seine Zwecke zu nutzen. Wir wenden uns vorerst den eher technischen Aspekten des Problems zu.

Regeln des Vorzeigens

Gewisse Demonstrationen empfehlen sich selbst. Wenn der Lehrer einen Kopfsprung vom Dreimeterbrett vormacht, ist er der Aufmerksamkeit seiner Schüler gewiß. Aber nicht in allen Fällen ist es so. Warum ein Laut gerade so und nicht anders ausgesprochen werden soll, warum der Hobel so und nicht anders angefaßt und geführt werden soll, mag dem Schüler vorerst sehr unwichtig erscheinen. Die Aufmerksamkeit während der Demonstration wird unter diesen Umständen leiden. Die Schüler sehen nicht, was sie sehen sollten. Was sie aber nicht gesehen haben, lernen sie auch nicht, d. h.: *Aufmerksamkeit* ist die erste Bedingung des Beobachtungslernens. Wir formulieren die Regel: *Wenn Du etwas vorzeigst, sorge dafür, daß die Schüler aufpassen!*

GUYER (1952, 338) empfiehlt deshalb, Schüler erst einmal selbst probieren zu lassen. In vielen Fällen weckt dies die Bereitschaft, eine erfolgreiche Demonstration zur Kenntnis zu nehmen. Es darf dabei aber nicht vergessen werden, daß man auf diese Weise gewissen Schülern ein mehr oder weniger schmerzhaftes Mißerfolgserlebnis verschafft (Wasserspringen). Das schafft für den folgenden Lernvorgang keine günstige Ausgangslage.

Sofern eine Demonstration Sinn und Bedeutung nicht in sich selbst trägt, liefert eine klare und lebendige *Problemstellung* die nötige Aufmerksamkeit für die folgende Demonstration. Sie soll die Anforderungen, welche an das Ergebnis gestellt werden, genau definieren und auf die möglichen Fehler hinweisen. Der Werklehrer wird zeigen, daß eine gehobelte Fläche so eben sein muß, daß die Kante des Hobels überall gleich satt über sie gestrichen werden kann. Er wird demonstrieren, wie schlechtes Hobeln ein „Kissen" statt ein Brett von gleichmäßiger Dicke erzeugt. Der Zeichenlehrer wird darauf hinweisen, daß die Fläche, welche er mit Wasserfarbe vormalen wird, keine Wolken und keine eingetrockneten Ränder aufweisen darf. Auf diese Weise schärfen wir dem Schüler den Blick für die folgende Demonstration und für die Beurteilung des Ergebnisses.

Unsere zweite Regel basiert auf der Tatsache des inneren Mitvollzugs. Wir erinnern uns: Der Schüler lernt, indem er die vorgezeigte Handlung innerlich mitvollzieht. Das soll ihm die Demonstration ermöglichen. Die Bewegungen werden also langsam, eindringlich, manchmal sogar mit gewissen Überbetonungen vollzogen. Dabei ist es möglich, daß dem Zuschauer der innere Mitvollzug nicht sofort gelingt. Er vermag dem Vorgang nicht zu folgen. Daher muß die Demonstration wiederholt werden. Manchmal ist es notwendig und möglich, den Schüler die vorgezeigte Bewegung nicht nur innerlich, sondern auch effektiv und gleichzeitig mit der Demonstration nachahmen zu lassen. Die Elementarlehrerin malt neue Buchstaben groß auf die Wandtafel und läßt die Schüler mitschreiben. Dasselbe Vorgehen ist bei der Einführung von Freiübungen möglich. Die Regel lautet also: *Langsam, eindringlich und wiederholt vorzeigen!*

Komplexe Bewegungsabläufe müssen dabei in ihre Teile zerlegt werden. In der Demonstration folgt auf den flüssigen Vollzug der Endform eine Ausführung, bei der die Elemente voneinander abgehoben werden. So wird der Buchstabe in seine Teile zerlegt, ebenso die gymnastische Übung. Der Gesangslehrer klatscht einmal nur den Rhythmus vor, dann spricht er den Text des Liedes vor, summt die Melodie, um auf diese Weise die Aufmerksamkeit des Schülers auf die Teile des Ganzen zu lenken. Einzelne Tonfolgen im Lied, einzelne Wortfolgen im Gedicht werden herausgehoben, eventuell mehrmals vorgesungen oder vorgesprochen. Auf jede Zerlegung eines ganzheitlichen Reaktionsablaufes muß aber noch einmal die Vorführung des Ganzen erfolgen. Die Teile, die künstlich voneinander geschieden wurden, müssen schließlich immer wieder in ihrer Gesamtstruktur erscheinen, wissen wir doch seit den Analysen der Gestaltpsychologen, daß ein Ganzes immer mehr als die Summe der Teile ist. Wir können alle Elemente einer Reaktion beherrschen, deswegen braucht uns die Totalreaktion doch noch nicht zu gelingen: ihre Zusammenordnung ist eine Leistung *sui generis,* die in den Elementen noch nicht enthalten ist (KÖHLER 1947, KOFFKA 1935, WERTHEIMER 1945).

Knappe sprachliche Hinweise leiten die Beobachtung des Handlungsvollzugs. Sie lenken die Aufmerksamkeit des Schülers auf die wichtigen Aspekte. Ohne diese Anleitung entgehen ihm bei aller Aufmerksamkeit wichtige Aspekte einer Gegebenheit. So zeigen wir ihm beispielsweise, wie er prüfen muß, ob die Längskante seines Heftes beim Schreiben parallel zu seinem Unterarm liegt, damit das Pendeln seines Unterarmes in der Zeilenrichtung erfolgt. Treffende Vergleiche erleichtern diesen Auffassungsvorgang. Schlechte Formen von Buchstabenelementen sollten „getauft" werden, wie dies mit dem nicht ganz reinen Vortrag eines Geigers und Sängers geschieht.

Aber der sprachliche Kommentar dient nicht nur dazu, die Aufmerksamkeit des Schülers auf wesentliche Züge der Tätigkeit auszurichten. Er dient auch der gedanklichen Organisation des Vorgangs und dem Behalten. Man zeigt ja im Hinblick auf ein späteres Selbertun vor. Also muß der Schüler auch behalten, was wir ihm zeigen, bis er selber zum Probieren und Üben kommt. Wenn es so weit ist, sollte die Vorstellung des Gesehenen noch präsent sein. Nun sind aber beobachtete Bewegungsabläufe nicht leicht zu behalten. Eine Phase geht häufig kontinuierlich in die nächste über (Bewegungsabläufe beim Turnen, beim Autofahren). Hier ist eine große Hilfe, wenn der Vorgang in einzelne Abschnitte zerlegt und diese Abschnitte benannt werden. Der Schüler speichert die Wortfolge leichter als die Folge der mitvollzogenen Bewegungen. Beim eigenen Üben spricht er sich vor, was er tun muß, eine Hilfe, auf die auch Psychologen in sozialistischen Ländern hingewiesen haben (LURIA 1961, HACKER 1978). Ja, wir würden hinzufügen, daß sich hier ein allgemeiner psychologischer Vorgang abspielt: im Kontinuum der Beobachtung führt die sprachliche Benennung überhaupt erst zur deutlichen Unterscheidung von Abschnitten und Teilbereichen[1]. Auch BANDURA (1969, 140) weist darauf hin, daß die sprachliche

---

[1] WHORF (1956/1963) hat dies von den Farben und den Schneearten behauptet: In verschiedenen Kulturen werden verschiedene Farben (lila, beige z. B.) aus dem Farbenspektrum herausgeschnitten und benannt. Ähnliches geschieht mit verschiedenen Schneearten, vom Matsch bis zum Pulverschnee.

Formulierung eine Wiederholung des Gesehenen nach der Demonstration und noch vor dem eigenen Üben erlaubt und im Zuge dieses Wiederholens häufig auch das Ganze noch besser verarbeitet und geordnet wird. Wenn es dann schließlich an die eigene Ausführung geht, wird der Schüler vor der Ausführung häufig innerlich wiederholen, was er in welcher Abfolge tun muß: „Anstemmen, das Gewicht auf den Außenski verlagern, den anderen Ski langsam zum Außenski hinziehen." Sportpsychologen nennen dieses Verfahren *„mentales Training"*. Es kann sowohl die innere, vorgestellte Wiederholung des Bewegungsablaufs als auch die sprachliche Wiederholung der aufeinanderfolgenden Phasen der Bewegung umfassen.

Aus diesen Überlegungen ergeben sich gleich fünf Regeln:
- *Weise durch knappe Kommentare auf das Wesentliche hin!*
- *Zerlege komplexe Abläufe in Teile und benenne sie!*
- *Laß den Schüler die Abfolge der Stichworte für die einzelnen Abschnitte auswendig lernen!*
- *Fordere ihn zur vorstellungsmäßigen Wiederholung des Gesehenen auf!*
- *Fordere ihn auf, sich selbst vorzusprechen, was er bei der Ausführung eines komplexen Ablaufes tun muß!*

Damit sich die beschriebenen Auffassungsvorgänge vollziehen können, müssen einige *äußere Bedingungen* erfüllt sein. Insbesondere müssen die Schüler so aufgestellt werden, daß sie sehen können, was wir ihnen zeigen wollen. Der Lehrer überläßt es nicht den Schülern, die Aufstellung zu wählen: er bestimmt sie selber. So holt er die Schüler etwa nach vorn, läßt sie einen genügend großen Kreis bilden (wobei er eventuell mit Kreide auf den Boden einen Kreis zeichnet, der von den vordersten nicht überschritten werden darf) und achtet darauf, daß die Kleinen zuvorderst stehen; oder aber er schreibt in jeder zweiten Bank vor, wobei er die vier oder sechs nächstsitzenden Schüler zusehen läßt. Im Turnen wählt er die Aufstellung so, daß nicht nur jeder Schüler ungehindert nach vorn sieht, sondern daß auch er selber einen jeden bei der nachfolgenden Ausführung überwachen kann. Zu langgezogene Kolonnen sind daher in jedem Falle zu vermeiden. Wir formulieren die folgende Regel: *Stelle Dich selber und die Schüler so auf, daß sie die Demonstration gut sehen und Du sie beim Vorzeigen selbst siehst!*

Der Anfänger im Lehramt muß sich diese Regel besonders einschärfen. Im Eifer des Gefechtes und absorbiert von der Sache, vergißt er die Frage der äußeren Organisation leicht. Er zögert auch häufig, Zeit für eine scheinbare Nebensächlichkeit wie die geeignete Aufstellung der Klasse einzusetzen. Schließlich empfindet er bei größeren Schülern häufig eine Hemmung, sie zu bitten: „Würden Sie etwas zurücktreten?" oder zu einem Kleinen zu sagen: „Sie dort hinten, wollen Sie nicht ein wenig nach vorn kommen?" Es ist wie bei der Aufnahme einer Gruppenphotographie: die meisten Menschen wagen es nicht, die Gruppe so aufzustellen, daß ein gutes Bild entsteht. Ein Lehrer muß jedoch lernen, mit Menschen umzugehen. Wenn er seine Anordnungen freundlich und bestimmt trifft, werden sie selbstverständlich befolgt, und am Schluß ist jeder dankbar, daß er auch gesehen hat, was er sehen sollte.

Auch zur *Kontrolle des Ergebnisses* muß der Schüler angeleitet werden. Der Schüler soll nicht nur eine genaue Vorstellung vom richtigen Ergebnis besitzen, etwa von der richtigen Buchstabenform, von der adäquaten Gestaltung eines Textes, vom korrekt gebildeten Laut. Er soll auch wissen, welche *Fehlbildungen* sich häufig einstellen. Hier darf der Erzieher keine Verwechslungen fürchten. Das Falsche darf betrachtet werden. Nur soll es deutlich als solches gekennzeichnet sein. So wird die falsche Schriftform nach Abschluß der Betrachtung an der Tafel kräftig durchgestrichen, und der Sprachlehrer sollte nicht verfehlen, beim Auftreten jeder falschen Lautform deutlich das Unbehagen zu äußern, das sie ihm erzeugt. Wie im Falle der Bewegungsabläufe kann auch das Ergebnis in seine Elemente zerlegt werden, damit es genauer aufgefaßt wird, und auch hier dienen Vergleiche mit Formen, welche dem Schüler vertraut sind, der Auffassung. Die Regeln lauten also hier:
– *Zeige dem Schüler, wie er das Ergebnis seiner Tätigkeit selber prüfen kann!*
– *Mache ihn von vornherein auf die möglichen Fehler aufmerksam!*

Die beschriebenen Maßnahmen vermitteln dem Schüler nicht nur eine genaue Vorstellung des zu erreichenden Ergebnisses; sie stellen auch die ersten Schritte zur *Selbstprüfung* dar. In diesem Sinne fordern wir ihn auf, während der nachfolgenden eigenen Versuche seine Ergebnisse immer wieder mit der Idealform zu vergleichen. Anfänglich soll er das Modell noch konkret vor sich sehen können, später aber muß er die Modellvorstellung innerlich mit sich tragen. Unbefriedigende Leistungen der Schüler entstehen oft nicht darum, weil sie nicht mehr leisten können, sondern ganz einfach darum, weil sie keine genügend präzise Vorstellung vom Lernziel haben. Die Schaffung des Idealbildes ist der erste Schritt auf dem Wege zu seiner Verwirklichung. In zweiter Linie muß der Schüler dazu gebracht werden, seine Leistung immer wieder an diesem Idealbild zu messen. Wenn er dies von sich aus tut, so wird er seine Leistung auch noch verbessern, wenn er nicht mehr unter der Aufsicht des Lehrers steht. Wir formulieren die folgenden Regeln:
– *Verpflichte den Schüler zur Selbstprüfung, bevor Du ihn prüfst!*
– *Sorge dafür, daß er eine genaue Zielvorstellung hat!*

Hier stellt sich natürlich ein grundlegendes pädagogisches Problem: Wie veranlassen wir den Schüler, die Zielvorstellung, die eine Gesellschaft vom Verhalten und seinen Formen hat, zu bejahen, so daß er sein Tun an dieser Zielvorstellung messen und ihre Verwirklichung erstreben *will*, auch wenn ihn niemand mehr dazu zwingt oder verlockt? Es geht hier um die Heranbildung eines autonomen Menschen, d. h. des Menschen, der das Gesetz und die Ordnung seines Tuns verinnerlicht und der am Ende aus eigenem Antrieb bejaht, was ihm ursprünglich von den Erziehern und der Gesellschaft nahe gelegt worden ist. Die Beantwortung dieser Frage ist nicht Aufgabe einer Didaktik. Trotzdem wollen wir unsere Antwort andeuten. Es geht nicht anders, als daß die Zielvorstellungen für ihn mit der Zeit *attraktiv* werden, daß er seine Zielvorstellungen verfolgt, weil er sie liebt, oder weil er erkennt, daß sie im Dienste eines übergeordneten Zieles stehen, das ihn anzieht. Sich für seine Ziele erwärmen können, seine Pflicht lieben: wir postulieren es trotz KANT (1788), der die Neigung ganz aus dem Bereiche des Guten und der Pflicht verbannen wollte ...

Regeln des nachahmenden Übens

An dieser Stelle besprechen wir nur das Üben, das an die Demonstration von Fertigkeiten und Techniken anschließt. In einem selbständigen Kapitel greifen wir dieses Problem nochmals auf und behandeln es umfassender (vgl. S. 326). Das Nachmachen, so haben wir gesehen, stellt eine verzögerte Nachahmung der Demonstration des Lehrers dar. In den meisten Fällen lassen wir den Schüler nach der Demonstration die neue Tätigkeit individuell und selbständig versuchen. Er betrachtet etwa den neuen Füllfederhalter und stellt damit die ersten Schreibversuche an. Er versucht, den neuen Laut zu bilden, die neue gymnastische Übung auszuführen. Da die ersten Schwierigkeiten häufig individuell verschieden sind, gibt ein solch individuelles Probieren Gelegenheit zu ihrer ersten Meisterung. In zweiter Linie werden wir nun aber häufig zur Übung der Tätigkeit anleiten. Die Turnübung wird gemeinsam im Rhythmus ausgeführt, die neuen Schriftzüge werden im Takte geübt.

Warum ein derartiges Üben unter Anleitung? Ist es nicht unnatürlich, wenn 25 Schüler im gleichen Rhythmus turnen oder schreiben, wenn ein Text im Chor gelesen wird? Die Übungsform soll wirklich nur dort angewendet werden, wo sie sinnvoll ist. Sinnvoll ist sie, wo durch das Mitmachen des Leiters und durch die Modulation der handlungsanweisenden Stimme nicht nur der richtige Rhythmus gesichert werden kann, sondern zusätzliche Hilfen für den richtigen Vollzug der Tätigkeit (Spannung – Lockerung, Schwung und Bremsung usw.) entstehen. Der Lehrer spielt hier eine ähnliche Rolle wie der Dirigent eines Orchesters. Wenn er seine Aufgabe gut erfüllt, machen die Schüler mit Freude mit, es entsteht eine Stimmung der intensiven und gesammelten Tätigkeit, die Lust an der gelingenden Funktion. Das hat nichts mit Kasernenhof, aber viel mit Funktionslust zu tun!

Allerdings kann das Üben im gemeinsamen Rhythmus auch Probleme stellen. Das erkennt man, wenn man in einer Klasse, mit Schülern von unterschiedlicher Körpergröße, eine Hüpfübung kommandiert. Wie ein kurzes Pendel rascher schwingt als ein langes, wollen kleine und leichte Schüler rascher hüpfen als größere und schwerere. Auch bei anderen Bewegungsvollzügen variiert der individuelle Rhythmus. Trotzdem ist es häufig möglich, einen mittleren Rhythmus zu finden, der allen einigermaßen entspricht. Dies setzt allerdings voraus, daß der Lehrer die Schüler während der Übung genau beobachtet und sich in ihren Bewegungsablauf einfühlt. So folgt ja auch ein Orchester und ein Chor nicht nur dem Dirigenten: dieser paßt sich auch an jene an. Die Kunst des Leiters besteht darin, trotz dieser Anpassung zu führen und sich nicht bloß leiten zu lassen. So können wir formulieren:

– *Übe im gemeinsamen Rhythmus, wo es einen solchen gibt!*
– *Unterstütze dabei den richtigen Vollzug, indem Du mitmachst und die Stimme entsprechend modulierst!*

Häufig ist der Lehrer nicht in der Lage, jeden einzelnen Schüler bei der Tätigkeit zu beobachten. Dann versucht er, die Art der Ausführung am Ergebnis der Arbeit abzulesen. Ein erfahrener Werklehrer sieht dem Werkstück an, wenn der Schüler das Werkzeug falsch in die Hände genommen hat. Auch aus den Schriftformen können Haltungs- und Bewegungsfehler des Schreibenden diagnostiziert werden. Fällt diese Diagnose schwer, so läßt der Lehrer den Schüler prüfungsweise vorarbeiten. In den Fächern, in denen kein konkretes Werk erzeugt wird, prüft der Lehrer von Zeit zu Zeit jeden Schüler individuell, läßt ihn vorsprechen, vorlesen, vorsingen oder vorturnen. Solche individuellen Prüfungen wirken auch anspornend. Sie sollen also angekündigt werden.

Fehler, die bei mehreren Schülern vorkommen, werden gemeinsam besprochen und richtiggestellt. Zu diesem Zwecke wird die Übungsarbeit unterbrochen. Dazu muß man dem Anfänger im Lehramt einschärfen, daß eine solche eingeschobene Besprechung erst dann einsetzen soll, wenn alle Schüler aufpassen. Für einen eifrigen Arbeiter, besonders für ein Kind, braucht es immer eine gewisse Überwindung, seine Tätigkeit zu unterbrechen und einer Erklärung zuzuhören. Die Versuchung ist groß, noch einen Arbeitsabschnitt abzuschließen, bevor man sich dem Lehrer zuwendet. So geschieht es leicht, daß bei einer Erklärung, welche an die ganze Klasse gerichtet ist, nur drei, vier Schüler ganz, noch ein paar weitere halb zuhören, während die Großzahl der Schüler weiterarbeitet. Darum wird es sich der Lehrer zur Regel machen, sich zuerst der Aufmerksamkeit aller Schüler zu versichern, bevor er mit der Besprechung eines Fehlers einsetzt. Dabei ist die Aufforderung „paßt einmal auf!" häufig überraschend wenig wirksam. „Aufpassen" ist für viele Schüler ein zu unbestimmter Begriff, als daß er als Aufforderung wirken würde. Hier hilft eine spezifischere Aufforderung: „Legt den Pinsel weg!" „Diese Klassenhälfte kommt schnell nach vorn!" Nun weiß jeder, was er zu tun hat, und es ist kontrollierbar, ob er es tut.

Wo Fehler vorkommen, beschränkt der Lehrer seinen Kommentar nicht darauf, sie zu benennen oder zu zeigen. Er demonstriert die richtige Ausführung noch einmal, denn die Erkenntnis eines Fehlers ist ja nur das eine; das andere ist die Präzisierung der Leitvorstellung und der Vollzug der richtigen Handlung.

Genau wie bei der Demonstration wird auch zur Übung eine Handlung häufig in ihre Elemente zerlegt. Dabei soll allerdings beachtet werden, daß die Teilhandlung noch eine in sich geschlossene, funktionelle Einheit darstellt. Die Zerlegung darf also nicht beliebig weit getrieben werden.

<small>Nachdem PESTALOZZI (1801) die Idee des „Elementarisierens" entdeckt hatte, trieben er und seine Mitarbeiter dieses Prinzip in der ersten Begeisterung zu weit. Der moderne Zeichenunterricht hat die Strichübungen fallen gelassen, die so abstrakt konzipiert waren, daß sie kaum irgendwelchen bildenden Wert besaßen. Auch der moderne Turnunterricht hat es längst aufgegeben, einzelne Bewegungselemente, isolierte Beugungen und Streckungen einzelner Glieder zu üben, wie es Pestalozzi gewünscht hatte. Ebenso im Schreibunterricht: die Übungen im Kreisen, Armpendeln usw. sind heute so gehalten, daß sie natürliche Bewegungselemente darstellen.</small>

Auch solche Teilvollzüge müssen immer wieder in das Ganze integriert werden. Es ist berechtigt, das englische „R" isoliert zu üben, aber es muß auch in Lautverbindungen gebildet werden, also etwa als „str", an Wortanfängen, am Wortende usw. Ebenso im Deutschen: es genügt nicht, den isolierten Ch-Laut richtig bilden zu können, er muß auch noch im Wort- und Satzganzen geübt werden. Desgleichen werden Buchstaben nicht nur isoliert geschrieben, sondern auch in ihren Verbindungen. Die Regel lautet hier: *Zerlege die Übung in Elemente, aber achte darauf, daß diese immer noch natürliche, funktionelle Einheiten darstellen!*

Übungsstunden werden vielerorts quasi-routinemäßig, ohne Motivation und ohne Zielvorstellung absolviert. So schreibt man zum Beispiel während 40 oder 50 Minuten einige Zeilen oder Seiten voll und fällt dann wieder auf die alten Schreibgewohnheiten zurück. Solche Übungsstunden sind Zeitverlust. Jeder Übungslektion wird ein klar definiertes Ziel gesetzt. Auch für das ganze Jahr stellt der Lehrer einen *Übungsplan* auf und führt über den

Leistungsstand jedes einzelnen Schülers Buch. Es ist erstaunlich, welche Leistungssteigerungen im Turnunterricht erreicht werden, wenn der Lehrer am Anfang des Schuljahres die Übungen festsetzt, welche die Schüler im Verlaufe des Jahres erlernen sollen, und wenn er während des Jahres mehrmals feststellt, wie weit jeder einzelne Schüler in der Verwirklichung des Programms fortgeschritten ist. Ein ähnliches Vorgehen ist auch im Schreiben und in anderen Fächern möglich.

IV. Grundform 3: Anschauen und Beobachten

Man kann sich streiten, was einfacher sei, einem Kind eine Geschichte zu erzählen oder ihm etwas zu zeigen, damit es es nachahme. Sicher ist, daß die Anleitung zum Betrachten eines Bildes schwieriger als das eine und das andere ist. Es liegt nicht auf der Hand, wie man es anstellt, um einem jungen Menschen, der vor einer Sache das Wesentliche noch nicht sieht, „die Augen zu öffnen". Denn das Anschauen und das Beobachten sind innere, zum Teil sehr rasch ablaufende Vorgänge. Man müßte etwas von ihnen wissen, um richtig in sie einzugreifen und sie anzuleiten. Das will der erste Teil dieses Kapitels: einige Begriffe über Wahrnehmungs- und Assimilationsvorgänge zu vermitteln und im zweiten Teil die didaktischen Regeln für einen anschaulichen Unterricht und für die Schulung der Beobachtung abzuleiten.

Psychologischer Teil
Die Erscheinungen der Welt erfassen

Es gibt Augenmenschen und es gibt Tatmenschen. Den einen ist es das Schönste und Höchste, die Welt zu *betrachten,* den anderen, aktiv in sie einzugreifen und sie durch ihre Handlungen zu verändern. Die ersten nennen wir *kontemplative,* die zweiten *faustische* Naturen. (Das lateinische Wort *contemplari* heißt „aufmerksam betrachten". Die Hauptperson in GOETHES „Doktor Faust" ist ein Mensch, der, des Nachdenkens überdrüssig, sich in ein Leben der Tätigkeit und Leidenschaften wirft.) Indessen ist das Schauen und das Handeln kein echtes Entweder-Oder. Auch wer handelt, muß die Situation ansehen, in die er eingreift und muß die Vorgänge, die er durch sein Handeln auslöst, aufmerksam beobachten. Ob Augenmensch oder Tatmensch: beide betrachten die Wirklichkeit, der eine aus Freude, der andere, weil es nötig ist, damit seine Handlung gelingt.

Lange Zeit hat man gemeint, daß die Vorgänge des Wahrnehmens (nicht nur des Sehens, sondern aller Formen des sinnlichen Wahrnehmens) durch den Aufbau, die Entwicklung und das Wachstum der Sinnesorgane bestimmt sei, daß die Wahrnehmung sich also unabhängig vom Lernen und von der Erfahrung als *Reifung* vollziehe. Diese Auffassung konnte nur darum entstehen, weil die Wahrnehmungspsychologen vor allem die ganz einfachen Wahrnehmungsvorgänge, z. B. das Sehen von einfachen geometrischen Figuren und Formelementen (Kreise, Quadrate, Streifenmuster usw.) untersuchten. In diesem Bereich gibt es wirklich angeborene Wahrnehmungsprozesse. Sie beruhen auf Analyseeinheiten, die im Gehirn organisch angelegt sind (HUBEL & WIESEL, zusammengefaßt in LINDSAY & NORMAN [2]1977/1981). Aber einmal interessiert sich der Erzieher natürlich nicht vor allem für Entwicklungsvorgänge, zu denen er nichts hinzuzufügen hat, und dann hat die Forschung der letzten Jahre mit großer Deutlichkeit gezeigt, daß, aufbauend auf den genannten Reifungsvorgängen, wichtige Prozesse des *Wahrnehmungslernens* stattfinden. Kinder und Jugendliche *lernen* Sehen und Hören. Der unerfahrene Wahrnehmer sieht in einer Wiese nur Gras, an einem Berg nur Steine, in einem Gesicht nur Augen, Mund und Nase, in einem Teppich nur Blumen oder geometrische Muster. Der erfahrene Wahrnehmer sieht in einer Wiese die verschiedensten Pflanzen; an einem Berg Schichten, eine spezielle Vegetation, Zeichen landwirtschaftlicher Nutzung; in einem Gesicht alle möglichen inneren Bewegungen; in einem Teppichmuster bestimmte Symbole, ein Gewebe und geknüpfte Knoten.

Am deutlichsten ist das Wahrnehmungslernen beim Lesen: Wo der Anfänger nur Buchstaben sieht, da sieht der erfahrene Leser charakteristische Buchstabengruppen und Einheiten der Bedeutung. Genauso derjenige, der eine Sprache versteht: Wo der unerfahrene Hörer bei einer Fremdsprache nur einen Strom vom Lauten vernimmt (Lautsprecherdurchsagen in Bahnstationen!), da unterscheidet der Kenner einer Sprache einzelne Wörter und Wortteile. Es gelingt ihm, den Strom der Sprache zu „segmentieren" und den Teilen ihre Bedeutung zuzuweisen (GIBSON & LEVIN 1975/1980).

Bei alledem wird rasch sichtbar, daß es nicht möglich ist, eine untere Ebene des „reinen Wahrnehmens" und eine obere Ebene des Deutens oder des bewußten Erfahrens zu unterscheiden. Wo wäre etwa der Grenzstrich zu ziehen, wenn ich eine Wiesenblume betrachte? *Nehme* ich das Blattgrün *wahr,* und ist die Unterscheidung von Blatt und Blüte schon eine *Deutung?* Oder werde ich mich entscheiden, daß man eine Blüte noch „sehen", also wahrnehmen könne, während man die Kelchblätter und die Staubblätter als solche deuten müsse? Aber der Botaniker (ein erfahrener Wahrnehmer von Pflanzen!) sieht natürlich die Kelch- und Staubblätter genau so, wie wir die Blätter und die Blüten sehen. Man kann eben sehen lernen. Was mir gestern noch als Deutung erschien, das ist heute ein unmittelbares Sehen. So sieht der erfahrene Arzt im Symptom die Krankheit, im gelblich verfärbten Augenweiß die Gelbsucht, in der Lähmung die Hirnblutung, genau so wie wir in der Rötung des Gesichts und im Zittern der Hände die Aufregung des Menschen *sehen.*

So wollen wir in der Folge verschiedene Arten und Ebenen des Sehens und Hörens betrachten, um in der Folge daraus abzuleiten, wie man zum

Wahrnehmungslernen anleiten kann. Vorher jedoch eine historische Bemerkung.

Zum Begriff der Anschauung und zur Geschichte der Wahrnehmungspsychologie

Die Erfassung eines Gegenstandes, der dem Schüler vor Augen steht, nennt man im Deutschen einen Vorgang der Anschauung. Aber auch sein Ergebnis wird „eine Anschauung" genannt (englisch und französisch „intuition"). Weiter spricht man von der „anschaulichen" Gegenwart von Gegenständen im Unterricht. Diese „Anschaulichkeit" bezeichnet gar keinen psychologischen Vorgang, sondern das bloße „Vor-den-Sinnen-Stehen" (PESTALOZZI 1801). Denn eine Sache kann sehr wohl „vor den Sinnen stehen", ohne daß deswegen im Schüler etwas passiert. Ein Bild oder eine Wandkarte kann wochenlang in einem Schulzimmer aufgehängt sein, den Schülern braucht sich deswegen nichts einzuprägen. „Anschaulichkeit" bedeutet hier also eine äußere Bedingung, in der sich ein Vorgang des Anschauens ereignen kann, aber nicht muß.

Sodann werden Anschauungen häufig als deutliche Vorstellungen bezeichnet. Nach einem solchen Begriff besteht kein Bedürfnis. Wir verwenden ja auch keine besonderen Ausdrücke für deutliche Wahrnehmungen oder für lebhafte Gefühle.

PESTALOZZI hat einen interessanten Begriff der Anschauung eingeführt, der allerdings teilweise schwankend und unklar ist. Es finden sich Stellen, in denen die Idee einer Abbildung der Erfahrung im (passiven) menschlichen Geist anklingt (vor allem 1801, 247 f.). Die „Anschauungskraft" stellt anderseits nicht nur ein „Vermögen" zur passiven Aufnahme von Sinneseindrücken dar, sondern umfaßt Tätigkeiten des Unterscheidens, des In-Beziehung-Setzens, somit der aktiven Klärung der Erscheinungen, die uns zuerst „als ein ineinanderfließendes Meer verwirrter Anschauungen (!) vor Augen liegen" (a. a. O.). Diese geistigen Prozesse ordnen sich weiterhin in die umfassenden Lebenstätigkeiten des Menschen ein, welche Arbeit, Beruf, „Lagen und Verhältnisse" von ihm fordern. Zugleich verbinden sich die daraus resultierenden Anschauungen mit dem Erlebnis der „Anstrengungen für Pflicht und Tugend", also mit den Werterlebnissen, welche den Lebenstätigkeiten zugrunde liegen. Darum kann dann PESTALOZZI auch als den „Mittelpunkt der Anschauungserkenntnisse unseres Geschlechts" den „Kreis des häuslichen Lebens" bezeichnen. In diesem Kreis bedeutet Anschauen nicht nur theoretisches Betrachten, sondern auch aktives Tun und Erleiden, ein Erfahren ebensowohl objektiver Gegebenheiten wie auch werthafter, sittlicher Gehalte (1825, 286). Diese Idee bezeichnet insbesondere der Begriff der „inneren Anschauung unsrer selbst", von der die sittliche Bildung ausgehe. Durch die innere Anschauung wird der Mensch seiner selbst inne. Er erkennt sich selbst, indem sein Wesen, seine innere Natur, durch gewisse Eindrücke angesprochen und belebt wird. Indem das Kind die Liebe seiner Mutter erfährt, erwacht in ihm selber Liebe und Vertrauen zur Mutter: in diesem Erlebnis erfährt es sich, sein inneres Wesen, selbst. „Innere Anschauung seiner selbst" stellt also die durch die Fremderfahrung angeregte Selbsterfahrung und Selbsterkenntnis dar (1825, 285 und 1801, 248).

Wenn in dieser Didaktik weiterhin die Rede von der „Anschauung" ist, so verwenden wir diesen Ausdruck als Synonym für „Vorstellung". Im systematischen Ganzen der psychologischen Grundlegung nimmt also der Begriff der Anschauung keinen neuen Platz ein. Hingegen werden wir in der Folge eingehend vom „Anschauen" sprechen. Eigentlich besteht auch für diesen Ausdruck kein Bedürfnis, und er könnte durch den klassischen Begriff der Wahrnehmung (Perzeption) ersetzt werden. Nun ist aber dieser Begriff seinerseits belastet. Allzu häufig hat man damit die Vorstellung einer passiven Aufnahme von Bildern durch den menschlichen Geist verbunden.

Die moderne Wahrnehmungspsychologie setzt um die Mitte des 19. Jahrhunderts ein. In ihrer philosophischen Grundhaltung ist sie aber noch ganz und gar von der Auffassung der großen Erfahrungsphilosophen abhängig.

So hatte insbesondere HUME (1739) den menschlichen Geist als „Tabula rasa" („glattes [Wachs-]täfelchen", der Notizblock der antiken und mittelalterlichen Menschen, in das sie ihre Notizen einritzten, um es nach Gebrauch wieder glattzustreichen) gesehen, in der sich die Erfahrung über die Sinne abbildet, so wie sich ein Bild auf dem Film in einem Photoapparat abbildet. So wenig dieser Film zu diesem Vorgang hinzufügt, so passiv sieht HUME den menschlichen Geist die Eindrücke der Sinneswahrnehmung erleiden. Die Vorstellungsbilder stellen in diesem Sinne Kopien der Wirklichkeit dar, die sich dem passiven menschlichen Geist einprägen. Erst bei der weiteren Verarbeitung, zum Beispiel durch Abstraktion, setzt geistige Tätigkeit ein, und dann noch besteht diese im Falle der Begriffsbildung durch Abstraktion vor allem im Weglassen unwesentlicher Eigenschaften der wahrgenommenen Gegenstände. Alles Wesentliche empfängt der Geist also aus den Sinnesempfindungen. Daher der Begriff des „sensualistischen Empirismus", einer Erfahrungsphilosophie, die auf der Abbildung der Wirklichkeit über die Sinne (sensus) basiert.

Eine solche Wahrnehmungspsychologie war natürlich am ehesten in der Lage, die Entstehung der einfachsten Empfindungen (Farb- und Tonempfindungen) zu erklären. So sehen wir die Wahrnehmungspsychologie um 1900 vor allem damit beschäftigt, zu untersuchen und zu erklären, wie die einfachen Bausteine, die Elemente der Gesichts- und Gehörswahrnehmungen, zustande kommen.

Die *Gestaltpsychologen* haben als erste erkannt, daß Wahrnehmungen gegliedert sind und ihre innere Form (Struktur, Gestalt) haben. Diese wichtige psychologische Schule hat ihre Geburtsstunde in der Beobachtung des Grazer Philosophen und Psychologen von EHRENFELS (1890) gesehen, daß eine Melodie nicht bloß eine Folge von assoziierten Tönen darstelle, sondern eine „Gestaltqualität" besitze, die als ganze übertragen, d. h. in eine neue Tonart transponiert werden kann.

Nun haben die Gestaltpsychologen, im Gegensatz zu unserer folgenden Betrachtungsweise, nicht vor allem nach den Wahrnehmungstätigkeiten und ihrer möglichen Anleitung gesucht. Sie haben es vorgezogen, Hypothesen über die Bedingtheit der Gestalten durch den anatomischen und physiologischen Bau des Gehirns und durch die physischen Qualitäten der Reize aufzustellen: Hypothesen, deren Verifikation sich als außerordentlich schwierig erwiesen hat. Ohne die Möglichkeit solcher Bedingtheiten von vornherein in Frage zu stellen, glauben wir, daß die pädagogische Psychologie gut daran tut, in erster Linie die Tätigkeiten zu untersuchen, durch die ein Betrachter das anschauliche Bild eines Gegenstandes erfaßt.

Anders als die statische Gestaltpsychologie verstehen wir das Wahrnehmen als ein aktives Aufnehmen der Gegebenheiten, mit denen der Mensch über das Mittel der Sinnesempfindung in Kontakt kommt. Ein solches Wahrnehmen bezeichnen wir als Anschauen. Damit soll nicht nur das visuelle Wahrnehmen gemeint sein. Alle Sinne können dem Anschauen dienen, manchmal einen gleichen Aspekt einer Sache doppelt erfassend (Formauffassung über Gesichts- *und* Tastsinn), manchmal ihrem Bilde neue Aspekte hinzufügend (indem wir ihn rauschen hören, erfassen wir eine neue Seite der visuellen Erscheinung „Wasserfall"). Immer jedoch bedeutet Wahrnehmen ein aktives „Sich-der-Erscheinung-Bemächtigen". Daher ist Wahrnehmung Informationsverarbeitung. Sie hat ihre Werkzeuge. NEISSER (1976/1979) nennt sie mit BARTLETT (1932) und PIAGET (1947) *Schemata*. Ohne sie sieht der Mensch nichts. Sie sind dem Menschen, mit Ausnahme von einigen einfachen Analyseeinheiten (s. o.), nicht angeboren. Er baut sie in lebenslangen Lernprozessen auf. Schule und Erziehung leisten zu diesen Lern- und Erfahrungsprozessen einen wichtigen Beitrag.

Sinneskontakt als notwendige, aber nicht hinreichende Bedingung des Anschauens

Die älteste und verbreitetste Vorstellung vom Wahrnehmungsgeschehen ist, wie wir gesehen haben, die Abbildtheorie: Die Wirklichkeit bildet sich über die Sinne im menschlichen Geiste ab. Die Auffassung ist nicht falsch, sie ist aber unvollständig. Sie nennt eine notwendige Bedingung für das Zustandekommen von Vorstellungen über die äußere Wirklichkeit nicht: daß der Lernende Gelegenheit hat, sie zu sehen, wenn es sich um sichtbare Gegenstände, sie zu hören, wenn es sich um Laute handelt, und sie zu betasten, wenn tastbare Merkmale vorliegen. Etwas allgemeiner sagen wir: Damit Gegenstände der sinnlichen Erfahrung erfaßt werden können, muß der *Sinneskontakt* mit ihnen hergestellt werden.

Was ist denn die Alternative? Es ist das Hören oder Lesen von Beschreibungen der gleichen Gegenstände. Was dies bedeutet, haben wir im ersten

Kapitel gesehen. Statt der Sinneserfahrung hört oder sieht der Schüler nur Wortzeichen. Es ist ihm überlassen, die Zeichen mit den entsprechenden Bedeutungen zu verbinden und sich eine Vorstellung von der Sache aufzubauen. Ob ihm das gelingt, kann der Lehrer unmittelbar nicht wissen. Erst im nachhinein, zum Beispiel wenn er die Sache aufzeichnen läßt, erkennt er, welche Vorstellung sich der Schüler von der Sache gebildet hat. Wenn er ihn mündlich oder schriftlich prüft, also seinerseits mit Worten antworten läßt, so stellt sich ihm selber noch einmal das gleiche Problem wie vorher dem Schüler: sich ein Bild davon zu machen, welche Vorstellung der Schüler mit den Worten verbindet. Das ist das Wesen des *Verbalismus:* „se payer de mots", wie die Franzosen sagen. Man tauscht Worte aus, und keiner weiß vom anderen, was er sich wirklich vorstellt.

Gegenüber einem derartigen verbalen Verfahren bringt die Forderung nach anschaulicher Gegenwart der Sache selbst oder ihres Bildes einen deutlichen Fortschritt. Der Schüler ist nun in der Lage, seine Vorstellung auf dem viel direkteren Wege der Wahrnehmung, vermittelt durch die Sinne, zu bilden. Das Zwischenglied des Zeichensystems ist ausgeschaltet. Zudem entlastet der anschaulich vorliegende Gegenstand das Gedächtnis. Beim Nachdenken kann man jederzeit die zu verarbeitenden Merkmale von ihm ablesen. Er dient als „externes Gedächtnis" (NEWELL & SIMON 1972).

So weit, so gut. Wo liegen die Grenzen einer derartigen Didaktik der Anschaulichkeit? Sie liegen dort, wo sie den Anschauungsvorgang als ein passives Sich-Abbilden der Wirklichkeit auf der *Tabula rasa* des menschlichen Geistes vorstellt und damit vergißt, daß es nicht genügt, wenn ein Gegenstand dem Schüler „vor den Augen steht", damit er auch eine Vorstellung von ihm gewinnt. Darum sagen wir: Der Sinneskontakt mit dem Gegenstand ist eine notwendige, aber keine hinreichende Bedingung für die Vorstellungsbildung.

In seinem interessanten Buch „How we think" gibt DEWEY (1910) dazu ein schönes Beispiel. Er erinnert daran, daß die wenigsten Menschen eine genaue Vorstellung vom Zifferblatt ihrer Uhr besitzen, die sie doch täglich mehrere Male, also im Laufe der Zeit Tausende von Malen ansehen. Fordert man eine Gruppe von Erwachsenen auf, das Zifferblatt ihrer Uhr zu zeichnen, so macht man die erstaunlichsten Feststellungen. Geschweige daß die wenigsten wissen, ob das Sekundenzifferblatt die Stundenzahl „6" ganz oder teilweise überdeckt: viele wissen nicht einmal, ob die Ziffern ihrer Uhr arabisch oder römisch sind, ja es kommt vor, daß Versuchspersonen meinen, ihre Uhr habe Ziffern, wenn sie statt ihrer nur Punkte oder Striche trägt, und umgekehrt. Desgleichen ist es zwar den meisten Menschen leicht möglich, sehr vertraute Formen, etwa Bauwerke, wiederzuerkennen und zu identifizieren, sie aber auch nur in den gröbsten Umrissen zeichnerisch wiederzugeben, vermögen sie nicht. Das ist nicht etwa ein Zeichen für die mangelnde Beobachtungsgabe des modernen Menschen, wie es uns populär-psychologische Artikel und „Tests" weismachen wollen, sondern ganz einfach Ausdruck der Tatsache, daß es nicht genügt, daß sich ein Bild auch noch so oft auf unserer Netzhaut abzeichnet, damit es aufgenommen wird, sondern daß wir zu diesem Zweck bestimmte Auffassungstätigkeiten vollziehen müssen, die wir in den genannten Beispielen offenbar nicht vollzogen haben. Ihrer Analyse wenden wir uns jetzt zu.

Das Anschauen als Tätigkeit

Wenn man verstehen will, daß Anschauen eine Tätigkeit ist, so darf man sich dem Problem nicht von der Seite der einfachsten Wahrnehmungsprozesse nähern. Man darf sich, mit anderen Worten, nicht fragen, wie wir einen Punkt als Punkt oder drei benachbarte Punkte als Dreieck oder ein Muster von konzentrischen Kreisen als Scheibenmuster wahrnehmen. Es könnte wohl sein, daß so einfache Muster ihre im Nervensystem „vorverdrahteten" Analyseeinheiten haben. Mindestens hat jeder westliche Mensch derartige Muster so häufig gesehen, daß die entsprechenden Auffassungsprozesse stark überlernt sind und quasi-augenblicklich funktionieren.

Es ist vielmehr sinnvoll, bei Erscheinungen mittlerer Komplexität zu beginnen und sich zu fragen, wie sie wahrgenommen und aufgefaßt werden. Hier bietet sich als durchsichtiges Beispiel noch einmal die Bewegungswahrnehmung an. Wie fassen wir die Figuren eines Kunstfliegers oder eines Segelfliegers am Himmel auf? Wie erfassen wir die Angriffsbewegungen einer Fußballmannschaft, die wir am Fernsehschirm verfolgen? Wie verstehen wir den Flug und die Landung eines Skispringers? Wie übernehmen die Sänger eines Chores die Bewegungen des Dirigenten, und wie übertragen sie den Rhythmus und den Ausdrucksgehalt dieser Bewegungen auf den Rhythmus und den Ausdruck ihres eigenen Singens? Wir haben die Antwort schon gegeben: durch Einfühlung, durch inneren Mitvollzug.

Dieser Mitvollzug muß nicht alle Elemente des Modells umfassen. Das ist beim Orchestermusiker sehr deutlich: Er muß an seinem Instrument andere Bewegungen ausführen als der Dirigent am Dirigentenpult. Aber es gibt einen gemeinsamen Nenner beider Bewegungen, derjenigen des Dirigenten und derjenigen des Musikers. Er betrifft den Rhythmus und – wie gesagt – gewisse Ausdrucksgestalten. Genau gleich muß man es sich vorstellen, wenn Menschen andere Menschen beim Handeln beobachten: zum Beispiel die Zuschauer den Schauspieler auf der Bühne und auf dem Fernsehschirm. Der gleiche Vorgang ereignet sich, wenn der Musiklehrer seinem Schüler vorspielt; der letztere ahmt die Bewegung innerlich nach und kann sie (im günstigen Fall) sofort auch effektiv nachmachen. So lernt er bekanntlich schnell und sicher.

An diesen Beispielen ist es offensichtlich, was Wahrnehmungstätigkeit bedeutet: inneren Mitvollzug der wahrgenommenen Bewegungen. Wir erkennen hier auch, wie sinnvoll der Begriff des „Sinneskontaktes" ist: Es ist, als ob der Lernende über den Gesichtssinn Kontakt mit der Tätigkeit des Modells herstellte und sodann mit diesem zusammen wie ein einziges Individuum agierte. Beim Paartanz kann man dies sogar anschaulich sehen. Aber auch ein Zweites wird hier sichtbar: Mitvollzug gibt es nicht nur vor menschlichen Handlungen, sondern auch vor Bewegungen von leblosen Körpern. Schon der Flug des Skispringers stellt ja in dieser Hinsicht einen Grenzfall dar. Sein Flug gleicht dem schiefen Wurf irgendeines Körpers. So wie wir den Flug des Skispringers verstehen, genauso erfassen wir auch den Flug eines geworfenen Steines oder eines Fußballes. Auch die Figuren der Flieger am Himmel sind ja keine Handlungen im engen Sinn des Wortes mehr, sondern von Menschen gesteuerte physikalische Bewegungen. Alles Gesagte gilt auch von kleinräumigen Bewegungen, so z. B. von der Wahrnehmung der Schwingungen eines Pendels.

Das letzte Beispiel erlaubt einen nächsten Überlegungsschritt: Offenbar kann man auch den Kontakt mit einer unbewegten Figur herstellen und ihr folgen.

PIAGET & INHELDER (1948/1971) referieren schöne Beispiele der taktilen Erkundung, des Abtastens von verschieden geformten Figuren durch kleine Kinder. Sie gaben den Kindern aus Karton ausgeschnittene Kreisscheiben, Quadrate, Dreiecke, Ringe usw. bei verbundenen Augen in die Hände und beobachteten, wie sie diese identifizierten. Während die Dreijährigen nicht viel mit ihnen anzufangen wußten und sich entsprechend häufig über ihre Form täuschten, folgten die älteren Kinder mit dem Finger den Konturen und identifizierten sie sicher.

So stellt sich PIAGET auch die visuelle Wahrnehmung von Figuren vor: als ein inneres Verfolgen und Nachzeichnen der Hauptlinien des Gegenstandes. Es handelt sich hier um eine erste und einfachste Form der *inneren Rekonstruktion* des Gegenstandes. Wir werden komplexere Formen desselben Vorganges sehen. Bevor wir dies tun, betrachten wir nun die möglichen Differenzierungen dieser einfachsten Wahrnehmungstätigkeiten.

Komplexe Auffassungstätigkeiten: vom Wahrnehmen zum Analysieren

Wir haben gesehen, wie einfache Handlungen und Vorgänge erfaßt werden. Unsere Antwort lautete: durch inneren Mitvollzug. Insofern der Beobachter über ein Verhalten verfügt, das der beobachteten Handlung und dem Vorgang entspricht, fällt ihm die Erfassung leicht; der Turner oder Fußballspieler springt in die Höhe, der Betrachter springt im Geiste mit; der

Künstler verneigt sich, sein Gegenüber neigt sich im Geist mit; die Lehrerin schreibt einen neuen Buchstaben groß an die Wandtafel, die Schüler folgen in der Vorstellung ihrer Bewegung.

Komplexe Handlungen

Denken wir nun aber an komplexe Handlungen wie zum Beispiel die Manipulation des Biologen oder Gärtners, die notwendig sind, um eine Pflanze zu okulieren: mit einem scharfen Messer einen Rindenspan abheben, das vorbereitete Reis unter den Span schieben, das Ganze mit Bast umwickeln und mit Baumwachs verkitten. Man erkennt: Hier werden mehrere Teilhandlungen zusammengesetzt, und zwar nicht als eine bloße Kette, sondern hingeordnet auf ein Ziel: das Anwachsen des Reises einer edleren Pflanze in einer unedleren, aber meistens robusten Trägerpflanze. Der Auffassungsvorgang bleibt der gleiche: jede einzelne Teilhandlung wird vom Beobachter mitvollzogen. Zum Verstehen des Ganzen ist aber eine weitere Leistung nötig: der Beobachter muß die Einzelhandlungen in die rechte Beziehung zueinander setzen, genauso, wie es derjenige tut, der die Sache vorzeigt. Dabei mag die Unterscheidung der einzelnen Handlungsphasen und die Deutung ihrer gegenseitigen Beziehungen nicht auf der Hand liegen. Der Beobachter hat eine gewisse Freiheit, die Überlegung und die Verknüpfung so oder anders zu vollziehen und den Handlungsteilen verschiedene Bedeutungen und Funktionen zuzuweisen. So wandelt sich das Beobachten schrittweise in ein Analysieren der Erscheinung, das Wahrnehmen in ein Nachdenken über den Vorgang.

Komplexe Vorgänge in unbewegten Objekten

Es braucht keine Handlung zu sein. Es kann auch ein objektiver Vorgang sein. So versucht der Kunsthistoriker zu verstehen, wie der Frost die Sandsteinfiguren an einem historischen Gebäude allmählich zerstört: Er sieht im Geiste das Wasser in die Poren des Sandsteins eindringen, dann zwischen den Sandteilchen gefrieren, sich dabei ausdehnen und laufend kleine Teilchen absprengen. Eindringen, Gefrieren, Sich-Ausdehnen, Teile absprengen: das sind alles einfache Vorgänge, von denen jeder einzelne, sozusagen am eigenen Leibe, vollzogen werden kann. Auch hier handelt es sich nicht um eine bloße Kette von nachvollzogenen Teilprozessen: sie sind in einer bestimmten Weise unter sich verknüpft, jeder Teilprozeß stellt die Bedingung für den folgenden her. Und auch hier gibt es verschiedene Arten, den Gesamtvorgang zu zerlegen: die richtige Zerlegung und der richtige Zusammenbau des Ganzen liefern eine *Deutung* des Vorgangs. Wir sagen „Deutung": als solche erscheint sie, wenn sie neu ist. Ist sie dem Deuter einmal vertraut, so „sieht" er diese Vorgänge im feuchten Sandstein: die vertraute

<u>Deutung ist zur Wahrnehmung geworden. Der Deuter hat den Vorgang „sehen gelernt".</u>

Die mathematische Erfassung eines Vorgangs

In den Fällen der *mathematischen Analyse* ist diese Freiheit des Deuters noch einmal größer, insbesondere auch darum, weil die Deutung von vielen Zügen der Erscheinung abstrahiert und nur mehr wenige Größen an ihr erfaßt. Entsprechend wird die Erfassung verschieden tief zum Kern der Sache vordringen. Denken wir etwa an den schiefen Wurf, so wie er beim Kugelstoßen oder Speerwerfen erzeugt wird. Der geschleuderte Gegenstand beschreibt auf seinem Flug eine Kurve, von der wir in der Physik lernen, daß es eine Parabel ist. Aber vorerst erfassen wir den Vorgang ganz elementar durch inneren Mitvollzug: die Kugel oder der Speer fliegen schräg in die Höhe und „sinken" dann zu Boden (so soll ARISTOTELES den Vorgang gedeutet haben). Man kann den Vorgang aber durch Meßtätigkeiten schärfer erfassen. Das einfachste ist die Messung der Distanz vom Abwurfpunkt bis zum Aufschlag des Flugkörpers auf dem Boden: die Messungsart der Sportler. Unter physikalischen Gesichtspunkten kann man die Analyse weitertreiben: Dann interessiert außer der Länge auch der Verlauf des Wurfes im Raume. Wird die vom Gegenstand beschriebene Kurve festgehalten, so sieht man, daß der Körper in der Luft einen Bogen beschreibt. Aber was für einen? Die Betrachtung eines etwas steileren Wurfes zeigt, daß es kein Kreisbogen ist. Soviel ist unmittelbar klar: nach dem Abwurf bewegt sich der Wurfkörper vorerst in der Richtung, die ihm beim Abwurf mitgeteilt worden ist. Dann nähert er sich allmählich der Erde.

Jede weitere Analyse wird von den wenigsten Menschen selbständig bewältigt. Unter Anleitung vermögen sie aber ein Weiteres zu finden. Sie können beispielsweise sehen, daß sich die Wurfbahn aus zwei Komponenten zusammensetzt. Einesteils hat der Körper die Tendenz, gemäß seinem Beharrungsvermögen geradlinig weiterzufliegen. Andernteils zieht ihn die Schwerkraft von dieser geradlinig in den Raum hinausführenden Bahn weg zur Erde. Die quantitative Erfassung dieser Abweichung führt zur Einsicht, daß sie nichts anderes als einen freien Fall darstellt. Schließlich kann eine solche Kurve analytisch erfaßt werden (z. B. $y = [v_0 \cdot \sin \alpha] t - \frac{g}{2} \cdot t^2$, wobei y = Höhe eines jeden Punktes der Flugbahn, v_0 = Anfangsgeschwindigkeit, α = Abwurfwinkel, t = Flugzeit, g = Erdbeschleunigung).

Hier ist nun vollends klar, daß die Erfassung eines Gegenstandes die Aktivität des Deuters erfordert. Wichtig bleibt jedoch die Einsicht, daß es kontinuierliche Schritte der zunehmenden Komplexität sind, die vom einfachen Nachvollzug der Flugbewegung bis zur geometrischen und physikalischen Erfassung des Vorgangs führen. Auffassungstätigkeiten sind es allemal.

Das Erfassen komplexer Formen

Das gilt auch von komplexen Formen. Die Auffassung einer Form, beispielsweise diejenige einer Blüte, eines Gebrauchsgegenstandes (Zange), eines Architekturelementes (Spitzbogen, Kapitell) oder einer Landschaftsform (Klus, Umriß Italiens) erfordert eine Vielzahl von Tätigkeiten. Sie kommen uns dann zum Bewußtsein, wenn die Aufgabe, die uns gestellt wird, genau definiert und der Grad der Lösung kontrolliert wird. Wenn man von uns nicht nur das Wiedererkennen der Form verlangt, eine Leistung, die uns schon gelingt, wenn wir nur wenige markante Einzelheiten behalten haben, sondern die zeichnerische Wiedergabe, vollziehen wir eine ganze Anzahl Auffassungstätigkeiten, die in der Folge kurz gekennzeichnet werden sollen.

Da ist vorerst noch einmal das *innere Nachfahren,* dem wir schon begegnet sind. Ein Schüler, der sich den Verlauf einer Horizontlinie, die Form eines Notenschlüssels oder eines Buchstabens einprägen muß, wird den Linien innerlich oder sogar mit sichtbaren Handbewegungen nachfahren. Das Nachfahren setzt sich in der zeichnerischen Reproduktion direkt fort. In der Tat wiederholt der Zeichner auf weite Strecken ganz einfach die nachahmenden Bewegungen, mit denen er den Hauptlinien des Gegenstandes gefolgt ist. Diese sind ja nur teilweise durch den Gegenstand vorgeschrieben: je nach seiner Art zu sehen, nach seiner künstlerischen Auffassungsweise, folgt er diesen oder jenen Linien des Gegenstandes und hebt sie in der Zeichnung hervor.

Das Vereinfachen. Schon wenn der Betrachter einer Form nachfährt, kann er nicht jedes Detail beachten. Er folgt ihren großen Linien. Auch bei allen weiteren Auffassungstätigkeiten muß der Betrachter die einzuprägenden Formen so vereinfachen, daß er sie bewältigen kann. Sehr häufig entdeckt er dabei auch Gesetzmäßigkeiten, die er sonst im Wirrwarr der Einzelheiten übersehen hätte (Geologie, Biologie).

In einfache Teile zerlegen und Beziehungen herstellen. Diese beiden Tätigkeiten bedingen sich wechselseitig. Eine komplexe Figur, etwa die Umrisse eines Kontinents oder einer Insel, das Bild eines Organs oder eines Pflanzenteils, die Darstellung eines Bauwerkes: sie alle können nicht als Ganze erfaßt werden. Wenn sie der Betrachter bewältigen will, muß er sie in Teile zerlegen und die Beziehungen der Teile untereinander feststellen. So wird er Afrika in ein Trapez und ein auf der Spitze stehendes Dreieck zerlegen. Er wird feststellen, daß die beiden Grundlinien aufeinander liegen, wobei die Basis des Dreiecks im Osten etwas über die Basis des Trapezes hinausragt (Abb. 3).

Desgleichen wird der Betrachter das Bild der Großen Seen (Abb. 4) in

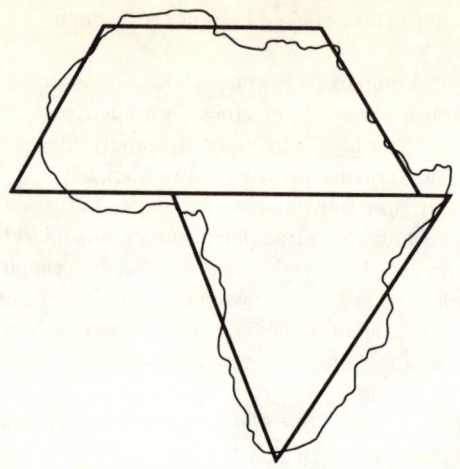

Abb. 3. Zerlegung einer Form in einfache Teile: Afrika

ihre einzelnen Becken zerlegen und ihre Lage zueinander festhalten: der Michigan- und der Huron-See sind nord-südlich orientiert, der Obere See liegt als ein lang gestrecktes Dreieck darüber, rechts unten bilden der Erie-See und der Ontario-See ein nach Nord-Osten, in der Richtung des St. Lorenz-Stromes orientiertes System. Konkrete Vergleiche erleichtern die Auffassung: der Obere See liegt wie ein nach Westen verschobenes *Dach* über dem *Haus,* das der Michigan- und der Huron-See bilden, der Erie-See dringt wie ein *Keil* von Osten unter die Basis des Hauses.

Mit bekannten Formen vergleichen. Der treffende Vergleich einer neuen Form mit einem bekannten Gegenstand kann ihre Auffassung und ihre gedächtnismäßige Bewahrung bedeutend erleichtern. So hat man Italien mit einem Stiefel verglichen. Auch die Sprache verwendet dieses Mittel der Charakterisierung. Es gibt eine große Zahl von Pflanzen- und Tiernamen, denen treffende Formvergleiche zugrunde liegen: Kapuziner, Frauenschuh, Hahnenfuß, Fingerhut, Dompfaff, Löffelente, Gottesanbeterin, Seestern usw.

Die genetische Betrachtung

Eine *Handlung* ist eine konstruktive Tat. Sie erzeugt ein Ergebnis, eine neue Situation, einesteils äußerlich und konkret, andernteils im Geiste des Handelnden, der sich zu handeln entschieden hat und der am Ende vom Ergebnis geistig Besitz nimmt. Sie durch Mitvollzug erfassen, heißt, sie im Geist nachzukonstruieren. Es ist die Nachkonstruktion eines Erzeugungs-

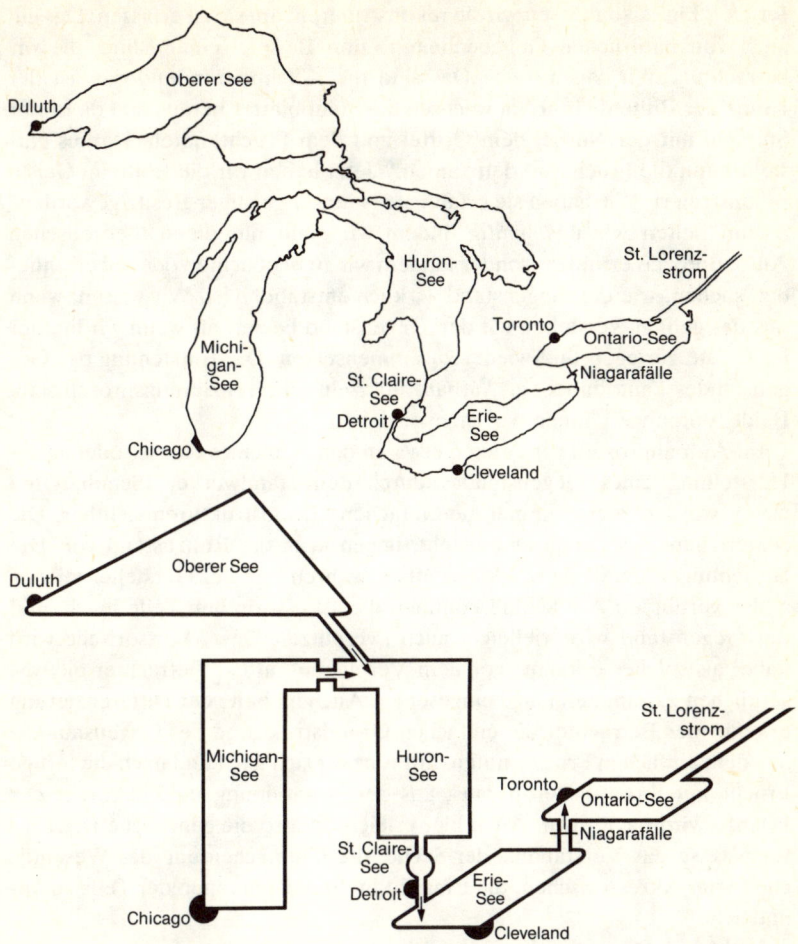

Abb. 4. Die Großen Seen der USA, in ihre einfachen Teile zerlegt und in klare Beziehung zueinander gebracht.

vorgangs, also eines genetischen Prozesses. Wenn wir einen *unbelebten Prozeß* verfolgen, so sehen oder erschließen wir, wie aus Bedingungen (aus Ursachen) Folgen entstehen und wie diese zu Konsequenzen weiterführen: auch dies sind genetische Prozesse. Wir konstruieren sie im Geiste nach und verstehen so den Vorgang. Eine *Figur,* zum Beispiel eine geometrische, erfassen wir am besten, wenn wir ihre Konstruktion verfolgen, denn das erlaubt uns, den Konstruktionsprozeß mitzuvollziehen. Begegnen wir der fertigen Figur, so müssen wir sie rekonstruieren, um sie zu erfassen. Das gilt auch von natürlichen Gegebenheiten, zum Beispiel einer Blüte, die wir betrachten. Wir sagen uns: „Das sind die Kelchblätter, und dies ist der Kranz der Blütenblätter, da wachsen die Staubblätter heraus und da ist der Stempel mit der Narbe, dem Griffel und dem Fruchtknoten. Daraus entsteht dann die Frucht mit den Samen." Jetzt haben wir die Blüte im Geiste rekonstruiert. Wir haben sie erfaßt, sie ist unser geistiger Besitz geworden.

Nun helfen wir uns häufig, indem wir nicht nur einen theoretischen Aufbauprozeß erfinden, sondern indem wir zu beobachten oder zu erschließen suchen, wie der Gegenstand wirklich entstanden ist. Wir wissen: wenn uns das gelingt, verstehen wir den Gegenstand besser, als wenn wir ihn nur im Geiste zerlegen und wieder zusammensetzen. Die Entstehung des Gegenstandes kann dabei ein Aufbau- oder ein Differenzierungsprozeß sein. Beide Vorgänge können wir nachvollziehen.

Im Aufbauprozeß, wir denken etwa an den Bau eines Hauses oder an die Herstellung eines Gegenstandes durch den Handwerker (Schuh, Ofen usw.), werden zuerst einmal die einfachen Grundstrukturen sichtbar. Die Materialien, aus denen er entsteht, liegen in ihrem Rohzustand vor. Die Beziehungen der Teile werden sichtbar, während sie der Hersteller miteinander verbindet. Am Schluß kommen die akzessorischen Teile hinzu, und der Gegenstand wird vielleicht auch „verputzt". Das Akzessorische wird dabei als solches erkannt; vor dem Verputzen hat der Betrachter die wesentlichen Zusammenhänge eingesehen. Auch im Falle der Differenzierung erkennt der Betrachter die einfachen Grundstrukturen des Gegenstandes: aus dem einfachen Fruchtknoten differenziert sich nach und nach die fertige Frucht mit ihren Teilen heraus, aus der Ausstülpung im Zellkörper der Pflanze wird das Organ. Auch hier erleichtert also die genetische Betrachtungsweise das Verständnis der Sache, die Unterscheidung des Wesentlichen vom Akzessorischen, die Einsicht in die Beziehungen der Teile zueinander.

Nicht nur Dinge können genetisch betrachtet werden: es gibt auch eine genetische Betrachtungsweise gedanklicher Gebilde. Der Grundgedanke ist der gleiche. Auch hier verfolgt der Betrachter den Aufbau des gedanklichen Gebildes, der Idee, des Begriffes aus seinen Teilen, die Differenzierung des einfachen, eventuell diffusen Ganzen zu einer gestalteten Struktur. Hier wie beim dinghaften Gegenstand wird im inneren Mitvollzug des Entstehungsaktes die Struktur des Ganzen, werden die Beziehungen der Teile zueinander klar.

Der intelligente Betrachter wird also nicht nur Form, Funktion und Beschaffenheit eines Gegenstandes in Beziehung setzen, sondern diese alle drei – sofern dies sinnvoll ist – mit dem Vorgang der Entstehung in Verbindung bringen. Form und Funktion des Einbaumes stehen in engem Zusammenhang, ebenso wichtig ist aber die Beziehung der Form zur Entstehung, d. h. zur Herstellungsart des Gegenstandes: dieses Boot wird durch einfaches Aushöhlen aus einem Baumstamm hergestellt. Auch bei der Betrachtung geographischer Formen ergeben sich häufig Bezüge zur Entstehung. Die Form Griechenlands und die Anordnung der Inseln im Ägäischen Meer werden klar, wenn wir bemerken, daß es ein Gebirgszug ist, der vom Pindos über den Peloponnes – Kreta – Rhodos nach Kleinasien hineinreicht und daß die nördlich davon gelegenen Ägäischen Inseln Spitzen versunkener, parallel-laufender Bergketten darstellen.

So sind wir vom einfachen Mitvollziehen einer Tätigkeit oder eines Vorganges in unmerklichen Schritten zum Erfassen einer komplexen Erscheinung gelangt. Aus dem bloßen Sehen ist ein Beobachten und aus dem Beobachten ein Untersuchen, ein Zerlegen und Aufbauen des Gegenstandes geworden. Das Ergebnis ist nicht bloß die Vorstellung des Vorgangs oder der Sache, sondern die Einsicht in ihren Aufbau, das Verstehen der Beziehungen der Teile oder Aspekte des Gegenstandes. Das Anschauen ist zum „Denken am Gegenstand", das Erfassen zum „Verstehen der Sache" geworden.

Assimilation

An dieser Stelle müssen wir nun noch einen wichtigen Begriff der modernen kognitiven Psychologie einführen: denjenigen der *Assimilation*. Er wurde von PIAGET (1936/1969; 1947/^{5}1972) aus der Biologie in die Psychologie übertragen. Er ist heute zum begrifflichen Allgemeingut des Sozialwissenschaftlers geworden.

In seinen Studien über die Entwicklung des Kleinkindes hat PIAGET (1936) beobachtet, daß Kinder, die noch nicht sprechen und noch kaum über Vorstellungen und Begriffe verfügen, neue Gegenstände erfassen, indem sie sie den praktischen („sensomotorischen") Handlungen unterwerfen, über die sie verfügen. So untersucht Laurent mit neun Monaten und 21 Tagen einen großen Kartonbleistift: „Er berührt aufmerksam die Spitze und dreht ihn mehrmals. Dann schlägt, reibt, schüttelt und kratzt er ihn, usw. Mit neun Monaten und 26 Tagen verfährt er gleich mit einem Badethermometer: Er betrachtet ihn, kratzt ihn, schüttelt ihn und dreht ihn, tastet den Griff ab, den er schließlich in die Hand nimmt, saugt an seinem Ende (ohne eigentlich saugen zu wollen, bloß, um zu sehen), nimmt ihn aus dem Mund, folgt mit der linken Handfläche dem eigentlichen Thermometer, schüttelt es von neuem, stellt auf und balanciert es, reibt es gegen den Rand des Stubenwagens, untersucht den Glasteil, den er berührt und kratzt, betrachtet die Schnur und berührt sie, usw." (PIAGET 1936/1969, 285).

Die Handlungen (technisch: die Handlungsschemata) dienen der Assimilation, also der Erfassung des Gegenstandes. PIAGET nennt sie daher „Assimilationsschemata". Auch der Erwachsene verhält sich so, wenn er auf einen unbekannten Gegenstand, zum Beispiel auf eine Frucht, stößt: er drückt daran, versucht, sie zu zerteilen;

wenn sie hohl ist, schüttelt er sie, versucht, sie zu spalten, hält sie gegen das Licht, beißt eventuell hinein, legt sie unter den Absatz, um sie zu öffnen usw. Das sind alles Assimilationsschemata, mit deren Hilfe er das Wesen der Sache zu ergründen versucht.

Nun weist schon PIAGET darauf hin, daß die praktischen Handlungen, die wir an einem Gegenstand ausprobieren, nur die einfachsten Assimilationsschemata sind. Auch gedankliche Operationen und Begriffe können wir an eine unbekannte Sache herantragen, um zu sehen, ob sie darauf passen und ob sie uns etwas über die Sache sagen. Dabei braucht die Zielsetzung nicht einfach darin zu bestehen, herauszufinden, *welche Behandlung der Gegenstand zuläßt:* ist er eßbar, brennbar, spaltbar usw.? Wir können uns auch fragen, ob die Erscheinung mit einer gedanklichen Operation, mit einer Vorstellung oder mit einem Begriff adäquat *darstellbar* ist. Ist es sinnvoll, eine Kurve als Kreisbogen aufzufassen? Kann man Afrika als ein Trapez und ein Dreieck darstellen? Kann man einen Verkauf als einen Tauschvorgang sehen (eine Sache gegen Geld tauschen)?

Wir sehen, daß man in allen oben gegebenen Beispielen die Erfassung einer Erscheinung als Assimilationsvorgang verstehen kann. In jedem Fall trägt der Beobachter seine Handlungsschemata, seine Denkoperationen, seine Vorstellungen und Begriffe an die neue Erscheinung heran. Im einfachsten Falle führt er in seinem Repertoire ein Assimilationsschema, das ihm erlaubt, die neue Erscheinung einfach innerlich mitzuvollziehen, ohne diese zu differenzieren oder verschiedene Assimilationsschemata zu kombinieren. Der andere „startet den Motor". Das kann ich auch. Ich verstehe unmittelbar, was er tut, indem ich die Tätigkeit nachvollziehe. In anderen Fällen ist die Handlung, das Geschehen neu für mich. Aber die Elemente sind mir bekannt. Ich setze also den Vorgang aus Teilen zusammen, die ich in meinem Repertoire habe: Er schneidet einen Span von der Rinde des jungen Baumes; er hat ein Reis so zurechtgeschnitten, daß es allmählich ausläuft; er steckt das Reis unter den angehobenen Span, umwickelt den Stamm mit Bast und verkittet das Ganze. Ich habe das zwar noch nie gesehen, aber ich verstehe jede Teilhandlung, und ich verstehe auch, daß das Reis anwachsen wird: hier ist ein Bäumchen veredelt worden.

Auch die mathematische Erfassung eines Vorganges verstehen wir nun als Assimilation. Vor der Erscheinung des schiefen Wurfes kann man im einfachsten Falle die Operation der Längenmessung anwenden. Man schreitet die Strecke von der Abwurfstelle zum Einschlag des Wurfkörpers ab, zählt die Fuß- oder Schrittlängen und vergleicht auf diese Weise die einzelnen Würfe. Zur vertieften Assimilation der Wurfparabel werden weitere geometrische Operationen eingesetzt. Die analytische Formel vermittelt ihre klarste Darstellung.

Ganz ähnlich erfolgt die Erfassung des Wachstums einer Pflanze. Die Schüler messen beispielsweise jeden Tag die Länge einer Bohnenpflanze. Sie stellen den täglichen Längenzuwachs fest. Vielleicht zeichnen sie die Entwicklung in einer Wachstumskurve auf, vielleicht versuchen sie sogar, eine Gesetzmäßigkeit darin zu entdecken, etwa die Tatsache, daß der Längenzuwachs immer einen konstanten Bruchteil der noch zu realisierenden Gesamtlänge darstellt. Wieder erkennen wir, wie eine Erscheinung durch die Assimilationsschemata erfaßt wird, welche dem Beobachter zur Verfügung stehen.

In den biologischen und in den geographischen Wissenschaften sind die geistigen Akte, mit deren Hilfe die Erscheinungen erfaßt werden, komplexerer Natur. Angenommen, dem Botaniker stelle sich die Aufgabe, zu bestimmen, wie die Klette ihre Samen verbreitet. Da es ihm nur selten gelingen wird, den eigentlichen Vorgang zu beobachten, muß er über die vorliegenden Tatbestände ein selbst entworfenes Geschehensgefüge ausbreiten, das auf die beobachtbaren Bruchstücke paßt und sie sinnvoll verbindet. Er begreift die „Stacheln" der Klette als Widerhaken, die sich im Pelz der vorbeistreifenden Tiere verfangen können. Er verbindet damit die Tatsache, daß er schon an seinen eigenen Kleidern solche Klebefrüchte entdeckt hat. Er faßt die Tatsache ins Auge, daß sich Mensch und Tier im Augenblick, wo sie sich wieder von den lästigen Anhängseln zu befreien suchen, meistens mehr oder weniger weit von der Stelle befinden, wo sich die Früchte an sie geheftet haben, und erkennt so, daß die Samen auf diese Weise verbreitet werden. In ähnlicher Weise deutet der Geologe die Prozesse der Bildung und Veränderung von Landschaften. Handlungsvorstellungen, Operationen, Begriffe und räumliche Vorstellungen werden an die Erscheinung herangetragen. Die Assimilation wird zur theoretischen Rekonstruktion des Gegenstandes.

Zusammenfassend stellen wir fest: Eine Handlung, einen Vorgang, eine Sache oder eine Person erfassen wir, indem wir aus dem Repertoire unserer Handlungsmöglichkeiten, unserer Operationen, unserer Vorstellungen und Begriffe diejenigen Elemente ziehen, von denen wir hoffen, daß sie etwas hergeben. Sie geben etwas her, wenn die entsprechende Handlung am Gegenstand gelingt: das ist *eingreifende Assimilation*. Die andere Möglichkeit besteht darin, daß man sich nicht bloß dafür interessiert, was man mit dem Gegenstand tun kann, sondern wie er sich adäquat darstellen läßt. Dann setzt man seine Vorstellungen und Begriffe ein, um eine adäquate Darstellung, eine Beschreibung oder eine Erklärung der Erscheinung zu erreichen: das ist *darstellende Assimilation*. Immer aber muß man mit den Mitteln arbeiten, über die man verfügt. Es leuchtet unmittelbar ein, daß die Behandlung eines Gegenstandes oder einer Situation und seine/ihre Darstellung um so befriedigender ausfällt, je reicher das Repertoire ist, mit dem sich ein Mensch einer Erscheinung nähert. Von daher ergibt sich die wichtige Aufgabe des Unterrichts, mit dem jungen Menschen zusammen ein einsatzfähiges geistiges Repertoire aufzubauen, ein Repertoire von Assimilationsschemata, mit deren Hilfe er sich vor den praktischen und theoretischen Problemen des Lebens bewähren wird.

Man erkennt zugleich, daß die Darstellung, welche wir vom Vorgang der Assimilation geben, viel mehr ist als ein Erfassen von Gegenständen „mit mehreren Sinnen". Wenn wir einen Gegenstand praktischen Handlungen unterwerfen, so geht es nicht einfach darum, zu den Gesichtswahrnehmungen einige Tastempfindungen hinzuzufügen, um den Gegenstand so vollständiger zu erfassen. Es geht darum, auf ihn die Schemata (Gesichtspunkte, „Behandlungspunkte") anzuwenden, die etwas hergeben, sei es bei seiner Beeinflussung, sei es bei seiner Darstellung. Das ist aber in jedem Fall mehr als ein bloßes Aufnehmen von Empfindungen. Es ist ein Prozeß der Assimilation mit Hilfe von Strukturen des Handelns und Denkens, die uns vertraut und durchsichtig sind. Mit ihrer Hilfe erfassen wir die Erscheinung, „um sie zu besitzen", indem wir sie uns geistig aneignen.

Hypothesen und ihre Verifikation

Ob wir über eine Person oder eine Sache eine „-barkeitseigenschaft" (eßbar, abzähl-bar) oder ein beschreibendes oder erklärendes Merkmal aussagen (X ist extravertiert, der Delphin ist ein Säugetier): Aussagen dieser Art können wahr oder falsch sein. D. h., die Person oder Sache kann für eine bestimmte Behandlung geeignet oder nicht geeignet sein; das beschreibende oder erklärende Merkmal kann vorhanden sein oder fehlen. Nun pflegen wir häufig Vermutungen anzustellen, bevor wir sie geprüft haben. Eine Aussage, die nur auf Vermutung beruht, nennen wir eine *Hypothese.* Die Prüfung der Hypothese, also das Ausprobieren der Handlung an der Person oder am Gegenstand, oder aber das genaue Nachsehen, ob das behauptete Merkmal vorhanden sei oder nicht, nennen wir *Verifikation.* Eine verifizierte Hypothese nennen wir eine *wahre Aussage,* den betreffenden Tatbestand nehmen wir in unser *Faktenwissen* auf.

Bei quantitativen Aussagen, insbesondere bei Behauptungen über gesetzmäßige Zusammenhänge in der Wirklichkeit („Je höher die Nachfrage, desto höher die Preise." „Ein zweiarmiger Hebel ist im Gleichgewicht, wenn auf jeder Seite das Produkt ‚Länge des Hebelarms x Gewicht' gleich ist." „Beim Lernen fremdsprachlicher Wörter steigt die Behaltensleistung mit der Anzahl der Wiederholungen"), hat die Verifikation eine charakteristische Form. Das Gesetz postuliert die Abhängigkeit eines Effektes (Höhe der Preise, Drehmoment, Zahl der behaltenen Wörter) von einer oder mehreren Bedingungen (Nachfrage, Länge des Hebelarms und Gewicht, Zahl der Wiederholungen). Für jeden gegebenen Wert im Bereiche der Bedingungen sagt es einen Wert im Bereiche des Effektes (der „abhängigen Variablen") voraus. Diese Voraussagen sind natürlich besonders dort interessant, wo entsprechende Werte bei den Bedingungen und den Effekten noch nicht beobachtet worden sind, also für einen neuen Grad der Nachfrage, für ein neues Gewicht am zweiarmigen Hebel, für eine neue Zahl von Wiederholungen der fremdsprachlichen Wörter. Ergibt nun das Experiment oder die Beobachtung, daß zu gewählten Werten der abhängigen Variablen die Effekte in der vorausgesagten Höhe eintreffen, so betrachten wir das Gesetz als verifiziert, mindestens als nicht falsifiziert, wie die Anhänger von POPPER (1968) sagen würden.

So ergibt sich ein charakteristischer Ablauf des Denkens, der schon von DEWEY (1910) formuliert worden ist:

1. Problemstellung: Wir fragen uns, wie der interessierende Effekt entsteht, von welchen Bedingungen er wie abhängt.

2. Hypothesenbildung: Wir vermuten einen Zusammenhang zwischen dem Effekt und seinen Bedingungen und formulieren diesen. Die Formulierung, die nicht nur die bisher beobachteten Fälle deckt, sondern über diese hinaus neue Fälle (neue Werte) betrifft und die daher „allgemein" ist, stellt eine Hypothese, d. h. einen vermuteten gesetzmäßigen Zusammenhang dar. Aufgrund des vermuteten Gesetzes sagen wir neue spezifische Tatsachen oder Werte für Effekt und Bedingung(en) voraus. Das sind unsere spezifischen Hypothesen.

3. Verifikation: Wir setzen ein Experiment an oder machen neue Beobachtungen, in denen neue Werte für die Bedingungen realisiert sind, und wir prüfen, ob der Effekt im vorausgesagten Umfang (mit dem vorausgesagten Wert) auftritt. Wenn dies der Fall ist, betrachten wir die allgemeine Hypothese als verifiziert oder mindestens als nicht falsifiziert.

Dieses Vorgehen ist in vielen Variationen denkbar, die hier nicht besprochen werden können. Im Schulunterricht kommen sie auch nicht alle zum Zuge. Wichtig ist es aber, daß die Schüler in allen Fächern, die induktiv verfahren, d. h. auf Grund beobachteter Tatsachen nach Gesetzesaussagen streben, einige paradigmatische Fälle der Hypothesenbildung und ihrer Verifikation durchgespielt haben. Der Schüler lernt damit eine Denkform kennen, die im Wissenschaftsbetrieb klassisch ist, auch wenn heute einige Wissenschaftstheoretiker der Meinung sind, daß die revolutionären, neuen Einsichten anders zustande kommen (KUHN ^{2}1970/1967).

Didaktischer Teil
Von der Beobachtung zum inneren Bild

Als die Pädagogik des Westens die Kraft der Anschauung entdeckte – es war im 17. Jahrhundert, und Europa litt unter den Wirren des 30jährigen Krieges – war der Gedanke der Schule noch vollständig mit demjenigen des Lernens aus Büchern verbunden. Kein Pädagoge dachte daran, daß ein anschaulicher Unterricht mehr als das Betrachten von Bildern bedeuten könnte. Die Abbildtheorie tat das ihrige, um diese Auffassung zu stützen: Wenn das geistige Leben damit beginnt, daß sich in der Seele Abbilder wahrnehmbarer Gegenstände als Vorstellungsbilder niederschlagen, dann war es naheliegend, den Kindern diese Bilder gerade in jener Form vorzuführen, die sich ihnen einprägen sollten. Der „Orbis pictus" (orbis steht hier für Erdkreis, also der „gemalte Erdkreis") des J. A. COMENIUS, in tschechischer und lateinischer Sprache erstmals im Jahre 1628 erschienen, war Sach- und Sprachbuch zugleich. Er diente dazu, den Kindern die Dinge der Welt als Holzschnitte vorzuführen und sie lateinisch und muttersprachlich kurz zu beschreiben.

Auch heute noch sind wir nicht viel weiter. In vielen Schulen bedeutet „Anschauungsunterricht" immer noch einen Unterricht, in dem man Bilder betrachtet und kommentiert. Diese Auffassung ist, so haben wir im psychologischen Teil dieses Kapitels gesehen, in doppelter Weise unvollständig. Einmal ist das Bild ja schon ein Stellvertreter, es steht für die Sache selber, und ein natürlicher Unterricht wird versuchen, mit den Schülern an diese heranzukommen und sich nicht mit ihrem papierenen Stellvertreter zu begnügen. Sodann aber ist das Betrachten statischer Bilder keineswegs eine ursprüngliche, sondern eine sehr abgeleitete und künstliche Form der Wahrnehmung. Gerade in unserer Zeit, da das Fernsehen eine so große Rolle im Leben der Kinder spielt, darf man sich nicht wundern, wenn sie von unbewegten Bildern nur schwach angesprochen werden. Dies ist nicht nur ein Zeichen der Sättigung und Abgebrühtheit. Das Fernsehen wäre für die Kinder nicht so anziehend, wenn es nicht eine ursprünglichere Art des Wahrnehmens erlaubte: den Mitvollzug bewegter Handlungen und Vorgänge. Kinder sind gemäß ihrer Natur aktive Wesen. Das Fernsehen spräche sie nicht so sehr an, wenn es ihnen nur Untätigkeit bescheren würde. In Wirklichkeit bedeutet es die Möglichkeit einer intensiven *inneren* Tätigkeit, das Miterleben von Handlungen. Die Schule sollte sich nicht darauf beschränken, über die Konkurrenz des Fernsehens zu jammern. Vielmehr sollte sie den Erfolg dieses Konkurrenten zum Anlaß für eine Besinnung auf ihre eigenen möglichen Schwächen ebenso wie auf ihre Chancen nehmen. Die eigenen Schwächen sind klar: statische Bilder anzusehen ergibt einen blassen Anschauungsunterricht. Handlungen und Entdeckungsprozesse mitvollziehen können ist schon besser. Im Moment aber, wo die Schule eigene, nicht bloß nachvollzogene Handlungen ermöglicht, wo Unternehmungen und Projekte realisiert werden, da hat sie gute Chancen, das Fernsehen zu verdrängen und attraktiver zu sein. Darüber werden wir allerdings erst im nächsten Kapitel zu sprechen haben. Vorerst geht es um das vorgeordnete Problem: Wie bringen wir die Schüler mit der Sache selber in Kontakt?

Dem Gegenstand begegnen (das „Anschauen")

Wir haben gesehen: Die sensualistisch-empirische Erkenntnislehre hat einen wahren Kern. Die anschauliche Gegenwart des Unterrichtsgegenstandes und damit der Sinneskontakt zwischen Betrachter und Gegenstand stellt eine notwendige (aber nicht genügende) Bedingung des Anschauens dar. Daraus ergibt sich für den Lehrer die wichtige didaktische Aufgabe, die Schüler mit den Dingen in Kontakt zu bringen. Der verbalistische Unterricht ist dadurch gekennzeichnet, daß nur der Lehrer (oder nicht einmal er) zu einem früheren Zeitpunkt mit dem Unterrichtsgegenstand in Kontakt gekommen ist und daß er ihn in der Lektion einfach sprachlich beschreibt. Im anschaulichen Unterricht kommen die Schüler mit der Sache in unmittelbare Berührung. Die Rolle des Lehrers verwandelt sich von der eines Vermittlers in die eines Helfers: er hilft dem Schüler, den Gegenstand zu erfassen.

Im Idealfall gelingt es dem Lehrer, die Schüler mit dem *wirklichen* Gegenstand in Kontakt zu bringen. Dies kann grundsätzlich auf zwei Arten geschehen. Entweder wird der Gegenstand in die Schule oder deren unmittelbare Nähe gebracht, oder aber die Klasse sucht ihn am Ort seines natürlichen Vorkommens auf. Beide Wege werden im Unterricht häufig beschritten.

Der Gegenstand wird in die Schule oder deren unmittelbare Nähe gebracht

In Sammlungen, von Lehrern und Schülern zusammengetragen oder durch die Schule erworben, stehen dem Unterricht gewisse Gegenstände zur Verfügung, deren Beschaffung schwierig oder umständlich ist. Die großen, halbwissenschaftlichen Sammlungen, mit denen manche Schulen im letzten Jahrhundert ausgestattet wurden, entsprechen dem Geist des modernen

Unterrichts nicht mehr. Moderne Sammlungen sind bescheidener, ihre Stücke werden eher von Lehrern und Schülern gesucht oder hergestellt, als im Handel erworben. Doch ist es heute so weit, daß gewisse Sammlungen in ganz unverdienter Weise mißachtet werden und unbenützt bleiben, so daß den jungen Lehrern ihre vernünftige Benützung wieder empfohlen werden muß.

Die Herstellung von Sammlungen durch die Klasse ist erzieherisch sehr wertvoll: die Schüler werden dadurch angeleitet und ermuntert, auf eigene Faust kleine Sammlungen anzulegen, eine Freizeitbeschäftigung, die in unserer Zeit der passiven Unterhaltung besondere Förderung verdient.

Im Schulgarten und in Versuchspflanzungen im Schulzimmer können Pflanzen gehalten werden, die von den Exkursionen heimgebracht worden sind. Andere Pflanzen werden hier aufgezogen und in ihrer Entwicklung verfolgt. Im Aquarium und im Terrarium werden Tiere eine Zeitlang gehalten und beobachtet, dann wieder in Freiheit gesetzt. Auch hier sollen die angewandten Techniken so einfach sein, daß sie vom Schüler in seine Freizeitbeschäftigungen übernommen werden können.

Die Klasse sucht die Erscheinung am Orte ihres natürlichen Vorkommens auf (Der Unterrichtsgang)

Wenn die Klasse eine Erscheinung am Orte ihres natürlichen Vorkommens aufsuchen will, unternimmt sie einen *Unterrichtsgang*. Es handelt sich dabei also um eine gezielte Unternehmung, die dem Studium einer oder mehrerer Erscheinungen dient. Die Menge der besichtigten Objekte sollte vom Schüler bewältigt werden können und ihn nicht in der Fülle der Eindrücke ertrinken lassen. Exkursionen werden durch den Lehrer vorher allein erkundet, der Weg, die Haltepunkte, eventuell sogar die Aufstellung der Klasse an den verschiedenen Beobachtungsstellen überlegt; denn es ist allzu bekannt, daß auf vielen Exkursionen nur wenige Schüler die Erklärungen des Lehrers hören, während die anderen, aus eigener Schuld oder wegen der ungeeigneten Maßnahmen des Lehrers, nicht sehen, was sie sehen sollten. Dieser wird auch entscheiden, ob dem Unterrichtsgang eine theoretische Vorbereitung vorangehen muß, ob die Nachbesinnung genügt, oder ob an Ort und Stelle Belehrungen und Erklärungen gegeben werden müssen.

Von der Exkursion bringen die Schüler mannigfaltiges Material in die Schulstube zurück: Notizen mit Zeichnungen, Gegenstände, Pflanzen, kleine Tiere (Kaulquappen, Insekten usw.). Im Hinblick auf diesen Transport und das Studium an Ort und Stelle werden auch schon die geeigneten Behälter und Hilfsmittel zur Beobachtung mitgenommen (Notizblock, Bleistift, Lupen, Nadeln, Pinzetten usw.). Im Zeitalter des Farb-Diapositivs

irklicher Gegenstand, Modell, Bild. So wird etwa eine Landschaft in der
'irklichkeit aufgesucht, dann im Sandkasten dargestellt, als Zeichnung ins
:hülerheft übertragen und schließlich in einem Text festgehalten. Wir
hreiten damit von der realistischen zur symbolischen Darstellungsform
rt.

Nun gibt es aber wichtige Ausnahmen von dieser Regel. In erster Linie ist
 bedenken, daß der wirkliche Vorgang häufig weit weg liegt oder wegen
iner räumlichen Ausdehnung (Größe, Kleinheit), der Langsamkeit oder
r Raschheit seines Ablaufs schwer zu beobachten ist. Sodann kann die
ruktur eines Gegenstandes oder der Ablauf eines Vorgangs so komplex
in, daß die Vielfalt der Eindrücke die Erfassung des Wesentlichen gefähr-
t. In diesen Fällen empfiehlt es sich, die erste Besprechung am verein-
:hten Bild oder Modell vorzunehmen. Jedermann, der einmal ein Herz
ziert hat, weiß, daß es in Wirklichkeit viel komplizierter gebaut ist, als es
 geläufigen Schemata vermuten lassen. Darum ist es gut, wenn die
sentlichen Zusammenhänge zuerst an einem einfachen Bild betrachtet
rden. Erst dann vermag der Schüler die Komplexität der wirklichen
scheinung zu bewältigen. Aus diesen Gründen wird man auch gewisse
kursionen erst nach gründlicher Vorbesprechung anhand künstlicher
ıschauungsmittel vornehmen: andernfalls sehen die Schüler nicht, was sie
en sollten.

chließlich sei hier noch kurz vor dem sehr gebräuchlichen Zirkulieren-
sen von Bildern und Gegenständen während des Unterrichts gewarnt.
r Ertrag ist meistens nahezu gleich Null. Es stören sich beide, der
terricht das Betrachten des zirkulierenden Gegenstandes und dieses
:derum den Unterricht.

Zum Anschauen anleiten

 erfassen Menschen in ihren *Tätigkeiten* und *Gemütslagen,* indem wir
erlich nachvollziehen, was sie tun oder fühlen. Sofern diese Aufgabe
ı Schüler zufällt, muß ihn der Lehrer dazu anleiten. In den meisten
ien wird es sich um Bildbetrachtungen handeln, bei denen Menschen im
ıtrum der Darstellung stehen. Die gleiche Aufgabe stellt sich aber auch
 der Betrachtung von Texten, in denen von menschlichem Tun und
:ben die Rede ist. Auch hier muß der Schüler zum Erfühlen dessen
eleitet werden, was im Innern der dargestellten Personen vor sich geht.

Lehrer tut dies, indem er den Schüler auffordert, sich in die Lage des
gestellten Menschen zu versetzen. Ist dieser in einer Tätigkeit begriffen,
ordern wir den Schüler auf, sich vorzustellen, worauf der Betreffende

bringt mancher Lehrer seine eigenen Farb-Photographien vor
sion heim. In vielen Fällen wird er allerdings zu diesem Zwec
noch einmal beschreiben, denn gutes Photographieren braucht
heimatkundliche und geographische Erwandern der Heimat st
rer einen Jahresplan auf, so daß alle wichtigen Punkte und
näheren Umgebung berührt werden.

Die Vertreter des Gegenstandes

Es ist nicht immer möglich, der Klasse den Gegenstand selbe
oder sie *vor* den Gegenstand zu führen. Dann können verschi
ter an seine Stelle treten. Diese können in die zwei großen
Modelle und der *Bilder* geteilt werden.

Modelle haben den Vorzug, daß sie als verkleinerte, dre
Darstellungen der Wirklichkeit von allen Seiten betrachtet w
Dies ist beim Bild nicht möglich. Bei geographischen und
Landschaftsmodellen kann dies sehr wertvoll sein, ebenso be
Werkzeugen. Viele Modelle können zerlegt, zusammengese
wegung gesetzt werden (z. B. Maschinenmodelle). Nach dem
Vorzüge der genetischen Betrachtungsweise gesagt wurde, i
solche Objekte vom Schüler sehr gut aufgefaßt werden. Land
le, welche im Sandkasten entstehen, haben den Vorteil, d
Augen der Schüler oder durch diese selber aufgebaut od
gewissen Vorarbeiten, vollendet werden können. Bei der V
Modellen stellt sich immer das Problem der Sichtbarkeit. D
der Klasse muß also besondere Aufmerksamkeit geschenkt
tuell muß sie in Abteilungen eingeteilt werden, damit alle

Den Begriff des *Bildes* fassen wir hier weit. Er soll jede fl
lung der Wirklichkeit bezeichnen, unabhängig vom Grad d
Die Skala reicht also von der wirklichkeitsgetreuen Photogr
Farblichtbild bis zum abstrakten Schema, das nur noch die
sammenhänge wiedergibt und von allen übrigen Zügen d
absieht. Seit den dreißiger Jahren verwenden die Schulen au
Wert aber mit dem pädagogischen Geschick des Produze
fällt. Schließlich wird der Lehrer selber Bilder entwerfen
weniger dauerhafter Form (Wandtafelzeichnungen, Folie
raumprojektor).

Herstellung und Verwendung all dieser Anschauungsmi
der speziellen Didaktik. Hier sei nur eins festgehalten. Die
der die Anschauungsmittel eingesetzt werden, ist im Prinz

achtet, was ihm leicht, was ihm schwer fällt, worüber er sich freut, was ihn ärgert. Handelt es sich um Erlebnisse, welche die dargestellten Menschen bewegen, so laden wir den Schüler ein, nachzufühlen, was in diesen vorgeht, auszudrücken, was sie denken, was sie sagen würden, wenn sie sprechen könnten. Intelligente und feinfühlige Schüler übernehmen in solchen Fällen die Führung, auch der Lehrer steuert im Geiste der Klasse das seinige bei, die übrigen denken und fühlen mit, was Lehrer und Mitschüler ausdrücken. Es können hier keine strengen Regeln aufgestellt werden. Wichtig ist, daß der Lehrer weiß, daß er dem Schüler zum inneren Nachvollzug des äußeren oder inneren Geschehens verhelfen muß.

Ähnliches ist über die Erfassung von Vorgängen zu sagen. Wenn sie einfach sind, ist es auch hier möglich, den Vorgang sozusagen einfühlend, am eigenen Leibe, nachzuvollziehen. Der Schüler versteht, wie das Wasser beim Gefrieren den Steinblock sprengt, in dessen Spalten es eingedrungen ist, indem er sich vorstellt, wie er selber eine zu enge Hülle sprengt; erfaßt, wie der Dampf im Zylinder der Dampfmaschine den Kolben bewegt, indem er sich vorstellt, wie er ihn selber hin und her stößt. Wenn er diese Vorgänge wiedergibt, führt er unwillkürlich Bewegungen aus, die den vorgestellten Handlungen entsprechen: Er zieht Luft in die Lunge und dehnt Brustkorb, Ellbogen und Schultern, als müßte er eine Zwangsjacke sprengen, oder er führt mit geballter Faust die Schubbewegung aus, die der Dampf am Kolben der Dampfmaschine erzeugt. Aber auch hier ist es nicht selbstverständlich, daß der Schüler einen Vorgang so intensiv assimiliert. Auch hier ist es daher notwendig, daß der Lehrer dem Schüler ermöglicht, den Vorgang mitzuvollziehen. Dazu muß er den Vorgang gut sehen können, er muß aufgefordert werden, ihn genau zu verfolgen und ihn vorerst ganz elementar zu verstehen, indem er sich in ihn hinein denkt. Jüngere Schüler tun das von sich aus, ältere Schüler müssen dazu ermutigt werden.

Komplexere Handlungen und Vorgänge, so haben wir gesehen, erfordern nicht nur einen einfachen Nachvollzug, sondern eine eigentliche *Nachkonstruktion.* Wir denken hier an das Beispiel des schiefen Wurfes, an weitere physikalische und chemische Vorgänge wie diejenigen der Verbrennung, der Gärung, an geologische Vorgänge wie die Entstehung und Veränderung von Landschaften (Gebirgsfaltung, Vergletscherung, Erosion), aber auch an historische und soziale Prozesse wie diejenigen des Verkehrs in der Antike und im Mittelalter, der Entstehung der Textilindustrie im 19. Jahrhundert, der verkehrsmäßigen Überwindung der Alpen in Europa, der Rocky Mountains in den USA oder der Kordilleren in Südamerika.

Derartige gedankliche Nachkonstruktionen erfordern einmal, daß der Prozeß oder der Ablauf der individuellen oder kollektiven Handlungen dem Schüler irgendwie vorgeführt wird. Bei naturwissenschaftlichen Prozessen ist das in der Regel durch geeignete Experimente möglich. In den historischen und den sozialen Wissenschaften stellt das jedoch häufig beträchtliche Probleme. Bilder, Tabellen, Karten und ausgewählte Quellentexte sind hier in der Regel das Beste, was wir dem Schüler anbieten können, wobei der Lehrer häufig den Kontext referierend klar machen muß. Immerhin: Bilder und Quellentexte stellen häufig „historische Momente", Brennpunkte des Geschehens dar, oder aber Gegenstände von exemplarischer Bedeutung (eine frühe Spinnmaschine, die Karte mit der Lage der Truppen bei Waterloo usw.).

Hier liegt also die Deutung der Sache, der Person(en) oder des Gegenstandes nicht mehr auf der Hand. Die Leistung erfordert Nachdenken, wir bewegen uns schon in der Richtung eines problemlösenden Unterrichts. Die Hilfe des Lehrers betrifft vor allem die Auswahl der erschließenden Gesichtspunkte. Eng damit hängt die geeignete Unterteilung des Vorgangs oder des Handlungsablaufs zusammen. Die Überquerung der Alpen durch den mittelalterlichen Verkehr erforderte Mittel, um Personen und Güter auf den Seen und Flüssen zu transportieren, das Erbauen von Brücken, das Anlegen von Saumpfaden usw. Auch wenn wir dem Schüler einen naturwissenschaftlichen Vorgang wie denjenigen der Destillation vorführen, ist seine Unterteilung und die Wahl der Gesichtspunkte grundlegend: Erhitzung, Verdunstung, vorerst der leicht flüchtigen, dann der Bestandteile mit höherem Siedepunkt, Abkühlung, Kondensation, Sammlung des Destillates. Das Ziel ist, dem Schüler zu erlauben, das Beziehungsgefüge, das im Vorgang steckt, in durchsichtiger Weise aufzubauen. Im Kapitel über den Aufbau einer Handlung und einer Operation kommen wir auf diesen Vorgang zurück. Er kann so anspruchsvoll sein, daß wir von eigentlicher Begriffsbildung sprechen. In den ersten Lektionen dieser Art wird man die Inhalte relativ unproblematisch wählen, d. h. Vorgänge erfassen, die durchsichtig sind und mit den vorhandenen Mitteln relativ leicht dargestellt werden können.

Gegenstände aus ihrer Funktion und Entstehung, Menschen aus ihren Taten begreifen

Wir haben mehrmals betont, daß die Betrachtung eines fertigen Gegenstandes oder eines statischen Bildes eine abgeleitete und künstliche Auffassungstätigkeit ist. Darum werden wir immer wieder von der toten Sache zur lebendigen Funktion und zum dynamischen Entstehungsprozeß zurückzukehren suchen.

Wir werden nicht über „die Eigenschaften des Wassers" sprechen („flüssig, durchsichtig, trinkbar..."), denn das gibt in der Regel langweilige Stunden. Vielmehr verstehen wir das Wasser als einen aktiven Träger von

Vorgängen: als Gewässer formt es Landschaften, gräbt sich ein, schüttet Deltas auf, dringt in Gesteinsritzen ein und sprengt beim Gefrieren Felsen; beim Verdampfen dehnt es sich aus. In der Dampfmaschine bewegt es den Kolben im Zylinder. Der Botanikunterricht erweist die Pflanze als lebendiges, wirkendes Wesen: sie saugt Wasser und Nährstoffe aus dem Boden, transportiert sie in die Blätter, verarbeitet sie mit Hilfe der Lichtenergie, lagert die Nährstoffe in verschiedenen Teilen der Pflanze ab usw. Das Tier ist seinerseits ein vielseitig tätiges Wesen. Es sucht seine Nahrung, meidet seine Feinde, verteidigt sich nötigenfalls gegen sie, sucht seinen Geschlechtspartner, zieht seine Jungen auf usw. Es ist wohl erlaubt, den Begriff des Gegenstandes so weit zu fassen, daß auch der Mensch darunter fällt.

Der zentrale Gegenstand des Unterrichts ist aber der Mensch. Auch er ist Subjekt zahlreicher Handlungen. Der Sprachunterricht, der Geschichtsunterricht und der Geographieunterricht hat sie zu untersuchen. Die Handlung trägt wesentlich zu seiner Charakterisierung bei. Der Mensch *ist* weitgehend, was er tut. Was bleibt von der Persönlichkeit des KOLUMBUS, wenn wir seine Hauptleistung, die Entdeckung Amerikas, wegdenken, und was sind LUTHER und IGNATIUS VON LOYOLA, wenn wir von ihren Taten absehen? Desgleichen: Was bleibt von der Gemse, wenn wir ihr Verhalten in der Bergwelt wegdenken? Sie wird zum leblosen Balg, wie er manche verstaubte Schulsammlung ziert.

Gegenstände begreifen, indem wir auf sie einwirken

Das Betrachten einer Sache, mit dem Ziel, sich ein Bild von ihr zu verschaffen, ist das eine. Etwas anderes ist es, mit ihr in handelnden Kontakt zu treten und sie dabei kennenzulernen. Es ist dies der Grundgedanke der handelnden („sensumotorischen") Assimilation PIAGETS. Es ist die Methode, mit der das Kleinkind die Sache untersucht, die man ihm in die Hände gibt: schütteln, darauf schlagen, kratzen, saugen, daran reißen usw. Der Niederschlag dieser Erkundungen sind Aussagen, die dem Gegenstand „-barkeitseigenschaften" zuschreiben: Wasser ist trinkbar, Harz ist brennbar usw.

Wer sich jedoch den Gedanken der handelnden Assimilation zu eigen gemacht hat, wird sich nicht darauf beschränken, Lektionen zu halten, in denen derartige Sätze über Dinge formuliert werden, etwa so, daß der Lehrer ein Glas Wasser vor der Klasse in die Höhe hält und sagen läßt: „Wasser ist flüssig. Wasser ist durchsichtig. Wasser ist trinkbar." Wir müssen, wo immer möglich, dem Schüler Gelegenheit geben, die Handlungen, die ihm seine Eigenschaften erschließen, am Gegenstand selbst auszuführen. Das Wassertrinken mag er nicht als sehr attraktiv empfinden, denn er hat es schon zu oft getan. Aber schon die Frage der Flüssigkeit führt zu interessanten Überlegungen: Ist es immer flüssig? Es kann gefrieren und dabei fest werden. Gibt es Zwischenzustände? Wie ist das mit dem Schnee? Wird das Eis fester, wenn es kälter wird? Wie ist das mit dem dritten Aggregatzustand? Man sagt, es sei dann „gasförmig". Verhält es sich wirklich wie ein anderes Gas? Oder ist das nur eine Redensart? Sind es doch kleine flüssige Tröpfchen? Und ist flüssig gleich flüssig? Ist Benzin flüssiger als Wasser? Wie breiten sich die beiden Flüssigkeiten in einem Gewebe, in einem Fließblatt aus? Man erkennt eine Vielzahl von Versuchen, bei denen wir auf die Sache einwirken und ihr Verhalten und die in ihr ausgelösten Vorgänge beobachten.

Auch die Reaktionen von Tieren und Menschen auf die Einwirkungen der Umwelt charakterisieren diese besser als jede statische Beschreibung. Das Verhalten des Hundes, des Rehs, des Igels vor ihren Feinden kennzeichnet diese Tiere. Die Gründer der Schweizerischen Eidgenossenschaft bewiesen, daß ihr Patriotismus und ihr Freiheitswille keine Phrase war, als sie bei Morgarten, bei Sempach und bei Näfels von mehrfach überlegenen Ritterheeren angegriffen wurden. Daß SOKRATES mehr als ein geistreicher Causeur war, bewies er nach seiner Verurteilung.

Oder nehmen wir an, die Klasse stehe draußen an einer offenen Sandsteinschicht. Der Lehrer fragt die Schüler, was man tun könne, um die Beschaffenheit dieses Gesteins zu prüfen. Er nimmt Vorschläge entgegen und ergänzt sie durch seine eigenen. Nun kann jeder einmal versuchen, was es hier zu tun gibt: den Sandstein mit den Fingernägeln, dem Taschenmesser ritzen, ein Stück herausbrechen, es zermalmen usw. Oder es sind von den Schülern verschiedene Holzsorten in die Schule gebracht worden. Wieder leitet sie der Lehrer dazu an, die geeigneten Versuche zu unternehmen: die Hölzer mit dem Daumennagel zu ritzen, sie mit dem Taschenmesser zu bearbeiten, Nägel einzuschlagen, Löcher zu bohren, sie zu sägen oder zu spalten.

Wenn wir die vorangehenden Überlegungen auf das Kennenlernen von Lebewesen übertragen, so bedeutet dies: sie kennenlernen, indem wir mit ihnen in handelnden Kontakt treten, mit ihnen „interagieren". Kinder haben eine natürliche Tendenz, dies zu tun: im zoologischen Garten versuchen sie mit allen Mitteln, an die Tiere heranzukommen. Sie versuchen, sie zu füttern, sie zu berühren oder sonstwie auf sie einzuwirken, was manchmal sogar gefährlich sein kann. Legitime Erfahrungen dieser Art, die von Kindern heiß begehrt werden, sind z. B. der Ritt auf dem Pony oder gar dem Elefanten, die Möglichkeit, ein Tier zu berühren usw. In der Schule sind diese Dinge selten möglich, vielleicht einmal mit einem Igel, den ein Schüler mitgebracht hat. Für uns hier zeigen diese Beispiele jedoch noch einmal mit Deutlichkeit, wie grundlegend die handelnde Begegnung mit einer Sache oder einem Lebewesen ist.

Gegenstände vor den Augen der Schüler entstehen lassen, Tiere bei ihrer Entwicklung verfolgen

Nach dem, was wir über die Bedeutung der genetischen Betrachtungsweise gesehen haben, werden wir dahin tendieren, gewisse Objekte vor den Schülern oder mit diesen zusammen entstehen zu lassen. Mit Unterstufenkindern wird ein Kuchen in der Klasse geformt und dann zum Bäcker oder in einen Haushalt zum Backen gebracht. Die Schüler gestalten im Sandkasten Märchenbilder. Wald, Wiese und Bach erstehen, das Hexenhäuschen und das Schloß werden eingesetzt, man läßt die handelnden Personen und Tiere auftreten.

Auf der Mittelstufe werden einfache Werkzeuge aus der Steinzeit hergestellt, vielleicht sogar ein Kupfer- oder Bronzegegenstand gegossen. Die Entstehung und Veränderung der Landschaften wird im Sandkasten dargestellt; das Wasser erzeugt Erosion, Täler graben sich ein, Schuttkegel und Deltas werden aufgeschüttet. Die Schüler stellen Gefäße aus Ton mit und ohne Töpferscheibe her.

Auf der Sekundarstufe I baut man im Sandkasten eine Schleuse oder ein Kraftwerk, auf der Sekundarstufe II wird im Physikunterricht eine Destillationsanlage konstruiert. Aber auch unter ungünstigeren Verhältnissen kann die Darstellung des Lehrers die Entstehung der Sache wiedergeben. Das Wandtafelbild, das vor den Augen der Schüler entsteht, die Zeichnung, in der die Teile in der Reihenfolge ihrer Entstehung eingesetzt und die Veränderungen durch fortlaufende Korrektur wiedergegeben werden, vermag ihnen ein Bild vom Werden und Vergehen der Erscheinung zu vermitteln.

All das sind nicht einfach didaktische Mätzchen. Es geht nicht darum, Betriebsamkeit zu entfalten und die Schüler künstlich zu motivieren. Es geht um die Erschließung einer Sache von ihrer Genese her. Es geht darum, ihren Aufbau zu verstehen, indem man sie wirklich aufbaut oder doch ihr theoretisches Studium genetisch entwickelt.

Formen analysieren und ihr inneres Bild aufbauen

Wir haben im psychologischen Teil Beispiele der Formerfassung gesehen. Hier darf der Lehrer nicht der Illusion verfallen, daß die anschauliche Gegenwart des Gegenstandes genüge. Auch wenn mit einem Anschauungsmittel, z. B. der Karte, gearbeitet worden ist, Namen und Einzelheiten darauf gesucht worden sind, brauchen sich die wesentlichen Formen nicht eingeprägt zu haben, ebensowenig wie ja die Gestaltung des Zifferblattes vom Besitzer einer Uhr aufgefaßt wird, auch wenn er daran Tag für Tag die Zeit abliest.

Darum betrachtet der Lehrer zusammen mit den Schülern alle jene Formen, welche sie auffassen sollen. Er fordert sie auf, die Tätigkeiten zu vollziehen, welche der Formauffassung dienen, läßt also den charakteristischen Linien nachfahren, die komplexen Formen vereinfachen, sie in ihre Teile zerlegen und unter diesen die Beziehungen bestimmen. Er läßt bekannte Formen suchen, denen die vorliegende Form gleicht usw. Häufig geschieht dies so, daß Schüler und Lehrer in gemeinsamer Arbeit ein einfaches Bild der Sache an der Wandtafel entwerfen. Im Zeichenunterricht wird sie gemeinsam betrachtet, jeder Schüler prägt sich die wesentlichen Züge ein und bringt sie dann aus der Vorstellung heraus auf das Blatt. Auf diese Weise verhindert der Lehrer, daß der Schüler Teil für Teil von der Wirklichkeit auf sein Blatt überträgt, wobei die Teile beziehungslos nebeneinander stehen. Die scharfe gemeinsame Beobachtung mit nachheriger Gestaltung aus der Vorstellung heraus sichert die Beschränkung auf das Wesentliche, und das Ganze gewinnt eine Einheit und Geschlossenheit, welche sich wohltätig vom Vielerlei der einzeln kopierten Teile abhebt.

Der Schüler kann auf zwei Arten beweisen, daß er eine Vorstellung von einem Gegenstand besitzt, einmal, indem er ihn wiedererkennt, wenn er ihm erneut vorgeführt wird, oder aber, indem er ihn mit graphischen oder gegenständlichen Mitteln aus der Vorstellung darstellt. Zum Wiederkennen genügt eine oberflächliche Kenntnis, die sich auf eine auffällige Einzelheit beschränken kann. Daher ist die Reproduktion des Bildes, in der Regel durch Zeichnen, vorzuziehen. Wenn die Form in der oben beschriebenen Weise analysiert worden ist (aber nur dann!), gelingt sie den meisten Schülern, auch den sprachlich weniger begabten, sehr gut.

Zudem wirkt jede Darstellungsaufgabe auf den Auffassungsvorgang zurück. Sei es, daß ich die Augen schließe und prüfe, ob ich schon eine präzise und lebendige Vorstellung von der Sache habe (Lotte MÜLLER, 1952; SCHEIBNER, 1951), sei es, daß ich den Zeichenstift zur Hand nehme, um einmal aus der Vorstellung wiederzugeben, was ich mir einprägen will: in jedem Falle werde ich mir der Lücken bewußt, die meine Vorstellung noch aufweist. Ich kehre daher zum Gegenstand zurück und sehe ihn mir genauer an, suche die Lücken auszufüllen. Schon die Absicht der Reproduktion intensiviert den Auffassungsvorgang, ebenso die Ankündigung des Lehrers an die Schüler: Was ihr euch da anseht, müßt ihr jetzt dann aus der Vorstellung schildern oder aufzeichnen! Der Betrachter weiß: jetzt gilt es ernst. Schon während des Anschauens reproduziert er probeweise, was vor ihm steht, und beobachtet dabei viel vollständiger und intensiver als ohne die Absicht der Reproduktion.

Die Beobachtung schulen?

Von gewissen Unterrichtsfächern, z. B. vom Zeichnen oder den Naturwissenschaften, wird behauptet, daß sie neben der Stoffvermittlung auch der Beobachtungsschulung dienen. Was ist davon zu halten? Wenn in dieser Frage gültige Aussagen gemacht werden sollen, so müssen zuerst die Begriffe definiert werden. Was streben wir mit der Beobachtungsschulung an? Eine allgemeine Beobachtungsfähigkeit? KERSCHENSTEINER (1928b) behauptet unseres Erachtens mit Recht, daß es keine *allgemeine* Beobachtungsgabe gebe. „Wer beispielsweise das Sonnenspektrum auf FRAUNHOFERsche Linien zu beobachten versteht oder den Querschnitt eines Pflanzenstengels auf Lagerung der Gefäßbündel, der versteht noch lange nicht, ein Landschaftsbild von HOBBEMA zu beobachten. Und wer sich die Fähigkeit für beides erworben hat, dem kann eine BACHsche Fuge oder eine BEETHOVENsche Symphonie, aus der ein gebildeter Musiker eine Fülle von Einzelheiten wahrnimmt und sie in eine ästhetische oder logische Beziehung setzt, völlig wie ein wildes Chaos von Tönen und Stimmen erscheinen" (1952, 112–113). Insofern als jedes Erkenntnisgebiet seine eigenen und spezifischen Gesichtspunkte und Auffassungstätigkeiten kennt, gibt es keine allgemeine Beobachtungsschulung. Die Fähigkeit, eine Erscheinung zu erfassen, ist untrennbar mit der Sachkenntnis im betreffenden Gebiet verbunden. Soll der Schüler fähig sein, das Besondere einer Materie zu erfassen, präzise und lebendige Beobachtungen zu sammeln, so muß er davon ganz einfach etwas wissen. Der Geologe, der durch die Landschaft geht, sieht Dinge, die der Laie nie erkennt, ganz einfach, weil er weiß, worauf er achten muß, weil er die Begriffe besitzt, welche die Erscheinungen erschließen.

Eine allgemeine Beobachtungsschulung, die den Schüler instandsetzen würde, vor jeder Gegebenheit die wesentlichen Dinge zu erkennen, gibt es also nicht. Nun kann der Begriff der Beobachtungsschulung aber enger gefaßt werden, und dann erscheinen die pädagogischen Aussichten günstiger. Es ist davon auszugehen, daß bei der Beobachtung vieler Gegenstände die Form, die Beschaffenheit und die Funktion eine wichtige Rolle spielen. Weiter ist daran zu denken, daß die genetische Betrachtungsweise bei vielen Erscheinungen zu wesentlichen Einsichten führt. Insofern als die Erfassung dieser Wesenszüge bei einer Vielzahl von Gegenständen sinnvoll ist, und insofern als die Auffassungstätigkeiten der Form, Beschaffenheit und Funktion sowie die genetische Betrachtungsweise mit dem Schüler geschult werden können, insofern schließlich, als es bei der Erwerbung einer jeden Vorstellung nützlich ist, schon an die Reproduktion zu denken und sie einmal probeweise zu reproduzieren, gibt es eine allgemeine Beobachtungsschulung. Dabei muß aber klar gesehen werden, daß mit Hilfe dieser Gesichtspunkte und Auffassungstätigkeiten nicht das eigentliche Wesen eines jeden Gegenstandes erfaßt werden kann, sondern nur seine Form und seine Beschaffenheit sowie einige Züge seiner Funktion und seiner Entstehung, wobei schon die Erfassung der beiden letzteren Aspekte wieder mehr oder weniger große Sachkenntnisse erfordert.

Im Hinblick auf diese, wenn auch begrenzten Möglichkeiten der Beobachtungsschulung muß betont werden, daß der Unterricht nicht nur den Inhalt der Anschauungsgegenstände beachten sollte. Immer wieder muß dem Schüler auch bewußt gemacht werden, mit Hilfe welcher Tätigkeiten er zu seinen Beobachtungen gelangt, und auch die Methode der probeweisen Reproduktion soll er bewußt pflegen. Auf diese Weise vermitteln wir dem Schüler nicht nur Kenntnisse, sondern auch Methoden des selbständigen Beobachtens, das heißt Methoden zur selbständigen Gewinnung von Kenntnissen, was auf lange Sicht viel fruchtbarer ist.

V. Grundform 4: Mit Schülern lesen

Man spricht heute oft vom lebenslangen Lernen. In der Schule geschieht dies unter der Anleitung des Lehrers. Wie lernt der Erwachsene? Größtenteils, indem er *liest:* Im beruflichen Leben sind es Anleitungen, Gebrauchsanweisungen, Handbücher, Fachzeitschriften, Berichte und Protokolle, im außerberuflichen Leben Zeitungen, Bücher, die „den Horizont erweitern". Nun wäre es sicher eine Aufgabe, den Schüler zu dieser zweiten, erwachsenen Form des Lernens aus Texten hinzuführen. In dieser Hinsicht trifft man aber in vielen Schulen eine sonderbare Situation. Wenn einmal die elementare Technik des Lesens gemeistert ist, geschieht die Leseerziehung meist nur noch im Fache Deutsch und dies in einer Weise, die sehr wenig mit den oben angedeuteten Formen des erwachsenen Lesens zu tun haben, nämlich aus schöngeistigem bis ästhetischem Interesse. Das ist in einem gewissen Maße berechtigt, denn der ästhetische Mensch soll ja zu seinem Recht kommen. Aber als ausschließliche Ausrichtung des Leseunterrichtes ist das gefährlich; denn das Lesen als Informationsgewinnung spielt im modernen Leben eine zu große Rolle, als daß man den Schüler in dieser Hinsicht ganz sich selber überlassen könnte.

Genau das tut man in der Regel in den Realfächern. Auf der Primarstufe werden hier vielerorts überhaupt keine Lehrbücher verwendet. Der Schüler erfährt alles, was er lernt, vom Lehrer. Auf der Sekundarstufe I werden heute vielerorts Texte und Abbildungen aus Lehrbüchern kopiert und von den Schülern in die Hefte geklebt; aber sie dienen in der Regel nur der Wiederholung und Einprägung und nicht der Gewinnung von neuer Information. Auf der Sekundarstufe II und an der Universität spielen dann die eigentlichen Lehrbücher eine immer wichtigere Rolle. Aber auch hier gibt es wenige Lehrer, die es als ihre Aufgabe ansehen, den Schülern beizubringen, wie man aus Büchern lernt. Häufig steht im Unterricht der Lehrervortrag im Zentrum, und es ist dem Schüler überlassen, im Lehrbuch die entsprechenden Stellen herauszusuchen – und mit den abweichenden Aussagen zu Rande zu kommen. In einigen Ländern der Welt werden andererseits einfach Lehrbuchtexte gelesen, abgefragt und auswendig gelernt, was natürlich auch keine echte Leseerziehung darstellt.

Es ist leicht, die historischen Gründe dieser Situation zu erkennen. Seit dem Neuhumanismus, also seit dem Beginn des 19. Jahrhunderts, hat sich der muttersprachliche Unterricht in den meisten Ländern des Westens unter dem Einfluß einer ganz bestimmten Auffassung von „höherer Bildung" entwickelt. Wegleitend war ein dualistisches Menschenbild, das im Menschen auf der einen Seite „höhere Kräfte" sah, die sich vor allem im Umgang mit schöner Literatur ausbilden und die höchstens einige politische Elemente enthalten, auf der anderen Seite die Kräfte des nützlichen Denkens und des praktischen Tuns, deren Ausbildung man zum einen Teil den neu aufkommenden Naturwissenschaften und zum anderen Teil der beruflichen Bildung jener anderen jungen Menschen überließ, die das Gymnasium nicht besuchten. Dieser Dualismus wiederum war ein später Nachklang der antiken Unterscheidung des „freien Menschen", der sich in Muße mit schöngeistigen Dingen und mit Politik beschäftigt, und des Sklaven, der die nützlichen Dinge tut. Heute sind allerdings die schöngeistigen Ideale so sehr ausgehöhlt und abgewertet, daß in das Vakuum alle möglichen psychologischen, soziologischen und politischen Ideen einströmen, die von einigen Eltern bürgerlicher Denkungsart dann mit Bestürzung im Deutschunterricht ihrer Kinder entdeckt werden. (Zur Geschichte des Deutschunterrichts siehe auch: FRANK, H. J. 1973.)

Diesem Kapitel liegt eine einfache Botschaft zugrunde: Der muttersprachliche Unterricht muß ein neues Gleichgewicht zwischen schöngeistigem und realistischem Lesen finden, und der Unterricht in den Realfächern muß dem Lernen aus Büchern und Zeitschriften, also aus Texten, einen weiteren Raum zuweisen. Beide, der muttersprachliche und der Unterricht in den Realfächern, müssen die entwickelten Formen des Lesens als Informationsaufnahme aus Texten, als *Textverarbeitung,* bewußt pflegen und die Schüler dazu erziehen.

Diese Textverarbeitung stellt den Kern der vierten, hier behandelten Grundform dar. In einem ersten Teil werden wir ihre Ziele definieren, in einem zweiten Teil ihre psychologische und linguistische Bedeutung klären und in einem dritten Teil die didaktischen Schlußfolgerungen ziehen.

Die Ziele des Lesens

Die einleitenden Bemerkungen haben es schon klar gemacht: Lesen lernen ist nicht nur die Aufgabe des muttersprachlichen Unterrichts. Die Sprachfächer haben diese Aufgabe zusammen mit den Realfächern zu lösen. Es wirkt in so viele Lebensbereiche hinein, daß man die Verantwortung für seine Schulung unmöglich einem einzigen Fach aufbürden kann.

Zunächst betrachten wir die Bereiche der *Arbeit* und der *Freizeit*. Im Leben des erwachsenen, westlichen Menschen umfaßt der erstere je nach Beruf heute wöchentlich 40–60 Stunden, der zweite wohl noch einmal etwa gleich viele Stunden (wenn man die notwendigen außerberuflichen Verpflichtungen ausklammert). In der *beruflichen Arbeit* spielt das Lesen je nach Art und Stellung des Berufstätigen eine unterschiedliche Rolle. Sie reicht vom Lesen einfacher Gebrauchsanweisungen und Anleitungen (das aber, wie wir aus Berichten über Probleme im Umgang mit modernen, technischen Produkten in den Entwicklungsländern wissen, von höchster Bedeutung ist), über den Umgang mit vielerlei geschriebenem Material (Geschäftsbriefe, Berichte, Protokolle) bis zur Benützung und dem Studium von spezialisiertem Informationsmaterial (Beschreibung von Medikamenten, Geräten, Apparaten, Maschinen), Fach- und Handbüchern und Lehrtexten, die Techniken und grundlegende theoretische Einsichten vermitteln (Programmieren von Computern, Personalführung usw.). Beruflicher Erfolg und berufliches Fortkommen erfordern die Fähigkeit, mit diesen Texten umzugehen. Wer es kann, kommt mit; wer darin versagt, bleibt sitzen oder geht unter, nicht nur individuell, sondern auch kollektiv: zusammen mit ganzen Wirtschaftszweigen, die im internationalen Wettbewerb abfallen.

Von daher ist es klar, daß sich jede moderne Schule Rechenschaft darüber ablegen muß, ob sie der jungen Generation die notwendigen Techniken des Lernens aus Texten vermittelt oder nicht. Positiv ausgedrückt: Die Lehrer sollten wissen – und am eigenen Leib erfahren haben – was es heißt, wenn ein berufstätiger Mensch mit Texten konfrontiert ist, die er für seine Arbeit braucht, wenn er diese mit eigenen Mitteln verstehen muß, wenn er sie zur konkreten Situation, in der er steht, und zu den praktischen Aufgaben, die er zu lösen hat, in Beziehung setzen muß, und wenn er versucht, aus dem Gelesenen Information zu extrahieren, die sein Vorgehen leitet und verbessert. Eine Ahnung von derartigen Prozessen gewinnen wir, wenn wir Schüler beispielsweise die Anleitung zum Bau eines Segelflugmodells lesen und in praktische Konstruktionshandlungen umsetzen sehen, oder wenn wir sehen, wie ein begabter Schüler anhand eines Lehrbuches Schach spielen lernt. Das Ziel dieses Lesens lautet also: *aus Texten Informationen entnehmen, die zu praktischem Handeln anleiten, Hintergrundwissen zum Handeln liefern und theoretisches und praktisches Lernen ermöglichen.*

Indessen: Der Mensch lebt nicht vom Brot allein. Beziehungsweise: Der moderne Mensch verschafft sich sein Brot in etwa 40stündiger Arbeit pro Woche, es bleiben ihm gleich viele und mehr Stunden der Freizeit. Hier eröffnet ihm das Lesen autonome Gestaltungsmöglichkeiten, die sich grundsätzlich von den Angeboten des Radios und des Fernsehens unterscheiden. Das Charakteristische der öffentlichen Medien besteht ja darin, daß er deren Programmen weitgehend ausgeliefert ist, weil ihm wenige Wahlmöglichkeiten offen stehen und er dem angebotenen Informationsstrom einfach folgen muß. Das Angebot an Lesestoff ist für denjenigen, der gelernt hat, es zu nutzen, in jedem Falle vielfältiger und der Leseprozeß selbst selektiver, d. h. von eigenen Interessen und Absichten bestimmt. Dieses Lesen umfaßt zwei große Bereiche: denjenigen der Tageszeitungen, aus denen der moderne Mensch politische, soziale und ökonomische Informationen bezieht, und denjenigen des rekreativen Lesens im engen Sinne des Wortes: Lesen von Büchern und Zeitschriften. Diese sind einesteils belletristischer Art. Daneben darf man aber auch die Sach- und Fachliteratur nicht vergessen, die mit den sachlich orientierten Freizeitbeschäftigungen und -interessen zusammenhängen, und die teilweise den Texten gleichen, die für die berufliche Arbeit notwendig sind.

Überblickt man diese Lesetätigkeiten, so fällt unmittelbar ins Auge, daß die belletristischen Texte zwar eine wichtige, aber doch nur *eine* Gruppe unter anderen darstellen. Wenn man demgegenüber bedenkt, daß der Leseunterricht an den höheren Schulen fast ausschließlich belletristisch orientiert ist, so erkennt man erneut jenes Ungleichgewicht, auf das wir oben hingewiesen haben. Ins Positive gewendet, können wir für den muttersprachlichen Unterricht das Postulat formulieren, daß auch er auf allen Stufen dazu anleitet, realistische Texte zu verarbeiten und als Quelle des Lernens zu benützen. Da wir weiter unten sagen werden, daß alle realen Wissenschaften in ihrem Fach zur Textverarbeitung hinführen müssen, bleibt für den muttersprachlichen Unterricht vor allem die Aufgabe, politische, soziologische und psychologische und – wo kein eigentlicher Philosophie- und Religionsunterricht besteht – auch Texte mit philosophischer und religiöser Problematik zu lesen und zu verarbeiten. Man erkennt unmittelbar: Das hat auch wichtige Konsequenzen für die Ausbildung der Lehrer im muttersprachlichen Unterricht, auf die wir hier jedoch nicht eingehen können.

Für die Realfächer ergibt sich aus diesen Überlegungen das entsprechende Postulat: Es darf nicht geschehen, daß der Schüler sein gesamtes geschichtliches, geografisches, biologisches, chemisches und physikalisches Wissen aus dem Mund des Lehrers empfängt, nur ergänzt durch ein Lehrbuch, aus dem er zu Hause einige zusätzliche oder bestätigende Aussagen herausliest. Der Lehrer dieser Fächer muß eine Vorstellung von der Art haben, wie der Schüler in späteren Jahren in der Literatur, die ihm zur Verfügung steht, weiter liest und sein Wissen à jour hält.

Damit eröffnet sich natürlich das viel weiter reichende Problem der Erarbeitung einer Konzeption für das fachspezifische Verhalten der Schüler nach der Schule. Was wird aus dem geschichtlichen oder physikalischen Wissen des Schülers, wenn er die Schule verlassen hat? Bleibt alles dort stehen, wo der Lehrer mit seiner letzten Stunde aufgehört hat, oder wird der Schüler als Erwachsener weiter verfolgen, was in der betreffenden Disziplin geschieht? Und wenn wir das letztere bejahen: Wie sieht dieses Weiter-Verfolgen für den durchschnittlichen, den schwachen und den höher begabten Schüler aus? Was soll er lesen? Wie soll er es lesen? Für den durchschnittlichen und den schwächeren Schüler sind wir weit davon entfernt, Lösungen zu sehen, auch darum, weil für sie kaum geeigneter Lesestoff produziert wird. Aber auch für die begabten Schüler fehlen weithin die Vorstellungen: Wie stellt sich z. B. der Chemielehrer vor, daß jene 99% seiner Schüler, die nicht Chemie studieren, ihr chemisches Wissen weiter pflegen und anwenden? Was sollen sie lesen? Was ist für sie interessant, weiterführend? Was sollen sie vergessen dürfen? Für den Geschichtslehrer, der überzeugt ist, daß jeder Mensch ein historisches Bewußtsein braucht, ist die entsprechende Frage natürlich besonders akut. Schließlich kann er nicht annehmen, daß das historische Bewußtsein, das ein Schüler mit 16 oder mit 19 Jahren erreicht hat, ein Leben lang ausreicht.

Wenn die vorangehenden Überlegungen begründet sind, so ist die Schlußfolgerung unausweichlich: Der Lehrer eines jeden Realfaches muß schon mit den Schülern beginnen, Druckerzeugnisse jener Art zu lesen, die sie in seinen Augen später weiter lesen sollen. Er muß ihnen beibringen, *wie* man derartige Texte liest, und er muß das Ganze in einer Art und Weise tun, daß die Schüler später auch einmal Lust haben, weiter zu lesen und weiter zu lernen. Wir brauchen eine dynamische Vorstellung vom Lernen in den betreffenden Bereichen, und dies bedeutet *Lernen durch Lesen*.

Psychologischer Teil
Lesen als Textverarbeitung

Die vorangehenden Überlegungen betrachten das Lesen unter dem Gesichtspunkt seiner Funktion im außerschulischen Lernen. Im folgenden schränken wir die Betrachtung auf den Lesevorgang selbst ein und sagen einiges über sein Wesen.

Indem er liest, lernt der Schüler ständig auf zwei Ebenen: auf einer *inhaltlichen* und auf einer *methodischen*. Das heißt, er entnimmt dem Text, den er liest, auf der einen Seite spezifische Informationen: Wie ein Minicomputer funktioniert, warum Kalifornien von Erdbeben bedroht ist, was im zweiten Weltkrieg geschah, wie Shakespeare das Schicksal von König Richard III. schildert, wie Schiller die Taten Wilhelm Tells sieht. Aber das Lesen selbst ist eine Technik. Sie beginnt mit den elementaren Prozessen der Entschlüsselung der Wortzeichen, und sie endet mit den Methoden der Verarbeitung, der Speicherung und der Wiedergabe/Anwendung des Gelesenen. Entsprechend muß auch die Anleitung des Lehrers ständig auf zwei Ebenen geschehen. Einesteils hilft er den Schülern, den Inhalt zu verstehen und zu assimilieren, andernteils leitet er sie dazu an, Techniken und Methoden der selbständigen Textverarbeitung, Speicherung und Wiedergabe zu erwerben. Man erkennt schon jetzt: in verschiedenen Schulen und bei verschiedenen Lehrern liegen die Akzente bezüglich dieser zwei Aufgaben ganz verschieden. Am einen Ort stehen die Inhalte ganz im Vordergrund, am anderen die Methoden. Wir werden für eine ausgewogene Pflege beider Anliegen plädieren.

Sodann geschieht die inhaltliche und die methodische Behandlung eines Textes unter drei verschiedenen Gesichtspunkten: unter einem *strukturell-intellektuellen,* einem *emotional-motivationalen* und unter dem Gesichtspunkt der *Werte.* Der Geographie- oder Biologielehrer, der mit den Schülern einen Text zu einem Umweltproblem oder zu einem Naturschutzproblem liest, leitet die Schüler einmal an, den Text intellektuell zu verstehen, d. h. Klarheit über die sachlichen Zusammenhänge zu gewinnen und sich diese einzuprägen. Aber ein Problem wie der Naturschutz hat natürlich auch seine emotionale Seite: Das Kind empfindet Mitleid mit den jungen Robben oder den Walen, die hingeschlachtet werden, und es entwickelt Motive, die sein eigenes diesbezügliches Verhalten leiten werden. Es wird zum Beispiel später einmal ablehnen, einen Pelzmantel aus Seehundfell zu tragen. Andererseits wird es Interessen an gewissen Stoffen entwickeln, die – als Motive – sein künftiges Lesen und Beobachten im betreffenden Bereich leiten. Drittens haben diese Inhalte ihre werthaften Seiten. Naturschutz ist ein Wert. In bellestristischen Texten kommen komplexe Wertprobleme zur Sprache. Man denke nur etwa an Hamlets Selbstgespräch über den Selbstmord.

Aber auch auf einer technischen Ebene kommen die drei Aspekte, der strukturell-intellektuelle, der emotionale und der werthafte, zur Geltung. Eine Methode muß einmal unter technischen Gesichtspunkten gemeistert werden. Das ist die intellektuelle Seite des Problems. Dann aber auch hat das Lesen als Technik seine emotionale und motivationale Seite. Wenn die Methode gut ist, wendet sie der Schüler erfolgreich an. Er entwickelt Freude und Motive zum selbständigen Weiterlesen; wenn sie schlecht ist, geschieht das Gegenteil. Es heißt Langeweile und Widerwillen, Nicht-lesen-Wollen. Schließlich stellen sich im Zusammenhang mit den Methoden der Textverarbeitung Wertprobleme, die zum Beispiel das Ideal der Texttreue, das Bemühen, den Autoren zu verstehen, ihm Gerechtigkeit widerfahren zu lassen, betreffen.

Lesen und Lesenlernen ist aber nicht nur innerlich ein komplexer Prozeß. Es ist auch in komplexe Lebensbezüge eingeordnet. Lesen geschieht ja nicht nur, indem ein Mensch Feierabend macht, ein Buch oder eine Zeitung vornimmt und sich von dem überraschen läßt, was darin steht. Dem Lesen gehen häufig andere Tätigkeiten voraus. Der Mensch arbeitet an der Lösung eines Problems, nun muß er etwas wissen. Er liest daher gezielt, auf der Suche nach einer bestimmten Antwort. Wenn er gelesen hat, klappt er nicht einfach das Buch zu und geht zum Essen. Lektüre löst Diskussion aus, führt weiter zu Tätigkeiten aller Art. Wir werden etwas zur Rolle des Lesens im Rahmen übergreifender Lebenstätigkeiten zu sagen haben.

Sprechen, Schreiben und Lesen

Um die Analyse des Lesens einen Schritt weiterzutreiben, ist es notwendig, daß wir es grundlegender betrachten, insbesondere, daß wir ihm innerhalb der übrigen Funktionen der Sprache einen Platz zuweisen.

Der ursprüngliche sprachliche Tatbestand ist sicher das Sprechen und das Sprachewahrnehmen, mit anderen Worten: das Sich-im-Medium-der-gesprochenen-Sprache-Mitteilen. Wir haben dazu im ersten Kapitel ein einfaches Schema entworfen, das zeigt, wie der Sprecher seine Bedeutungserlebnisse in den Zeichen der Lautsprache verschlüsselt und wie der Hörer die wahrgenommenen Sprachzeichen wiederum entschlüsselt, d. h. sie in Bedeutungen zurückübersetzt.

Wozu aber dienen sprachliche Botschaften? Wir können zwei große Gruppen von Funktionen der Sprache unterscheiden: (1) Welt darzustellen und (2) auf den Gesprächspartner einzuwirken und in ihm einen Effekt auszulösen, der über die bloße Mitteilung, daß etwas so oder so sei, hinausreicht. Karl BÜHLER (1934) nennt die erste die *darstellende Funktion* der Sprache, die zweite ihre *Appellfunktion*. Die Philosophen und Linguisten AUSTIN (1962/1972) und SEARLE (1969/1971) haben die letzteren Prozesse, allerdings zum Teil in verwirrender Begrifflichkeit, „Sprechakte" genannt. Wir würden sagen: Sprechakte erzeugen im Hörer handlungsanaloge Wirkungen (AEBLI 1981, 327 ff.). Statt daß ich ein Kind bei der Hand herbeihole (eine praktische Handlung), kann ich eine gleiche oder ähnliche Wirkung erzeugen, indem ich „Komm zu mir!" rufe: ein Sprechakt, der natürlich voraussetzt, daß man an das Kind „appelliert", wie BÜHLER sagt.

Nun kann ein Sprecher auch aufschreiben, was er einem anderen sagen will. Er übersetzt damit die Laute, aus denen sich die Lautgestalt seiner Worte zusammensetzt, in geschriebene oder gedruckte Zeichen, die der Adressat, sofern er lesen kann, wiederum in Laute und in einem zweiten Schritt in Bedeutungen zurückübersetzt. (Es ist in der Wissenschaft umstritten, ob das Zwischenglied der Übersetzung in die Laute, bzw. innere oder äußere Sprachbewegungen, eine notwendige oder aber eine entbehrliche Zwischenstufe bei der Entzifferung von Schrift darstellt.)

So wie nun die gesprochene Sprache zwei grundlegend verschiedene

Funktionen hat, nämlich Darstellung und Appell zu sein, genau so kann die geschriebene Sprache Welt darstellen oder aber im Leser handlungsähnliche Wirkungen auslösen. Die große Mehrzahl der Lehrbücher und der belletristischen Werke hat *darstellende* Funktion. In ihnen wird ein Stück Welt beschreibend oder erklärend dargestellt, im Geographiebuch Gebiete der Welt oder Prozesse, die sich darin abspielen, im Zoologiebuch die Welt der Tiere usw. Belletristik enthält größtenteils fiktive Ereignisse. Sie werden aber dargestellt, *wie wenn* sie real gewesen wären. Bis vor kurzem enthielten Lesebücher fast ausschließlich darstellende Texte. Erst unter dem Einfluß der Sprechakttheorie ist man sich der Tatsache bewußt geworden, daß Anleitungen und Gebrauchsanweisungen im praktischen Leben eine wichtige Rolle spielen. Sie stehen in der Mitte zwischen darstellenden Texten und Sprechakten. Auf der einen Seite beschreiben sie nicht irgendwelche Episoden, die einmal stattgefunden haben und erklären sie auch nicht. Indem sie beginnen „man nehme...", fordern sie zu Handlungen auf. Aber sie haben nicht eigentlichen Appellcharakter wie etwa die offene Agitation („An den Galgen mit X!", „Gebt Y heraus!"). Der Leser muß sich selbst zu der Handlung entschließen, zu der die Anleitung instruiert. Es ist eine *bedingte* Handlungsaufforderung: *„Wenn Du ein Modellflugzeug bauen willst,* so nimm..., so tue...".

Beide Funktionen, Darstellung und Appell oder Anleitung zur Handlung, enthalten in sich die abstraktere Funktion der *Kommunikation:* sie wenden sich an einen Partner. Man erkennt aber sogleich, daß das Wort von der Kommunikation weniger sagt als dasjenige von der Darstellung eines Gegenstandes für einen anderen und der Aufforderung oder Anleitung eines anderen zu einer Handlung. Auch wenn man die gefühlsmäßige Tönung des sprachlichen Geschehens ernstzunehmen gedenkt, sollte man seine Funktion genauer definieren als durch das Allerweltswort von der Kommunikation, besonders dann, wenn es darum geht, die werthaften Aspekte des Sprachgeschehens zu untersuchen oder zu pflegen. Die Werte kommen dem dargestellten Gegenstand zu oder hängen mit der Zielsetzung der ausgelösten Handlung zusammen, sie sind nicht einfach Teil der „Kommunikation". Bloß in einem technischen Sinn kann man sagen, Sprechen und Schreiben, Hören und Lesen diene der Kommunikation, und der Schüler müsse sie lernen. Die Frage ist immer, worüber und mit welcher Absicht kommuniziert wird; dies aber wird klar, wenn wir sagen, was für wen oder bei wem mit welcher Absicht dargestellt oder ausgelöst werden soll. Es geht, kurz gesagt, um die Inhalte der Kommunikation.

Eine letzte Bemerkung zum Weltwissen, das mit Hilfe von gesprochener oder geschriebener Sprache dargestellt und daher vermittelt wird. Der russische Psychologe WYGOTSKI, der in den dreißiger Jahren unter Stalin in

Moskau jung gestorben ist, betont in seinem Buch „Denken und Sprechen", daß sich die schriftliche von der gesprochenen Sprache grundlegend unterscheidet, und dies in drei Hinsichten. Sie ist (1) *abstrakter*. Indem sie aus der Vorstellung der Sache heraus erzeugt wird, ist sie (2) *situationsunabhängiger*, und indem sie in Abwesenheit des Adressaten geschrieben wird, wird sie (3) *bewußter* und – wie es in der deutschen Übersetzung ungenau heißt – „willkürlicher" (besser: *willentlicher*) erzeugt, was bedeutet, daß sie weniger aus dem Kontakt mit dem Zuhörer heraus lebt (WYGOTSKI 1969, Kapitel VI, Abschnitt III,1., siehe auch WEIGL 1976). Was hier über das Schreiben gesagt wird, gilt natürlich umgekehrt auch für das Lesen: Das Weltwissen und die Handlungsanleitung, die durch das Lesen vermittelt wird, ist abstrakter, situationsunabhängiger und unpersönlicher, andererseits aber auch bewußter und willentlicher als das, was ein lebendiger Sprecher einer anderen Person sagen kann.

Von daher ergeben sich wichtige Folgen für die *Lesemotivation*. Vielen Kindern fällt es schwer, Interesse am Lesen zu entwickeln. Sie empfinden es als kälter und schwieriger als das Erzählen und als die Anleitung und den Appell durch einen lebendigen Menschen. Daher müssen Lehrer und Verfasser von Lese- und Sachbüchern für Kinder um so sorgfältiger darauf achten, ihr Interesse für die Sache und für das Lesen schrittweise aufzubauen und es aufrecht zu erhalten.

Der eigentliche Lesevorgang

Den Lesevorgang gibt es nicht. GIBSON & LEVIN (1975) sprechen mit Recht davon, daß es viele Lesevorgänge gibt. Das Entziffern von einzelnen Buchstabengruppen, die schrittweise Bildung von Wörtern und Sätzen durch den Leseanfänger gleicht dem Gehen des einjährigen Kindes; es unterscheidet sich grundlegend vom raschen und mühelosen Überfliegen eines Textes durch den Erwachsenen. Aber auch beim Erwachsenen gibt es viele Arten des Lesens. WEIGL (a. a. O.) weist mit Recht darauf hin, daß das stille Lesen, mit dem Ziel der Informationsentnahme, etwas anderes als das laute Vorlesen sei. Beim stillen Lesen spielen Artikulation und Ausdruck eine unbedeutende Rolle, beim lauten Lesen für einen Zuhörer sind sie jedoch sehr wichtig. Umgekehrt gibt es geübte Leser, die scheinbar sinngemäß vorlesen können, ohne wirklich zu verstehen, was sie lesen. Weiter unterscheidet sich das Lesen von Belletristik grundlegend vom Lesen in Sach- und Handbüchern. Der Leser eines Romans oder eines Gedichtbandes sucht das ganzheitliche Erleben mit starker Gefühlskomponente, der Leser eines Handbuches weiß in der Regel genau, was er sucht, und holt sich seine

Information gezielt heraus. Das eine ist ein relativ *rezeptiver* Vorgang; das andere ist deutlich *aktive Informationssuche und -entnahme*.

All das sind jedoch grobe Einteilungen mit vielen Zwischenformen und vielen weiteren Aspekten, die sich aus den Absichten des Lesers und aus der Kommunikationssituation ergeben. Man braucht diese Varianten des Lesens nur zu erwähnen, um einzusehen, wie unnatürlich und eintönig viele Lesestunden sind, die mit der Aufforderung des Lehrers beginnen: „Nehmt das Buch, und öffnet es auf Seite . . .!" Diese Praxis geht allein von der Idee des rezeptiven Lesens aus. Es ist die belletristische Art des Lesens. Die Wirklichkeit des erwachsenen Lesens ist vielfältiger; auch die im Leseunterricht müßte es werden!

Trotzdem gibt es einige gemeinsame Elemente im Lesevorgang. Zu Anfang notieren wir seine *aktive* Natur. Das Wort von der Rezeptivität des Lesevorgangs, das wir oben gebraucht haben, ist relativ, und von „Text-Rezeption" sollte man auch nur in diesem relativen Sinne sprechen, denn genau das, was wir vom Verstehen der gesprochenen Sprache festgestellt haben, gilt auch für das Lesen: Der Leser muß den Sinn des Textes in jedem Falle aus den Elementen seines eigenen Wissens und Erlebens *rekonstruieren*. Es sind ja nur gedruckte Zeichen auf Papier, die er wahrnimmt! Indessen gibt es Unterschiede in der Freiheit dieser Rekonstruktion. Man kann bloß aufzunehmen suchen, „was da steht". In diesem Falle ist der eigene konstruktive Beitrag des Lesers geringer, als wenn er einen Text von einer Fragestellung her selektiv aufnimmt und laufend im Hinblick auf die Beantwortung seiner Frage verarbeitet.

Aber sogar im Falle der bloßen Aufnahme des Textinhaltes umfaßt der Lesevorgang vielfältige Schlußfolgerungen (englisch „inferences") durch den Leser, denn in jedem Text sind zahlreiche Beziehungen nicht ausgesprochen, sondern nur *präsupponiert* (vorausgesetzt). Man betrachte zu diesem Zwecke das folgende Beispiel aus SHAKESPEARES „Hamlet":

Am Anfang der ersten Szene des I. Aktes kommen Horatio und Marcellus kurz nach Mitternacht auf die Terrasse vor dem Schlosse Helsingör, wo Bernardo Wache steht. Horatios erste Worte sind:
 HORATIO: Nun, ist das Ding heut' wiederum erschienen?
 BERNARDO: Ich habe nichts gesehn.
 MARCELLUS: Horatio sagt, es sei nur Einbildung . . .
 In diesem Gesprächsanfang wissen alle, worüber gesprochen wird. Horatio nennt es nur „das Ding", aber das genügt. Auch der Zuschauer merkt, daß hier die Rede von einem Geist oder von einem Gespenst sein muß. Das geht aus der Formel hervor, daß das Ding „erscheint" und Horatio meint, „es sei nur Einbildung".

Das ist eine *Präsupposition*. Im Gespräch setzen alle Teilnehmer voraus, daß es um eine Geistererscheinung geht, um den Geist von Hamlets Vater, wie es sich in der Folge zeigt. Die Teilnehmer im Gespräch wissen das aus ihrer früheren Erfahrung. Der Leser oder Zuschauer im Schauspiel aber erschließt den Inhalt der Präsupposition aus seinem allgemeinen Weltwissen. Ein Ding, das regelmäßig nach Mitternacht erscheint und das einige als bloße Einbildung abtun, das aber offensichtlich alle beunruhigt, kann nur ein Geist sein.

BALLSTAEDT, MANDL, SCHNOTZ & TERGAN (1981) unterscheiden mit CROTHERS (1978/1979) drei Hauptklassen von Inferenzen und daher von Präsuppositionen: diejenige ganzer Aussagen, diejenige von Aussagebestandteilen und diejenige von Verknüpfungen zwischen Aussagen. Im oben gegebenen Beispiel präsupponiert Horatio das Wissen der Gesprächspartner um den Aussagebestandteil „das Ding". Marcellus meint eine ganze Aussage, wenn er sagt, „es sei nur Einbildung", nämlich, daß „jede Nacht der Geist von Hamlets Vater erscheint". Wenn schließlich Horatio weiter unten im gleichen Akt sagt, daß Fortinbras von Norwegen plane, dem dänischen König einen Landesteil wieder abzunehmen, den sein Vater an Dänemark verloren habe, und er unvermittelt fortfährt, „und dies
    Scheint mir der Antrieb unsrer Zurüstungen,
    Die Quelle unsrer Wachen und der Grund
    Von diesem Treiben und Gewühl im Lande",
so setzt er voraus, daß der Leser die präsupponierte Verknüpfung hinzufüge, daß die Rüstungen *dazu dienen, den drohenden Verlust des Landesteils zu verhindern.*

Wir erkennen damit einen weiteren Zug des Leseprozesses. Es geht dabei nicht einfach um das richtige Zusammensetzen der Elemente, die im Text manifest enthalten sind. Häufig stellen diese Elemente nur Bruchstücke dar. Der Leser muß die Lücken selber ausfüllen. Dies erfordert Schlüsse. Das Material dazu bezieht er aus seinem allgemeinen Weltwissen – wenn er es besitzt. Wir verstehen nun, was es heißt, eine Textstelle nicht zu verstehen. Dies kann darin liegen, daß dem Leser das notwendige Wissen fehlt, oder aber, daß es ihm nicht gelingt, es abzurufen, weil ihm die im Text enthaltenen Hinweise („cues") nicht genügen und er die notwendigen Schlüsse nicht zu ziehen vermag. Lesen ist also keine bloße Nachkonstruktion, es heißt immer auch, „über die gegebene Information hinauszugehen".

Umgekehrt kann man auch sagen: Lesen bedeutet immer, die im Text enthaltene Information in das schon vorhandene Wissen einzuordnen, zu *integrieren*. HERBART nennt das *„Apperzeption":* neue Vorstellungen werden in die vorhandenen Vorstellungsmassen „hineingezogen" und von diesen aufgenommen (HERBART 1825, 143). Wir sprechen heute eher von der Integration neuer Wissenselemente in die vorhandenen. Es ist klar: Der Leser oder Zuhörer, der schon einiges über die Gegensätze von Dänemark und Norwegen im Mittelalter gehört hat, lernt im Schauspiel manch Neues zu diesem Thema. Er ordnet es in sein Wissen ein. Dieser Vorgang ist unter dem Gesichtspunkt der Ausbildung des Weltwissens wichtig. Wenn es gut geht, leistet jedes gelesene Werk einen Beitrag zur Erweiterung und Vertiefung des Weltwissens. Ein kohärentes Bild der Wirklichkeit baut sich schrittweise auf: das Weltbild. Entsprechendes gilt vom Handlungswissen. Wenn wir eine Handlungsanleitung lesen und sie verstehen, so erweitert und vertieft sich das System unseres Handlungswissens. Wir bauen schrittweise ein kohärentes Handlungswissen auf. Neue Handlungen gleichen darin neuen Wegen, die wir in einem bekannten System von Handlungsabläufen einschlagen.

Was heißt es schließlich, nach der Lektüre eines Textes „weiterzudenken"? In der Sprache des Alltags bedeutet es, die im Text geäußerten Gedanken aufgrund eigenen Wissens weiterzuspinnen. Wir haben von einem Ereignis oder von einem allgemeinen Vorgang gelesen. Das Ereignis erinnert uns an Episoden aus unserer eigenen Erfahrung, die Geschichte von Hamlets Selbstmordgedanken an einen Freitod aus der eigenen Umwelt und an philosophische und theologische Aussagen über dieses Problem. Mit diesen Elementen aus dem eigenen Wissen spinnen wir die Gedanken Hamlets weiter. Ebenso im Falle einer naturwissenschaftlichen Aussage: Wir haben Beispiele dazu selber beobachtet, und wir kennen verwandte Vorgänge oder Gesetze. Mit diesen Elementen führen wir die gedanklichen Konstruktionen des Textes weiter.

Diese Überlegung läßt uns auch den Vorgang des gezielten Lesens besser verstehen. Hier steht am Anfang ein Stück selbständiges Nachdenken. Die Schulklasse überlegt sich, wie und wo die Alpen durch eine Bahnlinie überquert werden könnten, insbesondere wie die Steigung der Alpentäler zu überwinden wäre. Man denkt an eine schleifenförmige Anlage der Bahnlinie, wie man dies von Paßstraßen kennt, und auch an Tunnels. Nun bringt der Lehrer einen Text, der den Bau einer Alpenbahn, z. B. der Gotthardlinie, beschreibt und erklärt. Man erkennt unmittelbar, daß sich hier die im Text enthaltene Information in das Netz der bisher erkannten Zusammenhänge einfügt und spezifische Lücken füllt, z. B., indem der Text die Idee der Kehrtunnels liefert und damit die Idee der schleifenförmigen Anlage weiterführt und präzisiert.

Dieser Vorgang verläuft sehr häufig zyklisch. BALLSTAEDT, MANDL, SCHNOTZ & TERGAN (1981, 18) stellen dies dar, indem sie das bekannte Schema von NEISSER (1976/1979, 27) abwandeln. Wir geben es, leicht angepaßt, in der Abbildung 5 wieder.

Damit erkennen wir, daß das Lesen auch im Rahmen selbständigen Nachdenkens als Teil problemlösender Reflexion auftauchen kann. Wenn Menschen Projekte realisieren, wird unter anderem Lesen nötig, ein Lesen, das ihnen Ideen, Lösungsgedanken und Informationen liefert, die sie selbst

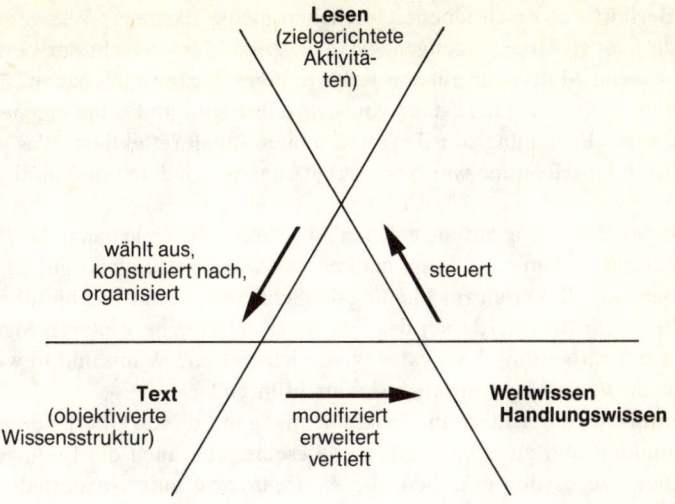

Abb. 5. NEISSERS zyklisches Wahrnehmungsschema (NEISSER 1976/79, 27), auf das Lesen übertragen (nach BALLSTAEDT, MANDL, SCHNOTZ & TERGAN 1981, 18).

nicht produzieren können. Die Schule tut gut daran, sich von derartigen Leseanalysen inspirieren zu lassen.

Methoden des Zusammenfassens, Einprägens und Wiedergebens von gelesenen Texten

Zur Begründung und Herleitung der Methoden und Techniken der Textverarbeitung und ihrer Speicherung im Gedächtnis gibt es keine zusammenhängende psychologische Theorie. Die folgenden Hinweise stellen daher eine Mischung von wissenschaftlicher Erkenntnis und praktischer Erfahrung dar. Wir meinen, daß sie aber so wichtig und so nützlich sind, daß dieser Schönheitsfehler wohl in Kauf genommen werden kann.

Die erste Regel bezieht sich auf die Motivation des Lesens. Das Lesen und Lernen aus Texten ist vielerorts Teil der täglichen schulischen Routine. Weder den Schülern noch den Lehrern ist es häufig sehr klar, warum ein bestimmter Text eigentlich gelesen wird. Hier hilft die *Besinnung auf das Ziel,* das man mit der Lektüre des Textes anstrebt. Vom Lehrer erwartet man dies im Rahmen der Vorbereitung einer Unterrichtseinheit. Es ist gut, wenn sich der Schüler diese Frage auch bezüglich seiner persönlichen Lektüre stellen lernt: Warum lese ich diesen Text? Geht mich das Thema etwas an? Berührt das beschriebene Geschehen meine Existenz? Wie verhält es sich zu meinen Überzeugungen? Man erkennt, hier versucht der Lernende seine eigene Motivation für die Lektüre eines Textes aufzubauen. Das ist möglich, indem er auf Distanz von sich selbst geht und seine eigene Lage sowie seine Beziehung zum Text und seinem Inhalt reflektiert. Was vorher unverstandene Routine war, wird damit zum begründeten und motivierten Tun.

Mit der Besinnung auf die eigenen Absichten und Ziele hängt das *Planen* der Lektüre zusammen. Wenn man einmal weiß, wozu etwas gut ist, dann hat man auch Kriterien zur Planung der Schritte, die zum Ziel hinführen. In welchen Schritten werde ich das Ganze lesen? Welche weiteren Maßnahmen zur Erarbeitung des Textes werde ich treffen? Wann und in welcher zeitlichen Verteilung werde ich sie durchführen?

Drittens wird der Leser im Zusammenhang mit diesen Überlegungen zur Begründung und zur Planung seiner Lesetätigkeit auch die Bedingungen schaffen, die es ihm erlauben, die *Konzentration* aufrechtzuerhalten. Er wird sich also z. B. vornehmen, den Text in einer bestimmten Zahl von Abschnitten an bestimmten Tagen durchzulesen, so daß die Arbeit kräftemäßig zu leisten ist. Wenn er liest, wird er dafür sorgen, daß er nicht abgelenkt wird. Wenn er sich vornimmt, den Text zusammenzufassen oder sonstwie schriftlich zu verarbeiten, so wird er dafür die nötigen Vorbereitungen treffen, z. B. dadurch, daß er sich an den Arbeitstisch setzt und Papier und Schreibzeug parat legt, statt sich einen bequemen Stuhl auszusuchen ...

Mit diesen planenden Maßnahmen hängen wiederum die Maßnahmen zur *Selbstprüfung der Ergebnisse* der Lektüre zusammen. Wenn der Inhalt eines Textes zu lernen ist, so muß sich der Lernende vornehmen, seinen eigenen Lernvorgang zu überwachen und in Abständen zu kontrollieren, was er aufgenommen hat und wie dies geschehen ist. Dies bedeutet in aller Regel *Wiedergabe* des Gelernten und kritische Prüfung der eigenen Wiedergabe.

Am einfachsten ist der mündliche Formulierungsversuch. Schon hier merkt der Lernende, wo ihm die Darstellung gelingt und wo er in Schwierigkeiten gerät und zu stocken beginnt. Aber die Qualität der eigenen, mündlichen Aussagen ist nicht ohne weiteres zu beurteilen. Daher die anspruchsvollere Form des schriftlichen Wiedergabeversuches und der kritischen Lektüre des eigenen Textes. Noch einen Schritt weiter geht die mündliche Wiedergabe vor einem Mitschüler und das gegenseitige Lesen und Vergleichen der schriftlichen Wiedergaben. Damit weitet sich die Planung des Lernvorgangs zum gemeinschaftlichen Unternehmen in der *Arbeits- und Diskussionsgruppe* aus. Schüler und Studenten bezeugen einhellig, daß ihnen diese Form der Textverarbeitung, zusammen mit sorgfältiger, individueller Arbeit, am meisten hilft. Was dabei herauskommt, ist nicht nur eine bessere Kontrolle der sachlichen Ergebnisse der Lektüre, sondern auch eine vertiefte Selbstkenntnis. Der Schüler und der Student lernen, ihr eigenes Lernen zu beobachten und zu steuern. Sie lernen sich dabei auch selbst als Lernende kennen, was für ihre weiteren Schritte in der Schul- und Berufslaufbahn häufig von großer Bedeutung ist. Wir stehen hier an der Nahtstelle zwischen der Selbstbeobachtung des Lernenden, seiner Selbsterkenntnis und seiner Persönlichkeitsentwicklung.

Auf einer technischen Ebene ist noch nachzutragen, daß der Leser von Sachtexten häufig gut daran tut, sich vor der Inangriffnahme einer anspruchsvolleren Lektüre zu fragen, was er selbst schon über den Problembereich des Textes weiß. Dies eröffnet die Möglichkeit, das Gelesene bewußt zum aktivierten eigenen Wissen in Beziehung zu setzen und zu erkennen, wo sich die neue Information in das bisherige Wissen einfügt, wo sie dieses bestätigt, ergänzt oder aber zu diesem im Widerspruch steht, was wiederum die Frage aufwirft, was nun zu korrigieren sei, das eigene Wissen oder aber das Vertrauen in die Richtigkeit der Textaussage.

Über das *Zusammenfassen von Texten* ist in den letzten Jahren viel geforscht worden. Einen Text zusammenfassen bedeutet, ihn auf die wesentlichen Aussagen zurückzuführen. Dies erfordert das Weglassen unwesentlicher und die Selektion wesentlicher Aussagen. Heterogene Aussagen werden unter Oberbegriffen, die das Gemeinsame erfassen, *gruppiert,* womit die Aussagen *verallgemeinert* und *abstrakter gefaßt* werden. Häufig existieren auch Begriffe, die ganze Reihen von Aussagen *integrieren.* Schließlich erfordert das Zusammenfassen häufig die *Neuanordnung* gewisser Aussagen, derart, daß Zusammengehöriges beieinander steht und Gegensätzliches deutlich gegenüber gestellt wird.

Auf diese Weise entstehen sogenannte *Makropropositionen* und *Makrostrukturen.* Während sich der Text aus Mikropropositionen (Klein- oder Feinaussagen) zusammensetzt, arbeitet die Zusammenfassung mit Groß- oder Grobaussagen (*macros,* griech., bedeutet „groß"), bzw. mit Grobstrukturen (KINTSCH & VAN DIJK 1978). Wie hat man sich diese Strukturen vorzustellen? Auf diese Frage gehen wir im Kapitel über die Begriffsbildung ausführlich ein. Hier sei bloß angedeutet, daß es sich um netzartige Strukturen handelt, in denen wir die einzelnen Elemente der Aussage als Knoten, die Verben und die übrigen Beziehungswörter aber als Verbindungen dazwischen darstellen. Im übrigen leuchtet es unmittelbar ein, daß man viele Zusammenhänge statt mit einer Wortkette – jeder Text ist eine Wortkette – besser als ein Netz darstellt, denn die einzelnen Elemente stehen ja nicht nur mit einem vorangehenden und einem nachfolgenden

Element in Beziehung, sondern häufig mit einem dritten und vierten. Als Regel können wir daher formulieren, daß es dem Verständnis eines sachlich anspruchsvollen Textes dient, wenn sich der Leser das Netz der Beziehungen zwischen den darin vorkommenden Personen und Sachen aufzeichnet. Aber auch die Formulierung einer sprachlichen Zusammenfassung kann der Klärung dienen.

Abschluß: Die Verarbeitung und die Wiedergabe von darstellenden Texten

Darstellende Texte geben ein Stück Wirklichkeit wieder. Wir versuchen, sie uns einzuprägen, weil wir in unserem Inneren das Bild dieser Wirklichkeit aufbauen möchten. Darum lassen wir auch die Schüler diese Texte studieren und wiedergeben: aus der Güte der Wiedergabe schließen wir auf die Reichhaltigkeit und die sachliche Richtigkeit des Weltwissens oder Weltbildes, das der Schüler erworben hat.

Diesen Vorgang der Verarbeitung und der Wiedergabe von Texten haben BALLSTAEDT, MANDL, SCHNOTZ & TERGAN (1981, 99) in einem Schema zusammengefaßt, das wir in einer vereinfachten und den hier vertretenen theoretischen Auffassungen angepaßten Form wiedergeben wollen (Abb. 6). Man erkennt einen absteigenden und einen aufsteigenden Ast: den Ast der Verarbeitung, der immer tiefer in den Text eindringt und zur Integration seines Inhaltes in das vorhandene Wissen führt, und den Ast der Wiedergabe, der aus diesem heraus einen Text hervorbringt, der dem gelesenen Text entsprechen soll.

In einer ersten Verarbeitungsstufe wird der vorliegende Text entziffert (dekodiert), wobei die praktische Kenntnis grammatikalischer Gesetzmäßigkeiten innerhalb der Sätze (die grammatische oder syntaktische Kompetenz) dem Leser hilft, den Satzbau zu verstehen, und er aufgrund seines Wortschatzes auch die Bedeutung der einzelnen Worte realisiert. Diese erste Verarbeitungsstufe führt jenen Zustand herbei, in dem der Leser die einzelnen Sätze und die in ihnen ausgesagten elementaren Beziehungen versteht. Der Text ist, mit anderen Worten, auf der Ebene der Mikropropositionen, also der Einzelaussagen, verarbeitet. Um jedoch den Text als ganzen und die ihm innewohnenden Zusammenhänge zu verstehen, ist eine zusammenfassende Sicht und eine Deutung des Inhaltes notwendig. Das ist die zweite Verarbeitungsstufe, die wir mit den Stichworten „Zusammenfassen und Interpretieren" kennzeichnen. Es resultiert ein neuer Zustand, in dem nun umfassendere Texteinheiten und Zusammenhänge verstanden sind; VAN DIJK & KINTSCH würden sagen: Der Text ist nunmehr auch auf

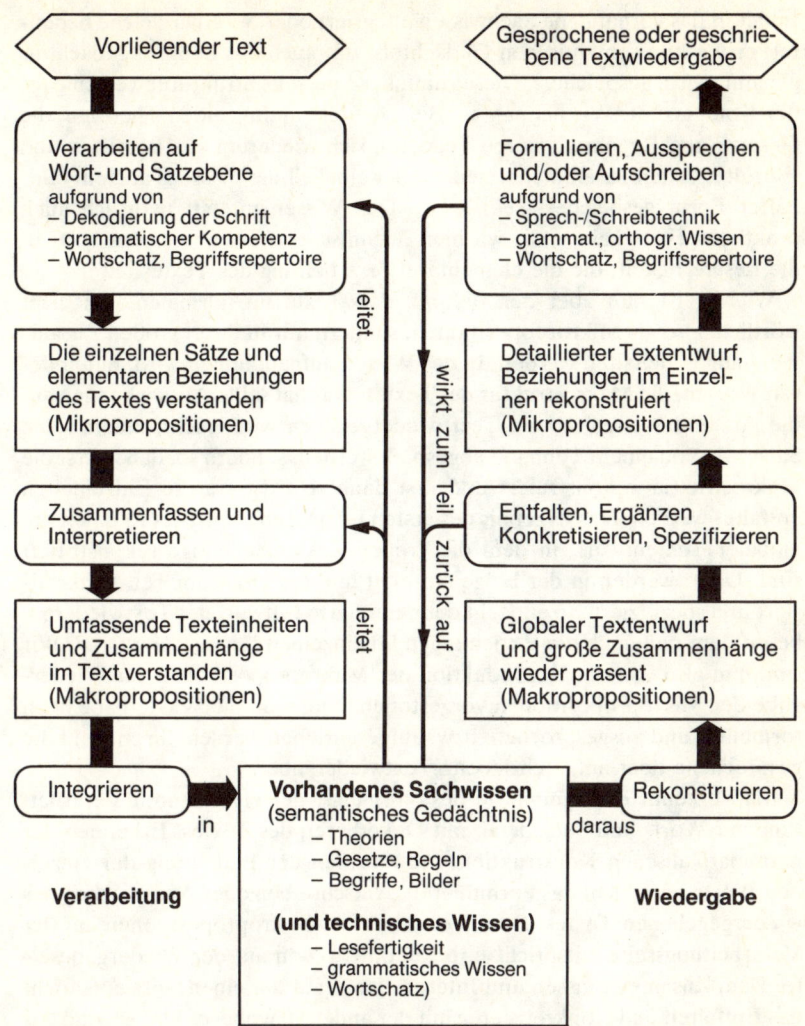

Abb. 6. Das Schema der Verarbeitung und Wiedergabe von Texten (nach BALLSTAEDT, MANDL, SCHNOTZ & TERGAN 1981).

der Ebene der Makropropositionen verarbeitet. Unnötig zu sagen, daß sich dieser Verarbeitungsschritt mehrmals wiederholen kann, nicht nur, weil verschiedene Ebenen der Verarbeitung (levels of processing) denkbar sind, sondern auch darum, weil versuchte Deutungsschritte mißlingen können und neue Anläufe erfordern. Ist die Verarbeitung gelungen, so wird der

Inhalt in das vorhandene Sachwissen integriert oder, was das gleiche bedeutet: er wird im semantischen Gedächtnis, das auch das Langzeitgedächtnis genannt wird, gespeichert. Dieses umfaßt seinerseits Strukturen verschiedener Komplexität. Wir nennen als Beispiele die umfassenden Theorien, die Gesetze und Regeln als deren Teile, die sich wiederum aus Begriffen und Einzeltatsachen zusammensetzen, wobei ein Teil des Wissens auch in bildhafter Form gespeichert sein kann. Das Wissen umfaßt natürlich auch praktische Fertigkeiten, die wir hier „technisches Wissen" nennen, so z. B. die Lesefertigkeit, die die elementare Verarbeitung des Textes leitet.

Wichtig ist nun aber der Befund, daß Texte im normalen Fall nicht wörtlich, also als Mikropropositionen, sondern nur in ihren großen Zusammenhängen behalten werden. In das Wissen aufgenommen wird, mit anderen Worten, die Makrostruktur des Textes. Das hat seine Auswirkungen auf die Art und Weise, wie ein Text wiedergegeben wird: nicht, indem seine Sätze wie von einem Tonband abgespielt werden, sondern so, daß zuerst die Makrostruktur rekonstruiert und erst dann schrittweise die Einzelheiten entfaltet werden. Das Ergebnis des ersten Erinnerungsschrittes ist daher ein globaler Textentwurf, in dem die großen Zusammenhänge rekonstruiert sind. Diese werden in der Folge entfaltet und ergänzt, zum Teil konkretisiert und spezifiziert. So entsteht der detaillierte Entwurf der Textwiedergabe, in dem nun auch die Beziehungen im einzelnen rekonstruiert sind. Wir sind nun also von der Reproduktion der Makropropositionen zur Wiedergabe der Mikropropositionen vorgestoßen. Nun muß die Wiedergabe noch formuliert und ausgesprochen, bzw. aufgeschrieben werden. So entsteht die gesprochene oder aufgeschriebene Textwiedergabe.

Man erkennt die Symmetrie des Vorgangs: der elementaren Verarbeitung auf Wort- und Satzebene, mit Dekodieren des Textes, Erkennen der grammatikalischen Konstruktion und Abrufen der Bedeutung der einzelnen Worte entspricht das Formulieren, Aufschreiben oder Aussprechen des wiedergegebenen Textes. Dem Verstehen der Mikropropositionen auf der Verarbeitungsseite entspricht ihre Rekonstruktion auf der Wiedergabeseite. Dem Zusammenfassen und Interpretieren auf der einen Seite entspricht das Entfalten und Konkretisieren auf der anderen, wobei es klar ist, daß das Entfalten die Umkehroperation des Zusammenfassens ist. Ebenso deutlich dürfte aber auch sein, daß das Interpretieren aus der konkreten und spezifischen Aussage den innewohnenden Sinn extrahiert, während das Konkretisieren und Spezifizieren wiederum den allgemeinen Sinn in die konkrete und spezifische Aussage einkleidet. Und schließlich entspricht dem Verstehen umfassender Texteinheiten und Zusammenhänge auf der einen Seite die Erzeugung eines globalen Textentwurfs und die Rekonstruktion der großen Zusammenhänge auf der anderen Seite.

Schließlich ein Wort zu den dünnen Linien des Schemas: Es ist klar, daß zum Teil schon einzelne Sätze und elementare Beziehungen in das Gedächtnis aufgenommen werden. Besonders der Schüler, der einen Text schlecht versteht, hat die Tendenz, einzelne Bruchstücke des Textes auf Mikroebene zu speichern und wieder von sich zu geben. Aber auch der gute Leser wird sich an einzelne hervorstehende Sätze erinnern, z. B. dann, wenn diese besonders prägnant oder originell formuliert sind. Es kann auch sein, daß in einer Mikroproposition ein grundlegender Zusammenhang „wie in einer Nußschale" enthalten ist und er daher in die Zusammenfassung aufgenommen wird, eine Tatsache, die KINTSCH & VAN DIJK (1978) erkannt haben.

Daß weiter das Sachwissen und das technische Wissen die ganze Verarbeitung *leiten,* werden wir in diesem Buche noch mehrmals betonen. Das Lesen eines Textes ist ja kein bloßes Kopieren im Geiste. Es ist vielmehr ein aktives Nachkonstruieren des Inhaltes mit Hilfe der geistigen Werkzeuge, die der Leser mitbringt. Schließlich ist es klar, daß unser Wissen und unsere Erinnerung an gewisse Tatbestände durch ihre Wiedergabe beeinflußt werden. Jedermann kennt die Erzähler, deren Erinnerung an gewisse Erlebnisse mit jedem Erzählen schöner und abenteuerlicher wird. Sie nehmen ihre eigenen Ausschmückungen und Ergänzungen ins Gedächtnis auf und können häufig nicht mehr unterscheiden, was sie erlebt und was sie bei den verschiedenen Wiedergaben dazuerfunden haben. Wir drücken dies aus, indem wir sagen, daß die Wiedergabe des Textes zum Teil auf das Wissen über den Text zurückwirkt (NEISSER 1982).

Didaktischer Teil
Zum Umgang mit Texten anleiten

Wir haben in der Einleitung das curriculare Grundpostulat formuliert, von dem dieses Kapitel ausgeht: daß der Leseunterricht unserer Schulen ein neues Gleichgewicht zwischen schöngeistiger und realistischer Lektüre finden muß. Diese Aufgabe sollte aber nicht so gelöst werden, daß man dem Fach Deutsch die Pflege der schöngeistigen Literatur und den Realfächern das Lesen von Sachtexten zuteilt. Von den Realfächern kann zwar legitimerweise nur die Lektüre von problembezogenen Texten der Fachliteratur (Zeitschriften, Monographien) gefordert werden. Auch die fachspezifischen Formen der Literatursuche und Textverarbeitung werden in diesen Fächern gepflegt. Es ist jedoch sinnvoll, daß die allgemeinen und formalen Fertigkeiten, Techniken und Methoden des Umgangs mit Texten im muttersprachlichen Unterricht eingeführt und geübt werden. Dies aber setzt voraus, daß auch hier sowohl schöngeistige als auch (allgemein verständliche) Sachtexte gelesen werden. Eine solche Neuausrichtung des Deutschunterrichts ist nicht bloß eine Belastung, sondern auch eine Chance. Gerade heute, wo so viele literarische Erzeugnisse abstrakt und formal geworden sind, wird es der Deutschlehrer als eine Bereicherung empfinden, mit den Schülern einmal den handfesten Zusammenhängen eines sach- und begriffsorientierten Textes nachgehen zu können. Der Sprachunterricht wird sich in diesen Fällen auch rasch einmal vom bloßen Lesen und Deuten von Texten entfernen und zum Projektunterricht werden: Man wird einmal selbst etwas unternehmen, statt nur von den Unternehmungen anderer zu lesen und zu reden, und man wird das Lesen in den Dienst von Projekten stellen!

In den Text eindringen

Zuerst verschaffen wir uns nun eine Vorstellung vom gemeinsamen Lesen eines Textes und von der Rolle des Lehrers in diesem Prozeß. Das ist der Kern der Grundform 4: mit den Schülern zusammen in den Sinngehalt eines Textes einzudringen und ihn sich klar, lebendig und ernsthaft zu vergegenwärtigen. Es ist wichtig, daß sich der Lehrer diese Zielsetzung deutlich vor Augen führt: es geht vorerst nicht darum, einen Text zu „würdigen", es geht nicht darum, ihn „kritisch zu hinterfragen", auch nicht darum, ihn zu situieren und zu vergleichen oder seine Entstehung oder Wirkung zu verfolgen. Die erste Aufgabe des Lesens besteht darin, sich seinem Gehalt zu stellen, sich mit ihm auseinanderzusetzen. Das ist keine Kleinigkeit. Wenn man an den Universitäten immer wieder beklagt, daß Abiturienten nicht lesen können, und wenn man angesichts primitiver Presseerzeugnisse feststellt, daß viele Zeitgenossen offenbar nie gelernt haben, sie von besseren zu unterscheiden, so verbirgt sich dahinter ein elementares Versagen des Leseunterrichts: die Unfähigkeit der Schüler, sich einen Text wirklich anzueignen, ihn mit dem eigenen Denken, Empfinden und den eigenen Werten zu verbinden, und *daher* zu spüren, wie oberflächlich, schief und unwahr viele Texte sind. Der Verfasser glaubt nicht, daß die Menschen so primitiv sind wie die Presseerzeugnisse, die sie lesen. Aber das Lesen ist für viele nie zur echten Begegnung mit dem Text und dem Denken und Empfinden seines Verfassers geworden; daher machen sie im Geschäft des Austausches von billigen und seichten Klischees mit.

Nun haben wir die Zielvorstellung als „*klare, lebendige* und *ernsthafte* Vergegenwärtigung des Textgehaltes" umschrieben. Damit soll gesagt sein, daß einmal gilt, *Klarheit* über den Gehalt zu schaffen. Das ist die intellektuelle Seite der Aufgabe: die Zusammenhänge im Text verstehen, die Struktur der Sachbeziehungen klarlegen. Damit sind nicht nur materielle Tatbestände gemeint. Auch menschliche Beziehungen haben ihre Sachstruktur, so etwa die Beziehung des Brutus zu seinem Freund Cäsar im Drama Shakespeares. Weiter sind ethische Probleme „Sachfragen", wie wir sie hier verstehen. Sie können begrifflich scharf gefaßt und analysiert werden. So läßt sich darüber nachdenken, was von Tells Mord am Landvogt Gessler zu halten sei, oder von der Einschätzung der verschiedenen Verbrechen, die in Dantes Einteilung des „Inferno" zum Ausdruck kommt. Auch wenn man Machiavellis „Principe" liest, stellt sich eine Fülle von ethischen Problemen. Schließlich muß man den liberalen Protestanten in Erinnerung rufen, daß es eine Theologie gibt, in der die Gottesfrage in begrifflich scharfer Form gestellt und diskutiert wird, eine Frage, die auch in der älteren und der modernen Literatur explizit oder implizit immer gegenwärtig ist. Es lohnt sich, diese „Sachfrage" bei der Lektüre ernstzunehmen. Die Schüler sind dafür insbesondere im Jugendalter dankbar.

Aber dieses Eindringen in den Sinngehalt eines Textes hat nicht nur seine sachlich-intellektuelle („kognitive"), es hat auch seine *emotionale* Seite. Das drücken wir damit aus, daß wir von „lebendiger Vergegenwärtigung" sprechen. Lebendig wird die Vergegenwärtigung dann, wenn es dem Schüler gelingt, etwas von den Gefühlen nachzuempfinden, die den Autor bewegen, und wenn der Text in ihm darüber hinaus „reaktive Gefühle" erzeugt (GRZESIK 1976), die vom Autor nicht notwendig intendiert sind, die sich aber aus der persönlichen Begegnung des Schülers mit dem Text und seinem Inhalt ergeben.

Einfühlung und elementare emotionale Begegnung also. Sie macht Erfahrung zum Erlebnis, und sie hat zur Folge, daß dem Schüler etwas „zu Herzen geht". Natürlich ist das nicht Gegenstand der täglichen Routine. Überhaupt kann man diese Vorgänge nicht „machen". Sie ereignen sich, und häufig gelingt es dem Lehrer auch nicht, lebendig werden zu lassen, was er selbst im Text zu empfinden meinte. Trotzdem muß er sich diese Aufgabe stellen, und er darf mindestens durch sein Verhalten und durch die Art und Weise der Textverarbeitung die Möglichkeiten der ganzheitlichen, persönlichen Begegnung mit dem Gefühlsgehalt nicht verbauen.

Dieses Ziel der emotionalen Begegnung widerspricht dem Ziel der kritischen Rationalität, das einigen Literaturwissenschaftlern am Herzen (!) liegt, keineswegs. Überall, wo Menschen sich für etwas engagieren, kommen Gefühle ins Spiel. Die Frage ist einfach, ob die Gefühle das kritische Urteil zu trüben vermögen oder nicht.

Das braucht nicht zu geschehen. Wo wir vorgeben, nur kühl und objektiv zu urteilen, schleichen die Gefühle häufig durch die Hintertüre ins Bewußtsein. Das ist gefährlicher, als wenn wir sie bejahen und sie uns bewußt machen.

Schließlich die „Ernsthaftigkeit der Vergegenwärtigung". Wir meinen damit die *normativen* Prozesse, die der Text auslöst: zu realisieren, daß an bestimmten Punkten die Frage von Gut und Böse, von Recht und Unrecht sich stellt, so daß die Personen eines Textes oder aber die Schüler selbst einen Wertmaßstab, also eine Norm, an seinen Inhalt legen. Wenn das geschieht, wird es meistens „ernst", darum sprechen wir von der Ernsthaftigkeit der Vergegenwärtigung. Mangelnder Ernst der Auseinandersetzung ist fast immer ein Zeichen fehlender persönlicher Begegnung. Menschen engagieren sich dort, wo ihre Wertvorstellungen, im Positiven oder im Negativen, ins Spiel treten.

Wie erreicht man es nun, die Schüler zur klaren, lebendigen und ernsthaften Vergegenwärtigung des strukturellen, emotionalen und werthaften Gehaltes eines Textes hinzuführen? Der strukturelle Teil dieser Aufgabe ist am leichtesten zu lösen. Die erste und naheliegende Aufgabe betrifft das *Verständnis der einzelnen Worte.* Hier geht es nicht darum, Wörterbucherklärungen zu geben. Die Sprachpsychologie hat uns in den letzten Jahren eindringlich in Erinnerung gerufen, daß Wortbedeutungen immer kontextabhängig sind (HÖRMANN 1976). Es geht also um die Bedeutung des Wortes im Kontext, um die Verknüpfung seiner „Binnenstruktur" mit den umgebenden Begriffen. PESTALOZZI schreibt an einem Ort: „Wir sind, durch Gesetz und Recht untereinander verbunden, unser Staat selber" (PESTALOZZI 1815). Was bedeutet hier „Gesetz" und „Recht"? Offenbar hängt die Bedeutung mit der Grundaussage zusammen, daß Gesetz und Recht die Menschen untereinander verbinden, so daß sie einen Staat bilden, Gesetz und Recht als verbindende Kräfte im Menschenleben: Ideen der Ordnung, die nicht nur den einen vor dem anderen schützen, sondern den einen auf den anderen hinweisen, den Starken z. B. auf den Schwachen. Wie müßten Gesetze beschaffen sein, wie müßte man sie persönlich verstehen, damit sie diese Wirkung hätten? Wie sähe ein derartiges internalisiertes Recht aus?

So lauten die Fragen, die man sich zu stellen hätte. Der Lehrer wird sie zum Teil den Schülern stellen. Seine Hoffnung ist aber immer, daß diese Fragen im Zuge des Eindringens in den Text von den Schülern selbst gestellt werden. Wenn er sie selber stellt, hängt alles daran, daß er sie nicht nur den Schülern, sondern immer auch sich selbst stellt. Das wird ihm dann gelingen, wenn es für ihn echte Fragen sind, und das wiederum setzt voraus, daß er dem Text, zu dessen Verarbeitung er die Schüler anleiten möchte, selbst begegnet ist.

In einer guten Lektürestunde zieht also ein Geist des echten Fragens, des

Sich-Fragens, des Nachdenkens ein. Es wird von Zeit zu Zeit still. Aber es geht nicht nur um das Verständnis einzelner Worte und ihrer Verbindung mit dem Ganzen, es geht letztlich darum, die „Makrostruktur" des Textes und ihre Verwandlungen in der Zeit zu sehen. Welche Personen, welche Personengruppen, welche sachlichen, welche ideellen Gegebenheiten, welche objektiven Bedingungen konstituieren die Knoten des Beziehungsnetzes? In welchem Verhältnis stehen diese Personen, Objekte und Bedingungen zueinander? Welches sind ihre Einstellungen und Haltungen? Sodann: welche Ziele verfolgen sie? Was tun sie, um sie zu erreichen? Was ereignet sich? Welche Schicksale widerfahren ihren Handlungen, und wie verändern sie sich unter dem Einfluß dieser Einwirkungen? Welche neuen Beziehungen, welche veränderten Haltungen entstehen auf diese Weise? Wie werden Zielerreichung und Nichterreichung des Ziels verarbeitet? Oder, im Falle von Texten über die unbelebte Natur, welche Transformationen in der Zeit führen zu neuen Bedingungsgefügen? Wie sind sie begrifflich zu fassen? Welches sind ihre Auswirkungen, bzw. ihre Anwendungen? Diese Klarlegung der Struktur des sachlichen Textgehaltes erfordert seine Integration in das Wissen und die Erfahrung des Schülers.

Wie aber den Schülern helfen, in den *Gefühlsgehalt* eines Textes einzudringen? Gefühle kann man nicht direkt erzeugen, so wie man Gedanken erzeugen kann. Es gibt auch kein Sprechen über Gefühle *neben* dem Sprechen über die Sache. Selbst wenn wir über Gefühle sprechen, so tun wir das in sachlichen Begriffen. Auch ist das Sprechen über Gefühle selbst kein Gefühl, und es erzeugt es in der Regel nicht. Im Gegenteil: Jedermann weiß, daß das Sprechen über Gefühle diese häufig gerade zerstört.

Natürlich gibt es die Gefühlstöne in der Sprache des Lehrers, und sie übertragen sich auch teilweise auf die Schüler. Aber was für die Erzeugung von Gefühlen bei anderen gilt, das gilt auch für die Erzeugung von Gefühlen bei sich selbst: wir können sie nicht machen, sie ereignen sich. Aus diesen Gründen sind die Möglichkeiten einer bewußten Einflußnahme im Bereiche der Gefühlserlebnisse beschränkt.

Trotzdem kann man einige Regeln formulieren. Die erste schließt an das an, was wir oben über die mögliche Zerstörung der Gefühle durch das Zerreden gesagt haben. Wenn wir das wissen, so werden wir nicht versuchen, den Gefühlsgehalt eines Textes lebendig zu machen, indem wir über die Gefühle sprechen. Wir werden vielmehr von den Handlungen der Menschen und ihren Erfahrungen sprechen. Indem wir sie uns vergegenwärtigen, werden in uns auch die Gefühle wach, die die Menschen der Geschichte bewegen, und wir entwickeln die reaktiven Gefühle, die uns überkommen, wenn wir uns die handelnden Personen des Textes vor Augen führen. Dieser Vorgang entspricht der natürlichen Entstehung der Gefühle, die ja auch nicht als solche angestrebt werden, sondern uns überkommen, indem wir handeln und das Handeln und das Erleiden der anderen beobachten.

Bei alledem gibt es eine Haltung, die sich nicht gegen das eigene affektive Geschehen wehrt, sondern es bejaht und sich ihm öffnet. Natürlich ist hier Zurückhaltung und Takt am Platz. Andererseits muß der moderne Mensch zum Teil wieder lernen, sich seinem Gefühl zu öffnen und es sich ereignen zu lassen, statt es mit einem Kunstgriffe rasch abzutöten.

Als dritte Regel können wir formulieren: Den Gefühlsgehalt eines Textes realisieren wir, indem wir uns in die Lage der darin vorkommenden Personen versetzen und ihre Handlungen und Erfahrungen im Geiste mitvollziehen. Manche Ereignisse kann man in ganz verschiedener Weise betrachten: als objektives Geschehen oder unter dem Gesichtspunkt der beteiligten Menschen. Im schweizerischen Bauernkrieg, auf den wir in den folgenden Kapiteln noch mehrmals zu sprechen kommen, gab es beispielsweise einen Anführer namens Niklaus Leuenberger, ein geachteter, zurückhaltender, gläubiger Bauer aus dem mittleren Emmental, Besitzer eines Hofes, den man heute noch sehen kann, Vater einer zahlreichen Familie, der ein schweres, unverdientes Schicksal erlitt, indem er zum Tode verurteilt, enthauptet und geviertelt wurde. Indem man den Bauernkrieg nicht einfach als ein Spiel politischer, ökonomischer und sozialer Kräfte darstellt, sondern die Vorgänge aus der Sicht der handelnden Menschen beleuchtet, erlaubt man den Schülern, sich mit den Personen zu identifizieren und die emotionale Seite des Geschehens zu erleben.

Schließlich der *normative* Aspekt: Hier wird ein gutes Stück präzises Denken notwendig und möglich, denn Wertungen sind ja nicht einfach Gefühlsreaktionen, auch wenn sie häufig affektiv getönt sind. Daß die Strafe Niklaus Leuenbergers durch die Berner Regierung ungerecht und grausam war, kann man mit Argumenten begründen: daß andererseits auch viele Forderungen der Bauern politisch unklug waren, läßt sich ebenso gut zeigen. Auch bestehen zwischen Werturteilen häufig Ableitungs- und Begründungszusammenhänge, die klar herausgearbeitet werden können. Wer die Umwelt schützen will, kann nicht zugleich ein Freund von schnellen Wagen sein.

Lesen im Rahmen umfassender Unterrichtseinheiten

Die Lesemotivation hängt nicht nur von der Art und Weise ab, wie wir die Texte erschließen. Es ist notwendig, daß das Lesen selbst eine Funktion im Rahmen umfassenderer unterrichtlicher Handlungen und Prozesse erhält.

Wir erinnern hier an die fundamentalen Unterschiede zwischen dem rekreativen und dem arbeitsbezogenen Lesen des Erwachsenen: rekreatives Lesen ist wenig mit dem übrigen Leben verbunden, ja, es dient häufig dazu, der Wirklichkeit zu entfliehen. Man spricht in diesem Sinne von „evasorischem Lesen" (Evasion bedeutet Flucht). Das arbeitsbezogene Lernen andererseits dient in der Regel der Informationsbeschaffung im Dienste einer umfassenden Aufgabe. Diese Situation kann man auch im Unterricht realisieren. Wenn in diesem Falle das umfassende Thema interessant ist und vom Schüler bejaht wird, so ist er auch motiviert, zu lesen, um etwas zu erfahren, das dem Projekt weiterhilft.

So die Schüler, die ein Aquarium oder ein Terrarium einrichten und planen, um darin verschiedene Tiere (z. B. Kaulquappen) zu halten und ihre Entwicklung zu verfolgen. Wenn man ein Tier halten will, muß man seine Nahrung kennen und wissen, welche Bedingungen für seine Gesundheit erfüllt sein müssen. Statt den Schülern diese Informationen einfach zu liefern, wird sie der Lehrer auf die entsprechende Literatur hinweisen: Sachbücher, Lexika, Anleitungen für die Hand der Schüler, und er wird bei dieser Gelegenheit dafür sorgen, daß sie die entsprechende Informationssuche auch nach den richtigen Regeln und daher erfolgreich durchführen. Hier beginnt jene methodologische Schulung, die den Schüler am Ende befähigt, mit Fachliteratur erfolgreich umzugehen: sich im Inhaltsverzeichnis und im Sachverzeichnis zu orientieren, gezielt zu lesen, das Wesentliche herauszuschreiben, es zusammenzufassen, Anleitungen in Handlungen umzusetzen, einen Gegenstand nach Instruktionen herzustellen usw. Vollständige Aufzählungen sind hier nicht möglich. Zu seiner Vorbereitung führt der Lehrer diese Handlungen einfach selber durch und notiert seine einzelnen Maßnahmen. In der Folge achtet er darauf, daß auch die Schüler sie methodisch richtig ausführen.

Eine andere Gruppe von Tätigkeiten im Umkreis des Lesens ist sozialer Art: Im Anschluß an bestimmte Lektüren und entsprechende Handlungen werden die Ergebnisse in der Klasse oder in Gruppen diskutiert. Die Diskussionsergebnisse werden schriftlich festgehalten und wiederum ausgetauscht. Texte können mit persönlichen Erfahrungen verglichen, beurteilt und kritisiert werden.

An den höheren Schulen und in einem traditionelleren Deutschunterricht tritt an die Stelle eines aktiven, tätigen Projektrahmens häufig die Einordnung des Textes in verschiedene *theoretische Perspektiven.* GRZESIK (1976, 128 ff.) nennt die folgenden klassischen Bezüge:

(1) *Textvergleich*. Es handelt sich um den Vergleich des Textes mit ähnlichen oder gegensätzlichen Texten. Die Ähnlichkeit kann sich auf die Thematik oder auf verschiedene Formmerkmale beziehen. Beispiele wären:

Entwicklungsromane, Balladen, Sonette. Derartige Vergleiche ermöglichen vielerlei Schüleraktivitäten: individuelle Arbeit, Gruppendiskussionen, Klassengespräche, Gegenüberstellung im einzelnen, Erklärungsversuche für gefundene Unterschiede, Suche nach weiteren ähnlichen Texten, vergleichende Beurteilungen usw. Bei der Herausarbeitung gemeinsamer Merkmale gelangt man zu verschiedenen *Textklassen,* innerhalb deren wiederum Differenzierungen möglich sind.

(2) *Text und eigene Beobachtung/Erfahrung.* Überall dort, wo der Schüler selbst Kenntnisse und Erfahrungen zum Inhalt eines Textes besitzt oder sie sich verschaffen kann, werden interessante Vergleiche möglich.

SCHEIBNER ([3]1951) berichtet, wie die Schülerinnen eine Pflanze, den Lerchensporn *(corydalis)* im Gelände und im Klassenraum untersuchen und wie sie die selbst erarbeitete Darstellung der Blüte sodann mit der sprachlichen Schilderung derselben durch den glänzenden Beschreiber WORGITZKY vergleichen, um dann in einem dritten Schritt die beiden Darstellungen dem Bild in SCHMEILs Lehrbuch der Botanik gegenüberzustellen.

Hier interessiert die Tatsache, daß ein Text zur eigenen Beobachtung und zum wissenschaftlichen Bild des Gegenstandes in Beziehung gesetzt wird: Dies öffnet den Schülern nicht nur die Augen für die Eigenart des Textes, sondern schärft ihren Blick umgekehrt auch für die Stärken und Schwächen der eigenen Beobachtung und Darstellung. Es ist zugleich ein schönes Beispiel der Einordnung der Behandlung eines Textes in einen projektartigen Kontext.

Aber es braucht sich nicht nur um naturwissenschaftliche Beobachtungen zu handeln. Text und eigene Erfahrung können auch Erfahrungen mit Menschen und Tieren betreffen, und diese können vom Schüler schon vor der Lektüre des Textes, im Alltag, gewonnen worden sein oder aber im Rahmen oder am Rande des Unterrichts veranlaßt werden.

So schlagen MESSNER, GRITSCH & LUCHNER (1975) vor, im Rahmen einer Unterrichtseinheit über Hunde einen Text nach Konrad LORENZ (1965) zu lesen. Die Autoren liefern in ihrem Lesebuch für Schüler der vierten Klasse ihrerseite mehrere kurze Hundegeschichten und weitere Texte über Hunde. Zugleich aber fordern sie die Schüler auf, von ihren eigenen Erfahrungen mit Hunden zu berichten und Selbstbeobachtungen über das Verhalten von Hunden anzustellen. Der Gedanke ist dabei nicht nur, Text und eigene Beobachtung/Erfahrung zu vergleichen, sondern auch, aus den Texten Erkenntnisse und Gesichtspunkte zu gewinnen, die die eigenen Beobachtungen strukturieren und bereichern.

In ähnlicher Weise können Schüler zu Problemkreisen, denen sie im Rahmen des Leseunterrichts begegnen, Befragungen und Beobachtungen an Menschen anstellen. Wir denken hier noch einmal an die Erziehungsromane, die dazu führen können, daß Schüler Kinder beobachten und Eltern befragen.

(3) *Text und Autor*. Mit älteren und begabteren Schülern wird die Beziehung Text–Autor zunehmend wichtig. Dabei geht es nicht vor allem darum, Beziehungen zwischen der persönlichen Eigenart oder dem persönlichen Schicksal des Autors und dem Text herzustellen. Man wird häufiger den Autor in *seiner Zeit* und seiner sozialen, politischen oder ökonomischen Umwelt zu sehen suchen und sich fragen, wie sich seine Erfahrungen im Werke widerspiegeln.

Wir denken hier an einen Text wie „Die Leiden und Freuden eines Schulmeisters" von Jeremias Gotthelf, ein Werk, in dem der Autor seine Erfahrungen mit der liberalen Revolution von 1830 verarbeitet. Zugleich wird darin die persönliche Entwicklung des Autors GOTTHELF vom liberalen Pfarrer und Vorkämpfer für eine Reform der Schule und Lehrerbildung zum vorsichtig abwägenden Liberalkonservativen sichtbar.

Wir brauchen diese Überlegungen nicht weiter zu entwickeln. Sie gehören zum Rüstzeug jeder Literaturwissenschaft. Wichtig ist jedoch die Einsicht, daß die Beziehungen zwischen Werk und Autor zu wertvollen Schüleraktivitäten führen können, indem die Schüler aufgrund der Lektüre *Vermutungen* über die Person, das Lebensschicksal und die Zeitumstände des Autors anstellen und die anschließende Beschäftigung mit den entsprechenden Quellen dazu dient, die aufgestellten Vermutungen und Hypothesen zu *verifizieren*. Hier treten im Rahmen der Geisteswissenschaften Denkformen auf, die auch von den Naturwissenschaften gepflegt werden.

(4) *Text und Leser*. Die Literaturwissenschaftler sprechen von der Rezeptionstheorie. Es geht um die Frage, wie ein Werk von den Lesern aufgenommen worden ist, und wie die Art der Rezeption aus der Wechselwirkung von Werk und Situation des Lesers zu erklären sei. Nun ist es unmittelbar klar, daß die Leserschaft und ihre Aufnahme eines Werkes schwer zu erfassen ist und daß sich im Unterricht diese Schwierigkeiten zum Teil potenziert wiederfinden. Es handelt sich hier also sicher um Betrachtungsweisen, die selten angestellt werden. Am einfachsten ist es, den Text in seiner Aufnahme durch Leser, die ihrerseits bekannt sind und deren Ansichten man kennt, zu behandeln. Dann aber können die Erkenntnisse sehr fruchtbar sein.

So weiß man etwa um die Faszination KANTS vor dem Werk ROUSSEAUS. Als er den „Emile" erhalten hatte, soll er seinen Nachmittagsspaziergang, den er mit äußerster Regelmäßigkeit absolvierte, ausgelassen haben, was man im kleinen Königsberg mit Staunen registrierte. Nun liegen aber die Gründe für die positive Aufnahme des „Emile" durch KANT keineswegs auf der Hand. Was sollte an diesem Naturevangelium und an einer Pädagogik des Wachsenlassens dem strengen KANT, dem Verfasser der „Kritik der reinen Vernunft" und dem Urheber des „Kategorischen Imperativs" so sehr gefallen haben? Die Lösung des Problems läßt die Schüler sowohl den „Emile" als auch KANT besser verstehen. CASSIRER (1943/1944 und 1963) hat dazu eine großartige Deutung geliefert.

Etwas allgemeiner betrachtet, kann man sagen, daß alle hier genannten Bezüge eines Textes, nämlich zum anderen Text, zur Sache, zum Autor und zum Leser, den Text in eine umfassendere *Perspektive* einordnen. Dies aber ist eine Operation, die in vielen Bereichen des Denkens grundlegend ist, denn sie bedeutet nichts anderes als den Versuch, die Erscheinung in das umfassende Weltwissen einzuordnen. Wir haben dies für die Erfassung des Inhaltes festgestellt. Jetzt tun wir dasselbe für das Werk als Erzeugnis des menschlichen Geistes. Mit dieser Betrachtungsweise weitet sich die Sicht des Schülers. Er baut etwas von der ursprünglichen Naivität der Textrezeption ab (GRZESIK 1976, 133). Die Kunst des Leseunterrichts besteht darin, diesen Abbau so zu steuern, daß die unmittelbare Erlebnisfähigkeit des Schülers trotzdem erhalten bleibt.

Textverarbeitung im Unterricht

In den bisherigen Überlegungen haben wir sozusagen die großen strategischen Aspekte der Planung von Leseunterricht behandelt: seine Einordnung in umfassende Arbeits- und Erkenntnisvorgänge, die Einordnung des Werkes in den Kontext seiner Erzeugung und Rezeption. In der Folge steigen wir eine Stufe tiefer und betrachten die spezifischen Methoden der Textverarbeitung im Unterricht. Der Grundgedanke ist dabei, daß sich zwar der Lehrer als erster für sie sensibilisieren und sie bewußt anwenden sollte, daß aber in einem zweiten Schritt auch die Schüler ein Methodenbewußtsein und die entsprechenden Fertigkeiten erwerben sollten. „Der Schüler muß Methode haben", dieser Satz GAUDIGS ist zweifellos gültig.

So nennen wir in der Folge eine Reihe von didaktischen Regeln, welche die Methoden und Techniken des Lesens betreffen, in der Meinung, daß sie der Lehrer in seinen Leselektionen beobachte. In einem zweiten Schritt wollen wir dann jeweils überlegen, wie man den Schüler zu ihrer bewußten Anwendung hinführen kann.

Überlegungen zur Vorbereitung der Lektüre

Die erste Regel haben wir schon im psychologischen Teil formuliert: Wir werden uns in der Regel vor, manchmal aber auch im Verlaufe und in seltenen Fällen nach der Behandlung eines Textes die Frage stellen, welches das Ziel oder der mutmaßliche Ertrag einer Lektüre ist. Wir versprechen uns davon eine motivierende, interessenweckende Wirkung, zugleich aber auch eine erste Ausrichtung der Aufmerksamkeit, die zur Beachtung dieses und jenes Zuges oder inhaltlichen Elementes im Text führt. Diese Zielreflexion macht dem Schüler seine eigenen Bedürfnisse bewußt, zum Teil wird sie diese Bedürfnisse überhaupt erst schaffen oder doch wecken. Auch dies dient dem bewußten Lesen. Im Grenzfall haben diese gemeinsamen Überlegungen die Form einer eigentlichen *„Lernzielberatung"* (FÜGLISTER 1978), ein Vorgang des gemeinsamen Sich-Ziele-Setzens.

Eine derartige Beratung geht nahtlos in die *Planung* der Lektüre über. Werden wir den ganzen Text einmal ganz durchlesen (in der Klasse oder zu Hause?), und werden wir dann über den Text sprechen? Oder ist er so schwierig, daß wir vorher noch viel lernen und erfahren müssen, um ihn zu verstehen? Wie werden die Schüler das herausfinden, da sie den Text ja noch nicht kennen? Werden wir stichprobenartig darin lesen und uns über unsere Anmutungen aussprechen? Welche Aspekte des Textes sollen besonders beachtet werden? Manches können die Schüler bei gewissen Texten überlegen, einiges andere überschreitet ihre Möglichkeiten, weil sie den Text ja eben noch nicht kennen. An diesen Punkten müssen die Schüler dem Urteil des Lehrers vertrauen.

In diesem Zusammenhang ist es auch sinnvoll, daß die Schüler sich über ihr *bisheriges Wissen,* über die Problematik des Textes Rechenschaft ablegen. In dieser Bestandsaufnahme über das vorhandene Wissen können auch schon die Lücken und die ergänzungsbedürftigen Regionen definiert werden. Die nachfolgende, dem Text entnommene Information wird dann um so besser in das vorhandene Wissen eingeordnet werden.

Wenn wir uns nun die Frage stellen, ob die hier genannten Vorüberlegungen auch für das persönliche und individuelle Lesen des Schülers und des Erwachsenen sinnvoll sind, so lautet die Antwort sicher: ja! Wenn man Kinder in Bibliotheken beobachtet, so erkennt man häufig ihre Ratlosigkeit vor dem großen Angebot und schließlich die relative Zufälligkeit ihrer Wahl. Bibliothekare stellen Schülern in dieser Lage mit Recht die Frage nach ihren Interessen und versuchen, sie in dieser Richtung zu beraten. Besser ist es aber sicher, wenn der Schüler selbst lernt, sich nach seinen Interessen und Zielen zu fragen und diese mit einer gewissen Bewußtheit zu verfolgen. Zum Bewußtsein bringen wir ihnen diese Fragerichtungen, wie in anderen Fällen, indem wir sie formulieren und sie schriftlich festhalten. So könnte die Besinnung über die Ziele, die wir mit der Lektüre von Machiavellis „Principe" verbinden, etwa lauten:

Verstehen, was Machiavellismus bedeutet.

Verstehen, was daran nützlich, was gefährlich, was legitim, was unsittlich ist.

Ist MACHIAVELLI ein typischer Rennaissance-Mensch?

Können wir aus seinem Werk etwas über das Italien des 15. Jahrhunderts lernen?

Hat MACHIAVELLI den Machiavellismus selbst praktiziert?

Gibt es in der Geschichte Europas (Amerikas) typische Machiavellisten? Wie ist es ihnen ergangen?

Wenn im Unterricht vor jeder größeren Lektüre-Einheit derartige Fragen formuliert werden, so steht zu erwarten, daß der Schüler sie sich mit der Zeit von sich aus zu stellen beginnt. Wenn er es im Rahmen seines Studiums tut, so wird er sicher zum besseren Leser, als wenn er konzeptionslos und ohne Fragen an seine Lektüre geht. Entsprechendes ist natürlich von der Planung der Lektüre zu sagen.

Zur Praxis des Lesens mit Klassen

Eine wichtige Vorentscheidung ergibt sich aus WEIGLs (1976) Aussage, daß das laute Lesen für einen Zuhörer und das stille Lesen zur persönlichen Informationsgewinnung verschiedene Prozesse sind. Die vielerorts geübte Praxis, in der Unterrichtsstunde selbst lange Passagen *prima vista* lesen zu lassen und zu erklären, mißachtet WEIGLs Aussage. Besonders schlimm ist dabei das satzweise Lesen bei älteren Schülern, denn es unterbricht die Sinnkonstruktion ständig.

Auch hier braucht man sich bloß an der Praxis des Alltagslebens zu orientieren, um zum rechten Unterrichtsverfahren zu gelangen: Wenn wir irgendwo etwas vorlesen müssen, so bereiten wir uns darauf vor, wenn wir uns für den Inhalt eines Textes interessieren, so lesen wir ihn still für uns. Natürlich ist es sinnvoll, daß der Schüler laut lesen lernt, und prüfungshalber kann man ihn auch etwas vom Blatt lesen lassen. Aber so wie man von einem Instrumentalisten auch nicht verlangt, ein Konzert vom Blatt zu spielen, so sollte man den vorlesenden Schüler auch nicht immer vom Blatt lesen lassen, sondern ihm Gelegenheit zur Vorbereitung geben. Das kann in der Stunde selbst oder zu Hause geschehen. Dann ist es sehr viel berechtigter, vom Schüler einen fehlerfreien Vortrag zu erwarten, denn beim Lesen-vom-Blatt spielen Aufregung und Spannung für viele Kinder eine störende Rolle. Sie stehen dann als schlechte Leser da, obschon sie vielleicht nur schlechte Vom-Blatt-Leser sind.

Das Lesen mit dem Ziel der inhaltlichen Verarbeitung geschieht im Prinzip leise, indem jeder Schüler für sich liest. Erst wenn das geschehen ist, kann man einzelne Schüler auffordern, noch einmal gewissen Passagen, über die man sich in der Folge auszusprechen gedenkt, laut vorzulesen. Damit gleichen wir das Verfahren der Lesepraxis im Alltag an.

Sehr wichtig und viel zu wenig gepflegt wird im Unterricht das Vorlesen von Texten, die nicht alle vor sich haben und mitlesen. Dieses Lesen schafft im Schüler eine starke Motivation, gut vorzulesen, denn die Zuhörer lohnen es ihm mit ihrem Interesse und ihrem Beifall. Dieses Vorlesen kann man zudem so gestalten, daß die Schüler eine gewisse Wahlfreiheit haben, was

sie ihren Kameraden vorlesen wollen. Dies löst ein bewußtes Suchen nach geeigneten Stoffen, eine bewußte Auswahl und spontane Vorbereitung für das Vorlesen aus. Da aus Büchern jeweils nur kürzere Stellen vorgelesen werden können, ergibt sich der natürliche Anlaß, vorausgehende und verbindende Passagen für die Zuhörer zusammenzufassen, eine wichtige Übung, wie wir noch sehen werden.

Schließlich werden sich die europäischen Lehrer noch dafür interessieren, daß es in amerikanischen Primarschulen von der ersten Klasse an eine verbreitete Praxis ist, frei zu lesen. In vielen Schulklassen findet man eine Leseecke mit einem runden Tisch und bequemeren Stühlen, umgeben von einer attraktiven Klassenbibliothek, die auch Jugendzeitschriften enthält. Wer mit einer Klassenarbeit fertig ist, also seine Rechnungen oder seine Sprachübung abgeschlossen hat, darf in der Leseecke etwas nach freier Wahl lesen, statt daß er eine – häufig an den Haaren herbeigezogene – Zusatzarbeit erhält. Auch diese Praxis ist vom Lesen im kultivierten Alltag inspiriert.

Die „freie Aussprache" über den Text

In ihrem Buch „Der Schüler als Leser" postulieren die Autoren FRANK & STEPHAN (1979), daß die Assimilation eines Textes mit einer Phase der freien Aussprache beginne, und sie nennen dafür gute Gründe. Wir würden unsererseits sagen: Es geht im Unterricht nicht nur darum, dem Schüler die „richtige" Deutung eines Textes zu vermitteln. Es geht vorerst darum, daß er für den Schüler selbst bedeutungsvoll werde. Der Schüler soll wissen: der Text ist vorerst ein „Text für mich". Am Anfang steht, mit anderen Worten, die persönliche Erfahrung des Textes. Dies gilt natürlich besonders für die belletristische Literatur. Indessen hat das Prinzip sein Gegenstück bei Sachtexten, die wir mit einer bestimmten Fragestellung lesen. Hier lautet die Frage ebenfalls: Was gibt der Text für unser Problem her? Es geht also auch hier nicht um seine Bedeutung „an sich", sondern in bezug auf die besonderen Bedürfnisse der Klasse. Nach FRANK & STEPHAN ist es nicht selbstverständlich, daß die Schüler äußern können und wollen, was ihnen der Text bedeutet. Häufig erkennen sie seine mögliche Bedeutung vorerst nur unvollkommen, denn sie kennen ihre eigenen Bedürfnisse ja auch nur unklar und können sie schlecht explizieren. Aber das ist der Zweck der „freien Aussprache": die erste, persönliche Begegnung in Gang zu setzen. Die Voraussetzung dafür, daß sich die Schüler äußern, ist ein Vertrauensverhältnis zwischen Lehrer und Klasse und das Bewußtsein, daß ihre Reaktionen vom Lehrer ernst genommen werden. Vom Lehrer und den Mitschülern verlangt dies eine Haltung des aktiven Zuhörens und das Bemühen, die unvollkommenen Äußerungen der Schüler zu verstehen, mehr als das, ihnen zu helfen, das zu formulieren, was sie eigentlich empfinden und sagen wollen. Da die Gegenwart des Lehrers viele Schüler dazu verführt, doch vor allem an das zu denken, was der Lehrer hören möchte, ist es auch eine gute Regel, die Schüler sich in Gruppen über den Text aussprechen zu lassen und die Ergebnisse dieser Diskussion im gemeinsamen Klassengespräch zusammenzutragen. Auch individuelles Nachdenken und Aufschreiben der eigenen Reaktionen ist eine mögliche Methode. Das Ganze ist, wie schon die Leipziger Schule (siehe Kapitel XIII) betont hat, ein Lernprozeß, der sich über längere Zeit erstreckt.

Schon bei dieser Aussprache wird der Lehrer die fruchtbaren Gesichtspunkte und Gedanken an der Wandtafel festhalten, denn in der Folge wird man ja versuchen, eine verbindlichere Interpretation zu gewinnen, und da ist es gut, wenn diese nun nicht beziehungslos neben die eigenen Reaktionen gestellt, sondern zu diesen in Beziehung gesetzt wird. Im Grenzfall wächst die schließliche Interpretation nahtlos aus den Reaktionen der Schüler heraus. Dazu ist aber einiges ,,Zaubern" durch den Lehrer, d. h. eine geschickte Auswahl aus den Reaktionen der Schüler und ihre Deutung im Hinblick auf die angestrebte verbindliche Interpretation notwendig.

Zusammenfassen und Interpretieren

Es ist anzunehmen, daß der Lehrer einige Gedanken in die Interpretation einbringen möchte, die in der freien Aussprache noch nicht vorgekommen sind, und daß er eine Vorstellung von der Struktur des Textes, seines affektiven Gehaltes und seiner Werthaftigkeit hat, die er als richtig und für die Schüler fruchtbar ansieht. Diese zu erarbeiten ist das Ziel der nächsten Phase.

Wir erinnern uns daran, daß Zusammenfassen und Interpretieren nicht ohne weiteres zu trennen sind. Zusammenfassen heißt immer: unter einem Gesichtspunkt zusammenfassen. Diese Gesichtspunkte ergeben sich aus einer Beurteilung des strukturellen, affektiven und normativen Kerns des Textes. Weiter denken wir daran, daß die Interpretation das bisherige Wissen und die bestehende Erfahrung des Schülers maßgeblich ins Spiel bringt. Die Frage ist also, was der Schüler an deutenden Begriffen und Werten schon besitzt und was in der Lektion neu aufgebaut werden muß. Hier stellen sich, mit anderen Worten, Probleme der Bildung von Begriffen und ihrer Anwendung auf den Text. Das Ziel ist, daß der Schüler Klarheit über die Beziehungen innerhalb des Textes und zwischen den Phasen, die er durchschreitet, gewinnt. Am Ende müßte der Schüler sie wie einen kognitiven Plan vor sich sehen. Diese Deutung dürfte nun nicht mehr bloß subjektiv sein; sie müßte dem entsprechen, was der Autor intendiert hat – bei aller Einsicht in die Grenzen dieser Schlüsse.

Wichtig ist die zyklische Natur des Prozesses, die in NEISSERS Schema (S. 125) zusammengefaßt ist. Im Deutungsvorgang wird der Text vorerst einmal versuchsweise interpretiert. Dies führt zu einer ersten Sicht. Diese wiederum leitet eine erneute Lektüre, die zu einer modifizierten, erweiterten und vertieften Deutung führt, usw. Praktisch bedeutet jeder dieser Umgänge eine Prüfung der bisherigen Deutung im Licht einer erneuten Lektüre. Wenn der Vorgang bewußt vollzogen wird, können wir von einem hypothesengeleiteten Vorgehen mit laufender Verifikation der Interpretationen sprechen.

Die Integration der Deutung in das Wissen des Schülers

Wie wir im psychologischen Teil dieses Kapitels gesehen haben, sind es die so gewonnenen wesentlichen Strukturen, die gespeichert werden. Der Schüler kann sich ja nicht jedes Wort und jeden Satz des Textes einprägen. Wichtig ist, daß diese Integration vielseitig geschieht. Es gibt eine Aufnahme von Texten (und allgemein von Erfahrung), die den Inhalt sozusagen als Schulwissen „schubladisiert", ohne ihn mit den eigenen grundlegenden Erfahrungen in Verbindung zu bringen. Anderseits gibt es das „tiefe Empfinden" einer Wahrheit, von dem PESTALOZZI häufig spricht: die Aufnahme eines Textes in jene Strukturen, die den Kern der Persönlichkeit bilden.

Wie kann man das erreichen? Wir meinen, daß hier schon die erste Begegnung mit dem Text eine wichtige Rolle spielt. Wenn sie von Anfang an unter schulischen Gesichtspunkten erfolgt und die Schüler Aussagen produzieren, die vor allem dem Lehrer gefallen sollen, so ereignet sich weder Begegnung noch echte Integration. Wenn die erste Begegnung andererseits bei aller Naivität (oder vielleicht gerade deswegen!) aus echtem Empfinden heraus erfolgt ist, bereitet sich auch eine echte Assimilation vor. Hier spielt natürlich noch einmal der ganzheitliche Charakter der Aufnahme eine wichtige Rolle: die bloße intellektuelle Verarbeitung führt für viele Schüler nicht weit. Es ist relativ leicht zu spüren, ob ein Text und seine Deutung die Schüler erreicht. Man merkt es am Ton und am Gehalt ihrer Beiträge und an der Tatsache, ob die ausgesprochenen Gedanken über die einzelnen Schulstunden hinaus wirksam sind und in den späteren Äußerungen und Arbeiten der Schüler wieder auftauchen.

Im Fall von Sachtexten, insbesondere dann, wenn sie mit einer bestimmten Fragestellung gelesen werden, ist dieses Zusammenfassen und Interpretieren meistens problemlos. Hier geht es vor allem um sachliche Klarheit und um eine Verarbeitung, die die gewonnene Erkenntnis verwendbar macht. Bei komplexen Sachstrukturen kann es nützlich sein, sie netzartig darzustellen oder in eine andere graphische Darstellung umzusetzen. Diese Transformation stellt zugleich eine gute Prüfung des Verständnisses dar.

Wie lernt der Schüler, derartige Verfahren selbständig anzuwenden? Ganz einfach, indem man ihm Gelegenheit dazu gibt. Das ist im Falle von Texten leicht zu bewerkstelligen. Wir kommen im Kapitel über die Hinführung zur selbständigen *Anwendung* auf das Problem zurück. Wichtig ist jedoch, daß der Lehrer diese Zielvorstellung überhaupt hat. Es geht nicht darum, daß immer neue Texte immer neu interpretiert werden. Der Schüler muß die Gelegenheit erhalten, einmal eingeführte Gesichtspunkte und Verarbeitungsformen an ähnlichen Textbeispielen selbständig anzuwenden. Lotte MÜLLER (1930; ^{4}1951; ^{6}1962) hat dazu schöne Beispiele gegeben.

Die Wiedergabe von Texten

Wir haben gesehen, wie die moderne kognitive Psychologie den Vorgang der Wiedergabe deutet: nicht als das Wiederaufscheinen von inneren Abbildern des Textes, sondern als seine Rekonstruktion auf der Basis der gespeicherten Makrostruktur, in der Sprache des Alltags: auf der Basis der Einsicht in die großen Zusammenhänge. Diese werden im Wiedergabevorgang entfaltet und ergänzt. Einzelheiten konkretisieren und spezifizieren die allgemeinen Zusammenhänge.

Diesen Vorgang muß der Schüler kennen, und er muß ihn bewußt anstreben. Man findet immer wieder Schüler, die mangels Anleitung und Einsicht in das Wesen des Reproduktionsvorgangs oder aus Angst, so nicht weiterzukommen, Texte oder Zusammenfassungen einfach auswendig lernen. Also muß man mit ihnen das andere Verfahren üben. Dabei sind Abstufungen der Schwierigkeit leicht herzustellen. In einem ersten Schritt lassen wir die Schüler den Text aufgrund einer vorliegenden Zusammenfassung wiedergeben, und zwar vorerst schriftlich und individuell, ohne Zeitdruck. In einem zweiten Schritt versuchen sie dasselbe mündlich für sich. In einem nächsten Schritt geschieht dies in einer kleinen Gruppe von Mitschülern, noch ohne die Gegenwart des Lehrers. Erst am Schluß referiert der Schüler vor der ganzen Klasse und vor dem Lehrer. Im schriftlichen Verfahren wird man den Schülern vorerst erlauben, wo nötig den Originaltext zu benützen, dann nur mehr nach der Zusammenfassung zu arbeiten und schließlich aufgrund der memorierten Grundgedanken zu schreiben. Bei der mündlichen Wiedergabe ist der Rekurs auf den Text nicht mehr möglich, aber auch hier soll der Schüler sowohl aufgrund eines schriftlichen Schemas als auch ganz „aus dem Kopf" referieren lernen. Daß dies zugleich eine hervorragende Sprachschulung darstellt, leuchtet unmittelbar ein. Auch hier wird man die methodologischen Probleme gemeinsam besprechen und sie den Schülern bewußt zu machen versuchen. Man wird ihnen empfehlen, diese Techniken auch für ihre persönliche Studienarbeit zu nutzen.

Schließlich aber betonen wir noch einmal, daß die Wiedergabe eines

Textes nicht der typische Abschluß der Arbeit ist. Es ist die weitere Verwertung der gewonnenen Einsichten oder – etwas tiefer gedeutet – das Leben mit jenen bereicherten Einsichten, Erlebnismöglichkeiten und Wertorientierungen, die sich in der Verarbeitung des Textes eröffnet haben. Typischer *Abschluß?* Eigentlich nicht, sondern typischer Fortgang des Lernens, Arbeitens und Er-lebens.

VI. Grundform 5: Schreiben – Texte verfassen

Die Erziehung zur Textgestaltung ist in den westlichen Ländern durch mancherlei historische Hypotheken belastet. Jahrhundertealte, zum Teil versteinerte Praktiken stehen schief neben der Wirklichkeit des modernen Lebens und eines natürlichen Schreibverhaltens. Kein Wunder, daß die Briefe und Zuschriften, welche Ämter und öffentliche Institutionen erhalten, zum Teil kaum zu verstehen sind. Kein Wunder auch, daß viele Gebildete nicht schreiben können. Das Wort von „Wissenschaftschinesisch" legt davon Zeugnis ab. Was ist das also: Schreiben – Texte verfassen? und wie müßte man es anstellen, daß es im Unterricht gelernt wird? Im psychologischen Teil dieses Kapitels versuchen wir, die erste und im didaktischen Teil die zweite dieser Fragen zu beantworten.

Psychologischer Teil
Wer schreibt, möchte etwas bewirken

Bis vor kurzem hat die Psychologie kaum etwas zum Verfassen von Texten zu sagen gehabt. Seit den 60er Jahren hat sich jedoch die Szene gründlich gewandelt, und es ist heute möglich, einiges Vernünftige über die Entstehung und die Funktion von Texten zu sagen. Das ist den Fortschritten der Handlungs- und Kommunikationstheorie und der kognitiven Psychologie zu verdanken.

Was Texte bei Lesern bewirken: zur Theorie der Textsorten

Wenn wir uns von der Vorstellung lösen, daß Schüler in der Schule vor allem lernen müssen, Aufsätze zu schreiben, und stattdessen feststellen, daß es um das *Verfassen von Texten geht,* so stellt sich sofort die Frage, was es denn für Typen oder – wie die Sprachwissenschaftler sagen – „Sorten" von Texten gebe. Ein Blick auf die Texte, die erwachsene Menschen im Beruf und außerhalb verfassen, zeigt ein Bild von überraschender Vielfalt: Journalisten und Zeitungsredakteure formulieren Nachrichten, Leitartikel, Außenstehende verfassen Inserate, formulieren amtliche Bekanntmachungen, Wetterberichte. Techniker verfassen Gebrauchsanweisungen, Kaufleute Garantieerklärungen. Eine riesige Werbeindustrie produziert Reklametexte aller Art. An Gerichten werden Klage- und Verteidigungsreden vorgetragen, Urteile formuliert und bekanntgegeben. An Hochzeiten werden Liturgien abgewickelt, Eheversprechen abgelegt, lustige Reden gehalten, Schnitzelbanken aufgeführt. Professoren schreiben Vorlesungen und Bücher, Studenten Seminararbeiten und Prüfungsaufsätze. In Geschäften und Fabrikationsbetrieben werden Offerten geschrieben, Verträge formuliert, Lieferungen angekündigt, Rechnungen gestellt, Mahnungen versandt. Einige Menschen schreiben Gedichte, Theaterstücke und Romane.

Wie diese Vielfalt von Texten ordnen und wie sie kategorisieren? GRIMM & ENGELKAMP (1981) stellen fest: „Eine allgemeine anerkannte Typologie von Texten steht noch aus." Das wird wohl auch in Zukunft so bleiben. Denn die Vielfalt der Texte gleicht der Vielfalt der Pflanzen auf einer Sommerwiese, und ihre Ordnung hängt von den Gesichtspunkten ab, die wir an sie herantragen. Wir meinen, die Frage, *was Texte im Leser bewirken,* liefere einen fruchtbaren Gesichtspunkt.

Wenn wir nach der Wirkung im Leser fragen, betrachten wir den Text nicht isoliert. Vielmehr sehen wir ihn als Mittelglied zwischen einem Verfasser und einem Leser. Der Text übermittelt eine „Botschaft". Dieses Wort brauchen wir hier in seiner unfeierlichen Bedeutung. Die Botschaft ist der übermittelte Inhalt. Schreiben heißt, eine Botschaft für einen Leser schriftlich so formulieren, daß er sie auffaßt. Den Auffassungsvorgang nennen wir das Lesen des Textes. Wenn er gelingt, sagen wir, die Botschaft „komme an", auf englisch: „The message gets across."

So wenigstens sieht die *Kommunikationstheorie* den Vorgang. Man erkennt ihre Leistung und ihre Grenzen. Es ist ihre Leistung, den Verfasser und den Leser des Textes in die Untersuchung einbezogen zu haben. Damit ist die Situation umschrieben, in der das Verfassen von Texten allein sinnvoll ist. Isoliert, als Text an sich, läßt er den Wissenschafter, den Lehrer und den Schüler ratlos.

Aber aus einer solchen Betrachtungsweise ist keine Theorie der Textsorten zu gewinnen: Jeder Text hat einen Verfasser, und jeder Text muß einem Leser übermittelt werden. Woher da die Unterschiede nehmen?

Dazu ist eine Handlungstheorie notwendig. Eine Handlung will in ihrem Gegenüber etwas bewirken. Sie entspringt einer Absicht, und sie zielt darauf, diese Absicht zu verwirklichen. Das „Gegenüber" ist der Leser des Textes, und die Wirkung spielt sich in seinem Denken, Handeln und Erleben ab. Verschiedenartige Wirkungsabsichten definieren verschiedene Textsorten.

Darstellende Texte

Es gibt Texte, die keine spezifischen Reaktionen auslösen. Typischerweise stellt man sich den Leser im bequemen Sessel vor, und ebenso typisch ist es für ihn, daß er in einem gewissen Moment das Buch zuklappt, die Zeitung weglegt oder den gelesenen Brief versorgt: eine spezifische Reaktion ist weder erwartet noch notwendig. Trotzdem haben derartige Texte ihre Funktion. Wir nennen sie eine darstellende. *Darstellende Texte* verschaffen uns ein Bild von einem Stück Welt, ein Weltbild also, und sie halten es „up-to-date". Wenn sie nicht nur die Oberflächenstruktur der Wirklichkeit beschreiben, sondern erklärend zu ihrer Tiefenstruktur vordringen, so „erschließen" sie uns die Welt. Sie lassen sie uns besser verstehen. Wenn der Text auch keine Handlung spezifisch und unmittelbar auslöst: der Leser weiß, daß er seine Handlungen in diese Welt hinein entwirft und daß sie nur dann gelingen, wenn er am richtigen Ort und in der richtigen Weise eingreift. Das ist auch der Sinn seiner Neugier. Sie dient der Orientierung in der Welt, und Orientiertheit ist Voraussetzung für die Bewältigung der Probleme, die ihm früher oder später begegnen.

Unter den darstellenden Texten kann man die beiden großen Gruppen der *beschreibenden* und der *deutenden* Texte unterscheiden. Die Übergänge sind fließend. Meldungen über Tagesereignisse, lexikalische Angaben sind in der Regel beschreibender Natur: die Sowjetunion baut mit westlicher Hilfe ein Erdgasröhrensystem von Sibirien nach Europa. Japan hatte im Jahre 1981 etwa 120 Millionen Einwohner; im mittleren Westen der USA werden Mais, Sojabohnen und Sonnenblumen angepflanzt; der Jugendstil erlebte seine Hochblüte zwischen 1900 und 1914; bei Geigen, Celli und Kontrabässen wird die Decke aus Fichtenholz, der Rücken jedoch aus Ahornholz hergestellt, usw.

Wissenschaftliche Texte intendieren die *Deutung* und die *Erklärung* der Wirklichkeit. Sie suchen unter der Oberfläche der Erscheinungen tieferliegende allgemeine Zusammenhänge. Sie verwenden ein genormtes, begriffliches Repertoire und Methoden, die genau umschrieben sind. Häufig haben sie nicht nur orientierende, sondern *didaktische* Funktion. Sie wollen im Leser Lernprozesse auslösen, müssen es fordern, weil neue Ergebnisse nur verstanden werden können, wenn der Leser gewisse Begriffe und Verfahren erlernt. Andere didaktische Werke vermitteln Einsichten von relativer Neuheit, nämlich für einen Lernenden, Schüler oder Studenten, der seinen Weg vom Alltagswissen in ein Spezialgebiet sucht.

Unter den beschreibenden Texten gibt es noch die Gruppe der fixierenden, d. h. das Gedächtnis stützenden Texte: Berichte, Protokolle, Darstellungen für die Nachwelt. Die einen werden nur darum verfaßt, weil die dargestellten Ereignisse als wichtig, „memorabel", empfunden werden, und man sich selbst und den übrigen Beteiligten, aber auch denjenigen, die nicht dabei waren, eine lebendige und genaue Erinnerung sichern möchte. Andere Berichte und Protokolle werden später wieder hervorgenommen, weil man wissen möchte, was man vereinbart hat, oder weil die Angaben notwendig sind, um eine Vereinbarung zu treffen: wie erbrachte Leistungen abzugelten sind, wie man sich einigt, wo gegenseitige Ansprüche strittig sind.

Zusammenfassend halten wir fest: Wir unterscheiden als erste große Textsorte die *darstellenden Texte*. Ihre Funktion ist es, Wirklichkeit und darin sich abspielende Prozesse darzustellen, wobei diese Wirklichkeit von der Fiktion bis zum Faktum, von der bloß gedachten bis zur objektiven Wirklichkeit reichen kann. Wichtige Untergruppen der darstellenden Texte sind die beschreibenden und die deutenden (erklärenden) Texte. Beide können didaktisch konzipiert sein, d. h. Lernprozesse auslösen.

Sachlich ausgerichtete Texte haben orientierende Funktion, fiktionale dienen häufig der Unterhaltung oder vermitteln ästhetisches Erleben. Aber auch hier gibt es Überschneidungen. Insbesondere können auch fiktionale Texte das Bewußtsein des Lesers verändern. Man denke nur an die Wirkung von Büchern wie „Onkel Toms Hütte" im Zusammenhang mit der amerikanischen Sklavenbefreiung oder an die politischen Wirkungen von Schillers Dramen im 19. Jahrhundert.

Texte mit spezifischer Wirkungsabsicht

Natürlich hat auch ein darstellender Text spezifische Wirkungen im Leser: ein Witz bringt zum Lachen, eine Beschreibung erregt Staunen, eine Erklärung erzeugt Einsicht. Unter „spezifischer Wirkungsabsicht" verstehen wir hier etwas anderes. Wir meinen, daß gewisse Texte das Handeln des Lesers oder der Leser direkt und gezielt beeinflussen. So das Inserat, das den Leser veranlaßt, zum Telefon zu greifen, um den Inserenten anzurufen und nach Einzelheiten über das ausgeschriebene Objekt zu befragen. So auch die Anzeige oder die Beschwerde: Sie lösen spezifische Reaktionen einer Institution aus. Ebenso der Aufruf zur Hilfe: die Leser tun etwas, spenden Geld, Naturalien usw.

Diese Beispiele zeigen eine grundlegende Funktion von Sprache im allgemeinen und von Texten im besonderen. Sie sind nicht nur Mittel zur Darstellung der Wirklichkeit, sie sind auch Handlungsmittel. Sie haben eine *illokutive Funktion,* wie die Sprechakttheoretiker sagen (AUSTIN 1962/1972, SEARLE 1969/1971). Schon Karl BÜHLER (1934) hatte von der *Appellfunktion* der Sprache gesprochen. Sein Organonmodell besagt im wesentlichen, daß die Sprache Darstellungs-, Ausdrucks- und Appellfunktion hat. Durch den „Appell" löst Sprache Verhalten im Hörer/Leser aus und steuert es. Das gilt offensichtlich von der gesprochenen Sprache. Aber auch geschriebene Sprache kann diese Wirkung haben. Die oben gegebenen Beispiele belegen es. Wir schlagen vor, drei grundlegende Fälle zu unterscheiden: den Text, der zwischen den Beteiligten eine Beziehung stiftet; den Text, der Motive und Interessen weckt oder verändert, und den Text, der zum Handeln oder zum Gebrauch einer Sache anleitet.

Der klassische *beziehungsstiftende* Text ist der Vertrag oder die Vereinbarung. In der Regel übernehmen die vertragschließenden Parteien, Individuen oder Gruppen bestimmte Pflichten; zugleich erwerben sie bestimmte Rechte. Bei einem Arbeitsvertrag verspricht der Arbeitnehmer, gewisse Arbeiten auszuführen, und er erhält dafür Anrecht auf einen Lohn. Der Arbeitgeber sorgt für den Arbeitsplatz und zahlt den Lohn. Dafür hat er das Recht auf das Arbeitsprodukt des Arbeitnehmers. Desgleichen, wenn eine Schulklasse eine gemeinsame Ordnung vereinbart: Jeder verpflichtet sich zu gewissen Verhaltensweisen; zugleich hat jeder das Recht, an bestimmten Entscheidungen mitzuwirken und seine Meinung geltend zu machen. Verträge und Vereinbarungen werden typischerweise nicht von einem einzelnen verfaßt und einem anderen mitgeteilt. Sie entstehen vielmehr in der gemeinsamen Diskussion, wobei jeder Teil seine Interessen einbringt, zugleich aber die Notwendigkeit zu einer Einigung anerkennt. Die Unterschrift besiegelt die Zustimmung der Parteien zum vereinbarten Text.

Viele Texte werden nicht in der gleichen Förmlichkeit verfaßt, stellen aber ihrerseits gegenseitige Beziehungen her oder regeln sie. So das Mädchen, das eine Au-pair-Stelle in einem anderen Sprachgebiet annimmt: Die Gastgeberfamilie hält in einem Brief die Rechte und Pflichten des Mädchens fest, dieses artikuliert seinerseits in einem Schreiben seine Wünsche und Interessen. Eine Schulklasse, die eine Landschulwoche vorbereitet, trifft mit dem Wirt oder Heimleiter am neuen Ort gewisse Absprachen; ein Transportunternehmen vereinbart mit der Klasse die Modalitäten der Reise an den Ort.

Andere Texte stellen *affektive* Beziehungen her. Nicht nur die Liebesbriefe fallen in diese Kategorie: Briefwechsel zwischen Schülern in verschiedenen Sprachgebieten haben ähnliche Wirkungen. Wenn jemand in eine neue Gemeinde zieht, erhält er an vielen Orten ein Willkommensschreiben und einige Unterlagen, in denen sich die Gemeinde dem neuen Mitbürger vorstellt. Auch diese Texte haben eine beziehungsstiftende Funktion.

Andere Texte werden aus der Absicht verfaßt, *Interessen* für eine Sache zu wecken und *Motive* aufzubauen oder zu verändern. Werbetexte und

Offerten fallen in diese Kategorie. Im politischen und im sozialen Bereich streben Appelle diese Wirkung an: Hilfe für eine gute Sache zu erwirken, Stimmen der Bürger in Wahlen und Abstimmungen zu gewinnen, zur politischen Aktion aufzurufen oder davon abzuhalten.

Die soziale Konstellation ist in allen diesen Fällen die folgende: der Schreiber ist von einer Sache überzeugt. Er vertritt eine bestimmte Meinung oder Haltung. Er versucht, im Leser eine ähnliche Überzeugung oder Haltung zu wecken. Zu diesem Zwecke wendet er sich an die vorhandenen Motive des Lesers, und er versucht, diese in eine bestimmte neue Richtung zu lenken, indem er zeigt, daß diese seinen eigenen tieferen Motiven entspricht. Das erfordert allgemeine Menschenkenntnis und spezielle Kenntnis des Adressaten, ebenso wie eine gute Kenntnis des eigenen Anliegens.

Handlungsanweisungen und Gebrauchsanleitungen appellieren nicht so sehr an Motive als an den praktischen Verstand eines Handelnden. Die Motivation, das Interesse an einem Unternehmen oder am Gebrauch einer Sache wird vorausgesetzt; man erklärt das Wie und das Warum: wie man ein Segelflugzeug mit einem bestimmten Bausatz herstellt, wie man einen Feuerlöscher bedient, wie und auf welchem Weg man auf einen schwierigen Berg klettert, wie man mit einem Surfbrett oder einer Segeljolle umgeht.

Auch Handlungsanweisungen und Gebrauchsanleitungen erfordern komplexe Überlegungen vom Verfasser eines Textes: Es genügt nicht, daß er mit der Handlung oder dem Verfahren, zu dem er anleitet, vertraut ist; er muß auch wissen, was sein Adressat an Kenntnissen und Fertigkeiten mitbringt, so daß dieser die neuen Handgriffe und Maßnahmen aus dem Repertoire seiner vorhandenen Fertigkeiten aufbauen kann.

Zusammenfassung: das BOTE-Schema und das Schreiben in einem Handlungskontext

Was wir in den vorangehenden Abschnitten über die Kommunikations- und die Handlungsfunktion der Sprache gesagt haben, kann man in einem einzigen Schema zusammenfassen. Es erweitert und vertieft das Schema, das wir im Kapitel über das Erzählen entworfen haben (Abb. 2). Dieses letztere könnte man als ein reines Kommunikationsschema bezeichnen, während das neue Schema (Abb. 7) die Idee der Kommunikation zwar in sich schließt, jedoch darüber hinaus die Wirkung der Sprache und ihre Prüfung durch den Sprecher oder Schreiber sichtbar macht. Man könnte es daher ein *Wirkschema* der Sprache nennen. Da es einer modernen Handlungstheorie (AEBLI 1980) entspringt, kann man es auch ein sprachliches *Handlungsschema* nennen.

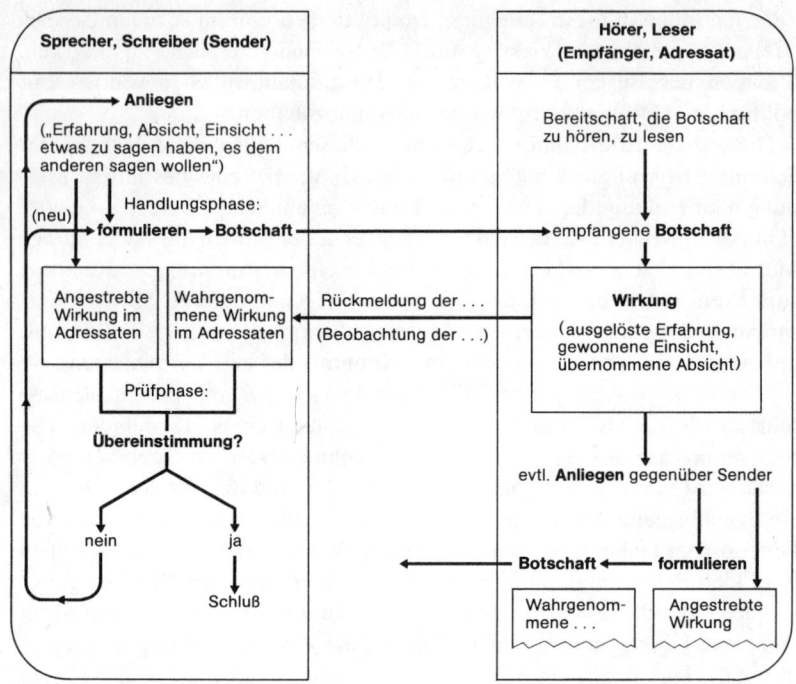

Abb. 7. Mündlicher oder schriftlicher sprachlicher Austausch als Handlung: ein Sprecher oder Schreiber hat ein Anliegen. Sie formulieren ihre Botschaft und beobachten die Wirkung im Angesprochenen. Wenn die angestrebte Wirkung erreicht ist, wird die Episode abgeschlossen, wenn nicht, wird die Botschaft neu formuliert. In Analogie zu MILLER, GALANTER & PRIBRAMS T-O-T-E-Schema sprechen wir vom BO-T-E-Schema.

Die grundlegende Situation ist die folgende: der Sprecher oder Schreiber muß etwas zu sagen haben und es dem anderen sagen wollen. Das kann eine Erfahrung oder eine Einsicht sein. Es kann sich aber auch um eine Handlungsabsicht im engen Sinne des Wortes handeln. Eine solche Handlung stellt z. B. eine Beziehung zum anderen her, sie appelliert an ihn, eine Handlung auszuführen oder zu unterlassen oder leitet oder weist ihn zu einer Handlung an. Alle diese Mitteilungen nennen wir die Botschaft des Sprechers oder Schreibers. Er muß sie formulieren und dem Hörer/Leser übermitteln. Sie löst in diesem ihre Wirkung aus.

Entscheidend ist nun, daß der Sprecher/Schreiber seine Botschaft nicht einfach wie eine Flaschenpost absendet und hofft, daß sie irgendwie und irgendwann ihre Wirkung tue, sondern daß er diese Wirkung im Hörer/Leser beobachtet, sei es direkt, sei es beim nächsten Kontakt oder in der schriftlichen Antwort. Nicht nur das: Er vergleicht die angestrebte mit der wahrgenommenen Wirkung und beurteilt, ob sie sich entsprechen. Wenn das der Fall ist, ist die Sprechhandlung abgeschlossen, wenn nicht, setzen Sprecher oder Schreiber zu einem neuen Versuch an. Sie formulieren die Botschaft neu, deutlicher, dringlicher: Der Zyklus setzt von neuem ein. Das Schema hat die Form eines *Regelkreises*. Entscheidend ist darin die *Rückkopplungsschleife* und die Vergleichsoperation von angestrebter und wahrgenommener Wirkung.

In der Psychologie ist dieses Schema durch MILLER, GALANTER & PRIBRAM (1960/73) berühmt geworden. Von diesen wurde es allerdings vor allem auf einfache, praktische Handlungen wie das Einschlagen eines Nagels bezogen. Diese Autoren lassen den Ablauf mit einer Prüf- oder Testphase (T) einsetzen: ob der Nagel schon im Brett steckt oder noch eingeschlagen werden muß. Dann folgt die eigentliche Operation, der Hammerschlag (O), dann eine neue Prüfung (T). Bei Inkongruenz von wahrgenommener und angestrebter Wirkung wird auf O zurückgekoppelt: es folgt ein neuer Hammerschlag, dann ein neuer Test, bis Kongruenz erreicht ist und die Handlung abgeschlossen werden kann (E, exit). Das ist der Gedanke des TOTE-Schemas. Man erkennt unmittelbar, daß wir es in Abb. 7 einfach auf den Vorgang der mündlichen oder schriftlichen Sprachhandlung übertragen haben. Um das anzudeuten und indem wir zugleich die erste Testphase weglassen, die nicht allgemein stattfindet, sprechen wir vom BO-T-E-Schema: BO steht für Botschaft. Diese beiden Buchstaben ersetzen das O (Operation) im TOTE-Schema. T steht auch bei uns für Test oder Prüfung des Erfolgs, und auch wir nehmen eine Rückkopplungsschleife von T auf BO an, genau wie MILLER, GALANTER & PRIBRAM. Neu ist im Falle des sprachlichen Austausches die Möglichkeit, daß der Hörer/Leser seinerseits mit einer Botschaft antwortet, deren Wirkung auch er prüft: So entsteht ein echter sprachlicher Austausch, die Interaktion zwischen zwei oder sogar mehreren Handelnden.

Mit diesen Überlegungen betrachten wir das Sprechen selbst als Handlung. Sprechen und Schreiben erfolgen häufig aber auch in einem *Handlungszusammenhang*. Das beruht darauf, daß handelnde Partner natürlich nicht nur Worte austauschen. Wenn jemand durch einen Handwerker eine Arbeit an einem Haus oder an einer Wohnung ausführen läßt, so ist die Haupthandlung eine sachliche. Der Handwerker liefert und installiert z. B. eine neue Heizung, der Kunde bezahlt sie ihm mit Geld, das er durch seine eigene Arbeit verdient. Das ist eine komplexe Handlung zwischen Partnern, in der auch physische Objekte und Geld ausgetauscht werden. Ausgetauschte schriftliche „Botschaften" erfüllen in diesen Fällen nur Teilfunktionen im Rahmen der Gesamthandlung. Die *Offerte* bringt den Handwerker in Kontakt mit dem Kunden, der *Auftrag* besiegelt die Übereinkunft. Unter psychologischen Gesichtspunkten ist es wichtig, daß dieser Handlungskontext den in ihrem Rahmen vorkommenden sprachlichen Austauschprozessen ihre Bedeutung und ihre Motivation verleiht. Es leuchtet unmittelbar ein, daß derjenige, der etwas von der auszuführenden Handlung und Arbeit versteht, auch weiß, was er in seiner Offerte oder im Auftrag, im verfaßten Text also, zu sagen hat. Ebenso deutlich ist es, daß man einen Handwerker, der einen Auftrag sucht, nicht motivieren muß, eine Offerte zu schreiben. Der Handlungskontext verleiht also der sprachlichen Äußerung ihre Bedeutung und ihre Motivation. Auch hier wird unmittelbar klar, wieviel ungünstiger die psychologische Situation beim Schreiben von Aufsätzen ist: Bedeutungshintergrund und Motivation bleiben hier häufig sehr viel fadenscheiniger.

Mündliche und schriftliche Kommunikation

Wenn nun auch mündliche und schriftliche Kommunikation in mancher Hinsicht gleich verlaufen, so gibt es doch wesentliche Unterschiede. Im Kapitel über das Lesen haben wir schon auf die frühen Beobachtungen WYGOTSKIS (1969, russisch 1934) zu diesem Problem hingewiesen. Nach WYGOTSKI ist die schriftlich formulierte Sprache abstrakter, situationsabhängiger, und sie wird willentlicher erzeugt. Wir verstehen nun, warum das so ist. Der entscheidende Unterschied besteht darin, daß der Hörer mündlich formulierter Sprache anwesend, der Leser eines schriftlich formulierten Textes aber abwesend ist. Das hat zur Folge, daß der Schreiber während des Schreibens keine Rückmeldung vom Leser erhält. Er kann ihn nicht, wie der Sprecher den Hörer, beobachten und die Wirkung seiner schriftlichen Äußerung laufend mit seiner Absicht vergleichen. Wenn er daher ungeschickt formuliert, kann er nicht sofort nachdoppeln, indem er einen neuen Formulierungsversuch unternimmt und seine Rede mit nicht-verbalen Mitteln, durch Gesten oder mit improvisierten Veranschaulichungen, unterstützt. (Man beobachte dazu einmal, wie jemand einem anderen erklärt, wie man einen Krawattenknoten bindet, wie eine Dampfmaschine funktioniert oder daß der andere beim Wagen das Licht löschen solle!) Diese Rückmeldungen regen den Sprecher auch an, und sie unterstützen seine Motivation. Darum ist es auch so schwierig, am Radio zu sprechen: Es fehlt die unmittelbare Rückmeldung von den Hörern. Genau dies aber ist auch die Lage des Schreibers: Wenn es gut geht, erhält er seine Rückmeldung Tage später. Sie kann auch ganz ausbleiben: die Einsamkeit des Schreibers! Er muß die fehlende Rückmeldung dadurch zu kompensieren suchen, daß er sich den Leser vorstellt und daß er sich auf ihn gedanklich einstellt. Welches sind seine *Interessen*? Wie *wertet* er das, was ich ihm schreibe? Was *weiß* er schon von dem, was ich ihm zu sagen versuche, so daß ich es nicht mehr zu schreiben brauche bzw. ihn langweile, wenn ich es noch einmal tue? Welches sind seine *Möglichkeiten des Verstehens?* Muß ich langsam, Schritt für Schritt, anschaulich, bildhaft vorgehen, oder kann ich ihm einiges zutrauen? Welches ist seine *Bereitschaft,* auf meine Botschaft einzugehen, sie aufzunehmen, mir zuzustimmen, mitzumachen? Man erkennt schon hier, wie wichtig es ist, dem Schüler, der einen Text verfaßt, eine lebendige Vorstellung vom Leser zu verschaffen, und wieder einmal fragt man sich, wie es in dieser Hinsicht beim hergebrachten Aufsatzschreiben bestellt ist.

Wenn es dem Schreiber gelingt, sich den Leser in der beschriebenen Weise vorzustellen und die fehlenden Rückmeldungen im Geiste zu ersetzen, so wird er einen Text verfassen, der sich mit großer Wahrscheinlichkeit grundlegend vom Text unterscheidet, der durch die wörtliche Niederschrift seiner mündlichen Formulierung der gleichen Sache entstünde. Man weiß, wie derartige Protokolle aussehen. Wo die mündliche Rede voll von Wiederholungen, unscharf, häufig auch formal unkorrekt ist und wo in ihrer Niederschrift die logischen Beziehungen und die Akzente schlecht sichtbar werden, weil sie der Redner durch nicht-sprachliche Mittel signalisiert hat oder weil sie aus der gemeinsamen Handlungssituation hervorgegangen sind, da formuliert der Schreiber kürzer, präziser, formal korrekter. Er kann dies tun, weil der Leser den Text nach Bedarf mehrmals durchgehen und über ihn nachdenken kann. Vor allem aber wird der Verfasser eines Textes die logische Gliederung sorgfältiger konstruieren und sie durch die Anordnung der Abschnitte, durch Untertitel und andere Sprachmittel signalisieren („deshalb", „aus allen diesen Gründen", „trotz dieser möglichen Einwände"...). Die klarere logische Gliederung geschriebener Texte hat zur Folge, daß ihr Erkenntniswert auch für den Verfasser größer ist, als wenn er die gleiche Sache nur mündlich vorträgt, und daß er sie besser behält. Darum gibt es kein besseres Mittel für den Erwachsenen wie für den Schüler, sich eine Sache klarzumachen, als sie schriftlich darzustellen. Zahlreiche Versuche haben dies belegt. Siehe dazu etwa HILDYARD & HIDI (1982) und, allgemeiner, TANNEN (1983).

Der Aufbau des Textes

Wer einen Text verfaßt, reiht nicht einfach Sätze oder gar Worte aneinander. Er hat eine Absicht, haben wir gesagt. Das ist in der Regel ein einfacher Gedanke, eine darstellende Aussage über die Wirklichkeit oder eine Handlungsabsicht, beide möglicherweise von Gefühlen begleitet und von Motiven getragen und durch Wertungen ausgerichtet.

Wenn wir den „einfachen Gedanken" jedoch genauer betrachten, so erkennen wir, daß er sich aus Teilgedanken, also aus Untereinheiten zusammensetzt und daß diese wieder aus kleineren Einheiten bestehen. An einem bestimmten Punkte entsprechen diesen Teilgedanken Sätze. Diese setzen sich aus Worten zusammen, deren Bedeutungen wiederum kleinere gedankliche Einheiten sind. Und wenn man die Bedeutungen der Worte untersucht, so erkennt man noch einmal Bedeutungseinheiten niedrigerer Ordnung. Indessen braucht man diese Analyse nicht weiterzutreiben, denn auch dem Sprecher und dem Schreiber ist der innere Aufbau der Wortbedeutungen beim Sprechen oder Schreiben in der Regel nicht bewußt.

Das gegenseitige Verhältnis der Bedeutungseinheiten, die einen Text konstituieren, ist nichts anderes als sein innerer Aufbau, seine „logische Struktur". Wie muß man sie sich vorstellen? Betrachten wir hierzu das Beispiel eines einfachen historischen Textes:

Ein siebenhundertjähriger Kleinstaat im Herzen Europas

Der Kleinstaat Schweiz im Herzen Europas ist im Jahre 1991 siebenhundert Jahre alt. Wie gelang es diesem kleinen Land, im Kräftespiel der europäischen Mächte 700 Jahre lang zu überleben?

Die schwierigste Zeit waren die ersten 250 Jahre, in deren Verlauf es den Schweizern gelang, sich aus dem Verband des Deutschen Reiches herauszulösen. Zwei Faktoren spielten dabei eine wichtige Rolle: die Lage des Landes an wichtigen Nord-Süd-Verbindungen zwischen dem Rheinland und Italien, und die Veränderungen der Kampfweise der europäischen Heere in dieser Zeit.

Wichtige Verkehrs- und Handelsströme führten über die Alpenpässe der Urschweiz. Sie verschafften den Landkantonen im Gebirge und den Schweizer Städten am Alpenrand nicht nur materielle Mittel, sondern auch die notwendige Information über die internationale Politik. Zugleich war die Zeit der ersten Unabhängigkeitskämpfe der Schweizer eine Zeit des Niedergangs des Rittertums. An die Stelle der schwerfälligen gepanzerten Reiterheere trat die bewegliche, mit langen Speeren und kurzen Schwertern ausgerüstete Infanterie. Daher gelang es den schweizerischen Bauernheeren, sich erfolgreich aller Versuche der deutschen Kaiser zu erwehren, die Schweiz in den Reichsverband zurückzuholen. Seit dem 16. Jahrhundert war das Land genügend gefestigt, um von seinen großen Nachbarn in Ruhe gelassen und als neutraler Hüter wichtiger Alpenpässe sogar geschätzt zu werden.

Die Struktur dieses Textes ist offenbar hierarchisch. Man kann sie wie in Abb. 8 aufzeichnen. An der Spitze der Pyramide ist der Grundgedanke des Textes genannt. Die erste Verzweigung teilt die 700 Jahre in zwei Perioden mit je spezifischen Gründen ein. Links werden zwei Gründe genannt: die Lage der Schweiz an den Alpenpässen und die Veränderungen der Kriegstechnik. Der abstrakte Begriff der „Gründe für das Überleben" wird hier also konkretisiert und spezifiziert. Die beiden Linien, die von „Lage an wichtigen Alpenpässen" nach unten verlaufen, haben eine andere Bedeutung. Wenn man sie in Worten ausdrückte, so müßte man sagen: (3.1) HAT ZUR FOLGE (4.1) und (4.2). Die Beziehung zwischen dem Niedergang der

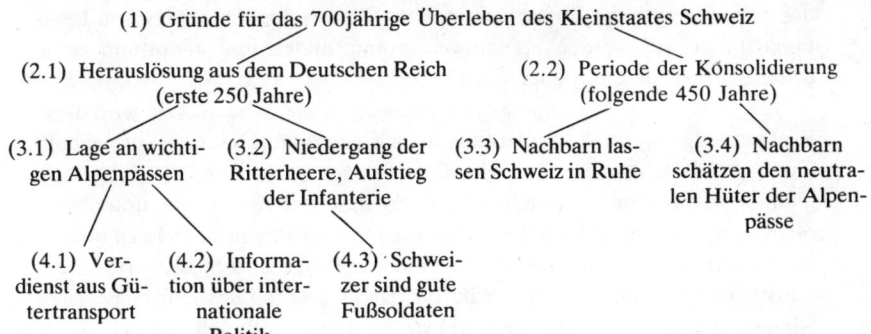

Abb. 8. Eine hierarchische Textstruktur. Zwischen den einzelnen Ebenen der Hierarchie bestehen Beziehungen der Subsumtion (der obere Begriff subsumiert, d. h. umfaßt den unteren Begriff) und Beziehungen von Ursache und Wirkung.

Ritterheere, dem Aufstieg der Infanterie (3.2) und der Tatsache, daß die Schweizer gute Infanteristen sind (4.3), ist nochmals eine andere: (3.2) faßt unter sich (subsumiert) den Tatbestand (4.3). Der Aufstand der Infanterie ist der Allgemeinvorgang, die Bauernheere der Schweizer fallen unter dieses allgemeine Gesetz, denn sie sind derartige Fußsoldaten, die sich gegen die Reiterheere durchsetzen.

So sehen wir, daß die hierarchischen Strukturen von Texten auf verschiedenen logischen Beziehungen beruhen: Beziehungen der Subsumtion auf der einen Seite, Grund-Folge-Beziehungen auf der anderen. Andere Beziehungen sind denkbar. BOWER (1982) und VAN DIJK (1980) haben hierarchische Textstrukturen dieser Art beschrieben, wobei BOWER vor allem Beziehungen von Voraussetzung (oder Ursache) und Folge und VAN DIJK solche der Subsumtion zwischen den einzelnen Ebenen der Hierarchie feststellt. Beide können im gleichen Text vorkommen, wie es unser Beispiel zeigt.

In ähnlicher Weise hat man die Struktur von Märchen und – allgemeiner – von Erzählungen mit einem Handlungsgeschehen dargestellt (RUMELHART 1975, THORNDYKE 1977, GLOWALLA 1982). Im weiteren Verlauf des Buches werden wir sehen, daß das Wissen, aus dem heraus Texte verfaßt werden, nicht notwendig hierarchisch geordnet ist. Es kann vielmehr Netzcharakter haben. Der hierarchische Aufbau wird vom Verfasser eines Textes dann erzeugt, wenn er seine Aussage aus einem Grundgedanken heraus entwickelt und die Einzelheiten des Textes alle dazu dienen, den Grundgedanken zu konkretisieren oder zu begründen. Das sind allerdings die Texte, die beim Leser Interesse finden und die von ihm gut verstanden werden. Texte ohne hierarchische Struktur und solche, welche nur Oberbegriffe und darunter subsumierte Tatsachen angeben, haben den Charakter von Lexikonartikeln. Sie werden als langweilig empfunden und vermitteln keine echte Einsicht in Zusammenhänge.

Nun ist aber ein Text eine Kette von Worten und Sätzen. Wie wird diese Kette erzeugt, wenn die Bedeutung doch einen hierarchischen Aufbau hat? Zwei grundsätzliche Verläufe des Gedankengangs sind möglich: der Weg „von oben nach unten" (englisch: top down) und der Weg „von unten nach oben" (bottom up). Unser Beispieltext ist deutlich „von oben nach unten" organisiert. Er beginnt mit der allgemeinen Frage und beantwortet diese schrittweise, indem er die Ursache für das Überleben des schweizerischen Kleinstaates entfaltet. Das umgekehrte Verfahren ist auch möglich. Zwar kann man nicht einfach mit den unverbundenen Einzelheiten beginnen, die an der Basis der Bedeutungspyramide genannt sind. Eine Frage, die dem Ganzen ihren Rahmen gibt, muß am Anfang stehen. Aber wenn diese einmal formuliert ist, kann man mit den konkreten Tatsachen beginnen und schrittweise zu den zusammenfassenden Aussagen, den Folgen oder den Ursachen aufsteigen. Am Schluß gelangt man wieder zur ursprünglichen Frage, die nun beantwortet ist. Allerdings darf man die Geduld des Lesers nicht überfordern: Wenn es über lange Strecken unklar ist, in welcher Weise die vielen Einzelheiten, mit denen man unten beginnt, mit dem oben formulierten Gesamtproblem zusammenhängen, wird der Leser ungehalten und seine Motivation weiterzulesen sinkt. Daher wird man in vielen Fällen dahin tendieren, rasch einmal auf einem Überlegungsstrang zur Spitze aufzusteigen, um nach seinem Durchlaufen wieder an der Basis zu beginnen, um auf einer neuen Linie aufzusteigen. In unserem Beispiel würde der Text also etwa so beginnen: „Wir überlegen uns, wie es dem Kleinstaat gelungen ist, 700 Jahre lang im Kräftespiel der europäischen Großmächte zu überleben. Dazu vergegenwärtigen wir uns als erstes, daß dieses Überleben materielle Mittel, Verdienst erfordert hat. Diesen Verdienst gewannen die Schweizer seit jeher aus dem internationalen Verkehr. Dies war darum möglich, weil ihr Land an wichtigen Alpenpässen liegt . . ."

Zusammenfassend kann man sagen, daß im Zuge der Abfassung des Textes die hierarchische Struktur in eine Abfolge von Sätzen, also in eine lineare Wortkette, umgesetzt werden muß. Dies geschieht in der Regel dadurch, daß die einzelnen aufsteigenden oder absteigenden Gedankenlinien hintereinander durchlaufen werden.

Wie man einen Text verfaßt: Textplanung

Wenn wir einem Mitmenschen etwas mündlich erklären, so planen wir unsere Rede in der Regel nicht. Allerdings: wenn das Thema wichtig und die Reaktion des Partners unsicher ist, fangen wir auch an, mündliche Ausführungen ein Stück weit zu planen. Dies geschieht aber in der Regel wenig systematisch, eher als ein inneres Ausprobieren der entscheidenden Formulierungen.

Man kann auch ohne systematische Planung schreiben. Das kommt dann gut heraus, wenn der Schreiber „aus der Fülle des Herzens", aus der Fülle der Erfahrung oder des Nachdenkens schreibt. Allerdings darf dabei das Thema und die Beziehung des Schreibers zum Leser nicht zu komplex sein. Ist diese Komplexität gegeben, so genügt spontanes Schreiben nicht mehr. Der Text muß systematisch geplant werden. Wie geht das zu?

Der Plan für einen Text ist nicht der Text selber. Er ist notwendig kürzer, denn seine wichtige Funktion besteht ja darin, daß ihn der Planer zu überblicken vermag. Ein Textplan gleicht daher einer äußerst gerafften Zusammenfassung. Er umfaßt in der Regel nicht einmal Sätze, sondern zusammenfassende Begriffe für einzelne Abschnitte. Aber was für Begriffe? BEREITER & SCARDAMALIA (1983) unterscheiden strukturelle Einheiten, funktionelle Einheiten und Teilziele. Die strukturellen Einheiten – wir nennen sie hier *formale Einheiten* – orientieren sich an gewissen klassischen Aufbauregeln von Texten: Einleitung, Hauptteil, Schluß, oder: Hinführung zum Thema, Durchführung, Zusammenfassung. *Funktionelle Einheiten* beziehen sich auf die logische Funktion der Textteile: Behauptung, Gründe zu ihrer Stützung, Gegengründe, Beispiele, Konsequenzen. In ähnlicher Weise unterscheidet VAN DIJK (1980) je nach der Textsorte verschiedene funktionelle Einheiten, bei Erzählungen z. B. die Episode mit ihrem Rahmen und dem darin stattfindenden Ereignis, wobei dieses wiederum in die Komplikation und ihre Auflösung zerfällt, und die ganze Geschichte eine Bewertung und eine Moral umfassen kann. Bei argumentierenden Texten unterscheidet er Rechtfertigung und Schlußfolgerung, wobei die erstere in den Rahmen und den Sachverhalt zerfällt und die letztere Ausgangspunkte und Tatsachen umfaßt. VAN DIJK und BEREITER & SCARDAMALIA gehen davon aus, daß die möglichen Einheiten nicht ein für allemal aufgezählt werden können, sondern vielmehr vom Inhalt des Textes abhängen.

Teilziele des Textes können in Begriffen der funktionellen Einheit definiert werden. Man kann sie aber auch inhaltlich verstehen. So sind die Begriffe, die im hierarchischen Textschema von Abb. 8 gebraucht werden („Lage an wichtigen Alpenpässen", „Information über internationle Politik") ganz und gar inhaltlich gefaßt. Inhaltlich definierte Teilziele geben die Hauptgedanken eines Textes wieder. Dabei ist es notwendig, daß sich der Textverfasser zusätzlich Rechenschaft über ihre logischen Beziehungen zueinander ablegt, Überlegungen, die beim Planen in funktionellen Einheiten ihrerseits zentral sind.

In ihren empirischen Untersuchungen über die Textplanung mit der Methode des „lauten Denkens" zeigen SCARDAMALIA & BEREITER (1983), daß erfahrene Autoren fähig sind, mit Einheiten höherer Ordnung umzugehen und daß sie die Abstraktionsebenen leicht zu wechseln vermögen. Zum ersten: Erfolgreiche Planung erfordert vom Textverfasser, daß er über zusammenfassende Begriffe und Aussagen („Makropropositionen") verfügt, mit deren Hilfe er sich Einheiten höherer Ordnung vorzustellen und zu notieren vermag. Er muß, mit anderen Worten, über Begriffe wie „Behauptung" und „Begründung", „Schlußfolgerung", „Sachverhalt" und „Kontext" verfügen. Wenn er seinen Text in inhaltlichen Begriffen plant, braucht er Oberbegriffe, die für einzelne Abschnitte stehen.

Sodann sind erfahrene Autoren fähig, die Abstraktionsebene rasch und leicht zu wechseln. Das ist darum notwendig, weil man beim Durchdenken eines Problems immer wieder das Bedürfnis hat, gewisse Punkte im einzelnen durchzudenken und zu prüfen, eventuell sie probeweise schon zu formulieren, dann aber sofort wieder auf eine höhere Ebene zurückzukehren, um sich zu überlegen, wie sich die bereinigte Einheit in das Ganze einfügt (FLOWER & HAYS 1980, 1981).

Jüngere und unerfahrene Autoren können beides nicht: in Einheiten höherer Ordnung denken und die Abstraktionsebene wechseln. Ihre Planung vollzieht sich ausschließlich auf der untersten Ebene. Daher können sie beim Überarbeiten des Textes auch nur *„lokale Korrekturen"* vornehmen. Man könnte auch von „Mikrokorrekturen" sprechen. Anders der erfahrene Autor: Wenn er auf einer unteren Ebene eine Änderung vollzieht, so wird er die entsprechenden Makropropositionen des Konzeptes verändern und den entsprechenden Abschnitt möglicherweise neu plazieren oder ihn zu den Nachbarabschnitten in eine veränderte Beziehung setzen. Wenn er, umgekehrt, eine Veränderung auf einem höheren Niveau anbringt, z. B. die funktionelle Bedeutung eines Abschnittes verändert oder sich entscheidet, eine Aussage nicht apodiktisch, sondern nur als Hypothese zu formulieren, so erkennt er die Notwendigkeit und ist in der Lage, alle Einzelheiten auf der unteren Ebene anzupassen. Das sind mehr als „lokale Korrekturen"; man könnte von „regionalen" oder *„durchgehenden Korrekturen"* sprechen.

Eine weitere Notwendigkeit der Textplanung ist es, ständig zwischen inhaltlichen und leserbezogenen („rhetorischen") Überlegungen hin- und herzugehen. Der Verfasser eines Textes muß sich Klarheit über die Sache verschaffen, von der er schreibt. Aber das genügt nicht. Die andere große Gruppe der Überlegungen betrifft den Leser und seine Aufnahme des Textes. Wir haben die Gesichtspunkte genannt: Der Autor trägt den Interessen und Wertungen, dem Vorwissen, den Verstehensmöglichkeiten, seiner wahrscheinlichen Zustimmung oder Ablehnung Rechnung und stellt seine Argumentation darauf ein. Nun hängen natürlich alle seine Reaktionen vom Inhalt ab. Folglich bewegt sich der erfahrene Textverfasser ständig zwischen den inhaltlichen und den rhetorischen Überlegungen. Der unerfahrene Textverfasser wird in der Regel den Leser vergessen und nur an den Inhalt und seine eigenen Anliegen denken.

Aus den vorangehenden Überlegungen geht hervor, daß die Planung eines Textes mehr als das Entwerfen eines ersten Konzeptes umfaßt. Im Zuge seiner Überarbeitung sind mannigfaltige Operationen auf dem Plan und auf dem entsprechenden Text notwendig. Teile müssen hinzugefügt und entfernt, Argumente verstärkt oder abgeschwächt, das Gleichgewicht des Ganzen beurteilt werden. Kriterien der Sachgemäßheit und der wahrscheinlichen Wirkung werden an den Text angelegt. Sie dienen der Beurteilung des Gesamtergebnisses und wirken zurück auf die Art, wie der Text schließlich formuliert wird.

BEREITER & SCARDAMALIA (1981, 1983) haben beobachtet, daß junge und in der Textplanung ungeschulte Schüler innerhalb von Sekunden zu schreiben beginnen, nach dem das Thema bekanntgegeben ist, während erfahrene Autoren ihre Texte über längere Zeitperioden, Minuten bis Stunden, planen und ihre Pläne überarbeiten. Dieses rasche Beginnen hängt mit der Strategie ihres Schreibverhaltens zusammen: Diese Kinder schreiben bloß auf, was sie zu einem Thema wissen („knowledge telling"), während erfahrene und reifere Textverfasser *reflektierend planen* („reflective planning") und an ihren Plänen komplexe Umstrukturierungen vornehmen.

Didaktischer Teil
Schreiben: ein Handwerk, das man lernen kann

Als man in der Renaissance die Schriften der Antike wiederentdeckte und verstehen lernte, nahmen sich die Erzieher vor, die ihnen anvertrauten jungen Menschen zu ähnlichen literarischen Leistungen zu befähigen. Was lag näher, als die Schüler antike Texte, insbesondere Reden, nachahmen zu lassen. Seither sind fast 500 Jahre vergangen. Aber in vielen Schulen verhält man sich noch heute ganz ähnlich. Zwar läßt kaum mehr jemand seine Schüler vorgegebene literarische Beispiele imitieren. Aber noch immer versucht man vielerorts, die Schüler aus der Vorstellung des idealen Textes heraus ähnliche Texte verfassen zu lassen. Zwar haben wir inzwischen begriffen, daß ein Text einen Inhalt hat, und so sprechen wir zur Vorbereitung eines Aufsatzes kurz über seine möglichen Inhalte, oder wir betrachten ein Bild oder einen Vorgang, den der Schüleraufsatz möglichst getreu abbilden soll. Das ist Textherstellung „netto", situationsfrei, ohne Anlaß, ohne Adressat und ohne Folgen. Diese Art geistiger Produktivität begeistert wenige Schüler. Aufsatzstunden und Aufsatzaufgaben sind vielerorts eher Pflicht- als Kürübungen. Kein Wunder auch, daß sich ein solcher Unterricht kaum und zum Teil sogar negativ auf das Schreibverhalten nach der Schule auswirkt: Man kennt den gehobenen Aufsatzstil, den einige Menschen hervorholen, wenn sie einen wichtigen Text verfassen müssen, ein Stil mit „treffenden Verben" und „schönen Adjektiven", dessen Leser aber das Gefühl nicht los werden, daß der Autor eigentlich gar nicht meint, was er da hinschreibt, weil seine „schönen Ausdrücke" wie eine Collage zusammengeklebt sind.

Viele Menschen lernen zwar ansprechend und wirkungsvoll schreiben. Das geschieht in der Regel aber nach dem zwanzigsten Altersjahr und unabhängig von der Schule. Warum diese Misere des Aufsatzunterrichts? Weil wir vergessen, daß das Schreiben wie das Sprechen aus praktischen, zwischenmenschlichen Austauschsituationen herauswächst, und weil die Schule derartige Situationen herstellten müßte, wenn sie Schülern das Schreiben beibringen wollte. Allerdings: die Herstellung dieser Situationen genügt nicht. Wenn sie einmal hergestellt sind, ist es noch notwendig, daß man das Schreiben zu einem Reflexionprozeß macht.

Schreiben in definierten Kommunikations- und Handlungssituationen

Wir haben es gesehen: Wer in echten Lebenssituationen zur Feder greift oder sich an die Schreibmaschine setzt, hat einen Anlaß und ein Ziel. In der Regel steht er in einem Handlungs- oder Arbeitsablauf. Dieser braucht nicht auf bloßen Nutzen ausgerichtet zu sein. Es kann auch ein neues Jahr oder ein Fest vor der Türe stehen. Der Schreiber kann das Bedürfnis empfinden, seinen Freunden zu berichten, was er im vergangenen Jahr erlebt hat, Gedanken, die erfreuen oder zur Besinnung anregen. Aber man merke wohl: auch bei derartigen Schreibanlässen ist die Situation und die Absicht des Schreibers wohl definiert. Auch hier werden nicht einfach Texte als solche verfaßt.

Die Schule muß derartige Situationen in ihrem Rahmen und gemäß ihren Möglichkeiten herstellen, nicht immer in ihrer ganzen Realistik, aber doch so, daß die Schüler wissen:

(1) welche Rolle sie als Verfasser spielen,
(2) wer der Adressat ihres Schreibens ist,
(3) welche Wirkung ihr Schreiben beim Adressaten haben soll.

Damit ist der *Schreibanlaß* spezifiziert und das Ziel umschrieben. Nun kann man daran gehen, die Mittel zu seiner Erreichung bereitzustellen und die geeigneten Maßnahmen zu einem fruchtbaren Verlauf des Schreibvorgangs zu treffen.

Bevor wir diese Einzelheiten beschreiben, überlegen wir noch, wie sich der Lehrer in die Lage versetzt, derartige Kommunikations- und Handlungssituationen herzustellen. Eine Regel ist hier in erster Linie zu nennen. Der Lehrer sollte wissen, wie es im außerschulischen Leben zugeht, genauer: wie und in welchen konkreten Lebens- und Arbeitssituationen Texte verfaßt werden, durch den erfahrenen Politiker, der eine Intervention in einem Rate vorbereitet, durch den Techniker und Ingenieur, die ein Produkt erklären, durch den Konsumenten, der sich gegenüber einem Hersteller für seine Rechte wehrt, durch die Mutter, die sich an eine Schulkommission wendet, um ihr Anliegen zu vertreten, aber auch durch Menschen, die vor einem ernsten Lebensproblem stehen und sich Klarheit über ihre Situation und die Grundlagen zu einer Entscheidung zu verschaffen suchen. Es ist immer das gleiche: der Lehrer muß versuchen, die Welt in die Schule hereinzuholen. Im vorliegenden Falle heißt dies: in der Schule reale oder fiktive Handlungs- und Problemlösesituationen schaffen, Projekte von höherem oder geringerem Anspruch realisieren, die Anlaß geben, Gedanken oder praktische Anliegen zu formulieren und ihre Wirkung zu erproben.

Die didaktische Grundhaltung, die wir hier vertreten, wird auch von der sogenannten Aachener-Schule vertreten (BOETTCHER, FIRGES, SITTA, TYMISTER 1973, TYMISTER 1975). In Deutschland steht ihr die Auffassung INGENDAHLS ([3]1974, 1975) gegenüber. Sie betont die reflektierende, problemlösende und welterschließende Funktion des Aufsatzunterrichts. Wir hoffen, sichtbar gemacht zu haben, daß sich die beiden Haltungen nicht ausschließen, sondern miteinander verbunden werden können.

Wenn wir die hier beschriebene Haltung einnehmen, werden in der Schule nicht nur Aufsätze und Zusammenfassungen von Sachtexten geschrieben. Es werden auch

– echte Briefe verfaßt und abgeschickt (nicht notwendig an den Oberbürgermeister, vielleicht „nur" an einen kranken Mitschüler, an die Großeltern oder an entfernte Verwandte im Ausland),
– Offerten und Anfragen verfaßt (auf Stellenausschreibungen, Wohnungsinserate, ausgeschriebene Fahrzeuge, elektronische Geräte, Instrumente),
– Protokolle abgefaßt (Beschlußprotokolle, solche mit Argumenten, Pro-

tokolle über strittige Diskussionen, die eher Frieden als weiteren Streit stiften, Protokolle mit und ohne Stellungnahmen),
- Abmachungen, Vereinbarungen und kleine Verträge formuliert (über die Ausleihe eines Fahrrades, mit Vorsorge für den Fall, daß eine Beschädigung erfolgt, über den gemeinsamen Kauf und die gemeinsame Nutzung eines Schlagzeugs, eines Zweierfaltbootes usw.),
- Gebrauchsanweisungen entwickelt (für Gegenstände, die die Schüler in die Schule mitbringen, vorzeigen, die anderen ausprobieren lassen, bevor der Text verfaßt wird),
- Anweisungen für einen Orientierungslauf, für eine Wanderung, eine Bergtour verfaßt (mit Hinweisen auf Sehenswürdigkeiten geographischer, botanischer, zoologischer, volkskundlicher und historischer Art),
- Entwürfe zu einem Reiseführer über die eigene Gemeinde verfaßt (für verschiedene fremde Besucher, Kinder und Jugendliche verschiedenen Alters),
- Tagebuchnotizen, in denen der Verfasser sich selbst ein Problem erklärt, das ihn beschäftigt (ein ästhetisches, politisches, ethisches, weltanschauliches).

In allen diesen Fällen wird man die Schüler nicht nur ihre eigenen Texte verfassen, sondern diese auch mit Texten aus dem wirklichen Leben vergleichen lassen. Wenn man einmal eine Gebrauchsanweisung für ein Gerät selbst verfaßt hat, liest man den entsprechenden Text von Siemens oder General Electric mit ganz anderen Augen. Aber dies sind nur Beispiele. Sie sollen sichtbar machen, was es heißen könnte, die Welt des Textverfassens in die Schule hineinzubringen. Auch ohne die entsprechenden Lektionen versucht zu haben, ahnt man schon, daß es in solchen Schulstunden lustig zugeht, und daß hier nicht mehr nur „schöne Sätze" produziert werden.

In der Folge betrachten wir den konkreten Ablauf der Textverfassung mit Schülern. Wir denken vorerst an Schüler der Sekundarstufe I und II, also an Jugendliche, deren Schreibverhalten demjenigen des Erwachsenen schon weitgehend gleicht. Im zweiten Teil dieses Kapitels zeigen wir sodann, wie die vorbereitenden Stufen des Lernens und der Entwicklung gestaltet werden können, Stufen, die zu den hier vorgestellten, entwickelten Formen des Textverfassens hinführen.

Die Klärung von Sache und Wirkungsabsicht

Wer einen Text verfaßt, steht also in einer Kommunikations- und Handlungssituation. Er ist mit einer Sache befaßt, und er beabsichtigt, im Leser seines Textes eine Wirkung auszulösen. Der Leser kann auch der Verfasser selbst sein: dann steht in der Regel die Klärung eines Problems im Vordergrund.

Nun gibt es zwei Möglichkeiten. Es kann ein Projekt im Gange sein, in dessen Verlauf der zu verfassende Text eine notwendige und reale Rolle spielt: Man muß bei einem Reiseunternehmen eine Offerte für den Transport der Klasse in eine Landschulwoche einholen, oder man versucht, einen Besuch im Parlament und ein Interview mit einem Politiker zu arrangieren. Aber seien wir realistisch: derartige Unternehmungen sind Sternstunden im Leben einer Schule. Es hieße die Lehrer überfordern, wollte man jeglichen Unterricht in Projektform realisieren.

Daher die zweite Möglichkeit: Die Handlungssituation wird bloß simuliert. Der Lehrer hat sie genau durchgedacht, so daß er sie sich lebendig vorstellen kann, und er hat sich möglicherweise bei außerschulischen Instanzen informiert, wo sich ähnliche Abläufe wirklich abspielen. Nun schildert er die Situation so deutlich als möglich. Er beteiligt die Schüler an dem Vorgang, denn sie haben zum Teil eigene Beobachtungen und Erfahrungen beizutragen. Die sachlichen Zusammenhänge werden also eingehend geklärt. Der zur Diskussion stehende Gegenstand wird eventuell in die Schule mitgebracht und gemeinsam studiert: ein Aquarium, für dessen Wartung man eine Anleitung verfassen will, zwei Fahrräder, deren Systeme zum Übersetzungswechsel man vergleichen will, zwei Schallplatten mit Interpretationen des gleichen Musikstückes durch verschiedene Künstler – wenn man die Platten in der Folge für eine Zeitung besprechen oder einen Reklametext (einen guten!) dazu verfassen will – zwei Bilder des gleichen Malers oder zwei Bilder mit gleichem Thema von verschiedenen Malern, wenn man sich selbst Klarheit über das Wesen des ersten und die Unterschiede zwischen den beiden anderen Malern verschaffen will. *Sachanalyse* nennt man das in der Welt der Erwachsenen, *Klärung des Sachzusammenhangs* sagen wir etwas bescheidener in der Schule.

Aber es braucht nicht immer um ein konkretes Objekt zu gehen! Die „Sache" kann auch eine *Handlungsabsicht* sein, die in der Folge zu einem Text führt. Wir haben die klassischen Möglichkeiten genannt: der Text, in dem Partner eine *Vereinbarung* schließen, der *Appell,* der im Leser Interessen weckt, Motive verändert und Haltungen beeinflußt, der Text, der zu Handlungen und zu Gebrauch von Gegenständen *anleitet* oder *anweist.*

Hier geht es für den Verfasser vorerst darum, sich Klarheit darüber zu verschaffen, was er selbst will oder was er – im Falle der Gebrauchsanweisung – selbst praktisch mit dem Gegenstand tut, wenn er ihn handhabt: Klarheit über die eigene Absicht und über das eigene praktische Verhalten also. Wir haben oben Beispiele gegeben.

Sich Klarheit über die eigenen Bedürfnisse und Absichten zu verschaffen erfordert ein intensives Nachdenken: das Sich-in-eine-bestimmte-Lage-Versetzen, ihr Durchdenken unter verschiedenen Aspekten, das Erwägen von Möglichkeiten und Konsequenzen aller Art. Auch hier muß der Lehrer selbst zuerst klare Ideen haben. Das wird ihm erlauben, die Vorschläge der Schüler zu würdigen und sie in fruchtbare Bahnen zu lenken. Das Gespräch mit der Klasse selbst wird so gestaltet, daß sich jeder mit dem Problem zu identifizieren vermag und daß jeder seine persönlichen Empfindungen und Reaktionen einbringen kann.

Aber der Gesichtspunkt des Schreibers und seiner Sache ist nur das eine. Der andere Gesichtspunkt ist derjenige des *Adressaten.* Man nennt es den „*rhetorischen*" Gesichtspunkt, denn die antike Rhetorik hatte die Regeln der Rede sehr wesentlich unter dem Gesichtspunkt ihrer *Wirkung auf den Hörer* entwickelt. Der Hörer der Rede entspricht aber dem Leser des Textes: Auch hier geht es darum, durch die Berücksichtigung seines Standpunktes und seiner Lage die angestrebte Wirkung zu erreichen. Wir haben im psychologischen Teil dieses Kapitels gesagt, welchen Zügen im Adressaten ein Text Rechnung tragen sollte: seinen Interessen, Bedürfnissen und Werthaltungen, seinem Vorwissen, seinen Verstehensmöglichkeiten, seiner Einstellung zur Sache (Ablehnung, Zustimmung usw.). Daher muß man sich bei der Vorbesprechung eines Textes ein möglichst genaues Bild vom Leser und der Art, wie er den Text aufnehmen wird, zu machen versuchen. Schreiben heißt ja, in Abwesenheit des Empfängers mit ihm sprechen. Also muß man diesen *im Geiste* gegenwärtig werden lassen.

Praktisch bedeutet dies einmal, daß man überhaupt definiert, an wen sich der Text richtet. Das geschieht beim hergebrachten Aufsatz ja eben in der Regel nicht. Wenn der Text im Rahmen eines realen Projektes verfaßt wird, so ist das meistens klar und unproblematisch. Aber bei fiktiven Projekten und in simulierten Kommunikations- und Handlungssituationen erfordert dies eine bewußte Anstrengung. Andererseits ist es auch eine reizvolle Aufgabe, denn die Schüler haben ja auch die Freiheit, sich hier einiges auszudenken:

- den Inserenten, der sich nur schwer vom ausgeschriebenen Gegenstand trennt,
- die verschiedenen Leser eines Protokolles, die in der betreffenden Sitzung verschiedene Standpunkte einnehmen und sich eventuell gestritten haben,
- verschiedene Benützer eines Produktes, zu dessen Gebrauch der Text anleitet,
- verschiedene Besucher, für die ein Stadtrundgang geplant wird,
- verschiedene Leser einer Kurzgeschichte, denen sie Freude machen sollte.

Derartige Überlegungen kann man in einer *Vorbesprechung* anstellen. Bei jüngeren Schülern, in gewissen Fällen aber auch noch bei älteren, kann man die Lage der am Kommunikationsprozeß beteiligten Personen in einem vorbereitenden *Rollenspiel* aktualisieren. Darin wird das, was später im Text festgehalten wird, noch in der lebendigen, mündlichen Diskussion abgehandelt, oder das Rollenspiel stellt eine vorangehende Episode dar, in deren Folge dann schriftliche Dokumente verfaßt werden: Briefe, eine Vereinbarung, ein Protokoll, ein Prospekt.

Die Planung des Textes

Man kann schon die beschriebene Vorbesprechung zur Planung des Textes zählen. Im engen Sinn beginnt die Planung im Moment, wo ein Konzept zum Aufbau des Textes entwickelt wird. Wir haben gesehen, wo die Schwierigkeiten liegen: Planung erfordert Oberbegriffe für die umfassenderen Einheiten des Textes, „Markopropositionen". Hier ist die Hilfe des Lehrers, der über ein fertiges Repertoire von Begriffen für funktionelle und inhaltliche Texteinheiten besitzt, notwendig. Der Lehrer hilft den Schülern, ihre Vorschläge unter derartige Oberbegriffe zu gruppieren. Er hält sie an, in der Folge mit diesen Begriffen zu operieren. Dann müssen die gedanklichen Einheiten zueinander in Beziehung gesetzt werden.

Hier ist der Ort, wo die *hierarchischen Schemata,* von denen wir im psychologischen Teil gesprochen haben, an der Wandtafel entworfen werden. Vom Moment an, wo die Schüler mit Oberbegriffen für einzelne Abschnitte und mit Makropropositionen planen können, d. h. also etwa vom 13. Altersjahr an, ist es auch möglich, verzweigte Schemata zu entwerfen. Sie sind nicht schwieriger zu verstehen als Inhaltsverzeichnisse. Wenn die Schüler mit derartigen Schemata ein wenig vertraut sind, können sie auch sehr gut in Gruppen entworfen und sodann im Klassenverband verglichen werden. Der Hellraumprojektor leistet hier gute Hilfe.

Dann numeriert man die Einheiten des verzweigten Schemas: Damit ist die Reihenfolge, in der sich die einzelnen Abschnitte im Texte folgen, bestimmt. Hier sind verschiedene Lösungen denkbar. Jede hat ihre Vor- und Nachteile, wie wir im psychologischen Teil gesehen haben. Sie sollen diskutiert werden. Vielleicht sind sie den Schülern nicht unmittelbar klar. Dann können verschiedene Gruppen die verschiedenen Abfolgen der Teilinhalte ausprobieren und über ihre Erfahrungen berichten.

Bei diesen Planungsarbeiten stellen sich die Probleme, auf die HILDYARD & HIDI (1980, 1981) und SCARDAMALIA & BEREITER (1983) hingewiesen haben: der Wechsel des Abstraktionsniveaus, die Weitergabe von Korrekturen von einem Niveau zum anderen. Der Lehrer, der sich dieser Schwierigkeiten bewußt ist, wird den Schülern bei ihrer Meisterung zu helfen suchen. Der ganze Prozeß ist ein solcher des *reflektierenden Planens*. Hier denken wir nicht mehr bloß an die Sache und eventuell an den Leser des Textes. Hier steht nun sein innerer Aufbau und – mit diesem zusammenhängend – seine Wirkung zur Debatte.

Das Niederschreiben des Textes

Nach der Planung wird der Text niedergeschrieben. Das geschieht zum Teil in der Schule; zu Hause wird er häufig fertig geschrieben. Zum Teil wird man das aufschreiben lassen, was vorbesprochen worden ist. In diesen Fällen entstehen häufig Produkte, die sich sehr gleichen. Daher ist es angezeigt, die Schüler auf Variationsmöglichkeiten aufmerksam zu machen, die sich z. B. aus den verschiedenen möglichen Abfolgen der Untereinheiten des Textes ergeben. Häufig wird man das Thema auch leicht verändern, so daß der Schüler eine gewisse Übertragungsleistung vollbringen muß: ein ähnlicher Gegenstand, ein Bild mit ähnlichem Sujet, ein fiktiver Verfasser oder ein Adressat in einer veränderten Lage, mit verschiedenen Interessen usw.

Sind schon während der Planung gewisse Textelemente formuliert worden, so stellt sich die Frage, ob sie der Schüler in den gesamten, nun entstehenden Text *einzubauen* vermag. Das ist nicht immer leicht. Es setzt einen sehr guten Überblick über das ganze und über die Eigenart des einzubauenden Abschnittes voraus. Aber das ist gerade ein interessantes Problem. Beim späteren Vorlesen kann man der Klasse die Aufgabe stellen, derartige eingeschobene Teile zu identifizieren. Gelingt es nicht, so spricht dies für den Verfasser und seine Fähigkeit, mit Texten umzugehen.

In der Regel wird man die Schüler dazu anhalten, einen Text zuerst einmal in einem Zuge durchzuschreiben. Das fördert seine innere Geschlossenheit. Dies gelingt dann, wenn die Schüler eine klare Vorstellung vom Grundanliegen haben, aus dem der Text geschrieben wird. Das lange Herumbasteln am Text ist in der Regel ein Zeichen dafür, daß die Schüler nicht wissen, was sie sagen sollen, und dies wiederum verrät Unklarheit über die Sache, das eigene Anliegen und die Situation des Adressaten.

Die Schüler müssen auch erfahren, daß es viel leichter ist, einen einmal vorliegenden Text zu verbessern, als ihn schon im ersten Durchgang perfekt zu verfassen. Man hält sich also beim ersten Niederschreiben nicht bei der Einzelheit auf. Sie kann beim Überarbeiten leicht in Ordnung gebracht werden. Wichtig ist es, erst einmal den großen Bogen zu spannen und den ganzen Text hinzuschreiben. Das ist andererseits eine große und anstrengende Leistung. Man wird daher jede Ablenkung ausschalten und von den

Schülern Ruhe und Konzentration verlangen. Wo man weiß, daß sie zu Hause in dieser Hinsicht keine günstigen Verhältnisse vorfinden, wird man die ganze Niederschrift in der Schule, während der Unterrichtszeit, ermöglichen.

Das Überarbeiten des Textes

Das Überarbeiten eines Textes ist eine komplizierte Technik, die gelernt sein will. Es ist darum notwendig, sie gemeinsam zu üben und ihre Regeln bewußt zu machen. Zu diesem Zweck legt man der Klasse zu einem Thema, mit dem sie aufgrund der Vorbesprechung vertraut ist, einen ersten Entwurf vor, sei es in vervielfältigter Form, sei es durch Projektion mit dem Hellraumprojektor, sei es, daß man ihn durch einen Schüler an die Wandtafel schreiben läßt.

Die Regeln sind zum Teil ganz äußerlicher Natur: Die Zeilenabstände und die Ränder müssen so groß sein, daß Raum für Einschübe vorhanden ist. Man streicht so durch und schreibt seine Korrekturen so klar in den Text hinein, daß die neue Fassung rasch und mühelos gelesen werden kann. Denn jede Korrektur muß ja beurteilt werden, und dazu muß sie leicht lesbar sein.

Tiefere Eingriffe sind nur dort möglich, wo der Schüler den Gesamtplan innerlich oder in aufgeschriebener Form präsent hat. Wir erinnern uns: BEREITER & SCARDAMALIA haben festgestellt, daß Schüler, die keine Texteinheiten höherer Ordnung zu sehen und durch Begriffe und Makrooperationen zu repräsentieren vermögen, nur „lokale Korrekturen" vornehmen. Wir zeigen den Schülern daher, wie man tiefere Eingriffe vorbereitet und durchführt. Die Schüler machen Vorschläge, man probiert sie aus und beurteilt gemeinsam das Ergebnis. Gruppen innerhalb der Klasse können mögliche Varianten ausprobieren. Dann liest man die verschiedenen Variationen der ganzen Klasse vor und beurteilt die Vor- und Nachteile der verschiedenen Lösungen.

Liegen einmal die Gesamttexte vor, so gibt es weitere Beurteilungsprobleme, die nun nicht mehr den Aufbau, sondern die Wirkung auf den Leser betreffen: Wie nimmt er den Text wohl auf? Geschieht der gedankliche Fortschritt im richtigen Rhythmus, nicht zu schnell, so daß er flüssig vorwärts zu lesen und den Inhalt aufzufassen vermag, nicht zu langsam, so daß er sich zu langweilen beginnt? Ist der Stil dem Status des Verfassers angepaßt, oder versucht dieser etwa, das Rad zu schlagen und dem Leser etwas vorzumachen? Man sieht: Die Probleme reichen bis hin zur Ethik der sprachlichen Kommunikation.

Häufig wird man am Ende einer Überarbeitung den Text auch gerade zusammenfassen. Die entsprechenden Regeln haben wir im Kapitel über das Lesen kennengelernt. Selbstverfaßte Texte zusammenzufassen ist eine nützliche Übung. Es kommen dabei heimliche Schwächen zum Vorschein. Denn wo die Struktur eines Textes nicht klar ist, da ist auch das Zusammenfassen schwierig.

Sollen Texte *ins Reine geschrieben* werden, oder ist das ein Relikt aus einer pedantischen Vorzeit? Die Antwort ist eindeutig. Man braucht nur nachzusehen, wie man im außerschulischen Leben Manuskripte abliefert und Geschäftsbriefe gestaltet: mit größter Sorgfalt. Jedermann weiß: Die äußere Form eines Textes ist die Visitenkarte des Autors. Es ist eine der traurigen Auswirkungen der Weltfremdheit vieler Schulwelten, daß in ihnen Disziplinlosigkeiten geduldet werden, die im erwachsenen Leben ganz einfach unmöglich sind, nicht weil irgendeine Obrigkeit oder ein Moralgesetz es erfordert, sondern ganz einfach darum, weil Leben immer Kommunikation bedeutet und weil Menschen in jeder Gesellschaft ständig Zeichen austauschen. Sorgfältige äußere Formen sind Zeichen für sorgfältige, innere Arbeit und für Respekt und Rücksicht gegenüber dem Adressaten.

Die Textwirkung ausprobieren

Wir haben im psychologischen Teil das BOTE-Schema kennengelernt. Sein wichtigster Teil ist die Rückkopplungsschleife. Der Verfasser muß erfahren, wie sein Text auf den Leser wirkt, und er muß die Gelegenheit erhalten, sein Schreibverhalten an den Reaktionen der Leser zu verbessern. Werden die Texte in realen Projektsituationen verfaßt, so erhält die Klasse Rückmeldungen von den angeschriebenen Personen und Instanzen. Dies sind jedoch in der Regel keine Pädagogen, und die Antworten werden deshalb häufig kurz und sachlich ausfallen. Allerdings: Es gibt auch den Briefwechsel mit Menschen, die den Schülern wertvolle Rückmeldungen zu geben vermögen, beispielsweise, wenn ein Briefwechsel mit einigen Insassen eines Altersheims geführt wird.

Doch bleibt es dabei: Als Quelle der differenzierten Rückmeldung stehen dem Schüler vor allem seine Klassenkameraden und der Lehrer zur Verfügung. Das bedeutet: Wir müssen dafür sorgen, daß die Texte der Schüler den Mitschülern vorgeführt werden. Das einfachste Verfahren ist das Vorlesen. Zwei Fälle sind denkbar: der Text ist neu für die Klasse, oder sie hat sich ihrerseits mit dem Thema beschäftigt. Beide Verfahren haben ihre Vorteile: Im ersten Fall kann der Schüler die spontane Reaktion der Zuhörer erkennen, im zweiten Fall die Reaktion von „Fachleuten". Der Schüler liest seinen Text am besten selber vor; in gewissen Fällen kann man die Texte auch austauschen. In der Regel muß das Vorlesen vorbereitet werden, so daß dem Text Gerechtigkeit widerfährt. Die Reaktionen der Schüler müssen auf jeden Fall interpretiert werden. Das ist eine gute Übung für die Zuhörer: sich bewußt zu machen, aus welchen Gründen und auf welche Stellen sie so und so reagieren. Dabei stellen sich auch Probleme des Taktes und des zivilen Umgangs innerhalb der Klasse.

Damit die Klasse auf Texte, die vorbesprochen worden sind, spontan reagieren kann, ist einige Organisation notwendig. Man bespricht z. B. zwei verschiedene Themen mit Halbklassen, läßt die Texte aufschreiben, und dann lesen Schüler aus der einen Halbklasse den Schülern aus der anderen Halbklasse ihre Texte vor. Es können auch verschiedene Themen in Gruppen erarbeitet und dann der ganzen Klasse vorgetragen werden. Eine weitere sehr realistische Form der Rückmeldung geschieht in *Partnerarbeit:* Je ein Verfasser und ein Leser setzen sich zusammen, der Leser äußert laufend seine Eindrücke vom Text. Die natürliche Folge all dieser Formen des Ausprobierens der Texte ist ihre Überarbeitung im Licht der Reaktionen der Zuhörer: die beste Art der „Verbesserung" eines Textes.

Die Korrektur durch den Lehrer

Was ist das für eine Tätigkeit, „einen Aufsatz korrigieren?" Wenn der Text doch von einem Verfasser aus einem persönlichen Anliegen und aus seiner persönlichen Erfahrung heraus an einen Empfänger gerichtet ist, der sich seinerseits in einer bestimmten Lage befindet: was hat dazu dieser Dritte, der Lehrer, zu sagen? So hat man immer wieder geurteilt, und das Korrigieren der Aufsätze in Frage gestellt. Wir meinen, diese Kritik sei zum Teil berechtigt, zum Teil aber auch verfehlt.

Berechtigt ist der Gedanke, daß es einer besonderen Anstrengung bedarf, wenn der Lehrer richtig korrigieren will. So kennt man die Lehrer, die ihren Schülern in mühevoller Arbeit „bessere Ausdrücke" in die Aufsätze setzen. Sie werden von den Schülern kaum zur Kenntnis genommen und daher auch nicht dem aktiven Sprachschatz einverleibt. Die Verbesserungen werden unwillig und mit halber Aufmerksamkeit geschrieben: Ärger und verlorene Arbeitsstunden auf beiden Seiten. Auf der anderen Seite beginnen einige brave Schüler früher oder später ihre eigenen Texte in dieser Weise zu „verbessern", indem sie „schönere Ausdrücke" in ihre Texte hineinsetzen. Wir haben schon erwähnt, daß dies häufig der Fall ist.

Auch hier hilft nichts als eine Besinnung auf den Vorgang der sprachlichen Kommunikation und des Handelns mit sprachlichen Mitteln. Der Lehrer kann darin zwei mögliche Rollen einnehmen: Er kann sich auf die Seite des Textverfassers stellen und ihm helfen, besser und wirkungsvoller zu sagen, was er zu sagen versucht. Das ist insbesondere dann möglich, wenn Texte unter sachlichen und rhetorischen Gesichtspunkten so vorbesprochen worden sind, wir wir es oben dargestellt haben. Lehrer und Schüler haben dann am gleichen Sachwissen teil, und der Lehrer kann dem

Schüler helfen, das besser auszudrücken, was er mit der Klasse diskutiert hat.

Die andere mögliche Rolle des Lehrers ist diejenige des Adressaten. Man hat sich geeinigt, über eine bestimmte Sache, für einen bestimmten Leser oder eine bestimmte Leserschaft zu schreiben. Nun reagiert der Lehrer stellvertretend für diese Leser. Das erfordert relativ ausführliche Kommentare und ist daher zeitraubend. Es ist jedoch besser, wenn der Lehrer dem Schüler an einigen Punkten eine echte Rückmeldung auf seinen Text gibt, als daß er mühselig wirkungslose Einzelkorrekturen in den Text hineinschreibt. Wichtig ist auch die abschließende Würdigung durch den Lehrer, mit Hinweisen auf mögliche Verbesserungen. Diese Verbesserungen werden in der Regel nicht darin bestehen, daß Schüler die ,,besseren Ausdrücke" dreimal abschreiben, womöglich noch unabhängig vom Kontext, der sie allein sinnvoll macht, sondern daß sie gewisse Passagen des Textes noch einmal, besser, formulieren.

Die Orthographie- und Satzzeichenkorrekturen soll der Lehrer anbringen. Der Schüler soll sie in einem gesonderten Heft herausschreiben und die richtige Version lernen. Von Zeit zu Zeit kontrolliert man den Lernerfolg, indem wir das individuelle ,,Fehlerheft" des Schülers verlangen und prüfen, ob er die Fehler nicht mehr macht. Der Lehrer notiert seinerseits die häufigsten Fehler und macht sie zum Gegenstand systematischer Erklärungs- und Übungslektionen.

Zur Entwicklung der schriftlichen Kommunikation

Die Geschichte der schriftlichen Kommunikation im Kind und im Jugendlichen ist nicht einfach ein Kapitel der Entwicklung im hergebrachten Sinne des Wortes. Die Fähigkeit, schriftlich zu kommunizieren, reift nicht einfach heran. Ohne geeignete Schulung und Erziehung findet diese Entwicklung überhaupt nicht statt. Man sollte daher eher von der individuellen Bildungsgeschichte im schriftlichen Ausdruck sprechen.

Allerdings: die Bildungsgeschichte der schriftlichen Kommunikation spielt sich auf einem Hintergrund klassischen Entwicklungsgeschehens ab:
– Im Verlaufe der Schuljahre findet eine progressive Ausweitung des Erfahrungshorizontes statt. Das Weltbild des Kindes und Jugendlichen baut sich schrittweise auf.
– Die Begriffsentwicklung verschafft dem jungen Menschen Einsicht in immer tiefere Zusammenhänge der Wirklichkeit. Er stößt zu ihren ,,Tiefenstrukturen" vor.
– Das Kind und vor allem der Jugendliche lernen sich selbst immer besser kennen. Ihr Selbstbild artikuliert sich. Es/er ,,wird jemand".

- Zugleich bereichern und vertiefen sich die sozialen Beziehungen. Gewisse Beziehungen, insbesondere zu den Eltern und den Lehrpersonen, wandeln sich und werden zum Teil abgebaut.
- Das Gefühlsleben bereichert sich. Mit der zunehmenden Selbsterkenntnis erwerben das Kind und der Jugendliche entsprechende Begriffe.
- Die Wertsysteme und die persönlichen Interessen artikulieren sich. Der Jugendliche wird sich der Wertmaßstäbe, die sein Verhalten leiten, bewußt. Zum Teil werden sie ihm auch zum Problem. Das Handeln wird „prinzipiell", von bewußten Wertmaßstäben geleitet. Der junge Mensch wird allmählich autonom: Er folgt einem eigenen, inneren Gesetz statt den Regeln seiner Umwelt.

In dieses Entwicklungsgeschehen hinein entwirft der Unterricht seine Lernprozesse. In den ersten Schuljahren *(1. und 2. Primarklasse, 7. und 8. Lebensjahr)* hängen die Schüler noch stark an der Lehrerin. Auf sie übertragen sie viele Haltungen, die sie gegenüber der Mutter entwickelt haben. Sie haben die natürliche Tendenz, ihre Erlebnisse der Lehrerin zu erzählen, und sie freuen sich, wenn sie dabei ihre Aufmerksamkeit finden. Nun lernen sie schreiben, und sie entdecken die Möglichkeit, einer „bedeutungsvollen Bezugsperson" (significant other) auf diesem Wege etwas zu sagen und ihre Aufmerksamkeit zu finden.

Das ist eine wichtige Entdeckung, und sie soll systematisch herbeigeführt und mannigfaltig wiederholt werden: Es gibt ein Erzählen im Medium der Schrift. Es erzeugt Interesse, Aufmerksamkeit und Antworten vom Adressaten. Die Lehrerin ist daher die erste und natürliche Adressatin der kindlichen „Botschaften". Sie muß sie aufnehmen und ihre Reaktionen deutlich machen und persönlich gestalten. Der Schüler muß merken: Der Adressat faßt auf, was ich ihm sage, und ich bekomme von ihm eine Antwort.

Dann muß der Adressatenkreis erweitert werden: Man gibt den Eltern, den Großeltern, der Cousine, Mitschülern usw. eine schriftliche Nachricht. Es ist dies auch der Moment, wo die Texte in der Klasse vorgelesen werden und die Schüler erstmals die Reaktionen gleichaltriger Kameraden auf ihre schriftlichen Botschaften erleben. Aber Achtung: Die Kinder dieser Stufe sind noch egozentrisch und daher häufig auch wenig rücksichtsvoll. Alles hängt daher an der Art und Weise, wie die Lehrerin diese Reaktionen steuert und interpretiert.

Aus dem gleichen Grund schreiben die Kinder vorerst so frisch und naiv, wie sie zeichnen. Es gilt, diese Haltung so lange wie möglich zu bewahren und sie nicht durch kleinliche Korrekturen zu unterdrücken. Die zunehmende Selbsterkenntnis und Selbstkritik wird die erste Natürlichkeit früh genug beschränken. Die Kinder sollen die natürliche Freude am Kommunizieren über das Mittel der Schrift möglichst lange bewahren.

Themen des schriftlichen Erzählens sind Ereignisse aus dem Erfahrungskreis der Kinder: Spiele und Spielzeuge, Tiere, Veränderungen im und um das Haus, ein Umzug, Handwerker, Krankheit, Wegzug eines Freundes. Damit hängen erste affektive und moralische Probleme zusammen: Lob und Tadel für allerlei Taten, Angst und ihre Überwindung: vor Gewittern, vor dem Sich-Verirren usw.

Diese letzteren Themen bleiben auch bei den *Neun- bis Elfjährigen,* den *Dritt- bis Fünftkläßlern* aktuell. Indessen baut sich das elementare Kontaktbedürfnis gegenüber der Lehrperson ab und sachliche und praktische Interessen entwickeln sich. Mit dem Abbau des Egozentrismus geht die zunehmende Fähigkeit einher, fremde Standpunkte einzunehmen und das Verhalten und die Motive anderer Menschen zu verstehen (PIAGET 1932/1983, KOHLBERG 1969/1974, OSER 1976).

Die sachlichen Interessen führen zu darstellenden Texten, Aufsätzen im herkömmlichen Sinn, die jedoch für einen definierten Leser bestimmt sind:
- was in unserer Schulklasse auf Weihnachten hin gebastelt wird (für eine Schulklasse in einer anderen Stadt),
- wie auf dem Güterbahnhof rangiert wird (damit ein Schüler, der das nicht beobachtet hat, mit seiner Spielzeugeisenbahn „richtig" rangieren lernt),
- wie wir in der Schule Brot gebacken haben (so daß man es zu Hause wiederholen könnte).

Texte mit Sprechaktcharakter betreffen:
- Bitten bei bestimmten Stellen um Auskünfte (ob es für fünf Schüler bei der Bahn schon ein Kollektivbillett gibt, ob man eine Mineralwasserfabrik besuchen dürfte, und wie und wann das zu geschehen hätte).

Texte mit Vereinbarungscharakter betreffen Regeln des Zusammenlebens in der Schule:
- was einheimische Kinder tun, damit die Fremdarbeiterkinder sich nicht isoliert fühlen.
- was Fremdarbeiterkinder tun, um die hiesigen Verhältnisse und die Menschen kennenzulernen.
- wie wir uns auf der Schulreise verhalten, damit wir bei anderen Reisenden und an den Orten, wo wir vorbeikommen, gerne gesehen werden.

SCARDAMALIA, BEREITER & FILLION (1981) geben eine große Zahl von einfachen und leicht zu realisierenden Übungen dieser Art an. Der Titel des Buches drückt ihre Absicht treffend aus: „Writing for results", „Schreiben, um etwas zu bewirken."

Vom *sechsten Schuljahr* und dem *13. Altersjahr an* werden die Texte reflektierender, und dies in einem doppelten Sinn. Einesteils macht die Selbsterkenntnis der Schüler Fortschritte. Sie nehmen von Eltern und Erziehungspersonen eine gewisse Distanz, betrachten sie und ihr Verhältnis zu ihnen objektiver und vermögen über ihre Beobachtungen nachzudenken. Bei begabten Schülern werden ideelle, weltanschauliche Interessen wach und können allmählich formuliert werden. Anderteils werden die begabten Schüler fähig, ihre Texte bewußter zu planen. Mit der Zeit können sie so vorgehen, wie wir dies im Abschnitt über die Textplanung dargestellt haben.

Die Texte spiegeln diese Entwicklung wider. Sie sind nicht mehr ausschließlich konkret und praktisch orientiert, obschon diese Art von Themen weiterhin wichtig bleiben – bei zunehmender Komplexität der Ausgangslage und der Zielsetzung:
– wie man die Unfallgefahren auf dem Schulweg vermindern könnte (Adressat sind die Mitschüler im Schulhaus und die übrigen Verkehrsteilnehmer).
– die Heilsarmee: zum Lachen oder zu bewundern? (Adressat: Mitschüler und Eltern. Grundlage: Beobachtungen, Interviews, Lektüre).
– Bewerbung um eine Teilzeitarbeit neben der Schule.
– Gebrauchsanweisung für die Anbringung eines Rückspiegels am Mofa oder Fahrrad (Adressat: der Käufer des Rückspiegels).

Das neue Element sind die *Problemaufsätze,* deren Zweck es ist, dem Schüler Klarheit über einen Problemkomplex gewinnen zu lassen. Adressat ist der Verfasser selbst: Er schreibt für sich. Der Text ist die Objektivierung seiner Problemlösung. Die Themen hängen z.B. mit seiner zunehmenden Verselbständigung und den damit zusammenhängenden Problemen zusammen. Sie betreffen auch das Verhältnis des Schülers zu Institutionen und den Werten, die diese vertreten. Erste Ansätze des politischen Denkens werden formuliert, weltanschauliche Probleme können thematisiert werden:
– Freier, aber auch einsamer.
– Manchmal bringt man die Worte kaum heraus.
– Manchmal frage ich mich, was die Leute wohl von mir denken.
– Die Polizei: Hüterin der Ordnung oder . . .
– Krankenschwester/Krankenpfleger: ein Beruf für mich?
– Das Fernsehen: Stütze oder Totengräber der Demokratie?

In der *Sekundarstufe II, von 16 Jahren an,* können Themen gestellt werden, die auch den Erwachsenen bewegen. Je nach der Begabung der Schüler können die Anforderungen an die Reflexivität der Textverfassung und der Problemlösung weiter erhöht werden. Zugleich nimmt die Weltkenntnis sowohl extensiv als auch intensiv zu. Die Schüler können sich in der Textsorte des wissenschaftlichen Berichts versuchen, und sie können fernerliegende und komplexere historische, gesellschaftliche und politische

Probleme behandeln. Bei alledem sollten die praktischen Texte nicht vernachlässigt werden: Der Schüler sollte nun in der Lage sein, bei einem Amt oder einer Firma eine Beschwerde vorzutragen, die ernstgenommen wird, und er sollte ein Protokoll von einer Verhandlung oder einer Unterrichtsstunde verfassen können, das brauchbar ist.

Der Grundgedanke eines solchen Curriculums besteht also darin, die Schüler schrittweise an Formen der Textgestaltung heranzuführen, die im erwachsenen Leben praktiziert werden. Dabei darf sich gerade das Gymnasium nicht scheuen, auch praktische Aufgaben anzugehen. Wir sagen: *auch* praktische Aufgaben, denn ,,der Mensch lebt nicht vom Brot allein". Aber so allein vom Geiste lebt er auch nicht, wie man sich vielerorts gebärdet! Und vor allem: Ein Geist, der hoch über der Wirklichkeit schwebt, läuft Gefahr, die Kraft zu ihrer Gestaltung und Entwicklung zu verlieren. Es geht nicht darum, hier schöngeistige Aufsätze zu schreiben und da effiziente Geschäftsbriefe zu verfassen. Es geht darum, die Welt des Geschäfts und der Arbeit zu humanisieren und die Welt des Geistes mit den Kräften der praktischen Arbeit und des konkreten Lebens zu nähren.

ZWEITER TEIL:
Handlung, Operation und Begriff

Im zweiten Teil des Buches wenden wir die Aufmerksamkeit von den Medien weg auf den inneren Aufbau der Unterrichtsgegenstände. Wir erarbeiten einen Handlungsablauf, dann entwickeln wir mit den Schülern eine neue mathematische Operation, und schließlich bilden wir einen Begriff. Die drei neuen Grundformen des Lehrens definieren sich also nach der Struktur des Unterrichtsgegenstandes: Handlungsschema, Operation und Begriff haben je charakteristische Strukturen, die dem Lehrer gegenwärtig sein müssen und die dem Schüler im Verlaufe der Lektion durchsichtig werden sollen. Dabei ist die Handlung die ursprüngliche Form des geistigen Lebens, und dies in der individuellen Geschichte des Kindes ebenso wie in der Geschichte der Menschheit. Ein Kleinkind ist ein handelndes, aktives Wesen. Wenn wir es in der Sandkiste oder beim Spiel mit Gleichaltrigen beobachten, so fällt die Dynamik des Geschehens ins Auge: Berge werden aufgehäuft, eingeebnet, durchbohrt, mit Wasser begossen; noch vielfältiger sind die Interaktionen mit den Spielkameraden. Aber dieses Handeln ist nicht chaotisch. Es hat seine innere Ordnung. Mittelhandlungen treten in den Dienst von Zwecken. Ziele verschiedener hierarchischer Höhe sind einander über- und untergeordnet. Mit zunehmendem Alter differenzieren sich die Handlungsschemata der Menschen. Aber noch der Alltag des Erwachsenen ist ein Alltag des Handelns, mehr als ein solcher der Reflexion. Der Unterricht muß in seinem Aufbau diesem genetischen Gesetz gehorchen und das geistige Leben wiederum von den Quellen der Handlung her in Gang setzen und aufbauen.

Darum entwickeln wir in der Grundform 6 zuerst einen Handlungsablauf. Wir realisieren ihn praktisch, indem wir z. B. das Geschehen auf dem Postamt simulieren oder mit den Schülern eine Zeitung herstellen, oder wir entwickeln gemeinsam den Vorgang der Herstellung von Hartkäse.

Die mathematischen Operationen verstehen wir als ein abstraktes Handeln, das seinen Ursprung jedoch seinerseits in den konkreten Handlungen des Alltags hat. Daher setzt auch die Grundform 7, die eine mathematische Operation aufbaut, mit der *tätigen Lösung* eines praktischen Problems ein. Erst schrittweise arbeiten wir das strukturelle Gerüst der Operation heraus, verinnerlichen den Vorgang und übersetzen ihn in das System der mathematischen Zeichen.

Im Begriff schließlich objektiviert sich der Gedanke. Vorher aber will er aufgebaut sein, und dieser Aufbau ist seinerseits ein dynamisches Geschehen. Die Struktur des Begriffs gleicht der Struktur der Operation und des Handlungsschemas, in dem sie hierarchisch und auf ein Ziel ausgerichtet ist. Aber der Begriff vergegenständlicht sich in einem Sprachzeichen, dem Begriffsnamen, während sich die Handlung und teilweise auch die Operation im wahrnehmbaren Ergebnis niederschlägt. Daher die größere Schwierigkeit des begrifflichen Denkens, dem Gegenstand der achten Grundform.

VII. Grundform 6: Einen Handlungsablauf erarbeiten

In den folgenden Unterrichtseinheiten unternehmen wir etwas mit der Klasse. Indem wir das Unternehmen effektiv, als kleines Projekt, oder in Gedanken realisieren, verschaffen wir uns die Vorstellung des betreffenden Handlungsablaufs. Wenn wir ihn abstrakt und objektiv betrachten, so bilden wir auch den entsprechenden Begriff. Aber um Begriffsbildung geht es in diesem Kapitel noch nicht. Worum geht es? Einige Beispiele mögen die Idee vorweg veranschaulichen. Unser wichtigstes Beispiel wird die Herstellung von Emmentaler Käse betreffen. (Das ist eine kleine Geste des Autors gegenüber der Region, in der er die dritte Überarbeitung dieses Buches geschrieben hat.) Der Vorgang hat geographische, volkskundliche, geschichtliche, biologische und wirtschaftliche Aspekte. Ein zweites Beispiel wäre der kollektive Handlungsablauf, der zur Herstellung einer Zeitung führt. Als Klassenzeitung kann sie von den Schülern selbst erzeugt werden, z. B. im *Deutschunterricht*. Korrespondenten verfassen Berichte, Redakteure korrigieren sie und bringen sie in die geeignete Form, Inserate werden aquiriert, die Verwaltungsabteilung kalkuliert die Kosten, der Setzvorgang wird an der Schreibmaschine gemimt. An die Stelle der Rotationspresse tritt der Umdrucker, schließlich wird die Zeitung vertrieben.

Im *Naturkundeunterricht* sollen beispielsweise Aquarien oder Terrarien eingerichtet und verschiedene Lebewesen in ihrem Verhalten und in ihrer Entwicklung beobachtet und beschrieben werden. So überlegt die Klasse, was sie zu ihrem Unternehmen braucht: ein großes Aquariumglas für die Klasse insgesamt, je ein Einmach- oder Akkumulatorenglas für jede Arbeitsgruppe, dazu Quarzsand, Torfmull, Walderde, Wasserpflanzen usw. Das Material und die geeigneten Lebewesen werden beschafft und das Projekt durchgeführt.

Ähnlich geht es zu, wenn im *Geographie-* oder *Physikunterricht* ein Wasserkraftwerk im Sandkasten gebaut wird. Die Talsperre wird errichtet, der Stollen gebohrt, das Wasserschloß konstruiert, die Druckleitung gelegt und das Generatorenhaus aufgebaut.

Ein weiteres Beispiel: In der dritten oder vierten Grundschulklasse wird in der Schule einmal ein Postamt errichtet. Der Schalterverkehr wird gemimt, Briefkästen werden geleert, Briefe verteilt und ihrem Adressaten zugeleitet. Wenn es auf Weihnachten zugeht, stellen viele Lehrerinnen mit den Erst- und Zweitkläßlern Weihnachtsgebäck her. Die Schüler berichten, was man dazu braucht und was die Mutter tut. Die Lehrerin hat ein wenig Teig, das Wellholz, etwas Mehl, die Ausstechformen mitgebracht, und der letzte Teil des Unternehmens wird in der Klasse wirklich ausgeführt.

Psychologischer Teil
Der Aufbau und die Verinnerlichung von Handlungen

Ist die Schule ein Ort, wo junge Menschen *das Handeln lernen?* Man kann nicht sagen, daß dies in unserer Gesellschaft eine allgemeine Zielvorstellung sei. Zwar spricht man gerne vom „Wissen und Können" als Lernzielen, aber mit dem Begriff des Könnens verbindet man doch meistens nur die Vorstellung der schulischen Fertigkeiten. Handlungen sind aber mehr als Fertigkeiten: es sind zielgerichtete, *in ihrem inneren Aufbau verstandene Vollzüge,* die ein faßbares Ergebnis erzeugen. Es stimmt zwar: Wenn es gut geht, ist vieles Wissen, das wir vermitteln, direkt oder indirekt handlungswirksam. Das rührt daher, daß vieles begriffliche Wissen einen Handlungskern hat. Wenn wir mit den Schülern von der Ernährung sprechen, so werden sich einige in der Folge wahrscheinlich richtiger ernähren. Aber wie viele? Der durchschnittliche Unterricht holt aus Büchern vergegenständlichte Begriffe, Wissensinhalte. Er macht sie den Schülern verständlich (wenn es gut geht), weckt in ihrem Denken richtige Vorstellungen, baut mit ihnen im besten Falle ein adäquates Bild der Wirklichkeit auf. Aber das Handeln kommt zu kurz. Das hängt mit dem Nachklingen einer kontemplativen Haltung zur Wirklichkeit zusammen, einer Haltung, die die Welt und ihre Erscheinungen betrachtet, beschreibt und im besten Falle erklärt, aber nicht in sie eingreift, um darin etwas zu *bewirken*. Hinzu kommt die genannte Tendenz, dem Schüler Erkenntnisse von Anfang an in begrifflicher, d. h. quasi-gegenständlicher Form zu bieten und zu vergessen, daß Erkenntnisse zuerst einmal durch Suchen und Forschen, durch Beobachten und Nachdenken gewonnen werden müssen. Suchen und Forschen, Beobachten und Nachdenken aber sind Handlungen, auch wenn sie nicht in die Wirklichkeit eingreifen und sie verändern.

So müssen wir uns also zwei Dinge vor Augen halten: Einmal bedeutet Bildung und Erziehung Anleitung zum Lebenlernen, und Leben heißt nicht nur die Welt betrachten, sondern aktiv in sie eingreifen, etwas tun. Sodann aber erfordert auch der Aufbau eines Weltbildes Tätigkeit. Man kann sich Vorstellungen und Begriffe nicht in fertiger Form einverleiben. Man muß sie nachschaffen, nachkonstruieren. Nur dann sind sie etwas wert. Dem Begriff geht das Begreifen voraus, der Einsicht das Einsehen.

Die folgenden Unterrichtssituationen haben zum Ziel, diese ursprünglichen Erfahrungen im Schüler auszulösen: zum einen mit ihm gewisse Handlungen aufzubauen und durchzuführen, zum anderen Handlungen anderer Menschen in einer Weise gedanklich nachzukonstruieren, so daß sie in ihrem inneren Aufbau verständlich werden. Das Ziel ist einesteils, ein Repertoire von Handlungsmöglichkeiten zu erwerben, die der junge Mensch später einmal einsetzen kann, um seine praktischen Probleme zu bewältigen, andernteils, ein Wissen aufzubauen, das nicht bloß aus statischen Versatzstücken besteht, sondern aus lebendigen und klaren Einsichten in die Zusammenhänge dieser Welt, ein Weltbild, das sowohl eine tiefe Sicht der Dinge umfaßt als auch dem praktischen Tun dient.

Arten des Handelns

Man kann menschliche Handlungen auf verschiedene Weisen einteilen. Einmal kann man fragen, ob sich Handlungen auf Personen oder Sachen richten. Im einen Fall sprechen wir von sozialen, im anderen von physischen Handlungen: Trösten und Erklären sind soziale Handlungen, ein Auto reparieren ist eine physische Handlung. Viele Handlungen richten sich auf Personen und Sachen zugleich: jemandem beim Reparieren eines Autos zu helfen, wäre ein Beispiel. Das schafft aber kaum Probleme: man wird einfach die *Handlungsteilnehmer* betrachten und sich in Erinnerung rufen, daß in vielen Handlungen belebte und unbelebte Handlungsteilnehmer zusammenwirken. In einem abstrakten Sinn ist nämlich auch das Auto und der Wagenheber ein (unbelebter) „Handlungsteilnehmer". Die Kasusgrammatik (FILLMORE 1968/²1977) hat uns gelehrt, die Rolle zu beobachten, die die Handlungsteilnehmer spielen. So sprechen wir davon, daß das Auto *Objekt* der Reparaturhandlung, der Wagenheber *Instrument* ist. In der Handlung des Schenkens unterscheiden wir einen Geber, einen Empfänger und ein geschenktes Objekt. Es ist möglich, Handlungen in dieser Weise recht durchsichtig zu charakterisieren (AEBLI 1980/81).

Eine zweite wichtige Unterscheidung betrifft das *Handlungsergebnis*. Gewisse Handlungen haben zum Ziel, ein sachliches Ergebnis zu erzeugen. Wir nennen es ein „Werk". Dieses kann nützlich sein, oder es kann zu gefallen suchen. Das führt zur Unterscheidung von nützlichen und ästhetischen Werken. Kunstwerke gehören zu den letzteren, industrielle Produkte zu den ersteren, wiederum mit vielen Zwischenformen. Vom *Werkschaffen* unterscheiden wir die große Gruppe der *Bewegungshandlungen*. Ihr Ergebnis ist kein Werk, sondern die bloße Ortsveränderung, entweder des Handelnden selbst (Reisen, Wandern) oder von Sachen (eine Ware transportieren). Auch hier gibt es Zwischenformen: eine Wohnung einrichten bedeutet Möbel bewegen und verschieben, aber das Ergebnis hat auch Werkcharakter. Das gleiche gilt vom Bestellen eines Feldes.

Viele Handlungen umfassen genau das, was der Handelnde tut: das Einrichten einer Wohnung wäre hier nochmals zu nennen. Andere Handlungen lösen Prozesse aus, die in einer gewissen Selbständigkeit ablaufen, bis der Handelnde wieder in sie eingreift. Handlungen, die Wachstumsprozesse auslösen, wären hier Beispiele: Pflanzen pflegen, Tiere aufziehen, Erziehen. Handlungen können aber auch physikalische und chemische Prozesse in sich einbeziehen. Das Keltern von Wein löst Gärungsprozesse aus und steuert sie, Autofahren nutzt komplexe physikalische und chemische (Verbrennungs-)Prozesse aus.

Das ist didaktisch dann bedeutungsvoll, wenn wir dem Schüler nicht nur Handlungsabläufe beibringen wollen, sondern ihm zugleich Einsicht in die im Handlungsablauf enthaltenen Vorgänge zu verschaffen suchen. Die Einbettung in einen Handlungskontext sichert uns häufig auch das Interesse der Schüler, die für die bloß theoretische Behandlung des Vorgangs oder der Sache nicht zu interessieren wären. Prozesse und Sachinformationen, die in einen Handlungskontext eingeordnet sind, erscheinen *sinnvoll*, denn Sinnhaftigkeit heißt nichts anderes als Einordnung einer Sache in ein umfassendes Bezugs- oder Ordnungssystem.

Die Einsicht in die mögliche Integration von sachlichen Vorgängen in Handlungsabläufe zeigt uns auch die natürliche Entwicklung des theoretischen und begrifflichen Erkennens: Die Welt und ihre Vorgänge werden uns zuerst im Rahmen unseres praktischen Tuns zum Problem. Wir müssen sie beobachten und steuern, wenn unsere Handlungen Erfolg haben sollen. Allmählich können sie aber in unserem Bewußtsein „funktionelle Autonomie" (ALLPORT 1937/1938) erwerben. Das heißt: Erkenntnis kann um ihrer selbst willen interessant werden. Wir interessieren uns nicht mehr nur darum für eine Sache oder einen Vorgang, weil es nützt und wir damit besser zu unseren praktischen Zielen kommen, sondern weil uns das Verstehen der Wirklichkeit selbst zum Problem wird und weil es uns Freude und Befriedigung schafft, herauszufinden, „warum sie tickt".

Handlungsfolgen, Handlungsschemata

Beobachtet man ein Kind oder einen Erwachsenen, so sieht man ihn fast immer in äußerer oder innerer Tätigkeit: arbeitend, essend, diskutierend, die Zeitung lesend usw. William JAMES (1891) hat von einem Bewußtseinsstrom (stream of consciousness) gesprochen, der das wache Leben begleitet. In Erweiterung dieses Begriffes könnte man von einem „Verhaltensstrom" sprechen. Handlungen gliedern wir innerhalb des Verhaltens aus, indem wir definieren: Es sind Verhaltensweisen, die Maßnahmen und Sachen bewußt einsetzen, um ein Ergebnis zu erreichen. Daher wäre das Geschirrwaschen eine Handlung, nicht aber das Stolpern, ebenso wäre das Reiben eines entzündeten Auges eine Handlung, nicht aber das Weinen oder das Zusammenzucken nach einem plötzlichen grellen Laut.

Innerhalb der Handlungen, die ein Mensch ausführt, unterscheiden wir zwei wichtige Gruppen: Handlungsfolgen und Handlungsschemata. *Handlungsfolgen* entwerfen wir Schritt für Schritt, wenn wir etwas Neues tun, z. B., wenn wir als Autofahrer zum ersten Mal ein Rad wechseln oder wenn wir zum ersten Mal in einem fremden Land reisen. Handlungsfolgen werden also *ad hoc*, vorweg zusammengesetzt. Der Ablauf als ganzer ist neu. Wir können nicht davon sprechen, daß hier etwas „abgewickelt" wird, das wir kennen und können.

Woraus bilden wir diese Handlungsfolgen? Welches sind ihre Elemente? Offensichtlich erfinden wir nicht alles von Grund auf. Vielmehr setzen wir unsere neuen Handlungsfolgen aus Handlungselementen zusammen, die wir in unserem Handlungswissen oder Handlungsgedächtnis gespeichert haben. Diese nennen wir *Handlungsschemata*. Wir verfügen über ein Repertoire von fertigen Handlungsabläufen. Es sind sozusagen vorfabrizierte Handlungselemente. Trainierte Fußballmannschaften haben sie: Sie üben einzelne Spielzüge des Angriffs und der Verteidigung, bis sie sie als ganze abwickeln können. Zwar gleicht keine Spielsituation der anderen; aber die Elemente – die Schemata der Spielhandlung – sind immer die gleichen, auch wenn geringfügige Variationen vorkommen.

Handlungsschemata (AEBLI 1980) sind durch drei hervorstechende Eigenschaften definiert: (1) sie sind als ganze gespeichert, (2) sie sind daher reproduzierbar, und sie sind (3) auf neue Gegebenheiten (Dinge, Menschen, Situationen) übertragbar.

Zu (1), der „Speicherung als ganze": Handlungsschemata sind die Elemente unseres Handlungswissens; sie müssen nicht jedesmal neu erfunden werden; ihr Ablauf ist gelernt und als ganzer abrufbar. Ihre Verfügbarkeit kann auf zwei verschiedenen Grundlagen beruhen: einmal darauf, daß uns die Abfolge der Teilschritte *einsichtig* ist. Wir wissen: Um sich etwas Eßbares zu verschaffen, geht man in ein Restaurant, setzt sich an einen Tisch, bestellt etwas, ißt es, bezahlt und geht hinaus. Das nennt man ein Handlungs-*Skript*, das „Drehbuch" einer Handlung (SCHANK & ABELSON 1977).

Die andere Möglichkeit besteht darin, daß wir den ganzen Ablauf *automatisieren*. Wir bilden eine Verhaltensgewohnheit. Der Handlungsablauf vollzieht sich wie ein Kettenreflex. Die Handlungen der Morgentoilette bilden derartige automatisierte Handlungsschemata: Waschen, Zähne putzen, Kämmen. Auch das oben genannte Beispiel eines auf Einsicht beruhenden Handlungsschemas enthält auf der Ebene der kleinsten Einheiten solche automatisierten Elemente: das Glas zum Munde führen, Trinken, Schlucken; für das Herausgeld danken, Grüßen und Aufstehen; auf die Türe zugehen, die Klinke erfassen, die Türe öffnen, sie passieren.

Zu (2), der Reproduzierbarkeit der Handlungsschemata: Weil ein Handlungsschema als ganzes gespeichert ist, können wir es mit Hilfe unseres Gedächtnisses reproduzieren. Das geschieht ohne die Anstrengung des ersten Entwurfs. Es ermöglicht uns, die Aufmerksamkeit auf die Organisation des Gesamtablaufs zu richten.

Zu (3), der Übertragbarkeit der Handlungsschemata: Die Übertragung eines Handlungsschemas auf neue Gegebenheiten ist möglich, weil es, auch wenn es automatisiert ist, keinen starren Ablauf darstellt. Es ist flexibel und kann sich in einem gewissen Maße an veränderte Gegebenheiten anpassen. Wer gelernt hat, mit einem Messer umzugehen, kommt mit allen möglichen Messern zurecht. Ein Kind, das gelernt hat, seinen kleinen Bruder zu trösten, vermag wahrscheinlich auch ein gleichaltriges fremdes Kind zu trösten. Die Spielchen, die Schüler mit einem Stellvertreter des Lehrers erfolgreich versucht haben, übertragen sie auf den nächsten. Je ähnlicher der neue Handlungsteilnehmer ist, desto besser gelingt der Transfer. Mit zunehmender Unähnlichkeit (mit „zunehmender Größe der Transferschritte") des Partners oder der Situation wird die Übertragung schwieriger. So kann der Geigenspieler auch ganz gut auf einer Bratsche spielen, mit einem Cello hat er aber schon beträchtliche Mühe und mit einem Kontrabaß kommt er vorerst gar nicht zurecht.

Die Struktur der Handlung

Was wir bisher über Handlungen gesagt haben, nennt man eine „funktionelle Betrachtungsweise". Wir haben gesagt, was Handlungen *leisten*. Wir haben aber noch nichts über ihr Wesen, ihren Aufbau gesagt. Das soll nun geschehen. Das Ziel ist, Handlungen von ihrer Planung her zu verstehen. Das ist darum sinnvoll, weil sie im Alltagsleben von den Zielvorstellungen her geplant werden, weil wir im Unterricht möglichst nahe an den natürlichen Planungsvorgang heranzukommen suchen und weil schließlich der Lehrer bei der Lektionsplanung selbst noch einmal die Planungsüberlegungen vollzieht, die denjenigen des Alltagslebens und der Schüler entsprechen.

Wir wählen das Beispiel der *Herstellung von Hartkäse* und rollen sie in einer Weise auf, die der historischen Entwicklung entspricht.

Die Herstellung von Hartkäse hat sich in Europa vor allem in den Alpenländern entwickelt. In diesen regenreichen Gebieten war der Anbau von Getreide schwierig, Viehzucht und Milchwirtschaft aber gut möglich, und dies bis hinauf in die hoch gelegenen Alpenweiden. Die Bergbauern mußten nun ein Problem lösen: ihr Hauptprodukt, die Milch, zu einem transport- und lagerfähigen Produkt zu verarbeiten, das gegen die Agrarprodukte des Flachlandes, insbesondere gegen Korn, getauscht werden konnte. Denn die Milch selbst konnte weder über längere Strecken und in größeren Mengen transportiert, noch mehr als einige Tage gelagert werden. Die entscheidende Entdeckung war diejenige des Labes, eines Enzyms, das im Labmagen des Kalbes enthalten ist. Kleinste Mengen dieses Stoffes lassen die Milch bei etwa 38° gerinnen. Dabei wird der eiweiß-und fetthaltige Stoff Parakasein ausgefällt. Dieser kann zu Käselaiben geformt und durch Salzen haltbar gemacht werden. Das Labenzym gewann man früher, indem man den Labmagen von Kälbern trocknete und es dann mit warmem Wasser herauslöste. Beim Kalb dient das Lab der Verdauung der Milch, die es bei seiner Mutter saugt.

Die Käseherstellung ist ein Handlungsablauf, der von Bauern und Sennen ausgeführt wird. In vereinfachter Form kann man den Vorgang auch in der Schulklasse durchführen und einen kleinen Käse herstellen. Die folgende psychologische Analyse zeigt
(1) die Teilhandlungen mit den daran beteiligten Elementen (den „Handlungsteilnehmern"),
(2) die schrittweise Erzeugung des Ergebnisses „Käse", das das konkrete Handlungsziel darstellt,
(3) den Gesamtablauf, bei dem jeder Einzelschritt ein Teilziel verwirklicht, auf das der nächste Schritt aufbaut.

Wenn dabei für einen Teilschritt mehrere Voraussetzungen erfüllt sein müssen, so sind mehrere vorbereitende Teilhandlungen nötig. Das Ablaufschema erhält daher die Form eines Baumes oder eines Flußsystems, bei dem mehrere Handlungslinien zusammenfließen. Wo eine Handlung andererseits verschiedene Produkte (allgemeiner: Ergebnisse) erzeugt, können sich die verschiedenen Handlungslinien auch trennen: die Linien verlaufen dann divergent. Die Abb. 9 zeigt ein einfaches Schema des Handlungsschemas der Käseherstellung.

Man erkennt die Abfolge der Hauptschritte: Durch das Melken wird die Milch gewonnen. In einem ersten Verarbeitungsschritt wird sie erwärmt und mit Lab geimpft. Die Milch gerinnt, mit dem Ergebnis, daß sich die Käsemasse und die Schotte scheiden. Die erstere wird gepreßt und zu einem Käselaib geformt, die letztere kann Tieren verfüttert und zur Herstellung

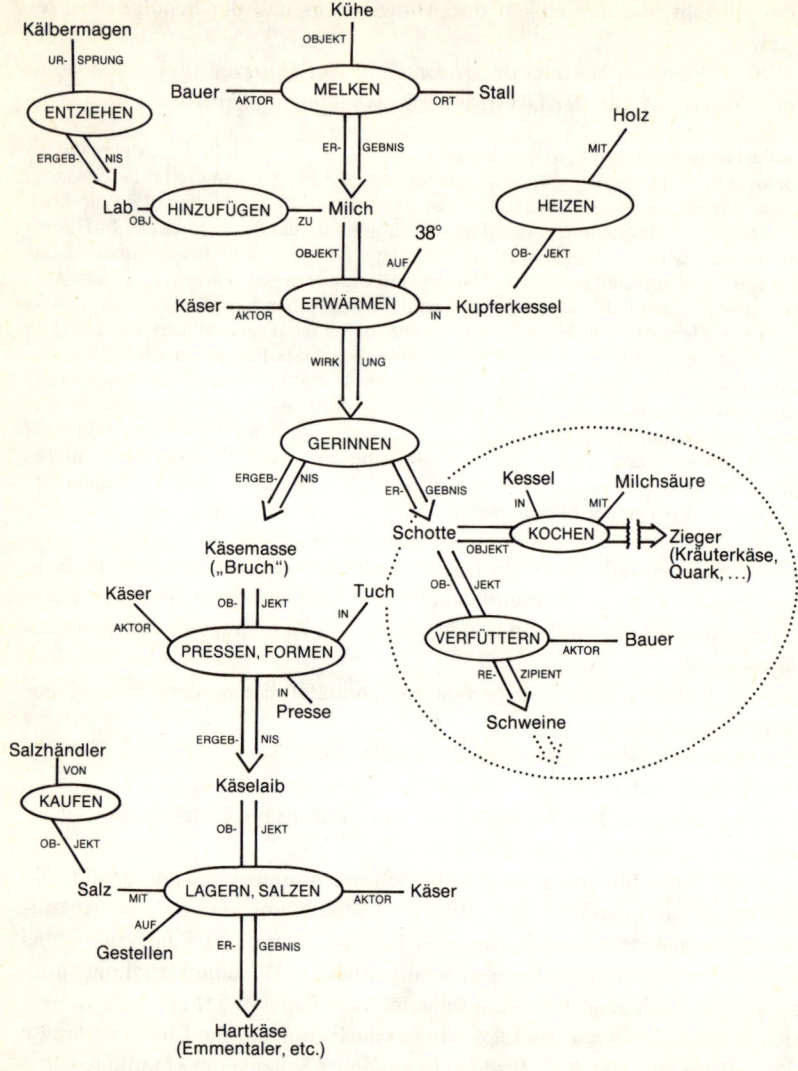

Abb. 9. Das Handlungsschema „Hartkäse-Herstellung". Die Teilhandlungen und Teilprozesse sind in ovalen Rahmen und in Großbuchstaben angegeben. Um diese herum sind die Handlungsteilnehmer angeordnet und mit Linien verbunden. Ihre Rolle ist neben oder über der betreffenden Verbindungslinie genannt. Der Weg des Produktes folgt den doppelt ausgezogenen OBJEKT-ERGEBNIS-Linien. Die Nebenlinien der Zieger-Herstellung und der Verwendung von Schotte zur Schweinemast sind durch eine punktierte Linie abgegrenzt.

von Kräuterkäse weiterverarbeitet werden. Die Käselaibe werden gelagert und täglich gesalzen, so entsteht ein Hartkäse wie z. B. der Emmentaler.

Man erkennt auch die Baumstruktur des Handlungsschemas: an drei Punkten vereinigen sich Seitenäste mit der Hauptlinie der Handlung. Die erste Nebenlinie betrifft die Gewinnung des Labes, das dem Kälbermagen entzogen wird. Es wird der Milch hinzugefügt. Die Nebenlinie vereinigt sich im Element „Milch" mit der Hauptlinie des Schemas. Die zweite Nebenlinie betrifft das Heizen des Kupferkessels, in dem die Milch erwärmt wird. Sie vereinigt sich über das Element „Kupferkessel" mit dem Hauptstrom der Handlung. Die dritte Nebenlinie betrifft die Beschaffung des Salzes, das notwendig ist, um den Käse haltbar zu machen. Sie vereinigt sich über das Element „Salz", das „Instrument", d. h. Hilfsmittel beim Lagern und Salzen ist, mit der Hauptlinie.

Weiter erkennt man zwei Nebenlinien, die von der Hauptlinie abzweigen. Sie gehören nicht im engen Sinn zum Handlungsschema der Käse-Herstellung. Es handelt sich ja um die Verwertung eines Nebenproduktes, der Schotte. Auch diese beiden Nebenlinien sind mit der Hauptlinie über ein gemeinsames Element, die Schotte, verbunden. Aber sie divergieren von der Hauptlinie, denn sie führen ja zu anderen Ergebnissen, zur Herstellung von Zieger und zur Gewinnung von tierischem Eiweiß auf dem Wege der Mästung.

Didaktisch und psychologisch ist es wichtig, daß sich in einer Handlung jeder Teilschritt in einem objektiven Ergebnis niederschlägt. Im konkreten Ergebnis ist anschaubar, was man getan hat, um es zu erzeugen. Das kann sich auch der sprachlich wenig begabte Schüler leicht merken: um zur Milch zu kommen, muß man Kühe melken; um warme Milch zu erhalten, muß der Kessel geheizt werden; um Lab zu gewinnen, muß man es aus dem Kälbermagen herauslösen. Grundsätzlicher betrachtet: Im Handlungsergebnis steckt die Handlung, die es erzeugt hat. Es fällt leicht, sie im Ergebnis noch wahrzunehmen, denn sie ist ein konkretes Zeichen für die ausgeführte und die auszuführende Handlung. Noch ein wenig grundsätzlicher: Im Ergebnis *objektiviert* sich die Handlung (AEBLI 1980/81). Man versteht leicht, daß es nicht notwendig die gleichen Schüler sind, die mit den willkürlich gesetzten Zeichen der Sprache und den konkreten Objektivierungen von Handlungen umzugehen wissen. Es ist wichtig, daß die Schule beiden, den konkret-praktischen und den sprachlichen Denkern eine Chance gibt.

Nun handelt es sich beim gewählten Beispiel eines Handlungsschemas um eine Handlung, bei der verschiedene Akteure zusammenwirken: der Bauer, der Käser, der Abnehmer der Schotte. Das ist aber eine Äußerlichkeit. Es ist ohne weiteres denkbar, daß ein einziger Mensch diese Handlungen ausführt. Historisch gesehen war es auch so. Insbesondere ist es auch für den Betrachter einer derartigen Handlung möglich, jeden einzelnen Schritt im Geist mitzuvollziehen und sich den ganzen Ablauf innerlich vorzustellen. Dann mag er zwar noch nicht fähig sein, den ganzen Ablauf auch praktisch erfolgreich durchzuführen, aber er kennt doch seine Hauptzüge. Er verfügt über das Handlungsschema in der Form einer Handlungsvorstellung. Das ist es auch, was wir in der Schule anstreben. Es ist wahrscheinlich nicht möglich, daß jeder einzelne Schüler seinen kleinen Käse herstellt, aber dieser kann gemeinsam hergestellt werden. Alle nehmen an der Handlung teil, und alle bilden sich auf diese Weise eine Vorstellung von ihr.

So können wir zusammenfassend sagen: ein Handlungsschema kann sich als effektive Handlung oder als Handlungsvorstellung realisieren. In jedem Falle ist es auf ein Handlungsziel ausgerichtet, und der Besitzer des Handlungsschemas weiß von jeder Teilhandlung, daß sie notwendig ist, um die Voraussetzung für den nächsten Handlungsschritt und schließlich für die Erreichung des Gesamtzieles zu schaffen. Teile dieses Ablaufes sind in der Regel automatisiert, in Grenzfällen kann es der ganze Ablauf sein, immer jedoch mit der Möglichkeit, daß die Einzelheiten auch begründet werden. Ein blinder, unverstandener Ablauf ist keine Handlung und daher auch kein Handlungsschema.

Was wir hier von Handlungen sagen, die ein sachliches Ergebnis erzeugen, gilt auch für Handlungen, deren Ergebnis nicht so offen zutage liegt, beispielsweise für eine Ver-handlung, deren Ergebnis ein Vertrag oder eine Übereinkunft ist. Insofern es sich dabei um eine soziale Handlung dreht, sind die Zusammenhänge meistens komplexer, denn der Partner handelt seinerseits und wirkt daher auf den ersten Aktor zurück. Das ist zum Teil auch bei sachlichen Prozessen der Fall. Wenn wir ein Feuer entfachen, so wirkt es auf den Entfacher zurück, wenn er es nicht richtig behandelt, und auch andere Prozesse in den Dingen haben ihre Tücken. Wichtiger sind die moralischen Aspekte, die bei sozialen Handlungen zur Geltung kommen: Ein menschlicher Handlungspartner hat seine Würde, und die Art des Umgangs mit ihm steht unter entsprechenden ethischen Anforderungen.

Bewegungen schließlich sind mit dem formalisierten Schema, das wir oben verwendet haben, weniger gut darzustellen. Trotzdem gilt auch für derartige Handlungen die Grundregel, daß jeder Teilschritt dazu bestimmt ist, die Voraussetzungen für den nächsten Schritt zu verwirklichen. Um nach Amerika zu fliegen, muß ich zum Flughafen gelangen, zum Beispiel mit dem Flughafenbus; um zum Flughafenbus zu gelangen, muß ich den entsprechenden Terminal erreichen, zum Beispiel mit meinem Wagen; um meinen Wagen benützen zu können, muß ich in die Garage gehen, zum Beispiel zu Fuß usw.

Der Aufbau neuer Handlungsschemata

Der Mensch, der eine Handlung plant, geht von einer Zielsetzung aus. Die Bergbauern der Alpenländer suchten ein Milchprodukt, das haltbar, transportabel und daher verkäuflich war. Kolumbus suchte einen kürzeren Weg nach Indien (kürzer als der Weg um die Südspitze Afrikas). Die Besiedler des mittleren Westens entflohen dem krisengeplagten Europa, sie suchten Land, auf dem sie ihre Landwirtschaft treiben konnten. Oder, etwas weniger historisch und individueller gesehen: Die in der Einleitung genannten Schüler gehen von der Zielsetzung einer Zeitung aus, die sie selber herstellen und ihren Mitschülern und den Eltern verkaufen möchten. Oder sie möchten eine Schlange oder ein anderes Tier im Schulzimmer halten und beobachten, oder sie nehmen sich vor, einen Heißluftballon zu bauen.

Alle diese Zielsetzungen leiten den Entwurf von Handlungen, die zu ihnen hinführen. Ein guter Unterricht verfährt entsprechend. Ein Handlungsziel existiert vorerst in der Vorstellung. In der Regel kann es nicht durch einen einfachen Eingriff in die vorliegende Wirklichkeit erreicht werden. Die Kunst besteht darin, die Brücke zwischen den verfügbaren Gegebenheiten und dem Handlungsziel zu schlagen. Das ist der Sinn der Teilschritte der Handlung: sie setzen bei den verfügbaren Mitteln ein, und sie führen über Zwischenstufen zum Ziel. Die Überlegungen haben wir kennengelernt. Wenn ich rückwärts konstruiere, so frage ich mich: Was ist nötig, damit ich die Zielhandlung ausführen oder das Zielobjekt realisieren kann? Ich möchte zu einem bestimmten Zeitpunkt in Paris sein, um dort eine bestimmte Ausstellung zu besuchen, oder: an meinen Wagen müßten die Winterreifen montiert werden, damit ich ihn auch bei Schnee und Matsch benützen kann. Um zu einer bestimmten Zeit in Paris zu sein, muß ich diesen und jenen Zug benützen. Um die Winterreifen aufziehen zu lassen, muß ich mit ihnen zur Garage fahren. Um den genannten Zug zu erreichen, muß ich dann und dann am Bahnhof sein. Um mit den Winterreifen zur Garage fahren zu können, muß ich diese in meiner Garage suchen und sie in den Wagen laden. Um zu einem bestimmten Zeitpunkt am Bahnhof zu sein, muß ich eine Taxe bestellen, die mich eine Viertelstunde früher abholt. Um die Reifen zu suchen und einzuladen, muß ich zur Garage gehen, usw.

Man erkennt den Grundgedanken der *regressiven* (rückschreitenden) *Handlungsplanung*: Ich frage mich, welche Voraussetzungen gegeben sein müssen, damit der letzte Handlungsschritt ausgeführt werden kann. Ich stelle fest, ob diese Voraussetzungen gegeben sind. Sind sie es nicht, so frage ich weiter, was ich tun muß, um die Voraussetzungen herzustellen. Damit ich das tun kann, müssen elementarere Bedingungen erfüllt sein.

Sind sie es? Sonst muß ich etwas Weiteres tun, damit diese verwirklicht werden.

Nicht jede Planung geschieht konsequent rückschreitend. Gewisse Teilabläufe sind uns als Schemata verfügbar und wohl vertraut. Wir können also von der gegebenen Situation aus *vorwärts* planen, indem wir das Endziel vor Augen halten. Ich weiß, daß ich zum festgesetzten Zeitpunkt in Paris sein muß und daß ich mit der Bahn reise. Also plane ich von meiner gegenwärtigen Lage aus vorwärts: Koffer packen, Geld und Paß bereitstellen, die Fahrkarte vorbestellen. Allerdings: um zur rechten Zeit anzukommen, *muß* ich rückwärts planen. Aber die Bergbauern haben wahrscheinlich die Käseherstellung nicht durch reine regressive Planung entwickelt. Da war sicher viel tastendes Experimentieren, ein Vorgehen nach Versuch und Irrtum dabei, mit dem relativ unbestimmten Ziel, ein haltbares Milchprodukt zu erzeugen. Dieses Experimentieren ging von den verfügbaren Verfahren aus: Milch erhitzen, irgendwie die Flüssigkeit entziehen: alles Schritte der vorwärtsschreitenden (progressiven) Planung.

So verfährt also eine natürliche Handlungsplanung sowohl rückschreitend als auch vorwärtsschreitend. Wichtig ist es, daß die beiden Enden zusammenkommen: die verfügbaren Mittel und das Endziel. Ein guter Unterricht, so sehen wir voraus, wird entsprechend verfahren müssen. Sicher ist es falsch, wenn wir im Unterricht eine Sache nur vorwärtsschreitend entwickeln, was allzu häufig geschieht.

Im beschriebenen Verfahren erkennt man zwei klassische Formen der Entwicklung neuer Verhaltensweisen: *Differenzierung* und *Integration*. Von Differenzierung sprechen wir dann, wenn eine Verhaltensweise, hier eine Handlung, im Menschen schon als ganze vorschwebt, wobei er aber erst eine globale Vorstellung hat: „ein haltbares, transportables, verkäufliches Milchprodukt," „irgendwie am Abend des 15. Juni um 20.00 in Paris sein," „zu Weihnachten genügend Gebäck bereithaben, damit die Kinder zufrieden sind". Im Prozeß der Differenzierung präzisiert sich der Handlungsablauf, sei es durch Probieren, sei es in der Vorstellung. An die Stelle der globalen Vorstellung des Irgendwie-von-der-gegebenen-Situation-zum-Ziel-Gelangens tritt die genaue Vorstellung der einzelnen notwendigen Handlungsschritte. Der Vorgang gleicht der Entwicklung eines pflanzlichen oder tierlichen Organs: Das Blatt ist anfänglich eine Ausstülpung am Stengel, eine undifferenzierte Knospe. Dann gliedert es sich, seine Form bildet sich aus, Nerven werden sichtbar, der Stiel wächst. Dabei ist es wichtig, daß die schließliche Endform schon in der Anlage des Blattes enthalten war. Genau so ist die schließliche Form der Handlung im globalen Handlungsentwurf schon enthalten. Sie bildet sich allmählich aus.

Andererseits ist es deutlich, daß die Entstehung einer neuen Handlung auch Züge des Aufbaus (der Integration) hat. Um den Rahmen, der mit dem globalen Entwurf gegeben ist, zu füllen, um den Brückenschlag zwischen gegebener Situation und Handlungsziel zu leisten, rufen wir Handlungselemente aus dem Repertoire unseres Handlungswissens ab: Um die Milch haltbar zu machen, müssen wir sie kochen. Damit sie sich verfestigt, müssen wir sie zum Gerinnen bringen. Wenn man eine plastische Teigmasse geformt hat, sollte man sie leicht aus der Form herauslösen können. Das geht mit einer Art Springform, die aus einem flachen Boden, einem Deckel und einem Rand in Form eines Zylindermantels besteht, der zu öffnen ist. Um das Rad zu wechseln, muß man die Muttern des alten Rades lösen, das Rad abheben und das neue anschrauben. Damit das alles möglich ist, darf das Rad den Boden nicht mehr berühren. Dazu muß man den Wagenheber anstellen...

Man erkennt, daß es sich hier nicht darum handelt, zwischen Differenzierung und Aufbau zu wählen. Der globale Handlungsentwurf differenziert sich im Zuge der Handlungsplanung. Dies geschieht dadurch, daß ich den Rahmen mit einzelnen Handlungsschemata ausfülle, die in meinem Handlungswissen enthalten sind. Wir sehen voraus, daß im Unterricht für beides gesorgt werden muß: dafür, daß der globale Handlungsplan entsteht und dafür, daß aus dem Repertoire des Handlungswissens die geeigneten Schemata abgerufen werden.

Die Verinnerlichung (Interiorisation) der Handlung

Wir haben gesehen: ein Handlungsschema kann der Niederschlag einer in der Praxis entwickelten, erprobten Handlung sein. Es kann daher als wirkliche Handlung erfolgreich reproduziert und auf neue Situationen übertragen werden. Es ist aber auch möglich, daß es von seinem Besitzer selbst noch nie ausgeführt worden ist und wahrscheinlich auch nur um den Preis zusätzlicher Versuche und Überlegungen in die Tat umgesetzt werden kann. Es hat in diesem Falle den Status einer bloßen „theoretischen" Handlungsvorstellung. Der betreffende Mensch kann sich den Ablauf vorstellen, seine Vorstellung in Worten beschreiben und erklären, warum was getan wird.

Die neue Frage, die sich nun stellt, lautet folgendermaßen: Wie entsteht aus einer effektiv vollzogenen Handlung eine Handlungsvorstellung? Und: Wie wird eine Handlungsvorstellung wiederum in eine effektive Handlung umgesetzt? Eine erste Überlegung sieht mindestens beim ersten der beiden Übergänge keine Probleme. Denn zwischen effektiven und innerlichen Handlungen besteht eine enge Beziehung. In der Tat können an der effektiven Handlung zwei Teile unterschieden werden: der zentrale Steuerungsprozeß und ihr Vollzug durch die Effektoren des Körpers. Im zentralen Nervensystem finden die Steuerungsprozesse statt, die den geordneten Ablauf der Handlung sichern und sie mit Hilfe der Sinne laufend an die Umwelt anpassen. Von diesen Steuerungs- und Kontrollzentren gehen sodann die innervierenden Impulse aus, welche die Effektoren, die Muskeln und andere Körperorgane, in Tätigkeit setzen und lenken. Diese Innervationen und die ihnen entsprechenden Bewegungen können nun z. T. gehemmt werden, ohne daß dadurch die zentralen Prozesse auszufallen brauchen. In diesem Falle ist die effektive Handlung zur inneren geworden, sie hat sich verinnerlicht, interiorisiert. Es ist, als ob durch Auskuppeln die Verbindung zwischen Motor (zentralem Prozeß) und Rädern (Effektoren) unterbrochen worden wäre, der Motor also laufe, ohne daß äußerlich etwas geschehe. Statt daß der Schüler eine Handlungsreihe wirklich ausführt, stellt er sie sich nur vor.

Eine zweite Überlegung zeigt allerdings, daß auf dem Wege der Verinnerlichung von Handlungen für den Schüler neue Probleme auftauchen können. Die effektive Handlung vollzieht sich am konkret vorliegenden Gegenstand. Die Handlungsvorstellung entbehrt dieser Stütze. Der Schüler muß sich also nicht nur seine Handlung vorstellen, sondern auch den Gegenstand, an dem sie sich vollzieht. Das ist eine zusätzliche Leistung. Die Beobachtung des Resultates warnt den Schüler häufig, wenn er eine konkrete Handlung falsch ausführt: eine Konstruktion droht einzustürzen, oder der Handlungsablauf droht zu stocken. Die gedachte Handlung entbehrt dieser Sicherung. Darum müssen Gedankenexperimente immer wieder durch tatsächlich ausgeführte Versuche kontrolliert werden.

Die Hauptleistung auf dem Wege zur Handlungsvorstellung ist also der Erwerb einer genauen Vorstellung der Ausgangssituation, des ursprünglichen Zustandes des Handlungsobjektes, und sodann die Vorstellung der Veränderungen, welche wir durch die Handlungsschritte im Objekt oder in der Situation erzeugen. Bei vorgestellten Bewegungen kennt man diese Schwierigkeiten gut. Gewisse Intelligenztests benutzen sie. So wird dem Prüfling gesagt: „Stell Dir vor, ein Wanderer bewege sich von einem Punkte A 5 km nach Süden, dann marschiere er 10 km nach Osten, dann 10 km nach Norden, schließlich wandere er noch 10 km nach Osten. Wie weit ist er vom Punkte A entfernt?" Ähnliche Schwierigkeiten kann es einem Schüler bereiten, sich vorzustellen, wie ein Emmentalerkäse entsteht, und dies auch dann, wenn er den Vorgang in einer Käserei selbst beobachtet hat, ja sogar, wenn er die Handlungen – in einem Schulexperiment – unter Anleitung selbst vollzogen hat.

Andererseits ist es klar, daß die eigene Ausführung einer Handlung gute

Voraussetzungen für den Erwerb der betreffenden Handlungsvorstellung schafft. Es könnte sein, daß wir auf diese Weise einen Ablauf wiederholen, der sich in der kindlichen Entwicklung abspielt. PIAGET behauptet nämlich, daß das Kleinkind viele Verhaltensweisen ursprünglich effektiv vollziehen lernt und es erst mit etwa anderthalb Jahren fähig wird, Handlungen auch innerlich auszuführen und sich ihre Objekte vorzustellen (PIAGET 1936/1969, 339 f.; 1947/^{5}1972, 120). Dies erscheint aus den oben genannten Gründen plausibel. Daraus folgt, daß der Elementarschüler ganz besonders darauf angewiesen ist, neue Handlungen und, wie wir sehen werden, Operationen, in effektiven Handlungen zu erarbeiten. Aber auch bei älteren Schülern und Erwachsenen gilt die Regel, daß eine Handlung im effektiven Versuch leichter erlernt und besser verstanden wird als im reinen Gedankenexperiment.

Der umgekehrte Vorgang, die Umsetzung einer Handlungsvorstellung in eine effektive Handlung, wird dann einfach zu bewerkstelligen sein, wenn der Schüler, wie soeben ausgeführt, von der effektiven Handlung zur Handlungsvorstellung gelangt ist. Schwieriger wird ihm diese Umsetzung fallen, wenn er die Handlungsvorstellung nur aus der Beobachtung gewonnen hat, und am schwierigsten wird sie für ihn sein, wenn er sie aufgrund bloßer verbaler Schilderungen kennengelernt hat. Es ist die Schwierigkeit der Umsetzung einer Gebrauchsanweisung in die wirkliche Handlung.

Didaktischer Teil
Handeln lernen

Bei allen unterrichtlichen Unternehmungen, die in diesem Kapitel genannt wurden, könnte der Lehrer eine der drei schon behandelten Unterrichtsformen verwenden. Er könnte den Schülern erzählen, wie man ein Kraftwerk baut, ein Aquarium einrichtet, wie der Postverkehr organisiert ist, und wie man Weihnachtsgebäck herstellt. Er könnte all das auch demonstrieren, und er könnte schließlich einen Text lesen lassen, in dem die entsprechenden Handlungen und Vorgänge beschrieben wären. Die Unterrichtsform, die wir hier untersuchen, strebt nun aber an, daß die Schüler die Unternehmung selber tragen. Der Lehrer leistet ihnen dabei nur Handbietung. Dies aber heißt, daß die Aufbauprozesse von den Schülern in einer gewissen Selbständigkeit vollzogen werden. Dazu muß eine erste Bedingung erfüllt sein. Der junge Schüler vermag den Aufbauprozeß nicht *in abstracto*, d. h. rein vorstellungsmäßig, zu vollziehen. Er muß mit der konkreten Wirklichkeit konfrontiert werden, und es muß ihm Gelegenheit gegeben werden, sein Projekt in ihr zu verwirklichen. Kreide und Wandtafel genügen hier nicht. Das Kraftwerk muß im Sandkasten aufgebaut werden, die Milch muß vor der Klasse erwärmt und mit Lab geimpft werden, Aquarien müssen in Wirklichkeit entstehen, und auch die Projekte im Unterricht der Elementarstufe sollten wirklich durchgeführt werden. Bei reiferen Schülern können Anschauungsmittel an die Stelle der konkreten Wirklichkeit treten. In diesen Fällen besteht die Möglichkeit, daß der Lehrer die Handlung fortlaufend in einfachen Skizzen an der Wandtafel festhält. Er wird also während der Lektion in einem vorbereiteten Wandtafelbild, welches ein Bergtal darstellt, die Talsperre und alle übrigen Teile des Kraftwerkes fortlaufend einzeichnen oder aber auf der Unterstufe die verschiedenen Handlungen, die beim Backen, Einmachen, Waschen vorkommen, in einer Reihe von Skizzen, die vor den Schülern entstehen, festhalten. Schüler der Sekundarstufe I und II werden einen Handlungsablauf vorstellungsmäßig, jedoch auf Grund geeigneter Unterlagen (Kartenausschnitte, Vervielfältigungen), aufbauen. Dabei muß man sich allerdings darüber Rechenschaft geben, daß es sich nicht mehr um den Aufbau einer effektiven Handlung, sondern schon um denjenigen einer Handlungsvorstellung handelt, mit allen Begrenzungen und möglichen Schwächen des Nur-Gesehenen und Nur-Gedachten.

Das Problem stellen

Wie erreicht man nun, daß die Schüler ihre Unternehmung durch eigenes Suchen und Nachdenken verwirklichen? Am Anfang muß eine geeignete Problemstellung stehen. Sie reizt zum Denken an und richtet es auf das Ziel aus. Wir haben gesehen, wie Handlungen vom Ziel her geplant werden. Wir verstehen auch: Wenn die Schüler am Ziel interessiert sind, werden sie auch alles tun, um es zu verwirklichen, also Nachdenken, Vorschläge kritisch prüfen, ihre Eignung abschätzen, ausprobieren, ob und wie sie sich durchführen lassen. Wer ein Ziel hat und sieht noch nicht, wie er es erreichen wird, hat ein Problem. Wer zu sehen beginnt, wie man es lösen könnte, hat ein Projekt. Die Frage: „Wie könnte man Milch verarbeiten, damit sie haltbar und ohne spezielle Einrichtungen transportabel wird?" formuliert ein Problem. Der Gedanke, dies über den Weg der Gerinnung und Pressung zu erreichen, ist ein Projekt.

Wie das Problem nach seiner Lösung, so ruft das Projekt nach seiner Verwirklichung. Es handelt sich hier um den gleichen psychologischen Tatbestand. Folglich muß am Anfang eines unterrichtlichen Unternehmens eine lebendige Problemstellung, ein Projekt stehen, das bei den Schülern zündet. Es ist wichtig, daß die Frage nicht nur im Kopf des Lehrers lebt, sondern daß sie auch von den Schülern übernommen wird. Denn bei ihnen muß sie das folgende Suchen und Forschen auslösen und lenken. Der Lehrer arbeitet die Problemstellung mit den Schülern sorgfältig aus, er stellt sie nicht einfach routinemäßig als „Zielangabe" (ZILLER, 1876) an den Anfang der Lektion. Es lohnt sich, dabei nicht mit der Zeit zu sparen. Der Ertrag wird den Zeit- und Energieaufwand mehrfach lohnen. So spricht der Lehrer vor dem Aufbau des Kraftwerkes mit den Schülern darüber, daß im Winter die elektrische Energie besonders knapp ist (warum?), daß also möglichst viel Wasser auf diese Zeit hin gesammelt werden muß, daß es aus möglichst großer Höhe auf die Turbinen niederstürzen sollte usw. Ist das Problem einmal auf klare und lebendige Weise gestellt, so braucht der Lehrer die Klasse nicht am Gängelband eng gefaßter Fragen und Hinweise durch die Lektion zu steuern, sondern er wird sie innerhalb der durch das Problem gesetzten Schranken und der durch es vorgezeichneten allgemeinen Richtung relativ selbständig forschen lassen können, wobei es ihm nur noch zufällt, Ordnung in die kollektive Denkarbeit zu bringen und die Durchführung inhaltlich zu überwachen.

Seit ZILLER (1876) hat man wiederholt, die Anknüpfung – wir sprechen lieber von Problemstellung – müsse an die Erfahrungswelt des Kindes anschließen. Das ist sicher wahr; es fragt sich nur, was darunter zu verstehen sei. Die Erfahrungswelt des Kindes umfaßt nicht nur das Wissen, das es in seiner außerschulischen Umgebung gewonnen hat. Zwar werden wir im Unterricht die Beziehung zu seiner täglichen Erfahrung überall schließen, wo dies sinnvoll ist, und wir wissen auch, daß ein intelligenter und wirklichkeitsverbundener Lehrer hierzu eine Vielzahl von Gelegenheiten wahrzunehmen weiß. Es bleibt indessen die Tatsache bestehen, daß viele Problemstellungen vom Schüler freudig aufgegriffen werden, wenn sie auch nicht unmittelbar mit seiner Umwelt zusammenhängen. Das Problem kann auch aus dem vorangehenden Unterricht herauswachsen. Es muß in Begriffen formuliert sein und sich auf Tatbestände stützen, welche dem Schüler vertraut sind, habe er sie im vorangehenden Unterricht oder in seiner außerschulischen Erfahrung gewonnen.

Die Handlung planen und durchführen

Nun sei also das Problem gestellt, die Spannung auf die Lösung geschaffen und dem Forschen und Nachdenken die Richtung gewiesen. Das Werk kann entstehen, die Handlung einsetzen. Eine Halbklasse ist etwa um einen Tisch versammelt, auf dem eine Heizplatte zum Erwärmen der Milch steht, das Labpulver und die übrigen Utensilien zur Käseherstellung stehen bereit. Die halbe Klasse ist um den Sandkasten versammelt, in dem das Kraftwerk entstehen soll, oder ältere Schüler haben die Kartenausschnitte vor sich, in denen sie – vorstellungsmäßig – einen Ort suchen, um den Fluß zu stauen und ein Kraftwerk anzulegen. Oder vor der Klasse liegt das Material bereit, mit dem ein Aquarium eingerichtet werden soll.

Die Schüler schlagen nun vor, was zu tun sei. Die erste Gruppe von Beiträgen nimmt der Lehrer entgegen, ohne dazu Stellung zu beziehen. Viele Vorschläge sind sachlich nicht befriedigend, und wahrscheinlich werden sie mehr oder weniger ungeordnet vorgebracht. Zunächst fragt also der Lehrer die Schüler, in welcher Reihenfolge die vorgeschlagenen Maßnahmen und Handlungen durchgeführt werden sollen. Ist diese Ordnung einmal hergestellt, eventuell an der Wandtafel festgehalten, so wird jede Teilhandlung im einzelnen durchgedacht und sachlich bereinigt. Die Schüler werden eingeladen, ihre Vorschläge zu begründen, die Zwecke anzugeben, welche sie verfolgen. Die vorgebrachten Argumente werden der Klasse zurückgegeben. „Was meint ihr zum Vorschlag von Fritz?" „Würdet ihr es auch so tun, wie es Gabriele vorschlägt?" „Hat jemand eine bessere Idee?" Die beste der vorgeschlagenen Handlungen wird ausgeführt, manchmal auch eine unzweckmäßigere, die von der Klasse in der Folge als solche erkannt und korrigiert wird. Ist die Ausführung einfach, erfordert sie kein besonderes Geschick, so wird sie von einem Schüler vollzogen, im andern Fall arbeitet der Lehrer nach den Anweisungen der Schüler. Sobald ein Teilschritt ausgeführt ist, wird er von allen geprüft. „Haben wir es so gemeint, sollte es so herauskommen, ist es auch wirklich gut so? Müssen wir noch abändern, verbessern? Haben wir einen Gesichtspunkt aus den Augen verloren, der uns verbietet, so vorzugehen, wie wir es getan haben?"

Obschon in den meisten Fällen nur einzelne wirklich handeln können, sind alle in den Aufbauprozeß einbezogen. Während einer handelt, denken die anderen mit, beobachten die Ausführung kritisch und geben ihr Einverständnis oder aber ihre Verbesserungsvorschläge. Sollte es möglich sein, die Handlung individuell oder in Gruppen auszuführen, so ist dies um so günstiger. Allerdings fällt es dem Lehrer dabei viel schwerer, die Arbeit aller Schüler zu kontrollieren, so daß auch mehr Irrtümer und Fehler auftreten.

So durchläuft die gemeinsame Planung einer unterrichtlichen Unternehmung die folgenden Phasen:

(1) *Klärung, Begründung und Rechtfertigung der Zielvorstellung.* Die Fragen lauten hier: Was wollen wir? Warum wollen wir es? Wie hängt das Ziel mit unseren übrigen Ideen und Zielvorstellungen zusammen?

(2) *Beurteilung der Ausgangslage.* Wie sieht die Ausgangslage aus? Wel-

che Mittel stehen uns zur Verfügung? Was können wir, was können Fachleute zur Lösung unseres Problems tun?

(3) *Bestimmung der einzelnen Lösungsschritte.* Welche Handlungsschritte ergeben sich, wenn wir vom Ziel her planen? Welche Bedingungen müssen erfüllt sein? Gibt es vorgeordnete Bedingungen? Noch elementarere? Umgekehrt: Wie können wir von der gegebenen Situation her zum Ziel kommen? Welches sind die ersten Schritte? Welches die folgenden?

(4) *Beurteilung des Plans.* Bevor wir an die Arbeit gehen, überschauen wir den Plan noch einmal als Ganzen. Wir überlegen, ob er den Mitteln Rechnung trägt, die uns zur Verfügung stehen, und wir beurteilen, ob wir Chancen haben, das gesetzte Ziel zu erreichen, das Problem erfolgreich zu lösen.

Bei der Durchführung im einzelnen ergibt sich grundsätzlich die Abfolge: (1) Einbringen der Vorschläge, (2) Präzisierung und Begründung durch den Vorschlagenden, (3) Beurteilung durch die Klasse, (4) Ausführung durch einen Schüler oder durch den Lehrer, (5) gemeinsame Prüfung des Ergebnisses.

Die Unterrichtsform, die wir hier beschreiben, ist als erste dieses Lehrganges dadurch gekennzeichnet, daß die Schüler ein Problem relativ selbständig lösen, Erkenntnisse relativ selbständig erarbeiten. Es ist daher notwendig, daß wir die Rolle des Lehrers charakterisieren, der das Unternehmen der Schüler leitet. Grundlage dafür, daß der Lehrer die Arbeit der Schüler geschickt und sachgemäß zu leiten vermag, ist die genaue eigene Kenntnis der auszuführenden Handlungen. Zu seiner Vorbereitung hat der Lehrer das, was die Schüler in der Stunde tun sollen, selber einmal durchgedacht und ausprobiert. Er kennt somit nicht nur die beste Ausführung, sondern hat sich auch mögliche Varianten überlegt und weiß daher die von den Schülern vorgeschlagenen Lösungen zu würdigen und dem Fortschritt des Ganzen dienstbar zu machen.

Während der Durchführung der Arbeit hält nun aber der Lehrer mit seinem Wissen zurück. Er demonstriert den Schülern nicht etwa, wie man es macht, sondern läßt sie selber suchen und finden. Weil er genau weiß, was man da suchen und finden kann, vermag er die Arbeit der Schüler in geeigneter Weise zu lenken. Ist ein wichtiger Gesichtspunkt unbeachtet geblieben oder müssen weitere Gründe und Folgen überdacht werden, so lenkt er die Schüler durch Fragen und Hinweise dahin.

Ein solches Verhalten fällt manchem Lehrer nicht leicht. Er muß lernen, mit seinen Belehrungen zurückzuhalten, um den Schülern Gelegenheit zum eigenen Nachdenken zu geben. Andererseits dispensiert ihn dieses Vorgehen in keiner Weise davon, die Überlegungen, welche die Schüler machen sollen, in aller Sorgfalt selber durchzudenken; denn nur so wird es ihm möglich, die Schüler auf alle Punkte zu lenken, die beachtet werden müssen. Dabei ist es selbstverständlich, daß der Lehrer das von ihm vorgesehene Konzept, den von ihm vorgesehenen Lösungsweg nicht stur erzwingen wird. Gerade weil er die Sache von allen Seiten durchgedacht hat, ist er in der Lage, sich an Vorschläge anzupassen, die vom vorgesehenen Gang abweichen, sollte ein Schüler eine unerwartete und originelle Idee vorbringen. Die Erfahrung zeigt, daß gerade der gut vorbereitete Lehrer beweglicher auf die Vorschläge der Schüler einzugehen vermag als der mittelmäßig vorbereitete, denn der letztere wird sich in seiner Unsicherheit an sein Konzept klammern und nicht davon abzugehen wagen. Dies muß man jenen Kollegen in Erinnerung rufen, die meinen, das Prinzip der Selbsttätigkeit der Schüler dispensiere sie davon, sich den Stoff vorher selber sorgfältig anzueignen und die Arbeit im einzelnen durchzudenken.

Die Handlung verinnerlichen

In den wenigsten der beschriebenen Lektionen will man dem Schüler praktische Fertigkeiten beibringen. Manchmal mag in dieser Hinsicht etwas abfallen; in der Regel aber soll er ein Stück Wissen erwerben. Nur weil er die präzisesten und lebendigsten Vorstellungen von den Werken der Menschen, ihren Handlungen und Unternehmungen dann gewinnt, wenn er sie selber aufbaut und ausführt, lassen wir ihn sie handelnd erarbeiten. Dabei liegt diesem Vorgehen allerdings weit mehr als ein didaktischer Kunstgriff zugrunde. Die psychologische Untersuchung des Vorgangs der Verinnerlichung hat gezeigt, was es heißt, eine Vorstellung von einer Tätigkeit zu besitzen. Es heißt, diese Tätigkeit innerlich ausführen zu können. Zu wissen, wie man Weihnachtsgebäck herstellt, heißt nichts anderes als diese Handlungen innerlich, d. h. in der Vorstellung, vollziehen zu können. Damit ist das weitere Vorgehen nach der praktischen Erarbeitung eines Handlungsschemas vorgezeichnet. Der Schüler muß sich die entsprechende Vorstellung schaffen, indem er die Handlung verinnerlicht.

Diesen Prozeß bereiten wir schon vor, indem wir den Schüler nicht einfach hantieren, sondern vorher immer sagen lassen, was er zu tun gedenkt. Seine sprachliche Aussage muß sich dabei schon auf die *Vorstellung* dessen stützen, was er zu tun beabsichtigt. Dabei dient allerdings die konkret vorliegende Ausgangslage als Vorstellungsstütze. Der Schüler muß sich nicht das ganze Bergtal mit seinen Gletschern, Schneefeldern und Wildbächen vorstellen, sondern es liegt, vom Lehrer oder von einzelnen Schülern vor der Stunde vorbereitet, schon fertig da, wenn die Überlegung über die Nutzung der Wasserkräfte einsetzt. Desgleichen in den anderen Beispielen:

wenn der Schüler in seiner Vorstellung Lösungen zum gestellten Problem sucht, kann er sich auf das konkret vorliegende Stück Wirklichkeit stützen, an oder in dem sich die folgende Unternehmung abspielen wird.

Die *erste Stufe der Verinnerlichung* setzt nach dem Abschluß der praktischen Handlungen ein. Die erste Klassenzeitung ist erschienen, das Kraftwerk gebaut, das Aquarium eingerichtet, das Postamt aufgebaut. Nun blicken wir mit der Klasse noch einmal auf unsere Arbeit zurück *(Arbeitsrückschau)*. Wir gehen alle Handlungen in Gedanken noch einmal durch, d.h. wir rekapitulieren sie innerlich. Wieder stützt die Anschauung den Vorstellungsprozeß: Das konkret vorliegende Werk erinnert an die Phasen seiner Erarbeitung. Wir fordern also den Schüler auf, noch einmal über die einzelnen Arbeiten zu berichten, die im Verlaufe der Unternehmung ausgeführt worden sind. Dabei bietet sich zugleich die Gelegenheit, dem sprachlichen Ausdruck, der im Eifer der praktischen Arbeit vielleicht etwas vernachlässigt wurde, die gebührende Aufmerksamkeit zu schenken. Wir fordern nun von den Schülern eine präzise und einwandfreie sprachliche Darstellung der bisherigen Arbeiten. Vielleicht wird diese Darstellung stichwortartig an der Wandtafel festgehalten und dient der nachherigen schriftlichen Fixierung des Unternehmens als Grundlage. Wahrscheinlich sind die einzelnen Phasen oder Teile des gemeinsamen Werkes in einer oder mehreren Tafelskizzen festgehalten worden. Auch auf dieser Grundlage und ohne das konkrete Werk zu sehen, muß der Schüler nun Auskunft über das Vorgehen geben können. Damit ist die *zweite Stufe der Verinnerlichung* der Handlung erreicht. Der Schüler stellt sich den Handlungsverlauf vor, indem er sich nur noch auf eine bildliche Darstellung einer oder mehrerer Phasen des Entstehungsvorgangs stützt. *In dritter und letzter Linie* soll der Schüler ohne jede anschauliche Stütze, aus der reinen Vorstellung, die Handlungen wiedergeben können, die ausgeführt worden sind. Damit hat der Vorgang der Verinnerlichung sein Endstadium erreicht. Der Schüler ist nun in der Lage, die Handlungen, die er ursprünglich effektiv ausführte, rein vorstellungsmäßig zu vollziehen und davon mit dem Mittel der Sprache Rechenschaft abzulegen.

Im Prozeß der Verinnerlichung wird der Schüler auch gezwungen, eine Sache mehrmals durchzudenken, und sie sich wiederholt zu vergegenwärtigen. Damit werden zugleich zwei weitere Ziele erreicht. Einesteils prägt er sich die Sache durch die Wiederholung ein, zugleich aber gewinnt er über sie jenen Überblick, der die Vielheit der Vorstellungselemente zur Einheit integriert. Am Ende weiß der Schüler nicht nur das, was er selbst getan hat, sondern auch, was andere Menschen tun, nicht nur, was an einem bestimmten Punkte der Welt geschieht, sondern was an vielen Orten, und immer wieder, als Lösung bestimmter Probleme geschieht. Wenn man Projekte auf diese Weise versteht und durchführt, wenn das Handeln in diesem Geist in unseren Schulen Einzug hält, so wird man nicht mehr davon sprechen können, daß am einen Ort Praktiker und am anderen Ort Theoretiker ausgebildet werden. Dann werden an beiden Orten denkende Praktiker und praktische Denker erzogen. Und wenn sie an diesem Geschäft Freude entwickeln und lernen, miteinander in einer menschlichen Weise zusammenzuarbeiten, dann haben wir zugleich Menschen erzogen.

Abschluß: Verstandenes Handlungswissen

In den vorangehenden Überlegungen ist es klar geworden, daß Handeln mehr als fixe Handfertigkeit ist. Es geht hier nicht darum, dem Schüler irgendwelche Handgriffe beizubringen. Ein praktischer Mensch ist nicht ein Mensch, der bloß „eine geschickte Hand" hat. Er hat einen geschickten Kopf. Ein praktischer Mensch versteht, was er tut. Er weiß, mit welchem Ziel er die einzelnen Schritte eines Handlungsablaufs einsetzt und warum sie geeignet sind, die Teilziele zu erreichen. Er überblickt auch das Zusammenwirken der einzelnen Maßnahmen auf die Erreichung des Endzieles hin. Die Struktur seines Handelns ist ihm klar.

Handlungsschemata sind keine Handgriffe: daher ist Handlungswissen auch kein eingedrilltes Routinewissen. Das Handlungswissen, das wir zu vermitteln suchen, ist dem theoretischen Wissen nicht fremd, und umgekehrt: das theoretische Wissen, von dem noch die Rede sein wird, dient dem Handlungswissen. Das erkennt man gut, wenn man sich vorstellt, was unsere Schüler lernen, wenn sie das Experiment der Käseherstellung ausgeführt und durchgedacht haben, oder wenn sie mit dem Lehrer zusammen im Sandkasten ein Kraftwerk gebaut haben. Das Wissen, das dem Schüler bleibt, ist weit mehr als die Erinnerung an einen Ablauf von nacheinander ausgeführten praktischen Tätigkeiten. Am Schluß steht dem Schüler der ganze Sachzusammenhang eines landwirtschaftlichen Veredlungsvorganges vor Augen. Dabei ist dieser Vorgang eingeordnet in wirtschaftliche, geschichtliche und biologische Zusammenhänge. Ebenso das Kraftwerk: ein Stück physikalische, technische, wirtschaftliche Wirklichkeit, ein Stück *Weltwissen*.

VIII. Grundform 7:
Eine Operation aufbauen

Im vorangehenden Kapitel haben wir gesehen, wie man einen Handlungsablauf durchdenkt und seine Vorstellung mit den Schülern zusammen aufbaut. In diesem Kapitel geht es nicht mehr um Handlungen, sondern um Operationen, ihren Aufbau und ihre Verinnerlichung zur Vorstellung. Es geht, mit anderen Worten, um das mathematische Denken. Das ist, wie wir gesehen haben, mehr als nur Rechnen. Es ist ein Denken, das die Wirklichkeit und das eigene Tun abstrakt betrachtet (AEBLI 1980, 209 ff.). Taucht damit im Bild des geistigen Lebens eine ganz neue Kraft auf? Müssen wir sie uns als die Widerspiegelung eines mathematischen Ideenhimmels in der menschlichen Seele vorstellen? Oder kann man mathematische Begriffe und Operationen von den Dingen abstrahieren, wenn man sie nur richtig ansieht? Wir nehmen in diesem Buche weder die eine noch die andere Stellung ein. Wir meinen, daß das mathematische Denken aus dem praktischen Tun und aus der Herstellung konkreter Beziehungen innerhalb der Wirklichkeit hervorgegangen sei, und daß es auch in der Erfahrung des einzelnen Kindes diese Entwicklung noch einmal durchlaufen müsse. Darum folgt in diesem Buche auf das Kapitel über die Erarbeitung von Handlungsschemata ein Kapitel über den Aufbau von Operationen. Denn Operationen sind die abstrakten Abkömmlinge der Handlungsschemata; diese sind umgekehrt ihre konkreten Vorläufer.

Psychologischer Teil
Von der Handlung zur Operation

Operationen sind abstrakte Handlungen

Der Begriff der Operation ist von PIAGET in die Psychologie eingeführt worden (siehe vor allem PIAGET & SZEMINSKA 1941/1965; PIAGET 1947/^{5}1972; PIAGET & INHELDER 1948/1971 und PIAGET, INHELDER & SZEMINSKA 1948/1971). Unter Operationen hatte man zuvor mathematische Verknüpfungen der Form $a \circ b = c$ verstanden, wobei das Zeichen „$\circ$" sowohl für die mathematischen Grundoperationen der Addition, Subtraktion, Multiplikation und Division als auch für das Nacheinander-Ausführen von zwei räumlichen Operationen (z. B. Teildrehungen eines regelmäßigen Vielecks) oder von zwei Permutationen einer Anzahl Objekte (z. B. abc → bca und bca → cab) stehen kann (BAUMGARTNER 1964).

Wie kam PIAGET dazu, diesen mathematischen Begriff in die Psychologie zu übernehmen? Dahinter steht der Versuch, im Denken des Menschen nicht nur Assoziationen als Bindeglieder zwischen den einzelnen Ideen zu sehen („Eiffelturm–Paris", „Neunte Symphonie–Beethoven", „Adam–Eva", „12–144"). Mit den Gestaltpsychologen geht PIAGET davon aus, daß der Mensch zwischen seinen Begriffen und Vorstellungen einsichtige Beziehungen herstellt: „Der Eiffelturm ist WAHRZEICHEN VON Paris", „Die Neunte Symphonie wurde KOMPONIERT VON Beethoven", „Adam–Eva waren DIE ERSTEN MENSCHEN", „12 ERGIBT IN DER ZWEITEN POTENZ 144". PIAGET sieht also zwischen den Vorstellungen und Begriffen des Denkens qualitative Beziehungen, „Sachverhältnisse", wie sie der deutsche Psychologe SELZ (1913; 1922) genannt hat.

Aber hinter der Idee der Operation steht ein zweiter Gedanke. Für PIAGET geht das mathematische Denken aus dem Handeln hervor: die Addition aus dem Zusammenfügen von Mengen, die Subtraktion aus dem Wegnehmen, die Multiplikation aus dem mehrmaligen Nehmen einer gleichen Menge, die Division aus dem mehrmaligen Wegnehmen einer gleichen Menge von einer Gesamtmenge oder aus dem Einteilen einer Gesamtmenge in eine gegebene Anzahl von gleichen Teilen (PIAGET 1947/^{5}1972).

Wie geht das zu? Hier ist nun PIAGET nicht ganz klar. Manchmal betont er die Innerlichkeit der Operation: Operationen sind interiorisierte Handlungen. Manchmal betont er ihre Beweglichkeit: Operationen sind umkehrbar, und manchmal betont er die Tatsache, daß Operationen Systeme bilden: Die hundert Operationen des kleinen 1 x 1 betrachtet er als ein solches System, denn zwischen den einzelnen Operationen bestehen offensichtlich mannigfaltige Beziehungen.

Wir schlagen eine einfachere Betrachtungsweise vor, die in ihren Ergebnissen jedoch derjenigen von PIAGET nahekommt. Wir verstehen Operationen als abstrakte Handlungen. Die Meinung ist, daß aus einer Handlung im Geist des Handelnden eine Operation werden kann, wenn er sein eigenes Tun „abstrakt betrachtet". Die folgenden Beispiele verdeutlichen diesen Gedanken.

Erstes Beispiel: Eine Klasse handelt mit selbst hergestellten Zeitungen. Eine Klasse habe, wie im letzten Kapitel angedeutet, eine Klassenzeitung hergestellt. Dabei wurden etwa die folgenden Handlungen praktisch ausgeführt: Einer ging das Papier kaufen, schoß den nötigen Betrag vor und übernahm die nicht gebrauchten Blätter für seinen eigenen Bedarf. Nachdem die Zeitungen hergestellt waren, wurden sie vertrieben, es wurde Geld einkassiert und in die Kasse zurückgelegt. Zum Schluß mußte dem Papierlieferanten sein Vorschuß zurückerstattet werden. Dies gab den Anlaß zur Frage: Was ist da, buchhalterisch betrachtet, eigentlich vor sich gegangen?

Um dies herauszufinden, rekonstruieren die Schüler die ausgeführten Handlungen unter dem Gesichtspunkt der Mengen und Preise. Die Rekonstruktion berücksichtigt nur noch die vorkommenden Zahlen und Zahlenverhältnisse:

Ein Blatt der 8-seitigen Zeitung kostete 5 Pf., das Papier der ganzen Zeitung also 40 Pf. Es wurden 110 Exemplare hergestellt. Für das Papier wurden also 44,- DM ausgelegt. Das ist auch, was der Papiereinkäufer vorgeschossen hatte. Alles übrige Material stand gratis zur Verfügung. 25 Exemplare wurden für den Eigenbedarf behalten, 83 konnten verkauft werden, nämlich 30 an schulfremde Erwachsene zu 0,70 DM, acht an Lehrer zu 0,50 DM, 45 an Schüler anderer Klassen zu 0,30 DM. Die Schüler haben also $30 \times 0{,}70$ DM $+ 8 \times 0{,}50$ DM $+ 45 \times 0{,}30$ DM verdient. Das sind zusammen 38,50 DM, also fehlen 44,00 ∕ 38,50 DM = 5,50 DM, die dem Einkäufer zusätzlich vergütet werden müssen.

Wenn wir uns nun der Einfachheit halber vorstellen, der ganze Handlungsablauf sei von einem einzelnen Schüler ausgeführt worden, und dieser Schüler habe in der Folge den Ablauf noch einmal rechnerisch durchdacht, so können wir sagen: Was zuerst eine komplexe Handlung war, ist in der Reflexion zur Operationenfolge geworden. Beim Einkauf des Papiers, bei der Herstellung und beim Vertrieb der Zeitung ist sehr viel mehr geschehen, als was nachher in die Rechnung eingegangen ist: Papierstapel wurden umhergetragen, durch den Umdrucker gedreht; neue Stapel entstanden, wurden verteilt, angepriesen, schließlich verkauft, also gegen Geld eingetauscht. Wenn die Schüler nun abrechnen, d. h. die oben genannten Operationen ausführen, sehen sie von den meisten Aspekten dieses komplexen Handlungsgeschehens ab. Sie vollziehen also am Handlungsschema einen Abstraktionsprozeß. PIAGET (PIAGET & INHELDER 1948/1971) spricht von „abstraction à partir de l'action", „von der Handlung ausgehende Abstraktion". Zurück bleibt eine abstrakte Handlung, die wir „Operation" nennen. Dem Verlust an Konkretheit steht ein wesentlicher Gewinn gegenüber. Unter dem gewählten Gesichtspunkt ist der Handlungsablauf durchsichtig geworden.

Zweites Beispiel: Erstklässler entdecken das Messen. Unserem zweiten Beispiel liegt ein Versuch PIAGETS (PIAGET, INHELDER & SZEMINSKA 1948/1971, Kap. II) zugrunde. Die Genfer Psychologen ließen Kinder von vier bis zehn Jahren Türme von gleicher Höhe bauen. Sie gingen dabei so vor: Auf einem normalen Tisch stand ein etwa 60 cm hoher Turm (T_1), der aus Holzquadern von gleicher Grundfläche, aber verschiedener Höhe gebaut war. Die kleinen Versuchspersonen verfügten über eine größere Anzahl ähnlicher Holzklötze. Die Aufgabe lautete, auf einem niedrigeren Tischchen einen neuen Turm (T_2) von gleicher Höhe wie der Modellturm zu bauen. Der erste Turm (T_1) durfte nicht bewegt werden. Sonst aber waren alle möglichen Hilfskonstruktionen erlaubt.

Wir wollen hier nur die Reaktionen der etwa siebenjährigen Kinder betrachten. Sie bauten mit den Klötzen einen Hilfsturm M neben T_1, wobei sie auf die gleiche Höhe achteten. Den Hilfsturm transportierten sie auf das Tischchen hinüber. Dann bauten sie neben M den verlangten neuen Turm T_2, indem sie wiederum auf die gleiche Höhe achteten.

Das ist offensichtlich wieder ein komplexer praktischer Handlungsablauf. Die Kinder hantieren mit Klötzen. Wenn der Hilfsturm M auf den unteren Tisch gestellt wird, gibt es Gleichgewichtsprobleme, die große Vorsicht und Geschicklichkeit erfordern. Dann folgt nochmals eine Bauphase. Wenn die Schüler fertig waren, schauten sie uns Psychologen zuweilen voller Stolz an: „Jetzt habe ich einen gleich großen Turm gebaut." Man erkennt unmittelbar: was da vor sich geht, ist vorerst eine konkrete praktische Handlung mit all ihren Anforderungen, die sich aus der Eigenart des Materials und den Umständen der Handlungsdurchführung ergeben.

Aber in dieser Handlung steckt eine Überlegung, eine einfache Struktur. Man kann sie so formulieren:

$$\begin{aligned} T_1 &= M \\ M &= T_2 \\ \hline \text{also ist} \quad T_1 &= T_2 \end{aligned}$$

So formal kann es der Schüler nicht ausdrücken. Aber dies ist offenbar seine Überlegung. Diesen abstrakten Vorgang nennen wir eine Operation: der erste Turm ist gleich hoch wie der Hilfsturm, der Hilfsturm ist gleich hoch wie der zweite Turm, also ist er genau so hoch wie der erste Turm.

Wann genau hat nun diese Operation stattgefunden, und wie ist sie vom Schüler gedacht (repräsentiert) worden? Hier stellt sich eine Vielzahl von schwierigen, zum Teil heute noch nicht gelösten, zum Teil auch strittigen psychologischen Fragen. Wir sagen hier nur folgendes: Im Verlauf des Nachdenkens könnte es einen Moment gegeben haben, wo der Schüler sich gesagt hat: „Ich baue einen Hilfsturm, gleich wie T_1, trage ihn zum niedrigeren Tisch und baue dann T_2 gleich hoch wie M." Das wäre ein sprachlich formulierter Handlungsplan gewesen, in dem das Prinzip der Lösung schon enthalten gewesen wäre. Der Schüler könnte aber auch probierend zu seiner Lösung gekommen sein. Er hätte z. B. damit begonnen, M neben T_1 zu bauen, hätte die Gleichheit *gesehen* und sich sodann T_2 neben M auf dem niedrigeren Tisch *vorgestellt*. Vielleicht wäre ihm die Idee sogar erst gekommen, als er M auf den niedrigeren Tisch gestellt hatte, der Versuchsleiter ihm aber sagte, mit M als Lösung sei er nicht zufrieden, weil man ja T_2 nicht transportieren dürfe. Die innere Antwort wäre dann gewesen: „Dann baue ich halt noch einmal einen Turm, T_2; der ist dann gleich hoch wie M und wie *T_1*.

Im ersten Falle wäre die Operation sprachlich gedacht worden, im zweiten Falle anschaulich. Wir könnten in Anlehnung an BRUNER (1966/1971) auch davon sprechen, daß sich das Kind die Operation im ersten Falle symbolisch, nämlich im Medium der innerlich gesprochenen Sprache repräsentiert, während es sich diese im zweiten Falle in bildhaften Vorstellungen vergegenwärtigt. In jedem Falle aber handelt es sich um die gleiche Operation, wenn wir ihre Struktur betrachten. Ihren abstrakten Ausdruck haben wir mit der Formel $T_1 = M$, $M = T_2$, also ist $T_1 = T_2$, gegeben. Der Logiker spricht von einem Transitivitätsschluß.

Drittes Beispiel: 5 × 4 Flaschen Cola werden aus dem Keller geholt. Für ein Kinderfest holt die achtjährige Christine Colaflaschen aus dem Keller. Sie kann nur vier auf einmal tragen. Es werden aber 20 Flaschen benötigt. Christine muß daher fünfmal marschieren, bis die 20 Flaschen bereitstehen.

Was Christine tut, nennen wir eine wiederholte Transporthandlung. Darin steckt aber wiederum eine Struktur, die sich Christine vergegenwärtigen kann: „Ich hole jedesmal vier Flaschen, und dies solange, bis ich 20 Flaschen habe. Ich muß fünfmal gehen. Dann habe ich 5 × 4 Flaschen = 20 Flaschen heraufgeholt."

An diesem Beispiel können wir etwas Neues sehen. Es gibt natürlich ein Handeln ohne das Bewußtsein der zahlenmäßigen Zusammenhänge. Ein Kind kann jedesmal vier Flaschen fassen und herauftragen, ohne sich *der gleichen Zahl* der Flaschen bewußt zu sein (es kann sein, daß es einfach so viele Flaschen greift, wie es zu halten vermag). Es ist aber auch möglich, daß es sich bewußt wird: „Ich nehme jedesmal vier Flaschen." Dann ist es weiter möglich, daß es zählt, wie viele Male es marschiert, wobei es jedesmal vier Flaschen heraufträgt. Und schließlich ist es auch denkbar, daß es kontrolliert, wie viele Flaschen nach jedem Gang vorhanden sind, um die Handlung abbrechen zu können, wenn die gewünschten 20 Flaschen da sind. Damit gelangt das Kind von der Handlung zur Operation. Operieren heißt also: im Bewußtsein der Zusammenhänge handeln.

Die inhärente Struktur der Handlung

Jede Handlung hat ihre Struktur. Wir sagen auch: die Struktur ist der Handlung *„inhärent"*, sie „wohnt ihr inne". Wenn die Handlung als Automatismus abläuft, so ist sich der Handelnde der Struktur nicht bewußt. Aber Bewußtsein kann eine effektive Handlung begleiten. Dann sagen wir: Der Handelnde weiß, was er tut. Er ist sich der Zusammenhänge innerhalb seines Tuns und mit dem Umfeld seines Tuns bewußt. Operationen sind keine Denkvorgänge, die das Tun *begleiten*, also *nebenher laufen*; die

Handlungen selbst werden zu Operationen, wenn sie im Bewußtsein der inhärenten Beziehungen ausgeführt werden.

Allerdings beanspruchen die praktischen Handlungen häufig so viel Aufmerksamkeit, daß es schwer fällt, sie im Bewußtsein der innewohnenden Zahlbeziehungen (und der räumlichen Beziehungen!) auszuführen. Daher die Wichtigkeit der Zeichensysteme, in die wir die Handlungen übersetzen. Mit den Zeichen können wir die Beziehungen abbilden, die innerhalb der Handlungen und zwischen ihren Gegenständen bestehen, und wir können mit den Zeichen ähnlich verfahren wie mit den wirklichen Gegenständen. Dabei ist es möglich, die Beziehungen viel klarer hervortreten zu lassen und sich ihrer bewußt zu werden, bzw. sie bewußt herzustellen.

Dies erkennt man in allen drei Beispielen: Die kollektive Herstellung einer Zeitung ist ohnehin so unübersichtlich, daß ein einzelner Beteiligter unmöglich die quantitativen Zusammenhänge überblicken und den eigenen Handlungsbeitrag im Bewußtsein dieser Zusammenhänge ausführen kann. Die Dinge klären sich jedoch auf dem Papier. Hier kann jeder verstehen, wie die finanziellen Zusammenhänge im ganzen Unternehmen aussehen. Ebenso im Falle der drei Türme. Man kennt die kleinen Kinder, die sogar dann, wenn man ihnen die doppelte Konstruktionshandlung vorführt, nicht überzeugt sind, daß $T_1 = T_2$ ist. Es passiert zuviel Praktisches, das sie von der Einsicht ablenkt. Aber schon die sprachliche Formulierung hilft hier weiter. Wenn das Kind einmal sagen kann: „Der erste Turm ist gleich groß wie der zweite, und der zweite ist gleich groß wie der dritte," so besteht eine gute Chance, daß es auch zu schließen vermag: „Der erste ist gleich groß wie der dritte." Entsprechendes gilt für das Beispiel der 5 x 4 Colaflaschen, die Christine aus dem Keller holt.

Indem wir die Wirklichkeit mit Hilfe von Zeichensystemen abbilden, klären sich die Zusammenhänge so sehr, daß viele Mathematiker, Psychologen und Didaktiker die Operationen der Mathematik überhaupt nur als Beziehungen innerhalb von Zeichen verstanden haben. Es ist PIAGETs Verdienst, erkannt zu haben, daß auch eine Handlung eine Operation ist, wenn sie im Bewußtsein der inhärenten Beziehungen ausgeführt wird.

Zum Schluß müssen wir noch ein Wort zum Begriff der „Bewußtheit" sagen. Was heißt es: eine Handlung *im Bewußtsein* der inhärenten Beziehungen ausführen? Hier stellt sich eine der schwierigsten Fragen der Psychologie: zu erklären, was Bewußtsein oder Bewußtheit einer Beziehung genau heißt. Wir können diese Frage hier nicht lösen, sondern die Antwort nur andeuten: Bewußt ist uns das, was wir beachten, das, worauf wir unsere Aufmerksamkeit richten. Diese Ansicht hat in jüngerer Zeit vor allem der amerikanische Kognitionspsychologe NEISSER (1976/1979) vertreten, sie ist auch die unsrige.

Nun können wir den Begriff der Operation definieren:
Eine Operation ist eine effektive, vorgestellte (innere) oder in ein Zeichensystem übersetzte Handlung, bei deren Ausführung der Handelnde seine Aufmerksamkeit ausschließlich auf die entstehende Struktur richtet. Abgekürzt sagen wir: eine Operation ist eine abstrakte Handlung.

Man erkennt, daß wir in dieser Definition nichts über die Beweglichkeit und die Systemhaftigkeit der Operationen sagen. Wir bezweifeln nicht, daß es bewegliche und systembildende Operationen gibt, meinen jedoch, daß es schwierig sei, zu bestimmen, welcher Grad der Beweglichkeit erreicht sein müsse, damit wir von einer Operation sprechen können. Ebenso schwierig ist es, die Anforderungen zu definieren, denen die Systeme genügen müssen, damit wir die konstituierenden Operationen als solche anerkennen. PIAGET jedenfalls hat die Anforderungen so hoch angesetzt, daß klassische Operationen wie die Subtraktion mit natürlichen Zahlen nicht mehr unter seine Definition der Operation fallen, und auch die Forderung der Reversibilität ist bei vielen geometrischen Operationen nur schwer zu erfüllen. Mit PIAGET sind wir aber der Meinung, daß die Ausrichtung der Aufmerksamkeit auf die Struktur zur Folge hat, daß Operationen zunehmend beweglicher werden und Systeme zunehmender Komplexität bilden können (AEBLI 1978).

Beispiele des Operationsaufbaus

Wie kommt ein Kind dazu, eine neue Operation zu erlernen? Wenn Handlung und Operation so eng verwandt sind, wie wir das gesehen haben, so müssen Handlungserwerb und Operationserwerb ähnlich verlaufen. In der Tat ist es unsere These, daß wir hier wie dort Aufbau und Differenzierung finden und daß am Schluß beider Vorgänge Konsolidierung und Anwendung stattfinden müssen. Das Ziel des Operierens ist jedoch verschieden vom Ziel des Handelns. Wo dieses einen praktischen Effekt zu erreichen sucht, strebt das Operieren eine Erkenntnis an. Wir drücken sie im Resultat der Operation aus. Indem wir es feststellen, machen wir eine einfache Aussage über einen komplexen Zusammenhang. In der Arithmetik sieht man dies schon äußerlich daran, daß das Ergebnis eine einfache Zahl ist, während die Aufgabe eine komplexe Verknüpfung von mindestens zwei Zahlen darstellt. So mag die Aufgabe lauten: 3 + 4 oder 28 : 4 oder $\sqrt{5^2} + 3 \cdot 2^3$, das Ergebnis ist immer sieben. Die Aussage lautet in jedem Fall: „Der Wert der angegebenen Zahlenverknüpfung ist sieben." Das ist der Unterschied zwischen Handlungsinteresse und Erkenntnisinteresse: das erstere strebt einen praktischen Effekt an, das letztere – mindestens in den exakten Wissenschaften – die vereinfachte und geklärte Sicht eines komplexen Geschehens oder einer komplexen Gegebenheit.

Wie erlernt das Kind eine neue Operation? Es kann sich dabei nicht um einen Konditionierungsvorgang handeln, wie wir ihn aus der Tierdressur kennen. Die Lernvorgänge sind struktureller Art. Sie vollziehen sich in zwei Schritten. In einem ersten wird die verlangte Verknüpfung durchgeführt, in einem zweiten betrachtet der Schüler die „Verknüpfungsstruktur" (AEBLI 1980, 228 ff.) und macht daran eine neue Beobachtung. Sie liefert in der Regel einen einfachen Wert, der die Verknüpfungsstruktur kennzeichnet. Das Ganze aber geschieht mit Elementen, die sich im Repertoire des Lerners befinden. Er baut die neue Operation aus bekannten Elementen auf. Das zeigen wir an einem einfachen, durchsichtigen Beispiel.

Eine elementare Addition und eine Multiplikation

Die Erstkläßler sollen lernen, daß 4 + 3 = 7 ist. Sie können zählen; in ihrem Repertoire haben sie also die Operation der eineindeutigen Zuordnung der Glieder der Zahlenreihe zu den zu zählenden Objekten. Sie verfügen auch über die Operation der Mengenvereinigung.

Jetzt will der Lehrer wissen, wie viele Objekte man habe, wenn man vier und drei Objekte zusammenlegt. Später wird man das als „die Aufgabe" bezeichnen und so schreiben:

$$4 + 3 = ?$$

Um die Aufgabe zum echten Problem zu machen, müssen dem Schüler eine größere Anzahl von Zählobjekten zur Verfügung stehen, z. B. etwa 20 Kartonscheiben, die Marmeln oder Brötchen darstellen.

Nun zählt er als erstes vier Scheiben aus und legt sie vor sich hin:

Es handelt sich also für den Schüler sicher um eine bekannte Operation. Er tut dasselbe mit drei weiteren Scheiben:

Nun folgt ein wichtiger Schritt. Er muß die beiden Gegebenheiten verknüpfen. Wenn er sie als bloße Mengen betrachtet, wird er einfach die Vereinigungsmenge bilden:

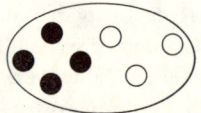

Jetzt muß er aber lernen, eine Verknüpfungsstruktur zu bilden, die sich für die weitere *zählende* Verarbeitung eignet. Sie entsteht dadurch, daß die zweite Objektreihe *in der Fortsetzung der ersten* angeordnet wird:

Das ist die Verknüpfungsstruktur, die durch die Aufgabe 4 + 3 gefordert ist. Der Schüler kann sie leicht erzeugen, denn es handelt sich ja um die gleiche Objektfolge, wie er sie schon mit den vier und den drei Scheiben hergestellt hat. Das ist die erste Leistung beim Aufbau einer neuen Operation: die Herstellung der neuen Verknüpfungsstruktur.

Die zweite Aufgabe ist für den Schüler leicht zu lösen, denn sie ist durch die bisherigen Handlungen schon vorbereitet. Die Frage lautet nun: „Wie viele Scheiben sind es im ganzen?" Wieder ruft der Schüler aus seinem Repertoire eine vertraute Operation ab. Sie heißt „Durchzählen". Der Schüler zählt die Verknüpfungsstruktur durch und kommt auf das Ergebnis sieben. Dabei geschieht etwas Wichtiges: die Scheibe, die beim Auszählen der zweiten (weißen) Gruppe die erste war, wird nun zur 5., die 2. von den weißen wird zur 6. und die 3. zur 7. Der Schüler, der dies verstanden hat, hat einen tiefen Begriff der Addition gewonnen. Aber auch derjenige, dem dieser letzte Zusammenhang entgeht, der die übrigen Aufbauschritte jedoch einsichtig vollzogen hat, besitzt einen klaren Additionsbegriff. Das wird sich beim Lösen angewandter Aufgaben auszahlen. Die Abb. 10 faßt den Vorgang zusammen.

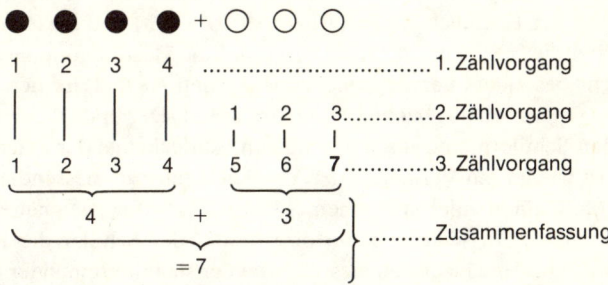

Abb. 10. Der Aufbau der elementaren Addition 4 + 3 = 7 aus der Mengenvereinigung und der Koordination von drei Zählvorgängen.

Wir können nun kurz die Multiplikationsaufgabe mit den Colaflaschen darstellen. Die Teiloperationen, die Christine aus ihrem Repertoire ziehen muß, lauten: Vier Flaschen abzählen. Dies mehrmals tun. Zählen, wie viele Male man vier Flaschen abgezählt und in Gruppen hingestellt hat. Die Flaschen durchzählen. Die Abb. 11 (s. S. 212) zeigt die Verknüpfungsstruktur.

Man erkennt die Wichtigkeit der Gruppenbildung. Im Amerikanischen nennt man diese Einheiten höherer Ordnung „chunks". Die entscheidende Leistung ist das Zählen der Gruppen, die vorgängig durch Auszählen von

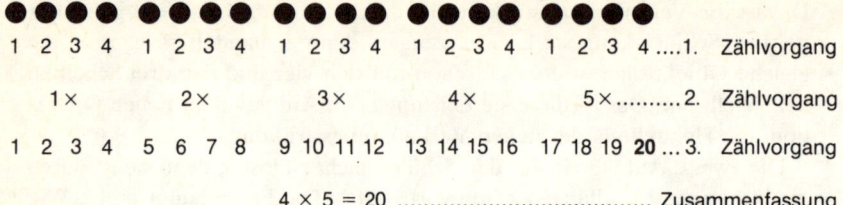

Abb. 11. Die Verknüpfungsstruktur der Multiplikation und der Aufbau dieser Operation aus drei Zählvorgängen.

Einheiten hergestellt worden sind. Es ist also ein Zählen von Objekten höherer Ordnung, ein Zählen von „chunks" oder „Brocken", wie wir deutsch zu sagen vorschlagen. (Der Aufbau der Multiplikation kann natürlich auch von der Additionsoperation her geschehen. Man wird dann einfach zählen, wie viele Gruppen von vier Flaschen man addiert hat.)

Die Berechnung der Rechtecksfläche und die Zahl π

Als Beispiele zweier etwas komplexerer Operationen betrachten wir die Berechnung der Rechtecksfläche (AEBLI 1951/^{5}1973) und die Zahl π. Wir heben dabei die Verknüpfungsstrukturen und die Bestimmung des Ergebnisses nicht besonders hervor, sondern legen den Akzent auf den Aufbau der neuen Operation aus bekannten Operationen. Der erste Gedanke, den wir mit den Schülern hier aufbauen müssen, ist derjenige der Flächenmessung. Es ist wieder ein Vergleich: der Vergleich einer zu messenden Fläche mit der Meßeinheit, hier mit einem Meßquadrat von geeigneter Größe (cm^2, dm^2 usw.). In seinem Repertoire besitzt der Schüler die Idee des Abdeckens: Um eine Fläche zu messen, deckt er sie hintereinander mit dem Meßquadrat ab und zählt, wie viele Male das geht. (Dieses mehrfache Abtragen des Maßes und das Zählen der möglichen Abtragungen geht über die elementare Meßoperation mit den Türmen hinaus. Dort ist das Maß gleich groß wie die zu vergleichenden Größen, ein Abtragen und Zählen ist also nicht nötig.)

Dann versucht er, das gleiche Ergebnis zu finden, wenn er nur die Länge und die Breite des Rechtecks kennt. Er betrachtet ein Rechteck, auf dem man das Meßquadrat abgetragen hat und erkennt ein Gittermuster, die Aufzeichnung der abgetragenen Quadrate (Abb. 12).

Nun erkennt er in diesem Gittermuster eine bekannte Struktur: vier Streifen, die jedesmal sechs Quadrate enthalten. Das ist nichts Neues: Streifen und Reihen aus gleichen Elementen hat er häufig gebildet. Es folgt

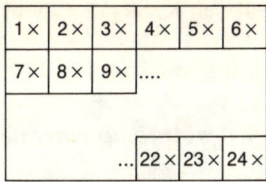

Abb. 12. Die Meßoperationen der Flächenmessung. Die zu messende Fläche wird hintereinander mit Meßquadraten abgedeckt und die Zahl der Quadrate wird gezählt.

eine weitere Überlegung: Bei diesen Streifen kann man einesteils die Quadrate zählen. Man findet dabei, daß jeder Streifen sechs Quadrate enthält. Man kann aber auch die Streifen als Ganze zählen: es sind vier Streifen. (Wer senkrechte Streifen gesehen hat, hat vier Quadrate pro Streifen und sechs ganze Streifen gezählt.) Dieses Zählen von Gruppen und Elementen in den Gruppen ist ihm sehr vertraut, denn das hat man getan, um zur Multiplikation zu gelangen. Er erkennt daher die klassische Struktur der Multiplikation: Vier Streifen zu je sechs Quadraten, das sind 24 Meßquadrate, also zum Beispiel 24 cm^2. Abgekürzt: 4 cm (Breite) × 6 cm (Länge) = 24 cm^2 (Fläche) und algebraisch verallgemeinert: l × b = F.

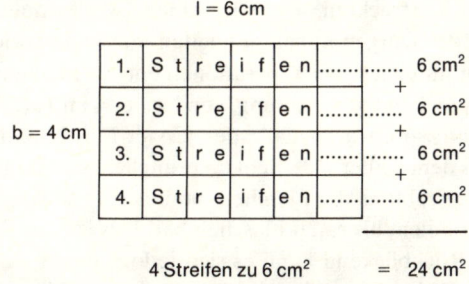

Abb. 13. Der Aufbau der Flächenberechnung des Rechtecks. Im Gittermuster erkennen wir vier Streifen zu 6 cm^2, die Fläche enthält also 4 × 6 cm^2 = 24 cm^2.

Genau gleich kommen wir zur Zahl π. Hinter dieser Zahl steckt eine Meßoperation. Wir tragen den Durchmesser auf den Kreisumfang ab und zählen die Zahl der möglichen Abtragungen. Man kann den Durchmesser etwas mehr als dreimal auf der Peripherie abtragen. Die genaue Messung ergibt 3,14... mal. π ist keine Zahl, die man sich einfach merken muß. Es ist das Ergebnis einer Operation, die man längst besitzt und die man einfach auf eine neue Gegebenheit, den Kreis mit seinem Durchmesser und seiner Peripherie, anwendet.

Allgemeine Züge des Aufbaus einer neuen Operation

Allgemein und psychologisch formuliert: Neue Operationen gewinnen wir, indem wir sie aus bekannten Operationen aufbauen. Ausgangspunkt ist ein Problem, das heißt ein allgemeiner Operationsgedanke. In seinem Rahmen konstruieren wir die neue Operation aus bekannten Bausteinen. Ist sie daher gar nicht neu? Doch, sie ist es, denn die *Anordnung*, die Art der Verknüpfung der bekannten Operationen, ist neu. Wir treffen wieder auf den bekannten Satz der Gestaltpsychologen: Das Ganze ist mehr als die Teile, die es zusammensetzen. Jede Teiloperation ist dem Schüler bekannt, neu aber ist die Art, wie wir sie zusammenfügen. Eine neue Operation aufbauen heißt also, bekannte Operationen auf neuartige Weise zusammenzuordnen. Die Idee der neuen Operation ist im Problem schematisch vorausgenommen. Die entscheidende geistige Leistung ist ein Akt der Synthese, kraft dessen die bekannten Teiloperationen zur neuen Operationsgestalt zusammengefaßt werden. Diese Synthese erfordert Intelligenz. Der schwache Schüler vermag zwar häufig die Teiloperationen zu vollziehen, aber er ist nicht fähig, sie als neues Ganzes zu sehen. Es ist, als ob wir ihm mehr Äpfel hinstreckten, als er in seinen zwei Händen halten kann: einzelne Stücke des Dargebotenen entgleiten ihm immer wieder.

Wir verstehen nun auch, wie Operationen entstehen, die nicht gleichzeitig mit der entsprechenden Handlung, sondern erst im Rückblick auf diese aufgebaut werden; so etwa im Falle der je vier Flaschen, die das Kind in fünf Gängen aus dem Keller holt. Sein ursprüngliches Verfahren ist einfach: nach jedem Gang zählt es die Flaschen, und es geht so lange hinunter, um vier Flaschen zu holen, bis es 20 Flaschen hat. Das ist natürlich noch keine Multiplikation. Rückblickend kann es sich jedoch dieser Zusammenhänge bewußt werden. Es hat beispielsweise fünf Reihen von je vier Flaschen vor sich stehen. In jeder Vierergruppe sieht es einen seiner Gänge in den Keller. Es sagt sich: „Ich habe jedesmal vier Flaschen genommen, bis es 20 Flaschen waren. Da stehen fünf Gruppen von vier Flaschen, das ist, weil ich fünfmal hinuntergegangen bin. Ich habe $5 \times 4 = 20$ Flaschen gebracht." Der Aufbau ist hier also eine *Rekonstruktion*. Die rückblickende Betrachtung der Handlung verschafft dem Schüler Einsicht in die Zusammenhänge innerhalb der Handlung. Die Operation schält sich aus der konkreten Handlung heraus. Der Schüler erkennt nun ihren Beziehungskern, ihre Struktur.

Zugleich wird hier die Rolle der Abstraktion sichtbar. Bei der gedanklichen Rekonstruktion der Zusammenhänge ist es natürlich nicht notwendig, daß sich der Schüler alle Einzelheiten der konkreten Handlungen vorstellt. Er abstrahiert also von den Einzelheiten des Flaschentragens, des Einkaufens, des Druckens und des Verkaufens der Zeitungen. Er betrachtet nurmehr die quantitativen Beziehungen innerhalb dieses Geschehens.

Die symbolische Kodierung der Operation

Wenn eine Operation aufgebaut ist, ist der Lernprozeß noch nicht abgeschlossen, insbesondere dann, wenn der Aufbau konkret-anschaulich geschehen ist. Die Operation muß in der Folge auch unabhängig von den konkreten Gegebenheiten, rein „gedanklich" vollzogen werden können. Weiter ist es notwendig, daß der Schüler gewisse Operationen automatisiert, das heißt sicher und geläufig vollziehen lernt.

Damit beide Prozesse, die Verinnerlichung und die Automatisierung der Operation, gelingen können, muß ein grundlegender Übersetzungsprozeß stattfinden: ihre Übersetzung in ein Verfahren mit Zeichen. Wir sprechen von der symbolischen Kodierung der Operation. Ein *Kode* (zu deutsch, nicht ganz glücklich, eine „Verschlüsselung"; aber es wird ja nichts abgeschlossen!) ist ein Zeichensystem, in das man Bedeutungen übersetzen kann. Noten stellen einen Kode für Töne dar, Schriftzeichen, Morsezeichen, aber auch die Rillen auf einer Schallplatte sind ein Kode für Laute. (Die Rillen der Grammophonplatte kann man zwar von Auge nicht lesen; aber das Grammophon „übersetzt" sie zurück in Laute, die wir hören können.) Auch die natürliche Wortsprache ist ein Kode.

Der Genfer Linguist DE SAUSSURE (1916) hat innerhalb der Zeichen drei große Gruppen unterschieden: die Symbole, die Zeichen im engeren Sinn und die Anzeichen (französisch „indices"). *Symbole* sind ihrer Bedeutung ähnlich. Man kennt sie als nichtsprachliche Zeichen in Bahnhöfen und Flughäfen: eine brennende Zigarette für ein Raucherabteil, ein Koffer in einem Quadrat für ein Schließfach usw. Ein *Zeichen* gleicht seiner Bedeutung nicht. Es ist willkürlich gewählt; um seine Bedeutung zu kennen, muß man es gelernt haben und es sich einprägen. Worte der natürlichen Sprachen, Ziffern und algebraische Zeichen sind in diesem Sinne „Zeichen". *Anzeichen* sind Teile oder Aspekte des Vorgangs oder der Sache, die sie „bedeuten": die Wolke ist Anzeichen des Gewitters, die Fußspur Anzeichen für einen Menschen oder ein Tier, das vorbeigegangen ist. Der Nagelkopf ist Anzeichen für den (unsichtbaren) Nagel, der im Brett steckt.

So können wir die vier und die drei Objekte, mit denen wir die Additionsoperation ausführen, „symbolisch kodieren", das heißt durch Zeichen darstellen. Dazu stehen uns verschiedene Möglichkeiten offen. Wir können die Zeichen der gesprochenen Sprache verwenden, „vier Äpfel" für die erste Gruppe, „drei Äpfel" für die zweite. Diese Zeichen haben den Vorteil, einfach erzeugt und leicht übermittelt werden zu können. Aber das gesprochene Wortzeichen hat auch einen großen Nachteil. Es ist ein flüchtiger Laut, der verhallt, sobald er ausgesprochen ist.

Hier hilft nun die Schrift weiter: sie hält die Laute der Sprache graphisch fest. Die geschriebene Darstellung des Wortes wirkt als ein „externes Gedächtnis". Man kann das geschriebene Zeichen jederzeit wieder lesen, es verflüchtigt sich nicht, sondern steht permanent zur Verfügung. Für die Worte der natürlichen Sprache besitzen die westlichen Länder eine Lautschrift: Buchstaben bedeuten Laute, die Abfolge der Buchstaben gibt die Abfolge der Laute des Wortzeichens wieder. Im mathematischen Bereich wären geschriebene Worte für Zahlen zu umständlich; wir besitzen hier ein „ideographisches" Zeichensystem, wenigstens für die ersten zehn Zahlen: Wir haben für jede Anzahlbedeutung ein einziges graphisches Zeichen, so wie die Chinesen für jedes Wort ein einziges Zeichen haben. Für drei Elemente schreiben wir eine Figur, die sich aus zwei links offenen Kreisen zusammensetzt. Für acht Elemente setzen wir zwei geschlossene Kreise aufeinander, usw.

Die arabischen Zahlzeichen sind willkürlich gewählt. Der Schüler muß lernen, die Figur „3" mit der Bedeutung „drei Elemente" zu verbinden. Aber dieses Zahlensystem ist außerordentlich effizient. Die Positionen und die Null spielen hier eine entscheidende Rolle: bei ganzen Zahlen bedeutet die äußerste Zahl rechts Einer, die nächste Zahl Zehner, die nächste Hunderter usw.

Zusammenfassend können wir sagen: Zahlbedeutungen kann sich der Mensch auf verschiedene Weisen symbolisch kodieren. Es stehen ihm vier große Gruppen von Zeichen zur Verfügung: das gesprochene Zahlwort, das geschriebene Zahlwort und die Ziffer, und später das algebraische Zeichen, also der Buchstabe für die Variable. Die Abbildung 14 faßt dies zusammen.

        „drei"   (gesprochenes Wort, eine Lautgestalt)
        drei   (graphische Zeichen, eine visuelle Gestalt)
        3   (Ziffer, ein ideographisches Zeichen)
        a   (Buchstabe, für algebraische Variable)

Anschauliche   Symbolische
Darstellung   Darstellung

Abb. 14. Die vier Möglichkeiten der symbolischen Kodierung von Anzahlbedeutungen.

Die Verinnerlichung der Operation

Wir haben gesehen, daß es eine handelnde Ausführung von Operationen gibt. Der Schüler handelt effektiv mit Objekten. Er mißt den Durchmesser eines Kreises mit einem Faden und trägt diese Strecke auf dem Umfang ab. Er deckt das Rechteck mit Meßquadraten ab und zählt die Anzahl der möglichen Abtragungen. Er fügt vier und drei Scheiben zusammen und bestimmt ihre gesamte Anzahl. Das ist Operieren als bewußtes, effektives Handeln.

Nun ist unsere Kultur aber so geartet, daß wir Objekte und die Verfahren mit ihnen immer wieder mit natürlichen Sprachzeichen und künstlichen Zeichen abbilden. So können wir komplexe Handlungen auf dem Papier oder im Kopf planen und nach ihrer Ausführung schriftlich festhalten. Das nennt man rechnerisch planen und über Ergebnisse von durchgeführten Handlungen „abrechnen". Auch eine Didaktik des Handelns darf also keine pädagogische Idylle des ausschließlich konkreten Operierens konstruieren. Der Schüler muß im Kopf und auf dem Papier rechnen, planen und Rechenschaft ablegen lernen; psychologisch gesprochen: er muß lernen, Operationen innerlich und symbolisch auszuführen. Er muß die erworbenen Operationen verinnerlichen.

Wie müssen wir uns diesen Vorgang vorstellen? Als erstes können wir sagen: sehr ähnlich wie die Verinnerlichung von Handlungen, von der wir schon gesprochen haben (Kapitel VII, S. 193). Indessen erlauben nun die Überlegungen über die symbolische Kodierung der Operation eine genauere Analyse der Verinnerlichung.

Die beiden grundlegenden Tatbestände, von denen wir ausgehen müssen, sind die folgenden:

(1) Eine Handlung wird zur Operation, indem sich der Handelnde die Beziehungen vergegenwärtigt, die er durch seine Handlung zwischen den Gegebenheiten herstellt.

(2) Die Gegebenheiten, die dinglichen oder gedanklichen Gegenstände, auf die sich die Handlung richtet, müssen im Geist des Handelnden repräsentiert sein. Diese Bedingung gilt absolut: Wenn dem Handelnden die Objekte seines Tuns nicht irgendwie gegenwärtig (repräsentiert) sind, dann kann er nichts tun. Man kann es auch so sagen: ohne gegebene Objekte keine Handlung und keine Operation.

Nun verstehen wir besser, was auf dem Wege der Verinnerlichung geschieht. Wenn eine Handlung effektiv ausgeführt wird, so hat der Handelnde die gegebenen Objekte sichtbar vor sich. Er kann sie sehen, eventuell hören, vielleicht tasten. Für die denkende Verarbeitung ist, außer dem besonderen Fall der Musik, das Sehen sicher das wichtigste Medium der

Vergegenwärtigung. Wir können also sagen: Die Objekte der Handlung sind in der Wahrnehmung repräsentiert.

So im Falle der Berechnung des Kreisumfanges: Wenn er sich die Gegebenheit „Durchmesser" vergegenwärtigen will, blickt der Schüler auf die gerade Linie, die der Lehrer durch den Kreismittelpunkt hindurch von Kreisrand zu Kreisrand gezogen hat. Um sich den „Kreisumfang" zu repräsentieren, blickt er auf die Kreislinie. (Man erkennt auch, daß das 3,14malige Abtragen viel schwerer darzustellen ist: das ist eben keine „Gegebenheit" der Operation; es ist die Operation selber. Gegebenheit der Operation und Operation sind also zu unterscheiden.)

Desgleichen bei der Addition 4 + 3 = 7. Um sich den ersten Summanden zu vergegenwärtigen, blickt der Schüler auf die vier Objekte, die vor ihm liegen, dann auf die Dreiergruppe. Wenn die Operation ausgeführt ist, umfaßt er mit seinem Blick die sieben Elemente: sie repräsentieren das Ergebnis. Wiederum läßt sich die Operation des Zusammenfassens und der Bestimmung des Ergebnisses nicht in der gleichen Weise darstellen. Darstellbar (repräsentierbar) sind nur die Gegebenheiten und das Ergebnis.

Bei der effektiven Ausführung sind die Gegebenheiten der Handlung im Geiste des Handelnden also als Wahrnehmungsbilder repräsentiert: das Bild des Kreisumfangs, das Bild der Vierer-, der Dreier-, der Siebener-Gruppe von Scheiben.

All das gilt natürlich auch für die Operation. Der Unterschied ist nur der, daß sich der denkende Mensch hier ein viel klareres Bild der Beziehungen zwischen den Gegebenheiten macht, den anfänglich vorhandenen und den neu erzeugten. Wir müssen uns vorstellen (und werden darauf zurückkommen), daß der Denker hier ein Netz von Beziehungen zwischen den wahrgenommenen Gegebenheiten knüpft.

Was geschieht also im Zuge der Verinnerlichung? Die erste Möglichkeit ist die, daß sich der Handelnde die Gegebenheiten bildhaft, „ikonisch" vergegenwärtigt. (Ein Ikon ist, griechisch, ein Bild.) Er stellt sich die vier Äpfel, die Kreislinie usw. vor, d.h., er erzeugt ein „Vorstellungsbild" in seinem Geist, weil er die konkreten Dinge nicht mehr vor sich hat. Zugleich muß er sich auch vorstellen, wie er in die vorgestellte Situation eingreift und diese verändert. Wenn er operiert, muß er sich Rechenschaft ablegen, welche Beziehungen zwischen den vorgestellten Objekten und den situativen Gegebenheiten bestehen und wie er diese durch seine Operation verändert.

Nun weiß jedermann, daß ein derartiges konkretes Denken umständlich und schwierig ist. Wenn ich beispielsweise eine Einkaufsfahrt plane, muß ich mir im Geist die Straßen und Läden vorstellen, muß im Geist eintreten, mir die Ladengestelle mit den Waren vorstellen, diese nehmen, bezahlen usw. Desgleichen bei einer Operation: die vier Äpfel, die drei Äpfel, dann die sieben Äpfel. Aber ich kann mir ja gar kein deutliches Bild von sieben

Äpfeln machen: Es wird sich nämlich kaum vom Bild von sechs oder acht Äpfeln unterscheiden.

Daher die andere Möglichkeit: Ich tausche das wahrgenommene oder vorgestellte Bild der Gegebenheiten gegen ein Zeichen aus, das für diese steht. Ich ersetze die Gegebenheit durch ein Zeichen: die Kreislinie durch das Wort „Umfang" oder durch den Buchstaben „U", den Durchmesser durch das Wort „Durchmesser" oder „d", die vier Äpfel oder Scheiben durch die gesprochene oder geschriebene (und dann wiederum gelesene, d. h. wahrgenommene und ausgesprochene) Zahl „4" usw. Wir sehen, daß hier eine neue Art der Repräsentation vorliegt: Jetzt vergegenwärtige ich mir die Gegebenheit, indem ich ein Zeichen anschaue oder das entsprechende Wort ausspreche und höre. Die Gegebenheit ist jetzt symbolisch repräsentiert. Das Wort der natürlichen Sprache oder das Zeichen einer Kunstsprache ist an die Stelle der bildhaft wahrgenommenen oder vorgestellten Gegebenheit getreten. Dabei muß man auch hier konsequent psychologisch denken: Es ist nicht das Zeichen als physische Gegebenheit, das zählt. Es ist das Zeichen als ein sprachlicher Akt, das Aussprechen und das Hören der Worte „Umfang", „vier Äpfel", oder aber das Betrachten und damit das Sehen des geschriebenen Wortes, des Buchstabens, der Ziffer und des Sortenzeichens: Umfang, „U", 4 Äpfel, 4 kg.

Nun ist es möglich, daß wir zwischen den Zeichen die gleichen Beziehungen herstellen und erkennen, die wir zwischen den konkreten Gegebenheiten hergestellt und uns vergegenwärtigt haben. D. h.: Wir können mit den Zeichen genau gleich wie mit den Sachen operieren. Ja, es ist sehr wohl möglich, daß uns die Beziehungen viel klarer werden, wenn wir sie zwischen den Zeichen herstellen, als wenn wir das Vielerlei der konkreten Gegenstände vor uns haben. Denn dieses Vielerlei kann uns von den wesentlichen Zusammenhängen ablenken. So ist die Chance groß, daß ich meine Einkaufstour besser plane, wenn ich mir eine Liste der einzukaufenden Gegenstände anlege, als wenn ich sie mir alle vorzustellen versuche. Auch eine arithmetische oder geometrische Operation kann mir besser gelingen, wenn ich nicht mehr mit Äpfeln, Nüssen und Kaninchen umgehen muß. Das ist allerdings eine zweischneidige Sache. Wir werden im didaktischen Teil sehen, daß die symbolische Kodierung auch ihre Tücken hat.

Der Vorgang der Verinnerlichung betrifft also vor allem die Art und Weise, wie sich der Schüler die Gegebenheiten von Handlungen und Operationen vergegenwärtigt: durch Anschauen (Wahrnehmung), durch Vorstellen oder mit Hilfe von stellvertretenden Zeichen, die ausgesprochen und gehört oder geschrieben und gelesen werden. Diese zu verändern und Beziehungen unter ihnen aufzulösen und aufzubauen, ist in jedem Fall ein unanschaulicher, innerlicher Prozeß. Aber es ist für das Gelingen einer

Handlung oder Operation sehr wichtig, wie die Gegebenheiten repräsentiert werden. Daher ist Verinnerlichung ein didaktisch fundamentaler Vorgang.

Man versteht nun auch ein Weiteres: Eine Operation ist nicht durch ihre Innerlichkeit gekennzeichnet. Es ist falsch zu sagen, eine Operation sei eine „interiorisierte Handlung". Wenn der Schüler eine Handlung effektiv ausführt, indem er sich die Gegebenheiten wahrnehmungsmäßig vergegenwärtigt, so ist das genauso eine Operation, wie wenn er sich diese Gegebenheiten als Zeichen vergegenwärtigt. Entscheidend ist nicht die Art der Vergegenwärtigung der Gegebenheiten; entscheidend ist das Bewußtsein der Beziehungen, die durch die Operation erzeugt oder verändert werden.

Die Automatisierung der Operation

Die Möglichkeit der symbolischen Kodierung von Operationen mit Hilfe von Zeichen schafft die Voraussetzung zu einem neuen wichtigen Prozeß: die Operation wird *automatisiert*. Eigentlich ist diese Bezeichnung ungenau. Wenn wir uns an die Definition einer Operation, also eines Vorgangs, der sich im Bewußtsein der inhärenten Beziehungen vollzieht, halten, so dürfen wir nicht von einer „automatisierten Operation" sprechen. In Wirklichkeit wird das Verfahren mit den Zeichen, in welche die Operation übersetzt worden ist, automatisiert. So im Fall der oben besprochenen Addition 4 + 3 = 7. Der Automatismus besteht darin, auf den Zuruf der Worte „vier und drei" mit dem Worte „sieben" zu antworten. Der Schüler kann lernen, diese Antwort zu geben, ohne sich die oben besprochenen arithmetischen Zusammenhänge vor Augen zu führen. Er kann die Antwort aufgrund einer bloßen Assoziation zwischen dem Reiz „vier und drei" und der Reaktion „sieben" geben lernen. Sie erfolgt automatisch und gleicht dem Vorgang, den das Drücken eines Knopfes an einem Automaten auslöst, der beispielsweise eine Briefmarke herausgibt. In der psychologischen Fachsprache nennen wir diesen Vorgang eine „*bedingte Reaktion*" (früher, etwas ungenau, einen „bedingten Reflex"), ihre gebräuchliche Darstellung ist S → R (S = Stimulus, R = Reaktion). Der Pfeil deutet an, daß die beiden Elemente, der Reiz und die Reaktion, assoziiert sind; „bedingt" heißt die Reaktion, weil die Bedingung ihres Vollzugs die Wahrnehmung des Reizes ist.

Bedingte Reaktionen wurden in der Psychologie vor allem im Bereich der Motorik beschrieben. So lernt etwa eine Ratte sehr rasch auf den Laut eines Summers oder das Aufleuchten eines Lichtes, von einem Abteil ihres Käfigs über eine Schranke in das andere zu springen, wenn kurz nach dem Signal der Fußboden des ersten Abteils (ein Drahtgeflecht) elektrisch geladen wird (HULL 1943); in gleicher Weise lernt der Turner oder Soldat, auf das Kommando „Rechts um" die entsprechende Drehung auszuführen. Ebenso tritt der Autofahrer auf das Bremspedal, wenn in der Verkehrsampel das rote Licht aufleuchtet (BOWER & HILGARD 1983).

Das Besondere des Automatismus, den wir als erstes Beispiel genannt haben, ist die Tatsache, daß er sich im Bereich der Sprache abspielt. Auf den Zuruf einer Aufgabe antwortet der Schüler mit einem bestimmten Zahlwort. Da der Reiz auditiv dargeboten wird und die Reaktion verbal erfolgt, schlagen wir vor, diese Reaktion einen „audio-verbalen Automatismus" zu nennen. Nun ist es aber auch möglich, daß einem Rechner der Reiz visuell dargeboten wird. Er sieht die Zahlen „4 + 3" und antwortet, indem er das Wort „sieben" ausspricht. Eine solche Reaktion kann man einen „visuo-verbalen" Automatismus nennen.

Nun ist es aber gar nicht nötig, einem Rechnenden den Reiz von außen zu geben. Er kann ihn sich selber verschaffen, indem er die Aufgabe leise oder sogar nur innerlich vor sich hinspricht: auch in diesem Fall wird er mit dem Zahlwort „sieben" antworten. Hier assoziiert sich ein Reiz, den sich der Mensch durch den Vollzug einer Reaktion selber verschafft, mit einer weiteren selbst vollzogenen Reaktion. In Analogie zu der Bezeichnung „audio-verbale" und „visuo-verbale Automatismen" könnte man hier von „verbo-verbalen Automatismen" sprechen. Damit wäre bezeichnet, daß sich der Schüler, der eine Aufgabe vor sich hinspricht, selber den verbalen Stimulus zu einer verbalen Reaktion verschafft.

Dies sind die einfachsten Automatismen im Bereiche der mathematischen Operationen. In jedem Menschen, der rechnet, laufen nun aber zahlreiche, komplexere Mechanismen ab, von denen wir hier nur zwei weitere Beispiele geben. Theoretisch wäre es möglich, daß die sogenannten schriftlichen Rechnungen in allen Einzelheiten, aus dem Verständnis der Zahlzusammenhänge heraus, ausgeführt würden. In Wirklichkeit aber, und zwar mit Recht, werden solche Verfahren automatisiert. Nur einzelne Maßnahmen des ganzen Ablaufs werden aus Überlegung und im Bewußtsein der mathematischen Zusammenhänge getroffen, das übrige sind bedingte Reaktionen. Als Beispiel möge das schriftliche Dividieren, eine Rechnung wie die folgende, dienen:

$$1720 : 25 = 68,8$$
$$\underline{150}$$
$$220$$
$$\underline{200}$$
$$200$$
$$\underline{200}$$
$$-$$

Zuerst werden die ersten drei Stellen „abgeschnitten". Der Rechnende denkt nicht mehr daran, daß er nun einfach 172 Zehner durch 25 teilt. Die Berechnung des Teilproduktes 150 und die Subtraktion stellen Automatismen der oben besprochenen Art dar. Dabei werden die Zahlen in einer ganz bestimmten Weise angeordnet (Zehner unter Zehner, Hunderter unter Hunderter). Zwar sollte der Schüler begründen können, warum er sie so und nicht anders anordnet. Aber bei der automatischen Ausführung der Rechnung wird und soll er nicht daran denken. Nun wird die letzte Stelle, die Null, „heruntergeholt", quasi ein praktischer Handgriff. Da immer noch ein Rest bleibt, setzt der Rechner ein Komma hinter das bisherige Ergebnis und „hängt eine Null an". Damit verwandelt er die restlichen zwanzig Einer in 200 Zehntel, aber dessen ist er sich wieder nicht bewußt und braucht es auch nicht zu sein, denn hier sichert der eingeübte Automatismus den Ablauf der Rechnung. Nach der letzten Subtraktion bleibt kein Rest zurück. Die Rechnung ist also abgeschlossen. Wir sehen, wie viele automatische Elemente sie enthält. Der ganze Ablauf ist viel komplexer, als wenn es sich darum handelt, die Summen der einfachen Additionen oder des Einmaleins auswendig zu lernen. Insbesondere die gesamte Abfolge der Einzeloperationen stellt hohe Anforderungen an den rechnenden Schüler. Daher bleiben solche Automatismen nur bei ständiger Übung funktionsfähig.

Aber auch das mathematische Denken, das auf den höheren Schulstufen vermittelt wird, ist auf Automatismen angewiesen. Man denke etwa an die elementaren Vollzüge beim Lösen von Gleichungen: Werte, die sich auf der linken Seite der Gleichung unter dem Bruchstrich befinden, werden nach rechts oben befördert, andere werden unter Wechsel des Vorzeichens einfach auf die andere Seite gebracht usw. Auch komplexe mathematische Operationen schließen Subroutinen in sich, welche automatisiert ausgeführt werden. Damit entlastet der Mathematiker seine Aufmerksamkeit für die Sicherung der komplexen, übergeordneten Zusammenhänge.

Auswendig gelernte mathematische Formeln und Sätze

Der vorangehende Abschnitt betrifft die automatisierte Ausführung von Operationen. Sie basiert auf der Assoziation von Aufgabe und Ergebnis und von erreichten Ergebnissen mit den nächsten, zu vollziehenden Aufgabenschritten. Nun gibt es aber noch eine andere Art von Automatismen. Auch sie dienen mittelbar der Ausführung von Operationen, unmittelbar dienen sie jedoch bloß ihrer Speicherung.

Mathematische Operationen können, wie jedermann weiß, allgemein formuliert werden. Wir ersetzen dabei die spezifischen Werte durch Buchstaben und fassen diese als Variablen auf, für die beliebige Werte eingesetzt werden können. Formeln dieser Art drücken also nicht mehr zahlenmäßig bestimmte Operationen aus. Sie halten nur noch die Art der Verknüpfung der Größen in der Operation fest. Als Beispiele mögen die Formeln für die Berechnung der Kreisfläche, $F = r^2 \cdot \pi$ oder für die Fläche des Dreiecks dienen: $F = \frac{g \cdot h}{2}$.

Die gleichen Beziehungen können aber noch auf eine andere Weise gespeichert werden: in der Form von Sätzen. So lautet das sprachliche Gegenstück zu den eben genannten Formeln: „Die Fläche des Kreises ist gleich dem über dem Radius errichteten und mit π multiplizierten Quadrat," und: „Die Fläche des Dreiecks ist gleich dem halben Produkt aus Grundlinie und Höhe." Jeder Schüler kennt eine große Zahl solcher Formeln und Sätze auswendig, so etwa: $(a + b)^2 = a^2 + 2ab + b^2$; auf höherer Stufe wird er die analytische Formel des Kreises (Mittelpunkt im Ursprung des Koordinatensystems) durch sein Gedächtnis beherrschen: $x^2 + y^2 - r^2 = 0$. In gleicher Weise werden Kongruenzsätze auswendig gelernt: „Dreiecke sind kongruent, wenn sie in zwei Seiten und dem von ihnen eingeschlossenen Winkel übereinstimmen," und ebenso werden die Regeln für das Bruchrechnen memoriert: „Brüche werden dividiert, indem man sie umkehrt und multipliziert."

Auch das Auswendiglernen von mathematischen Formeln und Sätzen ist ein Bilden von Automatismen. Auch hier sind es Assoziationen, welche das Hersagen leiten. Ein Wort und ein algebraischer Ausdruck ruft den anderen, genau wie wenn wir ein Gedicht aufsagen oder ein Lied singen. (Es sind, mit anderen Worten, „verbo-verbale Automatismen".) Wichtig ist nun aber die Funktion dieser Abläufe. Wir haben es gesagt: unmittelbar dienen sie dem Behalten. Statt die Verknüpfung der einzelnen Werte und Elemente von der Bedeutung her zu rekonstruieren, speichert der Schüler die auswendig gelernte Formel oder den Satz, in dem die Verknüpfungen niedergelegt sind.

Mittelbar kann diese Art der Speicherung durchaus der Ausführung der Operation dienen. Dazu ist es notwendig, daß der Schüler zuerst die Formel oder den Satz hersagt, sodann die spezifischen Werte, die in der Aufgabe gegeben sind, an die Stelle der allgemeinen Ausdrücke setzt und schließlich das Ergebnis, gemäß den in der Formel oder im Satz genannten Einzeloperationen, berechnet. Diesem Ablauf kommen auch gewisse Übungsbeispiele entgegen, die vom Schüler verlangen, daß er in auswendig gelernte Formeln verschiedene Werte einsetzt. So in den oben genannten Beispielen: Wir geben dem Schüler verschiedene Radien von Kreisen, und er berechnet die Kreisfläche, oder wir geben ihm die Grundlinien und Höhen von verschiedenen Dreiecken und lassen ihn die Flächen berechnen. Dabei mag der Eindruck entstehen, daß der Schüler diese Flächenberechnungen sicher beherrsche. Ein genaueres Hinsehen zeigt jedoch häufig, daß das eine Illusion ist, weil nämlich der Schüler vor konkreten Anwendungsaufgaben oft versagt. Es stellt sich, mit anderen Worten, das Problem des Nutzens und der Gefahren des Auswendiglernens von Formeln und Sätzen im Mathematikunterricht. Allgemeiner formuliert, ist es das Problem der psychologischen Bedeutung von Automatismen im geistigen Haushalt des Menschen.

Die psychologische Bedeutung der Automatisierung

Die Bezeichnung „automatisierte Operation" ist, wie wir gesehen haben, im Grunde ungenau. In Tat und Wahrheit wird nicht die Operation automatisiert, sondern das Verfahren mit den Zeichen, welche die Operation ausdrücken. Es wird die Zahlenkombination auswendig gelernt, welche eine Additions- oder Multiplikationsoperation abbildet, es wird das Verfahren automatisiert, welches der Operation des Radizierens entspricht, es werden die Regeln und Gesetze auswendig gelernt, welche arithmetische und geometrische Beziehungen und Formen des Operierens ausdrücken usw. Mit einem Wort, die Automatismen spielen im Bereiche der Bedeutungsträger, die Operationen im Bereiche der Bedeutungen, die Automatismen verknüpfen Ziffern und Zahlwörter, die Operationen setzen Vorstellungen von Mengen und räumlichen Gebilden zueinander in Beziehung.

Damit sind die Vorteile und Gefahren, welche in der Automatisierung liegen, gegeben. Der Automatismus entlastet das Denken und das Gedächtnis. Er kann ablaufen, ohne daß man sich die Bedeutungen der manipulierten Ziffern oder hergesagten Worte vergegenwärtigt. In der Möglichkeit, Automatismen zu bilden, hat der Mensch, und insbesondere die Schule, ein gefährliches Geschenk erhalten. Sie erlaubt es dem Schüler, gewisse Effekte zu erzielen, ohne die grundlegende Leistung, die einsichtige Durchdringung der Sache, das Verstehen, bewältigt zu haben. Viele Schüler lernen Quadratwurzeln, ja sogar Kubikwurzeln zu ziehen, ohne zu wissen, was sie dabei tun. Und wie viele Sätze werden auswendig hergesagt, ohne daß die Schüler sie mit irgendwelchen Vorstellungen verbinden! Jahrhunderte hindurch wurden Lehrbücher ganz einfach auswendiggelernt. Verständnis war Glückssache. Schülern, die intelligent genug waren, ging eines Tages die Bedeutung dessen auf, was ihr Mund sprach. Viele aber gelangten überhaupt nie zum Verständnis.

Aber auch der Schüler, der zu einem ersten Verständnis der erlernten Operation gelangt ist und der demzufolge begründen kann, warum und wozu er die Einzelschritte ausführt, kann den Täuschungen zum Opfer fallen, die hinter den zuverlässigsten Automatismen lauern. Dies geschieht dann, wenn ihm der Lehrer und das Schulbuch nie Gelegenheit zu echten Anwendungen geben, wenn er, mit anderen Worten, nur eingekleidete Aufgaben zu lösen erhält, die genau auf die auswendig gelernte Formel und den auswendig gelernten Lehrsatz passen. So der Schüler, der, wie oben ausgeführt, gelernt hat, die Fläche des Dreiecks zu berechnen: er versagt, wenn man ihm einfach ein Dreieck vorlegt, in dem er diese Werte selber finden muß. Dies gilt insbesondere für den Fall, wo die Höhe des Dreiecks außerhalb seiner Fläche, auf die *verlängerte* Grundlinie gefällt werden muß, oder wo die Grundlinie nicht waagrecht und die Höhe nicht senkrecht liegen (Abb. 15. Siehe dazu auch WERTHEIMER 1945/²1962).

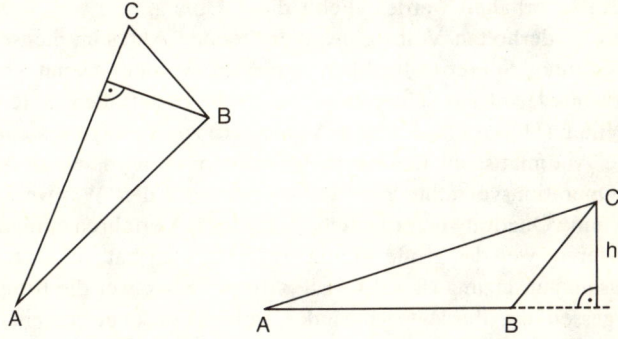

Abb. 15. Dreiecke, deren Flächen von Schülern mit oberflächlichem Verständnis der Formel $F = \frac{g \cdot h}{2}$ nicht oder nur unter Schwierigkeiten berechnet werden können.

Als Reaktion auf das sinnlose Auswendiglernen und aus der Einsicht in die Schwierigkeiten der Anwendung von oberflächlich verstandenen auswendiggelernten Formeln und Sätzen ist es immer wieder ganz und gar verworfen worden. Das ist falsch. Der Schüler braucht Automatismen. Aber er muß auch in jedem Moment die Möglichkeit haben, zu ihrer Bedeutung zurückzukehren, sich die Beziehungen zu vergegenwärtigen, welche ihnen zugrunde liegen. Dies ist in zwei Fällen besonders wichtig, einesteils dann, wenn ein Problem so neuartig ist, daß es nicht von vornherein klar ist, welche Operation zu seiner Lösung angewendet werden muß, andernteils dann, wenn der Ablauf des Automatismus durch das Vergessen in Frage gestellt ist und er von der Bedeutung her rekonstruiert werden muß. Ein Beispiel zum ersten Fall: Die Aufgabe laute: „Ein Flugzeug fliegt in 10 Stunden von Genf nach Kapstadt. Seine durchschnittliche Geschwindigkeit ist dabei 900 km/h. Wie rasch ist es in Kapstadt, wenn seine durchschnittliche Geschwindigkeit 600 km/h beträgt?" Die Lösung dieses Problems setzt voraus, daß sich der Schüler die raumzeitlichen Zusammenhänge klar macht, z. B. so: Die durchflogene Distanz ist offensichtlich 9000 km, denn in jeder Stunde fliegt das Flugzeug 900 km weit. Nun kann man sehen, wie oft 600 km in 9000 km enthalten sind. Das ist eine Messungsaufgabe. Das Ergebnis ist: 15 mal; also braucht das Flugzeug 15 Stunden. Bei der blinden Anwendung einer Dreisatzregel kann es leicht geschehen, daß der Schüler zum Ergebnis kommt, daß das langsamer fliegende Flugzeug rascher in Kapstadt ist als das schnellere (900 km/h : 10 h = 600 km/h : ×). Im zweiten Fall handelt es sich darum, einen Automatismus von der Bedeutung her zu rekonstruieren. Automatismen müssen durch ständige Übung funktionsfähig erhalten werden. Fehlt diese Übung, so ist es, als ob die durch den wiederholten Vollzug des betreffenden Aktes im menschlichen Geist gebahnten Spuren allmählich verwischt würden. Damit gerät der Automatismus leicht aus seiner Bahn: er droht zu zerfallen. Sofern nicht fremde Hilfen (Unterricht, erneutes Vorzeigen) zur Verfügung stehen, sind zerfallene Automatismen unweigerlich verloren, es sei denn, sie könnten von der Operationsvorstellung her rekonstruiert werden. Wer weiß, was es bedeutet, eine Quadratwurzel zu ziehen, kann das Verfahren immer wieder rekonstruieren; wer das große Einmaleins vergessen hat, rekonstruiert es durch Zusammensetzung ($8 \times 14 = 8 \times 10 + 8 \times 4$), wer die Kongruenzsätze vergessen hat, überlegt sich wieder, welche Stücke er braucht, um ein Dreieck eindeutig zu bestimmen.

Worin besteht also die Funktion der Automatismen im lebendigen Denken? Der Automatismus entlastet das Denken und legt die Aufmerksamkeit für umfassendere Zusammenhänge frei. Dies ist in zwei Situationen nicht nur wichtig, sondern unumgänglich: bei der Lösung angewandter Probleme und beim Weiterschreiten zu komplexeren Operationen. Angewandte Aufgaben sind meistens dadurch gekennzeichnet, daß ihre Lösung eine ganze Kette von einzelnen Operationen erfordert. Dabei besteht die größte Schwierigkeit für den Schüler darin, die Gesamtstruktur der verknüpften Operationen aufzubauen und zu überblicken. Soll ihm dies gelingen, so darf seine Aufmerksamkeit nicht vom Detail der Einzeloperationen ganz in Anspruch genommen werden. Diese muß er mühelos vollziehen, sodaß er den Blick für den großen Zusammenhang freihalten kann. Dies ist ihm dann möglich, wenn er die einzelnen Operationen automatisiert hat. Auch wenn es sich darum handelt, eine umfassendere Operation aufzubauen, muß das Element als Automatismus zur Verfügung stehen. Wie wollte der Schüler zusammenzählen lernen, wenn er den Zählvorgang nicht automatisiert hat, und wie wollte er das Multiplizieren lernen, das ja nichts anderes als eine wiederholte Addition gleicher Summanden darstellt, wenn ihm die Additionsbeziehungen nicht frei verfügbar wären? Ebenso: wie wollte ein Schüler Brüche erweitern und kürzen, wenn er über die Multiplikation und die Division nicht ohne Anstrengung verfügte?

Diese letzteren Fälle sind übrigens keine hypothetischen Konstruktionen. Jeder Lehrer kennt Schüler, deren Fortschritte dadurch gehemmt sind, daß sie die elementaren Denkoperationen, auf denen die neuen Erkenntnisse und Fertigkeiten aufbauen sollten, in ungenügender Weise beherrschen. Es ist, als ob sie bei einem entstehenden Haus ein neues Stockwerk bauen sollten, bevor das darunterliegende fertiggestellt ist.

So sehen wir, daß die Verfügung über Automatismen, welche auf den ersten Blick nichts mit der einsichtigen Meisterung höherer Denkoperationen zu tun haben scheint, in Wirklichkeit deren notwendige Vorbedingung darstellt. Automatismen sind nicht nur Abkürzungsverfahren des Denkens, die in dieser und jener praktischen Situation, hinter dem Ladentisch oder am Zeichenbrett, nützlich sein mögen. Indem sie jede erworbene Operation leicht verfügbar und ohne Anstrengung einsetzbar machen, ermöglichen sie ihren Einbau in höhere Zusammenhänge, sei es bei der Lösung von Anwendungsproblemen, sei es beim Fortschreiten des Denkens zu höheren Operationen und Schlußfolgerungen.

Didaktischer Teil
Tun, Verstehen, Verinnerlichen, Automatisieren

Arithmetik und Geometrie sind aus dem Nachdenken über das Geschehen im Alltag herausgewachsen. Dieses Nachdenken geschah allerdings nicht nur aus praktischen Interessen, wie man es uns immer wieder zu sagen versucht, sondern ebensosehr aus dem Bedürfnis nach Einsicht und Bewußtheit. Die Quelle der Wissenschaften ist immer diese doppelte: das konkrete, praktische Interesse und das Bedürfnis nach Klarheit und nach Verstehen. Im schulischen Unterricht müssen diese beiden Impulse zu ihrem Recht kommen. Schulen sollten Orte des praktischen Tuns, mindestens des Wissens um die konkreten Tätigkeiten der Menschheit sein. Sie sollen aber zugleich Orte des Nachdenkens und der Reflexion sein, Orte, an denen die Freude am Erkennen wach ist und geweckt wird. Auch bei der Einführung einer neuen Operation sollen diese beiden Aspekte des mathematischen Denkens zur Geltung kommen.

Die Vorbereitung der Lektion

Für den Lehrer ist eine Operation wie die Berechnung der Fläche eines Rechtecks sozusagen ein Reflex: Er bestimmt die Maßzahlen von Länge und Breite und multipliziert sie miteinander. Nun aber muß er sich wieder überlegen, worauf dieses Verfahren beruht. Ein erster Schritt der Analyse zeigt ihm, daß er die Anzahl der Maßquadrate pro Streifen mit der Anzahl der Streifen vervielfacht hat. Ein zweiter Schritt zeigt ihm, daß das Netz, in dem die Streifen und Maßquadrate erscheinen, sozusagen das Protokoll der Abtragung der Maßquadrate auf der zu messenden Fläche darstellt. In gleicher Weise wird der Lehrer im Falle der Zahl π hinter dem Zeichen und der automatisch gehandhabten Verhältniszahl wieder die Operation aufsuchen, die im 3,14 maligen Abtragen des Durchmessers auf dem Umfang besteht. Dies also ist der erste Schritt zur Vorbereitung des Lehrers: hinter dem Zeichen und dem Automatismus wieder die konkrete Operation zu finden.

Damit arbeitet er zugleich auch die logische Struktur der Operation klar heraus. Denn das Wesentliche einer Operation besteht ja nicht im Hantieren, im äußerlichen Tun, sondern in den ihr innewohnenden Beziehungen. Der Analyse dieser Beziehungen steht ebenfalls die Tatsache entgegen, daß die Operationen dem Lehrer in automatisierter Form geläufig sind. Ein Automatismus hat keine *logische* Struktur. Seine Form ist die Und-Verbindung (WERTHEIMER 1945). Durch Assoziation sind die aufeinanderfolgenden Phasen des Verfahrens wie die Glieder einer Kette aneinandergehängt. Warum ist 3 + 2 gleich 5? Warum ist 7 × 8 gleich 56? Warum berechnet man ein Dreieck nach der Formel $F = \frac{g \cdot h}{2}$? Alle diese Automatismen müssen wieder auf ihre rationale Bedeutung hin untersucht werden, bevor dem Schüler die entsprechenden Verfahren vermittelt werden.

So besteht der erste Teil der Präparation einer Stoffeinheit im Rechnen und in der Geometrie in der Bestimmung der zugrundeliegenden Operationen und ihrer logischen Struktur. Nun wird man aber die Operationen mindestens im Unterricht der Primarschule nicht *in abstracto* einführen. Im Prinzip sollten sie in einen *lebenspraktischen Zusammenhang* eingekleidet werden. Aus ihm heraus sind die Operationen historisch gewachsen, dem praktischen Leben haben sie letzten Endes auch wieder zu dienen (DEWEY 1910, CLAPARÈDE 1931). Für den Lehrer, der seine Lektion vorbereitet, steht natürlich die abstrakte Operation am Anfang. Wenn sein Unterricht dem sachlogischen Aufbau (dem Eigengesetz) des Faches folgt (WICHMANN 1930), führt er Begriff um Begriff und Operation um Operation so ein, daß sie sich logisch auseinander entwickeln. Eine irrationalistisch verblendete Reformpädagogik hat dieses Prinzip zwar eine Zeitlang zugunsten des

Gelegenheitsunterrichts abgelehnt, doch dessen sachliche Ergebnisse waren so kläglich, daß er für den Unterricht der systematischen Fächer heute im Ernst nicht mehr gefordert werden kann. So steht für den Lehrer wirklich der abstrakte Begriff, die abstrakte Operation am Anfang. Mit jungen Schülern muß er von hier aus den Weg zurück zur lebenspraktischen Einkleidung finden. Flächenmessung: wo wird sie im praktischen Leben benötigt? Die Zahl π: wann braucht sie der Handwerker? Dabei wird er beispielsweise auf den Gedanken kommen, daß die Flächenberechnung beim Kauf oder Tausch von Landstücken wichtig ist, daß der Wagner, der noch Holzräder herstellte, die Zahl π brauchte, um aus dem Durchmesser eines Wagenrades die Länge des Eisenbandes zu berechnen, welches es umspannt.

Um den lebenspraktischen Zusammenhang zu finden, in dem das Problem der Unterrichtseinheit gestellt werden kann, muß nicht nur die logische Struktur der Operation scharf analysiert werden, sondern auch diejenige der praktischen Situation, denn zwischen den beiden Strukturen soll ja Identität bestehen. Die Lösung dieser Aufgabe setzt beim Lehrer nicht nur Intelligenz, sondern auch viel praktisches Wissen voraus. Er sollte nicht nur in seiner Studierstube zu Hause sein, sondern auch mit dem Handwerk, der Landwirtschaft, der Industrie und – allgemeiner – den wirtschaftlichen Verhältnissen und Zusammenhängen vertraut sein. Betrachtet er diesen Kontakt – aus intellektuellem Hochmut etwa – als seiner nicht würdig, so gehört er nicht in das Klassenzimmer, und ein Staat, der keine Lehrer besitzt, die mit beiden Füßen in der Wirklichkeit stehen, wird die Folgen zu spüren bekommen.

Die Grundzüge einer Lektion der Primarstufe sind nach den obigen Überlegungen noch nicht bestimmt. In dritter Linie muß sich der Lehrer über die Form klar werden, in der er die Operation vor oder mit den Schülern ausführen wird. Handle es sich um das Überschreiten des ersten Zehners, um das Erweitern von Brüchen, um die Flächenmessung, die Flächenverwandlung oder um die Zahl π: immer stellt sich die Frage, wie die konkrete Operation ausgeführt werden kann. An welchen kreisrunden Gegenständen werden die Schüler die Durchmesser abtragen, wie werden sie dies tun? Wie werden wir die ersten Flächen praktisch messen? Welche Gegenstände werden wir zusammenzählen, vervielfachen? Dies sind die Fragen, die sich nun stellen.

Die Antworten hängen von der Unterrichtsform ab, welche wir in der Stunde verwenden. Je nachdem, ob die Operation als Demonstration vor den Schülern, als Gruppenarbeit von einzelnen Arbeitsgruppen oder als individuelle Arbeit ausgeführt wird, variiert das Material und die Art der Durchführung. Manchmal können *wirkliche Gegenstände* verwendet werden: Steinchen, Erbsen, Kastanien sind leicht zu beschaffende und billige individuelle Zahlkörper. Mit ihnen können auch die ersten Rechenoperationen ausgeführt werden. Kreisumfänge können an runden Schachteln, an Blechdosen, usw. gemessen werden. Aus Karton können vielerlei *manipulierbare Gegenstandssymbole* hergestellt werden: Kreisscheiben und ihre Teile als Veranschaulichungen des Ganzen und seiner Bruchteile, Kreisscheiben als Einheiten der elementaren Rechenoperationen; alle möglichen geometrischen Figuren können aus dem gleichen Material ausgeschnitten werden (Quadrate, Rechtecke, Parallelogramme), ebenso ihre Teile (Winkel, Bänder zur Darstellung von Strecken). Die *Moltonwand* dient in vielen Fällen dazu, arithmetische und geometrische Operationen vor der Klasse auszuführen. Die Einheiten und Stücke, mit denen die Operation vollzogen wird, können an ihr durch leichten Druck befestigt und ebenso leicht wieder abgelöst werden. Schließlich sollen ob all der modernen didaktischen Erfindungen *Wandtafel und Kreide* nicht vergessen werden. Auch sie ermöglichen es in vielen Fällen, den Aufbau einer Operation einfach und rasch zu veranschaulichen.

Die *Problemstellung* der Lektion trägt all den Überlegungen Rechnung, welche bisher beschrieben wurden, also der logischen Struktur der Operation, dem lebenspraktischen Zusammenhang, in den sie gegebenenfalls eingekleidet wird und schließlich der Form ihres Vollzugs in der Stunde. Sie muß so beschaffen sein, daß die folgende Lektion oder Lektionenfolge als ihre Lösung erscheint, gemäß dem Ausspruch CLAPARÈDES: „Eine Lektion muß eine Antwort sein." Die didaktische Überlegung des Lehrers während der Präparation und der Weg, der in der Unterrichtsstunde zurückgelegt wird, verlaufen noch einmal in entgegengesetzter Richtung. Der Lehrer geht vom Ergebnis aus und gelangt schließlich zu einem Problem, dessen Lösung das Ergebnis darstellt. Die Lektion selber geht selbstverständlich vom Problem aus und gelangt schließlich zum Ergebnis. Im vorliegenden Falle: der Lehrer geht von der Operation aus, die eingeführt werden soll, und er sucht ein Problem, dessen Bewältigung den Aufbau der Operation, d. h. die Einsicht in ihre Beziehungen, erfordert.

Wenn also etwa der erste Zehner überschritten werden soll, wird der Lehrer in erster Linie ein Sachgebiet suchen, bei dem Teilmengen zusammengefügt werden. Dabei sollte die räumliche Anordnung nach Möglichkeit schon die dekadische Gliederung unseres Zahlensystems ausdrücken. Das Ganze soll weiter in einem lebendigen, dem Kinde nahestehenden Zusammenhang verwirklicht werden, und schließlich sollte eine Operation anfänglich vor der Klasse ausgeführt werden können, so daß alle Schüler mitarbeiten können, während in einer zweiten Phase die Operationen von jedem einzelnen Schüler ausgeführt werden sollten. Die Herstellung von

„Plätzchen" durch Mutter und Kinder erfüllt beispielsweise diese Bedingungen. Die Mutter mag schon sieben Stück ausgestochen haben, das Kind hat 5 Stück vorbereitet: wie viele sind es im ganzen? Die dekadische Gliederung des Zahlensystems könnte sinnfällig dargestellt und damit die Zwischenoperation des Zehnerauffüllens provoziert werden, indem ein Kuchenblech gewählt wird, das gerade erlaubt, 10 Gutsle in einer Reihe hinzulegen, worauf eine neue begonnen werden muß. Sofern diese Operation kurz vor Weihnachten eingeführt wird, ist der lebenspraktische Zusammenhang natürlich und sinnvoll (Weihnachtsgebäck).

Schließlich muß noch entschieden werden, mit welchem Material und in welcher Unterrichtsform die Operation eingeführt wird. Die gemeinsame Erarbeitung an der Moltonwand ist hier durchaus am Platze. Die Gutsle können aus haftendem Halbkarton ausgeschnitten werden, oder es können Kreisscheiben, welche der Lehrer zu ganz verschiedenen Zwecken verwendet, die Einheiten symbolisieren. Wenn die Ausstattung der Schule nicht so gut ist oder das Alter der Schüler die vorstellungsmäßige Erarbeitung der Operation erlaubt, kann diese auch durch eine progressiv entstehende Tafelskizze veranschaulicht werden.

Das Prinzip ist einfach: Die Problemstellung muß so beschaffen sein, daß sie zur gesuchten Operation hinführt, wobei die lebenspraktische Einkleidung und die Durchführungsform die schließliche Auswahl einer der vielen sich darbietenden Möglichkeiten bestimmen.

Die Operation aufbauen

Indem wir nun das Problem der Lektion Schritt für Schritt seiner Lösung entgegenführen, bauen wir die neue Operation auf und lernen sie verstehen. Die Klarheit des Aufbaus ist dabei die grundlegende Anforderung. Die Zusammenhänge und Beziehungen, die der Operation innewohnen, müssen dem Schüler durchsichtig werden, er muß Einsicht in sie gewinnen. Jeder andere didaktische Gesichtspunkt hat in dieser Phase des Unterrichts hinter der Forderung nach Transparenz zurückzutreten.

Bei unseren weiteren Überlegungen müssen wir die beiden klassischen Fälle unterscheiden, die wir im psychologischen Teil genannt haben: auf der einen Seite der Aufbau einer konkreten Handlung unter gleichzeitiger Aufweisung der ihr innewohnenden mathematischen Beziehungen, also der Aufbau der Operation in einem konkreten Handlungskontext, auf der anderen Seite der Fall des Nacheinander von konkreter Handlung und mathematischer Reflexion, derart, daß die Operation im nachhinein, rekonstruierend geklärt wird.

In der ersten Primarklasse wird eine neue Operation wie etwa die Addition 4 + 3 = 7 oder – etwas später – die Addition 7 + 5 = 12 (7 + 3 = 10, 10 + 2 = 12) anhand eines konkreten Materials entwickelt. In den höheren Klassen werden Operationen mit Brüchen, geometrische Operationen wie die Flächenberechnung des Rechtecks oder die Berechnung der Zahl π in dieser Weise aufgebaut.

Am Anfang steht also die Problemstellung. Sie enthält den allgemeinen Operationsgedanken, wobei die Einzelheiten der Durchführung der Operation jedoch noch unklar sind. Im folgenden gehen wir davon aus, daß es sich um die Erarbeitung der Addition ungleichnamiger Brüche handelt. Jeder Schüler hat eine Reihe von Kreisscheiben aus Papier vor sich liegen. Nun werden $1/3$ und $1/6$ als Sektoren aus den Scheiben ausgeschnitten. Die Frage lautet: Welcher Teil des Ganzen entsteht, wenn wir diese beiden Teile zusammenfügen, und warum ist das so? Man sieht rasch, daß sich die beiden Teile zu einer halben Kreisscheibe zusammenfügen, der Beweis ist aber schwieriger: Man muß sehen, daß das Drittel so groß wie zwei Sechstel ist, also $1/3 + 1/6 = 2/6 + 1/6 = 3/6 = 1/2$. Dann stellt sich immer noch die Frage, welche allgemeinen Züge der Austausch von einem Drittel in zwei Sechstel aufweist, und warum das notwendig sei (Abb. 16).

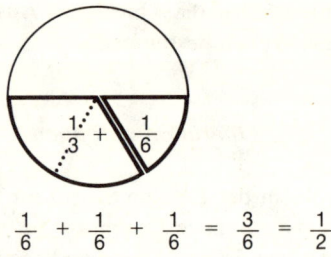

Abb. 16. Die Addition der ungleichnamigen Brüche $1/3 + 1/6$: konkrete Ausführung mit ausgeschnittenen Papierscheiben.

Oder es geht um die Berechnung der Zahl π. Jeder Schüler hat eine runde Büchse mitgebracht. Er verfügt auch über Papierstreifen zum Messen des Umfangs. Die Frage ist, wie sich der Umfang bestimmen läßt, wenn man nur den Durchmesser kennt. Man wird die Büchse zum Beispiel auf dem Meßstreifen abrollen, oder es wird ein Streifen von der Länge des Durchmessers auf dem Umfang abgetragen; dann werden Tabellen angelegt, in denen Durchmesser und Umfang in zwei Spalten nebeneinander notiert sind, und es werden die Zahlen verglichen, usw. Das Verfahren bei der

Flächenberechnung des Rechtecks ist u. a. in der „Psychologischen Didaktik" (AEBLI 1951/1963) dargestellt.

Man erkennt den Vorteil dieses Vorgehens: Wenn ein lebendiges Problem gestellt ist, empfindet der Schüler seinen Auftrag als sinnvoll. Er versteht, worum es geht, und er setzt sich ein, um eine Lösung zu finden. Man erkennt allerdings auch die drohenden Gefahren. Je konkreter das Material und je vielfältiger die praktischen Handlungen, desto eher können die inhärenten Beziehungen im Vielerlei der Aktivitäten untergehen. Indem der Schüler Gegenstände (Zählkörper, Holzmodelle), Werkzeuge (Zirkel, Maßstab, Dreieck, Schere) und Arbeitsmaterial (Papier, Karton, Kleister) handhaben muß, verliert er ob den rein manipulatorischen Schwierigkeiten leicht den gedanklichen Zusammenhang aus den Augen. Daher eine erste äußerliche Regel: *Je schwieriger die Manipulation und je komplexer die einzuführende Operation ist, desto eher muß ihre Erarbeitung im gemeinsamen Klassenunterricht erfolgen. Umgekehrt: Je einfacher die Manipulation und je einfacher die logische Struktur der einzuführenden Operation, desto eher können die Schüler die Lösung durch individuelle Arbeit an einem praktischen Problem selber suchen.*

Die zweite Regel lautet: *Auf jede praktische Handlung muß eine Phase der Reflexion erfolgen.*

Die Schüler begründen ihre Lösungsvorschläge, formulieren ihre Überlegungen, sagen, mit welchem Ziel sie was getan haben. Der Lehrer achtet darauf, daß die Schüler aufeinander hören und verstehen, was ihre Kameraden sagen. Er nimmt die Überlegungen auf, hilft sie deuten und macht sie den übrigen Schülern verständlich. Wichtige Einsichten hebt er heraus, läßt sie wiederholen, schärfer, prägnanter formulieren. Er drückt selber noch einmal aus, was die Schüler vage und ungeschickt vorgebracht haben, wiederholt das Wichtige mehrmals in verschiedenen Ausdrucksweisen und hält es an der Wandtafel in geeigneter Form fest. Er wacht darüber, daß der Überblick über das Ganze nicht verloren geht. Er lenkt immer wieder zurück zur ursprünglichen Fragestellung; er ordnet immer wieder die vollzogenen und die noch zu vollziehenden Teilschritte in die ganze, durch das Problem aufgegebene Operation ein. Bei alledem hält er die Klasse im Auge. Er paßt auf, ob das Verständnis aufleuchtet, ob sich das Aha-Erlebnis (Karl BÜHLER 1907) einstellt. Geschieht es noch nicht, so wiederholt er das bisher Erarbeitete und stellt es noch einmal anders dar.

So ist der Lehrer der Anwalt des klaren Aufbaus, der Bewußtwerdung der Beziehungen innerhalb der Operation. Es ist eine große Leistung, wenn er erreicht, daß in 20 oder 30 kleinen Köpfen Klarheit einzieht und Einsicht in die grundlegenden Beziehungen innerhalb einer Operation gewonnen wird.

Im Falle der *rückblickenden* Klärung der Operation sehen die Dinge ähnlich aus. Das Besondere ist hier, daß eine Handlung vorerst bei geringer Bewußtheit der inhärenten Beziehungen, „bloß praktisch" ausgeführt worden ist. So werden wir etwa einen Schüler mehrmals zum Schrank gehen und jedesmal vier Tennisbälle holen lassen, bis es zwanzig sind. Er hat sie zum Lehrertisch gebracht und in einen Reif oder zwischen zwei Stäbe gelegt. Die Ausführung war „problemlos" in einem doppelten Sinn: nicht schwierig, aber auch von geringem mathematischen Problembewußtsein. Wenn die Bälle vor der Klasse liegen, verschärft der Lehrer das Problem. Seine Lösung klärt die Struktur der Handlung, die soeben stattgefunden hat: Wenn man fünfmal zum Schrank geht und jedesmal vier Bälle bringt, wieviele Bälle hat man dann? Warum gerade zwanzig? So wird man fragen, wenn es um die Multiplikation geht. Die Frage kann aber auch lauten: Wenn man zwanzig Bälle haben möchte, wie oft muß man zum Schrank gehen und jedesmal vier Bälle zurückbringen? Dann wird man zur Meßoperation 20 Bälle : 4 Bälle = 5mal gelangen.

In beiden Fällen wird die Operation rückblickend aus der vollzogenen Handlung abstrahiert. Die Grundlage ist das vorliegende Ergebnis der Handlung: Im Reif oder zwischen den beiden Stäben liegen ja die fünf Gruppen von je vier Bällen, und wenn man durchzählt, wird deutlich, daß es zwanzig sind. In diesem Falle ist es wichtig, daß ein enger Zusammenhang zwischen der ausgeführten Handlung und dem vorliegenden Ergebnis hergestellt wird: Jede Gruppe von vier Bällen erinnert daran („bedeutet"), daß sie in einem Gang zum Schrank geholt worden sind. So erwirbt das „5mal" eine konkrete Bedeutung. (In der Folge kann dann der Multiplikationsbegriff allgemeiner gefaßt werden. Das eilt aber nicht, denn eine Verallgemeinerung ist nur etwas wert, wenn sie auf der konkreten Erfahrung der einzelnen Varianten – hier der Multiplikation – aufbaut.)

Bei alledem muß sich der Lehrer bewußt bleiben, daß er das Verständnis im Schüler nicht erzwingen kann. Die Einsicht ist ganz die Leistung des Schülers. Er muß fähig sein, die gedanklichen Elemente, die Teiloperationen, welche die begabteren Klassenkameraden im gemeinsamen Suchen vorschlagen und die der Lehrer noch einmal heraushebt, in einem Akt der Synthese in seinem Geist zu einem Ganzen zusammenzufassen. Gelingt ihm dies nicht, so bleiben für ihn alle ausgeführten Operationen einfache Manipulationen, bloße Handgriffe. Ist er fleißig und guten Willens, so vermag er ihre Abfolge vielleicht auswendig zu lernen, ohne daß sich ihm jedoch die Einsicht in den Sinn des Ganzen eröffnet. Diese Einsicht ist ein Geschenk, das zu erwirken nur teilweise in unserer Macht steht. In einem gewissen Augenblick leuchtet das Verständnis auf, während die Räder des äußeren Lektionsbetriebes ihr Programm abrollen. Vorausnahmen der entscheidenden Einsicht durch begabte Schüler, Verzögerungen bei andern: sie alle beweisen, daß der Prozeß des Verstehens nicht die mechanische Folge des Erklärens ist, sondern von diesem nur angestoßen und angeregt wird.

Die Operation durcharbeiten

Operationen unterscheiden sich von Gewohnheiten (habits, habitudes) und bedingten Reaktionen durch ihre Beweglichkeit. Gewohnheiten sind an einen bestimmten, starren Ablauf gebunden. Sie sind stereotyp. Wenn dem Rechner die Beziehungen, welche eine Operation aufbauen, klar und durchsichtig sind, kann er die Lösungswege variieren; unter gewissen Umständen kann er eine Operation auch umkehren: sie ist für ihn reversibel geworden. Die Mobilität der Operation ist nun aber nicht schon nach der ersten Einführung gesichert. Sie ist nicht das Ergebnis eines plötzlichen Aufleuchtens des Verständnisses, einer plötzlichen „Umstrukturierung", wie sich die Gestaltspsychologen ausdrücken. Nach ihrer ersten Erarbeitung hängt der erfolgreiche Vollzug einer Operation noch bei den meisten Schülern von gewissen äußeren Bedingungen ab, welche mit ihrem Wesen nichts zu tun haben. So wird eine Figur nur in einer bestimmten Lage erkannt (gleichschenklige Dreiecke), kann ein Beweis nur bei einer bestimmten Anordnung der Teile geführt werden. Es ist, wie wenn den Operationen noch Schlacken anhafteten, welche ihren Ablauf in allen möglichen Lagen hinderten.

Von diesen Schlacken müssen sie gereinigt werden. Dabei treten die wesentlichen, wirklich grundlegenden Beziehungen und Zusammenhänge um so klarer hervor. Dies leistet das *„Durcharbeiten der Operation"*. Wir schlagen vor, mit diesem Ausdruck eine Form des konkreten, sinnbezogenen Übens zu bezeichnen, das der Vertiefung des Verständnisses dient. Die Übung im hergebrachten Sinn verfolgt ein ganz anderes Ziel. Obschon dabei auch dies und jenes für das Verständnis abfallen mag, ist sie auf das Einschleifen von Automatismen ausgerichtet. Sie spielt sich also innerhalb der Zeichen ab. Das Durcharbeiten der Operation vollzieht sich innerhalb der Bedeutungen. Es ist wirklich die Operation, und nicht ihr symbolischer Ausdruck, die durchgearbeitet wird. Das Ziel ist nicht der Automatismus, sondern die klarer aufgefaßte, beweglichere Operation. Im Gegensatz zur Erarbeitung handelt es sich aber nicht mehr um ein Forschen und Entdecken. Dies ist abgeschlossen. Nun muß die neue Operation nach allen Möglichkeiten hin durchdacht und durchlaufen werden. Sie muß unter wechselnden Bedingungen vollzogen werden, so daß sie sich von den Schlacken ihrer zufälligen Verhaftungen löst.

Dies setzt voraus, daß die Organisation der Arbeit jeden Schüler zur Mitarbeit zwingt. Das Durcharbeiten der Operation erfolgt daher als individuelle Arbeit, wobei die Lösungen jedes einzelnen Schülers kontrolliert werden. Um die Ideen etwas zu fixieren, geben wir ein Beispiel, das wir an anderem Ort ausführlich beschrieben haben (AEBLI 1951/^{5}1973).

Nachdem die Schüler die Flächenberechnung des Rechtecks kennengelernt hatten, wurde diese Operation auf folgende Weise durchgearbeitet: Jeder Schüler hatte ein kariertes Blatt Papier vor sich, auf dem er selber ein Netz von Quadratzentimetern eingezeichnet hatte. Zudem verfügte er über eine Schablone aus festem, dunklem Papier in der Form eines großen L. Die Balken waren etwa 4 cm breit und etwas mehr als 15 cm lang. Mit dieser Winkelschablone konnte er nun auf dem in Quadratzentimeter eingeteilten Blatt alle möglichen Teile abdecken, so daß die unbedeckte Fläche Rechtecke jeder gewollten Größe darstellte. Nun konnte der Lehrer befehlen: Zeigt ein Rechteck, das 5 cm breit und 8 cm lang ist! (Wie viele Streifen, zu wie vielen cm^2, ganze Fläche?). Zeigt ein Rechteck, das aus 7 Streifen zu 3 Quadratzentimetern besteht! Zeigt ein Rechteck, dessen Fläche 24 cm^2 beträgt und dessen Streifen je 6 cm^2 enthalten! Zeigt ein Rechteck, dessen Fläche 35 cm^2 mißt und das aus 5 Streifen zusammengesetzt ist!

Man sieht, die verlangten Operationen werden von jedem Schüler vollzogen. Die Ausführung kann durch den Lehrer nahezu vollständig überblickt und kontrolliert werden. Es ist noch ein Durchdenken, das die primäre Bedeutung der Operation, nicht schon ihren symbolisierten Ausdruck verwendet. Dabei kann die Idee der Zusammensetzung der Gesamtfläche aus Streifen und der Streifen aus Maßquadraten nach allen Richtungen hin beleuchtet werden. Die Streifen können waagrecht und senkrecht gelegt werden. An die direkte Operation (a · b cm^2 = F cm^2) kann sofort auch die umgekehrte Operation angeschlossen werden (F cm^2 : b cm^2 = a mal, = a Streifen) usw. Auf diese Weise wird die Operation recht eigentlich durchgeturnt, und sie erwirbt die Beweglichkeit, welche sie von der Gewohnheit und der bedingten Reaktion unterscheidet. In ähnlicher Weise wird man geometrische Konstruktionen und Beweise mit Figuren aller möglichen Formen und in den verschiedensten räumlichen Lagen ausführen. In der Arithmetik werden Aufgaben gelöst, die immer noch auf anschauliche Weise gestellt sind und deren Ergebnis sichtbar gemacht werden kann.

Beim Durcharbeiten einer Operation ist es wichtig, daß die Art der Aufgabenstellung und die Form der Übungsarbeit das wiederholte Durchdenken der Beziehungen unausweichlich verlangt. Eine falsch beratene Reformpädagogik hat die Unterrichtsergebnisse auf die Weise zu vertiefen versucht, daß allerlei handwerkliche Arbeiten in den Rechen- und Geometrieunterricht einbezogen wurden. So wurde geschnitten und gekleistert, geklebt und gemalt. Dabei geriet das mathematische Denken ob all den praktischen Betätigungen ganz in den Hintergrund. Daher waren die Ergebnisse denjenigen eines intelligent erteilten Unterrichts mit Kreide und Wandtafel häufig unterlegen.

Wenn wir uns also zum Ziele setzen, das mathematische Denken zu schulen und nicht Handfertigkeitsunterricht zu treiben (der an seinem Ort absolut berechtigt ist), so muß das Durcharbeiten der Operationen in zwingender Weise auf ihr Durch*denken* hinlenken. Dies geschieht dadurch, daß Aufgaben gestellt werden, die von jedem einzelnen Schüler ausgeführt und vom Lehrer fortlaufend kontrolliert werden können. Zudem muß das Material und die Arbeitsform ein rasches Arbeiten gewährleisten, so daß in kurzer Zeit viele Beispiele durchgearbeitet werden können.

Die Operation verinnerlichen

Beim Durcharbeiten führen wir die Operation noch mit wirklichen Objekten oder doch mit ihren anschaulichen Abbildungen durch, die im günstigen Falle ihrerseits manipulierbar sind. Das Ziel aber ist die vorstellungsmäßige Durchführung, bei den arithmetischen und algebraischen Operationen die Durchführung mit Zahlen und algebraischen Zeichen.

Auf der Primarschulstufe muß der Aufbau – wie wir gesehen haben – von der effektiven Handlung ausgehen. Verschiedene Gründe erfordern dies. In erster Linie ist zu bedenken, daß es immer schwieriger ist, eine Operation in der Vorstellung zu vollziehen als in der Wirklichkeit, wenigstens wenn dies einwandfrei geschehen soll. Denn im ersten Falle muß sich der Schüler ja nicht nur die Handlung selber, sondern auch die Gegebenheiten vorstellen, an denen sie sich vollzieht. Irrtümer kommen zudem beim vorstellungsmäßigen Operieren viel weniger an den Tag.

Weiter muß der Schüler auf seiner Suche nach einer neuen Operation häufig angeleitet werden. Damit stellt sich das Problem der Kommunikation zwischen Lehrer und Schülern. Im Verlaufe der Suche nach der neuen Operation sollen die Lösungsvorschläge der einzelnen Schüler und sodann auch die Erklärungen des Lehrers allen Schülern vor Augen geführt werden können. Dies geschieht dadurch, daß schon die Problemstellung, dann jeder einzelne Schritt der Lösung, an sichtbaren und manipulierbaren Mengen und räumlichen Gebilden dargestellt werden. Bei einer solchen ersten Erarbeitung wird zudem der Schüler von der schwierigen Aufgabe des sprachlichen Ausdrucks dadurch entlastet, daß er seinen Vorschlag *in concreto* vordemonstrieren kann, auch wenn er ihn sprachlich noch nicht adäquat zu fassen vermag. Die Sprachzeichen erscheinen vielmehr im weiteren Verlauf als die Vertreter der konkreten Objekte und der in ihnen vorkommenden Größen. In letzter Linie ist zu bedenken, daß die Möglichkeiten des effektiven Handelns den Schüler immer mehr interessieren, als wenn er sich die Handlungen nur vorstellen muß: Das sichtbare Ergebnis des Tuns ist ein starker Anreger. Werden die Handlungen zudem individuell ausgeführt, so ist das Interesse noch größer, und außerdem verpflichten sie jeden Schüler zur Beteiligung.

Bei der schrittweisen Verinnerlichung der Operation stellt sich dem Schüler das grundlegende Problem, Beziehungen, die er bei einer ersten, konkreten Darstellung der Operation verstanden hat, auch dann noch zu verstehen, wenn die Gegebenheiten immer wirklichkeitsferner, immer „symbolischer" werden, denn das Ziel der Verinnerlichung ist es ja, die Operation mit bloßen Zeichen auszuführen, *ohne daß sie sinnlos wird.* Vielmehr soll der Schüler die Zusammenhänge auch dann noch klar und deutlich vor Augen haben, wenn er nur mit Zeichen operiert.

Im Prozeß der Verinnerlichung gilt daher die folgende Regel: *Jede neue, symbolischere Darstellung der Operation muß mit der vorangehenden, konkreteren in möglichst enge Verbindung gebracht werden.*

Das Ziel ist, daß sich die symbolischere Darstellung mit der Bedeutung auflädt, die die konkrete Darstellung schon besitzt. Welche Darstellungsmittel stehen dabei zur Verfügung? Die drei großen Gruppen sind
(a) wirkliche, manipulierbare Objekte,
(b) Bilder der wirklichen Objekte,
(c) Zeichen.

Hinzu kommt als viertes Darstellungsmittel (d) die gesprochene Sprache. Idealtypisch vollzieht sich der Fortschritt also folgendermaßen (Abb. 17).

In der Phase 1 vollzieht sich das Lernen rein handelnd. In der Phase 2 wird die Handlung mit ihrer bildlichen Darstellung verbunden. Auf der Stufe 3 stellt sich der Schüler die Operation allein aufgrund des Bildes vor. In der Phase 4 wird das Bild mit dem Zeichen, also mit der Zifferngleichung, verbunden. Auf der Stufe 5 führt der Schüler die Operation allein aufgrund der Darstellung durch Ziffern aus. Der sprachliche Kommentar begleitet das Operieren auf allen fünf Stufen. Die Sprache erwirbt dabei eine immer lebendigere und klarere Bedeutung. Zugleich aber unterstützt sie die zwei wichtigen Übergänge von der Sache zum Bild und vom Bild zum mathematischen Zeichen. Denn schon das Problem wird ja sprachlich formuliert. Wenn die Operation aufgebaut wird, dient die Sprache als Ausdrucks- und Kommunikationsmittel. Sie hilft, das Bild zu deuten und unterstützt die Vorstellung der Operation aufgrund des bloßen Bildes. Schließlich dient sie noch einmal dazu, das künstliche Zeichen der Mathematik zu erklären und die Verbindung zu den Bildern zu schaffen, wobei sie immer wieder auch an die ursprünglich ausgeführten Handlungen und ihre Ergebnisse erinnert.

Je nach den besonderen Darstellungsformen wird dieses Schema in mannigfaltiger Weise abgewandelt. Von einem gewissen Alter an und mit intelligenteren Schülern ist es auch möglich, die erste Phase der konkreten und effektiven Handlung wegzulassen. Trotzdem zeigt die Abb. 17 das grundlegende Prinzip der überlappenden Darstellung der Operationen. Im folgenden machen wir einige Bemerkungen zu den einzelnen Stufen der Verinnerlichung.

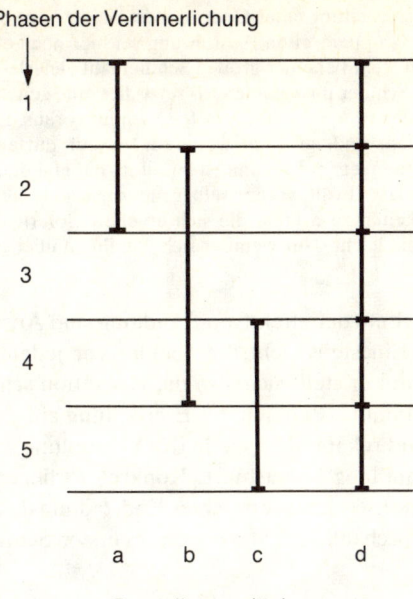

Abb. 17. Die schrittweise Verinnerlichung einer Operation. Sie ist durch den Fortschritt vom Handeln mit wirklichen Gegenständen (a), zum Durchdenken der Operation aufgrund ihrer Bilder (b) und zum Operieren mit Zeichen (c) gekennzeichnet. Die Phasen 1, 3 und 5 des Vorgangs sind durch die bloße Verwendung eines der drei Darstellungsmittel gekennzeichnet, die Phasen 2 und 4 sind Übergangsphasen, in denen die Bedeutung vom vorangehenden Darstellungsmittel auf das neue übertragen wird. Auf jeder Stufe werden die erarbeiteten Zusammenhänge auch mündlich (d) formuliert.

Der effektive Vollzug der Operation am wirklichen Gegenstand

Auf dieser Stufe erfolgt, wie wir schon gesehen haben, der eigentliche Aufbau der Operation. Die Schüler handeln individuell und selbständig, wenn die Operation relativ einfach ist; im andern Fall wird an einem gut sichtbaren, gemeinsamen Material gearbeitet. Am Schluß dieser Phase muß der Schüler zu zwei Leistungen fähig sein. Die erste, leichtere, besteht darin, die Operation mitzudenken, wenn sie vor ihm durch den Lehrer oder einen anderen Schüler vollzogen wird. Die zweite, etwas schwerere, besteht darin, daß er die Operation am Gegenstand selbständig vollzieht, daß er also beispielsweise eine gegebene Figur in eine andere verwandelt, einen Meßvorgang ausführt, eine Addition, eine Multiplikation, eine Operation mit Brüchen an den konkreten Zahlmengen ausführt und vorrechnet.

Die kollektive Erarbeitung einer Operation ist weiter oben behandelt worden. Zur individuellen oder gruppenweisen Ausführung sei hier noch etwas hinzugefügt. Die individuelle Arbeit stellt bei einer großen Schülerzahl vielerlei organisatorische Probleme. Sollen alle Schüler mitkommen, so setzt dies eine genau durchdachte Organisation, klare Anweisungen und eine straffe Disziplin voraus. Das Problem muß sehr klar gestellt werden, und auch im weiteren Verlauf dürfen keine Unklarheiten auftreten. Dem Anfänger im Lehramt ist zu raten, die Handlungen, die er durch die Schüler ausführen lassen will, vorher selber mehrmals auszuführen und dabei genau auf die Schwierigkeiten zu achten, die sich ergeben. Sofern sie der Lehrer voraussieht, meistert er sie leicht. Nur wenn er sich von ihnen überraschen läßt, mißlingen die Lektionen.

Schon auf der Stufe der effektiven Handlung sind Ansätze zur Verinnerlichung möglich. Einesteils sieht der Schüler vor jedem Teilschritt voraus, was er tun möchte; er stellt sich also die Operation schon vor; andernteils blickt er an bestimmten Punkten der Erarbeitung auf die bisherigen Handlungen zurück und rekapituliert sie in der Vorstellung, was auch schon über die effektive Handlung hinausführt. Konkret vorliegende Ausgangssituation, beziehungsweise soeben erreichtes Endstadium des Gegenstandes sind dabei noch die anschaulichen Stützen dieses ersten Schrittes zur Verinnerlichung.

Die Vorstellung der Operation auf Grund ihrer bildlichen Darstellung

Die Operation wird nun bildlich dargestellt. Eine Wandtafelzeichnung stellt die Figuren, die Objektmengen dar, an denen die Operationen vollzogen worden sind. Die Operation selber kann in einer fertigen Zeichnung nur angedeutet werden. Pfeile, verschiedene Farben und andere graphische Zeichen dienen dazu. Die entstehende Tafelzeichnung vermag in gewissen Fällen die Operation nachzuahmen: zu einer bestimmten Menge von Gegenständen wird eine neue Gruppe hinzugezeichnet, ein Abtragungsvorgang wird fortlaufend durch entsprechende Zeichen festgehalten usw.

Eine solche bildliche Darstellung wird nicht vom Lehrer allein entworfen. Sie muß mit der Klasse zusammen erarbeitet werden. Dies ist die beste Gewähr, daß sie auch verstanden wird. So läßt sich der Lehrer fortlaufend diktieren, was er zeichnen soll.

Man erkennt, inwiefern auf dieser Stufe die Verinnerlichung der Operation fortschreitet. In erster Linie liegen die Gegebenheiten in weniger konkreter Form vor: die Zeichnung ist ein zweidimensionales, abstrakteres Gebilde. Dies ist aber in den meisten Fällen nur ein geringes Hindernis. Denn was die Zeichnung an Gegenständlichkeit verliert, das gewinnt sie meistens an Klarheit und an leichter Einsehbarkeit durch die ganze Klasse. Wichtiger ist daher das zweite Chrakteristikum der Zeichnung: man kann sie nicht bewegen. Daher muß sich der Schüler die Veränderung vorstellen.

Auch am Ende dieser Phase verlangen wir vom Schüler eine doppelte Leistung. Einesteils muß er fähig sein, sich die Operation auf Grund der bildlichen Darstellung vorzustellen, andernteils muß er eine gegebene Operationsaufgabe bildlich darstellen und lösen können. Der erste Fall wird dann eintreten, wenn bei einer Rekapitulation von bildlich dargestellten Rechnungen oder geometrischen Konstruktionen der Schüler die vollzogene Operation noch einmal angeben muß; der zweite Fall, wenn wir den Schüler auffordern, eine gegebene Rechnung, eine geometrische Beweisführung, eine Konstruktion usw. zu lösen, indem er sie fortlaufend aufzeichnet.

Die Ausführung der Operation auf Grund der ziffernmäßigen, algebraischen oder sprachlichen Darstellung

Auf dieser Stufe wird nun der entscheidende Schritt im Prozeß der Interiorisation vollzogen. Während die Zeichnung noch immer den konkreten Gegenstand und sogar bis zu einem gewissen Grade die Operation selber anschaulich dargestellt hat, wird nun der Schritt zu einer Ausdrucksweise vollzogen, deren Zeichen keinerlei Ähnlichkeit, weder mit dem Gegenstand der Operation noch mit den äußeren Zügen ihrer Ausführung, trägt. Während im Falle der Addition 7 + 5 = 12 in der vorangehenden Stufe etwa noch sieben und fünf in einer Reihe angeordnete Kreise oder gar schematische Darstellungen von Gegenständen, Nüssen, Äpfeln usw. die zu vereinigenden Mengen symbolisiert hatten, vertreten nun die Zeichen „7 + 5 = 12" die Operation und ihre Gegenstände. Hatten noch die römischen Ziffern gewisse Andeutungen der symbolisierten Mengen enthalten (VII + V = XII, wobei V die Hand mit fünf ausgestreckten Fingern, X zwei Hände bedeuten), so fehlt den arabischen Ziffern jegliche anschauliche Bedeutung dieser Art. Dasselbe ist natürlich von den algebraischen Zeichen zu sagen. Auch wenn wir eine geometrische Operation sprachlich beschreiben, hat das beschreibende Wort als Lautkörper keinerlei Ähnlichkeit mit der räumlichen Größe und der Operation, die es ausdrückt. Es ist ein Zeichen, das wie die Ziffer und das algebraische Zeichen völlig willkürlich, ohne formale Ähnlichkeit mit der Sache, gewählt ist.

In einer Ziffferngleichung, in einer algebraischen Gleichung oder Formel, in einem Satz, der eine Operationsregel aus der Arithmetik oder der Geometrie ausdrückt, soll der Schüler nun alle jene Zusammenhänge erkennen, die er ursprünglich in der konkreten Handlung und dann im Bild gesehen hat. Er muß, mit anderen Worten, die Rechnungen, Formeln und Sätze bei der Lektüre mit Sinn füllen. Wir dürfen von ihm verlangen, daß er über die Operation berichtet, welche durch die Zeichen ausgedrückt wird. Auch wenn er ihre Abfolge auswendig weiß, muß er sie in seiner Sprache erklären, rechtfertigen können, er muß sie durch Zeichnungen und an wirklichen Gegenständen wieder darstellen können. Damit beweist er, daß die Zeichen für ihn Bedeutungsträger sind, nach des Wortes wahrer Bedeutung also „Bedeutungen tragen". Und andererseits muß er auch fähig sein, ein neues Beispiel, das er sich ausdenkt oder das ihm gegeben wird, in Zeichen auszudrücken, eine Rechnung also zu lösen, indem er sie laut vorrechnet oder an der Wandtafel oder im Heft aufschreibt und löst.

Das Auswendiglernen und das Automatisieren

Im Rechnen und in der Geometrie müssen viele Verfahrensweisen eingeübt und Sätze auswendig gelernt werden. Das Ziel ist ihre Automatisierung, der Aufbau bedingter Reaktionen. Zahlenkombinationen der Addition und der Multiplikation (das Einmaleins) müssen so erlernt werden, daß die gestellte Aufgabe wie ein Reiz wirkt, auf den das Ergebnis als Reaktion rasch und sicher folgt. Formeln müssen auswendig gelernt werden, so daß sie ohne Besinnung hergesagt werden können, ebenso Sätze und Regeln. Schriftliche Addition, Subtraktion, Multiplikation und Division und noch einige weitere Operationen müssen so eingeschult werden, daß sie ohne Überlegung, mechanisch sicher und richtig ausgeführt werden. Ebenso müssen die grundlegenden geometrischen Konstruktionen beherrscht werden: das Errichten einer Senkrechten in einem gegebenen Punkt einer Geraden, das Halbieren einer Strecke, ihre Einteilung in eine beliebige Anzahl von Teilen, das Halbieren eines Winkels usw.

Alle diese geistigen Akte werden durch Übung eingeschult. Die *Übung* hebt sich also klar ab vom „*Durcharbeiten*", das weiter oben gekennzeichnet worden ist. Die Ziele sind durchaus verschieden. Die Übung strebt die Bildung von Automatismen an, das Durcharbeiten die Vertiefung des Verständnisses, die Lösung von zufälligen Verhaftungen mit unwesentlichen Bedingungen. Die Übung bringt eine rasche, sichere, aber *stereotype* Reaktion hervor, das Durcharbeiten eine verstandene und daher *bewegliche,* häufig reversible und variierbare Operation. Das Durcharbeiten spielt sich im Bereiche der Bedeutungen ab, während sich das Üben im Bereiche der Zeichen vollzieht. Nun ist allerdings sofort hinzuzufügen, daß die beiden Unterrichtsformen sehr wohl in der gleichen Lektion nebeneinander vorkommen können. Sie stören sich in keiner Weise, sondern ergänzen sich im Gegenteil, insofern der Wechsel von der einen zur anderen ein Element der Abwechslung einführt. Trotzdem glauben wir, daß man gut daran tut, die Begriffe des Übens und des Durcharbeitens scharf zu unterscheiden.

Das so definierte Üben ist nun in keiner Weise eine ausschließliche

Aufgabe des Rechen- und Geometrieunterrichtes. Viele, ja die meisten Fächer kennen es. Daher werden wir weiter unten die allgemeinen Gesetze des Übens insgesamt besprechen (Kapitel XII). Hier sollen nur kurz jene Züge zur Sprache kommen, welche für die Automatisierung von Operationen spezifisch sind. Aus dem soeben Gesagten ergibt sich, daß wir im Üben nicht mehr versuchen werden, alle Bedeutungen mitzutragen, die hinter dem einzuschleifenden Verfahren stehen. Dies würde in der Tat ein mühsames Mitschleppen bedeuten, das das Funktionieren des Automatismus nur belasten würde. Zwar muß der Schüler in jedem Moment begründen können, warum er dies und jenes tut, Zahlen „herunternimmt", Stellen abschneidet, Nullen anhängt usw.; er muß auch die Worte, die sein Mund auswendig spricht, verstehen und erklären können. Aber dies wird er nur nach Maßgabe der Notwendigkeit tun, nicht bei jeder Ausführung des Automatismus. Gewissen perfektionistischen Lehrern muß man dies in Erinnerung rufen. Wer einen Automatismus wenn nötig begründen, aus dem Verständnis heraus rechtfertigen kann, braucht deswegen nicht bei jedem Vollzug sämtliche Bedeutungen mitzudenken. So wichtig es also ist, im Verlaufe der Übung von Zeit zu Zeit auf die Begründung des Vorgehens zurückzukommen, den Weg zurück zur Bedeutung zu beschreiten, so wenig macht dies das Wesen des Übens aus. Der an sich unschöne Ausdruck des Drills charakterisiert das Üben ganz gut, denn er sagt deutlich, daß hier nun nicht mehr nach dem Warum gefragt, begründet und erklärt wird. Hier werden einfach Zahlenkombinationen assoziiert, Verfahren eingeschliffen, Sätze und Formeln auswendig gelernt. Wir dürfen dies mit gutem Gewissen sagen und tun, denn die vorangehenden Phasen des Unterrichts haben ja der gründlichen Pflege des Verständnisses gegolten, und in der Folge werden wir die konsolidierte Operation wieder in einem konkreten, sinnvollen Zusammenhang anwenden. Wo aber dieses Üben fehlt, ist auch der Großteil der vorangehenden Arbeit nutzlos. Denn wir haben im psychologischen Teil gesehen, daß es die Bedingung dafür schafft, daß die neue Operation in höhere Zusammenhänge integriert werden kann.

Aus alledem ergibt sich nun eine wichtige Regel für das Einüben von Automatismen. Weil hier Zeichen in einer bestimmten Abfolge miteinander assoziiert werden, so muß die Form des Vollzugs genau festgelegt werden. So sehr wir uns über jede neue Formulierung, jede Variation einer Operation freuen, wenn wir ihr Verständnis prüfen – wir wissen, daß gerade diese Variationen Zeugnis davon ablegen, daß der Schüler aus dem Verständnis der Sache heraus spricht und nicht einfach Worte nachplappert und Verfahrensweisen kopiert – so wenig können wir diese Variationen brauchen, wenn der Automatismus eingeschult wird. Hier wird nun eine Normalform festgelegt, an die sich der Schüler halten muß. Dies ist darum nötig, weil jede Änderung des Vollzugs nicht nur nichts zur Erlernung des Automatismus hinzufügt, sondern sogar das bisher erreichte Lernergebnis stört. Die Verfahren bei schriftlichen Rechnungen werden also genau festgelegt, ebenso die Art, wie eine bestimmte Regel, ein bestimmtes Gesetz ausgedrückt wird. Auch der Wortlaut des sog. „Vorrechnens" wird nicht dem Schüler überlassen. Der Zeitaufwand, der zur Einschulung einer Normalform nötig ist, macht sich manches Mal bezahlt, denn so automatisieren die Schüler das Vorgehen viel rascher und sicherer, als wenn jeder einzelne seine kürzere oder längere, geschicktere oder ungeschicktere Formulierung verwendet.

Am Schluß des ganzen didaktischen Ablaufs aber steht die *Anwendung*. Hier wird die Operation nunmehr eingesetzt, um eine neue Situation zu klären und in ihr bestimmte Größen zu bestimmen, die nicht unmittelbar ablesbar sind. Was dies alles an didaktischen Problemen nach sich zieht, wollen wir hier nicht ausführen, denn das Problem stellt sich nicht nur im Falle der Operationen: Die Begriffe stellen eine zweite große Gruppe von kognitiven Strukturen dar, die ihrerseits angewendet werden können. Daher werden wir das Problem der Anwendung in einem besonderen Kapitel behandeln.

IX. Grundform 8: Einen Begriff bilden

Wenn wir der Klasse erzählen, wie es in einem mittelalterlichen Turnier zuging, wie es zum Bauernkrieg kam, wenn wir ihr das Leben in einer Oase der Wüste Sahara schildern oder berichten, wie SHAKESPEARES Dramen seinerzeit aufgeführt wurden, so treiben wir zugleich *Begriffsbildung*. Ebenso, wenn wir ein Handlungsschema erarbeiten und die betreffenden Handlungsfolgen von den Schülern nicht nur ausführen lassen, sondern sie durchdenken und in ihren wesentlichen Teilen und Beziehungen zusammenfassen. Wenn wir schließlich mit den Schülern eine mathematische Operation aufbauen, bilden wir in der Regel im gleichen Zuge den entsprechenden Begriff. Eigentlich haben wir also schon jetzt von Begriffsbildung gesprochen: denn „das Turnier", „die Ursachen des Bauernkriegs", „das elisabethanische Drama", „der Kraftwerkbau" oder „das Gleichnamigmachen von Brüchen" sind nichts anderes als gedankliche Gegenstände, mit anderen Worten: Begriffe.

Im folgenden Kapitel erweitern wir das Feld der psychologischen Analyse und ihrer didaktischen Folgerungen. Wir denken an die Bildung von Begriffen wie denjenigen der Beschleunigung oder der elektrischen Spannung, der Oxydation oder der Base, der Schutzfarbe oder der Immunität, des Adverbs oder des Akkusativs mit Infinitiv, der Gerechtigkeit oder der Vergebung. Das sind weder Handlungsschemata noch Operationen, auch keine bloßen Vorstellungsbilder; aber es sind sicher Begriffe. Wir werden fragen, was ihr Wesen ist. Ebenso sicher ist, daß Begriffsbildung eine zentrale Aufgabe des Unterrichts darstellt. Denn wo wir einen Begriff gebildet haben, da haben wir eine Erscheinung „im Griff". Wir haben sie aus dem Vielerlei der Eindrücke, die uns begegnen, herausgelöst. Wo sie uns wieder begegnet, vermögen wir sie wieder zu identifizieren. Der Begriffsinhalt, d.h. die wesentlichen Zusammenhänge, sind im Begriff zusammengefaßt, sozusagen verpackt: sie zerrinnen uns nicht mehr zwischen den Fingern und entgleiten uns nicht mehr so leicht. Mit einem gefaßten Begriff kann man auch umgehen: die Verpackung hat ihn handlich gemacht.

Aber Begriffe sind nicht einfach *Inhalte* des geistigen Lebens. Begriffe sind seine *Instrumente*. Mit ihrer Hilfe arbeiten wir. Indem wir sie auf neue Erscheinungen anwenden, werden diese gefaßt, und sie ordnen sich in unserem Geiste. Der ungeschulte Besucher einer psychiatrischen Klinik sieht nur Menschen, deren Verhalten ihm sonderbar vorkommt. Er empfindet sie nur als ver-rückt. Wer weiß, was eine Depression, eine Schizophrenie oder eine Neurose ist, dem klären sich die Zusammenhänge, und die Krankheitsbilder gruppieren sich. Genauso ordnet sich die Welt der Pflanzen und des Wetters für den Menschen, der über die Begriffe der Botanik und der Meteorologie verfügt. KANT hat gesagt, daß bloße Anschauung nicht genügt, daß wir Begriffe brauchen, um sehend zu werden. In der Tat: Begriffe sind die Instrumente, die uns die Welt sehen und verstehen lassen. Sie sind die Werkzeuge, mit deren Hilfe wir sie analysieren.

Schließlich sind die Begriffe die Einheiten, mit denen wir *denken,* indem wir sie kombinieren, zusammensetzen und umformen. Die Rede von den Begriffen als „Inhalten" des menschlichen Geistes ist daher unvollständig bis irreführend, denn sie läßt uns meinen, der Unterricht habe vor allem den Geist des Kindes zu „möblieren", wie CLAPARÈDE gesagt hat, statt daß wir uns fragen, welche Werkzeuge wir dem Kinde liefern und wie wir es zu ihrem Einsatz anleiten. Indem wir ihm begriffliche Instrumente der Deutung und der aktiven Bewältigung der Erscheinungen und der Existenz liefern, treiben wir auch Bewußtseinsbildung.

Psychologischer Teil
Zur Psychologie der Begriffsbildung

Es gibt zwei große Gruppen von Theorien der Begriffsbildung. Die ältere der beiden hat eine 2000jährige Geschichte. Wir nennen sie die Gruppe der Abstraktionstheorien. Die anderen gehen auf die Mitte des 19. Jahrhunderts zurück. Wir nennen sie die Verknüpfungs- und Aufbautheorien der Begriffsbildung. Lange Zeit schien es, als ob diese beiden Theorien gegenseitig ausschließen würden. Wir meinen, daß sie sich eher ergänzen und im Unterricht beide ihre Bedeutung haben. Das Problem kann hier verständlicherweise nicht in seiner ganzen Breite aufgerollt werden, aber eine Idee davon kann man gut vermitteln. Wir bedienen uns dazu eines kleinen Experimentes, das der Leser an sich selbst anstellen kann.

Begriffsfindung mit Pilzen

Stellen Sie sich vor, lieber Leser, es erginge Ihnen wie dem unglücklichen Robinson Crusoe, und Sie würden als Schiffbrüchiger auf eine einsame Insel verschlagen. Nehmen Sie ferner an, diese Insel habe eine äußerst dürftige Vegetation, die praktisch nur aus Pilzen besteht. Aber zum Glück lieben Sie Pilze und Sie haben einen so ausgezeichneten Geschmackssinn, daß sie einen giftigen von einem ungiftigen Pilz unterscheiden können, bevor es zu spät ist. (Sie riskieren daher nicht, die Überlegungen, die Sie nach den Kostproben anstellen möchten, vorzeitig beenden zu müssen.) Ihr Ziel ist es natürlich, innerhalb der Ihnen samt und sonders unbekannten Pilze die eßbaren von den giftigen an den äußeren Merkmalen zu unterscheiden. Nun ist der Pilzvorrat auf der Insel aber so knapp, daß Sie es sich nicht leisten können, sich einfach an die Sorte zu halten, die Sie bei der ersten Kostprobe als eßbar erkannt haben. Sie müssen jeden eßbaren Pilz der Insel nutzen. Sie wollen andererseits so wenig giftige Pilze wie möglich kosten, weil Ihnen das doch jedesmal Magenbeschwerden verursacht. Ihr Ziel ist es also, innerhalb der Pilze der Insel die Gruppe der eßbaren von der Gruppe der giftigen an den äußeren Merkmalen zu unterscheiden.

Angesichts der doppelten Gefahr der Vergiftung und des Verhungerns, der Sie ausgesetzt sind, haben wir in der Abb. 18 die Pilze der Insel übersichtlich geordnet. Dies erhöht Ihre Chancen, das Problem zu lösen. Die fünf Merkmalpaare oder „Merkmaldimensionen" sind, wie Sie leicht erkennen, die folgenden:
1. Hut oder Trichter
2. helle Farbe oder dunkle Farbe
3. Warzen am Stiel oder keine Warzen am Stiel
4. gerader Rand oder gezahnter Rand
5. knollenartige Verdickung an der Basis oder keine Verdickung.

Das ergibt, wie Sie sehen, 2^5 = 32 verschiedene Merkmalkombinationen oder Pilzsorten. Sie stellen sich nun also vor, daß diese in zwei Gruppen oder Teilmengen, in diejenige der giftigen und eßbaren Pilze zerfallen. Herauszufinden, wie die Trennlinie verläuft, das ist offenbar Ihr Problem. Es ist Ihnen auch sofort klar, daß die Giftigkeit oder Eßbarkeit, die wir in der Folge das „äußere Kriterium" nennen werden, mit dem Vorhandensein eines einzigen, mit dem gleichzeitigen Vorhandensein von zwei, drei, vier oder allen fünf Merkmalen zusammenhängen kann. Es können also grundsätzlich ein Merkmalpaar relevant und vier irrelevant, 2 relevant und 3 irrelevant, 3 relevant und 2 irrelevant, 4 relevant und eines irrelevant oder alle Merkmalpaare relevant sein.

Nun beginnen Sie also mit Ihren Kostproben. Sie versuchen zuerst einen trichterförmigen, dunklen Pilz ohne Verdickung, mit geradem Rand und ohne Warzen. Sie haben Glück! Er ist eßbar. Das erlaubt Ihnen, in Ruhe und ohne Beschwerden nachzudenken, woran es liegen könnte, daß dieser Pilz eßbar ist. Sie haben richtig zu überlegen begonnen: es könnte daran liegen, daß er trichterförmig oder dunkel ist, daß er keine Verdickung oder einen geraden Rand hat; oder es könnte schließlich daran liegen, daß er warzenlos ist. Es könnte aber auch daran liegen, daß er trichterförmig *und* dunkel, oder daß er trichterförmig *und* ohne Verdickung, oder daß er trichterförmig *und* ... ist. Sie sehen: Es gibt noch eine Anzahl weiterer Hypothesen, wenn Sie alle mögliche 2er-, 3er-, 4er-Kombinationen und die 5er Kombination der Merkmale zusammenstellen. Wir bekommen 31 Hypothesen, Sie auch?

Und nun sind Sie also so weit, den zweiten Pilz zu versuchen. Sie wählen einen mit Hut, er ist hell, ohne Verdickung, mit geradem Rand und ohne Warzen. Er ist giftig! Zum Glück merken Sie das beizeiten und spucken ihn aus. Nachdem Sie sich vom Schreck erholt haben, überlegen Sie, ob nun einige von Ihren 31 Hypothesen ausgefallen sind und welche? Ja, Sie haben recht: Sieben Hypothesen sind ausgefallen. Leider nur sieben. Es wäre für Sie natürlich besser gewesen, wenn mehrere hätten eliminiert werden können, denn so gibt es immer noch sehr verschiedene Vermutungen darüber, welche Merkmale Giftigkeit und welche Eßbarkeit anzeigen. Welche sieben Hypothesen sind es? Wir geben Ihnen einen kleinen Hinweis: Nicht wahr,

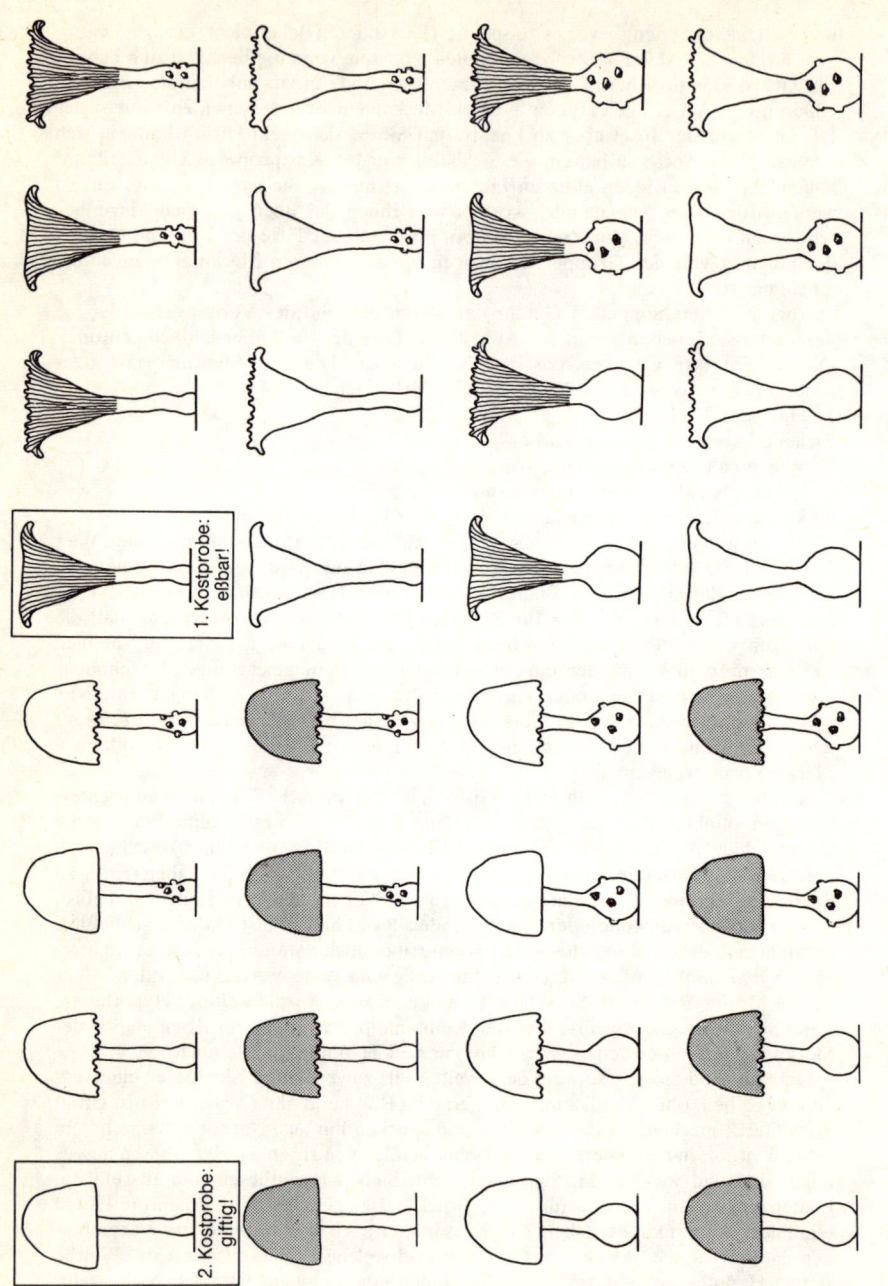

wenn ein Merkmal, also zum Beispiel der gerade Rand oder das Fehlen von Warzen beim eßbaren *und* beim giftigen Pilz gleich ist, so kann die Eßbarkeit oder Giftigkeit nicht mit diesem Merkmal zusammenhängen. Ebenso wenig ist es denkbar, daß die Eßbarkeit oder Giftigkeit an der Verbindung (Konjunktion) dieser beiden Merkmale hängt. Aber es bleiben trotz allem 24 weitere Hypothesen, über deren Richtigkeit und Falschheit Sie nichts aussagen können. Es käme nun darauf an, die nächste Kostprobe so zu wählen, daß möglichst viele von den 23 falschen Hypothesen ausfallen würden, damit die eine richtige übrig bliebe. Aber Sie sind in Ihren Überlegungen nun doch schon sehr weit gekommen. Wir können Sie daher Ihrem Schicksal überlassen. Sie haben gute Chancen zu überleben!

Was wir hier geschildert haben, ist ein berühmtes psychologisches Experiment. Es hat eine lange Geschichte. Es wurde vom deutschen Psychologen Narziss ACH (1921) in Königsberg erfunden, dann vom jungen WYGOTSKI (1934/1969) in Moskau weiterentwickelt und gelangte in die USA, wo es HOVLAND (1952) theoretisch untersuchte. Im Jahre 1957 legte BRUNER zusammen mit Mitarbeitern eine große Monographie über das Problem vor (BRUNER, GOODNOW & AUSTIN 1956). Sie löste eine Flut von weiteren Arbeiten zum Problem der Begriffsfindung aus, die bis Ende der 60er Jahre dauerte. Heute ist es um dieses Experiment ruhiger geworden (AEBLI 1981, 175ff.) Immerhin lebt es in abgewandelter Form als beliebtes Denkspiel – MASTERMIND – weiter.

Hier interessieren die grundsätzlichen Aspekte des Problems. Seine Lösung erfordert komplexe Überlegungen: Hypothesen werden gebildet und an den Erfahrungen bei den weiteren Kostproben geprüft, ihre Zahl wird reduziert, bis eine einzige übrig bleibt. Sie sagt aus, auf welche Merkmale es ankommt und auf welche nicht, und sie bestimmt damit eindeutig die Gruppe der eßbaren und giftigen Pilze. Mit dem Vorgang der Bildung und Prüfung dieser Hypothesen und mit den Strategien, welche die Versuchspersonen an den Tag legen, beschäftigen wir uns hier nicht. Man kann das bei BRUNER und Mitarbeitern (1956) nachlesen.

Weiter stellen wir fest, daß es sich hier um ein Induktionsproblem handelt: Es soll offensichtlich ein gesetzmäßiger Zusammenhang zwischen dem Merkmalpaar „giftig-ungiftig" und einem oder mehreren Paaren der sichtbaren Merkmale gefunden werden. Das ist das Wesen der *Induktion,* wie es schon Francis BACON in seinem *„Novum Organum"* definiert hat (1620). Auch darüber sagen wir hier weiter nichts.

Abb. 18. Die 32 Exemplare eines geschlossenen Systems, in dem „Begriffsfindung" stattfindet. Die Versuchsperson erfährt hintereinander von verschiedenen Pilzen, ob sie eßbar oder giftig sind, bildet Hypothesen über die Merkmale, die dafür verantwortlich sind, und eliminiert diese je nach den Erfahrungen bei den gewählten Kostproben. Die beiden ersten sind mit ihrem Ergebnis angegeben.

Hier geht es um den grundlegenden Prozeß, den BRUNER „Begriffsfindung" („concept attainment") nennt. Viele Autoren sprechen auch von „Begriffsbildung". Wir schlagen vor, von „Begriffsbildung durch Abstraktion" oder von „abstraktiver Begriffsbildung" zu sprechen und diese von der praktisch wichtigeren „Begriffsbildung durch Verknüpfung" oder „verknüpfender Begriffsbildung" abzuheben.

Es ist offensichtlich: die Versuchsperson, die erfährt, daß ein erster Pilz eßbar ist, wird seine verschiedenen Merkmale ins Auge fassen, z. B. die Trompetenform. Indem sie dieses Merkmal beobachtet und die übrigen Merkmale zeitweise vernachlässigt, schafft sie sich einen Begriff, denjenigen des „trompetenförmigen" oder kurz des „Trompetenpilzes". Das ist der *Begriffsinhalt*. Er betrifft die Form. Der *Umfang* dieses Begriffs im vorliegenden System ist auch klar: er umfaßt 16 Exemplare. Der Begriff ist also ziemlich abstrakt, denn wir sehen ja von vier weiteren Merkmalen ab. Er ist auch allgemeiner als der Begriff der dunklen Trompetenpilze, denn es gibt 16 Arten von Trompetenpilzen, aber nur acht Arten von dunklen Trompetenpilzen. Wenn man ein weiteres Merkmal dazunimmt, gibt es nur noch vier, dann nur noch zwei, und wenn man alle fünf Merkmale in die Definition der Pilzart einbezieht, gibt es in unserem System nur noch einen Pilz, der diese Art darstellt. Man ersieht daraus, daß der Begriffsumfang mit zunehmender Abstraktheit des Begriffsinhaltes zunimmt.

Wir können nun auch eine *„Begriffspyramide"* aufzeichnen, auf der in verschiedenen Ebenen Begriffsinhalte verschiedener Abstraktheit angegeben sind. Wenn wir z. B. an der Basis den Begriffsinhalt trompetenförmig, dunkel, warzig, gradrandig und knollig-verdickt aufschreiben, so können wir auf einem ersten „Abstraktionsniveau" vom letzten der aufgezählten Merkmale abstrahieren. Wir bilden damit einen Oberbegriff, denjenigen der trompetenförmigen, dunklen, warzigen und gradrandigen Pilze. Er ist ein Oberbegriff, insofern als er die Pilze mit und ohne Verdickung umfaßt. In weiteren Abstraktionsschritten gelangen wir zu den Begriffen der trompetenförmigen, dunklen und warzigen, den trompetenförmigen und dunklen und schließlich zu den trompetenförmigen Pilzen. Man stellt sich leicht die mögliche Fortsetzung vor: Pilze, Pflanzen, Lebewesen. Hier sind die Merkmale nicht mehr aufgezählt. Aber die verschiedenen Begriffsnamen bezeichnen ihrerseits Kombinationen von Merkmalen, die inhaltlich zunehmend ärmer werden. Umgekehrt nehmen die Begriffsumfänge mit jedem Abstraktionsschritt weiter zu: Es gibt in der Welt mehr Pflanzen als Pilze und mehr Lebewesen als Pflanzen. Weiter erkennt man auch, daß viele *Begriffsdefinitionen* so vorgehen, daß man zuerst den Oberbegriff und dann die spezifischen Merkmale nennt: Ein Trompetenpilz ist ein Pilz (der Oberbegriff), der die Form einer Trompete hat (spezifisches Merkmal).

Unter den Merkmalen, die wir mit einem Begriff verbinden, sind solche, die man als typisch oder kennzeichnend empfindet, während uns andere als sekundär bis unwesentlich vorkommen. Ähnliches kann man von den verschiedenen Beispielfällen für allgemeine Begriffe sagen. Den Buchfinken empfinden wir als einen typischen Vogel, den Pinguin als einen untypischen, die Forelle als einen typischen Fisch, den Aal als einen untypischen (SMITH, SHOBEN & RIPS 1974). Im Unterricht wird man einesteils die typischen Vertreter behandeln, zugleich aber auch darauf hinweisen, daß es untypische Vertreter gibt, die alle Kriterien eines Begriffs erfüllen, daß der Pinguin, mit anderen Worten, in jeder Hinsicht ein Vogel und die Fledermaus und der Delphin durchaus Säugetiere sind.

Nun aber die Hauptfrage: Was ist das für eine Begriffsbildung, die durch Abstraktion geschieht? Ist es überhaupt Begriffsbildung? Über diese Frage gibt es seit dem letzten Jahrhundert eine große Kontroverse (MILL 1843; ^{6}1865; WHEWELL 1840, 1858). Sie reicht bis in unsere Zeit und zeigt sich unter anderem daran, daß BRUNER den geschilderten Vorgang nicht als Begriffsbildung, sondern nur als Begriffsfindung bezeichnet.

Die Gründe sind deutlich. Wenn wir an der Basis einer Begriffspyramide einen Begriff wie den der trichterförmigen, dunklen, warzigen und knolligen Pilze mit geraden Huträndern haben und in der Folge von einem oder mehreren ihrer Merkmale abstrahieren: was kommt dabei Neues heraus? Nichts. Wir lassen ja nur Merkmale weg! Man muß am Anfang schon alle Merkmale gekannt haben, um dann von einigen abzusehen. Was für eine Begriffsbildung soll das sein?

Die Frage bekommt jedoch ein anderes Gesicht, wenn man nicht von geschlossenen Systemen wie dem ACH-WYGOTSKI-BRUNERschen ausgeht, sondern von einem offenen System, in dem die Anzahl der Merkmaldimensionen nicht von vorneherein feststeht (AEBLI 1981, 185). Das kommt in Unterrichtssituationen häufig vor. Betrachten wir einige Beispiele.

Im *Grammatikunterricht* möchten wir einen Begriff wie den des Subjektes, des Prädikates oder der Bestimmung der Art und Weise erarbeiten. Wir legen den Schülern mehrere Sätze vor, in denen z. B. jedesmal eine andere Bestimmung der Art und Weise vorkommt. Die übrigen Satzteile sind gleich:
Er singt laut.
Er singt falsch.
Er singt frisch.
Er singt temperamentvoll.
Wir fragen die Schüler, was das Gemeinsame des variablen Satzteils sei.

In gleicher Weise legen wir den Schülern verschiedene Sonette vor und fragen nach gemeinsamen Formmerkmalen.

Im *Literaturunterricht* der gymnasialen Oberstufe lassen wir verschiedene Stücke von Franz Kafka oder Dostojewski lesen und fragen die Schüler, ob sie darin gemeinsame Züge entdecken.

In der *Kunstgeschichte* projizieren wir nebeneinander Dias von verschiedenen romanischen und gotischen (barocken, klassizistischen) Kirchen, von verschiedenen Bildern El Grecos, Turners, Cézannes, oder wir spielen mehrere Stücke von Mozart und Beethoven, von Tschaikowski und Grieg vor. Auch hier lautet die Frage: „Entdeckt Ihr Gemeinsames? Wodurch unterscheiden sich die Bauwerke, die Bilder, die Musikstücke?"

In der *Botanik* und in der *Zoologie* verfahren wir mit verschiedenen Pflanzentypen gleich, z. B. Monokotyledonen und Dikotyledonen, oder wir zeigen Bilder von verschiedenen Walen und verschiedenen Lurchen.

In der *Geographie* lassen wir auf der Karte verschiedene Hafenstädte, Verkehrsknotenpunkte oder Bahnlinien, die einen Gebirgszug überqueren, studieren und lesen entsprechende Texte.

In der *Mathematik* der Grundschule legen wir den Schülern verschiedene Vierecke (Quadrate, Rechtecke, schiefwinklige Parallelogramme, Trapeze) vor und lassen gemeinsame und unterschiedliche Züge bestimmen. Wir lassen die Schüler innerhalb von Zahlenreihen ein gemeinsames Gesetz entdecken: in der Reihe 3, 10, 17, 24, 31 die konstante Differenz, in der Reihe 2, 8, 18, 32, 50, das doppelte Quadrat der Zahlen 1, 2, 3, 4, und 5. (In Intelligenztests stellt man derartige Aufgaben häufig mit dem Auftrag, die Zahlenreihe fortzusetzen.)

In experimentellen Wissenschaften wie der *Chemie* und der *Physik* zeigen wir den Schülern Reihen von Erscheinungen mit variablen Werten, z. B. verschiedene Hebel, die alle im Gleichgewicht sind (2 dm × 600 g, 3 dm × 400 g, 4 dm × 300 g, 6 dm × 200 g usw.) Auch hier lautet die Frage, ob die Schüler innerhalb der Gegebenheiten ein gemeinsames Gesetz, eine gemeinsame Verknüpfung der Werte zu erkennen vermögen.

Das sind offenbar alles interessante Probleme für die Schüler. Man stellt sich leicht vor, daß die Frage nach den gemeinsamen Zügen und nach den Unterschieden ein intensives Forschen und Suchen auslösen. Warum diese anregende Wirkung, wenn sich der Prozeß der Abstraktion doch in den oben gegebenen Beispielen sozusagen als banal erwiesen hat?

Der Grund ist klar. In den geschlossenen Systemen, in denen Begriffsfindung geschieht, sind alle Merkmale von Anfang an gegeben und sichtbar. Es handelt sich nur darum, diejenigen auszuwählen, die mit dem äußeren Kriterium (z. B. Eßbarkeit-Giftigkeit) zusammenhängen. Die Bestimmung der möglichen Hypothesen und ihre schrittweise Elimination ist dabei ein interessanter Vorgang, derjenige der Abstraktion ist aber so einfach, daß er nicht zu interessieren vermag.

Anders bei den didaktischen Beispielen. Hier besteht die entscheidende Leistung nicht in der Elimination, sondern in der Bildung von Hypothesen. Es geht nicht darum, von Merkmalen abzusehen, um die anderen zu bewahren, sondern es geht darum, Merkmale und Merkmalskombinationen zu finden, die den gegebenen Beispielen gemeinsam sind. Dies ist darum eine anspruchsvolle und interessante Aufgabe, weil der Schüler, dem diese Probleme gestellt werden, schon ein reiches Repertoire an möglichen Gesichtspunkten besitzt. Die Frage ist also, ob er die geeigneten *in seinem Wissen aufzufinden und abzurufen vermag.* Häufig ist auch die Verknüpfung der einzelnen Merkmale wichtig, man denke z. B. an die Hebelgesetze. Es liegt keineswegs auf der Hand, daß das *Produkt* von Hebelarm, ein Längenmaß, und Gewicht, ein Gewichtsmaß, konstant, also allen gegebenen Beispielen gemeinsam ist.

Diese Überlegung zeigt auch, daß wir eigentlich nicht durch Abstraktion Begriffe bilden, sondern dadurch, daß wir vor einer Erscheinung die Gesichtspunkte finden, die sie uns erschließen, daß wir, mit anderen Worten, in den Erscheinungen gewisse uns schon bekannte Merkmale wiederfinden, die ihnen gemeinsam sind. Wenn diese dann mit einem äußeren Kriterium gesetzmäßig zusammenhängen, sprechen wir von *Induktion,* d. h. von einem invarianten (unveränderlichen) Zusammenhang, der erhalten bleibt, auch wenn die Erscheinungsformen (die Meßwerte) variieren.

Damit aber sind wir auf die andere Art der Begriffsbildung gestoßen: auf das Abrufen und Verknüpfen von Merkmalen zu neuen Strukturen. Bildhaft sprechen wir vom „Aufbau" von Begriffsinhalten. Allgemein können wir sagen: Im Unterricht bildet der Schüler Begriffe, indem er vor einer neuen Erscheinung oder zur Lösung eines Handlungs- oder Denkproblems gedankliche Elemente aus seinem Wissen abruft und verknüpft. So konstruiert er einen neuen Begriffs*inhalt.* In der Regel ist es ein Netz von Beziehungen zwischen Merkmalen. Der Begriffs*umfang* ist dann die Menge der Fälle oder Exemplare, auf die der Begriffsinhalt paßt. Es sind, mit anderen Worten, die Fälle, auf die der Begriff anwendbar ist.

Der innere Aufbau eines Begriffs

Vom inneren Aufbau eines Begriffs wollen wir zuerst in einem statischen Sinn sprechen. Wir meinen dann das oben genannte Gefüge von untereinander verknüpften Elementen. Nehmen wir das Beispiel der Schutzfarbe! Elemente, welche in ihrer Verknüpfung diesen Begriffsinhalt konstituieren, sind offenbar: ein Tier, seine Farbe, sein Feind, die Umwelt des Tieres und deren Farbe. Die Beziehungen zwischen den Elementen werden in der Sprache durch Verben ausgedrückt: der Feind versucht, das Tier *anzugreifen.* Dies setzt aber voraus, daß er es *entdeckt,* und dies wiederum erfordert, daß er es von seiner Umwelt oder seinem Hintergrund *unterscheidet.* Nun aber *hat* unser Tier eine Farbe, die derjenigen der Umwelt *gleicht.* Der Feind vermag das Tier *nicht zu unterscheiden,* also auch *nicht zu entdecken* und *anzugreifen:* Die Farbe *schützt* das Tier, sie ist seine *Schutzfarbe.* Diese Beziehungen kann man leicht als ein *Netz* von Beziehungen aufzeichnen (Abb. 9, s. S. 255).

Über solche Netze wäre vieles zu sagen. Das kann in diesem praktisch ausgerichteten Buch nicht ausführlich geschehen. Wir haben es im Buch über das Denken (AEBLI 1981, 104) ausgeführt. Die speziellen Aussagen, die im Begriffsnetz von Abb. 19 zusammengefaßt sind, sind aber leicht zu lesen. Zwischen dem Feind und dem Tier besteht eine dreifache Beziehung. Der Feind muß das Tier von der Umwelt unterscheiden, damit er es entdecken kann, und er muß es entdecken, damit er es angreifen kann. Nun verhindert die Farbe des Tieres, die der Farbe der Umwelt gleicht, daß der Feind es von seiner Umwelt unterscheidet, es entdeckt und angreift. Daher schützt die Farbe das Tier vor dem Feind. Wir nennen eine solche Farbe daher eine ,,Schutzfarbe".

Warum nun die Netzdarstellung von Begriffsinhalten? Sie entspricht unserem besten gegenwärtigen Wissen über die Art und Weise, wie Begriffsinhalte im menschlichen Wissen gespeichert sind, wie – mit anderen Worten – Bedeutungen im ,,semantischen Gedächtnis" (im Bedeutungsgedächtnis) niedergelegt sind. Entscheidend ist die Erkenntnis, daß man sich Gedächtnisinhalte nicht als Ketten von Worten oder von Bildern vorstellen darf. Begriffe und Vorstellungen, die wir in unserem Gedächtnis als Wissen speichern, unterhalten vielfache Beziehungen mit Nachbarbegriffen. Diese Beziehungen deuten wir in den Netzen als Verbindungslinien an. Wichtig ist dabei auch die Unterscheidung von objektartigen Sachbegriffen und von Beziehungsbegriffen. Die letzteren kennzeichnen wir durch ovale oder rechteckige Rahmen, die Sachbegriffe werden ohne Rahmen dargestellt. Diese Notierungsart wurde von LINDSAY & NORMAN (^{2}1977/1981) vorgeschlagen. Andere Autoren (KINTSCH 1974, ^{2}1977/1982, ANDERSON & BOWER ^{2}1974) verwenden ähnliche, aber nicht identische Notierungen.

Das Netz von Abb. 19 gibt den Inhalt des allgemeinen Begriffes der Schutzfarbe wieder. Es hat Formelcharakter. Wie bei einer algebraischen Formel kann man für die darin vorkommenden Teilbegriffe (Feind, Tier, Farbe, Umwelt) alle möglichen spezifischen Werte einsetzen: für das Tier zum Beispiel den Frosch, für seinen Feind den Storch, für die Farbe des Tieres und seiner Umwelt grün usw. An die Stelle des Tieres können wir aber auch das Entenweibchen und an die Stelle des Feindes den Fuchs einsetzen. Für die Farbe des Tieres und seiner Umwelt müßten wir dann ,,braun" einsetzen. Wir finden hier also die Allgemeinheit des Begriffes wieder: Der Begriff der Schutzfarbe ist auf viele Fälle anwendbar. Er kann verschiedene Inhalte haben, aber sein Kern ist durch wenige Beziehungen definiert. Wenn wir die spezifischen Merkmale einsetzen, konkretisieren oder illustrieren wir den allgemeinen Begriff.

Nach diesem biologischen Beispiel betrachten wir ein geschichtliches. Der Begriff sei: ,,Ursachen des Schweizerischen Bauernkrieges von 1653".

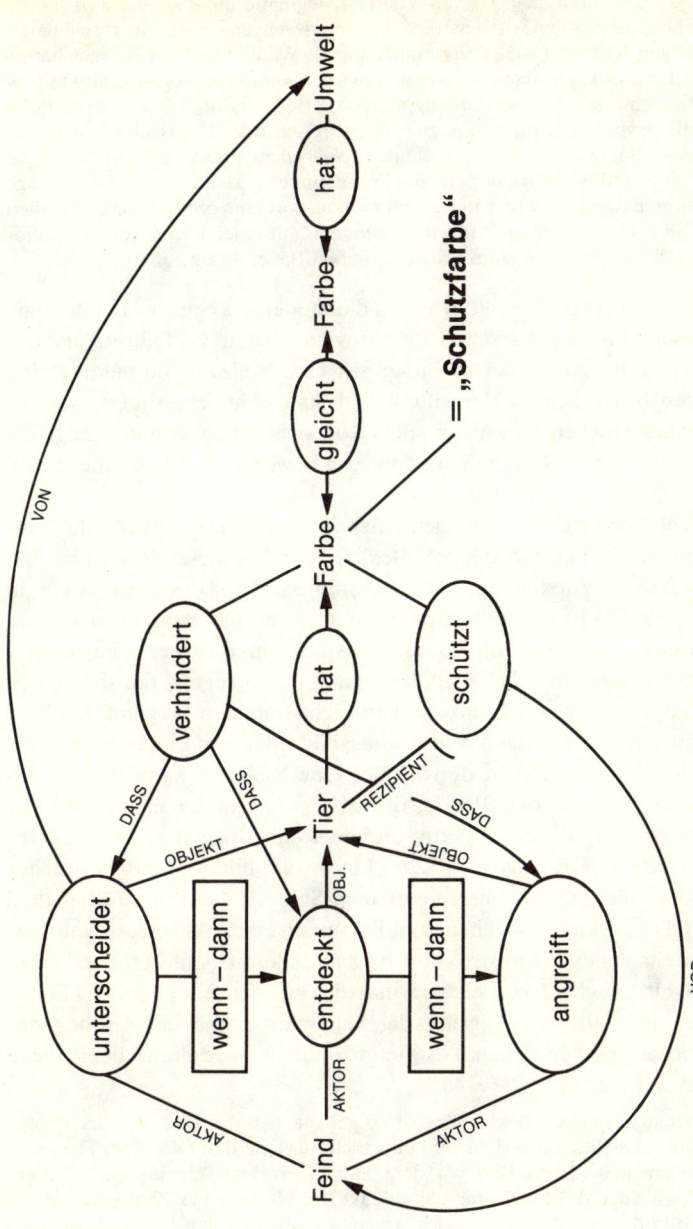

Abb. 19. Das Bedeutungsnetz, das den Inhalt des Begriffs „Schutzfarbe" wiedergibt. Die Verben stiften die Beziehungen zwischen den Elementen Feind, Tier, Farbe und Umwelt.

In diesem Bürgerkrieg erhoben sich die Bauern der Schweizer Kantone Bern und Luzern gegen ihre städtischen Herren. Dieser Krieg hatte unter anderem ökonomische Ursachen, die mit den wirtschaftlichen Veränderungen nach dem Abschluß des Dreißigjährigen Krieges (1648) zusammenhingen. Während dieses Krieges hatten die Bauern Deutschlands, das vom Krieg verwüstet war, wenig Agrarprodukte produziert. Die Schweiz, die vom Dreißigjährigen Krieg verschont blieb, produzierte und exportierte ihre Agrarprodukte zu hohen Preisen nach Deutschland, wodurch die Schweizer Bauern viel Geld verdienten. Nach dem Friedensschluß setzte die deutsche Agrarproduktion wieder ein, die Preise sanken und die wirtschaftliche Lage der Schweizer Bauern verschlechterte sich radikal, was eine große Unzufriedenheit auslöste. Diese Unzufriedenheit führte, zusammen mit einer Reihe weiterer politischer und sozialer Ursachen, zum Schweizerischen Bauernkrieg von 1653.

Das Netz von Abb. 20 zeigt, wie sich die moderne kognitive Psychologie die Repräsentation eines solchen Begriffes im Wissen des Lehrers und des Schülers vorstellt. Auch hier erkennen wir eine Vielzahl von mannigfaltig verknüpften begrifflichen Elementen, und man sieht schon jetzt, wie der Aufbau eines solchen Begriffsinhaltes vor sich gehen könnte. Zugleich versteht man auch, was es heißen könnte, in beweglicher Weise über einen derartigen Begriff zu verfügen.

Zum Schluß betrachten wir noch einen Begriff, der eine stark anschauliche Komponente hat: die Spiegelreflexkamera. Wer diesen Begriff besitzt, hat einesteils ein Vorstellungsbild von ihrem Aufbau, das etwa so wie in Abb. 21 (s. S. 258) aussehen könnte. In diesem Bild wird er sich auch gewisse Bewegungen vorstellen, zum Beispiel den Weg des Lichtstrahles durch die Kamera und die Klappbewegung des Spiegels, die durch den Auslöseknopf betätigt wird und die dem Lichtstrahl den Weg auf den Film freigibt. In einem derartigen Vorstellungsbild oder von einem wirklichen Bild der Reflexkamera sieht der Schüler eine Vielzahl räumlicher Beziehungen: zum Beispiel die Blende, die sich *zwischen* der ersten und der zweiten Linsengruppe des Objektivs befindet, den Spiegel *hinter* dem Objektiv, der einen *Winkel von 45°* zum Lichtstrahl bildet und diesen daher rechtwinklig ablenkt, den Film hinter dem Spiegel, das Prisma über dem Spiegel und das Okular zwischen dem Prisma und dem Auge des Photographen. Der Sinn dieser Konstruktion ist dann allerdings mit großer Wahrscheinlichkeit sprachlich gespeichert, und dies in einer sehr ähnlichen Form, wie wir es im Falle der Begriffe der Schutzfarbe und der Gründe des Bauernkrieges gesehen haben. Als Text formuliert, wird dieses begriffliche Wissen etwa lauten:

Eine einäugige Spiegelreflexkamera ist so gebaut, daß das Bild, das der Photograph im Sucher sieht, genau dem Bild entspricht, das auf den Film fällt. Dies wird erreicht, indem man dieses Bild vor dem Film über einen Klappspiegel und ein Prisma in das Auge des Photographen ablenkt, im Moment des Photographierens aber dem Bild durch Hochklappen des Ablenkungsspiegels den Weg auf den Film freigibt.

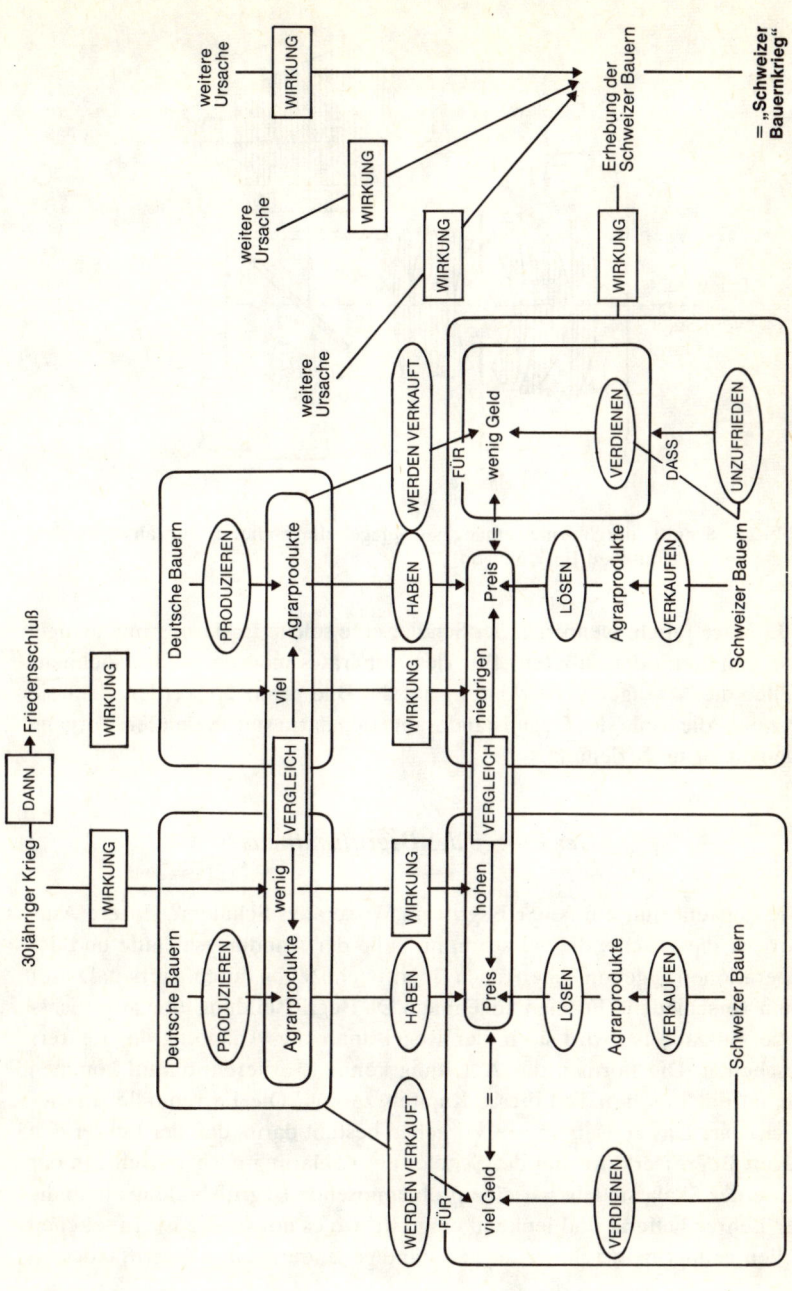

Abb. 20. Das Bedeutungsnetz für die wirtschaftlichen Ursachen des schweizerischen Bauernkrieges von 1653.

257

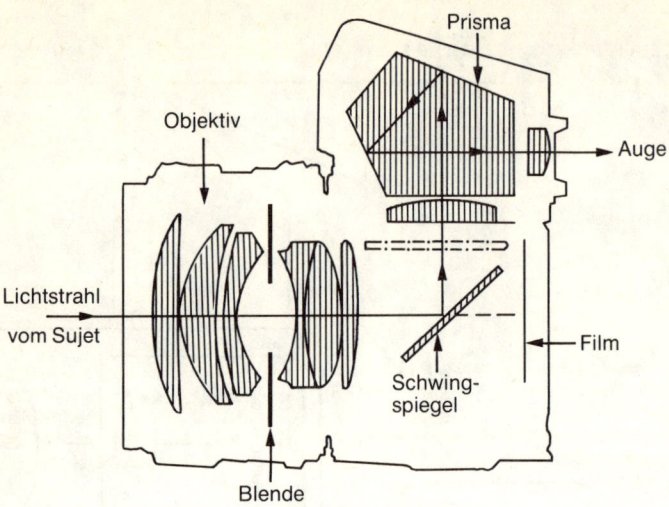

Abb. 21. Schnitt durch eine einäugige Spiegelreflexkamera: ein anschauliches „Netz" von technischen Beziehungen.

Es wäre falsch, wenn sich der Schüler eine solche Erklärung unabhängig vom (inneren oder äußeren) Bild des Apparates merken wollte. Vielmehr sollten die Aussagen der Erklärung auf das Bild projiziert werden, denn sie setzen ja die Teile des Gegenstandes und den darin stattfindenden Vorgang zueinander in Beziehung.

Der Prozeß des Begriffsaufbaus

Wie entsteht nun ein neuer Begriff im Wissen des Schülers? Unsere Antwort ist die gleiche, die wir schon im Falle der Handlungsabläufe und der Operationen gegeben haben: auch Begriffe entstehen durch Aufbau. Dieser kann verschiedene Formen annehmen. Da Begriffsbildung eine anspruchsvolle Aufgabe ist, wird sie in der Regel unter der Anleitung des Lehrers geschehen. Die Formen der Anleitung können variieren: darauf kommen wir im didaktischen Teil dieses Kapitels zurück. Die Extremfälle sind jedoch klar: Das konservativste Vorgehen besteht darin, daß der Lehrer den neuen Begriff erklärt und der Schüler die Erklärung nachvollzieht. In der Mitte der Skala siedeln wir eine problemlösende Begriffsbildung an, in die der Lehrer helfend und lenkend eingreift, wo es notwendig ist. In seltenen Fällen gelingt dem Schüler die selbständige Bildung eines Begriffs, dessen

Rahmen durch ein von Klasse und Lehrer gemeinsam erarbeitetes Problem abgesteckt ist.

Begriffsbau also. Wir vergegenwärtigen uns den Vorgang anhand des Beispiels der Schutzfarbe und nehmen an, daß ein mittlerer Grad der Selbständigkeit und Lenkung realisiert ist. Das Gespräch zwischen Lehrer und Klasse verläuft etwa so.

Lehrer: „Wir möchten also wissen, *warum* das Weibchen der Stockente ein so unscheinbares, braun-gesprenkeltes Gefieder hat, während das Männchen so schön bunt gefärbt ist. Habt Ihr eine Idee?"

Wir nehmen an, daß allerlei Antworten kommen, die aber noch an der Sache vorbeigehen.

Lehrer: „Dann überlegen wir uns als erstes, wo dieses Tier nistet und wie es seine Eier ausbrütet. Hat das jemand von Euch beobachtet?"

Schülerantworten: „Stockenten bauen ihre Nester zum Teil ziemlich weit vom Wasser entfernt auf dem Land, zu ebener Erde. Die Eier werden vom Weibchen ausgebrütet. Es sitzt mehrere Tage auf den Eiern und verläßt diese jeweils nur für kurze Zeit."

Lehrer: „Nun können wir uns auch vorstellen, welche Gefahren dem brütenden Weibchen drohen."

Schüler: „Es kann von Feinden angegriffen werden. Der Fuchs ist ein solcher Feind."

Lehrer: „Nun denken wir aber noch einmal an die Farbe des Entenweibchens, und wir stellen uns vor, wie die Umgebung des Nestes geartet ist. Denkt vor allem an die Farben!"

Schüler: „Das Entenweibchen ist braun, auch trockenes Schilf und Gras sind braun. Der Fuchs wird das Entenweibchen schlecht sehen. Wenn er es nicht entdeckt, wird er es auch nicht angreifen. Er läßt es in Ruhe. Das braune Gefieder ist wie ein Tarnanzug."

Lehrer: „Ja, die braune Farbe schützt das Tier. Darum nennt man seine Farbe eine ‚Schutzfarbe'."

In dieser Erklärung erkennt man die folgenden charakteristischen Züge des Begriffsaufbaus. Am Anfang steht ein Problem. Es bildet den Rahmen für die folgende Erklärung. Der entscheidende Ausdruck ist das „Warum". „*Warum* hat das Stockentenweibchen ein so unscheinbares braun gesprenkeltes Gefieder?" Damit ist nach einem Geflecht von Beziehungen gefragt, die den zu erklärenden Tatbestand an das bisherige Wissen des Schülers anknüpfen und einordnen. Dieses Beziehungsgefüge wird man dann die *Funktion* der besonderen Färbung des Gefieders nennen. In ähnlichen Fällen wird man von den *Ursachen* für ein Ereignis oder von den *Absichten*, die zu einer Handlung führen, sprechen.

Die gemeinsam erarbeitete Erklärung führt nun schrittweise Tatsachen und Begriffe aus dem Wissensrepertoire der Schüler ins Spiel. Sie rufen sie nacheinander ab: zuerst die Vorstellung des nistenden Tiers und des Ausbrütens der Eier. (Das betreffende Tatsachenwissen haben nur wenige

Schüler, die übrigen verstehen jedoch ihre Beiträge und bilden die betreffende Vorstellung, wenn sie diese Beiträge hören.) Voraussetzung ist dabei, daß allen Schülern verständlich ist, was „Nisten" und was „Eier ausbrüten" bedeutet. Wenn der Lehrer Anzeichen dafür sieht, daß dies nicht der Fall ist, so erklärt er die beiden Begriffe, indem er sie aus noch elementareren Begriffen aufbaut. Er spricht beispielsweise vom „Bauen eines Nestes", oder er erinnert daran, daß Eier von Vögeln längere Zeit warmgehalten werden, damit darin das Embryo wachsen kann. Einzelne Schüler wissen, daß Stockenten ihre Nester auf dem Lande, zu ebener Erde anlegen. Die Vorstellung des Nistens erhält damit ihre räumliche Bestimmung. Die folgende Frage des Lehrers ist dazu bestimmt, daß die Schüler Vorstellungen über mögliche Gefahren, die das brütende Tier bedrohen, abrufen. Die Schüler denken an die Feinde der Ente, z. B. an den Fuchs. Nun erinnert der Lehrer an die Farbe der Ente. Zugleich versucht er zu erreichen, daß sie aus ihrem Wissen die Vorstellung von der Farbe der Umgebung des Tieres abrufen. Die Schüler schließen die Beziehung zwischen den beiden Gegebenheiten, indem sie die Ähnlichkeit der Farbe feststellen. Dann denken sie an die Absicht des Raubtieres Fuchs, die Ente womöglich zu erwischen, d. h. sie anzugreifen, stellen aber weiter fest, daß dieses Angreifen von der Bedingung abhängt, daß er das Tier entdeckt, und daß er es nicht entdecken kann, wenn er es nicht sieht, weil es seiner Umgebung gleicht. Ein Schüler erkennt die Analogie zum Tarnanzug der Jäger und Soldaten. Damit ist das Beziehungsgefüge aufgebaut. Der Lehrer faßt es zusammen, indem er feststellt, daß die braune Farbe das Tier schützt und daß man die Farbe daher eine Schutzfarbe nennt.

Das ist ein Aufbauprozeß. Wenn wir die Erklärung formal darstellen würden, so sähen wir, wie schrittweise vorhandene Tatsachen mit neuen, aus dem Wissen abgerufenen Begriffen verknüpft werden. Die neue Beziehung bereichert die vorhandenen Begriffe und Vorstellungen um neue Merkmale. Aus der Ente wird eine brütende Ente, aus dem Nest ein Nest „auf dem Land, zu ebener Erde". Dann wird das Tier zum brütenden Tier, zum bedrohten, zum sich tarnenden Tier usw. Die Ergebnisse der schrittweisen Verknüpfungen werden, mit anderen Worten, immer wieder zusammengefaßt, sozusagen in einer handlichen, leicht behaltbaren Form verpackt, damit auf dieser Grundlage weitergebaut werden kann. Dabei strebt die Konstruktion einer abschließenden Spitze zu. Sie ist erreicht, wenn der Schüler einsieht, daß die Ähnlichkeit des Tieres mit der Umwelt dieses vor seinem Feind schützt. Zum Schluß erhält die oberste Beziehung im Begriffsaufbau ihren Abschluß durch eine Benennung. Der Begriffsname „Schutzfarbe" bezeichnet den aufgebauten Begriffsinhalt. Das ist wichtig: Zu jedem Begriffsinhalt gehört ein *Begriffsname*. Er ist das Wortzeichen, das in der Folge stellvertretend für den begrifflichen Inhalt verwendet wird. Es dient auch der Kommunikation, wie wir dies im ersten Kapitel gesehen haben.

Zugleich erkennt man aber auch, daß hier ein ganzer Wissenskomplex aufgebaut worden ist. Der Schüler hat nicht nur den Begriff der Schutzfarbe erworben, er versteht nun ein ganzes System von biologischen Zusammenhängen. Der Gedanke der Schutzfarbe stellt eine mögliche *Perspektive* innerhalb dieses Wissens dar (AEBLI 1981, 205ff.). Es ist auch klar, daß die Leitvorstellung beim Aufbau derartiger Wissensnetze diejenige der *Kohärenz* sein muß. Wir wollen dem Schüler nicht beziehungslose Brocken von Wissen vermitteln. Die ideale Leitvorstellung ist diejenige eines in sich zusammenhängenden Weltbildes, eines Bildes der Wirklichkeit und der in ihr stattfindenden Prozesse. Es dient dem Schüler dazu, sich in der Welt zurechtzufinden und seinen Handlungen und Gedanken darin den richtigen Platz zu geben: eine kognitive Landkarte, nicht bloß im geographischen Sinn, eine Karte der Wirklichkeit vielmehr, die der Orientierung im umfassenden Sinne dient.

Eine abschließende Bemerkung, bevor wir zum didaktischen Teil kommen: Begriffe können auch Handlungen und Operationen zum Gegenstand haben. Jedes Beziehungsgefüge, das man schrittweise aus einfacheren Teilen aufbaut, auf eine gedankliche Spitze ausrichtet und benennt, liefert einen Begriff. Das Besondere der Beispiele, die wir in diesem Kapitel gegeben haben, ist dies, daß hier ein Stück Wirklichkeit gedanklich rekonstruiert und begrifflich dargestellt wird, während in den Kapiteln über Handlung und Operation Schemata des Handelns und Operierens, also Tätigkeiten des Schülers aufgebaut worden sind. Was wir dort gesehen haben, stellt, wie wir jetzt sehen, nur einen Sonderfall der Begriffsbildung dar. Gemeinsam ist allen Formen der Aufbau durch Verknüpfung, der Netzcharakter des resultierenden Wissens, seine Abgrenzung und vergegenständlichende Benennung mit einem Substantiv und die Möglichkeit seiner Übertragung auf neue Situationen.

Didaktischer Teil
Begriffe bilden, durcharbeiten und anwenden

Im psychologischen Teil dieses Kapitels haben wir gesehen, wie Begriffe im Wissen des Menschen gespeichert sind und wie sie aufgebaut werden. Im folgenden geht es um die didaktische Durchführung der Begriffsbildung. Da ist es vorerst angezeigt, daß wir uns besinnen, welche Rolle die Begriffsbildung in den einzelnen Schulfächern spielt.

Betrachtet man unsere Schulfächer mit einiger Distanz, so findet man solche, welche die Begriffsbildung relativ bewußt und systematisch betreiben. Die mathematisch-naturwissenschaftlichen Fächer gehören dazu. Innerhalb der Sprachfächer ist es die Grammatik, die Begriffe systematisch einführt und anwendet. Im Literatur-Unterricht und in der Geschichte wird vielerorts wenig bewußte und systematische Begriffsbildung betrieben. Die Begründung lautet jeweils, daß die menschlichen Dinge, die zur Sprache kommen, zu komplex seien, und daß kein Fall dem anderen gleiche, die Geschichte sich nicht wiederhole und jedes sprachliche Werk seine Individualität habe. Das mag sein. Aber auch im Wald gleicht kein Baum dem anderen; trotzdem gibt es eine Botanik, und die Verschiedenheit der Menschen hat die Psychologie nicht daran gehindert, Gemeinsamkeiten ihres Verhaltens begrifflich zu fassen. Die Historiker und die Literaturwissenschaftler besitzen natürlich ihr begriffliches Repertoire; nur versuchen sie weniger, es systematisch zu definieren und zu begrifflichen Systemen zu verknüpfen. Nun ist es nicht die Aufgabe einer Allgemeinen Didaktik, den Fachwissenschaften zu sagen, wie ihr Unterricht zu organisieren sei. Eines aber können wir mit Bestimmtheit feststellen: ein Unterricht, der über die Vermittlung speziellen Wissens und über die Schulung von praktischen Fertigkeiten hinaus Schülern klare Begriffe vermittelt, diese bewußt in zusammenhängenden Systemen verknüpft und ihnen die Gelegenheit verschafft, mit diesen Begriffen zu arbeiten, ist fruchtbarer und wird von den Schülern als interessanter und anregender empfunden als ein Unterricht, der dies vernachlässigt.

Die didaktische Analyse eines Stoffes (KLAFKI)

Der Lehrer, der sich vornimmt, mit den Schülern ein Repertoire von einsatzfähigen Begriffen zu erarbeiten, wird schon bei der Vorbereitung seines Unterrichtes einige besonderen Überlegungen anstellen. Sie gehen aus dem hervor, was wir im vorangehenden Abschnitt ausgeführt haben.

Die erste Aufgabe besteht in der Identifikation der Begriffe, die im zu behandelnden Stoff enthalten sind. KLAFKI (1964) spricht von einer *didaktischen Analyse,* in deren Verlauf der Lehrer von einem gegebenen Bildungsinhalt, also einem Unterrichtsstoff oder -thema, die folgenden Überlegungen anstellt.

1. „Welchen größeren bzw. welchen allgemeinen Sinn oder Sachzusammenhang vertritt oder erschließt dieser Inhalt?" „Wofür ist er exemplarisch, repräsentativ

oder typisch?" "Wo läßt sich das an diesem Thema zu Gewinnende ... fruchtbar machen?"
2. "Welche Bedeutung hat ... die ... zu gewinnende Erfahrung, Erkenntnisfähigkeit oder Fertigkeit bereits im geistigen Leben der Kinder meiner Klasse, welche Bedeutung sollte er ... darin haben?"
3. "Worin liegt die Bedeutung des Themas für die Zukunft der Kinder?"
4. "Welches ist die Struktur des ... Inhaltes? ... Welche Eigentümlichkeiten werden den Kindern den Zugang zur Sache vermutlich schwer machen? ... Was hat als notwendiger, festzuhaltender Wissensbesitz zu gelten, wenn er lebendig und einsatzfähig sein soll?"
5. "An welchen besonderen Erscheinungen wird die Struktur des Inhaltes der Klasse interessant, frag-würdig, zugänglich, begreiflich, ,anschaulich'" (KLAFKI 1964, 15–22).

Unter psychologischen Gesichtspunkten sind die Fragen, die KLAFKI an einen gegebenen Unterrichtsstoff richtet, sehr vielfältig und komplex, vielfältiger und komplexer wahrscheinlich, als sie sein müßten. Wenn KLAFKI nämlich nach "allgemeinen Sinn- und Sachzusammenhängen" fragt, die in einem gegebenen Stoff enthalten sind (Frage 1), so meint er nichts anderes als ihren begrifflichen Gehalt. Auch die Frage nach dem Ort, wo das zu Gewinnende sich fruchtbar machen lasse, ist ganz einfach die Frage nach den Anwendungsmöglichkeiten der zu gewinnenden Begriffe. Ganz allgemein meinen wir, daß es nützlich und hilfreich sei, wenn der Lehrer nach dem begrifflichen Gehalt der Stoffe frage. Denn auf diese Weise braucht er nicht in Einsamkeit Entscheidungen über "allgemeine Sinn- und Sachzusammenhänge" im Stoff und über ihre Fruchtbarmachung zu treffen. Begriffe sind Sinn- und Sachzusammenhänge, die von der Wissenschaft in Wechselwirkung mit ihren Abnehmern, den Menschen eines Sprachgebietes, über Jahrzehnte und Jahrhunderte aus dem Vielerlei der menschlichen Erfahrungen herausgelöst und durchsichtig definiert worden sind. Die Schule tut gut daran, sich an diesen kollektiven Entscheidungen zu orientieren.

Auch die in der zweiten Frage genannten Erfahrungen und Erkenntnisse, deren Bedeutung der Lehrer reflektieren soll, haben sich in Begriffen niedergeschlagen. *Sie* soll der Lehrer im Stoff suchen. Darüber hinausgehend und berechtigt ist nur KLAFKIS Hinweis auf die Fähigkeiten und Fertigkeiten, die nicht notwendig begrifflich gefaßt sind. KLAFKI fragt, welche Bedeutung sie im geistigen Leben der Kinder haben. Das kann drei Dinge meinen: einmal, mit welchen außerschulischen Erfahrungen die Begriffe und ihre tätigen Vorformen zusammenhängen, ob dafür schon Interesse vorhanden sei und welche in der Schule gewonnenen Einsichten mit den neuen Begriffen und Tätigkeiten so zusammenhängen, daß diese den Schülern als bedeutungsvoll erscheinen. Es ist also die Frage nach der Vorerfahrung, und zwar unter inhaltlichen und motivationalen Gesichtspunkten.

Die dritte Frage gilt der Zukunftsbedeutung der Themen. Wir meinen, daß diese Frage für den Lehrer sehr schwer zu beantworten sei. Worin besteht die Zukunftsbedeutung des Sonetts? der Photosynthese? der Zahlungsbilanz? der Primzahl? Wir wissen es nicht. Aber eines ist sicher: es handelt sich dabei um Begriffe, die im Denken der Menschen und bei der Gewinnung von Einsicht in die Vorgänge des Natur- und Geisteslebens in den letzten Jahrzehnten und Jahrhunderten ihre Rolle gespielt haben und die mit großer Wahrscheinlichkeit ihre Rolle weiterhin spielen werden. Warum also nach einer unsicheren Zukunftsbedeutung fragen? Wenn wir mit den Schülern die grundlegenden Begriffe innerhalb eines Themenbereichs behandeln, haben wir eine gute Chance, daß diese Begriffe auch in der Zukunft erhellend und handlungsleitend sein werden. Sie sind nämlich darum als Grundbegriffe erkannt worden, weil sie diese Qualität in der Vergangenheit bewiesen haben.

Eine zusätzliche Frage muß sich der Lehrer allerdings stellen: die Frage nach den späteren Lebens- und Berufstätigkeiten der Kinder und nach den begrifflichen Werkzeugen und den praktischen Fähigkeiten und Fertigkeiten, die diese Tätigkeiten von ihnen verlangen werden. Diese Frage wird aber durch das Wort von der „Zukunftsbedeutung" eher verdunkelt. Es geht hier um sehr spezifische Überlegungen, die auf das engste mit der mutmaßlichen beruflichen Laufbahn der jungen Menschen und mit ihren außerberuflichen Lebensverhältnissen zusammenhängen.

Die vierte Frage richtet sich auf die „Struktur des Inhaltes". Es ist die Frage nach der begrifflichen Struktur. Sie ist berechtigt und grundlegend. Wir haben davon gesprochen und werden darauf zurückkommen. Notwendiger Wissensbesitz werden die grundlegenden Begriffe sein: hier wiederholt KLAFKI den Gedanken von Frage 2 und 3. Auch die Frage nach den möglichen Schwierigkeiten des Zugangs wiederholt die Frage nach der Vorerfahrung, denn diese bestimmt natürlich ganz wesentlich die Schwierigkeit eines Stoffes.

Die fünfte Frage zielt auf die besonderen Erscheinungen, in denen die Struktur des Inhalts interessant, frag-würdig, zugänglich, begreiflich, anschaulich werde. Sie wendet den Blick vom Begriff auf den Stoff oder auf das Thema zurück, aus dem er herauspräpariert wird. Nicht ganz verständlich ist, warum KLAFKI in dieser Frage vom gegebenen Begriff ausgeht und nach einem Stoff oder Thema fragt, in dem dieser eingekleidet ist, nachdem die Logik der bisherigen Fragen von einem gegebenen Stoff oder Thema ausgeht und nach seinem begrifflichen Gehalt fragt.

Zusammenfassend stellen wir fest, daß KLAFKIS didaktische Analyse im wesentlichen die begriffliche Analyse des Stoffes fordert. Diese sieht er mit Recht in drei Ausprägungen, einmal als strukturelle Analyse im sachlogischen Sinne des Wortes, also als eine Analyse der Binnen- und der Außenbeziehungen des Begriffsinhaltes, sodann als eine psychologische Analyse der außerschulischen und der schulischen Vorerfahrung der Kinder. Sie liefert die Anknüpfungspunkte, macht den Unterricht interessant und zugänglich oder aber – bei ihrem Fehlen – nicht unmittelbar interessant und daher schwieriger. Drittens fordert KLAFKI den Lehrer auf, die künftigen Anwendungsmöglichkeiten der erworbenen Strukturen zu reflektieren, wobei die Frage nach der Zukunftsbedeutung wohl nur sinnvoll ist, wenn sie spezifisch gefaßt und auf die künftigen Lebensumstände der Schüler bezogen wird.

Die wesentliche Leistung KLAFKIS besteht darin, zwischen dem Stoff und den ihm innewohnenden praktischen und theoretischen Schemata unterschieden und betont zu haben, daß man einen gegebenen Stoff auf seinen begrifflichen Inhalt untersuchen soll und daß man umgekehrt zu einem gegebenen Begriff Stoffe finden kann, in denen jener in lebendiger und klarer Weise verkörpert ist. Alle diese Überlegungen sollen nicht *in abstracto,* sondern konkret für die Schüler in der Klasse, die man vor sich hat, angestellt werden. In den folgenden Abschnitten ergänzen und erweitern wir einige Gedanken zur Bestimmung des begrifflichen Gehaltes von Unterrichtsstoffen, die auch schon bei KLAFKI angeklungen sind.

Begriffe als Netze von Sachzusammenhängen

Zunächst stellt sich die Frage, ob man die Begriffe, die man im Unterricht vermittelt, *definieren* soll. Wir tun dies nur mit älteren Schülern. Der jüngere Schüler macht sich *im praktischen Umgang* mit den Begriffen vertraut, die wir einführen. Auch im Alltag erwerben wir ja eine große Zahl von präzisen Begriffsbedeutungen, die wir nie definiert haben. Wichtiger als eine Definition, die den Oberbegriff und eine spezifische Differenz nennt („der Walfisch ist ein Säugetier, das...''), ist es für den Lehrer, sich vor Augen zu halten, daß Begriffsinhalte Netzcharakter haben und daß diese Netze ihrerseits mit den Nachbarbegriffen und schließlich mit dem gesamten Weltbild des Begriffsbildenden zusammenhängen. Daher ist es wünschbar, daß sich der Lehrer auch Rechenschaft über die Verankerung der zu behandelnden Begriffe im umfassenden Wissen des Schülers ablegt. Wir wollen nicht sagen, daß jeder Begriff im System des Weltwissens situiert werden müsse. Aber als ideale Zielvorstellung tut es gut, dieses Desideratum im Auge zu behalten und sich immer wieder zu fragen, wie es mit dem inneren Zusammenhang des begrifflichen Wissens stehe, das wir im Unterricht vermitteln. Die Schüler werden es uns danken, denn das Bedürfnis nach Orientierungshilfe ist gerade in pluralistischen Gesellschaften sehr groß.

So zeichnet sich also der Lehrer zu seiner Vorbereitung das Netz der Begriffe auf, die er im Zusammenhang mit einem bestimmten Stoff vermitteln möchte. Die Meinung ist nicht, daß er diese Darstellung auch seinen Schülern gebe und sie von diesen lernen lasse. Das ist zwar nicht unmöglich, jedoch bei weitem nicht immer wünschbar und notwendig. Das wichtigste Ergebnis dieser Vorbereitung ist vielmehr, daß sich der Lehrer selbst in das Netz der Zusammenhänge eines Stoffgebietes eindenkt, daß er sich darin zu Hause fühlt und frei bewegt. Dies hat zur Folge, daß seine Darstellung der Sache nicht nur klar sein wird, sondern ihn die gewonnene Transparenz und Beweglichkeit auch befähigen, die Vorschläge der Schüler aufzugreifen, zu situieren und sinnvoll in den Aufbau einzubeziehen.

Im Zuge der Vorbereitung überlegt der Lehrer weiter, ob im bisherigen Wissen und in der Erfahrung des Schülers ein *Vorbegriff* existiert, der zwar erst globale und noch undifferenzierte, aber doch schon wesentliche Züge des aufzubauenden Begriffes enthält. So nimmt der Begriff der „Mühle mit

Weiher und Zuleitung zum Wasserrad" wesentliche Züge des Begriffs „Kraftwerk" voraus. Oder die Schüler haben erlebt, wie die Preise landwirtschaftlicher Produkte sinken, wenn das Angebot, etwa an Kirschen oder Erdbeeren, steigt. In diesen Fällen präzisiert der nachfolgende Aufbauprozeß den globalen Vorbegriff; zugleich wandelt er ihn gemäß den neuen Zusammenhängen ab. Beim Kraftwerk geht es um Stromerzeugung und nicht mehr um die Betätigung einer Mühle, der Preisfall in der Schweiz nach dem Dreißigjährigen Krieg war auf die Erholung der deutschen Landwirtschaft zurückzuführen, usw.

In anderen Fällen existiert dieser Vorbegriff nicht. Eine *Problemstellung* kann an seine Stelle treten. Auch sie nimmt die aufzubauende Struktur voraus. Wir nehmen uns vor, zu überlegen, wie das Wasser aus einem Bergtal zur Elektrizitätsgewinnung genutzt werden kann oder welche wirtschaftlichen Veränderungen nach dem Dreißigjährigen Krieg die Erhebung der Bauern und den nachfolgenden Bauernkrieg ausgelöst haben könnten.

Den Begriffsinhalt aufbauen

Der Aufbau kann nun also erklärend oder problemlösend erfolgen. Im ersten Falle vollzieht der Lehrer den gesamten Aufbau, der Schüler „folgt der Erklärung", d.h. er konstruiert sie nach. Auf eine Weise gleicht das Verfahren dem Erzählen. Da die Leistung wegen der Neuheit der begrifflichen Verknüpfungen für den Schüler jedoch anspruchsvoller als im Falle des Erzählens ist, steigt auch das Risiko, daß einzelne Schüler oder ganze Klassen der Konstruktion nicht zu folgen vermögen. Die Frage ist dann, ob der Lehrer das sofort merkt. Unmöglich ist es nicht, einesteils, weil er selbst ein Gefühl für die Schwierigkeit der einzelnen Aufbauschritte hat, andernteils, weil ein Mensch, der einer Erklärung nicht zu folgen vermag, charakteristische Zeichen des Nicht-Verstehens und des Unbeteiligtseins zeigt. Aber dies bei zwanzig Schülern zu sehen, ist doch sehr schwierig.

Daher der Vorteil des „Entwickelns": Der Lehrer löst den Aufbau in eine Reihe von Teilschritten auf. Jeder Schritt wird als Teilproblem gestellt und muß durch den Schüler ausgeführt werden. Dieses Verfahren erhöht die Aufmerksamkeit und macht mögliche Schwierigkeiten deutlicher sichtbar. Die falschen und die unvollkommenen Antworten, die Zahl der aufgestreckten Hände sind offensichtliche Zeichen dafür. Aber Achtung: auch hier drohen klassische Irrtümer. Besonders verbreitet ist die Tendenz der Lehrer, die Klasse wie einen einzelnen Gesprächspartner wahrzunehmen und zu behandeln, d. h. eine einzige richtige Antwort als Zeichen für das allgemeine Verständnis anzusehen und zu meinen, alle Schüler, die sie hören, verstünden auch, was der Antwortgeber gemeint hat. Dem ist natürlich nicht so. Darum die Notwendigkeit, mehrere Schüler zur Sprache kommen zu lassen und bei der übrigen Klasse nach Zeichen des Verständnisses für den Beitrag ihrer Kameraden Ausschau zu halten. Damit aber wiederholt sich das Problem, das wir oben beim Erklären schon angetroffen haben.

Die einzige Methode, die es erlaubt, einigermaßen sicher zu sein, daß ein begrifflicher Aufbau von der Mehrheit einer Klasse wirklich vollzogen worden ist, besteht darin, die entscheidenden Aufbauschritte mehrmals, in Variationen, zu formulieren oder formulieren zu lassen und womöglich sofort gewisse Verständniskontrollen anzuknüpfen. Das geschieht dadurch, daß man aus der gewonnenen Einsicht Schlußfolgerungen ziehen läßt oder Überlegungen der Anwendung anknüpft. „Wenn das Entenweibchen vor allem beim Brüten gefährdet ist, was schließt Ihr dann aus der Tatsache, daß der Erpel ein viel bunteres Gefieder hat?" („Daß er beim Brüten nicht mithilft.") „In welcher Lebensperiode erwartet Ihr bei den Tieren am ehesten eine Schutzfarbe, in der Kindheit oder im Erwachsenen-Alter? Warum?" („In der Kindheit.") „Erwartet Ihr bei Raubtieren auch Schutzfarben?" („Weniger.") „Was könnte aber eine Farbe, die derjenigen der Umgebung gleicht, für einen Vorteil für ein Raubtier bringen?" („Daß es auf der Jagd von seinem Opfer nicht entdeckt wird.") „Ist in diesem Fall der Begriff der Schutzfarbe beim Raubtier am Platz? Wie könnte man diese Farbe nennen?" („Tarnfarbe, Jägerfarbe.")

Ein weiteres Problem ergibt sich aus der Tatsache, daß die Abfolge der Teilschritte einer Erklärung oder einer gemeinsam mit den Schülern vollzogenen Entwicklung die Form einer Kette, also eines linearen Prozesses hat, während das Ergebnis doch ein Netz darstellt. Der Erklärende muß das Netz der Beziehungen wie eine Spinne aus einem einzigen Faden weben. Dabei ist es dem Schüler nicht möglich, in jedem Moment das ganze bisher gewobene Netz in seinem Geiste präsent zu halten. Unmittelbar gegenwärtig sind ihm nur die Beziehungen, die er zuletzt aufgebaut hat. Die Erklärung muß daher immer wieder zu den Punkten zurückkehren, an denen sie ein Element stehengelassen hat, es erneut aufnehmen und von hier aus weiterspinnen. Dies aber setzt voraus, daß das stehengelassene Element noch vorhanden und in tunlicher Frist wieder vergegenwärtigt werden kann. Dies erfordert, daß es in einem gewissen Maße schon konsolidiert worden ist.

Daraus folgt, daß *Teilergebnisse bewußt festgehalten und eingeprägt werden müssen.* Dies geschieht dadurch, daß man sie mehrmals wiederholt und gegebenenfalls von verschiedenen Seiten beleuchtet. Gute Erklärer tun dies unbewußt, indem sie wichtige gedankliche Elemente mehrmals leicht verändert formulieren und sie zum Abschluß in einer treffenden, prägnanten Formel festhalten. Ein zusammenfassender Teilbegriff und prägnante Formeln der folgenden Art „Unterscheidung des Tiers von seinem Hintergrund", „Unterscheidung als Voraussetzung des Entdeckens"; „Preiszerfall als Folge des Wiederanstiegs der Agrarproduktion in Deutschland"; „der Schwingspiegel zwischen dem Objektiv und dem Film" usw. dienen der Konsolidierung. Ein zusammenfassender einzelner Begriff kann hier hilfreich sein; indessen ist es nicht selbstverständlich, daß ein soeben neu eingeführter Ausdruck dies leistet. So muß etwa der Ausdruck „Blende" seinerseits gedeutet und gelernt werden, bevor er für das gedankliche Element „Lichteinlaß von veränderlicher Größe" zu stehen vermag. Dazu ist es häufig notwendig, daß die Etymologie des Begriffsnamens erklärt wird. Der „Schwingspiegel" schwingt nach oben, wenn der Auslöser des Photoapparates betätigt wird, die „Blende" blendet einen Teil des Lichtes, das auf die Linse fällt, ab und läßt nur eine bestimmte Lichtmenge durch. Wenn zuviel Licht einfällt, würde der Film überbelichtet; wenn uns das helle Licht „blendet", so ist unser Auge überbelichtet, usw.

Weil nun eine Erklärung ein in der Zeit ablaufender linearer Prozeß ist, sein Ergebnis aber Netzcharakter hat, haben kluge Lehrer längst den Vorteil der an der Wandtafel netzartig angeordneten Stichworte entdeckt. Genau das, was wir als adäquateste Darstellung eines Begriffes bezeichnet haben, halten sie im Verlaufe der Lektion an der Wandtafel fest und unterstützen damit den Rückgriff auf „stehengelassene Elemente", an die zu einem späteren Zeitpunkt wieder angeknüpft werden soll. Statt daß der Schüler den Gedanken aus dem Gedächtnis reproduziert, kann er ihn nun an der Wandtafel ablesen. Genau das gleiche gilt von einer fortlaufend entworfenen Wandtafelzeichnung oder von einem konkret entstehenden Werk, etwa einem Kraftwerk, das im Sandkasten gebaut wird.

Am Schluß der Begriffsbildung blickt man auf die Schritte des Aufbaus zurück und versucht bewußt, sie sich einzuprägen. Man soll den Schülern sagen, daß es jetzt darum geht, die Beziehungen in ihrer Gesamtheit zu überblicken und mit ihnen vertraut zu werden. Das Ziel ist, sich in einem System von Beziehungen so auszukennen wie in einer Stadt, die man gut kennt: Man weiß von jedem Punkte aus, welche Verbindungen zu den Nachbarpunkten führen, und wenn einem auch nur ein einziges Element vorgelegt wird, so weiß man es in den Rahmen des Ganzen zu stellen. Zu je zwei gegebenen Elementen kann man sagen, wie sie zusammenhängen. In den folgenden Abschnitten nennen wir die besonderen Maßnahmen, die diesem Ziel dienen. Hier sei aber das Ziel schon genannt: Der Schüler soll über die Beziehungen, die einen Begriffsinhalt konstituieren, in beweglicher Weise verfügen und den Begriff in neuen Situationen anwenden können, denn der Begriff soll ja ein Werkzeug des Denkens und nicht einfach ein Stück Wissen sein.

Den Begriff durcharbeiten

Im Zusammenhang mit der Einführung einer neuen Operation haben wir schon vom Durcharbeiten gesprochen. Das Ziel war, ihr Beweglichkeit zu verleihen, und diese hatte wiederum die Aufgabe, den Schüler zu befähigen, eine Operation neuen Situationen anzupassen, d. h. die notwendigen Transformationen, Variationen usw. vorzunehmen. Durcharbeiten im Dienste der Anwendung also. Genau das gleiche gilt für das Durcharbeiten der Begriffe, denn auch sie sollen ja anwendungsfähig werden. Nur so werden sie zu Instrumenten eines lebendigen Denkens. Wenn ein Begriff aber in einer neuen Situation anwendbar sein soll, so darf er nicht an den besonderen Bedingungen haften, in denen er eingeführt wurde. Seine innere Struktur muß beweglich und damit anpassungsfähig sein. Die wesentlichen Beziehungen müssen dem Schüler einsichtig sein. Dann ist er auch in der Lage, diese Zusammenhänge in einer neuen Situation wieder zu erkennen oder sie in der neuen Situation wieder herzustellen.

Diese Transparenz erwirbt ein Begriff im Zuge seines Durcharbeitens. Was dies bedeutet, erkennen wir klarer, seit wir die Netzdarstellung von Begriffen eingeführt haben. Durcharbeiten bedeutet nämlich, daß sich das Denken auf verschiedenen Wegen durch ein Netz bewegt. Im Falle der Schutzfarbe (Abb. 19) haben wir z. B. bei der ersten Erarbeitung *beim Tier* begonnen, sind von da zu seinem Feind gelangt und sodann zur Ähnlichkeit von Tier und Umwelt fortgeschritten. Jetzt rollen wir das Problem, sei es am ursprünglichen Beispiel des Entenweibchens, sei es an einem neuen Beispiel (Laubfrosch, Jungvogel usw.), *von der Umwelt her* auf, notieren die Ähnlichkeit der Farbe des Tieres mit derselben und fragen uns, wozu sie dient. In einem dritten Falle beginnen wir *beim Raubtier* und seiner Nahrungssuche, gelangen von dort zur Notwendigkeit der Unterscheidung der Beute von ihrem Hintergrund usw. Wenn wir daran denken, daß ein Raubvogel etwa ein auf einer Wiese angelegtes Lerchennest erspähen muß, wenn er es ausrauben will, erscheint das braungesprenkelte Gefieder der Lerche als äußerst nützlich.

In ähnlicher Weise kann ein historisches oder ökonomisches Beziehungsgefüge von verschiedenen Punkten aus aufgerollt werden, und auch der gedankliche Komplex „Kraftwerk" läßt diese Variationen zu. Im letzteren Falle ist es besonders deutlich, daß man vom Elektrizitätsbedarf der Stadt und der Industriezentren ausgehen, den Hochspannungsleitungen zum

Kraftwerk folgen und von daher zu den Einrichtungen Generator – Turbine – Druckleitung – Stollen – Stausee gelangen kann. Eine andere Möglichkeit ergibt sich, wenn wir das Tal vor und nach dem Bau des Kraftwerkes vergleichen, eine dritte Möglichkeit, wenn wir uns überlegen, wie zu Zeiten, da von anderen Werken überschüssige elektrische Energie zur Verfügung steht, Wasser aus dem Talfluß in den Stausee zurückgepumpt wird.

Diese Beispiele des Durcharbeitens beruhen also auf dem Gedanken, das Netz der Beziehungen, das den Begriffsinhalt darstellt, in verschiedenen Richtungen zu durchlaufen. Eine andere Form des Durcharbeitens geht davon aus, daß man die Erscheinungen dieser Welt *von verschiedenen Gesichtspunkten aus* betrachten kann. So stellen sich die ökonomischen und politischen Ereignisse der Bauernkriege im 16. und 17. Jahrhundert natürlich sehr verschieden dar, wenn wir sie aus der Perspektive der Bauern selbst, der städtischen Obrigkeiten, gegen die sich die Bauern erhoben, oder der Nachbarmächte der Länder, in denen diese Kriege stattfanden, betrachten. Genau gleich erscheint die amerikanische Befreiungsbewegung sehr verschieden, wenn wir sie vom Standpunkt der Siedler in Amerika, der englischen Krone, der englischen Kaufleute, der Franzosen oder der Spanier betrachten.

Psychologisch ist es dabei wichtig, daß der Wechsel der Gesichtspunkte das Denken des Kindes „dezentriert" (PIAGET 1947/1970). Wir kommen auf diesen Vorgang zurück. Hier stellen wir lediglich fest, daß mit jedem neuen Gesichtspunkt auch neue Aspekte der betrachteten Sache ins Blickfeld treten und daß die Beziehungen innerhalb des begrifflichen Zusammenhangs auf diese Weise klarer erfaßt werden. Das Durcharbeiten reinigt den Begriff von den Schlacken, die ihm von der ersten Erarbeitung her anhaften. Die wesentlichen Zusammenhänge treten in Klarheit hervor. Der Begriff wird zu einer geistigen Landkarte („cognitive map", TOLMAN 1932), in der sich der Schüler frei und selbständig zu bewegen vermag. Insbesondere hängt auch der Ausdruck des erworbenen Wissens nicht mehr an den sprachlichen Formeln, die bei der ursprünglichen Erarbeitung gewählt wurden. Die Bedeutung ist im Netz realisiert, nicht mehr in der Wortkette der ersten Erklärung.

Den Begriff anwenden

Begriffe sind Werkzeuge des Denkens, haben wir gesagt. Wenn dem so ist, müssen wir den Schülern Gelegenheit geben, die erworbenen Werkzeuge anzuwenden. Wie geht das zu, und was ist das Ziel der Anwendung? Es ist hilfreich, sich den Vorgang der Anwendung von Begriffen im Zusammenhang des Alltagsverhaltens klar zu machen. Wozu brauchen wir unsere Begriffe? Wir brauchen sie, um die Welt, die uns umgibt, zu verstehen und um darin unsere Ziele handelnd zu verwirklichen. Die Welt zu verstehen, erfordert vom modernen Menschen, daß er einesteils Personen, Objekte, Prozesse und Situationen und anderenteils Texte verstehe.

Wer mit einer Spiegelreflexkamera zurechtkommen will, muß verstehen, wie sie konstruiert ist und wie sie funktioniert. Natürlich sind diese Dinge zum Teil „narrensicher" gebaut, und man kann mit ihnen so umgehen, wie einige Menschen mit ihrem Auto, d. h. ohne zu wissen, was ihre Manipulation eigentlich bewirkt. Aber sobald eine Störung auftritt, sieht sich derjenige, der einen Apparat nicht versteht, vor unüberwindliche Schwierigkeiten gestellt. Der andere greift sinnvoll ein, und es gelingt ihm, auf dem Rest seiner Reise auch noch zu photographieren, auch wenn sich der Schwingspiegel einmal verklemmt hat. Wer ein Haus kauft, sollte wissen, was eine Hypothek ist, und wer eine Sache auf Abzahlung kauft, sollte einen klaren Begriff von der versteckten Verzinsung seiner Schuld haben. Es sind unsere Begriffe, die uns die Problemsituationen transparent machen. Indem wir einen klaren Begriff auf die Situation anwenden, überträgt sich seine Klarheit auf sie. Wir sehen nun die Zusammenhänge, und wir versetzen uns in die Lage, richtig zu handeln.

Desgleichen, wenn uns die Welt in sprachlicher Darstellung begegnet. Wenn wir den Handelsteil einer Zeitung verstehen wollen, so müssen wir Begriffe wie „Geldmenge", „Handelsbilanz", „Diskontsatz" besitzen, sonst verstehen wir die Meldungen nicht. Wenn wir politische Nachrichten aus Großbritannien und Deutschland lesen, müssen wir wissen, was ein Premierminister in Großbritannien und was ein Bundeskanzler in Deutschland ist (nämlich das gleiche, der Regierungschef), und wenn wir vom amerikanischen Staatssekretär lesen, so müssen wir verstehen, daß es sich um einen Posten handelt, der in Europa „Außenminister" heißt (allerdings mit gewissen Unterschieden). Nun könnte man sagen, hier tausche man ja nur eine Bezeichnung für eine andere aus. Das ist ein Irrtum. Es nützt natürlich nichts, den unverstandenen Ausdruck „Staatssekretär" durch den unverstandenen Ausdruck „Außenminister" zu ersetzen. Vielmehr muß man verstanden haben, wie eine Regierung funktioniert und wie sie ihre Außenpolitik führt. Dies aber ist der Begriffsinhalt, das Beziehungs- und Prozeßgefüge, das hinter dem Begriffsnamen steht. Beim Lesen von Texten ist dies besonders wichtig, weil ja in jedem Text, wie wir gesehen haben, unendlich viel unausgesprochen bleibt, einfach „präsupponiert" (vorausgesetzt) wird. Der Leser muß diese Zusammenhänge aus seinem eigenen Wissen beisteuern. Der Begriffsinhalt ist die Wissenseinheit, die im Prozeß des Lesens abgerufen und eingesetzt wird, um den Text zu deuten.

Die entscheidenden Anwendungen der Begriffe, die wir im Unterricht vermitteln, geschehen in den echten Lebenssituationen. Als Lehrer muß man sich für jedes einzelne Fach, das man unterrichtet, immer wieder die Frage stellen, ob es den jungen Menschen Gesichtspunkte vermittelt, die ihm die Welt verständlich machen. Im Falle des *Geschichtsunterrichtes* lautet die Frage also: Welche staatspolitischen und sozialen Zusammenhänge muß ein Bürger unserer Zeit begreifen, um seine Rolle spielen zu können, und welche Begriffe liefert der Geschichtsunterricht dazu?

Im Falle des *Deutschunterrichts* fragen wir uns: Was fängt der Schüler später einmal mit den von uns vermittelten Begriffen an? Über welche Gesichtspunkte müßte er verfügen, um etwas zu sehen, wenn er Bücher, die Zeitung, Zeitschriften liest? Welche Gesichtspunkte braucht er, damit er im Theater, vor dem Fernsehschirm sehend und urteilsfähig wird? Vermitteln wir diese Begriffe? Haben wir den Versuch gemacht, ihre Anwendung zu üben?

In der *Biologie,* in der *Physik* und in der *Chemie* ist es nicht anders. Hier stellt sich insbesondere die Frage der Anwendung durch den Nicht-Fachmann, denn sogar im Gymnasium hat der Lehrer ja nur wenige Schüler vor sich, die später einmal Biologen, Physiker oder Chemiker sein werden. In der Grundschule gilt dasselbe in verstärktem Maße. So lautet die Frage also: Welche Anwendungen sehen wir für geologische, physikalische, chemische, mathematische Begriffe im Leben des Juristen, des Bauunternehmers, des Handwerkers, des Büroangestellten, der Kindergärtnerin, der Hausfrau? Und noch einmal umgekehrt: Welche Begriffe sollten diese Menschen besitzen, damit ihnen die biologische, physikalische, chemische Realität, in der sie leben, durchsichtig wird und sie sich in ihr richtig verhalten?

Wir brauchen die Beispiele nicht zu vermehren. Das Problem ist deutlich, seine Lösung ist zum Teil ein Problem der Curriculumtheorie. Aber es geht nicht an, daß einige wenige Spezialisten dieses Problem für den Lehrer lösen, während er selbst davon unberührt bleibt. Es ist ein Problem, das jeden Lehrer angeht und das jeder Einzelne für sich lösen muß: sich Rechenschaft über das System der Begriffe abzulegen, das er in seinen Fächern vermittelt, sich zweitens zu fragen, wo er die praktischen und theoretischen Anwendungen dieser Begriffe sieht und drittens die Frage umzudrehen und sich zu prüfen, ob die vermittelten Gesichtspunkte den jungen Menschen in seiner Welt das sehen und erkennen lassen, was er sehen und erkennen müßte, um sich richtig zu verhalten, und um die Aufgaben, vor die ihn sein Beruf und seine Freizeit stellen, zu erfüllen. Diese Fragen kann ein Lehrer nur lösen, wenn er die Welt und die Lebenssituationen, in die seine Schüler eintreten werden, zeitlebens studiert und sich dazu die erforderlichen Kontakte schafft, und wenn er an diesen Einsichten ständig das Repertoire der Begriffe und Gesichtspunkte mißt, das er seinen Schülern vermittelt.

DRITTER TEIL:
Vier Funktionen im Lernprozeß

Psychologisch betrachtet, hat Unterricht eine einzige Aufgabe: Erfahrung und Lernen zu ermöglichen. Der grundlegende Begriff ist für den Psychologen das Lernen. Von der Erfahrungsbildung spricht er dann, wenn Lernen problemlos, in einem einzigen oder in wenigen Darbietungen oder Versuchen, zustande kommt. (Für den Philosophen ist allerdings „Erfahrung" der grundlegendere Begriff, denn für die Modalitäten des Lernens interessiert er sich weniger.) Nun haben wir in den vorangehenden Kapiteln eigentlich schon alles angetroffen, was im Lernen an grundlegenden Prozessen geschieht. Der Lehrerstudent, der die entsprechenden Lektionen durchgeführt hat, hat diese Prozesse schon ausgelöst und gesteuert. Er hat dem Schüler Erfahrung in vier Medien angeboten. Er hat mit ihm verschiedene Strukturen des Verhaltens und Denkens aufgebaut: einen Handlungsablauf, eine Operation und einen Begriff. Im Anschluß an diese Lektionen hat er, mindestens ansatzweise, die Notwendigkeit der Konsolidierung des Gelernten und der Anwendung erfahren.

Was bleibt zu tun? Wir würden sagen: den Lernprozeß in seinem gesamten Ablauf ins Auge zu fassen und seine vier Teilfunktionen in ihrem gegenseitigen Verhältnis kennenzulernen, das Aufbauen, das Durcharbeiten, das Konsolidieren und das Anwenden. Es handelt sich, mit anderen Worten, um eine moderne Version der *Formalstufen* des Lernens. Die historische Bezeichnung ist exakt: Die vier Stufen des Lernprozesses sind formal, insofern sie nichts über seine Inhalte aussagen. Diese kennzeichnen wir, indem wir angeben, ob sie handlungsmäßig, bildhaft oder sprachlich repräsentiert sind, wobei Sprache mündlich oder schriftlich angeboten werden kann, und wir definieren sie strukturell, indem wir angeben, ob es sich um Handlungen, Operationen oder Begriffe handelt. Der Gesichtspunkt der Funktion im Lernprozeß ist ein anderer, formaler. Er stellt einfach fest, welche Art von Lernen auf einer bestimmten Stufe stattfindet: wie der Aufbau in die Wege geleitet wird, ob und wie die aufgebaute Struktur beweglich gemacht und konsolidiert wird, ob und wie die konsolidierte Struktur vor neuen Gegebenheiten eingesetzt wird. So, wenn wir *beschreiben,* was wir in Schulen beobachten. Wenn wir die gleiche Idee normativ (oder „präskriptiv") formulieren, werden wir fordern, daß der Lehrprozeß diese vier Stufen durchlaufe: problemlösendes Aufbauen, Durcharbeiten, Üben und zur Anwendung anleiten. Es entspricht der Logik dieses Buches, daß wir die beschreibenden nur zur Stützung der handlungsleitenden Aussagen benützen und den Schwerpunkt auf die letzteren legen.

Nun ist uns nicht vor allem die Idee der Stufen des Lernprozesses, sondern diejenige der Funktionen, die sie definieren, wichtig, denn die Realität des Unterrichts ist so komplex, daß nie davon die Rede sein kann, daß man in jeder Lektion oder in jeder Unterrichtseinheit die vier Stufen schematisch durchschritte. Je nach dem gewählten Medium und je nach der Struktur des angestrebten Lernergebnisses werden die Funktionen verschiedenes Gewicht besitzen. Im Grenzfall wird eine einzige zur Geltung kommen; die anderen fallen aus. Das ist etwa dann der Fall, wenn eine Geschichte erzählt oder in ihrem Verlauf ein Begriff erklärt wird, bei dem man darauf vertraut (zurecht oder zu unrecht, das bleibe hier dahingestellt), daß er von den Schülern aufgefaßt, behalten und angewendet wird. In anderen Fällen hat der Aufbauprozeß einer Handlung oder einer Operation im Alltag schon stattgefunden, und der Unterricht braucht ihn bloß durch Übung zu konsolidieren. So etwa, wenn im Turnunterricht Laufübungen oder Wurfübungen durchgeführt werden.

Darum ist es so wichtig, daß der Lehrer das Wesen der einzelnen Funktionen im Lernprozeß versteht. Dann wird er nämlich erkennen, wann und in welchem Maß sie ins Spiel treten müssen und wie er ihre einzelnen Phasen oder Stufen richtig auslösen und steuern kann. Er muß also wissen, was geschieht, wenn er mit den Schülern einen Handlungsablauf, eine Operation oder einen Begriff aufbaut, wenn er das Ergebnis des Aufbaus durcharbeitet und übt und wenn er den Schülern Gelegenheit zur Anwendung schafft, und all dies nicht *in abstracto* und theoretisch, sondern vor dem konkreten Einzelfall, mit einem gegebenen Inhalt, und mit den Schülern, die ihm anvertraut sind. Wenn das möglich werden soll, so muß die Didaktik mehr als angelerntes Wissen sein: ihre Begriffe müssen als Assimilationsschemata wirken, dem Lehrer die Augen öffnen und ihn in die Lage versetzen, die einzelnen Abläufe herzustellen bzw. die entsprechenden Lernprozesse beim Schüler auszulösen.

X. Grundform 9: Problemlösendes Aufbauen

Die Lernprozesse, welche wir im Unterricht auslösen und steuern, sollen dem Schüler in der Regel neue Möglichkeiten des Handelns und des Erlebens, also des Denkens, Fühlens und Wertens eröffnen. Sie sollen sich in einem Wissen niederschlagen, aus dem der Schüler in neuen Situationen richtig zu handeln und zu urteilen vermag und das ihn befähigt, emotional angepaßt zu reagieren und Dinge, die Gegenstand von Wertungen sind, richtig zu beurteilen. Das erfordert, daß die neuen Inhalte des Tuns und Denkens *aufgebaut* werden. Wie Aufbau unter strukturellen Gesichtspunkten verläuft, haben wir in den Kapiteln über die Handlungsschemata, über die mathematischen Operationen und über die Begriffe ausführlich beschrieben.

Den dynamischen Aspekt der Aufbauprozesse haben wir dabei allerdings nur en passant behandelt. Was wir dazu gesagt haben, ist zudem über viele Kapitel verstreut. Wenn wir das Problem des Aufbaus hier noch einmal aufnehmen, dann, um nun im Zusammenhang und mit einer gewissen Verarbeitungstiefe sichtbar zu machen, wie man den Schüler dazu motivieren kann, Aufbauprozesse aus eigenem Antrieb in Angriff zu nehmen und durchzuführen. Das ist der dynamische Aspekt des Aufbauproblems: die Kräfte freizulegen, die den Schüler zum Suchen und Forschen anregen und die bewirken, daß er sich eine neue Form des Tuns oder des Denkens aus eigenem Antrieb erarbeiten will.

Unsere Antwort auf die Frage, was das Lernen des Schülers in Bewegung setzt, wird lauten: lebendig empfundene Probleme. Ihre Wirksamkeit reicht über die Aufbauprobleme im engen Sinn des Wortes hinaus. In der Tat: Was ist das Salz unserer *Erzählungen* und Referate? Die Probleme, die sich in ihrem Ablauf stellen, und die Lösungen, die sie nötig machen. Was ist notwendig, damit unsere *Demonstrationen* auf einen fruchtbaren Boden fallen, beobachtet und aufgefaßt werden? Daß wir sichtbar machen, welches Problem wir mit der vorgezeigten Handlung oder Fertigkeit meistern: das Malen mit Wasserfarbe so, daß es keine „Wolken" gibt, das Hobeln so, daß ein Brett von gleichmäßiger Dicke entsteht, die Aussprache des stimmhaften „s" so, daß es sich vom stimmlosen „s" unterscheidet. Genau so beim *Beobachten* eines Gegenstandes oder eines Vorganges: er wird genau aufgefaßt, wenn er zum Problem geworden ist, und noch einmal so beim Deuten und Verstehen eines *Textes:* er erschließt sich uns, wenn wir mit einer Fragehaltung an ihn herantreten.

Darum entwickeln wir auch unsere *Handlungen* aus einer Problemstellung heraus. Die Handlung planen heißt, die Frage beantworten, wie man zum Handlungsziel gelangt. Sie durchführen heißt, den Weg zum Ziel effektiv zu finden und zu beschreiben: eine Schülerzeitung herstellen, ein Aquarium einrichten. Genauso gehen wir auch bei der Einführung einer neuen *Operation* vor. Wir erfinden eine Situation, in der es für die Erstkläßler wichtig wird, herauszufinden, was sieben und drei gebe, wie man zwei ungleichnamige Brüche addiert, welche Zahl eine Anzahl von Meßwerten vertreten könnte, z. B. der Durchschnitt. Und schließlich die *Begriffsbildung:* der gefundene Begriff der Schutzfarbe beantwortet unsere Frage, wie sich die Ente vor ihren Feinden schützt, und der Begriffskomplex der „Ursachen des Bauernkrieges" macht uns verständlich, wie friedliche Bauern dazu kamen, sich gegen ihre Obrigkeit zu erheben.

Psychologischer Teil
Was ist und was bewirkt das Problemlösen?

Warum soviel Aufhebens um das Problemlösen? Ist es nicht ein Luxus, sich bei jeder einführenden Lektion zu fragen, wie man den zu behandelnden Stoff für den Schüler zur Frage machen könnte, und zu versuchen, ihn die Antwort in einem Prozeß des Problemlösens finden zu lassen, mindestens die angebotenen Lösungsvorschläge als Antworten zu empfinden? Ist die Schule nicht der Ort, wo man gewisse Dinge „einfach zur Kenntnis nehmen muß"? Wir würden antworten: den Luxus, die Schule so einfach zu verstehen, konnte man sich in einer heilen pädagogischen Welt vielleicht leisten. Heute funktioniert das an den meisten Orten dieser Welt nicht mehr.
  Wo in der Vergangenheit Unterricht funktionierte, auch wenn scheinbar niemand ein Problem formulierte, beruhte dies darauf, daß die Schüler ihre Fragen und Fragehaltungen aus der außerschulischen Welt mitbrachten. Aufgrund dieser Vorschußinteressen schien es, als ob Schüler die Dinge „einfach zur Kenntnis nahmen". In Wirklichkeit sicherten günstige soziale und kulturelle Bedingungen das Vorhandensein der Interessen. So gut haben es aber nur mehr die wenigsten Lehrer unserer Zeit. Unsere Welt ist vielschichtig und widersprüchlich. Die Folge ist, daß auch die Interessen unserer Schüler in allen Richtungen auseinanderstreben und zum Teil auf Ziele gerichtet sind, die den Anliegen der Schule zuwider laufen. Das Ergebnis ist fehlende Lernmotivation, wenigstens das Fehlen einer Lernmotivation, die der Unterricht bloß zu nutzen bräuchte.

Aber was nicht ist, kann man zu wecken suchen. Wenn sich die Schüler nicht für Homer, das Hebelgesetz oder den pythagoreischen Lehrsatz interessieren, könnte man ja versuchen, sie für diese Stoffe zu gewinnen, die Interessen zu wecken und zu entwickeln.

Ein Schüler mit einem Problem ist ein Schüler, der eine Antwort sucht. Er will etwas tun, um die Antwort zu finden. Wenn wir sie ihm geben, wird er sie bereitwillig aufnehmen. Lektionen, die ein Problem lösen, sind Antworten, gemäß CLAPARÈDES schönem didaktischen Wort: »Une leçon doit être une réponse«.

Nun können diese Überlegungen den Eindruck erwecken, das Problemlösen sei bloß ein didaktisches Mittel; sein Zweck sei vor allem, dem Schüler den Lehrstoff schmackhaft zu machen. Hier ist eine Korrektur nötig. Das Problemlösen hat auch seinen eigenen Wert. Indem wir es pflegen, vermitteln wir dem Schüler Verfahren, Methoden und Heuristiken, die in der Schule und im Alltag hilfreich sind, und er erfährt, was Suchen und Forschen, Denken und Erkennen wirklich bedeuten. Dabei erwirbt er Motive der intellektuellen Neugier (BERLYNE 1960/1974) und des Erkennenwollens. Er erfährt die Befriedigung der Einsicht und der Klarheit, entwickelt Haltungen des Selbstvertrauens vor neuen Situationen, der inneren Unabhängigkeit und der Autonomie. Dies sind – zu seinem Glück oder Unglück – Züge des modernen Menschen, hinter die es kein Zurück, höchstens ein Darüber-hinaus gibt.

Es gibt drei große Gruppen von Problemen:
(1) Probleme, die sich daraus ergeben, daß unser Bild der Wirklichkeit oder unsere Handlungspläne Lücken, unverbundene Stellen aufweisen,
(2) Probleme, die daraus entstehen, daß sich unsere Aussagen über die Wirklichkeit oder unsere Handlungsabsichten gegenseitig widersprechen,
(3) Probleme, die die Tatsache widerspiegeln, daß unsere Sicht der Wirklichkeit, unsere Handlungen und Handlungspläne unnötig kompliziert sind (AEBLI 1981).

Die erste Gruppe nennen wir kurz „Probleme mit Lücke", die zweite „Probleme mit Widerspruch", die dritte „Probleme mit unnötiger Komplikation". Wir geben einige Beispiele zu jedem dieser drei Problemtypen.

Probleme mit Lücke

Die „Probleme mit Lücke" (der Ausdruck stammt von WERTHEIMER 1945/²1964) sind dadurch gekennzeichnet, daß unsere Handlungs- und Operationspläne oder unser Bild der Wirklichkeit weiße Flecken aufweisen: Stellen, an denen wir in unserem Tun nicht weiter wissen, Stellen auch, an denen wir nicht sehen, wie Dinge, bei denen wir einen Zusammenhang vermuten, wirklich zusammenhängen.

Man erkennt unmittelbar, daß diese Ausgangslage eine große Zahl von Lernsituationen trifft. Strukturelles Lernen ist da notwendig, wo unsere Denkstrukturen der Sache nicht gerecht werden. Jeder dreizehnjährige Schüler hat etwas von einem Kraftwerk gehört: aber wie hängen Stausee, Turbinen und Generatoren und die Zentren, an denen der elektrische Strom verbraucht wird, wirklich zusammen? Daß ein Fuchs eine Ente gerne verspeist, ist jedem klar, ebenso daß er rasch zubeißt, wenn er eine brütende Stockente auf ihrem Nest antrifft. Warum gelingt es diesem Vogel trotzdem, zu überleben? Ebenso unsere Handlungspläne: was uns zur Verfügung steht, kennen wir in der Regel, ebenso das Ziel. Das Problem ist die Lücke, die zwischen den verfügbaren Mitteln und dem Ziel klafft. Wie die Mittel einsetzen, welche Mittel einsetzen, welche Aufbauschritte ausführen, das ist die Frage. Schließlich die Texte, die wir lesen und die wir selbst verfassen. Beim Lesen ist es ein Grunderlebnis, daß wir feststellen: hier deutet der Autor einen Zusammenhang an, den ich nicht herzustellen vermag. Was meint er? Wie hängen die Dinge wirklich zusammen? Wenn wir selber schreiben, müssen wir uns ständig fragen: ist der Gedankengang, den ich entwerfe, lückenlos? Ermögliche ich dem Leser, meine Überlegungen Schritt für Schritt mitzuvollziehen? Oder mache ich Sprünge? Sind meine Schlußfolgerungen begründet? Oder hängen sie in der Luft? Die „Luft" zwischen meinen Gründen und der Schlußfolgerung, das ist die Lücke zwischen den beiden.

Man erkennt schon jetzt, daß derartige Lücken nicht nur logischer Natur sind. Die Lücke im Handlungsplan ist der Pfahl im Fleisch des handelnden Menschen, und die Lücke in der Deutung eines Ausschnittes der konkreten Wirklichkeit oder eines Textes ist der Stachel, der den Deuter zum Denken und zum Lernen antreibt. Die Gestaltpsychologen haben davon gesprochen, daß die Strukturen unseres Denkens und Wahrnehmens eine Tendenz zur Geschlossenheit (closure) haben: wir möchten die Lücke schließen, Zusammenhang, Kohärenz herstellen, unseren Denkfiguren und Wahrnehmungsgestalten die innere Geschlossenheit sichern. Daher der Zusammenhang zwischen Problembewußtsein und Lernmotivation.

Doch vorerst treiben wir die strukturelle Analyse einen Schritt weiter. Wir untersuchen eine Reihe von Problemen mit Lücke und führen innerhalb dieser Gruppe eine Unterscheidung ein.

Beispiel 1: ein Handlungsplan im Geographieunterricht. Der Lehrer möchte mit Schülern des sechsten oder siebenten Schuljahres ein Flußkraftwerk behandeln. Eine Gruppe von Schülern hat mit dem Lehrer zusammen im Sandkasten einen Ausschnitt aus dem Lauf des Oberrheins, an der

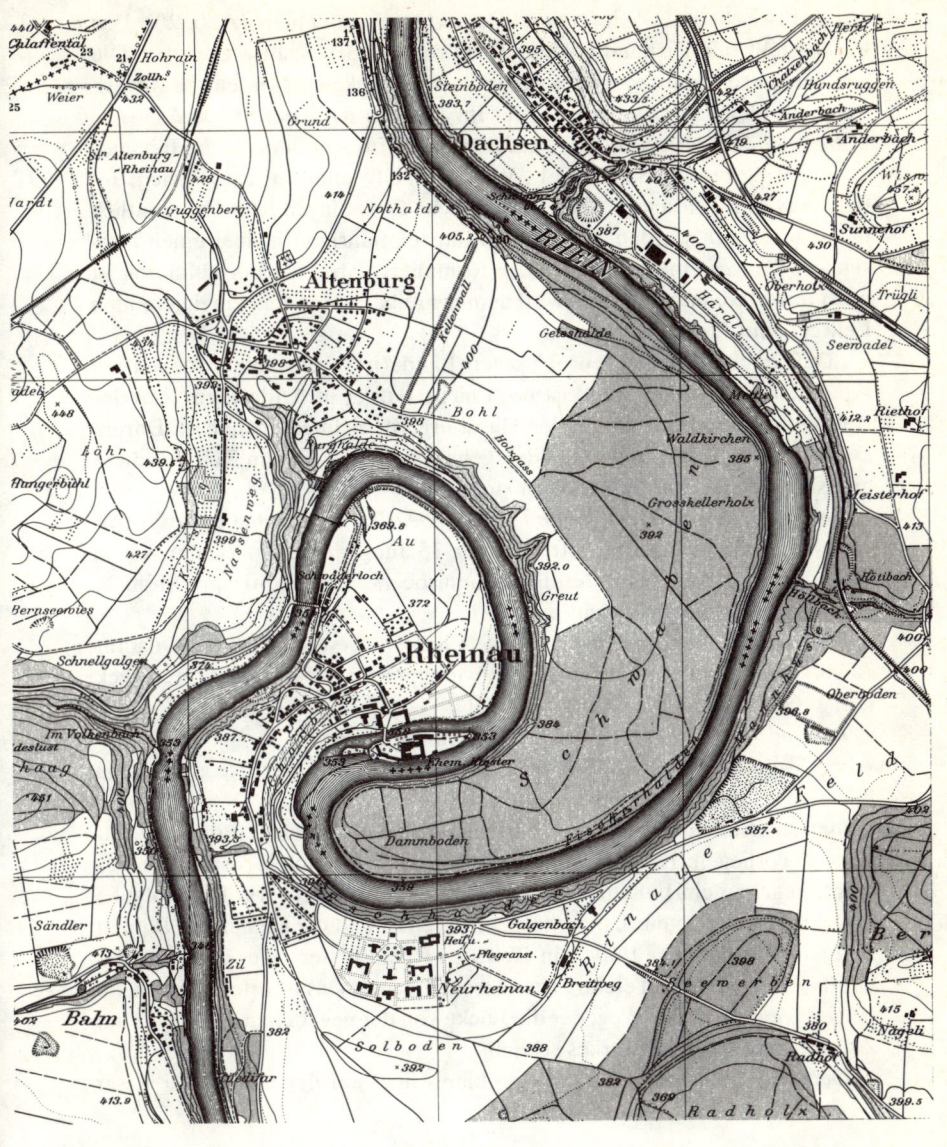

Abb. 22. Ein geographisch-physikalisches Problem: wo in dieser Flußschleife ein Kraftwerk mit Staumauer, Stollen und Generatorenhaus bauen? (Der Ausschnitt aus der Schweizer Landeskarte wurde mit Bewilligung der Eidg. Landestopographie vom 14. 7. 1976 reproduziert.)

Grenze zwischen der Schweiz und Deutschland, modelliert (Abb. 20). Das Relief stellt den Zustand vor der Konstruktion des Kraftwerkes dar. Die Schüler wissen, daß an dieser Stelle in Wirklichkeit schon ein Kraftwerk steht. Problem: Wo und wie würdet Ihr hier ein Kraftwerk bauen?

Beispiel 2: ein Problem der Textherstellung. Im Anschluß an die Behandlung von SCHILLERS Schauspiel „Wilhelm Tell" und der historischen Behandlung der Tellsage, deren geschichtliche Grundlagen heute bekanntlich in Frage gestellt werden, schreibt ein fünfzehnjähriger Schüler einen Aufsatz, in dem er eine originelle Idee formuliert. Aber die Formulierung ist noch unvollkommen, und sie wird dem Schreiber (oder dem korrigierenden Lehrer) zum Problem:

„Daß es in mehreren europäischen Ländern Sagen gibt, in denen ein Apfelschuß vorkommt, beweist noch nicht, daß er in Altdorf, zur Zeit der Befreiung der Schweizer von den Habsburgern, nicht geschehen ist. Darum könnte Gessler ja gerade die Idee gehabt haben, Wilhelm Tell auf diese grausame Weise auf die Probe zu stellen."[1]

Beispiel 3: eine mathematische Textaufgabe. Ein Gärtner hat einen Vorrat von 4 kg Kunstdünger. Er streut unter 35 Jungbäume eine Gabe von je 70 g, den Rest streut er unter die Johannisbeersträucher, 50 g pro Strauch. Für wieviele Sträucher reicht es noch?

Beispiel 4a: eine geometrische Beweisaufgabe. Beweise, daß das Quadrat A B C D über der Kathete eines rechtwinkligen Dreiecks und das Rechteck B E F G flächengleich sind (Abb. 23)!

Beispiel 4b: eine geometrische Berechnungsaufgabe. In der Figur von Abb. 23 ist die Seitenlänge des Quadrates A B C D 6 cm. Wie groß ist die Fläche des Rechtecks B E F G?

Man erkennt, daß hier in je verschiedener Gestalt vier „Probleme mit Lücke" vorliegen. Im geographischen Beispiel wird eine Konstruktion geplant: gegeben ein Flußabschnitt, gesucht ein Flußkraftwerk. Die Aufgabe besteht darin, so in die Landschaft einzugreifen und die geeigneten Bauten zu erstellen, daß am Ende ein Teil des Rheinwassers die Turbinen des Kraftwerkes treibt und elektrischen Strom erzeugt. Das ist offensichtlich ein langer Weg. Es ist der Weg, der die Lücke von der gegebenen Situation zum Ziel des fertigen Kraftwerkes schließt.

Der Lückencharakter des Textproblems liegt auf der Hand. Der Leser

---

[1] Der habsburgische Gessler soll von Wilhelm Tell, der die Rechtmäßigkeit seiner Herrschaft über das Land Uri in Frage gestellt hatte, verlangt haben, daß er mit der Armbrust auf einen Apfel schieße, der auf den Kopf von Tells eigenem Knaben gelegt wurde. Tell habe den Befehl ausgeführt, in der Folge jedoch Gessler zur Strafe für diese unmenschliche Forderung getötet.

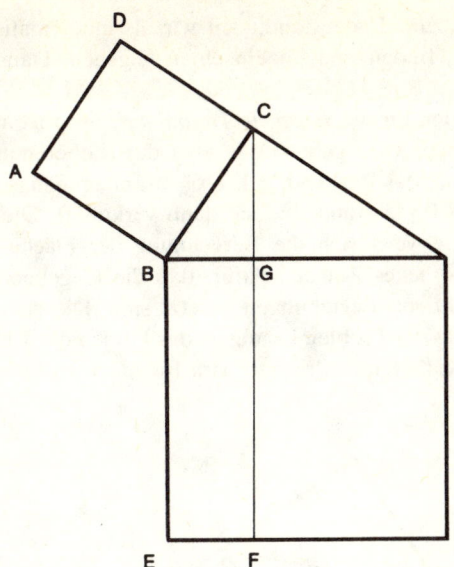

Abb. 23. Ein geometrisches Problem: zu beweisen, daß das Quadrat A B C D und das Rechteck B E F G flächengleich sind.

spürt, daß der erste und der zweite Satz zusammenhängen. Der Verfasser signalisiert den Zusammenhang, indem er den zweiten Satz mit dem Ausdruck „darum" einleitet. Aber der Zusammenhang ist nicht unmittelbar klar. Wir sehen die Beziehungen zum ersten Satz nicht. (Die Sache klärte sich in unserem Beispiel auf, als der Schüler den Satz besser formulierte und den gemeinten Zusammenhang explizit herstellte: „Gessler könnte das Sagenthema des Apfelschusses ja selber gekannt haben, und das könnte ihn auf die Idee gebracht haben, Tell auf diese grausame Weise auf die Probe zu stellen.")

Die mathematische Textaufgabe schildert eine Handlungsabsicht. Der Gärtner will den restlichen Kunstdünger aufbrauchen, nachdem er unter 35 Bäume je 70 g gestreut hat. Dieser Vorgang müßte in einer mathematischen Operation abgebildet werden. Ihre Ausführung präzisiert einen Zwischenzustand, in dem die 35×70 g Kunstdünger gestreut sind und noch ein Rest vorliegt, den man den Johannisbeersträuchern geben kann, jedem 50 g. Aber wie groß ist dieser Rest, für wieviele Sträucher reicht er? Wir sehen im Geist den Gärtner den Rest verteilen, aber wir haben keine genaue Vorstellung von der Menge, die ihm zur Verfügung steht. Darum können wir auch noch nicht sagen, für wieviele Sträucher es reicht. Wir müssen den Weg vom

Anfangszustand zum Endzustand, den wir als mathematische Operation erst vage sehen, finden und im einzelnen begehen. Dann ist die Lücke geschlossen.

All dies gilt auch für die *Beispiele 4a und 4b*. Zwar ist hier eine zusammenhängende Figur vorgegeben. Wie aber das Kathetenquadrat und eine Seite von 6 cm und das Rechteck B E F G zusammenhängen, ist anfänglich recht unklar. Im Endzustand sind sie dann verknüpft. Die Abb. 24 zeigt, wie. Auch hier erweist sich die Berechnung der Fläche des Rechtecks BEFG als äußerliches Zeichen dafür, daß die Gegebenheiten des Problems in die richtigen Beziehungen gesetzt sind. Die entscheidende Leistung im Vorgang der Problemlösung ist das Finden der Kette von Gleichheiten, die das Kathetenquadrat mit dem Rechteck verknüpft (Abb. 24).

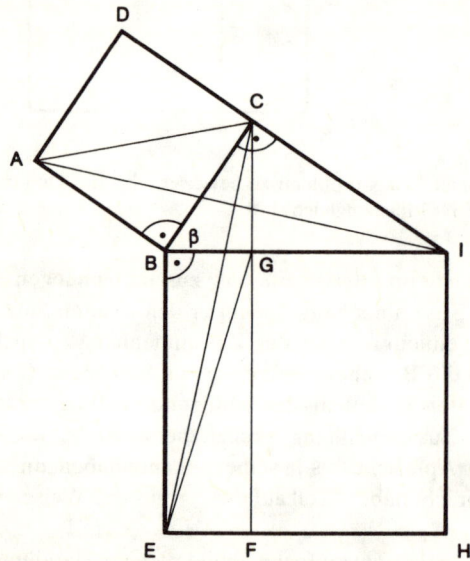

Abb. 24. Die Lösung der Aufgaben 4a und 4b: $^{1}/_{2}$ Quadrat A B C D = △ABC = △ABI[1] = △BEC[2] = △BEG[3] = $^{1}/_{2}$ Rechteck BEFG; also ist Quadrat ABCD flächengleich Rechteck BEFG. Wenn die Seite $\overline{AB}$ = 6 cm, so sind die Flächen des Kathetenquadrates und des Rechtecks BEFG je 36 cm².

[1] Die Dreiecke ABC und ABI haben die gleiche Grundlinie und die gleiche Höhe, denn $\overline{AB}$ und $\overline{DI}$ sind parallel.

[2] Die Dreiecke ABI und CBE sind kongruent, denn zwei Seiten ($\overline{AB}$ in ABI und $\overline{CB}$ in CBE, $\overline{BI}$ in ABI und $\overline{BE}$ in CBE) und der eingeschlossene Winkel (ABI und CBE, jedesmal β + ein rechter Winkel) sind gleich.

[3] Dreieck BEG und Dreieck BEC haben auch die gleiche Grundlinie und die gleiche Höhe, denn $\overline{BE}$ ist parallel zu $\overline{CF}$.

Interpolations- und Gestaltungsprobleme

Die oben angeführten Beispiele haben schon gezeigt, wie verschieden die „Probleme mit Lücke" sein können. Sie reichen vom geometrischen Beweis- und Berechnungsproblem über technische Probleme (Kraftwerkbau) bis hin zur Textherstellung. Lücken können offensichtlich in allen möglichen gedanklichen Strukturen auftreten. Sie zu überbrücken, bedeutet immer, ein Problem zu lösen.

Nun ist es sinnvoll, die große Zahl der Probleme mit Lücke in zwei Untergruppen einzuteilen, denn die Prozesse ihrer Lösung sind sehr verschieden. Wir schlagen vor, *Interpolationsprobleme* und *Gestaltungsprobleme* zu unterscheiden. Der erstere Begriff wurde von DÖRNER (1974) und der zweite vom Verfasser dieses Buches geprägt. Gemeinsam ist den Interpolations- und den Gestaltungsproblemen die Lücke, die zwischen zwei Gruppen von Gegebenheiten klafft; unterschiedlich ist die Art der Gegebenheiten.

Bei den Interpolationsproblemen sind zwei wohl definierte gedankliche Strukturen gegeben. Wir nennen sie die beiden „Pole" des Problems. In den Beweise-Problemen sind sie besonders deutlich zu sehen: Es sind die beiden Figuren oder die beiden Aussagen, deren Äquivalenz gezeigt werden soll. Es ist z.B. ein Kathetenquadrat und ein Teilrechteck aus dem Hypotenusenquadrat gegeben, und es soll ihre Flächengleichheit bewiesen werden. Im Physikunterricht können zwei Sätze wie die folgenden gegeben sein: $v = g \cdot t$ („Im freien Fall ist die Endgeschwindigkeit v nach t Sekunden gleich dem Produkt von Erdbeschleunigung g mal Fallzeit t") und $h = \frac{g}{2} t^2$ („Die durchfallene Höhe h ist nach t Sekunden Fallzeit gleich dem halben Produkt von Erdbeschleunigung g mal das Quadrat der Fallzeit"). Es ist zu zeigen, daß die eine aus der anderen Formel folgt. In beiden Fällen kann man davon sprechen, daß die eine Gegebenheit in die andere übergeführt oder transformiert werden soll.

Probleme der Textherstellung, praktische Vorhaben wie die Herstellung einer Klassenzeitung oder der Bau eines Kraftwerkes sind Gestaltungsprobleme. Für sie ist es charakteristisch, daß die Ausgangslage relativ unscharf abgegrenzt ist. Den Problemlösenden ist ein Talabschnitt gegeben, in dem ein Fluß eine Schleife beschreibt. Sie wissen, daß sie den Fluß irgendwie stauen müssen, daß irgendwo ein Gefälle ausgenützt werden muß, um das Flußwasser auf Turbinen zu leiten, die die Generatoren treiben. Das ist „Gedankenmaterial". Es soll zu einer Lösung *gestaltet* werden. Die Aufgabe bestimmt nicht, welche landschaftlichen Gegebenheiten und welche technischen Möglichkeiten genutzt werden sollen. Ebensowenig ist der Endzustand in seinen Einzelheiten bestimmt. Zwar ist gesagt, daß ein

Kraftwerk entstehen soll, aber wo und von welcher Art, ist vom Problemlöser zu bestimmen.

Das gleiche gilt vom Problem der Herstellung der Klassenzeitung. Gewisse materielle Mittel stehen zur Verfügung. Ebenso sind die „menschlichen Ressourcen" gegeben: es sind die Schüler selber, ihr Deutschlehrer, vielleicht einige Eltern, die mithelfen. Auch hier kann man in einem abstrakten Sinn davon sprechen, daß die Mittel gegeben sind, mit deren Hilfe die Lösung bzw. das Ergebnis zu gestalten ist. Von diesem ist nur gesagt, daß es eine Zeitung sein soll, die Interesse und daher Abnehmer findet. Die Einzelheiten sind Gegenstand der freien Gestaltung.

Bei der Textherstellung schließlich ist das Ausgangsmaterial rein gedanklicher Natur. Das Ziel ist ein Text, der bei einem Adressaten eine bestimmte Wirkung hat: ihn beispielsweise zu informieren, zu erfreuen oder zu überzeugen. Das Produkt, das diese Wirkung haben soll, wird im Zuge der Problemlösung gestaltet. Auch Gestaltungsprobleme sind „Probleme mit Lücke": Sie klafft zwischen der relativ unbestimmten Ausgangslage und den gegebenen Mitteln auf der einen und dem angestrebten Ergebnis auf der anderen Seite. Abb. 25 versinnbildlicht die Eigenart der Interpolations- und der Gestaltungsprobleme.

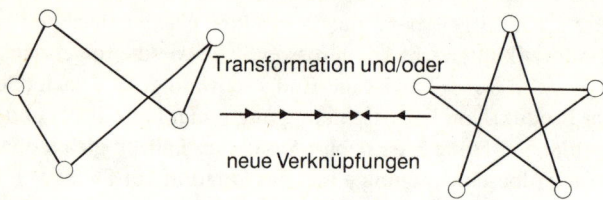

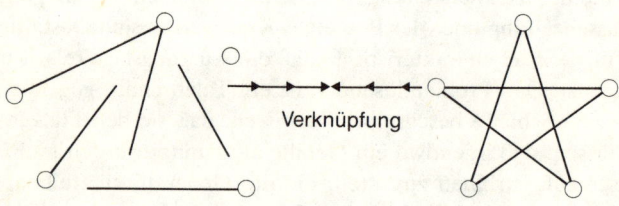

Abb. 25. Zwei Arten von Problemen mit Lücke: Interpolationsprobleme und Gestaltungsprobleme.

Psychologische Prozesse bei der Lösung von Problemen mit Lücke

Ein Problem mit Lücke lösen, heißt die Lücke ausfüllen. Im Falle der interpolierenden Problemlösung bedeutet dies, daß der Problemlöser von einem Pol aus vorwärts und, seltener, vom anderen Pol aus rückwärts konstruiert, bis sich die vermittelnden Konstruktionen treffen und die Verknüpfung hergestellt ist. Beim gestaltenden Problemlösen wird das im Ausgangspunkt gegebene physische oder gedankliche Material verbunden und daraus das Zielobjekt gestaltet. Nun vollziehen sich die Problemlösevorgänge in der Wirklichkeit natürlich nicht so gradlinig, wie dies in der idealtypischen Darstellung scheinen könnte. Der Problemlösende dringt immer wieder in falschen Richtungen vor und gerät dabei auf Holzwege. In einem gewissen Moment erkennt er, daß er auf dem gewählten Wege nicht weiterkommt und kehrt zu einem Punkt zurück, von dem aus er zu einem neuen Konstruktionsversuch ansetzt. Häufig ist es ein wichtiges und schwieriges Problem, diesen neuen Ansatzpunkt zu finden und dabei nicht zu viel und nicht zu wenig vom bisher zurückgelegten Weg aufzugeben. Schüler mit geringem Selbstvertrauen haben die Tendenz, ganze Lösungsversuche aufzugeben und immer wieder beim Nullpunkt zu beginnen, auch wenn sie schon einige richtige Schritte in der Richtung auf die Problemlösung vollzogen haben.

Den wirklichen Verlauf von Problemlöseprozessen der interpolativen Art hat DÖRNER (1974) folgendermaßen dargestellt (Abb. 26).

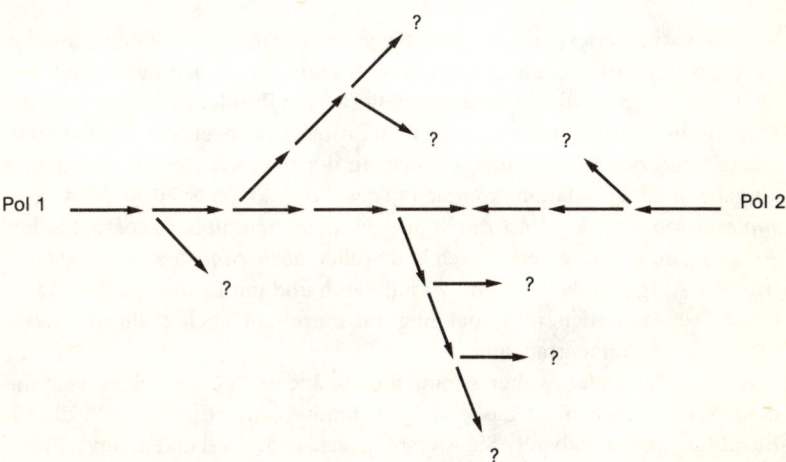

Abb. 26. Eine interpolierende Problemlösung, so wie sie wirklich vorkommt: der Problemlösende schlägt immer wieder „Holzwege" ein, die er aufgeben muß (nach DÖRNER 1974).

Auch bei Gestaltungsproblemen gibt es derartige Holzwege. Damit sind wir auf einen wichtigen Teilprozeß im Zuge des Problemlösens gestoßen: das Prüfen der gewonnenen Zwischenergebnisse. KERSCHENSTEINER (1928a) hat die Wichtigkeit der Prüffunktion im Unterricht besonders betont. In neuerer Zeit haben MILLER, GALANTER & PRIBRAM (1960/1973) gezeigt, daß Prüffunktionen integrierender Bestandteil von Problemlöseprozessen darstellen.

Die Prüfung erfordert, daß man sich zurückbesinne auf die ursprüngliche Absicht und auf die Bedingungen, denen die Lösung genügen muß. Viele Schüler vergessen, was sie eigentlich wollten, oder sie verlieren die Bedingungen aus den Augen, die sie einhalten sollten. Man erkennt schon hier eine wichtige Funktion des Lehrers. Andererseits kann man sich mit übertriebener Vorsicht und zu ausgedehnten Prüfungen den konstruktiven Schwung verderben und sowohl den Grundgedanken der verfolgten Lösung aus den Augen verlieren als auch das Vertrauen und die Hoffnung auf Erfolg der Problemlösung ersterben lassen. Das sogenannte *„brain storming"* ist ein Verfahren, das gerade das kritische Prüfen der produzierten Lösungsgedanken bewußt zurückstellt, damit die kreative Produktion von Lösungsideen nicht zu früh gebremst wird.

Das Umstrukturieren und das Ziehen von Lösungsgedanken aus dem Erfahrungs- und Wissensrepertoire

Wie aber strukturiert man eine schiefe Sicht der Situation oder eine untaugliche Lösungsabsicht um? Dadurch, daß man eine „Idee hat". Aber wie „hat man Ideen"? Mit dieser Frage stellt sich ein Problem, das weit über das Umstrukturieren hinaus reicht. In allen Problemlösungen, die wir angeführt haben, muß der Schüler Ideen haben. In der rechnerischen Anwendungsaufgabe muß er „darauf kommen", das Produkt $35 \times 70\,g$ von $4\,kg$ zu *subtrahieren* und den Rest durch $50\,g$ zu *dividieren*, in der geographischen Aufgabe, eine Flußschleife durch den Stollen *abzuschneiden*, in der geometrischen Aufgabe, das Quadrat zu halbieren und mit flächengleichen Dreiecken weiterzuarbeiten, wobei hier im einzelnen noch mehrere andere Ideen hinzukommen müssen.

Also noch einmal: woher kommen diese Ideen? Sie entstehen nicht aus dem Nichts, auch nicht aus einer geheimnisvollen „Eingebung", die die Begabten „eben haben". Sie stammen aus dem Gedanken- und Erfahrungsschatz des Problemlösers. Wir sprechen auch von seinem *„kognitiven Repertoire"*, vom „Gedächtnisspeicher", von der „Datenbasis" und von den „Spuren". (Das ist der von den Gestaltpsychologen bevorzugte Begriff.) In unserem Beispiel ist das recht deutlich: die Operationen der Subtraktion und der Division sind dem Problemlöser natürlich bekannt. Er hat auch erfahren: Wenn ich bei einer Bergstraße eine Schleife „abschneide", so ist die Steigung (oder das Gefälle) auf der Abkürzung größer als auf der Straße. Und schließlich hat der Löser des geometrischen Problems gelernt, Quadrate durch die Diagonale in zwei Dreiecke zu zerlegen. Er hat auch gelernt, daß Dreiecke über der gleichen Grundlinie und mit der gleichen Höhe flächengleich sind. Desgleichen hat er die Kongruenzsätze gelernt. Die Operationen und Begriffe, die notwendig sind, um unsere Probleme zu lösen, waren also samt und sonders in seinem gedanklichen Repertoire enthalten. Warum kann es aber dann doch schwierig sein, diese Ideen zu aktivieren? Weil das Repertoire, über das ein Schüler verfügt, schon sehr umfangreich ist. Der Problemlöser leidet sozusagen unter dem »embarras du choix«, unter der Verlegenheit, daß er nicht weiß, was er aus seinem umfangreichen Repertoire ziehen soll.

Es stellt sich somit ein neues Problem: wie ziehen wir die relevanten Operationen und Begriffe aus unserem Repertoire? Dieses psychologische Problem ist nicht gelöst. Indessen ist in vielen Situationen deutlich, daß zwischen der vorläufigen Sicht der Situation und dem zu ziehenden Gedanken eine Art *Resonanz* spielt. So wie ein Ton, der in der Nähe eines Saiteninstrumentes erzeugt wird, unter mehreren jene Saite zum Mitschwingen bringt, die auf diesen Ton gestimmt ist, genauso erregen gewisse Züge der Problemstruktur die entsprechend strukturierte Idee im Gedächtnisspeicher. Das ist im rechnerischen Beispiel sehr deutlich: hier ist die Rede vom Wegnehmen von 35 Portionen zu 70 g aus dem Vorrat von 4 kg Dünger. Wegnehmen bedeutet mathematisch aber „subtrahieren". So kann man sich leicht einen Resonanzvorgang zwischen dem Gedanken des Wegnehmens und demjenigen des Subtrahierens vorstellen, ebenso zwischen dem Gedanken des wiederholten Nehmens von 50 g und der Meßoperation. In den geometrischen Beispielen ist es schwieriger, Resonanzphänomene nachzuweisen. Immerhin lautet die Beweisaufgabe, die Flächengleichheit des Quadrates und des Rechtecks nachzuweisen. Dieser Gedanke kann demjenigen der flächengleichen Dreiecke rufen, die dann allerdings der gegebenen Figur hinzuzufügen sind: sie sind nicht schon in ihr enthalten.

Eine andere Betrachtungsweise sieht in der Aufgabe ein *Signalement* für den aus dem Repertoire zu ziehenden Gedanken. „Wegnehmen" wäre also das Signalement für Subtrahieren, Wiederholt-50 g-Wegnehmen wäre Signalement für das Messen usw. Es leuchtet auch ein, daß ein Gedanke um so eher aus dem Repertoire gezogen werden kann, je präziser das Signalement ist. Trotz allem handelt es sich hier nur um bildhafte Vergleiche für einen Vorgang, den wir erst teilweise verstehen.

Probleme mit Widerspruch

Es gibt offensichtlich nicht nur Probleme, bei denen im Gefüge unseres Wissens eine Lücke klafft. Zwei weitere Problemtypen werden in der Schule recht häufig angetroffen. Wir meinen die Probleme „mit Widerspruch" und die Probleme „mit unnötiger Komplikation".

Probleme mit Widerspruch ergeben sich dort, wo zwischen verschiedenen Aussagen über den gleichen Tatbestand eine logische Unvereinbarkeit besteht. PIAGET & INHELDER (1941/1969), die nicht nur gute Psychologen, sondern auch geschickte Didaktiker waren, haben derartige Widersprüche häufig angewendet, um die Festigkeit der Überzeugungen von Kindern zu prüfen und um zu sehen, ob sie zu einer höheren Einsicht geführt werden konnten.

Das klassische Beispiel ist der *Umgießversuch*. Man schüttet eine Flüssigkeit von einem breiten und niedrigen Gefäß in ein schmaleres, höheres Gefäß um (Abb. 27).

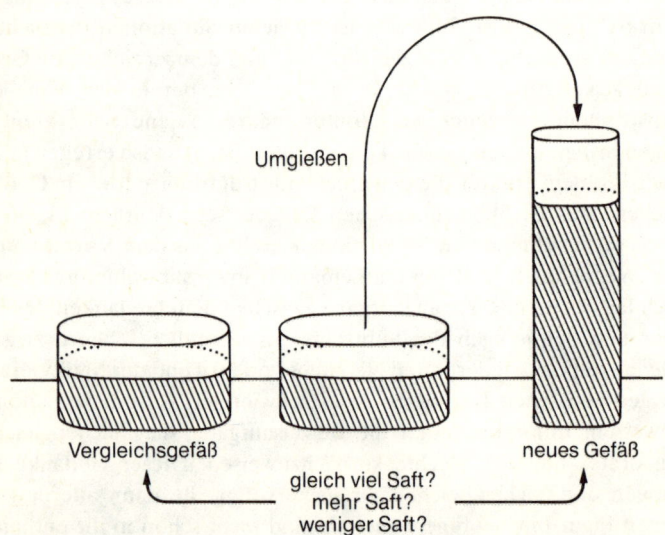

Abb. 27. Der Umgießversuch nach PIAGET & INHELDER (1941/1969).

Das Niveau kommt darin natürlich höher zu stehen. Jüngere Schüler haben die Tendenz, zu urteilen, daß es nun mehr Flüssigkeit sei, „weil es höher ist" (weil der Wasserspiegel höher steht). Nun sagt der Lehrer oder Psychologe: „Könnte man nicht auch sagen, daß es weniger Saft ist, weil es so schmal ist" (weil das zweite Glas schmaler als das erste ist)? Der Schüler steht vor einem Widerspruch. Die eine Betrachtungsweise führt zum Urteil, daß es mehr, die andere, daß es weniger sei. Ein derartiger Widerspruch regt zum Denken an. PIAGET und seine Mitarbeiterinnen haben gezeigt, daß ein derartiger Widerspruch zu einer Begriffsbildung höherer Ordnung führen kann. Im vorliegenden Fall wird das Kind zum Beispiel die Höhe und die Breite (genauer: den Querschnitt) des Glases zueinander in Beziehung setzen und zum Begriff des Produktes von Grundfläche und Höhe als dem Kennwert des Volumens oder der Saftmenge kommen.

HEGEL und die dialektischen Philosophen und Psychologen (RIEGEL 1980 zum Beispiel) haben betont, daß der Widerspruch von These und Antithese seine Lösung in einer Synthese finden kann, die die ursprünglichen Konzepte in sich vereinigt. Das trifft für PIAGETs Beispiel zu: Der Begriff der Flüssigkeitsmenge, die durch das Produkt von Grundfläche und Höhe repräsentiert wird, enthält in sich die beiden Dimensionen der Höhe und der Breite (bzw. der Höhe und des Querschnittes des Zylinders, die ursprünglich isoliert für Repräsentanten der Flüssigkeitsmenge gehalten wurden).

Aber es gibt auch Widersprüche zwischen Handlungsabsichten. Manchmal findet der Kampf in der Seele eines einzelnen Menschen statt, manchmal wird der Gegensatz durch gegnerische Lager, Gruppen oder Einzelne, vertreten. Auch hier gibt es Fälle, in denen Lösungsformeln gefunden werden können, die beide Teile zufriedenstellen. In anderen Fällen sind Verzichte notwendig, auf der einen, der anderen oder auf beiden Seiten. In jedem Falle aber erfordert auch hier die Problemlösung ein genaues Durchdenken der gegensätzlichen Positionen und das Suchen nach einer Formel, welche die Opfer auf beiden Seiten so klein wie möglich hält und die den gemeinsamen Nutzen maximiert. Wenn Schüler gegensätzliche Positionen dieser Art im Hinblick auf mögliche Lösungen durchdacht haben, so sind sie mindestens tief in das Wesen der einzelnen Positionen eingedrungen, wie immer auch die Lösungen sein mögen, die sie gefunden haben.

Probleme mit unnötiger Komplikation

Die Probleme mit „unnötiger Komplikation" sind bis heute am wenigsten untersucht. Man pflegt sie daher in der Schule auch noch wenig. Immerhin liegt der Idee des *Zusammenfassens von Texten* der Gedanke zugrunde, daß man aus einer sprachlichen Äußerung einen wesentlichen Kern herausarbeiten kann und daß dies geschieht, indem man andere Teile des Textes wegläßt. Auch das Zeichnen ist „die Kunst wegzulassen", wie ein berühmter Zeichner gesagt haben soll. Im Kunstunterricht sucht man den Schüler dazu anzuleiten, in der Darstellung einer Sache ihre wesentlichen Züge hervortreten zu lassen und das Unnötige und Ablenkende zu eliminieren. *Textkorrekturen* stellen ähnliche Probleme. Hier ist es der Schüler selbst, der in seinen ersten Versuchen häufig Texte „mit unnötiger Komplikation" hervorbringt. Die Arbeit am Text hat dann Problemlösecharakter. Sie sucht die wesentliche, knappe, prägnante Aussage.

Nun gibt es keine feste Regel für die Scheidung des Wesentlichen vom Unwesentlichen in den Erscheinungen, die uns begegnen und in den Texten, die wir schreiben. Trotzdem kann man einige heuristische Regeln formulieren. Das Urteil über das Wesentliche an einer Erscheinung hängt davon ab, was den Betrachter interessiert. Mit anderen Worten: es gibt kein Wesentliches an sich, sondern bloß ein Wesentliches für einen Betrachter oder für einen Handelnden. Also muß man diesen Betrachter und diesen Handelnden auffordern, darüber nachzudenken, was seine eigenen Ziele und Absichten sind. Wenn er einen Text verfaßt, muß man ihn dahin bringen, daß er sich für die „Botschaft" entscheidet, die sein Text enthalten soll. Die Verfassung des Textes gleicht dann ihrer Entfaltung und nicht der Aneinanderreihung von Fakten. Auch wenn man einen Text zusammenfaßt, muß man wissen, was man darin sucht. Es gibt kein Zusammenfassen „an sich". Es gibt nur ein Zusammenfassen mit einem Handlungs- oder Erkenntnisinteresse. Genau gleich in der Kunst. Auch ein Kunstwerk hat seine „Botschaft", auch der Künstler muß sich überlegen, was er dem Publikum sagen will. Die Botschaft entscheidet über die Züge, die im Kunstwerk hervortreten und über die Züge, die zurücktreten und weggelassen werden.

Die vorangehenden Beispiele sind schon im Hinblick auf die Schule ausgewählt worden, wobei wir an einen relativ traditionellen Unterricht gedacht haben. Wenn sich die Schule dem wirklichen Leben nähert, zur Arbeitsschule wird und Projekte realisiert, taucht eine weitere Gruppe von Problemen mit unnötiger Komplikation auf: die Probleme, die sich aus ungeschickt organisierten Arbeitsabläufen, beim Einzelnen und in Gruppen, ergeben. Jedermann hat sich selber und andere umständlich an eine Aufgabe gehen sehen, jedermann kennt komplizierte Menschen. Umständliches Handeln ist so organisiert, daß unnötige Dinge getan und nötige Dinge falsch gewichtet werden. Das Problem ist natürlich dort besonders akut, wo innerhalb von Gruppen persönliche Interessen im Spiele stehen und wo Aufgaben nicht bloß im Geist der Sachlichkeit und im Hinblick auf die zu erfüllende Aufgabe, sondern unter Prestige-Gesichtspunkten organisiert werden. Problemlösungen erfordern hier „Dezentration" (PIAGET 1947/^{5}1972), die Überwindung der egozentrischen Betrachtungsweisen der Einzelnen. Das Gruppenmitglied muß an das Ganze, das Ziel des gemeinsamen Unternehmens denken und seinen Beitrag diesem Ziel unterordnen. Der Einzelne muß daran denken, wie der andere von seinen Handlungen betroffen ist, er muß versuchen, so zu verfahren, daß alle Beteiligten zu ihrem Recht kommen.

Mit diesen Überlegungen verlassen wir die engen Grenzen einer auf Sachbegriffe ausgerichteten Didaktik, die Gruppe mit ihrer Dynamik tritt ins Spiel. Man erkennt aber unmittelbar, daß auch diese sozialen Prozesse durchdacht sein wollen, und daß es die Notwendigkeit und die Möglichkeit gibt, mit rationalen Mitteln über Gruppenprozesse und über Handlungsabläufe in Gruppen zu beraten. Problemlösen wird hier zum Lösen von sozialen Problemen, eine Botschaft, die der große Kurt LEWIN (1948) mit Nachdruck vertreten hat.

Lernmotivation durch Problembewußtsein

Ein Schüler, der von einem Problem durchdrungen ist, will etwas wissen oder lernen. Wer ein Problem hat, ist zum Lernen motiviert. Man braucht ihm den Stoff nicht mehr aufzudrängen und mit oberflächlichen Mitteln schmackhaft zu machen, die bittere Pille des Lernens mit einer süßen Schicht zu umgeben, damit sie geschluckt wird, wie DEWEY gesagt hat. Wie ist das zu erklären? Die Beantwortung dieser Frage erfordert einige grundsätzliche Überlegungen zum Problem der Motivation.

Die grundlegende Frage lautet: warum sind Kinder aktiv? Die Antwort ist: (1) weil sie lebendige Wesen sind und (2) weil sie jung sind. In der Tat: der natürliche Zustand eines lebendigen Wesens ist nicht die Ruhe. Leben bedeutet Tätigkeit, auf einem physiologischen Niveau Tätigkeit der Körperfunktionen, auf einem psychologischen Niveau Neugier, Interesse, Bedürfnis nach Stimulation, Bedürfnis nach körperlicher und geistiger Tätigkeit. Darum ist es eine Strafe, eingesperrt zu werden, und darum unternehmen Menschen immer wieder Dinge, die keinerlei Nutzen haben, ersteigen Berge, reisen in fremde Länder, treiben alle möglichen Hobbies. Je jünger der Organismus, desto ausgeprägter der Tätigkeitsdrang. Man braucht nur junge Tiere und kleine Kinder zu beobachten: sie sind ständig in Bewegung. Werden sie erwachsen, sinkt der Aktivitätsspiegel ein Stück weit, aber gerade beim Menschen bleibt er während des ganzen erwachsenen Lebens hoch.

Warum dann die weithin beklagte Interesselosigkeit von Schülern an gewissen Schulen? Offenbar darum, weil es nicht gelingt, den natürlichen Tätigkeitsdrang und das natürliche Interesse auf die Gegenstände und Tätigkeiten zu lenken, die in der Schule behandelt werden müssen. Wenn man das außerschulische Leben der sogenannten „trägen" Schüler betrachtet, stößt man in der Regel auf zahlreiche Interessen, angefangen beim viel geschmähten Fernsehen bis zu allen möglichen Tätigkeiten. Unseren Kindern fehlt es sicher nicht an Interessen. Was den Lehrern das Leben allerdings zum Teil sehr schwer macht, ist die Verzettelung und die Oberflächlichkeit der Interessen, die durch die Massenmedien erzeugt werden, und die Primitivität gewisser Werte, die ihnen zugrunde liegen.

Dies ist aber zugleich die Chance der Schule, denn mindestens ein Teil der Schüler spürt selbst, daß die Informations- und Handlungsangebote, die ihnen die Umwelt bietet, zu keinen zusammenhängenden Wissensbeständen und Tätigkeiten führen. Da kann die Schule das andere pflegen: gewisse Dinge eingehend, zusammenhängend betreiben, eine Sache wirklich verstehen, zu den Tiefenstrukturen vordringen, die zur wirklichen Kompetenz führen.

Zusammenhängendes Wissen, in sich zusammenhängende Tätigkeitsgebiete: damit finden wir Anschluß an die Psychologie des Problemlösens. Wir haben gesehen, was einen Wissensausschnitt und was einen Handlungsplan zum Problem macht: seine Lückenhaftigkeit, seine Widersprüchlichkeit und seine unnötige Komplikation. Aber nicht jede Lücke, nicht jeder Widerspruch und nicht jede Komplikation erzeugen ein Problembewußtsein. Dazu sind zwei Dinge nötig: die Lücke, der Widerspruch müssen ins Zentrum der Aufmerksamkeit gerückt und scharf formuliert werden, so daß es nicht mehr möglich ist, sich selbst vorzumachen, man wisse eigentlich schon, wie die Dinge zusammenhängen, oder der Widerspruch sei nicht so schlimm. Besonders im verbalen Bereich haben Menschen eine große Fähigkeit, ihre eigenen Schwächen zu überspielen. Dies zeigt sich auch im Unterricht, wo Schüler vorerst einmal gar keine Probleme sehen, auch wenn ihr Verständnis einer Sache oder ihr Verfahrensplan höchst unvollkommen ist. Die Praxis brächte es an den Tag. Aber da die Schule bei allem guten Willen der Lehrkräfte eben doch weithin auf verbale Kommunikation aufbaut, kann man nicht hoffen, daß sich das Bewußtsein der Probleme von selbst einstellt. So gibt es keine andere Möglichkeit als die, daß der Lehrer den Schülern die Lückenhaftigkeit, die Widersprüchlichkeit und die unnötige Komplikation ihres Denkens und ihres Tuns durch beharrliches, gemeinsames Nachdenken und Nachfragen zum Bewußtsein bringt.

Die zweite Bedingung reicht über die kognitiven Prozesse hinaus. Damit ein Problem motivierend wirkt, genügt die Einsicht des Schülers in der Regel nicht, daß es da etwas zu klären, einen Widerspruch zu beseitigen, einen Gedanken oder einen Handlungsplan zu vereinfachen gäbe. Der Schüler muß spüren, daß der geklärte Gedanke, der bereinigte Handlungsplan direkt oder indirekt mit einem seiner Grundbedürfnisse zusammenhängt. Natürlich kann man sagen, Kohärenz, Widerspruchslosigkeit und Einfachheit des Denkens und Handelns seien Grundbedürfnisse des Menschen. Aber nur wenige Schüler empfinden diese Bedürfnisse lebhaft. Darum die Überschreitung des kognitiven Bereichs: der Schüler muß ahnen, daß der klarer gesehene Vorgang, der bereinigte Verfahrensplan ihm Handlungs- und Erlebnismöglichkeiten eröffnet, die sein Leben bereichern, in ihm Kräfte freilegen und ihn in einer umfassenderen und tieferen Weise leben lassen. „Daß ich fühle, daß ich bin..." sagt eines der schönsten Schweizer Lieder. In der Tat: alle möchten fühlen, daß sie sind und daß sie leben. Die Einsichten und die Handlungsmöglichkeiten, die die Schule eröffnet, sollten dem Schüler dieses Grundbedürfnis stillen helfen. Sie müßten etwas von der Strahlung erhalten, oder es müßte etwas von dieser Strahlung auf sie fallen, die eine Idee wichtig, begehrenswert, eine Handlungsmöglichkeit attraktiv macht.

Wie ist das zu erreichen? Hier gibt es wohl keine oberflächlich zu handhabenden Mittel. Es fängt beim Lehrer selber an. Er sollte in der Auseinandersetzung mit dem Stoff diese Überzeugung in sich aufbauen. Er sollte sich durchdringen von der Wichtigkeit und der Attraktivität der Sache. Indem er sie mit Liebe und mit Begeisterung vorträgt, wird er die Schüler damit anstecken; anstecken mit der Ahnung, daß hinter der zu gewinnenden Einsicht und hinter der Handlungsmöglichkeit eine Erweiterung des Bewußtseins, eine Möglichkeit des volleren Seins verborgen ist.

Konkret bedeutet dies: Problembewußtsein muß erarbeitet werden. Es ist keine Angelegenheit einer schnellen Aussage. Am Anfang einer Lektion muß das Gespräch mit der Klasse lange beim Problem verweilen, oder aber das Problem muß im Verlaufe der Lektion immer wieder zur Sprache kommen, damit der Schüler immer stärker empfindet: ja, da sehe ich noch nicht klar, es fehlt mir der Zugang, es besteht noch ein Widerspruch, ich bin noch nicht zum Kern der Sache vorgedrungen. Wenn das geschehen ist, so sind Motiv und Problem eins geworden. Die Problemstruktur ist zugleich die Struktur des Motivs, das Motiv hat seinen Inhalt.

Didaktischer Teil
Problemlösender, fragend-entwickelnder Unterricht

Das Problemlösen ist eine Grundform des Lernens. Es geht davon aus, daß der Schüler eine zu erlernende Struktur, eine Einsicht, einen Begriff, ein Verfahren in seinen groben Zügen schon sieht und versteht, wohin er gelangen möchte, aber im einzelnen noch nicht weiß, wie. Problemlösen heißt, die Idee, das Verfahren im einzelnen entwickeln. „Entwickeln" ist dabei ein guter Ausdruck: Er sagt, daß die Lösung im Problem *in nuce* schon enthalten ist, daß sie aber „ausgewickelt" werden muß, wobei sich der Problemgedanke zum Lösungsgedanken entwickelt. Darum ist ein problemlösender Unterricht auch ein entwickelnder Unterricht. Er ist „fragend-entwickelnd", wenn sich der Schüler selbst, oder, stellvertretend für ihn der Lehrer, nacheinander Fragen stellen, bei deren Beantwortung sich die Problemlösung immer klarer abzeichnet, bis sie, voll entwickelt, dem Denken und Handeln des Schülers einverleibt ist.

Welches immer die Rolle des Problemlösens sei, Mittel oder Zweck, *der Geist des Problemlösens*, den wir dabei wecken, stellt ein wichtiges Lernziel dar. Es ist der Geist der Rationalität, des klaren Sehens von etwas, des widerspruchsfreien, gesetzmäßigen Schließens. Feinde dieses Geistes sind die Oberflächlichkeit, das Bloß-der-Spur-nach-Denken, das blinde Befolgen von unverstandenen Rezepten, der Kurzschluß. Hinter der Rationalität kann ein Tieferes wahrgenommen werden: ein Ideal der Geistigkeit, die Befriedigung und die Freude, eine Idee, einen Schluß, eine Denkgestalt in ihrer Klarheit und Schönheit zu erkennen und sie dabei nicht mehr als fremd zu erleben, sondern sie in dieser Form selbst zu besitzen, sich mit ihr zu identifizieren. Daraus erwächst die Freude am Erkennen, jene Neugier, die nicht Oberflächlichkeit, sondern Offenheit, geistige Wachheit ist. Der Schüler, der diese Dinge wahrzunehmen beginnt, entwickelt auch Freude an der Dramatik des Problemlösens, erlebt das ungelöste Problem als Stachel, der ihm keine Ruhe läßt. Holzwege ärgern ihn, lassen die Spannung ungemindert. Nach erfolgreicher Lösung jedoch empfindet er eine ähnliche Befriedigung wie der Bergsteiger, der den Gipfel erklommen hat, nicht mehr mit dem vor ihm liegenden Fels und Eis kämpft, sondern nun auf den Berg hinuntersieht, die Landschaft überblickt und versteht, wo er sich befindet und wie die Wege am Berg, die Erhebungen, die Bänder und die Übergänge zusammenhängen. Man möchte jedem Lehrer wünschen, daß er diese Erlebnisse aus eigener Erfahrung kennt und daß er willens und fähig ist, sie seinen Schülern zu vermitteln.

Problemlösen ist in allen Fächern möglich, in den theoretischen und in den handwerklich-praktischen. Es ist traurig zu sehen, wie an einigen Orten der *Mathematikunterricht*, der so viel Gelegenheit dazu böte, ungenutzt bleibt und dazu degradiert wird, unverstandene und halbverstandene Ausrechentechniken endlos zu üben. Im psychologischen Teil dieses Kapitels haben wir ein arithmetisches Beispiel aus der Primarstufe gegeben. Es ist unsere Meinung, daß *Anwendungsprobleme* auf jeder Schulstufe regelmäßig gestellt und im Geiste dieses Kapitels gelöst werden sollen.

Auch im *Sprachunterricht* sollten regelmäßig Probleme gelöst werden. Besonders der Lese- bzw. der Literaturunterricht bewegt sich vielerorts auf den unverpflichtenden Bahnen einer oberflächlichen, ästhetisierenden „Würdigung" literarischer und selbstverfaßter Texte, die höchstens von der einen und anderen terminologischen Erklärung unterbrochen wird. Wir haben es schon im Kapitel über den Sprachunterricht gesehen und können uns darauf beschränken, es hier zu wiederholen: der Sprachunterricht muß immer wieder die auszudrückende oder die in einem Text ausgedrückte *Sache* intensiv besprechen, klären und durchdenken und von ihr her den adäquaten Ausdruck suchen bzw. vorliegenden Text von ihr her unter die Lupe nehmen. Diese Bemühungen werden häufig die Form des Problemlösens haben. Wir erinnern dazu an unser Beispiel 2, das sich auf die Apfelschußszene bezog.

Schließlich die Realfächer, angefangen beim *Sachunterricht* der Unterstufe der Primarschule bis hin zur *Biologie, Physik, Chemie, Geographie, Staats- und Sozialkunde* der höheren Schulen. Hier wird in der Regel viel zu viel bloß mitgeteilt. Im besten Falle sind die Darbietungen anschaulich und lebendig. Es werden aber zu wenig Probleme gelöst. Im Kapitel über Begriffsbildung haben wir gezeigt, daß und wie Begriffsbildung problemlösend erfolgen kann. Hier wiederholen wir, daß auch innerhalb der Begriffsbildung, d. h. der Einführungslektionen, Probleme gestellt und gelöst werden können. Unser geographisches Problem (Nummer 3 in diesem Kapitel) ist ein Beispiel. Hier geht es um die Einsicht in das Wesen des Kraftwerkes. Auch Probleme aus der Geschichte der Wissenschaften können hier ihren fruchtbaren Platz einnehmen, so wie dies WAGENSCHEIN (1970) mit Recht betont. Es brauchen nicht die theoretischen Grundprobleme zu sein. Man kann die Schüler auch einmal die Lokomotive oder eine praktikable Einrichtung zur Produktion von industriellem Alkohol nacherfinden lassen. Daß richtig verstandener Werkunterricht mannigfaltige Probleme stellt, hat KERSCHENSTEINER (1928a) am berühmten Beispiel des Baus eines Starenkastens schon früh gezeigt.

Einen Stoff problemlösend erarbeiten

Im zweiten Teil dieses Buches haben wir drei Grundformen des Lehrens unterschieden, in deren Verlauf drei Arten von neuen Stoffen erarbeitet wurden: individuelle und kollektive Handlungsabläufe, Operationen und Begriffe. Wie immer das Verfahren im einzelnen aussah, ob es sich um Sprachunterricht, Sachunterricht oder Mathematikunterricht handelte, wir haben schon in den betreffenden Kapiteln immer wieder gesagt: die Erarbeitung kann und soll in der Regel problemlösend geschehen. Das Problem ist dabei so geartet, daß seine Lösung zum angezielten Handlungsschema, zur Operation oder zur begrifflichen Einsicht hinführt. Daher beginnt die Unterrichtseinheit mit einem intensiven Durchdenken der Problemstellung. Das ist mehr als eine „Zielangabe". (Der Begriff der Zielangabe wurde vom Herbart-Schüler ZILLER im 19. Jahrhundert geprägt.) Es ist ein Sich-in-das-Problem-Vertiefen. Das Ziel ist, daß es den Schülern unter die Haut gehe, daß sie, wie die Gesprächspartner des SOKRATES bei PLATO, ihre naive Gewißheit und Zufriedenheit mit dem Stand ihres Verständnisses verlieren und sie angeregt bis beunruhigt werden: wie ist es nun? So, wie ich meinte, ist es nicht, warum eigentlich nicht? Wie könnte man es besser machen? Wie könnte man das Problem lösen?

Welche Problemtypen eignen sich für eine derartige Hinführung zu einem neuen Stoff? Es sind vor allem die Probleme mit Lücke und die Probleme mit Widerspruch, die zum Nachdenken anregen. Wer realisiert, daß seine Vorstellung von einer Sache oder von einem Vorgang lückenhaft ist, verliert seine Ruhe. Noch stärker empfinden viele Menschen die Widersprüche in ihrem Denken und Wissen. Ich habe gemeint, zu verstehen, daß die Französische Revolution von der hungernden Bevölkerung von Paris ausgelöst wurde, aber warum waren ihre Führer dann Adelige, die sicher keinen Hunger gelitten haben? ROUSSEAU vertrat die Idee der Freiheit und Gleichheit. Warum ist dann sein Ideal der Frau dasjenige eines dem Mann untergeordneten, bescheiden ausgebildeten Hausmütterchens? Viele Menschen haben an ihrem Unterarm gut sichtbare, starke Blutgefäße. Warum spürt man aber daran keinen Puls? Weil es Venen sind? Aber warum soll man an Venen keinen Puls spüren? Warum steigt der Kurs der Obligationen, wenn die Zinssätze fallen? Man bekommt dann doch weniger Zins!

Im Verlaufe der Entwicklung des neuen Gedankens, also der Problemlösung, stellen sich dann von selbst die unnötigen Komplikationen ein, von denen wir gesprochen haben. In der Regel werden sie von demjenigen, der sie in seinen Lösungsversuchen produziert, nicht ohne weiteres erkannt. Aber in einer Klasse, in der alle mitdenken, wird es immer Schüler geben, die derartige Komplikationen als Wiederholungen und Umwege des Denkens erkennen. Schließlich kann der Lehrer, der ja die Lösung in ihrer einfachen und klaren Form kennt, auf diese strukturellen Schwächen hinweisen und zur Vereinfachung anregen.

Die Problemlösung wird bei der Erarbeitung eines neuen Stoffes natürlich die Hilfe des Lehrers erfordern. Die Alternative wäre ja die einfache Erklärung der Sache durch den Lehrer. Indem die Erarbeitung nunmehr die Form des Problemlösens erhält, bleibt natürlich der Beitrag des Lehrers grundlegend. Wie verfährt er dabei? „Fragend-entwickelnd" haben wir gesagt. Aber was bedeutet das in den Begriffen des Problemlösens? DUNCKER (1935) hat darauf hingewiesen, daß die Präzisierung der Problemstellung kontinuierlich in ihre Lösung übergeht. In der Tat: je klarer man ein gestelltes Problem erkennt, desto näher ist man der Lösung. „Klar gestellt, ist halb gelöst", kann man von Problemen sagen. Eine Einsicht entwickeln, heißt in diesem Sinn, das Problem immer klarer erkennen und es der Lösung entgegenführen. Der Lehrer wird also mit der Klasse die Elemente des Problems aufnehmen, sie entfalten, die nötigen Zusatzinformationen liefern oder helfen, daß die Schüler sie sich selbst verschaffen können. Er wird dafür sorgen, daß die neu gewonnenen Einsichten richtig gewichtet und richtig zueinander in Beziehung gesetzt werden, so daß der neue Handlungsablauf, die neue Operation, der neue Begriff schrittweise konstruiert werden. Dabei wird das eine Hauptproblem in eine größere Zahl von Teilproblemen aufgelöst. Das sind die einzelnen Fragen des entwickelnden Unterrichts:

Jede einzelne Frage schließt an das Ergebnis der vorangehenden an, und bei diesem Nachfragen entfaltet sich der Gesamtzusammenhang.

Häufig geht es darum, den Schülern zu helfen, die geeigneten Lösungsgedanken aus ihrem Wissen abzurufen. Auch dies geschieht durch geeignete Fragestellung. Der Lehrer kennt das Wissenselement, das in einem gegebenen Moment benötigt wird. Statt es den Schülern einfach mitzuteilen, fragt er nach und läßt sie es selber finden bzw. aus ihrem Wissen abrufen.

Schließlich müssen die Elemente geeignet verknüpft werden. Die Lösung muß aus den wahrgenommenen, erschlossenen und abgerufenen Elementen aufgebaut werden, wie wir das im zweiten Teil des Buches gesehen haben. Hier sind es wiederum die Aufforderungen und Fragen des Lehrers, die überall dort die Konstruktion unterstützen, wo die Schüler nicht selbst die richtigen Beziehungen herstellen. Er wacht, mit anderen Worten, über den geeigneten Aufbau des Ganzen.

Das Prinzip der minimalen Hilfe

Bei alledem gilt das Grundprinzip, daß der Lehrer dem selbständigen Nachdenken der Schüler solange seinen Lauf läßt, als sie auf dem Wege der Lösung des Problems weiterkommen. Aber auch wenn sie Hilfe brauchen, interveniert er nicht sofort auf massive Weise. Es wäre ein Fehler, wenn er die Führung sogleich mittels eng gefaßter Fragen und Aufforderungen übernähme. Dadurch würde er wahrscheinlich Lösungselemente liefern, die die Schüler durchaus selbst finden können. Daher geht er folgendermaßen vor: Zuerst richtet er die allgemeine Aufforderung zum Beobachten oder Nachdenken an die Klasse. Auch wenn die Beiträge der Schüler mancherlei Schwächen aufweisen und in ungeordneter Folge erscheinen, greift er noch kaum ein. Er nimmt entgegen, was die Klasse aus eigenen Kräften und selbständig zu leisten vermag. Allmählich übernimmt er dann die Leitung, um die Klasse den Erkenntnissen entgegenzuführen, die er für wesentlich hält. Er bringt Ordnung in die Betrachtung oder bestimmt mit den Schülern einen Lösungsweg, der gemeinsam beschritten wird. Vor der engen Frage und Aufforderung erscheint noch der Hinweis auf den Teil des Gegenstandes oder auf das Element des Problems, welche besonders beachtet werden müssen. Bei einem Bild zeigt der Lehrer einfach auf gewisse Teile hin, ohne eine Frage zu stellen, bei einem mathematischen Problem sagt er etwa: „Und nun die Gesamtsumme?" oder „Ihr wolltet zuerst den Rabatt abziehen, bevor ihr den Stückpreis berechnet". Erst in letzter Linie zeigt er dem Schüler mittels eng gefaßter Fragen und Aufforderungen im einzelnen, was er zu tun hat.

Auf diese Weise wird dem Zögling *die minimale Anleitung* geboten, die er zur Lösung der Aufgabe nötig hat. Mehr Hilfe empfangen zu müssen, als man eigentlich braucht, ist unangenehm und macht widerspenstig. Der Schüler findet, man nehme ihn nicht für voll, kommt sich geschulmeistert vor und leistet daher weniger, als er könnte.

Praktische Regeln zur Durchführung des Gesprächs mit der Klasse

Nach diesen allgemeinen Erörterungen zum fragenden Entwickeln geben wir noch einige praktische Regeln zur Handhabung dieser Methode.

Der Lehrer, der der Klasse eine Frage gestellt hat, muß einmal wissen, ob er die Schüler sich melden lassen will oder ob er sie zum Antworten aufrufen soll. Im Prinzip ist das erstere Vorgehen das richtige. Es nützt ja nichts, einen Schüler aufzurufen, der nichts zu sagen hat. Handelt es sich um

ein schüchternes Kind, so kann das Mißerfolgserlebnis höchstens zur Folge haben, daß es ganz verstummt. Sehr selbstkritische Schüler dürfen aufgerufen werden, wenn man ihnen ansieht, daß sie etwas wissen, aber noch nicht den Mut gefaßt haben, die Hand hochzuheben. Dies zu merken ist nicht schwer. Wenn in einem Menschen ein Gedanke aufleuchtet, drückt sich dies meistens in der körperlichen Haltung und im Blick aus. Der Tonus spannt sich ein wenig, er blickt den andern etwas bestimmter an. In einem solchen Fall werden wir einen Schüler auch fragen, wenn er sich noch nicht meldet. Damit leisten wir ihm unter Umständen einen großen Dienst. Denn die Frage, ob er sich am mündlichen Unterricht eines bestimmten Lehrers beteiligen werde oder nicht, ist in den ersten Wochen der gegenseitigen Begegnung häufig noch offen. Erst mit der Zeit gerät er in die Rolle des Schweigers oder des aktiven Mitarbeiters hinein. Allmählich fixiert sich dann allerdings eine solche Rolle, denn es wird einem Schüler nach langem Schweigen ja immer schwerer, etwas zu sagen. Ruft nun der Lehrer einen potentiellen Schweiger noch beizeiten von Zeit zu Zeit auf, so mag es ihm dabei gelingen, ihn zur regelmäßigen Mitarbeit heranzuziehen und zu verhindern, daß er endgültig verstummt.

Melden sich mehrere Schüler zur Beantwortung einer Frage, so beginnt der Lehrer beim schwächsten und läßt allmählich die besseren zum Zuge kommen. Damit ist die Wahrscheinlichkeit groß, daß jede neue Antwort ein neues Element enthält. Im andern Fall sagt der gute Schüler gleich zu Beginn alles, was es zu sagen gibt, und weitere Schüler kommen nicht zum Zuge.

Lebhafte Lehrer müssen sich zum Warten zwingen, nachdem sie eine Frage gestellt haben. Es ist eine natürliche Tendenz, Fragen, die nicht sofort Antworten einbringen, zu wiederholen, abzuwandeln, zu ergänzen und zu erläutern. Dies ist bei einer guten Frage nicht nur unnötig, sondern verwirrt die Schüler sogar, statt ihnen zu helfen. Man läßt ihnen daher bei einer schwierigen Frage ganz einfach Zeit zum Nachdenken. Es schadet nichts, wenn in einer Schulstube einmal eine Minute Stille herrscht. Die didaktische Mühle klappert noch lange genug.

Der Lehrer hindert sich weiter daran, schon zum ersten Beitrag Stellung zu nehmen. Vielmehr nimmt er die Antworten neutral entgegen, ohne seine eigene Position zu verraten. Dies ist notwendig, damit nicht sogleich jene Schüler entmutigt werden, die eine andere Auffassung vertreten wollten. Nimmt der Lehrer sofort Stellung, so melden sie sich nicht mehr oder bringen ihren Beitrag doch nur mit halbem Herzen vor. Dies aber ist nicht wünschenswert, denn es ist dem Lehrer wichtig, daß bei jeder Frage verschiedene Antworten gegeben werden. Damit steigt der Prozentsatz der am Gespräch beteiligten Schüler, sie haben Gelegenheit, sich im mündlichen

Ausdruck zu üben, und die Diskussion gewinnt von der Vielzahl der Meinungen.

Bei der Behandlung der Antworten unterscheidet der Lehrer nicht einfach richtige und falsche Antworten. Vielmehr löst er das Gute aus einer jeden Antwort heraus und wiederholt es zum Teil (jedoch nicht stereotyp). Glückliche Gedanken, Beiträge, welche neue Ausblicke eröffnen, gibt er der Klasse zurück und fordert sie zu ihrer weiteren Verfolgung auf. Falsche Antworten, die unwichtig sind, übergeht er einfach oder korrigiert sie *en passant*. Gravierende Fehler und verbreitete Mißverständnisse gibt er der Klasse zur Stellungnahme zurück und stellt sie mit ihr zusammen richtig.

Obschon es schwierig ist, hält er die Schüler dazu an, auf die Antworten der Kameraden zu achten, Lückenhaftes gegenseitig zu ergänzen und gewisse Gedanken der anderen weiter zu verfolgen. Manche Lehrer lassen die Schüler sich gegenseitig korrigieren. Dies erscheint dann zulässig, wenn es mit Takt geschieht, d. h. wenn der Klassengeist gut ist. Der Lehrer muß sich aber bewußt sein, daß sich bei den gegenseitigen Korrekturen der Schüler leicht Mißklänge einstellen und der Ton leicht frühreif und selbstgefällig wird. Aus diesem Grunde verzichten viele Lehrer auf diese didaktische Maßnahme.

So gleicht das Problemlösen in der Optik des Lehrers einem Puzzle-Spiel. In den Beiträgen der einzelnen Schüler sind in der Regel Elemente enthalten, die weiterführen, es gilt nur, sie wahrzunehmen und herauszulösen. Sodann müssen die Bausteine zusammengesetzt werden, damit am Ende das ganze Bild sichtbar wird. Je beweglicher der Lehrer auf das Ziel hinzulenken weiß, desto mehr Elemente aus den Beiträgen der Schüler können benützt werden. Dazu gehört aber nicht nur Intelligenz, sondern auch eine positive Grundhaltung zu den Beiträgen der Schüler. Sie besteht darin, das Weiterführende in jeder Antwort zu suchen und zu erkennen, es herauszulocken und es am rechten Ort ins Ganze einzufügen.

Selbständiges Problemlösen durch die Schüler

Bisher haben wir vom problemlösenden Erarbeiten neuer Stoffe gesprochen. Diese Aufgabe ist so anspruchsvoll, daß in aller Regel die Leitung des Lehrers notwendig ist. Sie geschieht in der Form des „fragenden Entwickelns". Nun ist es aber wünschenswert, daß die Schüler immer wieder Gelegenheit erhalten, Probleme selbständig anzupacken und zu lösen. Wir haben oben schon auf die Möglichkeiten hingewiesen, die sich in den verschiedenen Fächern eröffnen (S. 297). Die wichtigsten Aufgaben dieser Art sind *Anwendungsaufgaben*. Sie geben dem Schüler Gelegenheit, erkannte Begriffe, Operationen, und auch allgemeinere Verfahren vor neuen Situationen und Objekten anzuwenden. Diese Aufgaben werden wir im übernächsten Kapitel eingehend untersuchen, denn die Anwendung ist eine wichtige Funktion im Ablauf des Lernprozesses.

Weiter sind hier auch Schülerarbeiten zu nennen, die bisher kaum als Fälle des Problemlösens behandelt worden sind: Wir denken an die *Abfassung von Texten*, herkömmlicherweise von *Aufsätzen*. Nachdem, was wir über Gestaltungsprobleme gesagt haben, ist unmittelbar klar, daß jede Abfassung eines Textes die Lösung eines Gestaltungsproblems bedeutet.

Als erste Regel formulieren wir: *Die Schwierigkeit der gestellten Probleme soll dem Gesetz der „optimalen Passung" entsprechen*. Das heißt: Probleme dürfen so schwierig sein, daß sie den Schüler fordern, sonst werden sie nicht ernstgenommen, aber sie müssen leicht genug sein, damit er die Schwierigkeit bewältigt, denn der Mißerfolg ist der Todfeind der Lernmotivation (HECKHAUSEN 1980).

Die zweite Regel besagt, daß auch Probleme, die schließlich vom Schüler selbst gelöst werden sollen, anfänglich gemeinsam bearbeitet werden. Dies ist nicht nur notwendig, damit der Schüler lernt, die betreffenden Problemtypen zu meistern, sondern auch darum, weil der Lehrer sehen und verstehen muß, wie seine Schüler eine bestimmte Art von Problemen angehen und lösen. Denn im weiteren Verlauf des Unterrichts und bei der Konstruktion von Schulprüfungen muß er diesen Möglichkeiten ja wiederum Rechnung tragen. Beim gemeinsamen Problemlösen gelten die Regeln, die wir oben zur Behandlung der Schülerantworten formuliert haben.

Bei alledem halten wir fest, daß es nicht darum geht, die Schüler zum Problemlösen zu *überlisten*. Sie sollen wissen, daß sie in gewissen Momenten ein Problem in größtmöglicher Selbständigkeit angehen und es lösen sollen. Bei älteren Schülern wird man sagen, daß es ums Problemlösen geht; das ist ein psychologischer Begriff, den der moderne Mensch kennen soll. Mit jüngeren Schülern sprechen wir davon, daß wir „scharf nachdenken", „miteinander etwas herausfinden", „einer Sache auf den Grund gehen".

Im Verlaufe des Problemlösens sollen sich die Schüler bewußt werden, welche Schritte sie vollziehen. Dies erfordert Überlegungen zweiter Ordnung. Daher unterbricht der Lehrer immer wieder den Ablauf des Nachdenkens, um sie anzuhalten, den Überblick zu suchen, zu sehen, wo sie bezüglich des Ausgangspunktes und bezüglich des Zieles stehen. Besonders wichtig ist nach gelöstem Problem die „Arbeitsrückschau". Es geht darum, die große Gliederung des Problemlösevorgangs zu überblicken, ihn als Ganzen zu sehen. Dies ist die beste Voraussetzung dafür, daß die angewandten Verfahren anwendungsfähig, übertragbar auf verwandte Probleme werden. Der Schüler erwirbt auf diese Weise Elemente einer Heuristik, also einer „Finde-Lehre", einer Methode des Problemlösens. Alle folgenden Überlegungen können in diesem Sinne verstanden werden.

Heuristische Regeln

Das erste ist, daß sich die Schüler ein klares Bild von der Problemsituation machen. Das sind einmal die *Gegebenheiten*. Es sind in der Regel Elemente einer theoretischen oder praktischen Situation: mathematische Größen, Aussagen, sachliche Elemente (der Fluß, die Stadt). Dann das angestrebte *Ziel*, in jener vorläufigen, schematischen Form, in der es sich im Ausgangspunkt darstellt: die Abfüll-Situation mathematisch, in einer Formel oder in einer Reihe von verknüpften Rechnungen zu fassen, den Apfelschuß-Text so zu verbessern, daß der logische Zusammenhang deutlich wird, das Kraftwerk so hinzustellen, daß die Staumauer, der Stollen, die Zentrale, am geeigneten Ort stehen, die Verbindung zwischen dem Kathetenquadrat und dem Rechteck herzustellen.

Wichtig sind die *impliziten* Gegebenheiten, jene Gegebenheiten, die nicht ausdrücklich genannt sind und die nicht in die Augen fallen. Im geometrischen Beispiel ist es die Tatsache, daß die Strecken $\overline{AB}$ und $\overline{DI}$, und $\overline{BE}$ und $\overline{CF}$ parallel sind. Auch im Text-Beispiel (Apfelschußproblem) bleibt eine wesentliche Beziehung implizit. Ihre fehlende Formulierung läßt den Text lückenhaft erscheinen. Hier besteht die Problemlösung gerade in der Formulierung der unausgesprochenen Beziehung.

Umgekehrt haben alle Problemlöser die Tendenz, selbst implizite Annahmen zu machen, die unnötig, weil nicht gefordert sind. Die sorgfältige *Zielanalyse* zeigt, was wirklich gefordert ist: daß das Ei (des Columbus) auf dem Tisch aufrecht stehe, nicht daß es *ganz* bleibe. Weiter haben wir die klassische Situation gesehen, in der die Gegebenheiten in zwei Polen organisiert sind, so daß die Problemlösung als *Interpolation*, als Überbrückung einer Lücke erscheint. In diesen Fällen besteht die erste Aufgabe, diese Polarität mit Deutlichkeit zu sehen. Wenn dies geschehen ist, muß aus dem Schüler zum Bewußtsein gebracht werden, daß man nicht nur von Pol 1 aus vorwärts, sondern von Pol 2 aus auch *rückwärts konstruieren* kann.

Bei *Gestaltungs*problemen (in der Geometrie heißen sie häufig: „Konstruiere..."), ist es also notwendig, daß sich die Schüler genau *Rechenschaft über die Anforderungen oder Bedingungen* geben, welche das Zielobjekt erfüllen muß. Diese Anforderungen sind häufig nicht explizit genannt, die Problemlösung aber ist gerade darauf angewiesen, sie klar zu sehen, denn aus ihnen ergeben sich häufig die Maßnahmen zu ihrer Erfüllung. So etwa in unserem Kraftwerkbeispiel: hier soll der Stollen eine möglichst kurze

Verbindung zwischen zwei Punkten des Flusses schaffen. Dabei soll die Höhendifferenz, welche als Gefälle ausgenützt wird, möglichst groß sein.

Wenn der Löseprozeß einmal im Gang ist, sollen die Schüler so selbständig wie möglich nachdenken, suchen und forschen. Dies schließt in sich, daß sie auch Holzwege einschlagen dürfen: der Lehrer wird nicht sofort eingreifen. Die Schüler sollen selber merken, daß sie nicht mehr weiterkommen. Dann geht es darum, an die Abzweigung zurückzukehren, an der ein Neuanfang möglich ist. Sie sollen dabei auch „Frustrationstoleranz" (die Fähigkeit, intellektuelle Frustration zu ertragen und zu verarbeiten) entwickeln. Dann werden sie die Flinte nicht gleich ins Korn werfen, sondern von der versuchten Lösung das bewahren, was richtig und fruchtbar ist, und nur so weit als notwendig zurückbeten. Gerade in diesem Moment spielt die Hilfe und die diskrete Steuerung des Problemlösevorgangs eine wichtige Rolle.

Dann die *Prüfung* der Zwischenergebnisse und des Gesamtresultats. Man kann beim Problemlösen zu viel und zu wenig prüfen. Man kann gegenüber sich selbst und seinen eigenen Ideen zu kritisch und zu unkritisch sein. In jeder Klasse gibt es Kinder und Jugendliche, deren Selbstvertrauen und deren Erfolgszuversicht gestützt werden muß. Andere sind hemmungs- und kritiklos. Bei ihnen ist der entgegengesetzte Einfluß notwendig.

In gewissen Situationen wird man mit einer Schulklasse ein *brain storming* versuchen. Zwar wird man dabei ein Auge auf den letztgenannten Schülern halten müssen, die leicht alle Hemmungen verlieren und sinnlos zu fabulieren beginnen. Das ist jedoch kein Grund, den Versuch nicht zu wagen. Besonders den überkritischen Schülern wird er gut tun. Wenn auch einmal die Dinge ein wenig durcheinander gehen: am Schluß kann man die Fäden wieder zusammenziehen und Ordnung in die Ideenflut bringen.

Umstrukturierungen kann man nicht erzwingen oder systematisch herbeiführen. Aber man kann die Schüler in ausweglos erscheinenden Situationen dazu anhalten, von Problemen Distanz zu nehmen, sozusagen drei Schritte zurückzutreten und unvoreingenommen einen neuen Anfang zu versuchen.

Manchmal ist es auch gut, ein Problem eine Zeit ruhen zu lassen. Eine Stunde kann auch damit aufhören, daß man das Problem ungelöst im Raume stehen läßt. Einige Schüler wird es weiterbeschäftigen, und es kann sein, daß sie am nächsten Morgen mit Lösungsvorschlägen kommen, an die am Abend niemand gedacht hat. Man kennt aus vielen Berichten hervorragender Forscher, daß Problemlösungen **heranreifen** mußten und daß sie in einer Periode, in der sie nicht mehr an sie dachten, plötzlich, wie eine Erleuchtung, über sie kamen. Solche Erleuchtungen fallen jedoch nicht vom blauen Himmel. Sie stellen sich nur ein, wenn intensive Lösungsbemühungen vorangegangen sind.

Kann man den Schülern helfen, Ideen zu haben? Wir haben gesehen: sie stammen nicht aus dem Nichts, sondern in der Regel aus dem Erfahrungs- und Wissensschatz, dem Repertoire des Problemlösers. Daraus folgt eine einfache Regel: die Probleme, welche wir den Schülern stellen, sollen auf den Stand ihres Wissens und Könnens bezogen sein. Problemlösen und Kreativität lernt man nicht im luftleeren Raum. Die Fähigkeit, Probleme zu lösen und schöpferisch zu sein, basiert auf einem soliden Wissen und Können. Das muß man gerade heute wieder betonen, wo man an einigen Orten meint, diese Dinge billig, ohne ,,die Anstrengung des Begriffs", haben zu können. Es geht nicht darum, nunmehr, statt etwas zu lernen, problemlösenden Unterricht zu treiben und die Kreativität zu entwickeln. Die Schüler müssen ein solides Repertoire an Begriffen, Operationen, Methoden und Verfahren aufbauen: diese stellen das Instrumentarium dar, aus dem das Problemlösen schöpft.

Der Begriff des *Signalementes* macht deutlich, wie man den Schülern hilft, wenn sie nach einer Lösungsidee suchen. Es kann sein, daß das Signalement des Gesuchten in der gegebenen Problemlage versteckt ist. Dann wird der Lehrer zuerst diskret und allgemein, dann immer direkter auf es hinweisen oder es selbst entwerfen.

Bei alledem gibt es einige *sozialpsychologische Grundregeln*, die beim gemeinsamen Problemlösen in der Klasse beobachtet werden müssen. Die wichtigste betrifft die Art, wie der Lehrer Lösungsvorschläge entgegennimmt. Die Grundhaltung muß diejenige des Ernstnehmens, des Akzeptierens jedes ernstgemeinten Vorschlages sein. Ironie, das Lächerlichmachen von ungeschickten Vorschlägen, tötet jede schöpferische Produktion ab.

In der Regel verbreitet sich die Einstellung des Lehrers rasch in der Klasse. Gerade in Schulen mit Fachlehrersystem und mit älteren Schülern kann es aber sein, daß in einer Klasse ungute Gewohnheiten des Auslachens herrschen, auch wenn der Lehrer eine andere Haltung einnimmt. Diese Einstellungen müssen bekämpft werden. Sodann ist es die Aufgabe des Lehrers, richtige Elemente in den Vorschlägen der Schüler zu erkennen und sie hervorzuheben. Das erfordert bei ihm einesteils Intelligenz, ebensosehr jedoch eine Einstellung, die im Beitrag des Schülers das Positive zu sehen sucht. Natürlich gibt es auch hier Schüler, die die Tendenz haben, eine solche Haltung des Lehrers auszunützen und Unbrauchbares bis Lächerliches zu produzieren. Ihnen muß der Lehrer auf ruhige, aber bestimmte Weise zu verstehen geben, daß er durchaus sieht, welchen Wert er einem solchen Beitrag beimißt. Er wird damit beginnen, darüber hinwegzusehen. Wenn dies nichts fruchtet, wird er ihn kurz kennzeichnen, und nur im Grenzfall wird er dem Schüler nachweisen, daß sein Beitrag nichts wert ist und daß es so nicht geht.

Und die Kreativität?

Unter den Lernzielen der Schule wird über die Fähigkeit des Problemlösens hinaus immer wieder die Weckung von Kreativität im jungen Menschen gefordert. Hinter dieser Forderung stehen sicher zum Teil irrationale Hoffnungen: Man sucht einen neuen Menschen und eine neue Gesellschaft, weiß aber nicht so recht, wie sie aussehen sollen, und hofft daher, daß sich die junge Generation bei geeigneter Förderung ihrer kreativen Kräfte *aus sich selbst heraus erneuere*.

Indessen gibt es eine zweite, bescheidenere Auffassung von Kreativität, die wir uns hier zu eigen machen. Sie stellt nichts anderes als eine Fortsetzung dessen dar, was wir als Problemlösen schon kennengelernt haben. Wenn wir von der Fähigkeit des Problemlösens sprechen, so lassen wir die Herkunft des Problems offen. In der Praxis des Unterrichts ist es in der Regel der Lehrer oder das Schulbuch, das die Probleme stellt. *Kreativ ist jedoch der Mensch, der nicht nur Probleme zu lösen vermag, sondern der sie sich auch selbst stellt.* So der Künstler oder Architekt, der sich vornimmt, ein Werk zu schaffen, das es in der geplanten Art noch nicht gibt, und so der Wissenschaftler, der ein Experiment ansetzt oder ein theoretisches Konzept entwickelt, das neu und revolutionär ist. In der Schule allerdings brauchen wir einen *subjektiven* Begriff der Kreativität. Das vom Schüler oder der Klasse selbst gestellte, neue Problem braucht nicht absolut neu zu sein; es muß nur für den Schüler oder die Klasse neu und weiterführend sein.

Ein neues Problem selbständig zu stellen und es sodann zu lösen, ist eine bedeutende Leistung, die über das bloße Problemlösen hinausreicht. Es stellt einen Vorstoß ins Neuland dar, bei dem einem niemand vorangeht, auch kein Lehrer und kein Erzieher. Es ist daher auch der Endpunkt der Erziehung und des Unterrichts, denn diese beruhen ja grundsätzlich auf der Annahme, daß ein Erzieher und ein Unterrichtender notwendig seien, weil junge Menschen den Weg von sich aus noch nicht finden.

Es ist gut, wenn sich der Erzieher auch im Bereiche des Problemlösens dieses Endziel klar vor Augen hält: daß die Schüler nicht bis zum Schluß davon abhängen, ob man ihnen die Probleme stellt, sondern daß sie beginnen, sie sich selbst zu stellen. Es brauchen ja nicht gerade neue wissenschaftliche Theorien oder neue künstlerische Entwürfe zu sein. Jede selbstgestellte, weiterführende Frage enthält ein kreatives Element.

Wie kann Kreativität gefördert werden? Wir sehen darin zwei Komponenten, denen auch verschiedene pädagogische Förderungsbedingungen entsprechen, eine rational-instrumentelle und eine der persönlichen Einstellung, also persönlichkeitspsychologische.

Die intellektuelle Komponente betrifft die Voraussetzungen zur Fähigkeit, weiterführende Fragen zu stellen. Hier gibt es eine einfache Bedingung, die jedoch von vielen nicht gesehen wird: Es ist nicht die ungeformte, durch die Veranlagung vorgegebene Intelligenz, die dazu befähigt, neue Fragen zu stellen. Nur die *ausgebildete* Intelligenz, die *ausgebildete* künstlerische Kompetenz, vermögen in Neuland vorzudringen. Technisch ausgedrückt: wer Neues schaffen will, braucht ein Repertoire von intellektuellen und/oder künstlerischen Mitteln. Denn das Neue entsteht ja nie aus dem Nichts. Das Neue entsteht, wir haben es nun schon manchmal gesagt, immer aus vorhandenen Elementen. Es ist neu, insofern diese Elemente neu kombiniert, neu eingesetzt, umstrukturiert werden. Das hat auch Thomas KUHN (1962/1973) aus der Analyse von wissenschaftlichen Pioniertaten geschlossen: Die Revolutionäre unter den Wissenschaftlern haben samt und sonders damit begonnen, den bisherigen Erkenntnisstand in ihrem Forschungsgebiet auf das genaueste zu studieren.

Dabei kommt es natürlich darauf an, wie das bisherige Wissen beschaffen ist. Ein oberflächliches, unscharfes Wissen führt nicht weiter. Je tiefer wir das bisherige Wissen, die Theorien ebenso wie die künstlerische Tradition, verstanden haben, je schärfer wir sie analysiert haben, um so eher stoßen wir zu neuen Ideen vor. So kann man auch für die Schule die Regel formulieren: *Je solider das bisherige Wissen und Können, desto höher die Chance, daß die Schüler weiterführende Fragen stellen.*

Die zweite Regel besagt: *Je mehr dieses bisherige Wissen selbst problemlösend gewonnen worden ist, desto eher wird der Schüler sich weitere Probleme selbständig stellen.* Der Vorgang ist klar: In den Problemen, die die Schüler unter der Anleitung des Lehrers oder selbständig lösen, finden sie das Modell für die Probleme, die sie selber stellen; und in den Problemlöseprozessen, die sie bisher selbständig vollzogen haben, finden sie das Vorbild für ihre neuen Lösungen. Dabei wird ein Weiteres sichtbar: je erfolgreicher und befriedigender das Suchen und Forschen über die bisherigen Fragen verlaufen ist, desto wahrscheinlicher ist es, daß der Schüler dieses Erlebnis beim Stellen und Beantworten neuer Fragen wieder suchen wird. Es ist das alte Gesetz der Motivation: Erfolg motiviert zu neuen Versuchen, Mißerfolg und Unlust dämpfen und töten im Grenzfall die Initiative. Das gilt auch für das Problemlösen.

Damit kommen wir zur anderen Komponente der Kreativität: der haltungsmäßigen. Sie betrifft tiefere Schichten der Persönlichkeit. Sich neue Fragen selbständig zu stellen und ihre Beantwortung in Angriff zu nehmen, erfordert Zuversicht, „Hoffnung auf Erfolg", wie HECKHAUSEN (1980) sagt, und es erfordert – mindestens bezüglich der in Frage stehenden Kompetenz – ein positives Selbstbild, die Überzeugung, daß man es kann und daß das, was man sich vornimmt, auch Wert sei, erforscht oder erarbeitet zu werden

– und daß es auch Wert sei, den Mitmenschen vorgeführt und für sie dargestellt zu werden.

Folglich muß man fragen, wie der Schüler diese Haltungen erwirbt. Es ist müßig, über mögliche ererbte Anlagen in diesem Bereich zu spekulieren. Sollte es sie geben, so sind wir dankbar für ihr Vorhandensein. Für den Lehrer und Erzieher zählt jedoch, was er tun kann, und dies ist viel. Indem der Lehrer dem Schüler das Bewußtsein gibt, daß seine Beiträge einen Wert haben, indem er ihm diese Wertschätzung – nicht nur seiner Beiträge, sondern darüber hinaus seiner Person überhaupt – zeigt, wird er wesentlich zur Entwicklung dieses positiven Bildes vom Wert der eigenen Ideen und der eigenen Leistungen beitragen. Er wird dem Schüler helfen, das Selbstvertrauen und die Zuversicht zu entwickeln, in geistiges Neuland vorzustoßen, mit der Hoffnung, etwas zu finden, das ihn tiefer fühlen läßt, daß er ist und lebt.

Man erkennt, daß Kreativität im Unterricht nicht machbar ist. Das wäre ja ein Widerspruch: Maßnahmen zu treffen, damit der Schüler ohne die Maßnahmen des Lehrers zu fragen und zu suchen beginnt. Es gibt also keine Unterrichtslektionen, in denen Kreativität gelehrt wird, so wie es Unterrichtslektionen gibt, in denen Wissen und Können vermittelt wird. Aber es gibt eine Art des Unterrichtens und eine allgemeine pädagogische Atmosphäre, die Bedingungen schafft, so daß die Schüler in gewissen Momenten von sich aus mit Fragen und Problemen kommen, die nicht im Schulbuch stehen und die der Lehrer nicht geäußert hat. *Wenn* sie kommen, so ist es entscheidend wichtig, wie sie der Lehrer aufnimmt, daß er Freude zeigt und die Bereitschaft, auf sie einzugehen, und sie ernst nimmt, auch wo sie ungeschickt gestellt sind. Wenn er sich so verhält, werden weitere Fragen kommen, und der Lehrer wird zum Schluß jene schönste und wichtigste Aufgabe lösen, die darin besteht, sich selbst überflüssig zu machen, weil die Schüler den gemeinsam angetretenen Weg selbständig weitergehen.

XI. Grundform 10: Durcharbeiten

In einer ersten Stufe des Lernprozesses baut der Schüler ein Stück Wissen oder Können auf. Die Anleitung geschieht problemlösend, im Klassenunterricht in der Regel fragend-entwickelnd, manchmal auch nur erklärend. Für die folgenden Überlegungen nehmen wir an, die Schüler hätten einen ersten Begriff von einem Sachzusammenhang oder von einem Verfahren erworben. Die Frage ist: taugt dieses Wissen nun schon zum Einsatz? Kann der Schüler damit arbeiten? In günstigen Fällen lautet die Antwort ja; sehr häufig jedoch auch: nein, noch nicht.

Wir haben den Tatbestand schon mehrmals angetroffen: Nach einer ersten Erarbeitung ist es, als ob die Begriffe noch an den besonderen Beispielen klebten, an denen sie erarbeitet worden sind. Die Handlungsschemata und Operation und die allgemeineren Verfahren können erst in der genauen Form ausgeführt werden, in der man sie eingeführt hat. Bestimmte Objekte oder Vorgänge werden nur in der Erscheinungsart erkannt, in der sie die Schüler das erste Mal kennengelernt haben. Das Wissen oder Können erscheint noch schematisch und unbeweglich. „Es ist halt Schulwissen", sagt der Praktiker. „Du sagst es, wie Du es in der Lektion gehört hast", stellt der Fachmann fest.

In der Tat: das Wissen, das ein Schüler im ersten Kontakt mit einer Sache erarbeitet, hat noch seine notwendigen Grenzen, nicht einfach in der Vollständigkeit, sondern vor allem in seiner Form. Die nächsten Stufen des Lernvorgangs haben zum Ziel, seine Einsatzfähigkeit zu erhöhen. Dazu sind drei Dinge notwendig: Durcharbeiten, Üben und Anwenden. Im folgenden beschäftigen wir uns mit dem ersten dieser drei didaktischen Schritte.

Wie sieht denn diese Praxis, wie sehen die Lebenssituationen aus, in denen der Schüler dereinst mit seinem Handlungswissen und mit seinem begrifflichen Wissen zurechtkommen sollte? Der erste hervorstechende Zug ist ihre Verschiedenheit von den Situationen, in denen der Schüler sein Wissen erworben hat. Er hat im Unterricht gewisse Texte gelesen und verstanden. Nun aber liest er neue Texte (Beschreibungen, Erklärungen, Berichte, Belletristik usw.). Im Unterricht mögen bestimmte historische, politische oder ökonomische Zusammenhänge behandelt worden sein: in der Zeitung treten sie in anderen Zusammenhängen und in anderen Formulierungen auf. Im Sachunterricht sind gewisse Erscheinungen behandelt worden: der Blutkreislauf, der Dieselmotor, die Gärung. Am Krankenbett, unter der Motorhaube von Vaters Wagen, im Weinkeller sehen diese Dinge ganz anders aus.

Das gleiche gilt für die praktischen Anwendungen der Dinge, die man ausführen gelernt hat. Die Bedingungen, unter denen der junge Mensch seine praktischen Kenntnisse anwenden sollte, werden in der Regel von den Bedingungen abweichen, unter denen er sie erworben hat: die Werkzeuge sind andere, die übrigen zur Verfügung stehenden Mittel, das ganze Umfeld der Tätigkeit weichen von den Gegebenheiten der Lernsituation ab.

Aber es gibt nicht nur die sachliche Verschiedenheit der Praxis von den Lernsituationen. Schulische Lernsituationen sind in der Regel auch statisch und einfach. Begriffe werden an ausgewählten, durchsichtigen Beispielen aufgebaut und reproduziert. Aber in der Folge müßte sie der Schüler nicht nur in diesen „gereinigten Situationen" anwenden, er müßte sie zum Beispiel auch in Gesprächen und Diskussionen brauchen können. Gesprächssituationen aber zeigen dynamische Abläufe: es ist ein Geben und ein Nehmen, und die Situation ändert sich dauernd, wie in einem Schachspiel. Daher ist ein rasches Verstehen des andern und eine laufende Anpassung an den Stand des Gesprächs notwendig. Starre, sterotype Begriffe sind da nicht zu brauchen.

Und schließlich die Problemsituationen, die der junge Mensch antreffen wird, und die Situationen, in denen die Möglichkeit oder die Notwendigkeit kreativer Leistungen besteht: Hier genügt es nicht, Handlungen und Verfahren in stereotyper Weise zu reproduzieren. Wiederum wäre es notwendig, daß er sein Wissen umstrukturieren könnte und fähig wäre, es auf neue Ziele hin einzusetzen, neue Perspektiven zu sehen und neue Pläne zu entwerfen. Dazu aber ist offensichtlich ein bewegliches und ein anpassungsfähiges, mehr als das, ein innovationsfähiges Wissen und Können notwendig. Das Durcharbeiten, von dem wir im didaktischen Teil sprechen werden, dient genau diesem Ziel.

Psychologischer Teil
Bewegliches Denken und Handeln

Die Notwendigkeit der Beweglichkeit des Denkens und Handelns ist von den Kognitionspsychologen seit jeher klar gesehen worden. So haben die Gestaltpsychologen (z. B. KÖHLER 1921) darauf hingewiesen, daß intelligentes Denken und Handeln fähig ist, *Umwege* zu beschreiben. Produktives Denken ist von den gleichen Autoren immer wieder mit der Fähigkeit zur *Umstrukturierung* in Verbindung gebracht worden (WERTHEIMER 1945/²1964). Umwege kann aber nur jemand beschreiben, der über der Situation steht, der nicht auf einen einzigen Weg festgelegt ist, sondern aus der Einsicht in die Zusammenhänge die verschiedenen möglichen Wege zum Ziel sieht. Auch die Fähigkeit zur Umstrukturierung ist ein Zeichen der Beweglichkeit. Rigide Strukturen sind unveränderlich, die entsprechenden Operationen und Handlungen können nur in einer einzigen Form abgewickelt werden. Strukturen, die sich aber verwandeln lassen, sind bewegliche Strukturen.

So die Gestaltpsychologen. Unabhängig von ihnen ist TOLMAN (1932) früh zur Einsicht gelangt, daß die Fähigkeit, Umwege zu beschreiben, bei Tieren und Menschen zeigt, daß sie eine Vorstellung von der Gesamtsituation haben und im System der Mittel und Wege wissen, „was wohin führt". Das ist die Beziehung zwischen Einsicht und Beweglichkeit des Denkens und Handelns.

Mobiles Denken in Systemen bei PIAGET

PIAGET hat seit seinen Arbeiten von 1941 (PIAGET & INHELDER, PIAGET & SZEMINSKA) den Zusammenhang von Beweglichkeit und Systemhaftigkeit des Denkens betont. Konkrete und formale Operationen sind für PIAGET dadurch gekennzeichnet, daß sie Systeme bilden und innerhalb dieser Systeme beweglich sind. So ist das Einmaleins für PIAGET nicht eine Menge von isolierten Multiplikationsoperationen. Diese hängen gemäß inneren Gesetzen der Verwandtschaft untereinander zusammen:

$3 \times 4 = 12$ $12 : 4 = 3$ $12 : 3 = 4$
$3 \times 8 = 24$ $24 : 8 = 3$ $24 : 3 = 8$
$6 \times 8 = 48$ $48 : 8 = 6$ $48 : 6 = 8$

Wenn ich statt 3×4 3×8 rechne, also den einen Faktor verdopple, so verdoppelt sich auch das Ergebnis. Dasselbe gilt für die Verdoppelung des anderen Faktors (3×8, 6×8). Wenn ich das Ergebnis einer Multiplikation durch einen der Faktoren teile, erhalte ich den anderen Faktor ($3 \times 4 = 12$, $12 : 4 = 3$, $12 : 3 = 4$), usw.

Daher kann man das Einmaleins als ein System von Multiplikationsbeziehungen verstehen, in dem man sich ähnlich wie in einem System von Wegverbindungen bewegen kann. Wer die Gesetze des Systems kennt, ist beweglich. Wer sich durch viele verschiedene Operationsfolgen bewegt hat, kennt das System.

Beweglichkeit hat für PIAGET aber noch eine andere Bedeutung. Sie ist notwendig zur Überwindung des *Egozentrismus*, der für das Denken des kleinen Kindes kennzeichnend ist. Egozentrismus bedeutet die Unfähigkeit, sich in die Lage anderer Menschen zu versetzen und zu erkennen, daß viele Urteile über Sachen und Beziehungen sich verändern, wenn man sie von einem anderen Standpunkt aus betrachtet. Im Verlaufe der geistigen Entwicklung wird das Kind fähig zur „*Dezentration*": es kann sich in den Standpunkt seiner Gesprächs- und Spielpartner versetzen. Das ist eine Auswirkung der zunehmenden Beweglichkeit seines Denkens. Dies gilt auch für Systeme von räumlichen Beziehungen: In ihnen hängen die verschiedenen Perspektiven vom Ort der Betrachtung ab. Damit wird das Kind zu echten Diskussionen, zu partnerschaftlichen Spielen und vor allem zur Kooperation fähig (PIAGET 1932/1983).

Wir stimmen diesen Auffassungen weitgehend zu, würden den Begriff der Beweglichkeit jedoch noch einmal weiter fassen (AEBLI 1980/1981). Zugleich beziehen wir diese Einsichten auf das schulische Lernen.

Beweglichkeit im Verstehen und im Handeln

Wir weisen dem schulischen Lernen zwei grundlegende Ziele zu: den Schülern ein Bild der Wirklichkeit zu vermitteln, das sie verstehen und in dem sie sich zuhause fühlen und mit ihnen ein Wissen aufzubauen, das sie handlungsfähig macht. Unsere zweite grundlegende Aussage ist die folgende: Sowohl das subjektive Bild der Wirklichkeit als auch das Handlungswissen (und sein abstrakterer Abkömmling, das operative Wissen) ist nicht ein Sack voll unverbundener Informationen. Sowohl das Weltbild als auch das Handlungs- und Operationswissen haben die Form von in sich zusammenhängenden Systemen – sie *sollten* diese Form wenigstens haben, müssen wir hinzufügen, und *werden* sie haben, wenn wir Lehrer unsere Aufgabe richtig erfüllen.

Zur Systemhaftigkeit des Weltwissens. Wir haben im Verlaufe dieses Buches immer wieder betont, daß das Wissen des Menschen Netzcharakter hat. Seine Teile sind untereinander vielseitig verknüpft. Wir erinnern an das Beispiel der Verhältnisse, die zum schweizerischen Bauernkrieg geführt haben, und wir erinnern an den Ausschnitt aus dem biologischen Wissen, das die Schutzfarbe gewisser Tiere betrifft. In Ausdehnung dieser Beispiele stellt man sich ohne weiteres das Insgesamt des Wissens in einem bestimmten Fach als ein System von verknüpften Aussagen vor. Im Idealfall gelingt es auch, zwischen den einzelnen Fachdisziplinen Brücken zu schlagen und Zusammenhänge zu knüpfen. Wenn es im Unterricht nicht geschieht, so gelingt es im Verlaufe des Lebens doch vielen Menschen, innerhalb ihres gesamten Weltbildes Kohärenz, Zusammenhang herzustellen.

Gewisse Bereiche unseres Wissens ordnen wir dann nicht nur netzartig, sondern nach strengeren logischen Gesichtspunkten. So wird ein Lehrer seine Schulklasse im Geiste unter verschiedenen Gesichtspunkten ordnen: einmal nach ihrem Geschlecht, dann nach ihren Leistungen, eventuell auch nach ihrem sozialen Herkommen usw. Würde er das aufzeichnen, so ergäben sich *Tabellen*, in deren einen Richtung das eine und in deren anderen Richtung das andere Merkmal variiert, z. B. Schulleistung in der waagerechten und soziale Herkunft in der senkrechten. Einer solchen Ordnung liegt eine *doppelte Klassifikation* zugrunde und diese wiederum beruht darauf, daß die Personen und die Objekte der Wirklichkeit verschiedene Merkmale haben und daher unter verschiedenen Gesichtspunkten geordnet werden können.

Die höchste Form der Systemhaftigkeit des Wissens ist im physikalischen Weltbild verwirklicht. Hier sind die Erscheinungen nicht nur nach mehreren Gesichtspunkten *klassifiziert*, hier sind sie vielmehr quantitativ erfaßt, und ihr Zusammenhang drückt sich in Formeln aus, die die einzelnen Variablen untereinander systematisch verknüpfen: die Anziehungskraft der Erde mit dem Gewicht der Dinge, das Gewicht mit dem Druck, der Druck mit anderen Kraftbegriffen, die Kraft mit der Arbeit, usw.

Wir sagen das alles, um anzudeuten, daß es lockerere und konsequenter durchkonstruierte *Systeme des Weltwissens* gibt. Alle Systeme jedoch sind in sich zusammenhängend, und auf diesem Zusammenhang beruhen die charakteristischen Formen der Beweglichkeit des Denkens innerhalb unseres Wissens.

Beweglichkeit beim Verstehen von Veränderungen

Die elementarste Form der geistigen Beweglichkeit, die noch nichts mit der Systemhaftigkeit des Denkens zu tun hat, ist die Fähigkeit, Veränderungen im Geiste nachzuvollziehen. Diese Veränderungen können auf ganz verschiedenen Ebenen auftreten: als fremde Handlungen und als sprachliche Äußerungen, als Veränderungen in Arbeitsvollzügen, die durch den technischen Wandel notwendig oder möglich werden, und schließlich als epochale Veränderungen des Zeitgeistes. Beispiele des technischen Wandels wären etwa die Veränderungen in der Ausrüstung der Betriebe, die Einführung von Computern, die die Arbeit der Handwerker und der Buchhalter grundlegend verändern, oder die Einführung von Automaten, etwa von Schweißmaschinen, die dem Arbeiter seine ursprüngliche Arbeit abnehmen und ihn zum Überwacher eines komplexen Systems machen, oder die Einführung neuer Materialien, mit denen Architekten und Ingenieure zu arbeiten lernen müssen. Mit den epochalen Veränderungen des Zeitgeistes ist jeder von uns im Verlaufe seines Lebens konfrontiert: die Ideale der alten sind nicht mehr diejenigen der jungen Generation, eine Gesellschaft und ihre Wirtschaft verändern sich und verlangen von ihren Gliedern ein Umdenken oder aber ein sinnvolles, angepaßtes Reagieren auf die neuen Bedingungen.

In allen diesen Fällen gilt die einfache Regel: Menschen sind um so eher fähig, sich an veränderte Bedingungen anzupassen, je besser sie ihre bisherige Tätigkeit und die Bedingungen, unter denen sie sie ausgeführt haben, verstehen. Der Arbeiter, der weiß, was im Vorgang des Schweißens geschieht, versteht die Schweißmaschine und die Instruktion, die er zu ihrer Einführung erhält; der Buchhalter, der die Prinzipien des Rechnungswesens erfaßt hat, versteht auch das Programm, das die gleichen Vollzüge maschinell ausführt. Es ist wieder die alte Wahrheit: Verständnis erzeugt Verständnis, und Beweglichkeit im alten Handeln erzeugt Beweglichkeit vor neuen Situationen.

Beweglichkeit innerhalb von räumlichen Systemen

Um nun zu den klassischen Formen der begrifflichen Beweglichkeit überzuleiten, beginnen wir am besten mit den leicht einsehbaren Formen der Beweglichkeit in räumlichen Systemen. PIAGET, INHELDER & SZEMINSKA (1948/1971) haben in einem schönen Experiment gezeigt, daß junge Kinder Schwierigkeiten haben, sich vorzustellen, welchen Anblick ein Bergrelief, bestehend aus einem hohen Felsenberg, einem mittleren Waldberg und einem grünen, flachen Hügel von der Seite aus bietet, wo sie selbst nicht stehen. Die Kinder haben insbesondere Mühe, die Verhältnisse „links-rechts" und „vorne-hinten" richtig zu bestimmen. Beweglichkeit bedeutet hier, wie oben schon festgestellt, die Fähigkeit, sich auf fremde Standpunkte zu stellen und zu erkennen, daß die Perspektive von den verschiedenen Standpunkten aus verschieden ausfällt. PIAGET selbst und eine ganze Reihe von weiteren Autoren (zusammenfassend FLAVELL [2]1975 und 1977/1979) haben den Begriff der Perspektive auch auf nichträumliche Fälle ausgeweitet und festgestellt, daß eine besondere Art der Beweglichkeit des Denkens darin besteht, fremde Standpunkte im Geiste einzunehmen und zu verstehen, wie ein Sachzusammenhang in der Perspektive des anderen Standpunktes aussieht. PIAGET hat das die Fähigkeit zur *Dezentration* genannt, im Englischen spricht man von „role-taking".

Beweglichkeit innerhalb von begrifflichen Systemen

Mit der eben genannten Verallgemeinerung der Idee des Verstehens von fremden Standpunkten haben wir uns schon der Beweglichkeit in begrifflichen Systemen genähert. Der Schüler, der gelernt hat, die Geschichte der Besiedlung des amerikanischen Westens nicht nur vom Standpunkte der landsuchenden, weißen Siedler zu betrachten, sondern auch vom Standpunkt der Indianer, die dabei ihr Land verloren haben, der Schüler, der weiter sieht, daß hier auch zwei verschiedene Sichtweisen kollidieren, wie Menschen ihr Verhältnis zum Land verstehen, als Bauern, die ihren Besitz abgrenzen und in jeder Hinsicht über ihn verfügen wollen, und als Jäger und Nomaden, die eigentlich nur dem Wild nachfolgen, und zum Land selbst eine viel lockerere Beziehung haben – sie alle vollbringen eine *begriffliche* Leistung. Sie sehen im weißen Siedler und im Indianer mehr Merkmale, und sie verknüpfen diese in komplexerer Weise mit den umgebenden Bedingungen. Der Indianer erscheint nicht nur als der heimtückische Feind (oder das bedauernswerte Opfer), der weiße Siedler nicht nur als der mutige Pionier (oder der landgierige Eindringling). Je nach der Problemstellung wird der Schüler auf diese Weise fähig, den relevanten Standpunkt einzunehmen, diesen aber zugleich zu relativieren und in seiner möglichen Einseitigkeit zu erkennen.

Genau dies hat MONTADA (1968) in einem Experiment gezeigt: daß man Kindern beibringen kann, eine Matrize [das ist eine anschauliche Tabelle, in der 16 Figuren in vier Zeilen (Kreis, Dreieck, Viereck, Kreuz) und vier Spalten (rote, grüne, gelbe und schwarze Kreise, Dreiecke, usw.) angeordnet waren] sowohl unter dem einen wie auch unter dem anderen Gesichtspunkt zu betrachten und alle möglichen Untergruppen und Einzelfiguren nach den Anweisungen des Versuchsleiters zu zeigen: die Dreiecke, die gelben Figuren, den roten Kreis, das schwarze Dreieck, usw. Das Kind lernt bei diesen Übungen rasch den Gesichtspunkt zu wechseln und eine Gegebenheit einmal so und einmal anders anzusehen. MONTADA hat, mit anderen Worten, gezeigt, daß die Beweglichkeit des Denkens trainiert werden kann.

Vor komplexen begrifflichen Sätzen, bzw. im Umfang mit dem eigenen Wissen über komplexe begriffliche Zusammenhänge, gibt es eine weitere Form der Beweglichkeit: die Fähigkeit, den gleichen Zusammenhang von verschiedenen Elementen (Knoten) des Netzes her zu beleuchten. Denken wir uns noch einmal die wirtschaftlichen Verhältnisse in Europa nach dem Dreißigjährigen Krieg: Man kann sie darstellen, indem man sie von der wieder erstarkenden deutschen Wirtschaft her betrachtet. Man kann die Lage der Schweizer Bauern untersuchen. Man kann aber auch, abstrakter, die Preisentwicklung im Agrarsektor feststellen. Eine vierte Perspektive ergibt sich, wenn man den Strom der Waren untersucht: Exporte aus der Schweiz nach Deutschland während des Krieges, Rückgang der Exporte nach dem Krieg, ja, sogar Umkehr des Warenstroms und Importe aus Deutschland in die Schweiz.

Technisch gesprochen, stellen wir in diesen Fällen fest, daß innerhalb des gleichen Systems von Sachbeziehungen verschiedene begriffliche Hierarchien konstruiert werden können. Sie sind auf je verschiedene Elemente des Netzes als Spitzen der „Komplexionshierarchie" ausgerichtet (AEBLI 1981, 205 ff.). Diese Spitzen repräsentieren das „Erkenntnisinteresse", den zu erklärenden Begriff (den „Typen", QUILLIAN 1968).

Beweglichkeit bedeutet hier also die Fähigkeit, einen Sachzusammenhang auf den einen oder anderen seiner konstituierenden Begriffe hin auszurichten, ihn vom einen oder anderen Punkte her auszuleuchten. In einem abstrakten Sinne ist daher auch hier der Begriff der Perspektive am Platze. Der Betrachter kann innerhalb eines Netzes von Beziehungen diesen oder jenen Knoten als Betrachtungspunkt wählen und von ihm aus – oder auf ihn hin – die Zusammenhänge ausleuchten. Praktisch wird es sich darum handeln, das gleiche begriffliche Netz von verschiedenen Punkten her aufzurollen, bzw. verschiedene Prozesse oder Objekte im gleichen Netz einzuordnen.

Derartige Rekonstruktionen können zum Zwecke des Lernens vom Schüler verlangt werden. Häufig aber werden sie auch notwendig, weil die Quellen- oder Datenlage es erfordert. Wenn wir uns nämlich in die Lage des Wissenschaftlers versetzen, der einen Sachzusammenhang aus bruchstückhaften Informationen rekonstruieren muß, und in die Lage des Praktikers, der sich aus fragmentarischen Angaben ein Bild über einen wirtschaftlichen, juristischen oder psychologischen „Fall" zu verschaffen hat, so erkennen wir unmittelbar die Realistik dieser Vorgänge. Das Leben beschert den Menschen nicht nur ständigen Wandel, es beschert ihnen auch laufend undurchsichtige Situationen, bloße Bruchstücke der Information, aus denen sie sich ein zusammenhängendes Bild konstruieren müssen. Das erfordert Beweglichkeit in der Nutzung der vorhandenen Daten, die Bildung verschiedener Hypothesen und ihre Prüfung aus verschiedenen Blickwinkeln.

Beweglichkeit im Handeln und Operieren

Bisher haben wir vom Verstehen der Wirklichkeit gesprochen. Aber der Mensch ist nicht nur ein kontemplatives, er ist auch ein handelndes, in die Welt eingreifendes schöpferisches Wesen. Wenn dieses Handeln erfolgreich und fruchtbringend sein soll, so muß es Stetigkeit und Beweglichkeit verbinden. Die Stetigkeit entsteht aus dem Bewußtsein der Zielsetzungen: wissen, was man will, wissen wohin man gelangen möchte. Wie man es erreichen kann, daß junge Menschen ihre Ziele und ihre Bestimmung finden, steht hier nicht zur Debatte. Diese Frage reicht über die Zuständigkeit der Didaktik hinaus in eine allgemein-pädagogische und anthropologische Dimension.

Das andere, die Beweglichkeit des Handelns in der Verfolgung der Ziele, ist jedoch eine fundamentale Frage der Psychologie. Seine Notwendigkeit ergibt sich aus dem Wesen der Wirklichkeit. Wir haben es schon gesagt: die Welt, in der wir handeln, ist selber in ständigem Fluß. Unser Gegenüber handelt in der Regel selbst, auch sachliche Situationen haben häufig ihre eigene Dynamik. In dieser Lage muß der Handelnde sein Tun in der Regel als Teil einer Wechselwirkung verstehen. Es ist wie im Schachspiel: Auf meinen Zug folgt der Zug des Gegners. Ich kann meinen Plan nicht einfach abwickeln, wie ich ihn mir gedacht habe. Ich muß in meinem Plan laufend die Reaktionen des Partners einbeziehen. Das ist keine bloße Anpassung, das ist die Verfolgung der eigenen Ziele unter Einbezug der Reaktionen des Partners.

Auch in meinen Handlungen am unbelebten Objekt erzeuge ich ständig Effekte, die ich nicht vorausgesehen habe. Ich muß auf sie ebenso reagieren, wie ich der Eigenart des ursprünglichen Objekts Rechnung trage: indem ich versuche, den auseinanderfallenden Bilderrahmen zusammenzuschrauben, drohe ich ihn zu spalten; indem ich den Fleck im Kleidungsstück entferne, droht seine ursprüngliche Farbe zu verbleichen. Indem ich die Mäuse im Garten vertreibe, nehmen die Engerlinge überhand.

Die Planung von Handlungen erfordert daher Beweglichkeit. Der Handelnde sollte seine Handlungspläne den sich wandelnden Bedingungen anpassen, wenn nötig die Zwischenziele verändern können, um auf einem neuen Weg zum Ziel zu gelangen. Wir treffen hier wieder auf die Fähigkeit, Umwege zu beschreiben, wie von den Gestaltpsychologen betont worden ist. Wir verstehen jedoch diesen Begriff nun nicht mehr einfach im räumlichen Sinn: Umwege zu beschreiben, heißt auch, die Mittel zur Verwirklichung von Zielen zu variieren und gegebene Zwischenziele in verschiedener Reihenfolge zu realisieren. In den dramatischsten Fällen bedeutet Beweglichkeit des Handelns, Ziele neu zu interpretieren, auf ihre Verwirklichung in der einen Form zu verzichten und andere, besser durchführbare oder allgemeiner akzeptable Formen zu finden.

Was wir hier vom konkreten Handeln sagen, gilt natürlich auch vom abstrakten Operieren. Auch hier begegnen wir Schwierigkeiten und Hindernissen. Auch hier ist es daher notwendig, daß wir unsere Lösungsmethoden, unsere Zwischenziele und sogar unsere Endziele revidieren, wo es die

Umstände erfordern. Die Heuristiken, die wir im Zusammenhang mit dem Problemlösen genannt haben, erscheinen hier in einem neuen Licht: Es sind alles Versuche, mit einem widerspenstigen Objekt, mit Problemsituationen fertig zu werden, zu deren Bewältigung wir kein einfaches und direktes Verfahren besitzen.

Didaktischer Teil
Das Durcharbeiten von Handlungsplänen, Operationen und begrifflichen Systemen

Das Durcharbeiten der Handlungspläne, Operationen und Begriffe kennzeichnet die zweite Phase des Lernprozesses. Sie liegt zwischen der Einführung, in der die neue Struktur aufgebaut wird, und der Übung, die ihrer Sicherung und Automatisierung dient.

Wenn man vorausblickt und erkennt, wie sehr das Üben an der symbolischen Darstellung der Operationen und der Begriffe hängt, so wird die *Nähe des Durcharbeitens zur Einführung* sichtbar. In den Realfächern werden neue Begriffe vor der Sache selber oder ihrer anschaulichen Abbildung erarbeitet. Die sprachliche Formulierung ist nicht zentral, sie hat nur unterstützende und fixierende Funktion. Bei der Wiederholung, die der Einprägung dient, ist die sprachliche Darstellung der Ergebnisse grundlegend und wichtig. Das Durcharbeiten gleicht dem ersten Aufbau insofern, als hier noch mit der Sache selber und/oder ihrer Abbildung gearbeitet wird. Dasselbe gilt natürlich für das Durcharbeiten eines Handlungsplans. Es erfolgt zwar gedanklich, aber vor den konkreten Gegebenheiten, mit denen die Handlung realisiert wird, also zum Beispiel am Sandkasten oder vor Planunterlagen. Desgleichen beim Durcharbeiten einer Operation: Während die Übung mit den Symbolen operiert, in die die Operation übersetzt worden ist, erfolgt das Durcharbeiten noch mit den Objektmengen oder ihren konkreten Symbolen, oder mit den räumlichen Körpern oder ihrer anschaulichen Abbildung, nicht bloß mit der Zeichenfolge, die beim Üben zum Automatismus eingeschliffen wird.

Psychologisch gesprochen, erfolgt das Durcharbeiten in den *primären Verhaltenssystemen* (AEBLI 1981; 309 ff.), also in jenen Systemen, in denen das Verhalten in der Praxis abläuft, während das schulische Üben den Ablauf im sekundären Verhaltenssystem automatisiert, das den primären Ablauf zum Zwecke der symbolischen Verarbeitung abbildet. In diesem Sinn ist das Handeln mit konkreten Objekten ein primäres Verhalten, seine sprachliche Darstellung jedoch ein sekundäres, das Operieren mit Objektmengen und räumlichen Größen (geometrische Körper und Figuren) ein primäres, das Operieren mit Zahlzeichen und Zahlwörtern ein sekundäres.

Flexible Handlungspläne, Operationen und Begriffe

Wenn unsere Schulen nicht weithin Buchschulen wären, so fiele es uns leichter, zu erklären, was das Durcharbeiten von Handlungsplänen konkret bedeutet. So wie die Dinge sind, müssen wir aber mit einer „konkreten Utopie" des Durcharbeitens beginnen. Stellen wir uns vor, das Handeln spiele in unseren Schulen eine ähnliche Rolle wie in der alten europäischen Meisterlehre: Die Schüler realisieren mit ihrem (Schul-)Meister zusammen die verschiedensten Projekte, so wie der Lehrling mit seinem Meister zusammen die verschiedensten konkreten Arbeiten ausführt: ein Dach decken, eine Gartenanlage gestalten, eine Küche einbauen, einen Öltank im Keller eines Hauses zusammenschweißen. Die Schüler erhalten oder stellen sich selbst eine konkrete Aufgabe und müssen diese als erstes planen. Da sie neu und die Zahl der Schwierigkeiten groß ist, müssen die Pläne hin- und her überlegt werden. Dieses Hin- und Her-Überlegen ist nichts anderes als Durcharbeiten! Es bedeutet, daß verschiedene Variationen des Vorgehens erwogen werden, ihr mutmaßliches Ergebnis, der Aufwand und der Ertrag abgeschätzt und verglichen werden. Es ist das Verhalten, das jeder Mensch vor einer wichtigen Arbeit oder einer wichtigen Auseinandersetzung spontan an den Tag legt: den Ablauf „nach allen Kanten" zu durchdenken, alle möglichen Schwierigkeiten zu antizipieren und für jede eine Antwort bereit zu halten; mögliche Variationen des Ablaufs im Geiste durchzuspielen, so daß man von der „Tücke des Objektes" (oder des Gegners) auf keinen Fall überrumpelt wird.

So werden Handlungspläne durchgearbeitet. Während sie anfänglich relativ starre Vorstellungen von einem einzigen möglichen Ablauf darstellen, so werden sie im Verlaufe des Durcharbeitens flexibel und differenziert. Sie gleichen einem elastischen Instrument, das in der praktischen Bewährung jedem möglichen Falle gewachsen ist.

Im Verlaufe der Durchführung wird man wiederum *Reflexionspausen* einschalten. Sie dienen dazu, den bisher durchschrittenen Weg zu beurteilen, festzustellen, wo man im ganzen Ablauf steht und den weiteren Fortgang zu planen. Auch dieses Rück- und Vorwärtsblicken hat Züge des Durcharbeitens, indem hier noch einmal mögliche Variationen, nunmehr nahe an der Durchführung und vor der konkreten Situation, abgewogen und bezüglich ihres Wertes eingeschätzt werden. Die Forschergruppe von DÖRNER hat mit ihren Simulationsspielen zeigen können, daß gute Planer genau das tun, was wir hier als „Durcharbeiten" vorschlagen: mehrere Variationen des Vorgehens zu durchdenken und im Verlauf der Durchführung die Ergebnisse immer wieder zu evaluieren und die Pläne entsprechend anzupassen. Wer das nicht tut, macht als simulierter Unternehmer bald einmal Bankrott (DÖRNER et al. 1981). In diesem Zusammenhang denken wir daran, daß heute an einigen Schulen Europas und Amerikas das *Schachspiel* und einige andere Brettspiele im Rahmen des Unterrichts behandelt und gespielt werden. Nach dem, was wir über den exemplarischen Wert dieses Spieles gesagt haben – Planen von Handlungsfolgen mit einem lebendigen Gegner, der seinerseits seinen Plan hat – erkennt man den hohen formalen Wert dieser Form des fiktiven Handelns. Die Durchsichtigkeit der Zusammenhänge und ihre große Tradition machen die Brettspiele attraktiv. Man könnte getrost einige Mathematikstunden der durchschnittlichen westlichen Schule gegen eine Einführung ins Schachspiel austauschen. Der Ertrag für die Denkschulung und – darüber hinaus – für die Schulung der Handlungsplanung und ihre bewegliche Verwirklichung wäre sicher vergleichbar.

Wir haben diese Überlegungen als „konkrete Utopie" bezeichnet. Sie ist aber nicht nur als Zielvorstellung nützlich. Es ist durchaus möglich, in unseren Schulen etwas vom Geist des Durcharbeitens von Handlungsentwürfen aufleben zu lassen. Wir müssen uns als Lehrer aber vorerst die Idee des Handelns und der Handlungsplanung aneignen und dürfen als Menschen des 20. Jahrhunderts der Wirklichkeit nicht ausschließlich im Geiste der Kontemplation begegnen. Es ist auch unter den gegenwärtigen Bedingungen möglich, gewisse Projekte zu realisieren und die entsprechenden Handlungen zu planen. Wir haben mehrmals vom Bau eines Kraftwerkes gesprochen. Das ist ein Handlungsplan! Mit Primarschülern wird man ihn im Sandkasten realisieren, mit älteren Schülern anhand des geeigneten Kartenmaterials durchdenken. Wirklich *durch*denken: das heißt den Handlungsplan durcharbeiten.

Der Bereich des *mathematischen Denkens* ist der klassische Ort des Durcharbeitens. Hier ist die Idee ja überhaupt entstanden, als wir zu Ende der Vierzigerjahre die ersten Überlegungen über das „exercice opératoire", das wir heute Durcharbeiten nennen, angestellt haben (AEBLI 1951/^{5}1973). Beispiele haben wir im Kapitel über den Aufbau von Operationen gegeben (S. 235). Wir rufen hier bloß in Erinnerung, daß es PIAGET als das eigentliche Wesen der Operationen bezeichnet, im Rahmen ihrer Systeme beweglich zu sein. Wenn wir daher eine Gruppe von neuen Operationen eingeführt haben, werden wir sie nicht sofort in stereotyper Weise drillen und einschleifen. Unser Ziel ist, sie von den besonderen Beispielen und den Formen abzulösen, unter denen wir sie in der Übungslektion durchgeführt haben. Wir werden sie daher umkehren und in der Abfolge der Teilschritte variieren und werden die „verwandtschaftlichen Beziehungen" unter den Operationen sichtbar machen und ausnützen: 8 × 25 ist gleich 4 × 50, und das ist gleich 2 × 100. Variationen der Rechnung 3 + 4 = ? sind: 3 + ? = 7, ? + 3 = 7 und: 7 − 4 = ?, 7 − ? = 3 und ? − 4 = 3. Auch mit älteren Schülern ist dieses Durcharbeiten notwendig und möglich. Wir erinnern hier an das Durcharbeiten der Berechnung des Umfangs und der Fläche des Rechtecks (AEBLI 1951/^{5}1973). Reizvolle Aufgaben ergeben sich im Geometrieunterricht, wenn wir eine gegebene Figur aus verschiedenen Bestimmungsstücken konstruieren, so zum Beispiel ein gleichseitig-schiefwinkliges Parallelogramm (einen „Rhombus") aus der Seite und einem Winkel, aus der Seite und einer Diagonale, aus den beiden Diagonalen, usw. Das Erfinden von Variationen eines Beweises oder eine Ableitung stellt eine interessante Aufgabe für ältere Schüler dar.

Man erkennt: das alles hat noch viel Ähnlichkeit mit der ersten Einführung. Insbesondere denkt man hier noch so konkret wie beim Aufbau der Operation. Durcharbeiten ist nicht einfach Üben. Sein Ziel ist das vertiefte Verständnis, die bewegliche Operation, nicht der Automatismus, der notwendig bedeutungsarm ist, weil er vor allem geläufig und sicher, unter geringer Belastung der Aufmerksamkeit ablaufen muß.

Dem Durcharbeiten von Operationen entspricht im nichtmathematischen Bereich *das Durcharbeiten von Begriffen*. Auch hier gehen wir von der grundlegenden Annahme aus, daß es keine isolierten Begriffe gibt. Die Bedeutung eines Begriffes ergibt sich in jedem Falle aus seiner Verankerung oder Einbettung in einem Begriffsnetz. Dieses umfaßt mindestens die Teilbegriffe, die zu seiner Erklärung notwendig sind. Begriffe unterhalten aber auch mannigfaltige „Außenbeziehungen"; das sind Beziehungen zu verwandten Begriffen. So gehört zum soziologischen Begriff der Basis derjenige des Überbaus, zum Begriff des staatlichen Unternehmens das private Unternehmen, zum Begriff der Aktie derjenige der festverzinslichen Anlage (oder Obligation). Man kann nicht sinnvoll von Gotik sprechen, ohne sie von der Romanik und von der Renaissance abzuheben, und wenn man in der Philosophie sinnvoll von Kant sprechen will, so muß man ihn mit Hume auf der einen und mit Fichte auf der anderen Seite vergleichen.

So stellen wir uns die Begriffe, die wir im Unterricht einführen, als Ausschnitte aus einem *begrifflichen System* vor. Das Durcharbeiten findet in seinem Rahmen statt. Es bedeutet einmal, daß wir einen gegebenen Begriff auf verschiedene Weisen erklären. Oder aber wir erklären ihn für verschiedene Adressaten. Es ist eine andere Sache, wenn wir die Idee der gotischen Kathedrale für den Baumeister und Steinmetzen erklären, der sie bauen muß, als wenn wir sie dem Gläubigen erklären, der darin den Gottesdienst erlebt, oder wenn wir sie dem Glasmaler vorstellen, der ihre Fenster ausschmücken soll. Es bedeutet ferner, daß wir einen gegebenen Begriff zu den benachbarten Begriffen in Beziehung setzen, was häufig in verschiedenen Dimensionen möglich ist. So kann man die Architektur der Gotik nicht nur zur Romanik und zur Renaissance in Beziehung zu setzen. Man kann auch die Verbindungen zwischen der gotischen Architektur, der gotischen Plastik und der Malerei dieser Epoche betrachten. Desgleichen wird man im Wirtschaftsunterricht verschiedene Anlageformen miteinander vergleichen: das Sparbuch, die Kassenobligation, die gewöhnliche Obligation, die Wandelobligation, die Optionsanleihe und die Aktie. Auch hier sind Vergleiche unter den verschiedensten Gesichtspunkten möglich (Risiko, Einkommen, usw.). Diese Übungen des Durcharbeitens erhalten einen praktischen Hintergrund, wenn man den Adressaten solcher Erklärungen und Vergleiche definiert, so wie wir es von der gotischen Kathedrale angedeutet haben. Man stellt sich leicht verschiedene Adressaten von Erklärungen von Geldanlagen vor: den jungen Familienvater, den Komponisten, der ein erstes erfolgreiches Chanson verfaßt hat, den kleinen Unternehmer, der daran denkt, seinen Betrieb zu verkaufen, den Bauern, der dem Staat ein größeres Stück Land verkauft hat.

Das Durcharbeiten im Rahmen des Erzählens, Vorzeigens, Anschauens und Lesens

Die bisherigen Überlegungen schließen an die drei Grundformen des Lehrens an, die sich nach den aufzubauenden Inhalten definieren: nach den Handlungsschemata, nach den Operationen und den Begriffen. Da die Strukturen hier durchsichtig und in sich geschlossen sind, ist es auch leicht zu zeigen, in welcher Weise sie durchgearbeitet werden müssen. In den folgenden Abschnitten wollen wir kurz auf die fünf Grundformen zurückblicken, die sich nach den Medien definieren, in denen die Kommunikation stattfindet: dem Erzählen, dem Vorzeigen, dem Anschauen, dem Lesen und dem Schreiben. Da sich hinter diesen Grundformen des Lehrens inhaltlich vielfältige Prozesse verbergen, kann man hier die Regeln des Durcharbeitens weniger systematisch begründen. Man muß sich die Dinge eher mit den Begriffen des gesunden Menschenverstandes und intuitiv klarlegen.

Wir haben gesehen, was die Geschichten kennzeichnet, die wir unseren Schülern erzählen: In der Regel steht eine Person oder eine Personengruppe im Zentrum des Geschehens, das durch ihre Handlungen bei allerlei Problemen und Schwierigkeiten bestimmt ist. Diese hängen wiederum in der Regel mit entgegengesetzten Zielen von Gegenspielern und Widersachern zusammen. Nun haben wir schon von der Möglichkeit gesprochen, die Schüler im Rahmen von Erzählungen des Lehrers zur Mitarbeit und zur vertieften Teilhabe am erzählten Geschehen zu animieren. Wir betrachten diese Schüleraktivitäten nun im Lichte der Idee des Durcharbeitens.

Das *Klären und Erklären* dient der Vertiefung und Sicherung des Verständnisses. Die Erklärungen der Schüler können offensichtlich mit jenen Variationen durchgeführt werden, die wir oben genannt haben, wobei mit kleinen Schülern die neuen Anforderungen natürlich sehr konkret begründet werden müssen: Wie würdet Ihr (europäischen Kinder) einem kleinen Amerikaner erklären, was eine Ritterburg ist? Wie würdet Ihr (kleinen Amerikaner) einem europäischen Kinde erklären, wie man ein indianisches Kanu rudert und steuert?

Das *Voraussehen von weiteren Entwicklungen der Geschichte* gleicht dem Planen von Handlungen. So wie dort verschiedene Varianten durchgedacht werden müssen, so können hier verschiedene mögliche Fortsetzungen der Geschichte erwogen und bezüglich ihrer Konsequenzen durchgedacht werden. Der Vergleich und das Abwägen wird die kleinen Schüler in einer ersten elementaren Weise vom naiven Erleben der Geschichte weg- und zur kritischen Reflexion hinführen. Daß man dies mit Zurückhaltung und eingedenk der Entwicklungsstufe der Kinder tun wird, ist selbstverständlich.

Das *Stellung-beziehen-Lassen* impliziert, wie wir gesehen haben, die Bewertung der Ereignisse und Handlungen unter verschiedenen Gesichtspunkten: Genau dies ist ein Kennzeichen des Durcharbeitens. Eine Handlung ist in dieser Hinsicht nicht einfach gut oder böse. Unter dem einen Gesichtspunkt erscheint sie so, unter einem anderen anders. Indem wir sie auf diese Weise mehrfach beleuchten, wird sie plastisch und differenziert sich.

Vom *Wiedererzählen und Wiederholen* haben wir seinerseits betont, daß es so gestaltet werden kann, daß die Wiederholung die Sicht verschiedener Beteiligter wiedergibt: Wie stellte sich das Einschlafen des Schlosses und das Erwachen in den Augen des Dornröschens, der alten Hexe, des Kochs und seines Lehrlings dar? Oder, auf höherem Niveau: wie würde ein Bolschewik, ein Menschewik, ein Angehöriger des russischen Adels, ein russischer Unternehmer und ein russischer Bauer die Oktoberrevolution von 1917 darstellen?

Schließlich haben wir vom *Dialogisieren* und vom *Dramatisieren* gesprochen. In der Sprache der Psychologie heißt das „Rollenspiel". Es ist die klassische Gelegenheit, die Schüler verschiedene Rollen übernehmen zu lassen (role-taking), und es ist eine klassische Form der Beweglichkeit, in den verschiedenen Rollen verschiedene Aspekte eines gleichen Vorgangs wahrzunehmen. Wenn das Rollenspiel bewußt gepflegt und mit der Zielsetzung der Dezentration eingesetzt wird, so wird es nicht bloß eine willkommene Belebung der Erzählstunden darstellen, sondern in einem tieferen Sinn der geistigen Entwicklung der Kinder dienen. (Siehe dazu die Anthologie von Wolfgang EDELSTEIN und Monika KELLER, 1982).

Gutes *Demonstrieren* ist ein Verhalten, in dem sich der Lehrer in die Lage der Schüler versetzt, die die Demonstration wahrnehmen und innerlich mitvollziehen sollen. Daher bietet es für die Schüler eine klassische Gelegenheit, zu erleben, was die Dezentration und das Bemühen, sich in einen anderen Standpunkt zu versetzen, bedeuten. Wir kennen keinen experimentellen Nachweis für die folgende Vermutung, sie erscheint aber plausibel: Wenn ein Kind erlebt, wie ein anderer seinen (des Kindes) Standpunkt einzunehmen sich bemüht, so weckt dies im Kind die Bereitschaft und die Fähigkeit, sich als vorzeigendes selbst so zu verhalten. Im Bereiche des sozialen Verhaltens ist eine entsprechende Wirkung mit Bestimmtheit nachgewiesen worden: Kinder, die von Seiten ihrer Eltern Fürsorge und Geborgenheit empfangen haben, legen diese Haltungen ihrerseits gegenüber anderen Kindern (und später auch gegenüber ihren Eltern und eigenen Kindern) an den Tag.

Insofern das *Anschauen von Objekten und Bildern und das Lesen von Texten* dazu dient, Wissen über Dinge, Situationen und Geschehnisse zu erwerben, gelten hier die gleichen Formen des Durcharbeitens, die wir für das Erzählen und für die Begriffsbildung postuliert haben. Besonders fruchtbar ist hier der Wechsel des Mediums. Das historische Bild wird sprachlich beschrieben, der Text wird zeichnerisch nachgestaltet, die Landschaftsansicht wird zur Kartenskizze umgearbeitet, das Landschaftsbild, das man auf der Karte studiert hat, wird als Modell dargestellt.

Im *Literaturunterricht* schließlich fallen das Interpretieren und das Durcharbeiten eines Textes weitgehend zusammen, denn Interpretieren bedeutet ja, den Text unter verschiedenen Gesichtspunkten zu beleuchten und die verschiedensten Beziehungen herzustellen: Zwischen Text und Autor, Text und Zeit, Text und Leserschaft, Text und verwandtem Werk. Wir erinnern hier an das, was wir im Kapitel über das Lesen gesagt haben.

Wenn wir schließlich über das Lesen hinaus mit den Schülern eigene *Texte verfassen* und dies nicht mehr allein im Sinn des adressatenlosen Aufsatzes betreiben, sondern Texte für einen Leser und Empfänger verfassen, so stellen sich noch einmal die klassischen Probleme des role-taking: Um wirkungsvoll für einen anderen zu schreiben, müssen wir uns in seine Lage versetzen. Indem wir dies tun und unsere Gedanken für *ihn* formulieren, arbeiten wir unsere eigenen Gedanken durch. Viele Lehrer sagen, sie hätten eine Sache erst dann verstanden, wenn sie sie ihren Schülern einmal erklärt hätten. Das ist auch Durcharbeiten.

XII. Grundform 11:
Üben und Wiederholen

Üben und Wiederholen konsolidieren das Gelernte. Jeder hat es an sich erfahren: einmal ist keinmal. Sowohl im Bereiche des einsichtigen Lernens und Erkennens als auch beim Erwerb von Fertigkeiten genügt das einmalige Durchdenken, der einmalige Vollzug nicht. Häufig vergessen wir sogar unsere eigenen guten Ideen! Die Konsolidierung, die hier not tut, ist von elementarer Art. Es ist, wie wenn sich diese Lernprozesse dem Nervensystem besonders tief einprägten, wie wenn die Abläufe in ihm Bahnen hinterließen, in denen sie sich geläufig und sicher, d. h. mit geringer Störungsanfälligkeit, vollziehen. Das Durcharbeiten schafft dies nicht. Wir haben es gesehen: Durcharbeiten erzeugt Klarheit und Beweglichkeit der gedanklichen Struktur. Bildlich gesprochen, verfeinert es das Gewebe der Begriffe und Operationen und macht sie durchsichtig. Üben und Wiederholen jedoch macht sie robust und solide. Es kon-sol-id-iert sie.

Das Üben dient der Automatisierung von gedanklichen und praktischen Abläufen. In den Fächern *Rechnen* und *Geometrie* müssen Operationen geübt werden. Diese betreffen einesteils arithmetische und algebraische Zeichenverbindungen, andernteils geometrische Konstruktionen, also Verfahrensweisen mit räumlichen Größen und mit den Geräten, die sie erzeugen und repräsentieren. Auch im *Sprachunterricht* stellen sich zahlreiche Übungsprobleme. Hinter den entsprechenden Regeln stehen gesetzmäßige Zusammenhänge, die Gegenstand einsichtigen Lernens sind. In der Folge muß ihre Anwendung jedoch automatisiert werden. Auch der *Orthographie* liegen Regeln zugrunde. Diese sind aber im Falle der deutschen Sprache von so vielen Ausnahmen durchbrochen, daß ihre Kenntnis nicht weit führt. Der Hauptteil des Orthographieunterrichts besteht ganz einfach darin, daß sich der Schüler Wortbilder einprägt. Dieses Einprägen muß wiederholt geschehen. Man muß dem Schüler das Wortbild immer wieder vor Augen führen und ihn das aufgefaßte Bild immer wieder reproduzieren lassen. Den *Formen der gesprochenen Sprache* liegen syntaktische Regeln zugrunde. Jahrhunderte hindurch meinte man, dem Schüler die Beherrschung der Muttersprache zu erleichtern, indem man ihn diese Formen als Konjugationen und Deklinationen in systematischer Ordnung hersagen und damit üben ließ. Wir wissen heute, daß dies verlorene Zeit war. Die Muttersprache lernt man nicht, indem man dekliniert und konjugiert. Die Formen der Muttersprache erlernt man im lebendigen Gebrauch. Aber wo häufig Fehler vorkommen, kann die in Frage stehende Form im Rahmen von sogenannten *Strukturübungen* (pattern drill) in variabler inhaltlicher Umgebung abgewandelt werden. (Ich kaufe ei<u>nen</u> neu<u>en</u> Hut. Ich kaufe ei<u>nen</u> warm<u>en</u> Mantel." Usw.) Dadurch wird sie vom Schüler automatisiert.

Es gibt wenige Teile der Welt, in denen das Kulturleben nicht mindestens teilweise in einer *Hochsprache* gepflegt wird, die sich von der Volkssprache unterscheidet. Für die Schüler ergibt sich daher die Aufgabe, die Formen dieser Sprache zu üben. Ihre Aussprache folgt Regeln, welche sich mehr oder weniger von denjenigen der täglichen Umgangssprache unterscheiden. Hier gilt in noch höherem Maße, daß nicht die Kenntnis der Regeln entscheidet, sondern die Fähigkeit zu ihrer automatisierten Anwendung. Folglich muß auch die Aussprache der Hochsprache systematisch geübt werden. Schließlich stellt das *Lesen* eine sehr komplexe Fertigkeit dar. Der Schüler muß lernen, die Wortzeichen rasch und sicher zu deuten. Beim geläufigen Lesen folgt einem laufenden Wahrnehmungsprozeß (Aufnahme der Wortzeichen) ein kontinuierlicher Reaktionsfluß (Aussprache der gelesenen Worte). Gleichzeitig wird der Sinn des Gelesenen gedeutet, ein Prozeß der laufenden Sinnkonstruktion, der wiederum die Betonung bestimmt (GIBSON & LEVIN 1975/1980). Dem Ganzen sind Automatismen der korrekten Aussprache überlagert. Man erkennt, warum dieser äußerst komplizierte Vollzug so langer Übung bedarf, bis er einwandfrei funktioniert.

Im *Gesangsunterricht* stellen sich ähnliche Probleme wie im Sprachunterricht. Auch hier sind Techniken zu erwerben (Notenlesen, vom Blatt singen), und analog der Übung der sprachlichen Diktion muß hier die Tonbildung mit ihren Teilproblemen der Atmung, der Erzeugung der gewünschten Tonhöhe und Klangfarbe und auch der Aussprache geübt werden.

Der *Instrumentalunterricht* kennt analoge Probleme. Sie sind besonders akut, weil der Musikschüler weitgehend selbständig übt: auf eine Unterrichtslektion folgt eine Periode des Übens in Abwesenheit des Musiklehrers, die um ein Vielfaches länger als die Unterrichtslektion ist.

Im *Turn-* und *Schreibunterricht* müssen zahlreiche motorische Reaktionen automatisiert werden. Freiübungen und Geräteübungen stellen Bewegungsabläufe dar, die nicht aus der Überlegung heraus vollzogen werden. Sollen die Teile fließend ineinander übergehen, sollen die komplexen Reaktionen, in denen der Körper mit seinem eigenen Gewicht und der Energie seiner bewegten Masse spielt, überhaupt gelingen, so müssen die Abläufe eingeschliffen, d. h. geübt werden. Desgleichen stellt der Schreibvorgang einen komplexen feinmotorischen Ablauf dar. Wie das Lesen muß auch er so weit automatisiert werden, daß Aufmerksamkeit für die Denkarbeit freibleibt.

Im Rahmen des *Zeichen-* und *Handarbeitsunterrichtes* lernt der Schüler verschiedene Techniken kennen. Hobeln und Feilen, aber auch Malen und Modellieren setzen voraus, daß der Ausübende weiß, was bei diesem und jenem Vorgang im Material geschieht, ob die Holzfasern aufgerissen oder glatt geschnitten werden, die Farben ineinanderfließen oder sich nur am Rande mischen, ob sie sich zum gewollten Ton kombinieren oder in ein schmutziges Grau-braun verwandeln. All dies weiß der Ausübende nicht theoretisch. Er lernt es nicht in Lehrsätzen, ja er kann es auch bei großer Meisterschaft häufig nicht formulieren. Es ist sozusagen ein Wissen der Hand. Tun und Wissen sind hier eins. Erworben aber wird es durch Übung, durch immer wiederholtes Probieren und Festhalten der erfolgreichen Verfahrensweisen.

Von *Wiederholung* sprechen wir überall dort, wo Sachzusammenhänge eingeprägt werden, also in den Realfächern (*Physik, Chemie, Biologie, Geographie, Wirtschaftswissenschaften* etc.), in den Teilen des *Sprach- und Geschichtsunterrichts,* der Einsicht und Wissen vermittelt und in den *technischen Fächern.* Wir haben gesehen, daß es schon im Zuge des Aufbaus der gedanklichen Beziehungsgefüge nötig ist, daß die Untereinheiten des Ganzen konsolidiert werden, damit sie sich untereinander verknüpfen. Wenn sodann das ganze Netz der Beziehungen aufgebaut ist, muß es seinerseits eingeprägt werden. Einmaliges Verstehen genügt hier nicht; es muß wiederholt durchlaufen („durchdacht") werden. Dabei merkt sich der Schüler auch die sprachlichen Ausdrücke, die die Sache adäquat wiedergeben, und entwickelt damit seine Sprache. So dient die Wiederholung der Ausbildung eines gesicherten und verfügbaren Wissens.

Psychologischer Teil
Konsolidierung und Automatisierung
(Gesetze des elementaren Lernens)

In der Psychologie und in der Sprache des Alltags werden unter dem Begriff des Lernens zwei ganz verschiedene Prozesse zusammengefaßt: einenteils das Finden und Herstellen der Sachbeziehungen zwischen bisher unverbundenen Elementen des Handelns und Denkens, andernteils das „Verstärken" der hergestellten Verbindungen. Den ersten Prozeß nennt man auch Problemlösen, Forschen, Entdecken, „höheres Lernen", den zweiten Einschleifen, Einprägen, Memorieren, Automatisieren, Konsolidieren, „elementares Lernen". Im folgenden ist von diesem zweiten Prozeß, dem elementaren Lernen, die Rede. Er ist dem ersten offensichtlich nachgeordnet. Denn zuerst muß der Zusammenhang hergestellt, der Ablauf gefunden und durchgearbeitet werden, dann kann und muß er in einem zweiten Schritt konsolidiert, „verstärkt" werden.

Woran erkennt man die Konsolidierung, die zunehmende Automatisierung? Zuerst einmal daran, daß eine Reaktion überhaupt vollzogen, ein Gedanke, eine Lösung reproduziert werden kann. So der Lehrling, der einen Apparat, eine Maschine in Betrieb setzen gelernt hat: kann er die notwendigen Handgriffe reproduzieren? Genau gleich der Schüler, der das Einmaleins memoriert, Wörter einer Fremdsprache lernt, sich den Ablauf von historischen Ereignissen oder den Zusammenhang von geographischen Gegebenheiten einzuprägen sucht: Wenn er sich prüft oder wenn er abgefragt wird, so wird man den Grad der Konsolidierung bzw. Automatisierung daran ablesen, ob überhaupt die Reaktion, die Lösung, der Gedanke reproduziert werden kann. Wenn viele einzelne Wörter, Rechnungen oder motorische Reaktionen memoriert worden sind, wird man feststellen, in wieviel Prozent der Fälle die Antwort gelingt. Man kann die Leistung in diesen Fällen auch in einem Häufigkeits- oder Wahrscheinlichkeitsmaß ausdrükken. Wenn wir das Verhältnis von richtigen zu falschen oder nicht-produzierten Antworten feststellen, tun wir genau dies.

Eine Leistung, bei deren Vollzug der Ausführende Kraft einsetzt, kann häufig gemessen werden: beispielsweise die Weite oder die Höhe eines Sprunges oder die Zeit, die gebraucht wird, um eine bestimmte Strecke zu durchlaufen. Häufig interessiert auch die Latenzzeit, die zwischen der Darbietung eines Reizes und der Reaktion verstreicht: Wir sprechen dann von prompter oder verzögerter Reaktion. Schließlich wird eine Leistung manchmal gemessen, indem der Grad ihrer Annäherung an eine vorgegebene qualitative Norm abgeschätzt wird (Beurteilung von Schriften, Musikvorträgen usw.). Hier ist keine direkte, quasi-physikalische Messung möglich. Der Beurteiler kann jedoch den Näherungsgrad von Leistung und Norm durch Zahlen ausdrücken, die es erlauben, Rangreihen herzustellen.

Alle diese Maße können den Grad der Konsolidierung/Automatisierung einer Reaktion ausdrücken. Die Gesetze des elementaren Lernens zeigen, welche Faktoren oder Bedingungen die Konsolidierung und Automatisierung von gedanklichen und praktischen Reaktionen erzeugen und fördern. Sie gehen davon aus, daß wir die Bedingungen geeignet gestalten oder dosieren (sie stellen die „freien Variablen" dar) und sagen voraus, wie sich unter diesen Umständen die Leistung („die abhängige Variable") entwickelt. In den folgenden Abschnitten stellen wir die grundlegenden Gesetze dar, welche die Konsolidierung und Automatisierung von Reaktionen regieren. Das Üben und Wiederholen basiert auf ihnen.

Die Leistung abhängig von der Zahl der Wiederholungen

Wie auch eine Leistung gemessen werde, in den meisten Fällen finden wir, daß sie mit der Anzahl der Wiederholungen ansteigt. Es drückt sich hier die bekannte Wahrheit aus, daß <u>Übung den Meister macht.</u> Der anfängliche Verlauf einer Leistungs- oder Lernkurve kann variieren. Anfangs- oder Anlaufschwierigkeiten können ein langsames Ansteigen bedingen, bis zu dem Augenblick, wo der Lernprozeß in Gang kommt und sich die Kurve hebt. In anderen Fällen bringen die ersten Versuche die größten Lernfortschritte. In jedem Fall werden diese mit der Zeit kleiner. Der Organismus nähert sich seiner momentanen Bestleistung. Daraus ergibt sich eine allmähliche, asymptotische Annäherung an die Horizontale (Abb. 28).

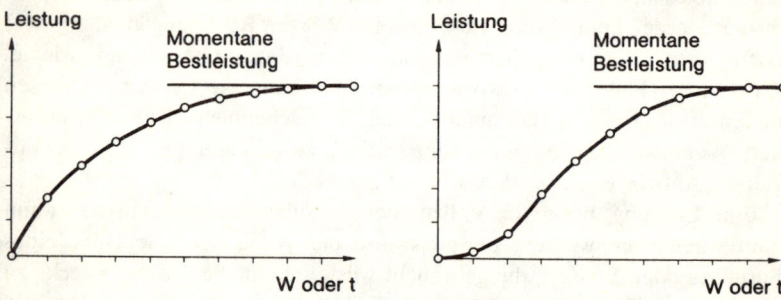

Abb. 28. Einfache Lernkurve und S-förmige Lernkurve (schleppender Anfang) W = Anzahl der Wiederholungen, t = Dauer der Übung.

Dieser Leistungsverlauf findet nur unter einer Bedingung statt: daß nämlich die Versuchsperson bei jedem Versuch ihr Bestes gibt und daß Ermüdung und Sättigung im Verlauf der Arbeit vernachlässigt werden können. Sind diese Bedingungen nicht erfüllt, so findet ein Leistungsabfall statt, der unter dem Einfluß der Ermüdung meistens allmählich stattfindet, der beim plötzlichen Wegfall des Einsatzes aber auch plötzlich sein kann.

Verteilte Wiederholungen sind wirksamer als gehäufte Wiederholungen

Jeder Praktiker weiß, daß es besser ist, an 6 Tagen je 10 Minuten zu üben als an einem Tag 60 Minuten. EBBINGHAUS (1885, 1919) hat dies beim Auswendiglernen von sinnlosen Silbenreihen schon nachweisen können.

Wie ist diese Tatsache zu erklären? Ermüdung und Sättigung spielen hier die entscheidende Rolle. Es muß angenommen werden, daß im Verlauf einer Übungsperiode die sichtbare, gemessene Leistung geringer ist als die potentielle Leistungsfähigkeit des Übenden. Die potentielle Leistung ist durch Ermüdung und Sättigung um einen bestimmten Betrag reduziert: die effektive Leistung stellt den Restbetrag dar. Während der Lernpause verschwindet die Ermüdung. Beim „frischen" Beginn entspricht die effektive Leistung der potentiellen Leistung. Es muß nun angenommen werden, daß Wiederholungen einer Tätigkeit, die nicht durch Ermüdung reduziert sind, einen höheren Lerngewinn zeitigen, eine Annahme, die durchaus plausibel erscheint. Jedenfalls ist der Tatbestand tausendfach bestätigt: verteilte Übung führt zu rascherem Erlernen und besserem Behalten von Gedächtnisstoffen und Bewegungsabläufen als gehäufte Übung (Abb. 29).

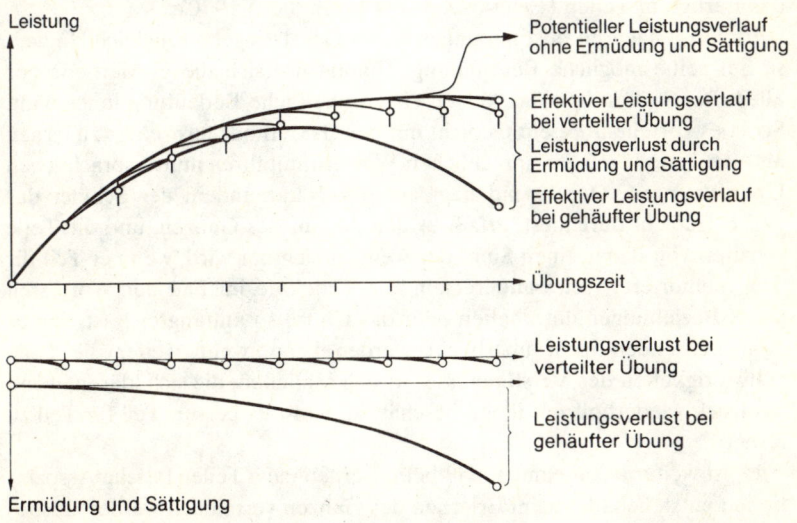

Abb. 29. Leistungsverlauf bei verteilter und bei gehäufter Übung. Typischer Kurvenverlauf.

G-Methode wirksamer als T-Methode

Wenn eine Versuchsperson einen längeren Reaktionsablauf auswendig lernen muß – meistens handelt es sich um das Memorieren eines Gedichtes, es kann aber auch um das Erlernen eines längeren Bewegungsablaufes, etwa einer Freiübung, gehen – wird sie in den meisten Fällen so vorgehen, daß sie

Teil für Teil bis zur vollständigen Beherrschung memoriert und die neu erlernten Teile abschnittweise zusammenfügt, bis das Ganze „sitzt". Dieses Vorgehen hat man die „Teil-Methode" (T-Methode, englisch Part-method, P-method) genannt. Nun gibt es eine andere Methode des Auswendiglernens, die darin besteht, daß immer die ganze Gegebenheit durchgelesen oder durchexerziert wird. Es dauert auf diese Weise relativ lange, bis ein Lernerfolg sichtbar wird. Dann aber ist häufig plötzlich die ganze Aufgabe gelöst. Das Vorgehen, bei dem immer das Ganze durchlaufen wird, hat man die G-Methode (Whole-method, W-method) genannt. Und nun das überraschende Ergebnis: die G-Methode ist in vielen Fällen rationeller als die T-Methode. Ob wir einfach die Zeiten vergleichen, die zur Bemeisterung zweier gleich schwerer Stoffe notwendig sind, oder ob wir im einzelnen feststellen, wie häufig ein jedes Element der Gegebenheit gelesen oder ausgeführt werden muß, das Lernen im Ganzen ist häufig ökonomischer als das Lernen in Teilen (EBBINGHAUS 1919; HILGARD 1970).

Einige genaueren Bestimmungen dieses Gesetzes geben zugleich Hinweise auf seine mögliche Begründung. Einmal hat sich die G-Methode vor allem bei Stoffen bewährt, denen eine einheitliche Bedeutung innewohnt. So ist es vorteilhafter, ein Gedicht mit der G-Methode auswendig zu lernen als eine Liste von fremdsprachlichen Wörtern mit ihren muttersprachlichen Übersetzungen. Der Grund liegt auf der Hand: indem der Schüler das ganze Gedicht durchliest, erfaßt er den Ablauf des Ganzen, und die Teile erhalten von daher einen Sinn, der weniger sichtbar wird, wenn er Teil für Teil memoriert. Wenn andererseits die Teile wie im Fall der Wortlisten keine Beziehungen unterhalten oder das Ganze so umfangreich ist, daß es vom Lernenden nicht überblickt werden kann, wenn weiter die Teile Schwierigkeiten des Verständnisses in sich schließen, die sich klären, wenn man sich wiederholt mit ihnen beschäftigt, so ist es besser, Teil für Teil zu lernen.

Es ist weiter anzunehmen, daß beim Lernen nach Teilen falsche Assoziationen entstehen, die beim Erlernen des Ganzen vermieden werden. Insbesondere werden die Übergänge von Teil zu Teil mit der G-Methode besser eingeprägt. Schließlich ist anzunehmen, daß sich der Vorteil der verteilten Übung auch zugunsten der G-Methode auswirkt. In der Tat bedeutet das Memorieren eines Teiles bis zur vollständigen Beherrschung ja seine *gehäufte* Wiederholung. Wird das Ganze durchlaufen, so vergeht immer eine gewisse Zeit, bis der einzelne Teil wieder drankommt. Die Sättigung, die bei gehäufter Rezitation des Teils auftritt, ist daher gering. Wenn immer das Ganze durchlaufen wird, geht der Lernende frischer an den Teil heran, als wenn er diesen hintereinander immer wieder durchläuft (HOVLAND 1951, 640–642).

Die Leistung abhängig von der Motivation

Motivation ist nur schwer direkt erfaßbar. Beim Menschen und in den Lernsituationen, die hier zur Diskussion stehen, sprechen wir vom „Interesse" an einer Sache und vom „Anreiz", den sie für ihn hat. Der Schüler, der stark motiviert ist, gibt sich Mühe und setzt sich ein. Er führt die Tätigkeiten intensiv aus und läßt sich von anderen möglichen Zielsetzungen nicht ablenken.

So schwer nun die Motivation zu erfassen ist, so deutlich weiß der einzelne, daß die Leistung von seinem Einsatz abhängt. Im Tierexperiment ist die Leistung eine direkte Funktion des Hungers, unter dem das Tier arbeitet (HULL 1943). Auch von der Übungsarbeit in der Schule kann gesagt werden, daß die Leistung und, damit gekoppelt, der Lernerfolg vom Einsatz des Schülers abhängt. Einschränkend muß man jedoch feststellen, daß zu starke Motivation häufig psychische Sperrungen und Blockierungen zur Folge hat und damit den Lernerfolg beeinträchtigt.

Intrinsische und extrinsische Motivation

Wenn man die Motive betrachtet, aus denen Schüler lernen, so stößt man rasch auf die grundlegende Unterscheidung zwischen intrinsischen und extrinsischen Motiven. Sie stammt unseres Wissens von John DEWEY, der sie schon vor 1900 verwendet hat (DEWEY 1895). Sie blieb jedoch von Psychologen und Pädagogen lange Zeit unbeachtet. Seit den 70er Jahren ist der Begriff der Intrinsität und der Extrinsität von den Psychologen wieder aufgenommen und auf die Motive bezogen worden (DAY, BERLYNE & HUNT 1971), und dies mit großem Recht.

HECKHAUSEN (1980, S. 608 ff.) nennt sechs Bedeutungen der Intrinsität von Handlungsmotiven:
(1) Intrinsische Motive streben nicht nach der Aufhebung eines Mangelzustandes wie Hunger oder Durst.
(2) Intrinsisch motivierte Tätigkeiten sind zweckfrei, sie haben ihr Ziel in sich selbst.
(3) Dieses Ziel besteht darin, ein optimales Niveau der Aktivität zu realisieren bzw. unter einem optimalen Grad der Stimulation zu stehen, d. h. weder überstrapaziert noch gelangweilt zu sein.
(4) Andere Autoren bestimmen intrinsisch motivierte Tätigkeiten durch das Erleben, diese selbst zu bestimmen und daher nicht abhängig zu sein.
(5) Neuerdings hat CSIKSZENTMIHALYI (1975) die intrinsisch motivierte Tätigkeit dadurch gekennzeichnet, daß sie „fließt" („rollt"), und daß der Tätige ganz in ihr aufgeht.

(6) HECKHAUSEN selbst neigt einer sechsten Definition zu, die die Gleichheit der Thematik von Handlung und Handlungsziel betont: Extrinsische Handlungen verfolgen ein Ziel, das nichts mit ihrem Wesen zu tun hat. Das extrinsische Motiv ist nicht das eigentliche Motiv einer Handlung. Dahinter steht ein anderes, intrinsisches.

Man erkennt den gemeinsamen Nenner dieser verschiedenen Definitionen: Intrinsisch motivierte Tätigkeiten haben ihr Ziel in sich selbst. Sie sind nicht bloß Mittel. Es ist daher kein *„eigentlicher* Zweck", der hinter dem unmittelbaren Ziel der Tätigkeit steht, erkennbar. Extrinsische Motive sind dagegen nur vordergründig. Dahinter stehen andere Motive, möglicherweise eine ganze Motivhierarchie. Der Schüler rechnet, um eine gute Note zu erhalten, er möchte eine gute Note, weil ihm der Vater ein Fahrrad versprochen hat, wenn er sie erreicht. Das Fahrrad verschafft ihm Prestige bei den Kameraden ... Vielleicht sind Prestige und Geltung intrinsische Motive. ADLER hat es jedenfalls behauptet. Sonst müßte man nach einer noch versteckteren Triebfeder suchen.

Daß das Üben durch allerlei Anreize und Belohnungen extrinsisch interessant gemacht werden kann, ist allgemein bekannt. Ist es aber möglich, zu erreichen, daß Übungslektionen als intrinsisch interessant erlebt werden? Wir würden meinen, ja. Karl BÜHLER hat das Wort von der *„Funktionslust"* geprägt. Für kleine Kinder ist sie das Motiv dafür, körperliche Fertigkeiten und Spiele, die sie eben gelernt haben, immer und immer wieder auszuführen. Dabei ist „die Tätigkeit als solche, das angemessene, glatte, reibungslose Funktionieren der Körperorgane, abgesehen von jedem Erfolg, den die Tätigkeit bringen könnte, ... zur Lustquelle" geworden (Karl BÜHLER 1918, zitiert nach ^{6}1930, 458). Man erkennt noch einmal die Züge der intrinsischen Motivation; zugleich aber wird klar, daß diese Kennzeichnung auch auf Tätigkeiten des schulischen Übens übertragbar ist: Wenn sie dem Können der Schüler angemessen ist und daher reibungslos abläuft, braucht dahinter keine Belohnung und keine Strafe zu winken: der Schüler empfindet sie als lustvoll, ihr Funktionieren selbst bereitet die Lust: eben „Funktionslust".

Hier ist auch Gelegenheit, einen weiteren, wichtigen Befund der Erforschung intrinsischer Motivation anzuführen, der dem Lehrer als Warnung dienen mag: Es ist möglich, intrinsische Motivation zu zerstören, und dies ganz einfach dadurch, daß man eine Tätigkeit, die Kinder um ihrer selbst willen und aus Freude betreiben, materiell zu belohnen beginnt. Sie stellen sich in der Regel rasch auf die Belohnung ein. Sobald diese aber wegfällt, fällt das Interesse an der Tätigkeit ab: die Belohnung hat die intrinsische Motivation korrumpiert (LEPPER, GREENE & NISBETT 1973, DECI 1975, zusammenfassend HECKHAUSEN 1980, 615 f.).

O. F. BOLLNOW: *Freude am vollkommenen Können in der Übung*

Karl BÜHLER spricht von der „Funktionslust" als einer Empfindung, die sich dann einstellt, wenn die geübte Tätigkeit reibungslos abläuft, weil sie dem ausübenden Menschen angemessen ist. Mit dieser Deutung bahnt sich ein vertieftes Verständnis des Übens an. In seinem Buch „Vom Geist des Übens" erweitert BOLLNOW (1978) diese Überlegungen und gibt ihnen eine anthropologische Dimsenion.

Wenn der Leser dieses Buches BOLLNOW richtig verstehen will, muß er wissen, daß der deutsche Pädagoge den Begriff des Übens weiter faßt, als wir es hier tun. Einmal bezeichnet er damit all das, was wir hier als „Durcharbeiten", „Üben" und „Anwenden" bezeichnen. Grundsätzlich kann man jegliche geistige Tätigkeit üben, die ein Können verlangt. BOLLNOW faßt darunter auch die Kunst des Beschreibens, des Übersetzens und des Interpretierens und als Grenzfall sogar das künstlerische Schaffen. Man erkennt daran, daß BOLLNOWs Üben eigentlich ein „Ausüben" ist, denn den genannten Tätigkeiten ist allein gemeinsam, daß sie ausgeübt werden. Einer solchen Ausweitung des Übungsbegriffs möchten wir nicht folgen, denn unter psychologischen Gesichtspunkten drohen hier Mißverständnisse. Indessen halten wir uns vor Augen, daß Definitionen an sich nicht richtig oder falsch, sondern nur günstig oder ungünstig, nämlich gewissen Erkenntnisinteressen dienlich oder hinderlich sind. Für BOLLNOWs theoretisches Anliegen erweist sich seine Definition als fruchtbar. In der Folge werden wir seine Theorie nicht zusammenfassen, das würde zu weit führen. Wir entnehmen ihr vielmehr jene Aussagen und Hinweise, die auch für unseren engeren Übungsbegriff gültig sind und die sich in der Schule anwenden lassen.

BOLLNOW übernimmt von HERRIGEL ([21]1982) den wichtigen Gedanken, daß es ein Üben als Mittel zum Zweck und ein Üben als Selbstzweck gibt. Man kann eine Tätigkeit üben, weil man weiß, daß es nützlich ist, sie in geläufiger und sicherer Weise zu beherrschen, und man kann sie ausüben, weil man an ihrem Vollzug Freude und Befriedigung empfindet. Mit dieser Auffassung steht BOLLNOW noch nahe an unserem Begriff des Übens aus intrinsischem Interesse an der Tätigkeit.

Wichtig ist nun jedoch nach BOLLNOW die Aufmerksamkeitsrichtung des Übenden. Sein Bewußtsein ist nicht so sehr auf den äußeren Effekt als auf den eigenen Akt gerichtet. Er erstrebt die höchste ihm derzeit mögliche Vollkommenheit des Vollzugs, und er wendet darauf alle ihm zur Verfügung stehende Sorgfalt an. Dazu ist Hingabe notwendig. Sie bewirkt eine Stimmung der „gesammelten Heiterkeit", in der sowohl Spannung als auch Gelöstheit enthalten sind. Bescheidener würden wir von der rechten Konzentration sprechen. Ein derartiges Üben geschieht freudvoll. Es ist die „Freude am vollkommen Können", ein quasi-ästhetisches Gefühl. Üben bewirkt eine besondere innere Haltung oder Verfassung des Menschen und erzeugt innere Freiheit.

Diese Darstellung ist sowohl äußerst gerafft als auch abstrakt. Die wesentlichen Benennungen sind die BOLLNOWS. Wenn wir sie nun auf die Schule und den Unterricht beziehen, so ergeben sich daraus keine neuartigen Übungsformen, sondern viel eher ein neuer „Geist des Übens", wie BOLLNOW selbst im Titel seines Buches sagt. Es ist ein Geist, den der Lehrer zuerst in seinem eigenem Verständnis des Übens realisieren muß, um ihn in der Folge den Schülern mitzuteilen. HERRIGEL (^{21}1982) schildert anschaulich, wie sich dieser Geist vom japanischen ZEN-Meister, bei dem er fünf Jahre lang Unterricht in der Kunst des Bogenschießens genommen hat, auf ihn selbst übertrug. Der Schüler muß darauf aufmerksam gemacht werden, daß man den Ablauf der eigenen körperlichen und geistigen Funktionen wahrnehmen kann und spüren kann, wie man eine Bewegung durchführt, oder ein Werkzeug führt, wie man eine zeichnerische oder eine gedankliche Figur bildet und wie man in diesem Vollzug versuchen kann, die beste mögliche Form zu finden. Was BOLLNOW als Hingabe bzw. „gesammelte Heiterkeit" und Konzentration bezeichnet, sind wiederum Haltungen, die sich vom Lehrer auf die Schüler übertragen. Die Freude am Gelingen wird sich spontan einstellen. Sie setzt jedoch voraus, daß die Übungen so angesetzt werden, daß jedem Schüler auf seinem Niveau Erfolg und (relative) Vollkommenheit des Vollzugs möglich werden.

Aus der Psychotherapie kennt man individuelle und kollektive Übungen der inneren Sammlung, der Wendung des Blicks nach innen und auf das Geschehen an sich selbst. Meditative Verfahren hat es seit jeher auch in den westlichen Kulturen gegeben. Unsere Schule, in der allzu häufig die äußere Geschäftigkeit vorherrscht, tut gut daran, von diesen Möglichkeiten der inneren Erfahrung Kenntnis zu nehmen und sie im Rahmen ihrer Möglichkeiten aufzunehmen und zu nutzen.

Erfolg spornt an, Mißerfolg lähmt

Erfolgreiche, zu einem befriedigenden Ergebnis (Effekt) führende Reaktionen werden beibehalten und verstärkt. Der Mißerfolg und das Ausbleiben eines angestrebten Effektes schwächen eine Reaktionstendenz. Das hat schon THORNDIKE (1913) erkannt, und in modernisierter und teilweise präzisierter Form wird das „Gesetz des Effekts" auch von der modernen Lernpsychologie noch anerkannt.

Die besondere Schwierigkeit besteht in der Bestimmung, worauf genau der Effekt wirkt. Lange Zeit hatte man angenommen, daß er die Verbindung zwischen Reiz und Reaktion verstärkt (HULL 1943). Daher hatte man die Belohnung, zum Beispiel das Futter, das das Tier am Ende des Labyrinthes vorfindet, kurz „Verstärker" genannt.

Entsprechend wurden auch Lob und Tadel als „negative und positive Verstärker" betrachtet. In dieser Betrachtungsweise beeinflußt die Verstärkung unmittelbar das Lernen. Dann aber fand man, daß Menschen und Tiere auch bei minimaler Verstärkung lernen (HULL 1952), ja daß es sogar ein Lernen ohne sichtbare Verstärkung gibt (TOLMAN 1932). In diesem Falle spricht man von *„latentem Lernen"*, denn es zeigt sich erst, wenn das Versuchstier oder die Versuchsperson unter Bedürfnisdruck steht und die Aussicht besteht, das Bedürfnis zu stillen.

Heute sind viele Lern- und Motivationspsychologen der Meinung, daß der angenehme oder unangenehme Charakter des Effekts eher den wahrgenommenen Wert der Anreize verändert und vom Anreiz her Verhalten und Lernen kognitiv gelenkt werden (HECKHAUSEN 1980), wobei die *Erwartung* von Erfolg oder Mißerfolg einen wichtigen, weiteren Faktor darstellt.

In der Praxis spielen diese theoretischen Nuancen eine geringe Rolle. Es genügt, daß der Lehrer beobachtet, wie die Schüler das Üben erleben, und versucht, es abwechslungsreich, interessant und erfolgreich zu gestalten. Mißerfolg muß, wo immer möglich, vermieden werden. Wo er auftritt, muß der Schüler die Möglichkeit erhalten, seine Leistung zu korrigieren und den Mißerfolg „erfolgreich" zu verarbeiten und zu bewältigen. (Zum Problem der Verstärkung verweisen wir auf die zusammenfassende Darstellung bei BOWER & HILGARD 1983.)

Die Wirkung des Effekts als Funktion seines zeitlichen Abstandes zum Reaktionsvollzug

Die Wirkung des Effekts ist um so größer, je rascher er auf die Reaktion folgt. Jedermann weiß, daß man Tiere unmittelbar nach der Handlung, die man ihnen austreiben will, bestrafen muß. Auch bei vielen Schülern wirken Strafen, die sich erst in einigen Stunden unangenehm auswirken (Strafaufgaben), wenig oder gar nicht. Aber auch positive Effekte, Belohnungen und Bedürfnisbefriedigungen, die erst lange Zeit nach der verlangten Anstrengung eintreffen, vermögen wenig Energie freizulegen. Nur wenige Schüler lassen sich durch das Versprechen, daß ihnen der Stoff des Unterrichts „später einmal" nützen werde, zur Arbeit anspornen.

Diese Zusammenhänge sind auch experimentell untersucht worden. Es hat sich dabei erwiesen, daß Effekte, also Belohnungen oder Strafen, eine Reaktionstendenz um so mehr zu verstärken bzw. zu schwächen vermögen, je rascher sie auf die Reaktion erfolgen (HULL 1943). Aus diesem Grunde lernt eine Ratte den letzten Teil eines Labyrinthes, den sie unmittelbar vor der Futterkammer durchläuft, am raschesten auswendig. Die Fehler (Eintritt in Sackgassen) werden vom Ende des Labyrinthes her schrittweise und in der Reihenfolge ihres Abstandes vom Endpunkt ausgeschaltet. Der gleiche Grund trägt dazu bei, daß die letzten Zeilen eines Gedichtes sehr rasch auswendig gelernt werden: sie stehen am nächsten vor der Belohnung, die in der Befreiung von der Spannung des Rezitierens besteht.

Der Verlauf des Vergessens

Schon EBBINGHAUS (1885, 1919) hat festgestellt, daß das Tempo des Vergessens gewisse typische Verlaufsformen aufweist. Am meisten vergißt man in den ersten Tagen nach dem Erlernen eines Stoffes. Sodann verflacht sich die „Kurve des Vergessens" (Abb. 30), d. h. die Verluste pro Zeiteinheit werden immer geringer. In gewissen Fällen erreicht die Kurve allmählich den Nullwert (vollständiges Vergessen), in anderen bleibt über Jahre und Jahrzehnte eine schwache Spur des Erlernten erhalten. So berichtet EBBINGHAUS (1919), daß er eine Reihe von BYRONschen Stanzen, die er an vier aufeinanderfolgenden Tagen jeweils bis zur ersten korrekten Reproduktion gelernt hatte, nach 17 Jahren noch mit 20% Ersparnis wiederlernte. Zwar erinnerte er sich spontan an keinen einzigen Vers; aber die Tatsache, daß er ein Fünftel weniger Wiederholungen brauchte, um sie wieder auswendig zu lernen, beweist, daß doch noch eindeutige Spuren der ersten Aneignung vorhanden waren. Dieses Beispiel zeigt deutlich, daß die Fähigkeit, einen Stoff zu reproduzieren, ein sehr grobes Maß des gedächtnismäßigen Behaltens ist: eine Versuchsperson mag sehr wohl unfähig sein, einen Gedanken

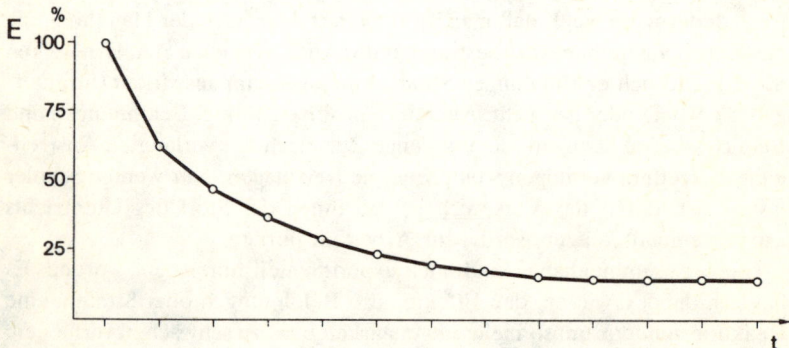

Abb. 30. Kurve des Vergessens. E = Behaltene Elemente oder Ersparnis an Zeit oder an Wiederholungen beim erneuten Lernen bis zur vollständigen Beherrschung. Der Verlauf der Kurve gibt die typische Form wieder. Im Einzelfall variiert der Verlauf nach verschiedenen Faktoren, insbesondere der Eigenart des Stoffes und der Güte des Gedächtnisses der Versuchsperson.

zu reproduzieren, ohne daß er deswegen jede Wirksamkeit im geistigen Leben eingebüßt zu haben braucht. Mindestens mag er wiedererkannt werden, oder aber das <u>Vorhandensein einer Spur</u> erweist sich wie im zitierten Beispiel an der <u>Ersparnis beim Wiederlernen des Stoffes</u>.

Verschiedene Forscher haben des weiteren darauf hingewiesen, daß <u>sinnvolles und verstandenes Material weniger rasch vergessen wird als sinnloses und unverstandenes</u>, daß Stoffe, die an mehreren Tagen, nach anfänglichem Versagen, wieder bis zur korrekten Rezitation gelernt worden sind, länger behalten werden als Stoffe, die nur ein einziges Mal erlernt wurden, und daß schließlich Material, da<u>s in verteilten Wiederholungen erlernt worden ist, länger behalten wird als solches, das in gehäufter Übung eingepaukt</u> wurde. Die letzte Tatsache ergänzt also den schon genannten Tatbestand, daß verteilte Wiederholungen raschere Lernfortschritte erzeugen als gehäufte.

Didaktischer Teil
Allgemeine Regeln zur Gestaltung der Übungsarbeit

Bevor wir die Regeln zur Gestaltung der Übungsarbeit nennen, halten wir fest, wo sie sich im gesamten Ablauf des Lernprozesses ansiedelt: *nach* dem Durcharbeiten, aber *vor* der Anwendung. In der Tat muß die Konsolidierung/Automatisierung auf den Aufbau der neuen Idee oder des neuen Verfahrens und sein bedeutungsnahes Durcharbeiten folgen, um ihr die geläufige und sichere Verfügbarkeit zu sichern. Diese ist notwendig, damit die Anwendung auf neue Gegenstände und Situationen gelingen kann. Echte Anwendungsprobleme sind schwierig; sie absorbieren die ganze Aufmerksamkeit des Schülers: da muß der anzuwendende Begriff, die anzuwendende Operation in einer Form zur Verfügung stehen, die sich nicht mehr in den Einzelheiten seiner/ihrer Realisierung verstrickt: der Begriff muß konsolidiert, der Ablauf automatisiert sein. Allerdings genügt diese Qualität allein nicht: vom Aufbau her müssen sie ihre Klarheit und Transparenz, vom Durcharbeiten ihre Beweglichkeit erworben haben, damit ihr Beziehungsgefüge dem neuen Gegenstand, der neuen Situation angepaßt werden kann. Die Übung aber leistet genau dieses: die Abläufe im einzelnen so problemlos zu gestalten, daß die ganze Aufmerksamkeit der neuen Situation und dem auf sie zu beziehenden Begriff und der in ihr zu realisierenden Operation oder Handlung gelten kann.

Üben heißt Wiederholen

In der Folge sollen die allgemeinen Folgerungen gezogen werden, die sich aus den oben genannten Gesetzen ergeben. Das Grundgesetz des Übens zeigt die Abhängigkeit des Lernfortschritts von der <u>Anzahl der Wiederholungen</u>. Dieser Tatbestand ist so wohl bekannt, daß er keines weiteren Kommentars bedarf. Automatische Vollzüge müssen häufig wiederholt werden, bis sie eingeschliffen sind und in einem gewissen Maße dem Vergessen widerstehen.

Aus diesem Grunde bemißt sich die <u>Qualität einer Übungslektion</u> weitgehend an der <u>Zahl der Vollzüge, die jeder Schüler ausführt</u>. Übungsmaterial und Übungsorganisation müssen daher eine rasche und leichte Abfolge der Beispiele ermöglichen. <u>Mit organisatorischen Maßnahmen sollte man keine Zeit verlieren</u>, indem der Lehrer zum Beispiel während der Stunde Beispiele ausdenkt und sie an die Wandtafel schreibt. Wandtafelbilder sollten vielmehr fertig vorbereitet sein. Tabellen ermöglichen die Lösung einer großen Zahl von Beispielen durch einfache Veränderung gewisser konstanter Größen (20% von Fr. 45.–, Fr. 70.–, Fr. 20.–, Fr. 175.–; 25%, 30% der gleichen Beträge). Im Rechenunterricht und im Sprachunterricht wird der Lehrer die zu lösenden Probleme häufig auf Kärtchen schreiben, die leicht ausgeteilt und ausgetauscht werden können. Auf der Unterstufe werden Würfel verwendet, die auf jeder Fläche eine Zahl tragen. Alle Schüler bilden mit ihren Würfeln die Antwort und zeigen sie der Lehrerin erst auf Aufforderung (Willoughby, Bereiter, Hilton, & Rubinstein, 1981). Schließlich können Gegenstände und Bilder den Anlaß zu einer Vielzahl sprachlicher und rechnerischer Problemstellungen geben: Anhand des Bildes einer Schusterwerkstatt wird eine sprachliche Form wie das „um zu" in Infinitivsätzen geübt. („Der Schuhmacher verwendet die Ahle, um Löcher in das Leder zu bohren"; ähnliches Vorgehen im Fremdsprachunterricht.)

Wenn der Leistungsfortschritt von der Anzahl der Wiederholungen abhängt, so muß hier nun präzisiert werden, daß nur der *korrekte* Vollzug leistungssteigernd wirkt. Wenn der Schüler beim Üben also Fehler macht, so tragen diese Wiederholungen unmittelbar nichts zum Fortschritt des Lernens bei. In vielen Fällen prägen sich die falschen Reaktionen sogar ein und werden fixiert. Daraus ergibt sich eine Reihe von einfachen Regeln. In erster Linie sorgt der Lehrer dafür, daß <u>bei der Übung möglichst wenige Fehler vorkommen</u>. Nachdem in den Einführungslektionen die Grundlagen gelegt worden sind, wird man die Aufgaben in den ersten Phasen der Übungsarbeit so leicht gestalten, daß praktisch keine Fehler vorkommen. Dann werden <u>die Leistungsansprüche allmählich gesteigert</u>. Immer aber müssen sie so dosiert sein, daß sie der Schüler zu <u>bewältigen</u> vermag. Von daher gewinnt das Prinzip, das schon COMENIUS in seiner „Großen Didaktik" ausgesprochen hat, seinen Sinn: Wir schreiten im Unterricht und insbesondere beim Üben „vom Leichten zum Schweren" vorwärts, weil wir dem Schüler dadurch immer die Möglichkeit geben, richtig zu antworten. Denn, um es noch einmal zu sagen: einzig die richtig vollzogenen Reaktionen erzeugen einen Lernfortschritt.

Fehler müssen sofort korrigiert und vom Schüler richtiggestellt werden. Nur wenn auf den Fehler der nochmalige korrigierte Vollzug erfolgt, findet Lernen statt. Das Sprichwort, daß man aus Fehlern klug werde, ist ungenau. Klug wird man einzig aus der praktischen oder gedanklichen Korrektur des Fehlers. Unter diesem Gesichtspunkt gewinnen auch die sogenannten „Verbesserungen", die in den meisten Schulen im Anschluß an schriftliche Arbeiten verlangt werden, ihren Sinn. Sie dienen dazu, daß der Schüler das Problem, das er falsch gelöst hat, noch einmal durchdenkt, daß er den Automatismus, den er falsch ausgeführt hat, noch einmal richtig vollzieht. Nun werden Verbesserungen von vielen Schülern völlig gedanken- und interesselos ausgeführt. Nicht nur, daß neue Fehler vorkommen, häufig tritt bei der nächsten Gelegenheit wieder genau derselbe Fehler auf. Dies ist nicht erstaunlich, wenn man daran denkt, daß der Schüler häufig einfach gedankenlos kopiert, was ihm der Lehrer in seine Arbeit hineingeschrieben hat. Darum muß der Schüler gezwungen werden, sich auch zu merken, was ihm der Lehrer verbessert hat. Diktate mit allzu großer Fehlerzahl sollten zu diesem Zwecke nach Ankündigung wiederholt werden. Auf die Wiederholung hin hat der Schüler Gelegenheit, sich die Formen, die er falsch geschrieben hat, einzuprägen. Ebenso ist es durchaus sinnvoll, daß der Schüler gewisse Abschnitte aus seinen Aufsätzen, die der Lehrer stilistisch sehr stark verändern mußte, auswendig lernt. Denn es ist ja notwendig, daß die Verbesserung nicht nur auf dem Papier steht, sondern in das Sprachverhalten des Schülers eingeht.

In zweiter Linie muß sich der Lehrer, der eine ganze Klasse unterrichtet, immer vor Augen halten, daß nicht die Anzahl der Wiederholungen zählt, die von der Gesamtheit der Klasse ausgeführt werden. Es kommt darauf an, was der Einzelne leistet. Betrachtet man unter diesem Gesichtspunkt gewisse Übungslektionen, so ergibt sich häufig ein überraschendes Bild. So mag etwa eine 35köpfige Klasse 20 Minuten lang gerechnet oder gelesen haben. Dabei sind vielleicht 50 Rechnungen ausgeführt oder 50 Sätze gelesen worden. Berechnet man die Anzahl der Wiederholungen pro Schüler, so findet man, daß ein Schüler durchschnittlich nicht einmal $1^{1}/_{2}$ Rechnungen ausgeführt oder Sätze gelesen hat. Vielleicht hat er den andern Schülern zugehört, im Geiste mitgerechnet oder mitgelesen. Das kann sein, trifft aber keinesfalls immer zu. Auch wenn die Beteiligung der Schüler gut ist, so geschieht es doch beispielsweise beim mündlichen Rechnen immer wieder, daß langsamere Schüler nur einen sehr geringen Prozentsatz der aufgegebenen Rechnungen überhaupt zu Ende rechnen können. Bevor sie soweit sind, nennt ein rascher Rechner schon das Ergebnis, und man geht zur nächsten Aufgabe über. Ähnliches geschieht im Leseunterricht. Der schlechte Leser vermag dem Lesetempo der normalen und guten Leser überhaupt nicht zu folgen. Seine Übungsarbeit beschränkt sich also auf die ein oder zwei Sätze, die er selber laut lesen darf. Erfahrene Lehrer wissen um diese Tatsachen und treffen die nötigen Gegenmaßnahmen. Sie hindern sich daran, die Klasse als Kollektivperson aufzufassen und nur die Summe der behandelten Beispiele in Rechnung zu stellen. Vielmehr denken sie jederzeit an den einzelnen Schüler und fragen sich, was er geleistet hat. Dies führt dazu, die Übungsarbeit so zu organisieren, daß jeder einzelne Schüler zu intensiver Beteiligung veranlaßt wird. Individuelles Üben an geeignetem Material und gruppenweise Arbeit dienen diesem Ziel. In der kollektiven Übungslektion soll der Arbeitsrhythmus so variieren, daß auch die schwächeren Schüler zum Zuge kommen.

Das Prinzip *der Verteilung der Wiederholungen* ist eindeutig. Es bedeutet, daß der Lehrer unter allen Umständen darauf achtet, die Übungsarbeit zu verteilen. *Kurz, aber häufig üben:* so heißt die einfache Grundregel. Auf diese Weise werden nicht nur die größten Lernfortschritte erzielt, zugleich wird der erworbene Stoff auch besser behalten. Diese Regel muß dem Schüler auch für seine Heimarbeit und seine Prüfungsvorbereitung nahegelegt werden. Im letzten Moment eingepaukter Stoff wird ebenso rasch vergessen, wie er erlernt worden ist. Aus dem gleichen Grund ist es auch vorteilhafter, den Fremdsprachenunterricht über mehrere Jahre mit niedriger Wochenstundenzahl zu verteilen – die europäische Praxis – als ihn auf wenige Jahre mit hoher Wochenstundenzahl zu konzentrieren wie man das in den USA tut.

Wenn der Schüler Texte auswendig lernt, sollte er auf die Vorteile der *G-Methode* aufmerksam gemacht werden. Es ist wahrscheinlich, daß er sie überhaupt nicht kennt. An Beispielen kann er die beiden Methoden selbst ausprobieren. Dabei soll ihm auch gezeigt werden, daß es bei sehr langen Stücken vorteilhaft ist, das Ganze in sinnvolle Teile zu zerlegen und diese dann nach der G-Methode zu erlernen. Man darf nämlich nicht vergessen, daß junge und wenig begabte Schüler das Bedürfnis haben, rasch zu sichtbaren Erfolgen zu gelangen. In dieser Hinsicht ist aber die Teil-Methode günstiger, denn sie verschafft dem Schüler relativ schnell die Befriedigung, einen Teil zu beherrschen. Für diese Schüler ist es demzufolge gut, daß ihnen Möglichkeiten der Zerlegung des Ganzen gezeigt werden, ohne daß sie dabei soweit gehen, Linie für Linie und Vers für Vers zu memorieren.

Mit andern Worten: der Schüler sollte dazu angehalten werden, die größten Einheiten auf einmal auswendig zu lernen, die er bewältigen kann (HOVLAND 1951, 640).

Die Übungsarbeit motivieren

Es kann kaum genügend betont werden, wie wichtig die *Motivation* in der Übungsarbeit ist. Übungsarbeit, die der Schüler widerwillig und mit halbem Herzen ausführt, ist verlorene Zeit. Jedermann kennt die Schreibstunden, die in vielen Schulen „absolviert" werden. Der Schüler füllt schlecht und recht so und so viele Seiten, ohne sich wirklich um die Verbesserung der Formen oder der Technik zu bemühen. Entsprechend stellt sich kein ins Gewicht fallender Lernfortschritt ein, ja die Leistungen fallen im Verlaufe einer Übungsperiode zum Teil sogar ab. Übung ohne Bemühung um einen Fortschritt ist also Leerlauf. Der Lehrer muß den Schülern sagen, welchem Ziel ein Übungsabschnitt dient. Er muß erreichen, daß sie sich bemühen, die gesetzten Ziele zu erreichen. Im Idealfall gelingt es ihm, dem Schüler Freude an der Sache selbst zu machen. Häufig strengt sich der Schüler auch dem Lehrer zuliebe an: das Lob des Lehrers, das Bewußtsein der Anerkennung seiner Arbeit ist ihm Motiv seines Fleißes. Daran ist nichts Unrechtes. Extrinsische Motive können mit der Zeit intrinsisch („funktionell autonom", ALLPORT 1937/1939) werden. In dritter Linie wird der Lehrer von Zeit zu Zeit kleine Belohnungen für gute Leistungen aussetzen. Zuletzt wird er denjenigen, der es offensichtlich an jeglicher Bemühung fehlen läßt, zurechtweisen. Wie dem auch sei: Motivation muß sein!

In der Absicht, die Übungsarbeit zu intensivieren und auch etwas Abwechslung einzuführen, veranstalten viele Lehrer von Zeit zu Zeit Leistungswettbewerbe. Am häufigsten werden sogenannte *Wettrechnen,* im Turnen *Wettkämpfe* organisiert; auch die Übung der Lesefertigkeit wird vielerorts als Wettkampf durchgeführt. Grundsätzlich bedeutet jeder Wettkampf Leistungsvergleich. Damit er den Teilnehmern möglich wird, muß ihr Stand im Wettbewerb äußerlich sichtbar gemacht werden. Schüler, die richtig geantwortet haben, dürfen aufstehen oder sich setzen, sie dürfen bei jeder richtigen Antwort eine Station auf einen vorgezeichneten Weg vorrücken, oder es findet ganz einfach eine fortlaufende Ausscheidung derjenigen statt, die noch, oder nicht mehr, mitmachen dürfen.

Wettkämpfe mobilisieren bedeutende Motivationskräfte. Sie wenden sich an elementare Triebfedern: an den Ehrgeiz, den Geltungsdrang, den Willen, den anderen zu übertreffen. Die Schüler setzen sich im allgemeinen in einer Weise ein, wie dies sonst kaum der Fall ist. Dadurch kann die Übungsarbeit bedeutend intensiviert werden. Zugleich aber treten ebenso ernstzunehmende Gefahren auf. Zwar muß der Schüler auch lernen, von Zeit zu Zeit unter Druck zu arbeiten, denn das Leben wird ihm solche Erfahrungen nicht ersparen. Aber ein Übermaß an Druck und Spannung schadet dem Lernerfolg. Bei vielen Schülern stellen sich psychische Sperrungen, ja sogar Panikerlebnisse ein: Seelenzustände, die ihre Leistungsfähigkeit reduzieren oder gar völlig vernichten. Mißerfolge werden unter diesen Umständen doppelt schmerzlich erlebt, denn der Grad des Mißerfolgserlebnisses ist proportional zur Anstrengung und zum Anspruchsniveau des Schülers.

Neben den sensiblen und ängstlichen Schülern versagen häufig gute Theoretiker in den Wettkämpfen, denn im Rechnen und in den Sprachfächern besteht nur eine geringe Beziehung zwischen der Fähigkeit, Automatismen zu bilden, und der Fähigkeit, Zusammenhänge zu erfassen. Die besten Kopfrechner und die geläufigsten Leser sind häufig nicht die schärfsten Denker und die besten Aufsatzschreiber. Nun ist es nur recht und billig, wenn nicht immer die Gleichen an der Spitze stehen. Der Lehrer sollte den Schülern anderseits aber doch sagen, daß die Rangordnungen, die in Wettkämpfen ermittelt werden, nur eine Teilfertigkeit innerhalb des betreffenden Faches messen.

Aus all diesen Gründen sollte der Leistungswettbewerb in der Schule mit Vorsicht und Zurückhaltung angewendet werden. Der Lehrer sollte die Schüler, insbesondere die schwächeren, während des Wettkampfes im Auge behalten und wenn nötig mit kleinen Maßnahmen der ausgleichenden Gerechtigkeit eingreifen. Wenn etwa beim Kopfrechnen die Ergebnisse gerufen werden dürfen, so wird er diese Übungsform von Zeit zu Zeit unterbrechen und die Schüler wieder selber aufrufen, wobei er dann einigen langsameren Schülern Gelegenheit gibt, aufzuschließen. Häufig werden Klassen bei Wettkämpfen auch in eine bessere und eine schwächere Hälfte eingeteilt, innerhalb deren dann die Streuung der Leistungen geringer ist. Auf diese Weise erhalten die schwächeren Schüler eher eine Erfolgschance. Weiter wird der Lehrer kein Auslachen dulden. Schließlich verhindert er durch seine eigene Haltung, daß eine allzu große Spannung entsteht und der Ausgang des Kampfes allzu ernst genommen wird. Werden diese Sicherungen beachtet, so kann die sparsame Anwendung von Leistungswettbewerben im Unterricht vertreten werden.

Ein schöneres pädagogisches Ziel als die Motivation des Übens mit Hilfe von Leistungswettbewerben ist jedoch die *intrinsische Motivation*. Wir haben es gesehen: intrinsisch motivierte Übungsarbeit wird möglich, wenn der Schüler das Üben selbst freudvoll erlebt und nicht dauernd darauf hingewiesen werden muß, wie nützlich es sei. Ist so etwas möglich? Die Beobachtung zeigt es. Immer wieder stößt man auf Lehrer, denen es gelingt, den

Schülern das Üben zur Freude zu machen. Welches sind die Bedingungen? BÜHLER hat es gesagt: Die verlangten Leistungen müssen dem Leistungsvermögen der Schüler angepaßt sein, mehr als das, das ganze Geschehen muß der menschlichen Natur angemessen sein. Der Begriff der „Natur" ist dabei wahrscheinlich zu eng. Was wir mit den Schülern tun, das muß nicht nur ihrer angeborenen Natur, sondern auch ihrer Vorerfahrung entsprechen. Der Ablauf soll „reibungslos" sein, sagt BÜHLER. Das bedeutet nicht notwendig einen spannungslosen Ablauf. <u>Abwechslung und natürlicher Wechsel von Spannung und Entspannung</u>, von Anforderung und Gelingen sind wünschbar. In den besten Momenten wird es gelingen, den Geist der „selbstvergessenen Hingabe" und des Sich-in-der-Tätigkeit-Vergessens zu realisieren, von dem BOLLNOW (1978) und HERRIGEL (^{21}1982) sprechen. Üben soll auch bei guten menschlichen Beziehungen zwischen Lehrern und Schülern und den Schülern untereinander geschehen. Bei formalen Übungen ist es notwendig, daß man die Inhalte nicht vernachlässigt. Bei Sprachübungen und bei Rechnungen ist es gut, wenn auch diese anregend und abwechslungsreich sind, ohne daß sie so anspruchsvoll gewählt werden, daß sie vom einzuschleifenden Mechanismus ablenken.

All das erfordert Vorbereitung. Es ist ein verhängnisvoller Irrtum, wenn Lehrer meinen, Übungslektionen bräuchten nicht vorbereitet zu werden. Der Stoff selbst ist in der Regel gegeben und problemlos. Aber es braucht viel Wissen um die menschliche Natur und auch eine sorgfältige Reflexion der einzelnen Maßnahmen, wenn sie den Schülern angemessen, abwechslungsreich und interessant sein sollen.

Und schließlich die Gefahr der Unterminierung intrinsischer Motivation durch äußere Belohnungen? Dazu ist es erst einmal nötig, daß intrinsische Motivation im Unterricht vorhanden ist, was nach dem Vorangehenden nicht selbstverständlich ist. Ein Lehrer, der sie erreicht, wird wohl nicht leicht darauf verfallen, das Resultat seines eigenen Bemühens durch äußere Belohnungen wieder zu vernichten. Immerhin muß der junge Lehrer, der eine funktionierende Klasse antritt, aufpassen, daß er vorhandene intrinsische Motive nicht zerstört, indem er mit äußeren Mitteln, zum Beispiel durch Leistungswettbewerbe, zu arbeiten beginnt. Das kann ihm dann geschehen, wenn er sich nicht zutraut, die Schüler an der Sache selbst zu interessieren oder die Übungsarbeit intrinsisch interessant zu gestalten. Aber das Problem ist lösbar: Es setzt voraus, daß sich der neue Lehrer über die bisherige Praxis des Übens und Lernens in der Klasse ins Bild setzt und bewußt auf die Art der Motivation achtet, aus der die Schüler arbeiten. Wo er auf intrinsische Motivation stößt, wird er sich freuen und zu verstehen suchen, wie sie vom Vorgänger aufgebaut und gepflegt worden ist und alles tun, um sie weiter blühen zu lassen.

Erfolg ermöglichen

Wenn erfolgreiche, zu einem befriedigenden Effekt führende Reaktionen beibehalten werden und die Tendenz zu ihrer erneuten Ausführung verstärkt wird, wenn anderseits erfolglose, zu einem unbefriedigenden Ergebnis führende Reaktionen eliminiert oder die Tendenz zu ihrer Ausführung geschwächt werden, so ist die Folgerung für den Unterricht eindeutig: grundsätzlich muß die Übungsarbeit so gestaltet werden, daß der Schüler darin erfolgreich ist. Mißerfolgserlebnisse müssen ihm im Prinzip erspart werden. Das heißt nicht, daß er nicht auch einmal erfahren darf, was es heißt, zu versagen. Aber auch dann gilt unser Prinzip: in diesen Fällen muß der Schüler lernen, ein eigenes Versagen „erfolgreich" zu überwinden, die Scharte auszuwetzen, es das nächste Mal besser zu machen.

In erster Linie handelt es sich also darum, die Anforderungen so zu dosieren, daß sie vom Schüler bewältigt werden können. Anforderungen, die seine Leistungsfähigkeit übersteigen, wirken entmutigend. Anderseits dürfen die gestellten Aufgaben natürlich auch nicht zu einfach sein, denn sonst empfindet der Schüler ihre Bewältigung nicht als Erfolg, und die anspornende Wirkung bleibt aus. Der Lehrer bemißt seine Anforderungen so, daß sie in der Grenzzone der Leistungsfähigkeit des Schülers liegen.

Schwächere Schüler, die in einem bestimmten Fach nicht „anbeißen" wollen, weil sie bisher auf dem betreffenden Gebiete immer versagt haben, muß man manchmal geradezu überlisten, um ihnen ein Erfolgserlebnis zu verschaffen. Gelingt dies, so sehen wir, wie sie plötzlich Freude an einem Fach gewinnen und sich einsetzen. Im übrigen ist die verstärkende Wirkung des Erfolgs ja im täglichen Leben leicht sichtbar. Nicht die schwächlichen jungen Leute, die körperliche Betätigung nötig hätten, treten bekanntlich in die Turnvereine ein, sondern im Gegenteil die guten Turner: Burschen, die das intensive Training, dem sie sich unterziehen, eigentlich gar nicht bräuchten. Das Gesetz des Effekts erklärt dieses Verhalten ohne weiteres: es ist der Erfolg, der einen Menschen dazu führt, die Betätig-ung weiterzutreiben und zu intensivieren, und alle rationalen Gründe vermögen die meisten Menschen nicht dazu zu bewegen, Tätigkeiten zu üben, die ihnen keinen Erfolg versprechen. DEMOSTHENES war ein Sonderfall.

Nun liegt es im Wesen vieler Betätigungen, daß sie kein sichtbares Ergebnis zurücklassen. Vom psychologischen Standpunkt aus ist dies ein Nachteil. Die Wahrnehmung des Ergebnisses der eigenen Tätigkeit spornt an. Aus diesem Grunde ist es kein didaktisches Mätzchen, wenn Lehrer immer wieder Übungsformen suchen, bei denen der Schüler das Ergebnis seiner Arbeit *sieht*. So schreibt der Elementarlehrer etwa die Aufgaben auf Kärtchen, die er den Schülern, die sie richtig lösen, bis zum Ende eines

Übungsabschnittes überläßt. Sie sehen somit das Ergebnis ihres Tuns in Form eines wachsenden Stapels von Kärtchen vor sich, was in den wenigsten Fällen die anspornende Wirkung verfehlt. Im Rahmen von Übungswettkämpfen ist es, wie gesagt, auch beliebt, die Schüler nach jeder gelösten Aufgabe einen neuen Standort einnehmen zu lassen, so daß die Stellung auf einem vorgezeichneten Weg die Anzahl der gelösten Aufgaben sichtbar macht. Neben dem Element des Wettbewerbs, das auf diese Weise zur Geltung kommt, wirkt hier auch das Effektgesetz. Schließlich erkennt man auch den Sinn des Lobs und der kleinen, eher symbolischen Belohnungen, welche der Lehrer dem Schüler für seine Bemühung spendet: sie stellen ein sichtbares Ergebnis der Betätigung dar und wirken verstärkend und anspornend auf die betreffende Reaktionstendenz.

Die Wirkung des Effekts einer Reaktion ist um so größer, je *rascher* er auf die Reaktion folgt. Eine wohlbekannte Erfahrung bestätigt diesen Tatbestand. Jedermann weiß, daß sich unmittelbar nach der Beendigung von schriftlichen Prüfungen unter den Schülern und Studenten sehr lebhafte Diskussionen über die gestellten Aufgaben entwickeln. Die Prüflinge zeigen in solchen Momenten ein außerordentlich starkes Interesse für die richtigen Ergebnisse und die richtigen Lösungswege. Diese Lage sollte der Lehrer ausnützen. Er sollte es einrichten, daß er sofort nach der Arbeit das Diktat, die Übersetzung oder die Prüfungsaufgaben mit den Schülern besprechen kann. Auf diese Weise werden die richtigen Lösungen am besten eingeprägt und die falschen eliminiert. Wenn der Lehrer, wie es sehr oft geschieht, die Arbeit erst mehrere Tage nach der Prüfung bespricht, weil er sie vorher korrigieren wollte, so ist das Interesse häufig verflogen und die Wirksamkeit des Effekts minimal. Ganz allgemein kann also gesagt werden, daß die Übungsarbeit so organisiert werden muß, daß richtige und falsche Antworten möglichst rasch als solche festgestellt werden. Der Bemühung um eine Aufgabe sollte keine lange Zeit der Ungewißheit, sondern die prompte Entscheidung über die Güte des Versuchs folgen.[1]

Aus der *Kurve des Vergessens* folgt schließlich die optimale Verteilung der Wiederholungen. Da das Vergessen in den ersten Tagen nach dem Erwerb eines Stoffes am raschesten vorwärts schreitet, muß die erste Wiederholung bald nach dem Abschluß der Übungsperiode erfolgen. Später

---

[1] Da es dem Lehrer z. T. beim besten Willen nicht möglich ist, dem Schüler die Rückmeldung des Erfolges seiner schriftlichen Übungsarbeit unmittelbar nach dem Vollzug zu liefern, sind Übungsgeräte wie z. B. der „PROFAX" entwickelt worden, die dem Schüler sofort sagen, ob er richtig oder falsch reagiert hat. Siehe dazu: GLARNER, H. *Unser Kind lernt mit dem PROFAX*. Küsnacht-Zürich: Profax Verlag, 1971.

können dann die Abstände progressiv vergrößert werden. Über die absolute Größe dieser Abstände kann keine Angabe gemacht werden, denn der Rhythmus des Vergessens hängt seinerseits, wie wir gesehen haben, von verschiedenen Faktoren ab. Immerhin kann man sich vorstellen, daß in einem gewissen Fall eine erste Wiederholung wenige Tage nach dem Abschluß der Übungsarbeit stattfindet, daß sodann ein erstes Intervall von wenigen Wochen eingeschaltet wird, daß eine weitere Wiederholung nach einem Vierteljahr stattfindet und daß schließlich nach einem weiteren halben Jahr oder nach weiteren 9 Monaten eine vorläufig letzte Wiederholung stattfindet. Wir sind uns dabei natürlich bewußt, daß es schwer fiele, die Wiederholung sämtlicher Stoffe in dieser Weise zu sichern. Immerhin ist es richtig, daß der Lehrer das optimale Verfahren kennt und es nach Maßgabe der praktischen Möglichkeiten einhält.

GAGNÉS *„Lernhierarchien"*

In der Einleitung des psychologischen Teils dieses Kapitels haben wir von „höheren Lernprozessen" wie Problemlösen, Forschen und Entdecken, und von „elementarem Lernen" wie zum Beispiel Memorieren und Automatisieren gesprochen. Dabei ist es deutlich: für uns steht das Problemlösen, die Begriffsbildung und das Suchen und Finden von Regeln und Gesetzen am Anfang. Erst wenn die gefundenen Strukturen aufgebaut und durchgearbeitet sind, sorgen wir für ihre Konsolidierung und Automatisierung. Diese Auffassung steht nun in einem unübersehbaren Widerspruch zu GAGNÉS Konzept der Lernhierarchie, das wir kurz darstellen und beurteilen wollen.

GAGNÉ unterscheidet acht Lerntypen, die, in unseren Begriffen ausgedrückt, vom „elementaren" zum „höheren Lernen" aufsteigen:
(1) das *Signallernen,* bei dem diffuse, emotionell getönte Reaktionen wie Angst oder Wachsamkeit mit gewissen Reizen assoziiert werden,
(2) das *Reiz-Reaktionslernen,* bei dem spezifische, willkürliche Reaktionen wie das Grüßen, mit bestimmten Reizen, zum Beispiel dem Erscheinen einer bestimmten Person, verbunden werden,
(3) die *Kettenbildung,* bei der mehrere Reaktionen des Typs 2 verbunden werden, wie das zum Beispiel beim Zähneputzen der Fall ist: Zahnpasta auf die Bürste drücken, bürsten, Mund spülen usw.,
(4) sprachliche *Assoziation,* die eine Kettenbildung im Bereiche des Sprachverhaltens darstellt, zum Beispiel beim Auswendiglernen eines Lehrsatzes,
(5) *multiple Diskrimination (Unterscheidung mehrerer ähnlicher Reize),* die dann geschieht, wenn komplexe Reize unterschieden werden und zu unterschiedlichen Reaktionen führen, z. B. zum Nennen der Markennamen verschiedener Autos,
(6) *Begriffslernen,* das GAGNÉ als ein Reagieren auf abstrahierte Eigenschaften, zum Beispiel auf die kubische Form eines Körpers, versteht,

(7) das *Regellernen,* bei dem Ketten von zwei oder mehr Begriffen gebildet werden, die für GAGNÉ „im formalen Sinn" das Wesen von Regeln ausmachen. Ein Beispiel wäre die Regel: „Gas dehnt sich bei Erhitzung aus" und „auf ‚jeder' folgt ein Verb in der Einzahl",
(8) *Problemlösen,* bei dem Regeln zur Bewältigung und Steuerung von Umweltprozessen eingesetzt werden. Als Beispiel gibt er unter anderem eine Variation des bekannten Hut-Gestell-Problems von MAIER (1930), zu dessen Lösung die Versuchspersonen zwei Latten mit einer Schraubzwinge verbinden und zwischen Fußboden und Decke verstreben müssen.

In der Folge versucht GAGNÉ zu zeigen, daß die Lehrstoffe hierarchisch aufgebaut sind und diese Hierarchien von den elementaren zu den höheren Lerntypen reichen. So finden wir zum Beispiel an der Basis der Lernhierarchie „Zahlbegriff" die *Reiz-Reaktions-Verbindungen* des Zahlnamen-Sagens, dann die *Kette* des Zahlzeichen-Schreibens und die sprachliche *Assoziation* des Benennens von geschriebenen Zahlzeichen, weiter die *Regel* des „Addierens durch Vereinigung von Mengen" und schließlich das *problemlösende* Ordnen von Zahlen.

Wir halten uns nicht bei den Einzelheiten der Theorie auf, notieren höchstens unsere Perplexität ob der formalen Kennzeichnung von Regeln und Gesetzen als „*Ketten* von Begriffen" und des „Problemlösens als Anwendung derartiger *Ketten*". Weiter verweisen wir auf EIGLERS (1976) fundierte Analyse und Kritik von GAGNÉS Theorie. Wichtiger ist ein anderes: der Versuch, jede Lernhierarchie mit sinnlosen, assoziativen Verbindungen anfangen zu lassen und zu hoffen, durch weitere assoziative Verkettungen irgendwie sinnvolle Gebilde zu erzeugen. Die Konsequenzen für den Unterricht sind in unseren Augen verheerend: Wenn GAGNÉ recht hätte, müßte man auf der Stufe der Elementarschule ja vor allem Reiz-Reaktions-Verbindungen erzeugen, und erst spät käme man zum Denken und Problemlösen. Weiterhin würde jede Unterrichtseinheit mit sinnlosem Assoziieren beginnen. Enden würde anderseits alles beim Regellernen und Problemlösen: also nichts vom Durcharbeiten und Üben!

Mit diesem Konzept der Lernhierarchie kann etwas nicht stimmen. Was nicht stimmt, sollte in den bisherigen Kapiteln dieses Buches klar geworden sein. Lernen beginnt nicht mit Assoziieren. Am Anfang des geistigen Lebens steht nicht die Verbindung von Reiz und Reaktion. Schon das kleine Kind ist ein handelndes und problemlösendes Wesen. In seinen spielerischen und „ernsten" Handlungen trägt es schon den Sachverhältnissen der Situation Rechnung. Daher schreitet der Aufbau von Handlungen, Operationen und Begriffen von Handlung zu Handlung und von Begriff zu Begriff vorwärts, allerdings von einfacheren zu komplexeren. Aber auch schon die einfachen Handlungen und Begriffe sind unendlich viel mehr als bloße Assoziationen.

Umgekehrt aber besteht die Möglichkeit und die Notwendigkeit, Handlungen, Operationen und Begriffe zu konsolidieren, damit sie bei geringem Bewußtseinsgrad sicher und geläufig ablaufen und so die Aufmerksamkeit für die schwierigeren Zusammenhänge frei halten. Das geschieht häufig durch Übersetzung des ursprünglichen Vollzugs in ein Zeichensystem, mit dem dann ein Verfahren automatisiert wird. Auch dies macht GAGNÉS Theorie nicht sichtbar. Seine Didaktik unterfordert den jungen und überfordert den fortgeschrittenen Schüler. Sie unterfordert den einen, weil sie ihn bloß konditionieren, d. h. abrichten will, und sie überfordert den anderen, weil sie ihn nicht dazu anleitet, die aufgebauten Strukturen zu konsolidieren.

XIII. Grundform 12: Anwenden

Wenn die Handlungsschemata, die Operationen und die Begriffe aufgebaut, durchgearbeitet und durch Üben konsolidiert sind, folgt als letzter didaktischer Schritt ihre Anwendung. Das ist, wie wir gesehen haben, keineswegs selbstverständlich. In vielen Schulen wird Anwendung nicht ernst genommen, und dies aus den verschiedensten Gründen. Aber auch, wenn man bestrebt ist, dem Schüler Gelegenheit zu geben, das Gelernte anzuwenden, fragt es sich noch, wie das zu geschehen habe: unter der Anleitung des Lehrers oder mit einer gewissen Selbständigkeit des Schülers? Und wenn man sich schließlich das letztere, nämlich selbständige Anwendung des Gelernten zum Ziel setzt, fragt es sich weiter, wie der Schüler dahin gebracht werden könne. Wir haben gesehen, daß dies ein anspruchsvolles Ziel ist, so anspruchsvoll, daß es erst im 20. Jahrhundert klar gesehen und ernsthaft an seiner Verwirklichung gearbeitet worden ist.

So haben wir in diesem Kapitel drei theoretische Grundfragen zu beantworten:
(1) Was ist „Anwendung"?
(2) Was bedeutet selbständige Anwendung des Gelernten durch den Schüler?
(3) Über welche didaktischen Schritte und mit welchen didaktischen Mitteln führen wir ihn zu diesem Ziel?

Mit diesen Grundfragen verbinden sich eine ganze Reihe von Anschlußfragen. Wir werden sehen, daß die *Fragen des Lehrers* bei der Anleitung zur Anwendung eine wichtige Rolle spielen. Zugleich weiß man, daß dieses didaktische Mittel zu Anfang dieses Jahrhunderts stark in Frage gestellt worden ist. Wir werden uns daher Klarheit darüber verschaffen müssen, welches das Wesen und die Funktion der Lehrerfrage im Unterricht ist und ob sie gegebenenfalls ersetzt werden kann oder muß.

Weiter stellt sich die Frage, wie die Lern- und Erkenntnisprozesse weitergehen, wenn die Stufe der Anwendung erreicht ist. Man kennt das Problem aus der Entwicklungspsychologie. Bei PIAGET zum Beispiel wird die Stufe der formalen Operationen in immer neuen Bereichen vom Jugendlichen erreicht – und dann kann PIAGET nicht mehr sagen, wie die geistige Entwicklung weitergeht. Müssen wir uns entsprechend vorstellen, daß immer neue Begriffe und Operationen durchgearbeitet, geübt und angewendet werden, ohne daß die Lernprozesse über diesen Punkt hinausführen? Steht am Ende der geistigen Entwicklung einfach ein Ideal der instrumentellen

Tüchtigkeit, ein immer umfangreicheres Repertoire von Handlungsschemata, Operationen und Begriffen? Wir meinen, hier gebe es bessere Konzepte, und wir versuchen am Schluß dieses Kapitels zu zeigen, wie geistige Entwicklung weitergehen könnte, wenn bestimmte Inhalte zur „Anwendungsreife" gediehen sind.

Psychologischer Teil
Der psychologische Begriff der Anwendung

„Anwendung" war bis vor kurzem kein psychologischer Begriff. Auch in der Didaktik führte er, anders als in der Herbartschen Tradition, ein Schattendasein. Der Begriff hatte einen Arme-Leute-Geschmack: Anwendungsaufgaben seien vielleicht nötig, um Schüler am Schluß der Stunde noch ein wenig schriftlich zu beschäftigen oder ihnen einige Hausaufgaben mitzugeben. In der Wissenschaft fallen vielleicht da und dort Anwendungen ab, aber all das habe keine grundsätzliche Bedeutung.

Die „kognitive Wende" hat die Situation grundlegend verändert. Zugleich hat uns die Curriculum-Theorie die Augen für einige Zusammenhänge zwischen schulischem Lernen und Verhalten im Alltag zum Bewußtsein gebracht, die den Begriff der Anwendung in einem neuen Licht erscheinen lassen. Das wollen wir als erstes betrachten.

„Anwendung" in echten Lebenssituationen

Man kann die Frage von zwei Seiten her stellen, vom Lehrstoff und vom Leben her. Vom Lehrstoff her formuliert, lautet sie: Was fängt der Schüler mit dem Gelernten im Leben draußen an? Vom „Leben draußen" her formuliert: Wie bewältigt der Schüler die Probleme, die er im praktischen Leben antrifft, und welchen Beitrag leisten dazu die Ergebnisse des schulischen Lernens? Natürlich sind es nur zwei Facetten ein- und derselben Frage. Es geht um das Verhältnis der schulischen Lernergebnisse zum Alltagsverhalten. Trotzdem wollen wir die Frage weiterhin unter den beiden genannten Blickrichtungen verfolgen.

Also: was sollen unsere Schüler mit dem Gelernten im praktischen Leben anfangen? Wenn wir uns diese Frage als Lehrer stellen, so geraten wir nicht selten in große Verlegenheit, denn wir haben uns diese Frage in der Regel kaum je gestellt. Wenn wir antworten müssen, so erwähnen wir vielleicht die Allgemeinbildung unserer Schüler. Ein gebildeter Mensch *weiß,* wer Winston Curchill und George Washington, wer Goethe und Shakespeare waren und wer Amerika entdeckt hat. Vielleicht haben wir auch einige Ideen über den formalen Bildungswert unserer Schulfächer: Latein und Mathematik schulen das logische Denken, im Zeichenunterricht und im Singen wird das ästhetische Empfinden entwickelt. Einige wenige Informationen sind in einem konkreten Sinn nützlich. So zum Beispiel, daß bei Bewußtlosen die Schluckreaktion nicht mehr erfolgt und man ihnen daher keine Flüssigkeit geben soll, und daß es in den USA eine Stadt Washington im Osten und einen gleichnamigen Staat im Nordwesten gibt, die man nicht verwechseln sollte.

Nun sind diese beiden Beispiele der Nützlichkeit von Ergebnissen des schulischen Lernens so bruchstückhaft und oberflächlich, daß sie kaum ernst zu nehmen sind. Die Idee der formalen Bildung aber ist seit den Forschungen von THORNDIKE (1924) ins Wanken geraten[1], und die Idee der Allgemeinbildung, nach der man einiges wissen muß, um in dieser Welt zu bestehen (wo eigentlich genau?), tönt so sehr nach antiker Möblierung des Geistes, daß sie wohl auch nicht ernst zu nehmen ist.

Die umgekehrte Frage setzt uns wahrscheinlich in nicht geringere Verlegenheit: Wie bewältigt der Schüler die Probleme, die er später einmal im praktischen Leben antreffen wird? Hier sind viele Pädagogen allzu rasch bereit, die relative Nutzlosigkeit schulischer Lernergebnisse zuzugeben und in den Chor der Nativisten und Vitalisten einzustimmen: im Leben kämen ganz andere menschliche Qualitäten zum Zuge, die angeborene Intelligenz zum Beispiel oder die Vitalität, die starke Natur, das „Stehvermögen" usw. Nun ist das alles wahrscheinlich zum Teil richtig. Trotzdem stellt sich die Frage, ob denn die Ergebnisse des schulischen Lernens so rasch fallengelassen werden sollen, wenn wir uns überlegen, ob sie im praktischen Leben eine Rolle spielen könnten und sollten.

Wenn schulisches Lernen richtig verstanden wird, liefert es dem Menschen ein Repertoire von Handlungs- und Denkmitteln, mit dessen Hilfe er Probleme und Situationen bewältigt, die ihn sonst ratlos und orientierungslos lassen. Dieser Auffassung liegt eine bestimmte Auffassung vom Wesen der Handlungsschemata, Operationen und Begriffe auf der einen Seite und von den Problemsituationen des Alltagslebens auf der anderen Seite zugrunde. Wir haben es immer wieder gesagt: der Lehrer muß sich die Idee aneignen, daß Handlungsschemata, Operationen und Begriffe *Instrumente* zur Bewältigung von neuen Problemen sind. Wissenserwerb bedeutet nicht

---

[1] THORNDIKE hat gezeigt, daß das Studium der alten Sprachen die allgemeine Denkfähigkeit der Schüler nicht verbessert.

„Möblierung des Geistes", seine Inhalte dürfen wir nicht statisch verstehen. Wissen hat Werkzeugcharakter.

Umgekehrt gibt es kein Problemlösen „aus dem hohlen Kopf", auch nicht aus einer rohen, nicht-gebildeten Intelligenz, und noch einmal nicht aus irgendeiner anders gearteten Lebenskraft. Die Untersuchungen über das Denken und das Verhalten von Kindern in kulturell und sozial benachteiligten („deprivierten") Verhältnissen haben es tausendfach bestätigt: wo die notwendigen Kulturtechniken fehlen, ist die Fähigkeit, die praktischen Lebensprobleme zu lösen, schwer beeinträchtigt. Kulturtechniken aber sind nicht bloß Fertigkeiten wie Lesen und Kopfrechnen. Kulturfähig wird der Mensch, wenn er über ein Repertoire von Handlungsschemata, Operationen und Begriffen verfügt, die ihn befähigen, sich in der Welt zu orientieren, die Vorgänge, denen er begegnet, zu deuten, am kulturellen Austausch, wesentlich auch lesend und schreibend, teilzunehmen, und die sich dabei stellenden Probleme zu lösen.

Bei alledem sollten wir uns hüten, uns das Alltagsleben allzu darwinistisch vorzustellen. Es geht nicht immer ums Überleben. Das Leben im modernen westlichen Sozialstaat ist nicht mehr in der gleichen Art bedroht wie vor 300 Jahren. Die Gefährdungen sind andere geworden, ebenso die zu bewältigenden Situationen. So muß der junge Mensch heute lernen, seine Freizeit zu bewältigen, das heißt sie sinnvoll auszufüllen, und er muß den Verführungen widerstehen, die ihm unsere Konsumgesellschaft beschert. Man braucht dazu nur die Plakatwände zu betrachten. Die schulische Bildung hat daher eine wichtige orientierende und aufklärende Aufgabe, und dies nicht nur im intellektuellen Sinn, sondern auch und vorzugsweise in einem die Wertorientierung, also die Ausrichtung des Verhaltens betreffenden Sinne. Sie sollte im jungen Menschen jenen Kreiselkompaß aufbauen, mit dessen Hilfe er – gemäß RIESMANS (1950/1958) treffendem Bild – im orientierungslosen Meer des modernen Pluralismus und der außengeleiteten Gesellschaft seinen Weg findet.

So ist die Zielvorstellung klar: die Schule vermittelt ein Wissen, das direkt oder indirekt der Lösung der Alltagsprobleme dient und dem jungen Menschen ein Bild der Wirklichkeit vermittelt; sie entwickelt Interessen und Werthaltungen, die ihm helfen, sein Verhalten zu ordnen und auszurichten. Handlungsschemata, Operationen und Begriffe und das Weltwissen, zu dem sie sich verknüpfen, haben genau diese Funktion, einenteils im kognitiven Bereich, andernteils im Bereich der Interessen und Motive, sobald ihre Strukturen mit Wert belegt und intrinsisch interessant werden.

Ein geistiges Repertoire, das zum Handeln und Denken, Sehen und Betrachten befähigt

Wenn wir nun die Lebenssituationen etwas systematischer betrachten, so stoßen wir einmal auf die *Handlungssituationen,* die es zu meistern gilt: der große Bereich der Berufstätigkeiten und das, was der persönliche Bereich an Handlungen verlangt (eine Wohnung finden, sie mieten, einrichten, instand halten; in die Ferien reisen, sich in einem fremden Land zurechtfinden, usw.). Die Meisterung dieser Situationen erfordert einmal die notwendigen Handlungsschemata, zugleich aber auch ein beträchtliches Orientierungswissen: wo nach etwas suchen, wie in die ablaufenden Prozesse eingreifen usw. Das Denken setzt diese Tätigkeiten auf einer innerlichen und auf weite Strecken symbolischen Ebene fort: einen Mietvertrag, einen Reiseprospekt lesen und verstehen, einer Erklärung folgen, selber etwas erklären können. Dazu sind Begriffe und Operationen notwendig.

Aber es geht nicht nur um nützliches Handeln und um ein Denken, das ihm, wenn auch indirekt, dient. Sehen bedeutet auch, die schönen Dinge dieser Welt wahrzunehmen, die Menschenwerke und die Natur. Dieses kann der Freizeit einen Inhalt geben. Zugleich kann es ordnend und gestaltend auf das übrige Leben ausstrahlen. Wer ein Instrument spielt und wer Musik und bildende Kunst zu hören und zu sehen gelernt hat, kommt mit Werten in Kontakt, die seine übrige Lebensform beeinflussen. Über die ästhetische Wahrnehmung hinaus und als grundsätzlichen Gegenpol zum zielgerichteten Handeln und Erkennen gibt es ein *Betrachten* der Wirklichkeit, das kontemplativ ist. Wir leisten dem Schüler einen Dienst, wenn wir ihn verstehen lassen, daß das Leben nicht nur aus Anstrengung, Leistung, also aus zielgerichtetem Handeln und Erkennen besteht. Das Schauen der Wirklichkeit, das Sich-freuen an den geistigen und räumlichen Bewegungen auf ihren Wegen und vielleicht das Ahnen, daß das eine mit dem anderen zusammenhängt, nicht nur oberflächlich, sondern auch in seiner Tiefe, und daß es schließlich aus einem letzten Wesensgrund hervorgeht und aus ihm lebt. Mit welchen Mitteln gelingt uns dieses Betrachten der Wirklichkeit? Wir wissen es nicht. Aber es wäre überraschend, wenn der Mensch nicht auch hier etwas mitbringen müßte, das ihm die Augen für den inneren Zusammenhang der Welt auftut, genau so, wie er für die übrigen Lebenstätigkeiten ein geeignetes subjektives Repertoire braucht.

Der Prozeß der Anwendung

Wie geht es zu, wenn wir unsere geistigen Werkzeuge einsetzen, um eine neue Situation zu meistern?
PIAGET (1947/⁵1972) antwortet: indem wie sie *assimilieren*. In diesem Vorgang verleibt sich der denkende Mensch eine Erscheinung ein, ganz ähnlich wie sich der Körper einen Stoff einverleibt.

Der Beobachter trägt die Idee der waagerechten Lage an das schief gehaltene Gefäß mit seinem Wasserspiegel heran: Er sieht, daß der Flüssigkeitsspiegel parallel zur Unterlage ist und zeichnet dieses auch richtig in eine entsprechende Vorlage ein. Das kleinere Kind (von sechs Jahren zum Beispiel) besitzt das Assimilationsschema der Waagerechten noch nicht. Darum sieht es den waagerechten Wasserspiegel nicht, und es zeichnet in seine Zeichnung hinein, was es zu wissen meint: einen Wasserspiegel, der parallel zum Boden des schief gehaltenen Gefäßes ist (PIAGET & INHELDER 1948/1971).

Wir haben oben weitere Beispiele der Assimilation gegeben. Wir haben gesehen, daß auch nicht-räumliche Begriffe als Assimilationsschemata wirken können: der Begriff der Ritterlichkeit, der Demut, der Begriff des Zolls, des spezifischen Gewichts. Einen Begriff, den wir auf einen Gegenstand anwenden, nennen wir einen *Gesichtspunkt:* Wir betrachten eine Handlung unter dem Gesichtspunkt der darin zum Ausdruck kommenden Ritterlichkeit oder Demut, einen Handlungsvorgang unter demjenigen der Zollbelastung, einen Stoff unter dem Gesichtspunkt seines spezifischen Gewichts. Häufig entspricht dem Gesichtspunkt auch eine *Auffassungstätigkeit.* Dem Gesichtspunkt der Anzahl entspricht die Auffassungstätigkeit des Zählens, demjenigen der Länge diejenige des Messens. Der Begriff des spezifischen Gewichts stellt nichts anderes als die Kristallisation (technisch die *Objektivierung,* AEBLI 1981, 118 ff.) der Division des Gewichts durch das Volumen dar, eine mathematische Operation, die wir mit zwei am betreffenden Stoff gemessenen Größen ausführen. Wir kommen weiter unten auf den Zusammenhang von Begriff, Gesichtspunkt und Auffassungstätigkeit zurück.
Nun verstehen wir auch, wie Begriffe und anschauliche Vorstellungen auf vorliegende Erscheinungen, also auf Vorgänge, Objekte und Personen projiziert werden. Indem sie der Beobachter betrachtet, erinnern ihn einzelne Züge an entsprechende Vorstellungen oder Begriffe in seinem Repertoire. Er versucht, sie auf die Gegebenheit anzuwenden. Es gelingt nicht ganz, aber beim Versuch werden einige neue Züge der Situation, des Gegenstandes sichtbar. Diese wiederum erinnern ihn an neue Varianten der ursprünglich eingesetzten Vorstellungen und Begriffe. Er führt sie ins Feld. Die Situation erscheint wieder ein Stück klarer; einige bisher nicht erfaßte

Zusammenhänge treten ins Licht. Und so geht es hin und her zwischen Subjekt und Objekt, zwischen Betrachter und Gegenstand. Jeder neu entdeckte Zug des letzteren erinnert den ersteren an neue Denkschemata, die eingesetzt werden könnten, und jede neu eingesetzte Begriffsvariante, jede neu angewandte Vorstellung erhellt neue Züge des Gegenstandes.

DEWEY (1910) und KERSCHENSTEINER (1928a, b) geben zu diesem Vorgang klassische Beispiele aus dem täglichen Leben und aus der Arbeit an lateinischen und griechischen Texten. So zeigt DEWEY einen Menschen, der beim Abwaschen beobachtet, wie am unteren Rand der umgekehrt auf einem glatten Tropfbrett stehenden Gläser zuerst Blasen entstehen, die nach außen quellen, wie diese sodann in sich zusammenfallen und im Innern erscheinen. Er versucht dieses Phänomen zu verstehen, d. h. es gedanklich zu bewältigen. Der erste Gedanke ist „von innen kommende Luft". Aus welchem Grunde aber soll Luft aus dem Innern kommen? Der nun angewandte Begriff ist „Ausdehnung der Luft im Innern des Glases". Auch dazu sucht der Betrachter einen Grund. „Lufterwärmung" ist die nächste Hypothese. Könnte sich die Luft erwärmt haben, nachdem das Glas aus dem heißen Abwaschwasser genommen worden ist? Etwa kalte Luft, die beim Abstellen des Glases in dasselbe hineingeraten ist? Dieser Gedanke wird verfolgt und geprüft. Aber warum erscheinen die Blasen sodann im Innern? „Kontraktion bei Abkühlung" ist der nächste Begriff, der angewendet wird. Das Glas kühlt sich auf dem Tropfbrett ab, ebenso die eingeschlossene Luft. Damit ist der ganze Vorgang bewältigt. Die Theorie kann höchstens noch verifiziert werden.

In überraschender Parallele zeigt KERSCHENSTEINER (1928b, 52), welche Denkprozesse im Schüler vorgehen, wenn er ein von PLATO angeführtes Zitat aus PINDAR übersetzt (*Gorgias,* 484b). Der Schüler wendet dabei seine Wortkenntnisse, sein grammatikalisches Wissen, aber auch sein Wissen um die Gesetze und Zusammenhänge des Menschenlebens an, wobei jede gewonnene Einsicht in die sprachlichen und inhaltlichen Zusammenhänge neue, möglicherweise anwendbare Begriffe in das Bewußtsein des Schülers ruft.

Anwendung in Textaufgaben

Ähnliches geschieht beim Lösen von *Textrechnungen.* Hier ist dem Schüler die sprachliche Beschreibung einer konkreten Situation, häufig eines Handlungsvorganges gegeben:

„An einer Abendunterhaltung, die um acht Uhr beginnt und um Mitternacht endet und innerhalb der während der halben Zeit Tanzmusik ertönt, wollen 12 Jungen und 12 Mädchen einer Schulklasse so tanzen, daß jeder Junge einmal mit jedem Mädchen tanzt. Ein Tanz dauert, einschließlich der nachfolgenden Pause, durchschnittlich vier Minuten. Reicht die Zeit, um das Vorhaben an dem Abend durchzuführen?"

Wenn man sich diesen Vorgang vorzustellen versucht, entsteht vorerst ein ziemlich undurchsichtiges Bild. Zwar ist es bald einmal klar, daß während zwei Stunden getanzt wird, aber wie geht es zu bei diesem gegenseitigen Einladen?

Müßte man berechnen, wieviele Paarkombinationen von je einem Burschen und einem Mädchen entstehen? Wieviel wären es? Vielen ist das vorerst keineswegs klar. Aber wenn man damit beginnt, sich den ersten Tänzer vorzustellen, der mit 12 Mädchen tanzen will, dann den zweiten, usw., so entsteht rasch eine Vorstellung, auf die die Struktur der Multiplikation paßt: Es gibt $12 \times 12 = 144$ verschiedene Tanzpaare. Aber diese tanzen ja nicht hintereinander. Es tanzen immer alle gleichzeitig, also 12 Paare auf einmal. Diese Idee hat die Struktur des Messens, einer Variation der Division. Man müßte also die 144 Paare mit 12 Paaren messen, das geht 12mal. Die Kapelle muß also 12 Tänze spielen. Nun scheint die Lösung in Sicht. Jeder Tanz dauert vier Minuten: auf diese Vorstellung paßt wiederum die Idee der Multiplikation: es sind 12×4 Minuten $= 48$ Minuten, also weniger als eine Stunde. Die geplante Bildung aller möglichen Paare ist durchführbar.

Nun greift sich aber der Problemlösende an den Kopf. Er erkennt, daß die Lösung viel einfacher hätte gefunden werden können: Ein Junge müßte mit 12 Mädchen tanzen. Dazu sind offensichtlich 12 Tänze nötig, und was für ihn gilt, das gilt auch für die anderen: es sind also 12 Tänze insgesamt nötig... Wir haben hier den Fall vor uns, wo eine neue Betrachtungsweise – ein neuer Gesichtspunkt – plötzlich eine sehr viel einfachere Sicht der Dinge eröffnet. Allerdings ist dazu eine *Einschränkung* der Betrachtung auf ein „Element", nämlich einen einzigen Jungen, und sodann eine Verallgemeinerung auf alle Jungen (die gleichzeitig tanzen) nötig, was doch nicht so nahe liegt.

Allgemein können wir sagen: Textaufgaben verlangen vom Problemlösenden, daß er die sprachliche Beschreibung einer Situation entweder direkt oder über das Zwischenglied einer anschaulichen Vorstellung in mathematische Operationen übersetzt. Das erfordert, daß zwischen der Struktur der vorgestellten Situation (oder der semantischen Struktur des Textes) und der Struktur der Operation, die der Problemlösende kennt, eine Übereinstimmung gefunden wird. Dann teilt sich die Klarheit der Operation der vorgestellten Situation mit. Sie wird so durchsichtig wie der Begriff oder die Operation, die an die Situation herangetragen wird. Man sieht nun, wie die einzelnen Größen miteinander zusammenhängen, und es wird daher auch möglich, die verlangte Größe zu bestimmen und – gegebenenfalls – eine Entscheidung zu treffen. Im vorliegenden Fall lautet sie: „Ja, die Zeit reicht, daß jeder Junge mit jedem Mädchen einmal tanzen kann." (Mathematisch gesehen, gibt dieses Urteil natürlich nur die Ungleichung 12×4 Minuten < 120 Minuten wieder.) Die Berechnung des Ergebnisses und das Fällen der Entscheidung ist nicht die entscheidende Leistung. Diese besteht in der Klärung der beschriebenen Situation unter quantitativen Gesichtspunkten. Die Situation muß dem Problemlösenden transparent werden. Er muß sehen, wie ihre einzelnen Größen miteinander zusammenhängen. Aus der sprachlichen Beschreibung muß – mit anderen Worten – ein Netz von mathematischen Beziehungen entstehen. Die zusammenfassende Formel

$$\frac{12 \times 12}{12} \times 4 \text{ Min.} < 120 \text{ Min.}$$

drückt ihrerseits das Insgesamt der relevanten Beziehungen aus.

Erkennende und herstellende Anwendung

Die bisher besprochenen Beispiele der Anwendung dienen dazu, ein Stück Wirklichkeit besser zu verstehen. Die Anwendung dient dem Erkennen einer vorliegenden Erscheinung. Herstellende Anwendung ist dadurch gekennzeichnet, daß eine relativ „leere" Situation gegeben ist, in der ein Sachkomplex verwirklicht werden soll. Denken wir etwa an den Ingenieur oder an den Architekten: die „leere Situation" könnte ein Fluß oder ein Bauplatz sein. Eine Brücke soll gebaut, ein Fabrikgebäude errichtet werden. Wenn wir vom notwendigen schöpferischen Element absehen, so bleibt die herstellende Anwendung. Der Begriff mit seinen Teilbegriffen (Brücke, Pfeiler, Bogen; Fabrikgebäude, Halle, Lager, Bürotrakt) und mit den entsprechenden Handlungsschemata des Bauens, muß in der vorgegebenen Situation wieder konkrete Gestalt gewinnen. Die entsprechende Idee muß also in der relativ leeren Situation verwirklicht werden: herstellende Anwendung. Im Falle der erkennenden Anwendung ist eine solche Herstellung nicht notwendig. Die Sache ist gegeben; aufgegeben ist bloß, sie zu erkennen, sie begrifflich darzustellen. Es entsteht also nichts Neues, es wird nichts hergestellt. Bei der herstellenden Anwendung ist es anders. Hier liefert der Begriff den Plan zur Verwirklichung der entsprechenden Sache in der Realität. Eine konstruktive Leistung ist also notwendig. In seinem Buch „Wissen und Anwenden" führt Helmut MESSNER (1978) diesen Gedanken aus und illustriert ihn.

Zwischen diesen beiden Polen finden wir Fälle, in denen einenteils eine Situation erkannt, also gedanklich „dargestellt" werden muß, anderenteils aber aufgrund ihrer Analyse in einem zweiten Schritt ein Eingriff vorgenommen wird, der einen gewünschten Effekt „herstellt". So etwa, wenn ein Harzfleck „gegeben" ist und sich die Frage stellt, wie man ihn entfernen könnte. Einmal ist er als Harzfleck zu identifizieren, also zu erkennen, sodann soll etwas mit ihm geschehen: er soll entfernt werden. Gefordert ist hier also eine „konstruktive" (oder in diesem besonderen Falle und je nach der Betrachtungsweise eine „destruktive") Leistung: der Fleck soll weg. Nachdem ich zuerst den Begriff des „Harzes" aus meinem Repertoire gezogen habe und ihn erkennend angewandt habe, muß nun ein weiterer Begriff abgerufen werden, ein Begriff, dessen herstellende Anwendung den gesuchten Effekt erzeugt. Dieser Begriff heißt im vorliegenden Falle „mit Terpentin lösen". (Wir erinnern uns nämlich, daß man früher Terpentin aus bestimmten Harzen hergestellt hat, also eine Wesensverwandtschaft zwischen Harz und Terpentin besteht, welche zur Folge hat, daß das Destillat aus Harz dieses wieder löst.) Man erkennt also deutlich eine Phase der Analyse, welche durch darstellende oder erkennende Anwendung zustande kommt, und eine Phase des Eingriffs, in der eine konstruktive (oder destruktive) Leistung stattfindet. Sie erfordert „herstellende" Anwendung.

Bei beiden Formen der Anwendung erkennt man zwei grundlegende Probleme: einmal den geeigneten Begriff aus dem gedanklichen Repertoire zu ziehen und ihn sodann auf die Situation zu „passen", d. h. die geeigneten Punkte zu finden, an denen er in der Situation aufgehängt werden kann. Zum Ziehen: es kann ja durchaus geschehen, daß der Schüler die geeigneten Begriffe besitzt, daß er aber nicht auf den Gedanken kommt, sie in der gegebenen Situation einzusetzen: das Ei-des-Columbus-Phänomen. Anderseits kann es sein, daß er ahnt, daß in einer Situation ein bestimmter Begriff anwendbar ist, er aber im einzelnen nicht zurecht kommt und insbesondere nicht findet, welche Elemente der Situation welchen Elementen des Begriffes entsprechen.

Eine letzte Bemerkung. In den vorangehenden Überlegungen haben wir immer von Anwendung gesprochen. Dieser Begriff hat nun in der behavioristischen Psychologie sein Gegenstück: den Begriff des *Transfers*. Unter Transfer versteht man dort eine Reaktion, die in einer bestimmten Reizsituation ausgebildet worden ist und die nun in einer veränderten Reizsituation reproduziert wird. So hat man beispielsweise gemäß PAWLOWS Versuchsanordnung Tiere so konditioniert, daß sie auf ein Klingelzeichen eine bestimmte Reaktion produzieren (bei Hunden zum Beispiel Speichelabsonderung). Nun hat man zeigen können, daß die Tiere die (bedingte) Reaktion auch auf veränderte Reize produzieren, beispielsweise auf einen höheren oder tieferen Ton. Dabei ist es so, daß mit zunehmender Verschiedenheit des neuen Reizes die Reaktion schwächer ausfällt. Man spricht von größeren *Transferschritten,* und das Gesetz lautet: *Je größer der Transferschritt, desto schwächer oder unwahrscheinlicher die Reaktion.*

Die beschriebenen experimentellen Befunde sind einwandfrei. Was die behavioristische Psychologie verpaßt hat, ist die Analyse der inneren Beziehungen zwischen Situation und Reaktion. Es ist das Besondere der hier gegebenen Theorie der Anwendung, daß wir zeigen, wie die strukturellen

Züge der Situation der entsprechenden Handlung oder dem entsprechenden Begriff im Repertoire des Problemlösenden rufen und wie eine schrittweise Passung von subjektivem Schema und objektiver Situation stattfindet. Um die veränderte Betrachtungsweise zu markieren, sprechen wir von „Anwendung" und nicht von „Transfer".

Didaktischer Teil
Von der geleiteten zur selbständigen Anwendung

Dieses Kapitel versucht, im Leser das Bewußtsein von der Wichtigkeit der Anwendung im Lernen und – allgemeiner – im geistigen Haushalt des Menschen zu wecken. Wir haben gesehen, wie leicht es ist, sie zu vernachlässigen. Didaktiker und Lehrer lieben die Einführungslektionen, die Realisten unter ihnen wissen auch um die Bedeutung des Übens. Aber das Anwenden? Dazu bleibt häufig keine Zeit. Man eilt zum nächsten Thema weiter, führt ein, veranschaulicht, formuliert und konsolidiert (wenn es gut geht). Anwendungen kosten Zeit. Sie erfordern echtes Nachdenken und Problemlösen. Dabei zeigen sich häufig bedeutende Schwächen des Verständnisses und des selbständigen In-Angriff-Nehmens und Lösens der Aufgaben, was wiederum zur Folge hat, daß man diese Momente der Wahrheit gerne aus dem Bewußtsein verdrängt.

GAUDIGS *Verdienst*

Es ist das Verdienst des Leipziger Pädagogen und Didaktikers Hugo GAUDIG, die Welt der Schule auf die Wichtigkeit der Anwendung hingewiesen zu haben. Allerdings, und das ist die unglückliche Seite seiner Bemühungen: die Leipziger Gruppe, zu der auch der Naturwissenschafter Otto SCHEIBNER und die Deutschlehrerin Lotte MÜLLER gehörten, deuteten ihre hervorragenden und zum Teil protokollierten und beschriebenen Lektionen nicht als selbständige Anwendungen gelernter Arbeitsformen, sondern als „freie geistige Schularbeit" (GAUDIGS Begriff).

„In dieser Arbeitsschule soll der Schüler während der gesamten Arbeitsvorgänge selbsttätig sein, selbsttätig beim Zielsetzen, selbsttätig beim Ordnen des Arbeitsganges, selbsttätig in der Fortbewegung zum Ziel, selbsttätig bei den Entscheidungen an den Kreuzwegen, selbsttätig bei der Kontrolle, bei der Korrektur usw. Kein Hörsaal, sondern eine Werkstatt soll die Schulstube sein, eine Stätte, wo der Schüler sich Erkenntnis und Fertigkeit arbeitend erwirbt, nicht eine Stätte, wo ihm Wissen eingedrillt wird, wo man an ihm arbeitet, ihn „bearbeitet"; eine Stätte, wo er unter Anleitung des Meisters die Arbeitstechnik gewinnt, vor allem *die* Technik, mit (arbeitendem) Wissen, neues Wissen zu erwerben" (GAUDIG 1911, zitiert nach REBLE [13]1980).

An diesem Zitat erkennt man zwei Dinge: GAUDIG dehnt das Ziel der Selbständigkeit von der Anwendung des Gelernten auf den gesamten Lern- und Erkenntnisvorgang aus und: wo er von der Notwendigkeit der Anleitung spricht, da ist die Rede von einem „Meister", von dem man *„die* Arbeitstechnik"* erwirbt. *Die* Arbeitstechnik: damit wird der Eindruck erweckt, als ob es sich um eine einfache Methode handle, die man – vielleicht mit Abstufungen der Gewandtheit in ihrer Anwendung – ein für allemal lernen könne, wobei dieses Lernen wiederum eher den Charakter der Übernahme einer Kunst als denjenigen von analysierten Verfahren hat. In diesem Sinne sprechen die Leipziger auch häufig von „der Einschulung auf Freitätigkeit". So haben sich GAUDIGS Mitarbeiter auch verhalten: insbesondere die begabte Lotte MÜLLER (1930, [4]1951, [6]1952), ursprünglich Übungslehrerin an GAUDIGS Seminar in Leipzig und nach dem Krieg noch Schulleiterin in Berlin, die der Verfasser dieses Buches noch Schule hat halten sehen: klug und sensibel, zugleich mit großer Intensität und Ausstrahlungskraft, aber mit begrenzter theoretischer Einsicht in die Vorgänge, die sie selbst so geschickt auslöste.

Insbesondere erkannten die Leipziger nicht, daß der Grad der notwendigen Anleitung davon abhängt, ob ein neuer Begriff oder eine neue Operation aufgebaut wird oder ob sie auf einen neuen Fall angewandt werden. Indem diese Autoren nur vom Erwerb von Arbeitstechniken sprechen, verdunkeln sie deren spezifische Inhalte, eben die Begriffe, Operationen, Verfahren oder Methoden, die der Schüler erwerben soll. Zugleich lassen sie das Wesen der Lern- und Erkenntnisprozesse im dunkeln, durch die diese Inhalte erworben werden.

GAUDIGS *Trugschluß und die Funktion der didaktischen Frage*

Es erstaunt daher nicht, daß wir GAUDIG auch gegen die Lehrerfrage und das fragend-entwickelnde Unterrichtsverfahren polemisieren sehen. Sinngemäß sagt er: Was gibt es Unsinnigeres als jene didaktische Situation, in der ein Lehrer, der seine Sache studiert hat und kennt, Fragen stellt und der

Schüler, der von allem noch nichts weiß, antworten sollte? Gerade umgekehrt müßte es sein: daß der Schüler fragt und der Lehrer antwortet[1].
Hinter dieser Überlegung steht ein Trugschluß. Oberflächlich gesehen, ist es die Verwechslung der didaktischen Frage mit der Erkundigungsfrage. Was eine didaktische Frage bewirkt, wird an einem einfachen Beispiel sichtbar.

Wir nehmen an, eine Klasse habe auf einer Wanderung im Wald *Kletten* gefunden. Die Schüler haben sie sich gegenseitig angeworfen und Spaß daran gehabt, daß diese Früchte an Kleidern aus Wolle hängen bleiben. Der Lehrer forderte die Schüler auf, einige Früchte mitzunehmen. Sie werden in einer Botanikstunde betrachtet.

Die Schüler haben einiges über die Frucht zu sagen. Insbesondere stellen sie fest, daß sie an Kleidern hängen bleibt, weil ihre Stacheln am Ende zu kleinen Häkchen gebogen sind. Aber kein Schüler stellt die Frage nach der *Funktion* dieser Häkchen. Dem Lehrer ist dieser Gesichtspunkt jedoch wichtig, denn er weiß, daß die Häkchen mit einer interessanten Form der *Samenverbreitung* zusammenhängen. Er fragt die Schüler daher: „Was meint Ihr, *wozu dienen diese kleinen Häkchen?*" Es entspinnt sich ein angeregtes Gespräch. Schließlich kommen die Schüler auf die Lösung: Die Kletten bleiben im Pelz von vorbeistreifenden Tieren und in den Kleidern von Menschen hängen und werden durch diese weggetragen. Die Häkchen dienen also der Samenverbreitung.

Die Frage des Lehrers dient hier der Erfassung (der Assimilation) eines Merkmals des vorliegenden Gegenstandes. Der Lehrer will dieses nicht einfach nennen. Die Schüler sollen es selber erkennen. Daher erklärt er nicht einfach, welches die Funktion der Widerhaken ist, sondern fragt danach (*„Wozu dienen..."*). Er weiß: wenn die Schüler den Gesichtspunkt der Funktion auf die Sache anwenden, so werden sie diese selber finden. Daß diese im vorliegenden Fall interessant und weiterführend ist, können die Schüler im voraus jedoch nicht wissen. Ganz allgemein wissen sie vor vielen neuen Gegebenheiten nicht, welche Gesichtspunkte und Auffassungstätigkeiten sinnvollerweise auf sie angewendet werden können. Man sagt, sie wissen mit der Sache „nichts anzufangen". Oder aber das, was sie mit ihr anfangen, die Gesichtspunkte, unter denen sie betrachten, führen nicht zu den Einsichten, die wichtig wären. Das ist ganz natürlich, kennzeichnet es doch gerade die Lage des Schülers, daß er vor einer neuen Sache noch nicht weiß, was daran wesentlich ist.

Damit ist die didaktische Funktion der Lehrerfrage bestimmt. Der Lehrer, der eine Frage stellt, täuscht nicht vor, etwas nicht zu wissen, das er

---

[1] „Die Frage ist ... eine Schulform, die das Leben so gut wie gar nicht kennt. Im Leben wird man nicht von jemand gefragt, der uns das wissen lassen will, was er weiß; sondern wenn man uns fragt, so will der Fragende von uns das wissen, was er nicht weiß" (GAUDIG 1909, 14).

ganz genau weiß, und er fordert den Schüler nicht auf, über etwas Auskunft zu geben, das ihm unbekannt ist. Er fordert ihn ganz einfach auf, einen vorliegenden Gegenstand unter einem bestimmten Gesichtspunkt zu betrachten. Die Frage „Wie viele" schlägt dem Schüler vor, den Gegenstand unter dem Gesichtspunkt der Anzahl zu betrachten, die Frage „Wo" läßt ihn den Gegenstand auf seine Lage untersuchen, die Frage „Warum" schlägt die kausale Betrachtungsweise einer Erscheinung vor usw.

Der gleiche Tatbestand kann auf eine andere Weise ausgedrückt werden. Da jedem Gesichtspunkt eine Auffassungstätigkeit entspricht, läßt sich auch sagen, daß jede Frage den Schüler zum Vollzug einer bestimmten Auffassungstätigkeit am Gegenstand auffordert. So lädt die Frage „Wie viele?" zum Zählen, die Frage „Wie lang?" zum Messen ein. Die Frage nach der Form eines Gegenstandes lädt den Schüler ein, die Tätigkeiten zu vollziehen, welche zur Formauffassung gehören, die Frage „Warum?" fordert zum Suchen von Gründen auf usw. Die folgende Tabelle faßt diese Überlegungen zusammen und gibt dazu einige weitere Beispiele.

Tabelle 1. Analyse einiger didaktischer Fragen

Fragewort Frageausdruck	Gegenstand des Erkenntnisaktes Gegenstand der Auffassungstätigkeit	Gesichtspunkt	Auffassungstätigkeit, zu der die Frage auffordert	Ergebnis (Antwort)
Wie viele	Blütenblätter hat die Kirschblüte?	Anzahl	Zählen	5
Wie lang	ist die Strecke von Rom nach Syrakus?	Distanz	Messen	600 km
Welches ist das Verhältnis?	von d zu U im Kreis?	Verhältnis	d auf U abtragen, U durch d dividieren	3,14
Welches Gefälle hat	der Rhein zwischen Köln und der Nordsee?	Gefälle	Höhendifferenz durch Distanz dividieren	1/4 °/oo
Wo	liegt Troja?	Lage	Räumliche Beziehungen zu Bezugspunkten festsetzen	Südlich der Dardanellen usw.
Welche Form	haben die Zellen der Bienenwaben (Querschnitt)?	Form	Formauffassung	sechseckig
Warum	hat Luzern mehr Niederschläge als Stuttgart?	Grund	Grund (begleitende Erscheinung) suchen	Steigungsregen
Was folgte	aus der Erfindung des Schießpulvers?	Folge	Folgern, Schließen	Änderung der Kampfweise

Ein weiterer Zug des fragend-entwickelnden Lehrverfahrens wird sichtbar, wenn wir es mit dem Verfahren vergleichen, das sich als Alternative anbietet. Diese Alternative ist nicht das, was GAUDIG in seiner Kritik der Lehrerfrage propagiert, daß nämlich der Schüler fragt und der Lehrer antwortet. Vor einer neuen Gegebenheit weiß der Schüler eben gerade nicht, was es zu fragen gibt, wie man ja auch bei Ausstellungen und Besichtigungen immer beobachtet, daß nicht die Laien die meisten Fragen stellen, sondern die Sachkundigen. Ihnen sind durch ihre Kenntnisse die Augen schon geöffnet, und sie sehen daher viel mehr Fragen und Probleme als der Laie. Nein, vor einer neuen Erscheinung ist die Alternative die, daß der Lehrer dem Schüler den interessierenden Tatbestand einfach mitteilt und ihn zum Beweis auf den Gegenstand hinweist. So würde der Lehrer im oben zitierten Beispiel sagen: „Die Häkchen dienen der Verbreitung der Klette, seht sie nur an." Worin besteht hiermit der Unterschied zum fragend-entwickelnden Verfahren? Offensichtlich darin, daß der Lehrer das Ergebnis des Erkenntnisaktes vorwegnimmt und den Schüler höchstens zur Nachprüfung seiner Aussage auffordert. Da nun aber der Lehrer meistens recht hat, ist ein solches Nachprüfen nicht sehr interessant. Auch spielt der Gegenstand bei diesem Vorgehen nur die sekundäre Rolle einer Illustration zum Lehrervortrag. Im wesentlichen handelt es sich also um einen Mitteilungsvorgang, der lediglich um ein illustratives Element bereichert ist.

Demgegenüber schafft das fragend-entwickelnde Unterrichtsverfahren eine sehr natürliche Erkenntnissituation. Der Lehrer sieht den Schüler vor dem neuen Gegenstand. Er weiß, was es daran festzustellen gibt. Aber nicht

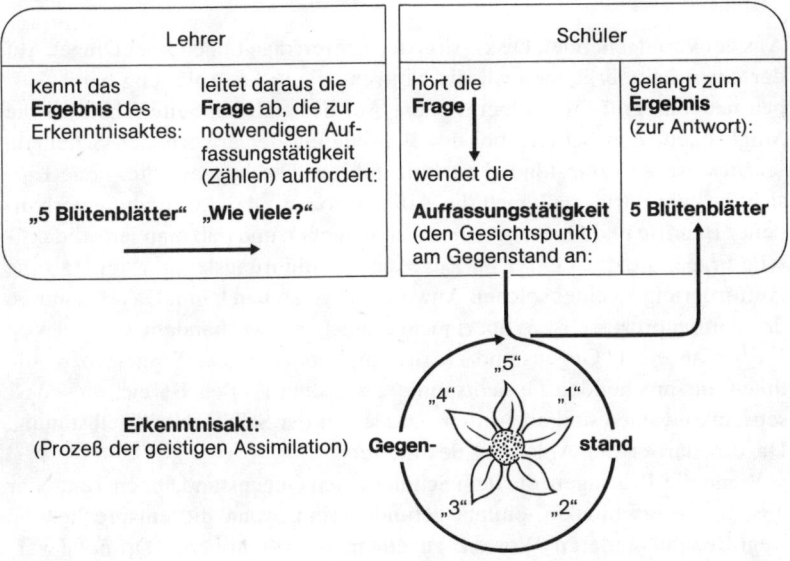

Abb. 31. Die Funktion der didaktischen Frage: Anleitung zur Assimilation eines Gegenstandes.

nur das. Als Pädagoge weiß er auch, auf welche Weise der Schüler diese Erkenntnis selber gewinnen kann. Er teilt ihm daher nicht das fertige Ergebnis mit, sondern leitet ihn zum Vollzug der Erkenntnisakte, zur Anwendung der Auffassungstätigkeiten und Gesichtspunkte an, von denen er weiß, daß sie zum gewünschten Ergebnis führen. Die Antwort des Schülers zeigt ihm, ob er den Erkenntnisakt richtig durchgeführt hat. Der Schüler seinerseits arbeitet am Gegenstand, setzt sich mit ihm auseinander, wendet seine geistigen Werkzeuge an und versetzt sich damit nach und nach in die Lage, einen ähnlichen Gegenstand selbständig, ohne die Hilfe des Lehrers, zu bewältigen. Die Abbildung 31 faßt dieses Vorgehen zusammen.

Die didaktische Frage ist damit als eines der wichtigsten Mittel der Leitung der geistigen Arbeit des Schülers erwiesen. Wir erkennen nun, daß GAUDIGS Trugschluß auf einer Unterschiebung beruht. Dieser Autor geht von der stillschweigenden Voraussetzung aus, daß jede Frage der Erkundigung diene, daß sie einen Wissenden ersuche, einem Nichtwissenden Auskunft zu geben. Das ist offensichtlich nicht der Fall. Neben der Erkundigungsfrage gibt es die didaktische Frage, die den Schüler zur Erfassung einer Gegebenheit anleitet.

Anleitung im Aufbau, Selbständigkeit in der Anwendung

Aus der vorangehenden Diskussion der Lehrerfrage folgen zwei Dinge: Auf der einen Seite erkennen wir die Notwendigkeit der Anleitung beim Aufbau neuer Begriffe und Operationen. Auf der anderen Seite sehen wir die Möglichkeit, den Schüler bei der Anwendung der erworbenen Schemata schrittweise zur Selbständigkeit hinzuführen. Die interessante, neue Einsicht besteht darin, daß auch die Aufbauprozesse die Anwendung vorhandener Begriffe und Operationen in sich schließen und daß man jede didaktische Frage, die der Lehrer im Zuge einer Einführungslektion stellt, als die Aufforderung zu einer solchen Anwendung verstehen kann. Das Besondere der Aufbauprozesse ist es aber, nicht einfach eine vorhandene Gruppe von Fragen an einen Gegenstand zu richten, sondern diese Fragen, bzw. die ihnen entsprechenden Gesichtspunkte, aus dem großen Bereich des Wissens auszuwählen und abzurufen. Das leistet der Schüler nicht selbständig. Dazu bedarf er der Anleitung des Lehrers.

Wenn die Teilfragen, die dem Schüler einen Gegenstand, einen Text oder eine Sache erschließen, einmal gefunden sind, wenn die entsprechenden Begriffe, mit anderen Worten, zu einem Begriff höherer Ordnung verknüpft sind, dann kann man sich vornehmen, den Schüler selbständig damit arbeiten zu lassen. Man tut dies, indem man ihn auf einen neuen, aber analog gearteten Fall anwenden läßt. Auf der Stufe der Anwendung streben auch wir das Ziel an, den Schüler selbständig werden zu lassen und ihn zu geistiger Mündigkeit zu führen, ein Ziel, das GAUDIG schon auf der Stufe der Einführung neuer Stoffe verwirklichen zu können glaubte. Das neue Ziel, das wir uns also stellen, besteht darin, den Schüler von Anleitungen unabhängig zu machen, ihn in die Lage zu versetzen, seine Begriffe und Denkoperationen vor neuen Gegenständen und Problemen *selbständig anzuwenden.* Oder, um es ganz konkret zu sagen: er soll von den Fragen des Lehrers dadurch unabhängig werden, daß er sie sich selber stellt.

Nun könnte man meinen, der hergebrachte Unterricht bringe dies dem Schüler ohne weiteres bei. Es werden doch die notwendigen Begriffe und Operationen eingeführt. Dies geschieht nirgends mehr als geistige Trockenübung, sondern sofort an einem konkreten Beispiel. Der Begriff des Gefälles wird bei Gelegenheit des Studiums eines Gewässers eingeführt; der Begriff des Nebensatzes, des lautmalerischen Ausdrucks wird an konkreten Beispielen entwickelt. Wird auf diese Weise der Begriff nicht selbstverständlich als Gesichtspunkt, die Operation als Auffassungstätigkeit zur Erfassung und Lösung neuer, ähnlich gearteter Erscheinungen und Probleme bereitgestellt? So möchte es scheinen, und doch ist es nicht so. Die meisten Schüler, die unter der Leitung des Lehrers einen Begriff oder eine Operation aufgebaut haben, sind nicht ohne weiteres fähig, diese gedanklichen Mittel einzusetzen, um einen neuen Gegenstand zu erfassen. Auch wenn diese in einer lebendigen Situation entwickelt worden sind, bleibt der durchschnittliche Schüler wieder auf der Strecke, wenn er sie bei der Lösung eines neuen Problems anwenden soll. Das weiß jeder Lehrer: nachdem ein Begriff oder eine Operation in einer Einführungslektion aufgebaut worden ist, bieten die Anwendungsaufgaben noch lange und immer wieder Schwierigkeiten. Die Gründe sind leicht einzusehen.

Wenn die Klasse einen Gegenstand oder eine Situation unter der Leitung des Lehrers analysiert, so ist ihre Leistung in verschiedener Hinsicht nur eine halbe. Der Schüler gleicht einem Bergsteiger, der einen Berg unter der Leitung eines Führers ersteigt. Physikalisch gesehen, hat er den Berg zwar selbst erstiegen, d. h. er hat jeden Schritt und jeden Klettergriff selbst ausgeführt. Der Führer aber hat ihm den Weg gewiesen, ist ihm vorangestiegen und hat ihm an jeder schwierigen Stelle genau gesagt, was er tun müsse. Der Lehrer sichert desgleichen den geordneten Gesamtablauf bei der Erarbeitung eines neuen Gegenstandes und sagt dem Schüler, was er im einzelnen zu tun hat. Nicht nur das. Indem er Fragen an die Klasse richtet („Welches ist die Hauptperson des Gedichtes?", „Wie wird ihr Äußeres beschrieben?", „Was erkennen wir daraus über ihren Charakter?" usw. „In welcher Höhe entspringt die Rhone?", „In welcher Richtung verläuft ihr

Oberlauf?" usw.) richtet er die Aufmerksamkeit der Schüler ganz auf die Sache. Zwar führen sie die nötigen Auffassungstätigkeiten aus, wenden ebenfalls die in der Frage enthaltenen Gesichtspunkte auf den Gegenstand an, *aber sie werden sich ihrer nicht bewußt*. Die Aufmerksamkeit ist ganz vom Gegenstand in Anspruch genommen. Wir würden vom Schüler auch eine allzu hohe logische und introspektive Leistung fordern, wollten wir von ihm verlangen, daß er sich laufend der Tätigkeiten bewußt werde, durch die er den Gegenstand erfaßt. Mit andern Worten: im Denken des Schülers, bei seiner Arbeit am Gegenstand bilden Auffassungstätigkeit und Inhalt, Gesichtspunkt der Erfassung und erfaßter Tatbestand eine undifferenzierte Einheit, in der Inhalt und Tatbestand absolut im Vordergrund stehen.

Damit bleiben für ihn die Gesichtspunkte und Auffassungstätigkeiten noch ganz und gar an der Situation haften, an der sie entwickelt worden sind. Sie sind noch nicht auf neue Gegenstände und Situationen übertragbar, genauso wenig wie mathematische Operationen, welche in der Einführungslektion erst an einem Beispiel entwickelt worden sind. Damit aber ist der weitere Weg, den der Unterricht zu beschreiten hat, vorgezeichnet. Setzt sich der Lehrer das Ziel, die Schüler zur selbständigen Erfassung einer bestimmten Gruppe von Erscheinungen, zur selbständigen Lösung einer gegebenen Art von Problemen zu befähigen, so muß er ihnen Gelegenheit geben, die Gesichtspunkte und Auffassungstätigkeiten (Operationen, Arbeitsmethoden usw.) die unter seiner Leitung erarbeitet worden sind, an neuen Gegenständen selbständig anzuwenden.

Auf die selbständige Anwendung von Begriffen und Denkoperationen vorbereiten

Damit nun aber die Versuche solchen selbständigen Arbeitens nicht von vornherein dem Mißerfolg geweiht sind, sondern Aussicht auf Erfolg haben, müssen weitere Maßnahmen getroffen werden.

Nachdem die Klasse einen Gegenstand, also etwa eine geographische oder biologische Erscheinung, aber auch ein Bild, einen Text oder ein Gedicht unter der Leitung des Lehrers betrachtet hat, halten wir eine *„Arbeitsrückschau"*. Es ist dies eine Repetition, die im Gegensatz zu den herkömmlichen Wiederholungen nicht auf den Inhalt ausgerichtet ist, sondern den durchlaufenen Arbeitsprozeß untersucht. Arbeitsrückschauen gleichen auf eine Weise methodischen Besinnungen. Die Klasse legt sich Rechenschaft darüber ab, welche Fragen an den Gegenstand gerichtet worden sind, mit Hilfe welcher Auffassungstätigkeiten die Erscheinung erfaßt, das Problem gelöst worden ist. Die Ergebnisse werden in geeigneter

Form an der Wandtafel festgehalten. Neben dem Text, der den Inhalt einer Besprechung zusammenfaßt, werden beispielsweise in einer besonderen Kolonne die Fragen aufgeschrieben, welche zu den vorliegenden Antworten geführt haben. Es können auch über die Abschnitte eines vorliegenden Textes Untertitel gesetzt werden, die als Fragen formuliert sind. Mit älteren Schülern kann die schwierigere Form der Bestimmung der Auffassungstätigkeiten oder sogar die allgemeine Formulierung der Gesichtspunkte versucht werden. Wenn etwa die Aussage der stofflichen Zusammenfassung lautet „Waterloo ist 15 km von Brüssel entfernt", so wird der Schüler die *Frage* bestimmen, die hier gestellt worden ist: „Wie weit ist Waterloo von Brüssel entfernt?" Die *Auffassungstätigkeit* müßte etwa folgendermaßen formuliert werden: „Entfernung Waterloo–Brüssel messen", und schließlich genügt auch die einfache Angabe des *Gesichtspunktes* „Entfernung Waterloo–Brüssel". Was geschieht also im Verlaufe einer solchen Arbeitsbesinnung? Die einer Aussage zugrunde liegenden Fragen, Auffassungstätigkeiten und Gesichtspunkte (drei Formulierungen, die das gleiche bedeuten) werden aus der Verhaftung mit dem Inhalt gelöst und damit bewußt gemacht. Der Schüler merkt nun, was er getan hat, um zu den Erkenntnissen der vorangehenden Lektion zu gelangen. Damit werden die Auffassungstätigkeiten auf neue Gegenstände übertragbar, sie werden zur Anwendung an neuen Beispielen bereitgestellt. Man darf sich keine Illusionen über die Leichtigkeit solcher Arbeitsbesinnungen machen. Sie sind schwieriger als die Arbeit am Gegenstand selber. Es sind sozusagen Überlegungen zweiten Grades, Besinnungen nicht mehr über eine Sache, sondern über Erkenntnisakte, die zur Erfassung der Sache geführt haben. Wir nennen sie metakognitive Überlegungen (KLUWE 1980, BROWN 1980). Die Mithilfe des Lehrers ist daher unumgänglich nötig. Es ist auch eine gute Regel, diese Arbeitsrückschau nicht schon nach der Behandlung eines ersten Beispiels zu vollziehen, sondern vorerst noch ein zweites zu betrachten. Erste, einfache Übungen dieser Art kann man mit gut begabten Elfjährigen anstellen, im Laufe der Jahre dürfen die Beispiele allmählich anspruchsvoller gestaltet werden. Weiter muß der Lehrer wissen, daß solche Arbeitsbesinnungen Zeit brauchen. Sie können also nicht etwa am Schluß einer Lektion angehängt und in ein paar Minuten erledigt werden. Sie sollten vielmehr die Stelle eigentlicher Wiederholungsstunden einnehmen, wobei die klassische Repetition, die ihren vollen Wert behält, durch diese neue Form der Besinnung ergänzt wird.

Neue Erscheinungen selbständig erfassen (Klassengespräch, Gruppenarbeit, individuelle Arbeit)

Während der Arbeitsrückschau haben wir dem Schüler schon gesagt, daß er nun lernen müsse, ähnlich geartete, neue Gegenstände selbständig zu erfassen. Nun folgen also die „Anwendungsaufgaben". Genauso, wie wir dem Schüler im Rechenunterricht Probleme vorlegen, in denen er die erworbenen Operationen in neuen Situationen anwenden muß, legen wir ihm jetzt neue Gegenstände vor, die er selbständig zu bearbeiten hat. Nachdem im Geographieunterricht ein Gebirgstal behandelt worden ist und die Arbeitsrückschau stattgefunden hat, lassen wir den Schüler ein ähnlich geartetes Tal selbständig untersuchen. Wir sorgen selbstverständlich dafür, daß die nötigen Anschauungsmittel vorhanden sind. Oder nach der Behandlung von ein oder zwei Pflanzen einer bestimmten Art legen wir dem Schüler eine dritte Pflanze zum selbständigen Studium vor. Nachdem eine Ballade gemeinsam untersucht worden ist, läßt der Lehrer die Klasse ein neues Beispiel selbständig oder relativ selbständig betrachten. Nachdem die wichtigsten Gesichtspunkte zur Erfassung von Parallelogrammen am Falle des Rechtecks und des Quadrats erarbeitet worden sind, sollen die Schüler einmal sehen, was sie selbständig mit dem Rhombus und dem Rhomboid anzufangen wissen.

Die soziale Organisationsform solchen selbständigen Arbeitens kann variieren. Klassengespräch, Gruppenarbeit und individuelle Arbeit stellen die klassischen Möglichkeiten dar. Anfänglich empfiehlt sich in vielen Fällen das *Klassengespräch*. Es unterscheidet sich vom fragend-entwickelnden Unterricht einfach dadurch, daß der Lehrer die Arbeit der Klasse nicht mehr führt, sondern die Schüler selbständig arbeiten läßt. Der Vorteil dieses Vorgehens besteht darin, daß der Lehrer den Verlauf der Arbeit in jedem Moment übersieht und eingreifen kann, sobald er merkt, daß die Klasse von sich aus nicht mehr zurecht kommt. Zwar wird er sich in der Folge das Ziel setzen, daß die Schüler eine Besprechung selbständig führen können. Sie müssen lernen, aufeinander zu hören, so daß kein Durcheinander entsteht. Die verschieden veranlagten Schüler (vorlaute, schüchterne, schnelle, langsame, kritische, naive) müssen sich soweit aneinander anpassen, daß ein jeder einmal zum Zuge kommt. Wenn dies nicht gelingen will, so kann er die Diskussionsleitung ohne weiteres in der Hand behalten. Entscheidend ist, daß die Schüler lernen, ohne die Fragen und Aufforderungen des Lehrers auszukommen, d. h. die vorliegende Erscheinung selbständig zu erfassen. Wenn man sieht, wie große Mühe auch Erwachsene haben, im größeren Kreis ohne Leitung eine geordnete Diskussion zu führen, wird man die Kinder in dieser Hinsicht nicht überfordern wollen.

Viele Arbeiten werden mit Vorteil in kleinen *Gruppen* von zwei, drei bzw. vier Schülern oder *individuell* ausgeführt. So erhält bei O. SCHEIBNER (1951) jede Schülerin eine Pflanze, die sie selbständig zu studieren hat. Einige Schüler können auch gemeinsam für die Durchführung einer Arbeit verantwortlich gemacht werden. Der Nachteil dieses Vorgehens besteht darin, daß der Lehrer nicht jeden einzelnen Schüler oder jede einzelne Gruppe bei der Arbeit verfolgen kann. Sollten einzelne oder gar die ganze Klasse der Aufgabe nicht gewachsen sein, so kommt das unter Umständen erst bei der gemeinsamen Diskussion der Ergebnisse heraus, und es ist damit wertvolle Zeit verloren gegangen. Auch kann der Lehrer nicht sofort eingreifen, wenn Schwierigkeiten auftreten. Die Gruppenarbeit und die individuelle Arbeit sollte daher nur dann gewählt werden, wenn eine gewisse Gewähr für erfolgreiche Durchführung der Arbeit vorhanden ist. Wie schon bemerkt, schließt sich an die so organisierte Arbeit eine gemeinsame Diskussion an, in der die Ergebnisse zusammengetragen und verglichen werden. Solche Gespräche sind fruchtbar. Da alle Gruppen und Individuen gleiche oder ähnliche Gegenstände untersucht haben, stellt sich auch nicht das schwierige Problem der Mitteilung, das überall auftritt, wo den Gruppen verschiedene Aufgaben zugeteilt worden sind.

Die Schwierigkeit der selbständigen Erfassung eines neuen Gegenstandes hängt von verschiedenen Faktoren ab. Sie kann einmal am Stoffe selber liegen: es gibt Tätigkeiten und Begriffe, die an und für sich schwieriger sind als andere. Dies kann dazu führen, daß wir in gewissen Fällen bei der klassischen Behandlung einer Erscheinung stehen bleiben, weil wir erkennen, daß es nicht möglich ist, den durchschnittlichen Schüler zur selbständigen Bemeisterung ähnlicher Fälle anzuleiten. Es muß auch bedacht werden, daß manchmal nicht so sehr die Komplexität des Stoffes als die Eigenart der Hilfsmittel und ihre Handhabung der selbständigen Bearbeitung durch den Schüler im Wege steht. Solche Schwierigkeiten stellen sich häufig im Geographieunterricht ein: um ein Gebiet selbständig studieren zu können, müßte der Schüler mehr aus der Karte lesen können, als ihm beim Stande seiner diesbezüglichen Fertigkeiten möglich ist. In jedem Falle muß sich der Lehrer die Frage stellen, wie verschieden vom gemeinsam behandelten er den neuen, vom Schüler selbständig zu verarbeitenden Gegenstand wählen will. Der Grenzfall und zugleich die einfachste Aufgabe besteht darin, dem Schüler noch einmal den gleichen Gegenstand vorzulegen, den er schon unter der Leitung des Lehrers betrachtet hat. Es handelt sich hier also noch nicht um die Anwendung der erworbenen Denkmittel an einem neuen Beispiel, sondern um die Wiederholung schon gemachter Aussagen, mit dem einzigen Unterschied, daß der Lehrer keine Fragen mehr stellt, sondern die Schüler frei sprechen läßt. Insofern, als dem Schüler die früheren

Aussagen allerdings nicht mehr im einzelnen gegenwärtig sind und er die notwendigen Auffassungsakte am Gegenstand noch einmal vollziehen muß, kann man von selbständiger Arbeit am Gegenstand sprechen.

In der Folge können der Klasse Gegenstände vorgelegt werden, die sich immer mehr vom gemeinsam behandelten unterscheiden. Ist beispielsweise die Samenverbreitung am Falle des Löwenzahns behandelt worden („Wer hilft der Pflanze ihre Samen verbreiten?", „Wie ist die Frucht zu diesem Zwecke eingerichtet?" usw.), so kann als leichte Aufgabe die Verbreitung eines weiteren Flugsamens durch den Schüler studiert werden, etwa diejenige des Weidenröschens. Diese beiden sehr kleinen Früchte tragen einen Fallschirm. Die Flugfrüchte von Ahorn oder Ulme gleichen den ersten schon viel weniger und werden von vielen Schülern nicht mehr als Flugfrüchte erkannt. Ein weiterer Schritt auf dem Kontinuum der Ähnlichkeit und Verschiedenheit stellt der Übergang zu den Klebefrüchten dar. Hier wirken nun Menschen und Tiere als Verbreiter. Immerhin ist der Vorgang noch einfach und leicht einzusehen. Etwa gleich schwer zu erfassen sind die Springfrüchte, die von der Pflanze selber fortgeschleudert werden. Der Fall der Fleischfrüchte ist noch etwas komplizierter. Hier muß bedacht werden, daß die Samen mit den Früchten zusammen in die Verdauungswege der Organismen gelangen, die sie dann aber dank ihrer zähen Schalen auch wieder unbeschadet zu verlassen vermögen. So liegt es auf der Hand, daß die Schüler zuerst einfachere Fälle selbständig untersuchen und erst allmählich zu den schwierigeren vorstoßen. Man wird bei der Verteilung der Aufgaben auch der Intelligenz der Schüler Rechnung tragen und die schwierigeren Beispiele den intelligenteren Schülern zur Lösung übergeben. Denn eines ist klar: wenn die Intelligenz die Fähigkeit ist, die vorhandenen Denkmittel zur Lösung neuer Aufgaben einzusetzen, wie dies William STERN (1920, 1950) und Edouard CLAPARÈDE (1924) unabhängig voneinander gefunden haben, so werden schwächere Schüler bei noch so sorgfältiger Bildung der Begriffe und Operationen und bei noch so eingehender Arbeitsbesinnung vor Beispielen, welche von den behandelten wesentlich abweichen, immer wieder versagen. Den entsprechenden Tatbestand finden wir ja auch im Rechnen, wo die Fähigkeit, Anwendungsaufgaben zu lösen, sehr stark mit der mathematischen Intelligenz zusammenhängt.

Schließlich können wir dem Schüler bei der Lösung neuer Aufgaben noch Hilfen unterschiedlicher Stärke anbieten. Die an der Wandtafel festgehaltenen Ergebnisse der Arbeitsrückschau stellen nichts anderes dar als die schriftlich fixierten Fragen, die auch der Betrachtung des neuen Falles zugrunde liegen müssen. Stellen wir sie dem Schüler vor Augen, so kann eigentlich noch nicht einmal von selbständiger Arbeit die Rede sein. Wischen wir die Fragen weg und lassen nur die Ergebnisse der ersten Untersuchung an der Wandtafel stehen, so wird die Aufgabe schon etwas schwieriger. Die früheren Ergebnisse müssen den Schüler bei der neuen Arbeit leiten. Schließlich kann ihm statt der Zusammenfassung der ersten Arbeit der erste Gegenstand selber vor Augen gestellt werden. Der Schüler wird sich daran erinnern, wie er ihn untersucht hat, und er wird den neuen entsprechend bearbeiten. Schließlich werden wir den Schüler einfach an den ersten behandelten Fall erinnern und ihm nahelegen, entsprechend vorzugehen. Im Endstadium sollte auch ein solcher Hinweis nicht mehr nötig sein. Nun ist es selbstverständlich, daß man nicht von jeder Erscheinung vier oder fünf Fälle betrachten wird. Vielmehr wird man aus den aufgezählten Möglichkeiten diejenigen auswählen, die sich nach dem geistigen Stand der Klasse, nach der zur Verfügung stehenden Zeit und nach der Eigenart des Gegenstandes empfehlen.

Zur Sozialpsychologie und Didaktik der Gruppenarbeit

Über das Lernziel der selbständigen Anwendung erworbener Verfahren und Begriffe sind wir auf das Thema der modernen Unterrichtsformen, Unterrichtsgespräch, Gruppenarbeit und individuelle Arbeit gekommen. Seine Bedeutung würde ein gesondertes Kapitel rechtfertigen. Das kann und soll in diesem Band jedoch nicht geschehen; sein innerer Aufbau verbietet es. Wir orientieren uns an den Medien und den Strukturen der geistigen Tätigkeiten und an den Lernprozessen, die zu ihnen hinführen. Die „Grundformen" sind sachlich ausgerichtet. Die Logik eines Kapitels über die modernen Unterrichtsformen wäre aber eine andere. Sie basierte auf der *sozialen Organisation* der Lernprozesse, auf den sozialpsychologischen Prozessen, die in ihrem Zusammenhang ablaufen und auf den Vorgängen des sozialen Lernens, die sich dabei abspielen. Indessen sind diese Dinge so wichtig, und die entsprechenden Fragen können auch von einem Lehrer, der von der Sache her denkt, nicht einfach ausgeklammert werden, so daß wir hier einen kurzen Ausblick auf die Sozialpsychologie und die Didaktik der *Gruppenarbeit* als der wichtigsten modernen Unterrichtsform geben.

Wenn man die Art und Weise betrachtet, wie erwachsene Menschen im Beruf und im außerberuflichen Alltag ihre Tätigkeiten ausführen, so stellen wir fest, daß dies fast ausnahmslos in Gruppen geschieht: Wer nicht gerade Schafhirt oder Leuchtturmwächter ist, gehört einer Arbeitsgruppe an. Die Familie ist nach Definition eine Gruppe, und auch die große Zahl der Freizeitbetätigungen geschehen in Gruppen. Wenn man einen Bewerber für eine Arbeitsstelle beurteilt, so ist seine sachliche Qualifikation sicher wichtig. Aber bald einmal wird man Fragen wie die folgenden stellen: Kann und will er mit Kollegen zusammenarbeiten? Kommt er mit ihnen aus? Können sie auf ihn zählen? Identifiziert er sich mit einer gemeinsamen Aufgabe? Alle diese Fragen richten sich auf Züge des sozialen Verhaltens. Die Schule hat allen Grund, etwas zur Ausbildung dieses Verhaltens und der ihm zugrunde liegenden Haltungen zu tun.

Nun ist es nicht etwa so, daß die Tätigkeiten, die wir im Zusammenhang mit den zwölf Grundformen des Lehrens beschrieben haben, keinen Beitrag zum sozialen Lernen und zur sozialen Entwicklung des jungen Menschen leisten würden. Insbesondere darf man nicht vergessen, daß der Umgang mit einem Erwachsenen, dem Lehrer, wichtige Prozesse des sozialen Lernens auslöst und daß auch der sogenannte „Frontalunterricht" nicht so frontal ist, wie es bei oberflächlicher Betrachtung scheinen mag. Wir haben daher immer wieder darauf hingewiesen, wie wichtig die Interaktionen zwischen den Schülern sind und wie hoch die Verantwortung des Lehrers ist, daß sie im rechten Geist geschehen.

Aber es ist wahr: Zum Gegenstand systematischer Reflexion haben wir die Arbeit in der Gruppe bisher nicht gemacht. Der sogenannte „Sittenlehreunterricht", neuerdings die „Lebenskunde", denken über die entsprechenden normativen und faktischen Probleme natürlich nach. Aber damit behandeln wir das soziale Verhalten als einen sachlichen Unterrichtsgegenstand, so wie wir den Menschen und seine Taten in der Geschichte zum sachlichen Unterrichtsgegenstand machen. Das ist hier nicht gemeint. Gruppenunterricht ist vorerst gelebte Praxis des Handelns und Arbeitens in der Gruppe. Erst in einem zweiten Schritt führt er zum Nachdenken über die zwischenmenschlichen Vorgänge. Allerdings, so stellen wir schon jetzt fest: wenn diese Reflexion nie bis zu den Problemen und den Antworten vorstößt, die von der Ethik und der philosophischen Anthropologie auf die Fragen des zwischenmenschlichen Verhaltens gegeben werden, greift die soziale Erziehung zu kurz. Es ist, wie wenn man in der Physik nur von technischen Objekten und ihrem Gebrauch sprechen wollte und darüber vergessen würde, daß sie Anwendungen physikalischer Zusammenhänge sind, an deren Erforschung die besten Köpfe des Abendlandes während Jahrhunderten gearbeitet haben.

Gruppenarbeit bedeutet autonomes Lernen und soziale Interaktion

Gruppenarbeit bedeutet zwei Dinge: (1) *autonomes Lernen* und (2) *soziale Interaktion* der Gruppenmitglieder. Diese Tatsachen machen verständlich, daß die Organisation eines guten Gruppenunterrichts hohe Anforderungen an den Lehrer stellt. In der Tat: wenn wir eine Schulklasse in Arbeitsgruppen auflösen und sie ein Problem selbständig bearbeiten lassen, zeigt sich rasch, ob sie das können. Sind die gestellten Anforderungen zu hoch, so werden die Gruppen versagen, es kommt nichts heraus und die anfängliche Begeisterung erlahmt rasch. Sind die Anforderungen zu niedrig oder spricht die Aufgabe die Schüler sonst nicht an, so nehmen sie sie nicht ernst, und es kommt auch nichts heraus. Ist das Material, das wir zur Verfügung stellen, ungenügend, so kommen die Schüler damit nicht zurecht. Fehlen die notwendigen Arbeitstechniken, so mißlingen die geplanten Arbeitsgänge.

Mit der Organisation von Arbeitsgruppen gewähren wir den Schülern im Bereich der Lösung einer umschriebenen Aufgabe Autonomie, d. h. Selbständigkeit (WELTNER 1978). Das hat zwei wichtige Folgen: Einmal liegen die Arbeitsprozesse in den Händen der Schüler. *Sie* müssen handeln, nicht der Lehrer ist der Hauptakteur.

Man wird also rasch erkennen, ob etwas geschieht und was geschieht. Sodann soll das Handeln der Schüler ein Ergebnis zeigen: häufig ein konkretes, immer jedoch ein Lernergebnis. Das konkrete Ergebnis kann man lesen, wenn es ein Text ist, oder man hört es, wenn die Gruppen dem Plenum referieren. Der Lehrer und die Klasse werden es beurteilen. Befriedigt es nicht, so wird die Klasse als erste Zeichen der Enttäuschung und des mangelnden Interesses zeigen.

Wir sagen diese Dinge ungeschminkt, nicht um den werdenden Lehrer davon abzuhalten, moderne Unterrichtsformen zu versuchen, sondern um ihm ein realistisches Bild von den Anforderungen zu vermitteln, die diese Unterrichtsformen an ihn stellen und zugleich sichtbar zu machen, welche Bedingungen erfüllt sein müssen, damit Gruppenunterricht gelingt.

Bevor wir diese Bedingungen formulieren, betrachten wir die zweite wichtige Tatsache: daß Gruppenarbeit auch *soziale Interaktion* bedeutet. Wenn eine Schülergruppe gemeinsam die Lösung einer Aufgabe in Angriff nimmt, so entstehen zwei Arten von Wechselwirkungen zwischen den Gruppenmitgliedern. Einmal erfordert die sachliche Aufgabe eine *Rollenverteilung*. Einer liest etwas in einem Buch nach, ein anderer fertigt eine Zeichnung dazu an, ein dritter skizziert eine Tabelle, ein vierter bereitet sich darauf vor, der Klasse über das Ganze zu berichten. Oder: ein Schüler rechnet vor, die anderen kontrollieren seine Ergebnisse, dann wechseln die Rollen. Oder: alle suchen nach der Lösung eines Problems. Vorschläge werden gemacht: das setzt voraus, daß man sie zur Kenntnis nimmt, beurteilt, auf ihrer Grundlage weiterdenkt. Damit differenzieren sich die Rollen des Vorschlagenden und des Zuhörenden, des Verfechters einer Idee und ihres Beurteilers, dessen, der einen Lösungsgedanken äußert und dessen, der ihn aufnimmt und weiterführt. Das Besondere dieser Rollen ist ihr rascher Wechsel und damit die Tatsache, daß jedes Gruppenmitglied nacheinander mehrere Rollen spielt. Sie aufeinander abzustimmen, so daß sich jeder Beitrag in die Lösung des gemeinsamen Auftrages einfügt, ist eine große *Koordinationsleistung*. Kein Wunder, daß da auch einiges schiefgehen kann, und kein Wunder, daß hier wichtige Lernprozesse notwendig und möglich sind.

Aber diese sozialen Wechselwirkungen im Dienst der Lösung der sachlichen Aufgabe stellen nur einen Aspekt des sozialen Geschehens dar. Das andere sind die rein zwischenmenschlichen Vorgänge und ihre Auswirkungen auf die Atmosphäre der Gruppe, das, was HOMANS (1951) das „Gruppengefühl" („sentiment") genannt hat. Es ist praktisch unmöglich, all die persönlichkeitspsychologischen Faktoren aufzuzählen, deren Interaktion die Gruppenatmosphäre bestimmt. Wir denken an das Geschlecht der Gruppenmitglieder, ihre Intelligenz, ihren familiären Hintergrund, ihre Reife, ihre Angepaßtheit, ihr Geltungsbedürfnis, ihre Initiative, ihr Selbstvertrauen, ihre Durchsetzungsfähigkeit, ihre Sympathiebeziehungen, ihre möglichen Rivalitäten sowie ihre Interessen und Werthaltungen. Von daher ergeben sich Verträglichkeiten und Unverträglichkeiten, Zusammenhalt und Zerfallstendenzen, Kooperativität und Absonderung. Diese Interaktionen wirken natürlich mächtig auf die Leistungsfähigkeit der Gruppe, wobei wiederum die erreichten Ergebnisse und das Echo, das sie beim Lehrer und bei der Klasse auslösen, auf die Gruppenatmosphäre zurückwirken. Damit nicht genug: auch das Verhältnis der Schüler zum Lehrer wirkt sich indirekt auf die Beziehungen der Gruppenmitglieder aus. Seit den Untersuchungen LEWINS und seiner Schüler über die Führungsstile (LEWIN, LIPPITT & WHITE 1949, zusammenfassend HARTUP 1970, 378) wissen wir, daß sich diese auch auf das Verhalten der Gruppenmitglieder zueinander auswirken.

Sachaufgaben, die sich zur Bearbeitung in Gruppen eignen und nicht eignen

Angesichts der Schwierigkeiten des autonomen Lernens an sich und der zusätzlichen Probleme, die sich aus der Notwendigkeit der Rollenverteilung und -koordination in der Gruppe ergeben, muß die Schwierigkeit der Sachaufgaben, die man einer Gruppe zur Lösung gibt oder die sie sich zu lösen vornimmt, sorgfältig dosiert werden. Aufgaben, die komplexe Aufbauprozesse in sich schließen, insbesondere die Bildung anspruchsvoller Begriffe und neuer Handlungsschemata und Operationen, also alle jene Probleme, die wir im zweiten Teil des Buches besprochen haben, fallen außer Betracht. Von den Funktionen des Lernprozesses kommen die zweite, die dritte und die vierte, nämlich das Durcharbeiten, das Üben und das Anwenden für die Gruppenarbeit in Frage. Über das letztere haben wir schon gesprochen. Wir sagen daher noch ein Wort zum *Durcharbeiten* und *Üben*. In beiden Fällen handelt es sich darum, eine kleine Zahl von Operationen wiederholt zu vollziehen, mit dem Ziel, sie durchsichtig und beweglich zu machen (Durcharbeiten) und sie zu automatisieren (Üben). Die Inhalte sind also gegeben, es geht um den wiederholten, variierten Vollzug. Die Richtigkeit der Ergebnisse kann durch gute Schüler leicht kontrolliert werden. Man kann den Schülern beim Üben mit dem Lehrbuch auch die Lehrerausgabe, die die Ergebnisse enthält oder sonst einen Ergebnisschlüssel zur Verfügung stellen. Dann lösen ein bis drei Schüler die Aufgaben, ein vierter kontrolliert die Ergebnisse. Die didaktische Organisation ist einfach und von den Schülern leicht zu meistern. Häufig wird man der Gruppe das Ziel der fehlerlosen Meisterung einer umschriebenen Zahl von Aufgaben setzen und sie sich beim Lehrer melden lassen, wenn alle das Kriterium erreicht haben. Das führt natürlicherweise zu gegenseitigem Helfen in der Gruppe.

Auch *Problemlösen* in Gruppen ist möglich, wenn die Probleme den richtigen Schwierigkeitsgrad haben. Mit diesen Aufgaben kommen die Schüler, im Gegensatz zu den Aufgaben der Begriffsbildung, gut zurecht, wenn die Ausgangslage und/oder das Ziel wohl definiert sind. Es ist jedoch darauf zu achten, daß die Schüler die Lösung wirklich kooperativ, in der Diskussion, suchen und nicht etwa die begabtesten Gruppenmitglieder die Lösung allein produzieren. Das setzt bei diesen Zurückhaltung und den Willen voraus, den weniger leistungsfähigen Kameraden eine Chance zu geben. Kooperatives Problemlösen ist eine wichtige soziale Arbeitsform. Sie sollte regelmäßig gepflegt werden. Die Anwendungsaufgaben, von denen wir gesprochen haben, stellen Beispiele dar. Zum Problemlösen in Gruppen verweisen wir auf die Arbeit von Christa SCHELL (1972), die auch eine gute Literaturübersicht gibt.

Eine weitere Gruppe von geeigneten Aufgaben definiert sich durch den Umgang mit bestimmten Medien. Man kann sie *Darstellungsaufgaben* nennen. In der Regel handelt es sich darum, bestimmte Informationen in einem gegebenen Medium darzustellen: ein Bild zu beschreiben, einen Text zusammenzufassen, eine Abbildung umzuzeichnen, einen Plan zu vergrößern, Querschnitte durch eine Landschaft oder durch ein biologisches Objekt zu legen, Tabellen anzulegen usw. In diesem Zusammenhang stellen sich häufig auch *Berechnungsaufgaben:* Distanzen, Geschwindigkeiten berechnen, Summen und Durchschnitte bestimmen usw. Darstellungsaufgaben haben den großen Vorteil, daß sie dem Plenum der Klasse leicht vorgeführt werden können, was im Ablauf der Arbeit, wie wir noch sehen werden, einen wichtigen Schritt darstellt.

Das *Sammeln von Informationen* ist eine ähnliche Tätigkeit. Schüler können Menschen über bestimmte Erfahrungen, Fachleute über bestimmte Techniken und Sachverhältnisse befragen: einen Lokomotivführer, einen Piloten, einen Zoowärter, einen Bergmann. Alte Menschen sind dankbare Auskunftspersonen, denn sie haben Zeit für junge Interviewer. Die Entnahme von Informationen aus Büchern, z. B. aus Lexika und Handbüchern, ist schwieriger, denn diese sind in der Regel nicht für Kinder geschrieben und werden daher schlecht von ihnen verstanden. Hier gilt es zu verhindern, daß die Schüler Unverstandenes einfach abschreiben und es weiterzugeben versuchen, wie sie es gelesen haben. Die Hilfe des Lehrers ist hier häufig nötig. Zum Teil wird er die Texte schon vorher in einem gewissen Maß aufbereiten, was allerdings den Reiz der Arbeit für die Schüler mindert.

Als letzte Gruppe von Aufgaben nennen wir die Tätigkeiten, die häufig am Anfang von Unterrichtseinheiten stehen: die *Artikulation von Interessen* und die *Aktivierung von Vorwissen und von Vorerfahrung*. Diese Tätigkeiten liegen darum im Bereich der Möglichkeiten der Schüler, weil man hier kein bestimmtes Ergebnis erwartet. Es geht darum, daß sich die Schüler bei einem gegebenen Thema Rechenschaft ablegen, was sie wissen möchten und wo in ihrem bisherigen Kontakt mit der Sache schon Fragen und Probleme aufgetaucht sind. Was möchten die Flachländer über das Klettern im Fels wissen? Was möchten Bewohner des Festlandes über die Arbeit eines Hochseekapitäns, eines Steuermanns, eines Matrosen wissen? Was möchten Schweizer Kinder über Amerika, was kleine Amerikaner über die Schweiz wissen? In diesem Zusammenhang geschieht es natürlich, daß die Schüler ihr Vorwissen zu einer Sache aktivieren. Da dieses häufig unsicher und ungenau ist, ergeben sich neue Fragen. Auf diese Weise werden für die nachfolgende Unterrichtseinheit Fragehaltungen erzeugt, die Interesse wecken und Aufnahmebereitschaft schaffen. Diesen Tätigkeiten entspricht im Literaturunterricht die „freie Aussprache" über den Text, von der wir im Literaturunterricht gesprochen haben (vgl. S. 143).

Allgemein stellen wir fest, daß der Lehrer jede Aufgabe, die von einer Gruppe autonom bearbeitet wird, genau analysieren sollte. Die wichtigste Frage ist dabei, ob die Schüler über die notwendigen Techniken und das notwendige Wissen verfügen, um die Aufgabe erfolgreich zu lösen. Mißerfolge, die auf fehlende Voraussetzungen zurückgehen, können und müssen vermieden werden. Dies setzt häufig vorgeschaltete Lektionen voraus, die in die notwendigen Techniken einführen und das notwendige Wissen vermitteln. Beispiele sind: die Handhabung von Geräten, das Nachschlagen in Wörterbüchern, das Exzerpieren, das Zitieren und – in der Phase der Darstellung der Ergebnisse – das Referieren und das Demonstrieren.

Die Einführung und der Ablauf von Gruppenarbeiten

Wenn man bedenkt, wie viele sachliche und menschliche Probleme die Durchführung von Gruppenarbeiten stellt, so wird man nicht erwarten, daß man mit einer Klasse, die bisher nur den Frontalunterricht kennt, von heute auf morgen komplexe Gruppenarbeiten durchführen kann. Der Lehrer muß sich den Gedanken aneignen, daß die Befähigung zur Gruppenarbeit *langfristige Lernprozesse* voraussetzt und es immer wieder Aufgaben gibt, die von den Schülern autonom nicht gelöst werden können, die also nicht Gegenstand von Gruppenarbeit sein können. Wenn die Schüler ja alles selbständig lernen könnten, so wären Schule und Lehrer überflüssig.

Man beginnt also mit einfachen Aufgaben. Man wird das Ergebnis und die aufgetretenen Probleme, die arbeitstechnischen und die sozialen, ausführlich besprechen, und man wird sich nicht scheuen, nach der Besinnung neue Versuche anzusetzen, in denen sich alle bemühen, die aufgetretenen Schwierigkeiten besser zu meistern. VETTIGER (1977) schlägt vor, mit Partnerarbeit zu beginnen und dabei vorerst Banknachbarn, die sich kennen und meistens auch mögen, zusammen arbeiten zu lassen. Damit werden die sozialen Probleme vereinfacht. Aus den gleichen Gründen wird man nicht mit arbeitsteiligem Gruppenunterricht beginnen, sondern anfänglich alle Gruppen die gleiche Aufgabe lösen lassen. Dies hat zur Folge, daß sich auch in allen Gruppen ähnliche Probleme stellen, die in der nachfolgenden Besprechung gemeinsam gelöst werden können. Für den Lehrer vereinfacht dieses Verfahren die Vorbereitung, denn die Bereitstellung des Materials und die Definition der geeigneten Aufgaben ist bei arbeitsteiligem Gruppenunterricht anspruchsvoll und zeitraubend.

Phasen der Arbeitsrückschau und der Besinnung begleiten die Gruppenarbeit auch in der Folge. Sie dienen der Reflexion und der Verbesserung der sachlichen und der sozialen Techniken und der Verarbeitung aufgetretener Probleme.

In der Endform vollzieht sich die typische Gruppenarbeit in den folgenden Phasen:
1. gemeinsame Besprechung des Vorhabens und Definition der angestrebten Ergebnisse der Arbeit in den Gruppen.
2. Gruppenbildung und Verteilung von Material und Hilfsmitteln.
3. Gruppenarbeit (gleiche oder verschiedene Aufträge für die Gruppen).
4. Bericht der Gruppen im Plenum der Klasse. Diskussion und Integration der Gruppenergebnisse.
5. Besprechung der aufgetretenen Schwierigkeiten, Analyse der Ursachen und Schlußfolgerungen für die folgenden Versuche.

Bei der Verarbeitung der Ergebnisse spielt der Lehrer eine wichtige

Rolle, denn man kann nicht damit rechnen, daß eine Klasse von sich aus alle sachlichen und zwischenmenschlichen Probleme löst und die notwendigen Lernprozesse in die Wege leitet. So erweist sich der Gruppenunterricht als ein Lernen höherer Ordnung, das nicht nur auf den Erwerb von Sachwissen und von Sachkompetenz gerichtet ist. Es geht hier letztlich um das Lernen des Lernens und um den Erwerb der sozialen Verhaltensweisen, die dieses Lernen zwischen Gruppenmitgliedern gleichen Alters und ähnlicher Kompetenz ermöglichen.

Abschluß: Von der Anwendung zum nächsten Aufbauschritt

Indem wir mit den Schülern die erworbenen Handlungsschemata, Operationen und Begriffe und die sie fortsetzenden Verfahren, Methoden und Heuristiken anwenden lassen, verwirklichen wir die letzte der vier Funktionen des Lernvorgangs. Das Gelernte wird nun, wie es seinem Wesen entspricht, eingesetzt, um Probleme von relativer Neuheit selbständig zu lösen. Relativ ist die Neuheit, weil hier „alte" Schemata auf „neue" Fälle angewendet werden. Hinter dieser Auffassung steht eine realistische, aber nicht resignative Haltung gegenüber den Möglichkeiten des Menschen. Wir glauben, daß das erste Ziel sein muß, den Menschen zu befähigen, die Themen, die er in seiner Ausbildung kennengelernt hat, zu variieren. So wie man den jungen Wissenschaftler, der vor dem Abschluß seines Studiums steht, mit dem Thema seiner Diplomarbeit oder seiner Dissertation nicht in absolutes Neuland vorstoßen läßt, sondern ihn anhält, in einem etablierten Forschungsbereich ein schon durchgeführtes Experiment oder eine bekannte Forschungsidee abzuwandeln, einen Teilfaktor genauer anzusehen, dabei aber das grundlegende Forschungsparadigma zu bewahren, genauso lassen wir den Schüler einen Begriff wie denjenigen des Eisenbahnknotenpunktes, der Samenverbreitung, der Ballade, des Entwicklungsromans an neuen Fällen anwenden. Er wird dabei einmal die Strukturen wiederfinden, die er schon kennengelernt und im Begriffsinhalt zusammengefaßt hat. Aber diese Strukturen erhalten in der Anwendung einen neuen, reicheren oder andersartigen Inhalt.

Das zweite ist, daß sich die Strukturen des Handelns und Denkens bei der Anwendung auf neue Inhalte zum Teil selbst verändern. Das ist jene aktive Veränderung mit dem Ziel der Anpassung, die PIAGET (1947/^{5}1972) *Akkommodation* nennt. Wir schlagen vor, einfacher von der Differenzierung und vom weiteren Ausbau einer Handlungs-, Operations- oder Begriffsstruktur zu sprechen. In der Tat, je größer der Transferschritt und je verschiedener daher der neue Fall von den bisherig behandelten ist, desto wahrscheinlicher wird es, daß sich das Assimilationsschema selbst verändern muß, um das neue Beispiel zu erfassen.

Wir denken zum Beispiel an die Addition ungleichnamiger Brüche. (Unser Beispiel war $1/3 + 1/6$.) Natürlich handelt es sich dabei um eine Addition, genau wie wenn wir 3 + 4 addieren. Damit die Addition von $1/3 + 1/6$ aber möglich wird, ist es notwendig, die beiden Brüche gleichnamig zu machen. Das Addieren ungleichnamiger Brüche erhält damit eine vorbereitende Teiloperation, die in punkto Komplexität weit über das Addieren von ganzen Zahlen hinaus führt.

Ebenso zwei Entwicklungen wie diejenige des jungen Gottfried Keller und des jungen Henry Roth. Gottfried Keller hatte keinen Vater, was seine Entwicklung stark erschwerte. Roth hatte einen Vater, aber er lebte in Angst vor ihm. Eine Entwicklung in der Fürsorge einer liebenden Mutter und einer älteren Schwester bei Gottfried Keller, eine Entwicklung in der Angst vor einem unheimlichen, wahrscheinlich selbst von Ängsten verfolgten Vater bei Henry Roth: das führt zu zwei ganz verschiedenen Entwicklungsbegriffen.

Mit dieser Einsicht aber gelangen wir zu einem Punkt, an dem die letzte Grundform des Lehrens im dritten Teil dieses Buches wieder an die erste anknüpft. Wir erkennen, daß es nur eine Frage der Größe des Transferschrittes und damit der Neuheit des nächsten Unterrichtsgegenstandes ist, ob wir noch von der Anwendung eines alten oder schon vom Aufbau eines neuen Begriffes, einer neuen Operation oder eines neuen Handlungsschemas sprechen werden. Mit anderen Worten: indem wir die zuletzt erworbenen Schemata, zusammen mit solchen, die früher und in anderem Zusammenhang, vielleicht auch im Alltag, erworben worden sind, einsetzen, um neue Handlungsabläufe, neue Operationen oder neue Begriffe aufzubauen, setzt ein neuer Viererzyklus des Lernens ein.

Unter dem Gesichtspunkt der vier Funktionen ist das systematische Lernen also ein zyklisches. Die vier Phasen, die durch die vier Funktionen des Aufbaus, des Durcharbeitens, des Übens und der Anwendung definiert sind, werden in immer neuen Drehungen einer Spirale durchlaufen. Wenn sie jedoch wieder bei der Phase des Aufbaus ankommt, hat sie sich ein Stück weit gehoben. Der neue Aufbauprozeß nimmt alte, vorhandene Elemente in sich auf und erreicht eine neue Stufe der Komplexität. Im Hinblick auf diesen Vorgang ist das Lernen hierarchisch, allerdings nicht im aristotelischen Sinne der Abstraktionshierarchie, sondern im modernen Sinne der Komplexionshierarchie (AEBLI 1981, 89 ff.).

Zugleich erkennt man die zunehmende Autonomie des Schülers: Mit jeder Handlungsmöglichkeit, mit jeder Operation und mit jedem Begriff, die er erwirbt, bereichert sich sein Repertoire. Immer mehr Lebenssituationen vermag er mit den Mitteln zu bewältigen, die ihm zur Verfügung stehen. Immer weniger hat er daher die führende Hand eines Erziehers nötig, immer mehr ist er also „e-man-zipiert": aus seiner Hand genommen (*ex manu captus*), in die Selbständigkeit entlassen. Immer mehr sind die Schemata und die Gesetze seines Handelns die eigenen. Er ist autonom, „eigen-gesetzlich" geworden. Aber immer wieder gibt es auch Probleme, die er aus eigener Kraft nicht zu lösen vermag. Dann ist es gut, wenn er jemanden findet, der ein Stück weiter sieht und ihn bei ihrer Lösung zu stützen vermag.

XIV. Eine Standortbestimmung der „Grundformen"

In den letzten Jahren sind mehrere Werke erschienen, die nach der Formel „Theorien der Didaktik" konzipiert sind (BLANKERTZ 1969, BOROWSKI ET AL. 1976, DICHANZ ET AL. 1980, HILGARD 1964, LOSER & TERHART 1977, REICH 1977, TWELLMANN 1981). Sie kommen einem natürlichen Orientierungsbedürfnis des Lesers entgegen. Er möchte die verschiedenen didaktischen Theorien situieren und sie in ein Bezugssystem einordnen. Die Festlegung der „Grundformen" scheint allerdings nicht ganz einfach zu sein. Mit einer Formel wie derjenigen der „lernpsychologischen Didaktik" ist das Problem sicher nicht gelöst, denn die Lernpsychologie befindet sich gegenwärtig in einer Periode des Umbruchs und der Neuorientierung. Man braucht dazu nur die letzte Auflage von BOWER & HILGARD (^{5}1983) anzusehen. Die klassischen Lerntheorien, die das Lernen als Assoziation von Reiz und Reaktion unter Bedingungen der Verstärkung verstehen, sind auf dem Rückzug, und die Theorien der Informationsverarbeitung sind auf dem Vormarsch. Soll man die Grundformen daher als „kognitivpsychologische Didaktik" bezeichnen? Das käme der Wahrheit wohl näher. Aber die Kognitivpsychologie hat in den letzten Jahren einen so unerhörten Aufschwung genommen und eine derartig breite Entwicklung durchgemacht, daß der Begriff „kognitiv" zur Kennzeichnung einer psychologischen oder pädagogischen Theorie auch nicht mehr viel sagt. Zu viele psychologische Prozesse werden heute als „kognitiv" bezeichnet[1].

Eine Didaktik, die Lernsituationen psychologisch beleuchtet

Sicher ist, daß wir uns bemühen, Lernsituationen psychologisch zu beleuchten. Aber auch das kann noch sehr Verschiedenes bedeuten. Man kann dies im Licht der klassischen Lernpsychologien, etwa derjenigen eines HULL oder eines SKINNER, tun. Dies hat, wie man weiß, Verfahren der „Verhaltensmodifikation" erzeugt, die auch von Lehrern und Erziehern angewendet werden (zusammenfassend: GAGE & BERLINER 1975/1977, 99 ff.). Wo liegt der Unterschied zum Ansatz dieses Buches?

---

[1] Dies ist auch der Grund, daß wir im Untertitel dieser Bearbeitung der „Grundformen" nicht mehr von ihrer „kognitivpsychologischen", sondern nur mehr von ihrer „psychologischen Grundlage" sprechen.

Die klassischen Lerntheorien versuchen Gesetze des Lernens zu formulieren, die inhaltsfrei sind, d. h. die qualitative Eigenart der Lernprozesse nicht berücksichtigen. Sie sprechen von einer „Reizsituation", die irgendwie geartet sein kann. Entscheidend ist für sie, daß in ihr ein Organismus (Mensch oder Tier) unter Bedingungen des Antriebs, meistens eines elementaren Bedürfnisses wie Hunger, Durst oder Angst, eine Reaktion produziert, welche die Bedürfnisspannung reduziert. Nun ist es möglich, einige dieser inhaltsunabhängigen Faktoren geeignet zu manipulieren und damit das Lernen zu befördern. Man kann den Antrieb, d. h. „die Motivation", zu steigern versuchen. Man kann die Präsentation der Reizsituationen variieren. Man kann den Zeitabstand zwischen Reiz und Reaktion und zwischen Reaktion und Verstärkung, die Häufigkeit und die zeitliche Verteilung von Verstärkung (die „Verstärkungspläne") und die Quantität und Qualität der verstärkenden Substanzen (Futter) und Ereignisse (Lob, Tadel) variieren.

Von all dem hat man in diesem Buch nicht viel gelesen – außer im Kapitel über das Üben. Das soll nicht bedeuten, daß die klassischen Gesetze des Lernens nicht auch beim Menschen wirksam sind, Lehrer und Erzieher also keinen Grund hätten, sie zu beachten. Aber man muß ihre Bedeutung im größeren Rahmen sehen. Die erste Aufgabe des Lehrers besteht darin, die Lernsituation (die klassische Lerntheorie spricht von der „Reizsituation" oder einfach vom „Reiz") zu *gestalten* und die Verhaltensweisen („die Reaktionen") *aufzubauen,* die erst in einem zweiten Schritt durch die geeignete Anordnung der genannten Übungsbedingungen konsolidiert werden. Gestaltung der Lernsituation und Aufbau der neuen Verhaltensweise: das sind also die ersten Aufgaben der Unterrichtsvorbereitung. Wir suchen bei der Psychologie Hilfe zur Lösung dieser Aufgaben.

Diese Sicht der Rolle der Psychologie hat nun wichtige Auswirkungen auf die Lehrerrolle. Wenn es möglich wäre, Unterricht mit Hilfe der klassischen Lerngesetze zu gestalten, erschiene die Rolle des Lehrers sehr einfach. Er müßte diese Gesetze kennen lernen und wäre dann fähig, die – inhaltsfrei definierten – Bedingungen herzustellen, die optimales Lernen ermöglichen: für Motivation sorgen, Reize präsentieren, Gelegenheit zur Wiederholung der Reaktion geben, richtige Reaktionen systematisch verstärken, die übrigen ignorieren oder bestrafen. Aber die Realität des Unterrichts ist eine andere. Da der Lehrer die Lernsituation gestalten und die angestrebten Erfahrungen und Verhaltensweisen zuerst aufbauen muß, braucht er zuerst und vor allem Begriffe, die ihm eine klare Sicht der Lernsituationen und der im Schüler ablaufenden Reaktionen verschaffen. Die psychologischen Begriffe spielen darin die Rolle von Schemata, mit deren Hilfe diese Situationen und die darin aufzubauenden Formen des Handelns und Denkens überhaupt konzipiert werden, lange bevor sie geübt und verstärkt werden können. Darum unsere ausführlichen Strukturanalysen und darum die Analysen der Medien, in denen sich die Strukturen realisieren, darum schließlich eine Theorie des strukturellen Lernens mit ihren charakteristischen Begriffen des problemlösenden Aufbaus, des Durcharbeitens und des Anwendens der Strukturen auf neue Situationen.

Struktur, Medium und Lernprozeß

Die psychologische Theorie, die den „Grundformen" zugrunde liegt, basiert auf den Grundbegriffen der Struktur, der Darstellungsmedien und der Lernfunktionen. Indem wir Unterricht gestalten, müssen wir das Lernangebot strukturieren, und wir müssen eine Vorstellung von der Struktur der Verarbeitungsprozesse haben, die der Schüler auf das Lernangebot richtet. Schließlich brauchen wir eine Vorstellung von den Ergebnissen des Unterrichts. Psychologisch betrachtet, handelt es sich um die Handlungsschemata, Operationen und Begriffe, die der Schüler erwirbt und um die Haltungen, die sein künftiges Handeln und Denken orientieren werden. Auch diese Ergebnisse des Unterrichts müssen und können bezüglich ihres inneren Aufbaus untersucht und gekennzeichnet werden. Eine Psychologie der Verhaltens- und Denkstrukturen und eine Psychologie der Medien liefert dazu die nötigen Werkzeuge. So haben wir beispielsweise gesehen, wie die moderne Kognitionspsychologie den hierarchischen Aufbau der Handlungsschemata und des begrifflichen Wissens deutet. Wir haben auch gesehen, welche Rolle das Medium der Handlung, der Anschauung und der Sprache im Vorgang der Kommunikation zwischen Lehrer und Schülern und zwischen den Schülern unter sich spielt, und wie die Ergebnisse des Unterrichts in diesen Medien dargestellt werden können.

Der Lernprozeß, den wir durch die Funktionen des problemlösenden Aufbaus, des Durcharbeitens, des Übens und des Anwendens gekennzeichnet haben, wird seinerseits umfassender gesehen, als dies bei der klassischen Lerntheorie der Fall ist. Seine erste Phase wird als Strukturaufbau verstanden, nicht als die Assoziation von Reiz und Reaktion. Das Durcharbeiten soll die aufgebauten Strukturen beweglich machen: ein Begriff der Genfer Schule, der in der Lernpsychologie nicht existiert. Erst mit dem Üben kommen die Mechanismen zum Zuge, die die Lerntheorie untersucht. Das Anwenden verstehen wir als einen Vorgang, bei dem die aufgebauten Strukturen die Klärung einer neuen Situation oder die Erzeugung einer neuen Handlung oder eines neuen Gedankens leiten: eine strukturalistische Anwendungstheorie also, die sich stark von der behavioristischen Transfertheorie unterscheidet.

Vom Handeln zum begrifflichen Denken

Wir haben das Handeln ein Medium der Erfahrungsbildung und des Wissens genannt. Wir können diese Aussage nun erweitern und damit einen Grundzug der Psychologie kennzeichnen, die dieser Didaktik zugrunde liegt. Wir betrachten das Handeln als die erste und ursprüngliche Form der Erfahrungsbildung und das Handlungswissen als das erste und ursprüngliche Wissen des Menschen. Man kann unsere Psychologie und die damit zusammenhängende Didaktik daher als *pragmatistisch,* nämlich dem Pragmatismus nahestehend, bezeichnen. Denn es war ja die Grundthese der pragmatischen Philosophen und Pädagogen William JAMES (1907) und John DEWEY (1916), daß das geistige Leben mit der Handlung einsetzt, seine Wahrheit eine Wahrheit der Bewährung in der Praxis ist, und daß es ihr letztlich wieder zu dienen habe. PIAGET hat dem Pragmatismus eine entwicklungspsychologische Deutung gegeben: das Kind ist zuerst und vor allem ein handelndes Wesen. Die Operationen des Denkens entwickeln sich aus der Handlung heraus. Wir haben dieser entwicklungspsychologischen These eine lerntheoretische und eine didaktische Bedeutung gegeben: die Lernprozesse müssen immer wieder mit der Handlung einsetzen. In der Handlung ist schon möglich, die Grundstrukturen einer begrifflichen Erfahrung zu verwirklichen. In der Folge streben wir die schrittweise Verinnerlichung, Systematisierung und die sprachliche Kodierung dessen an, was zuerst handelnd erarbeitet worden ist. Der Begriff ist das theoretische Gegenstück zum Handlungsschema. Er objektiviert sich im sprachlichen Zeichen, während sich die Handlung im konkreten Handlungsergebnis objektiviert (AEBLI, 1981, S. 118 ff.). Die hierarchische Struktur ist jedoch beiden gemeinsam.

Mit dieser Auffassung stehen wir KERSCHENSTEINER (1928a,b) und der Arbeitsschulbewegung nahe. KERSCHENSTEINER hat ja nicht umsonst DEWEYS „Wie wir denken" ins Deutsche übersetzt. Auch er wollte die begriffliche und wissenschaftliche Erkenntnis aus der praktischen Arbeit heraus entwickeln und sie wiederum in praktische Anwendungen münden lassen. Neu an unserer Deutung der Beziehung von Handlung und begrifflicher Erkenntnis ist jedoch die exakte Strukturanalyse mit Hilfe eines theoretischen Instrumentariums, das die Verwandtschaft im Aufbau der Handlungsschemata und der Begriffe zeigt. Man könnte also von einem *strukturalistischen Pragmatismus* sprechen. Zugleich erkennt man in dieser Position ein *genetisches* Element: Handlung und Begriff stehen in einer evolutiven Beziehung der Ableitung oder „Derivation".

Kein Psychologismus: Sachverhältnisse; keine Methodik: nur Didaktik

Wenn man sich vornimmt, die Struktur von Handlungen, Operationen und Begriffen zu beschreiben, so stellt sich sofort die Frage, in welchen Begriffen man dies tun solle. Die Psychologen haben immer wieder versucht, ein eigenes Vokabular der Strukturbeschreibung zu entwickeln. WERTHEIMER (1946/²1964) hat es versucht und BRUNER (1966) hat es gefordert. Das Ergebnis hat nie befriedigt, am wenigsten in der Perspektive des Lehrers, der natürlich vom Stoff ausgeht, so wie er ihn im Sachbuch beschrieben und analysiert vorfindet. Ihm muß es als ein seltsamer Umweg erscheinen, wenn er die Operationen und Begriffe zuerst in eine psychologische Sprache übersetzen soll, um sie dem Schüler schließlich doch wieder in sachlich-wissenschaftlicher Begrifflichkeit darzustellen.

Wir verhalten uns hier anders. Wir folgen SELZ, der schon zu Anfang dieses Jahrhunderts (SELZ 1913, 1922) ausgesprochen hat, daß das Denken des Menschen in *„Sachverhältnissen"* geordnet sei. Wir machen daraus ein grundlegendes methodologisches Postulat: Die Strukturen des Denkens müssen in Begriffen der Sache beschrieben werden. Wenn wir einen mathematischen Begriff analysieren und beschreiben, so müßten wir das mit Hilfe von mathematischen Begriffen tun. Wir sprechen von Ordnung und Zuordnung, von Verknüpfung und Ergebnis, von Addition und Multiplikation. Wenn wir einen physikalischen Begriff realisieren, verwenden wir physikalische Begriffe, und wenn wir eine syntaktische Struktur beschreiben, benützen wir die Begriffe der Linguistik. Natürlich ergeben sich aus der psychologischen Betrachtungsweise zum Teil neue Gesichtspunkte, die zu neuen Begriffen führen können. Es handelt sich dabei aber um Begriffe, die ihrerseits in die Sachwissenschaften aufgenommen werden können, so z. B. wenn wir von der intrinsischen Bedeutung eines sprachlichen Ausdrucks sprechen: das ist kein „psychologischer Begriff", es ist gleichzeitig und ebensosehr ein linguistischer Begriff.

Weiter gibt es natürlich in den Sachwissenschaften selber mannigfaltige Versuche, das begriffliche Repertoire zu verallgemeinern und abstrakter zu gestalten; dabei werden strukturelle Gemeinsamkeiten zwischen den begrifflichen Systemen verschiedener Wissenschaften sichtbar. Die Einführung von textverarbeitenden Rechnern hat diesem Prozeß einen besonderen Impuls gegeben, und sie hat zu abstrakten Programmiersprachen mit charakteristischer logischer Struktur geführt. Die listenverarbeitenden Programmiersprachen, die zum Teil auf der Aussagenlogik basieren, wären hier als Beispiel zu nennen. Ohne daß wir in diesem praktischen Buch auf diese Fragen hätten eingehen können, hat der sachkundige Leser natürlich bemerkt, daß unsere Netzanalysen von Begriffsinhalten mit einer propositionalen Analyse zusammenhängen. Das ist aber keine „psychologische" Strukturanalyse. Es ist eine abstrakte Analyse, wie sie von den Sachwissenschaften selbst zunehmend gepflegt wird. Man denke nur an die Textanalysen der Linguisten, und man denke daran, daß die Mathematiker ihre Operationen zu einem großen Teil in die verschiedenen Computersprachen übersetzt haben.

Für uns Didaktiker bedeutet dies: Wir haben die Unterrichtsstoffe immer in den Begriffen der Wissenschaften zu beschreiben, aus denen sie stammen. Auch wenn wir ihre Struktur analysieren, verhalten wir uns so. Daß dies für die Psychologie erhebliche methodologische Konsequenzen hat, bemerken wir hier nur am Rande. Vielleicht ist der Tag nicht mehr fern, dem sie sich in einer allgemeinen „kognitiven Wissenschaft" („cognitive science", LINDSAY & NORMAN ^{2}1977/1981) auflöst, die ebensosehr Sachwissenschaft wie Psychologie ist.

Für die Unterrichtswissenschaft bedeutet dies, daß die Unterscheidung einer psychologisch begründeten Methodik und einer fachwissenschaftlich begründeten Didaktik entfällt. Wenn die Psychologie selber die Sprache der Sachverhältnisse spricht, wenn sie – mit anderen Worten – ihre Begriffe in ihrer wissenschaftlichen Struktur erfaßt und wenn sie ihren Schlüssen damit zugleich auch jene Qualitäten der Notwendigkeit und der Geltung zubilligt, die HUSSERL (1900/1901) einer nur-psychologischen Kennzeichnung der Denkprozesse abspricht, so ist sie auch vor dem Vorwurf des „Psychologismus" sicher. Dann braucht man aber auch nicht neben der psychologischen Methodik eine fachwissenschaftlich begründete Didaktik anzunehmen.

Anderseits folgt daraus, daß der Didaktiker nicht darum herumkommt, die Sachstruktur der Unterrichtsstoffe ernst zu nehmen. Kein psychologischer Umweg führt um sie herum. Es gibt keine lernpsychologisch begründete Methodik, die vom Fachwissenschaftler „didaktisch" strukturiert werden könnte. Für den Lehrer ist diese Unterscheidung ja ohnehin ohne Interesse. Auch wenn es die beiden unterscheidbaren Bereiche der Unterrichtstheorie gäbe, müßte er sich in beiden bewegen.

Für uns gibt es also nur die Didaktik. Das haben wir schon früh mit dem provokativen Titel der „Psychologischen Didaktik" (AEBLI 1951/^{5}1973) signalisiert, und wir halten uns noch heute daran. Didaktisches Nachdenken beginnt mit der Doppelüberlegung: Welches ist der nächste Schritt im Denken und Handeln des Kindes, und was hat die wissenschaftliche Erkenntnis bzw. die beste verfügbare Analyse der Lebenspraxis zu seiner Verwirklichung anzubieten? Beide Überlegungen stellen wir in Begriffen der Sachstruktur an, und dies nicht nur, wenn es sich um wissenschaftliche Stoffe handelt, sondern auch dann, wenn wir an das soziale Verhalten der

Kinder denken. Die Sachwissenschaft heißt hier einfach Soziologie und Sozialpsychologie und – wenn wir die Dinge normativ betrachten – Moral oder Ethik.

Konstruktivismus

Wenn nun die Didaktik der Grundformen ihre Stoffe auch in Begriffen der Sachstruktur analysiert und erfaßt, so trägt die psychologische Betrachtungsweise doch ihre besonderen Gesichtspunkte bei. Die beiden wichtigsten, im engeren Sinne, psychologischen Begriffe sind wohl die *Medien* der Repräsentation von Erfahrung und Wissen und die *Lernfunktionen.* Über den Medienbegriff haben wir schon etwas gesagt. Hier möchten wir noch auf einen besonderen Aspekt der ersten Lernfunktion, auf den problemlösenden Aufbau hinweisen.

Wenn wir die Idee des Aufbaus in diesem Buche so sehr betonen, so darum, weil ihr eine grundsätzliche erkenntnistheoretische Position zugrunde liegt. Wir sind der Meinung, daß alle neuen Inhalte des geistigen Lebens durch Konstruktion aus einfacheren Elementen hervorgehen. „Von außen" nehmen wir nichts auf, weder durch Wahrnehmung noch durch Mitteilung. Das ist die Grundthese des Konstruktivismus. Sie mag vorerst überraschend klingen und der Alltagserfahrung zu widersprechen scheinen: Wir sehen doch immer wieder neue Dinge und bilden von ihnen Vorstellungen und Begriffe. Auch werden uns täglich Nachrichten sprachlich mitgeteilt. Wir verstehen sie und nehmen sie in unser Wissen auf. Wo bleibt da die „Konstruktion aus einfachen Elementen"?

Aber jedermann hat auch das andere erfahren, daß man uns Dinge zeigt und Mitteilungen macht, *die wir nicht verstehen,* mit denen wir *„nichts anzufangen vermögen".* Was sind das für Wahrnehmungen, die wir nicht verstehen? Wodurch unterscheiden sie sich von solchen, mit denen wir etwas anfangen können? Und was sind das für Mitteilungen, Erklärungen und Texte, die uns unverständlich bleiben, und was fangen wir mit einem Text an, den wir verstehen? Die Bedeutung eines Textes, den wir verstehen, vermögen wir „nachzuvollziehen". Ein Bild, z. B. die Darstellung einer Maschine oder eines inneren Organs, verstehen wir, wenn wir die Teile unterscheiden und zueinander in Beziehung setzen und wenn wir den Teilen ihre Funktion zuweisen können, wenn wir – mit anderen Worten – eine Vorstellung von den Zusammenhängen innerhalb der dargestellten Sache zu bilden vermögen. „Die Bedeutung eines Textes nachvollziehen", „sich eine Vorstellung von den Zusammenhängen in der anschaulichen Darstellung bilden", das sind aber Synonyme für das *Nachkonstruieren* einer

Bedeutung, sei es eines Textes oder eines Bildes. Wir haben es schon im ersten Kapitel über das Erzählen gesehen: das Kind, das unsere Erzählung versteht, vermag die Zusammenhänge aus den Bedeutungen unserer Worte nachzukonstruieren, und wir haben es in der Folge immer wieder gesehen: auch eine Demonstration will nachvollzogen, innerlich nachkonstruiert sein. Genau gleich ist es mit einer Form oder einem Prozeß, die wir beobachten, und so ist es auch mit den Erklärungen von Handlungen, Operationen und Begriffen, die wir geben. Häufig vollziehen Kinder auch nicht einfach Mitteilungen und Erklärungen nach, sondern konstruieren neue Operationen im Rahmen gestellter Probleme. Wie immer auch die Modalität aussehen mag: sie bleibt in jedem Falle Konstruktion, und dies auch in den Fällen, die oberflächlich als Differenzierungsprozesse erscheinen. Hier erfolgt eine Konstruktion einfach im Rahmen eines globalen Vorbegriffes von der Sache oder vom Vorgang. Der Vorbegriff gliedert und präzisiert sich, aber die einzelnen Elemente innerhalb des sich präzisierenden Rahmens stammen aus dem Repertoire des bisherigen Wissens und Könnens. Der Begriff muß aus ihm konstruiert werden. Das ist der dynamische Charakter des Strukturalismus, den wir vertreten: Strukturen werden konstruiert. Zum Aufbau des fertigen Produktes gehört der *Vorgang* des Aufbaus, in dem es entsteht. Unser Strukturalismus ist konstruktiv.

Diese Überlegungen zeigen zugleich die Bedeutung des *Assimilationsbegriffs*. Wenn neue Erscheinungen nicht einfach im Geiste kopiert werden, so müssen sie aktiv erfaßt werden. Ein Assimilationsschema ist nichts anderes als eine Handlungsmöglichkeit, eine Operation oder ein Begriff, die wir auf eine neue Erscheinung projizieren. Wir wollen sehen, was wir damit anfangen können: mit einem Ball z. B. (werfen, rollen, auf den Boden prellen), mit einer neuen geometrischen Figur (die Fläche, den Umfang berechnen, sie in ein Quadrat verwandeln) oder mit einem Menschen, z. B. mit einem neuen Stellvertreter in der Schule (ihn aus der Fassung, zum Lachen, in Verlegenheit bringen). Mit der Betonung der Wichtigkeit der Assimilation befinden wir uns in der Nähe von Kants *Apriorismus:* Erfahrung ist abhängig von den subjektiven Möglichkeiten der Erkenntnis, die das Subjekt in die Erfahrungssituation mitbringt. Neu ist an der Assimilationstheorie, die wir mit Piaget vertreten, die genetische Dimension: daß wir annehmen, die Apriori der Erfahrungsbildung, also die Assimilationsschemata, bauen sich auf. Sie sind in der Struktur des menschlichen Geistes nicht ein für allemal gegeben: auch hier ein konstruktiver Apriorismus.

Aufbau im Lernen: ein Schritt über PIAGET hinaus

Der Konstruktivismus, den dieses Buch vertritt, ist demjenigen PIAGETs verwandt. Indessen gibt es Unterschiede. Für PIAGET erfolgt die Konstruktion im Zuge der geistigen Entwicklung des Kindes, und diese Entwicklung hat nichts mit Lernen zu tun. Wir haben PIAGETs Entwicklungspsychologie einen Quasi-Maturationismus genannt (AEBLI 1963), denn die Entwicklung erfolgt aufgrund der Erfahrungen, die sich das Kind als Folge seiner spontanen Aktivität laufend selbst verschafft. Die Umwelt bietet ihm nur Betätigungsmöglichkeiten, im besten Falle Verhaltensvorbilder an. Es ahmt sie nach, wenn es die nötigen Assimilationsschemata besitzt, d. h. wenn aufgrund der spontanen Entwicklung die Verhaltensweisen schon bereitgestellt sind, mit denen es diejenigen des Modells reproduziert. PIAGET vertritt also keine reine Reifungstheorie in dem Sinne, daß die neuen Verhaltensweisen aufgrund der physiologischen Reifung des zentralen Nervensystems eines Tages einfach auftauchen würden. Aber er hat eine Quasi-Reifungstheorie entwickelt, insofern die Umwelt und die Erziehung in der geistigen Entwicklung des Kindes nur eine minimale Rolle spielen. Im besten Falle beschleunigen günstige Verhältnisse das Auftauchen der Grundbegriffe des Denkens; ungünstige Verhältnisse verzögern sie. Bei PIAGET gibt es keine normalen Kinder, die die Invarianzbegriffe oder die geometrischen Grundbegriffe (Horizontale, Vertikale, Flächenbegriff, Volumenbegriff ...) nie erwerben.

Wir nehmen eine andere Haltung ein. Wir deuten die Entwicklung als die Summe der Lernprozesse des Kindes, und wir behaupten, daß von seiner sozialen Umwelt, insbesondere der Familie, aber auch von der Schule wichtige Anstöße zur Entwicklung ausgehen. Erziehungspersonen verfügen über Techniken, die im Kind Lernprozesse auslösen, die sich aufgrund seiner spontanen Aktivitäten nie ereignen würden. Wichtige Mechanismen in dieser bewußten Lenkung des kindlichen Lernens bestehen im Angebot strukturierter Verhaltensvorbilder, die das Kind aufgrund seines Tätigkeitsdranges nachahmt. Es tut dies auch darum, weil seine Nachahmung im Erwachsenen wiederum „interessante" Reaktionen auslöst (BRUNER 1978). Er nutzt auch primäre Bedürfnisse des Kindes zur Erzeugung sekundärer Motive: sich dem Kind zuwenden, wenn es zu sprechen versucht, es auf die Knie nehmen, wenn es ein Bilderbuch anzusehen versucht, es loben und sich mit ihm beschäftigen, wenn es zu lesen versucht, usw.

So sehen wir einen wesentlichen Teil der scheinbar spontanen Entwicklung des Kindes durch die Interaktionen mit Erwachsenen im Alltag angeregt und gesteuert. Wenn diese Anregung fehlt, entwickelt das Kind die Symptome der kulturellen Deprivation, und seine Entwicklung leidet darunter. Zwischen den erzieherischen Wirkungen in der Familie und der Schule bestehen bloße Gradunterschiede. Die Auslösung und Lenkung der Lernprozesse geschieht in der Schule systematischer als in der Familie und im übrigen außerschulischen Alltag. Das schulische Lernen schreitet rasch vorwärts, allerdings um den Preis vieler Risiken. Allzu häufig bleiben die Ergebnisse bloße Worthülsen ohne tiefere Verankerung im Verhalten, und ebenso häufig fehlt die Konsolidierung durch vielfältige Übung und Anwendung. Daher zerfallen die in der Schule erworbenen Reaktionen häufig auch rasch. Die Ergebnisse des Lernens im Alltag sind dagegen in der Regel tausendfach geübt und angewendet und daher tief im gesamten Verhalten verankert. Anderseits sind die einzelnen Erkenntnisse hier häufig isoliert und wenig systematisch verknüpft.

So teilen wir mit PIAGET zwar die konstruktivistische Grundhaltung. Was bei PIAGET aber Konstruktion der Operationen und Begriffe im Zuge der Entwicklung und Erfahrungsgewinn aufgrund spontaner Betätigung ist, das verstehen wir als Konstruktion im Zuge des Lernens, wobei wir im Alltag des Kindes sowohl spontanes Lernen als auch Lernen unter Anregungsbedingungen der erziehlichen Umwelt sehen, ein Lernen, das vom schulischen Lernen aufgenommen und systematisch weitergeführt wird. Auf diese Weise erhält der Lehrer und Erzieher, für den PIAGET keine rechte Verwendung hat, und der eigentlich vor dem großen Schauspiel der natürlichen Entwicklung nur bewundernd stehen kann, seine präzise Funktion zurück: Er regt Lernprozesse an, indem er ein strukturiertes Lernangebot gestaltet, und er leitet das Kind zum Aufbau von Strukturen des Verhaltens und Denkens an, mit denen er als Angehöriger einer gegebenen Kultur vertraut ist. Auf diese Weise wird das Kind sozialisiert, d. h. es erwirbt die Kulturtechniken, die affektiven Möglichkeiten und die Haltungen, die in seiner sozio-kulturellen Umwelt lebendig sind.

Man erkennt, daß diese Auffassung von Erziehung die Kultur und die Gesellschaft, in der das Kind aufwächst und geschult wird, und die Sprache, in der es ihre gemeinsamen Erkenntnisse formuliert findet, sehr ernst nimmt. Es gibt für das Kind keine Möglichkeit, erwachsen und reif zu werden, ohne die erziehliche Hilfe von Menschen, die ihm die Handlungs- und Denkformen, die Gestimmtheiten und die Ausrichtungen in einer erwachsenen und reifen Form vorleben und die ihm helfen, die entsprechenden Ordnungen in seinem eigenen Denken, Handeln und Erleben aufzubauen. Wachsenlassen ist keine Alternative. Es bewährt sich nur scheinbar dort, wo Vorbilder mit großer Ausstrahlungskraft (allerdings den Erziehern und dem Kinde unbewußt) wirksam sind. Wo diese Vorbilder fehlen, führt der Versuch, die Kinder bloß wachsen zu lassen, nur zu

Verwahrlosung und zu den Deprivationserscheinungen, die wir in gewissen gestörten Kulturen und Subkulturen beobachten.

Diese Haltung bedeutet anderseits nicht, daß man die Seele des Kindes selbst als ein unbeschriebenes, weißes Blatt oder als Tabula rasa betrachtet, in der der Erzieher seine Zeichen einzeichnet, wie es ihm gefällt. Das Kind zum Aufbau der Strukturen seines Handelns, Denkens und Erlebens anleiten heißt, auf seinen aktiven Beitrag in diesem Vorgang zählen, mehr als das: wissen, daß Anleitung immer die spontane Bereitschaft zur Tätigkeit im angeleiteten Kind voraussetzt. In dieser Bereitschaft zur Tätigkeit ist auch eine Bereitschaft, diese zu strukturieren, ihr eine gute Ordnung zu geben, mit beschlossen. Aber das Kind und der Jugendliche vermögen diese Ordnung nur in seltenen Fällen selbständig zu finden. Die innere Ordnung des Menschen ist eine zarte Pflanze. Ihre Heranbildung bedarf über Jahre der Unterstützung, bis sie schließlich zur Autonomie erwächst. Das Kind weiß das selbst. Die Befriedigung ob des Wegfalls ordnender und stützender Kräfte dauert nicht lange. Rasch merkt es, daß damit auch die Anregung wegfällt und daß nur Unordnung und Konflikt, im Grenzfall Verlassenheit und Leere zurückbleiben. So liegt dieser Didaktik die Idee zugrunde, daß wir die erzieherische Umwelt und die Lernangebote jederzeit auf die Bereitschaft des Kindes abstimmen, sein Tun und Denken besser zu ordnen und eine Bestimmung dafür zu finden.

Bibliographie

ACH, N. (1921) *Über die Begriffsbildung.* Königsberg: Buchner.
AEBLI, H. (⁴1975) *Über die geistige Entwicklung des Kindes.* Stuttgart: Klett, und Berlin: Klett-Cotta im Ullstein Taschenbuch (39 036, 1982).
AEBLI, H. (1951) *Didactique psychologique. Application à la didactique de la psychologie de Jean Piaget.* Neuchâtel: Delachaux et Niestlé. (Deutsch: *Psychologische Didaktik.* Stuttgart: Klett, ⁵1973.)
AEBLI, H. (1978) Von Piagets Entwicklungspsychologie zur Theorie der kognitiven Sozialisation. In: STEINER, G. (Hrsg.) *Piaget und die Folgen.* Zürich: Kindler.
AEBLI, H. (1980/81) *Denken: das Ordnen des Tuns.* Bd. I: *Kognitive Aspekte der Handlungstheorie.* Bd. II: *Denkprozesse.* Stuttgart: Klett-Cotta.
ALLPORT, G. W. (1937) *Personality.* New York: Holt, Rinehart and Winston. (Deutsch: *Persönlichkeit.* Stuttgart: Klett, 1938.)
ALLPORT, G. W. (1938) *Pattern and growth in personality.* New York: Holt, Rinehart and Winston. (Deutsch: *Gestalt und Wachstum in der Persönlichkeit.* Meisenheim am Glan: Hain, 1970.)
ANDERSON, J. R. & BOWER, G. H. (²1974) *Human associative memory.* Washington, D. C.: Hemisphere.
AUSTIN, J. L. (1962) *How to do things with words.* Oxford: Oxford University Press. (Deutsch: *Zur Theorie der Sprechakte.* Stuttgart: Reclam, 1972.)
BACON, F. (1620) *Novum organum scientiarum.*
BALLSTAEDT, S. P., MANDL, H., SCHNOTZ, W. & TERGAN, S. O. (1981) *Texte verstehen, Texte gestalten.* München: Urban und Schwarzenberg.
BANDURA, A. (1969) *Principles of behavior modification.* New York: Holt, Rinehart and Winston.
BANDURA, A. (1971) *Psychological modeling.* New York: Atherton. (Deutsch: *Lernen am Modell.* Stuttgart: Klett, 1976.)
BARTLETT, F. (1932) *Remembering.* Cambridge: Cambridge University Press.
BAUMGARTNER, L. (1964) *Gruppentheorie.* Berlin: De Gruyter (Sammlung Göschen).
BEREITER, C. & SCARDAMALIA, M. (1983) Constructing new mental abilities: The case of reflective composition planning (in Vorbereitung).
BERLYNE, D. E. (1960) *Conflict, arousal and curiosity.* New York: McGraw Hill. (Deutsch: *Konflikt, Erregung, Neugier. Zur Psychologie der kognitiven Motivation.* Stuttgart: Klett, 1974.)
BLANKERTZ, H. (1969) *Theorien und Modelle der Didaktik.* München: Juventa.
BOETTCHER, W., FIRGES, J., SITTA, H. & TYMISTER, H. J. (1973) *Schulaufsätze – Texte für Leser.* Düsseldorf: Schwann.
BOLLNOW, O. F. (1978) *Vom Geist des Übens.* Freiburg: Herder.
BOROWSKI, G., HIELSCHER, H. & SCHWAB, M. (1976) *Unterricht – Prinzipien und Modelle.* Heidelberg: Quelle und Meyer.
BOWER, G. H. & HILGARD, E. R. (1981) *Theories of learning.* Englewood Cliffs, N. J.: Prentice Hall. (Deutsch: *Theorien des Lernens.* Stuttgart: Klett-Cotta, ⁵1983.)
BOWER, G. H. (1982) Plans and goals in understanding episodes. In: FLAMMER, A. &

Kintsch, W. (Eds.) *Discourse processing.* Amsterdam: North-Holland, 2–15.
Brown, Ann L. (1980) Metacognitive development and reading. In: Spiro, R. J., Bruce, B. & Brewer, W. F. (Eds.) *Theoretical issues in reading comprehension.* Hillsdale, N. J.: Erlbaum, 452–481.
Bruner, J. S. (1966) *Studies in cognitive growth.* New York: Wiley. (Deutsch: *Studien zur kognitiven Entwicklung.* Stuttgart: Klett, 1971.)
Bruner, J. S. (1978) Acquiring the uses of language. *Canadian Journal of Psychology, 32,* 204–218.
Bruner, J. S., Goodnow, Jacqueline J. & Austin, G. A. (1956) *A study of thinking.* New York: Wiley.
Bühler, K. (1908) Tatsachen und Probleme zu einer Psychologie der Denkvorgänge. *Archiv für die gesamte Psychologie, 12,* 1–23.
Bühler, K. (^{6}1930) *Die geistige Entwicklung des Kindes.* Jena: Fischer.
Bühler, K. (1934) *Sprachtheorie.* Stuttgart: Fischer.
Cassirer, E. (^{3}1973) *Die Philosophie der Aufklärung.* Tübingen: Mohr. (Englisch: *Rousseau, Kant and Goethe.* Princeton: Princeton University Press, 1945 und New York: Harper Torchbook, 1963.)
Claparède, E. (1924) *Comment diagnostiquer les aptitudes chez les écoliers?* Paris: Flammarion.
Claparède, E. (1931) *L'éducation fonctionelle.* Neuchâtel: Delachaux et Niestlé.
Comenius, J. A. (1628/32) *Didactica magna.* [Deutsch: Flitner, A. (Hrsg.) *Comenius – Große Didaktik.* Stuttgart: Klett-Cotta, ^{5}1982.]
Crothers, E. J. (1978) Inference and coherence. *Discourse processes, 1,* 51–71.
Crothers, E. J. (1979) *Paragraphe structure inference.* Norwood, N. J,: Ablex.
Csikszentmihalyi, Mihaly (1975) *Beyond boredom and anxiety.* San Francisco: Jossey-Baß.
Day, H. I., Berlyne, D. E. & Hunt, D. E. (1971) *Intrinsic motivation.* New York: Holt, Rinehart and Winston.
Deci, E. L. (1975) *Intrinsic motivation.* New York: Plenum.
Dewey, J. (1895) *Interest as related to will.* Chicago.
Dewey, J. (1910) *How we think.* New York: Heath.
Dewey, J. (1916) *Democracy and education. An introduction to the philosophy of education.* New York: Macmillan. (Deutsch: *Demokratie und Erziehung.* Braunschweig: Westermann, ^{3}1964.)
Dörner, D. (1974) *Die kognitive Organisation beim Problemlösen.* Bern: Huber.
Dörner, D., Kreuzig, H. W., Reither, F. & Stäudel, Th. (Hrsg.) (1983) *Lohhausen. Vom Umgang mit Unbestimmtheit und Komplexität.* Bern: Huber.
Duncker, K. (1935) *Zur Psychologie des produktiven Denkens.* Berlin: Springer (^{3}1974).
Ebbinghaus, H. (1885) *Über das Gedächtnis.* Darmstadt: Wissenschaftliche Buchgesellschaft (^{2}1971).
Ebbinghaus, H. (^{4}1919) *Grundzüge der Psychologie.* Herausgegeben von K. Bühler. Leipzig: Veit.
Edelstein, W. & Keller, Monika (1982) *Perspektivität und Interpretation.* Frankfurt a. M.: Suhrkamp (Taschenbuch Nr. 260, Wissenschaft).
Ehrenfels, Ch. (1980) Über Gestaltqualitäten. *Vierteljahrsschrift für wissenschaftliche Philosophie,* 249–292.
Eigler, G. et al. (1976) Thema: Lernhierarchien. *Unterrichtswissenschaft, 4,* 285–336.
Fillmore, C. J. (1968) The case for case. In: Bach, E. & Harms, R. (Eds.) *Univer-